海峽兩岸持續合作的動力與機制
學者對兩岸關係的發展權威剖析

主　編　周志懷
副主編　楊立憲
　　　　嚴　峻

崧燁文化

目　錄

- 關於構建兩岸關係和平發展框架的若干思考
- 兩岸協商談判中的「兩岸特色」：理論意涵與實踐特徵
- 也論兩岸政治定位
- 兩岸關係和平發展構想中的社會工程學思維
- 論兩岸關係和平發展理論中的政治倫理創新
- 基於動力分析的兩岸持續合作機制建構
- 試論政治互信與兩岸持續合作的關係
- 兩岸持續合作的動力與機制研究——基於非傳統安全合作的視角
- 兩岸持續性合作機制思考——基於社會整合理論的視角
- 論海峽兩岸關係的和諧發展
- 對兩岸關係和平發展時期臺灣民意的探討
- 積極化解政治難題 全方位推動和平發展
- 兩岸共同價值的若干思考
- 精英整合與認同的變遷
- 從兩岸大交流看兩岸民眾共同認同的建構
- 淺析馬英九執政後臺灣社會的中國認同危機
- 試析戴國煇教授對臺灣人身分認同的探索
- 培育兩岸理性交往的公共領域
- 新形勢下兩岸非傳統安全合作芻議
- 論兩岸關係和平發展中涉臺外交政策的理論創新
- 大陸「涉臺外交」的優勢與要點分析
- 新時期的美臺關係及其制約因素

- 歐巴馬政府臺海政策評析
- 歐巴馬政府臺海政策要點探析
- 對新時期深化兩岸文化交流的若干思考
- 兩岸文化合作機制與文化共同體的構建
- 試析海峽兩岸「文化的流動」軌跡
- 臺灣社會對中華文化的態度探析
- 推進兩岸文化融合與經濟合作良性互動之路徑探索
- 基於中華傳統文化基礎的兩岸經濟合作與文化融合
- 和平發展框架下兩岸經濟合作對臺灣社會的影響
- 東亞經濟一體化進程對兩岸經濟合作的影響
- 兩岸在國際經濟空間開展經濟合作研究——以 CAFTA 與 ECFA 機制銜接為主旨
- ECFA 後兩岸產業共同治理：結構、機制與政策含義
- ECFA 時代兩岸經貿合作的內生動力分析
- ECFA 背景下陸資赴臺投資與兩岸關係發展研究——以民營企業為例
- 赴臺旅遊與促進兩岸民眾交流：現狀、問題與思考
- 以城市戰略合作為重點的兩岸交流新模式——以上海和臺北為例
- 高等教育交流合作：成效與趨勢分析
- 兩岸高等教育發展：民意基礎、提高空間與合作策略
- 兩岸合作維護海洋權益研究
- 當前海峽兩岸跨境犯罪分析
- 試析兩岸大交流下的涉臺仲裁問題——以上海涉臺仲裁中心為例

關於構建兩岸關係和平發展框架的若干思考

廈門大學臺灣研究院　林勁

一、構建和平發展框架是增進兩岸政治互信的過程

中共中央總書記胡錦濤在紀念《告臺灣同胞書》發表30週年座談會的講話中提出新時期對臺工作的六點意見，第一點即「恪守一個中國，增進政治互信」，呼籲「兩岸在事關維護一個中國框架這一原則問題上形成共同認知和一致立場，就有了構築政治互信的基石，什麼事情都好商量。兩岸應該本著建設性態度，積極面向未來，共同努力，創造條件，透過平等協商，逐步解決兩岸關係中歷史遺留的問題和發展過程中產生的新問題。」第六點即「結束敵對狀態，達成和平協議」，呼籲「兩岸可以就在國家尚未統一的特殊情況下的政治關係展開務實探討。為有利於穩定臺海局勢，減輕軍事安全顧慮，兩岸可以適時就軍事問題進行接觸交流，探討建立軍事安全互信機制問題。我們再次呼籲，在一個中國原則的基礎上，協商正式結束兩岸敵對狀態，達成和平協議，構建兩岸關係和平發展框架」。[1]結合上述兩段話的基本精神分析，不難看出：

1.構建兩岸關係和平發展框架是一個艱巨的、複雜的、曲折的過程，其出發點就是在兩岸關係框架的客觀事實描述（即事關維護一個中國框架的原則問題）形成共同認知和一致立場，即構築政治互信的基石。

2.按照邏輯分析，構建兩岸關係和平發展框架的過程就是兩岸政治互信逐步積累和增進的過程，毫無疑義，這一過程必然要面臨種種政治難題，遭遇各種因素制約，必須要經歷各類協商和互動，克服種種政治障礙，逐一破

解政治難題,即「逐步解決兩岸關係中歷史遺留的問題和發展過程中產生的新問題」,與此同時,持續地累積和增進兩岸政治互信。

胡錦濤在2009年5月26日會見中國國民黨主席吳伯雄時指出,「考慮到今後兩岸關係的發展前景,包括需要逐步破解一些政治難題,鞏固和增進雙方的政治互信尤為重要」[2]。顧名思義,「政治互信」就是政治上的相互信任,這是政治交往中一個基本點,也是政治交往中一個較高的境界。在政治交往中尤為強調相互之間的信任,以打消彼此的疑慮。政治互信要達到這個境界是艱難的且又是必需的,需要一定的過程和經由時間的考驗。一旦建立政治互信,雙方之間存在的各種問題就較為容易地得以解決。

自2008年4月以來,兩岸領導人就兩岸關係多次發表四句的「十六字訣」,概括而言,共有三句交集、多字重疊,即「互信」、「雙贏」、「擱置爭議」。其中「互信」最具有積極的意義。所謂互信,就是相互之間的承諾,雙方都有信用和信心,恪守已經達成的共識和協議;對於仍未達成共識的問題,雙方都有互諒互讓的誠意。誠然,互信有程度高低的問題,現階段兩岸的互信程度體現在兩會迄今已經達成的協議和共識;未來要逐步破解政治難題,就必須不斷增進互信,積累和創造條件,尤其是建立軍事安全互信機制,正式結束敵對狀態,簽訂和平協議,更需要進一步深化政治互信。臺灣學者張五岳認為,兩岸建立互信,增進互信,繼而深化互信,是一個先易後難、循序漸進、需要長時間累積的過程。建立互信的基礎是「九二共識」,但兩岸的認知有很大差距。所以兩岸政治關係和政治互信的基礎至今仍很薄弱,如果輕舉冒進去碰政治難題,很容易損壞得來不易的和諧氣氛。他進而認為「擱置爭議」只是處理「淺水區」議題的權宜之計,一旦進入「深水區」,如臺灣政治定位等敏感政治問題是無法迴避的。「所以說,擱置本身是包含隱憂的,這就要看雙方的智慧並如何妥善處理」[3]。

馬英九先生在2009年10月10日致詞中雖然對兩岸關係發展前景充滿期待,但是對於雙方未來可能遭遇的挑戰及政治議題談判所需的互信仍持保留態度。他說:「兩岸間的差距與疑慮,有其歷史因素,不可能一步跨越,且

夕消弭。將來兩岸關係的和平發展仍需雙方抱持信心，正視現實，循序漸進，以擴大互信，求同化異。」[4]臺灣當局「陸委會」在回應胡錦濤2008年「12‧31」講話時已表明類似的關注，「有關和平協議與軍事互信機制等議題，當在兩岸關係達到相當程度的互信後研議推動，目前雙方處理的經濟、文化交流事務與協商，都是民眾最關切、亟待解決的議題，也都是為累積互信奠定堅實基礎」[5]。這說明在兩岸政治互信尚未全面建立之前，雙方協商的議題只能鎖定在經濟文化層面。國臺辦主任王毅在2009年4月26日會見江丙坤時表明：在兩岸協商的過程中，總會出現這樣那樣的主張，也會有不同的聲音。對此，「我們一方面要以最大的誠意和耐心去做解釋和說明，以增進瞭解，凝聚共識；一方面還要秉持堅定的信念，克服干擾，化解分歧，持續不斷地向前推進。對於其中出現的緊張，要以最大的耐心去解釋說明，以便凝聚共識，另外還要秉持堅定的信念，落實執行，向前推進」。對於兩岸關係存在的矛盾、分歧以及政治、軍事等方面的敏感問題，王毅建議：「隨著兩岸關係不斷深化，需要我們妥善處理和解決好這些問題。如果不解決，會使兩岸關係遭遇瓶頸，停滯不前；如果解決不好，會拖兩岸關係的後腿，甚至使兩岸關係進程發生逆轉，為此，我們應未雨綢繆，逐步為解決這些複雜和敏感的問題積累共識，創造條件。」[6]這也實事求是地表達了對兩岸政治互信的憂慮。

由此可見，構建兩岸關係和平發展框架與增進兩岸政治互信是一個相輔相成的過程，有賴於兩岸的良性互動和有關各方的細心呵護，考驗著兩岸領導人的政治智慧。

二、關於構建兩岸關係和平發展框架的思維領域定位

（一）影響兩岸關係的直接性要素分析

構建和平發展框架是基於新形勢下中央推動兩岸關係和平發展的具體意見和政策精神，體現於胡錦濤總書記2008年「12‧31」講話的精闢闡述。具體意見是指兩岸在尚未統一的情況下，可以在一個中國原則的前提下展開政

治關係的談判，結束兩岸的敵對狀態，簽訂和平協議，構建兩岸關係和平發展的框架。政策精神是指立足於解決臺灣問題的戰略認識，「解決臺灣問題的核心是實現祖國統一，目的是維護和確保國家主權和領土完整，追求包括臺灣同胞在內的全體中華兒女的幸福，實現中華民族偉大復興」，「兩岸復歸統一，不是主權和領土再造，而是結束政治對立」[7]。因此在思維領域面臨有以下兩種選擇：

1.按照具體意見對兩岸關係和平發展框架進行思考。

具體意見的基本時段定位是「兩岸尚未統一」，前提是「一個中國原則」，主要內容是「政治關係的談判」，基本目的是「結束敵對狀態，簽訂和平協議」。由此可以對兩岸關係和平發展框架的具體形象構成大體的認識，包括兩岸關係和平發展框架的前提、地位、適用期限、主要內容、基本目的等。並依照上述的關鍵點去構建文本，進而展開協商談判。

2.按照政策精神對兩岸關係和平發展框架進行思考。

政策精神的主要特點之一即對「兩岸尚未統一」作了重要說明，是「中國內戰遺留並延續的政治對立」，「兩岸復歸統一，不是主權和領土的再造，而是結束政治對立」。由此可見，最終目的是兩岸共同維護國家主權和領土的完整，追求包括臺灣同胞在內的全體中華兒女的幸福，實現中華民族的偉大復興。而現階段的主要目標是「結束政治對立」。構建兩岸關係和平發展的框架就是為了結束兩岸的政治對立。根據上述邏輯，構建兩岸關係和平發展的框架就是兩岸中華兒女在「一個中國」的框架下，共同為實現全體中國人的最大幸福和民族的最大光榮而努力。此時，涉及的核心問題就不僅僅是解決「政治關係的談判」，而更多的是「追求幸福」和「實現復興」的具體量值問題。即是對兩岸的「政治對立」、「政治關係」問題與具體的「追求幸福」、「實現復興」問題之間關係的認識。

以上兩種不同的思路，決定了前者是一種「量體裁衣」式的解決問題的

方式，更多的是討論和平發展框架的具體內容和可能涉及的大陸、臺灣各自的實際利益和地區、國際的綜合因素等，其核心難點是在「正視現實」基礎上──「一個中國」的共識與事實上的尚未統一，對兩岸的各自定位提出解決方法。後者是一種「避實就虛」式的解決問題的方式，更多的是關注如何在擱置爭議的前提下增進共識，在充分繼承和發揮現有兩岸互動的積極氣氛情況下推動兩岸「政治關係」的談判和協商。

綜合以上兩種思路，再作進一步思考，就需要解決「正視現實」與「增進共識」的協調問題，也就是「一個中國」前提下的兩岸關係（特別是政治關係）定位問題；需要解決政治關係的定位與「追求幸福」、「實現復興」的聯繫問題，特別是體現在具體事務上的聯繫，而不僅僅是語言邏輯上的關係；需要解決和平發展框架的過渡問題，即是在承接兩岸關係和平發展的既有成果基礎上，如何開創一個更為良好的、可持續發展的途徑問題。

（二）影響兩岸關係的間接性要素分析

構建兩岸關係和平發展框架，雖然是兩岸之間的事務，即「一個中國」的內部事務，不容外部勢力干涉，但在地緣政治和國際政治的綜合考量下，不可否認相關的地區及國際因素必然對構建兩岸關係和平發展的框架產生一定的影響。具體問題包括：

1.構建兩岸關係和平發展的框架與地區及國際利益格局的關係。

2.構建兩岸關係和平發展的框架與地區及國際社會在兩岸關係方面的相關認知、評價的關係。

上述兩個問題無疑是在構建兩岸關係和平發展的框架進程中必須充分重視和審慎應對的。

三、關於構建兩岸關係和平發展框架的現實層面認識

對於構建兩岸關係和平發展框架的現實層面議題的處理和操作，基本上就是源自於思維領域對兩岸關係和平發展框架的認識展開的。核心是處理三個問題：「一個中國」前提下的兩岸的「政治關係」；「政治關係」的定位與「追求包括臺灣同胞在內的全體中華兒女的幸福，實現中華民族的偉大復興」之間的關係；兩岸關係和平發展框架如何把握現階段兩岸關係的形勢，堅持對兩岸人民有利的原則，開創良好的、可持續發展的途徑。同時，包括如何最大限度地爭取地區、國際的認同，增進兩岸關係和平發展與地區、國際利益增量的同步等。

在以上三個核心問題中，一般認為，有關「政治關係」的定位是最為難以確定的因素。按照部分學者的認識，在「正視現實」基礎上的「政治關係」，就是「一個中國」之下兩岸政治地位的說明，提出了包括「最高權力方」、「交戰團體」、「整個中國」下的「各自憲政秩序」等說法，以儘量模糊對「一個中國」的主權爭議，或者說實現在「一個中國」之下的主權共享。然而，不難發現，「最高權力方」的概念雖然可以模糊在主權性質的「國家」名號上的衝突，但在涉及對外事務上依然容易造成衝突；「交戰團體」雖然可以按照「內戰遺留並延續」的邏輯得以成立，但兩岸也僅是在此基礎上解決了「和平」問題，即解決了邏輯理解上的部分衝突，而同現實的「發展」和要實現「結束政治對立」的期待是不相匹配的；「整個中國」（whole china）也確實一定程度緩解了「一個中國」（one china）的含糊性和爭議性，然而，「一個中國」的表述在兩岸關係及其政策歷史上具有相當的持續性，要突破這種表述，則需要兩岸當局決策者的重新認識。同時，「整個中國」在對外事務中的代表權問題則又需要重新動用更多的國際資源，使之適應並予以接受。

更為關鍵的是，倘若從大陸方面制定兩岸政策的最終目的——實現國家和平統一的角度去理解，這種對「政治關係」的表述合理與否，直接關係到是否會出現部分學者敘述的造成臺灣「和平獨立」的狀況。基於此，部分大陸學者提出，儘管兩岸關係和平發展框架具有過渡性性質，但仍然要體現和平統一的最終趨勢。面對現階段臺灣當局的「不統、不獨、不武」的基本政

策,要達成在框架中體現長遠目標,自然需要相當的協商成本。正因如此,有臺灣學者在總結東西德統一的經驗中,提出構建兩岸關係和平發展框架的前提不僅需要「一中各表」的共識,而且更需要的是「一中共表」的共識,這顯然有賴於兩岸密集的、甚至是持久的協商互動,同時相關國際因素的壓力自是明顯的。

按照上述邏輯,在「政治關係」的說明難以確定的情況下,相關的框架路徑、細節說明,甚至是正常的兩岸協商談判等都將受到影響。因此,如何在具體意見和政策精神的指導下構建兩岸關係和平發展的框架,需要將以上三個核心問題有機結合加以理解,以便打開思路。這無論是在政策制定方面,還是對兩岸民眾及國際社會的相關表述方面,似乎都具有拓展的可能性。

(一)「政治關係」作為理解起點的嘗試性思考

胡錦濤總書記在「12·31」講話中對兩岸關係的表述是:「1949年以來,大陸和臺灣儘管尚未統一,但不是中國領土和主權的分裂,而是上個世紀40年代中後期中國內戰遺留並延續的政治對立,這沒有改變大陸和臺灣同屬一個中國的事實。」[8]這是對兩岸關係過去的一個基本概括,也為兩岸關係的現狀予以明確的描述。既然是「內戰的遺留並延續的政治對立」,那麼「大陸和臺灣同屬一個中國」是不容置疑的。因此,在進行「政治關係」的協商談判之前,必須明白「政治對立」究竟是指什麼,是關於「一個中國」的主權之爭、「一個中國」之下的主權共享、或者僅是內戰的衝突,因而要去完成的就是「結束敵對狀態」?以上的討論貫穿於兩岸學者有關兩岸定位的所有討論中。

但是,假如轉換思路,重新審視這種「內戰遺留並延續的政治對立」,似乎可以發現更多不同的內容。在《中華人民共和國憲法》的序言中,似乎可以認清這種「政治對立」的實質內容。序言的第一、二自然段內容是「中國是世界上歷史最悠久的國家之一。中國各族人民共同創造了光輝燦爛的文

化，具有光榮的革命傳統。」，「一八四〇年以後，封建的中國逐漸變成半殖民地、半封建的國家。中國人民為國家獨立、民族解放和民主自由進行了前僕後繼的英勇奮鬥」。緊接著的第三自然段出現轉折，「二十世紀，中國發生了翻天覆地的偉大歷史變革」。隨後的第四自然段是「一九一一年孫中山先生領導的辛亥革命，廢除了封建帝制，創立了中華民國。但是，中國人民反對帝國主義和封建主義的歷史任務還沒有完成」。然後順承的第五自然段是「一九四九年，以毛澤東主席為領袖的中國共產黨領導中國各族人民，在經歷了長期的艱難曲折的武裝鬥爭和其他形式的鬥爭以後，終於推翻了帝國主義、封建主義和官僚資本主義的統治，取得了新民主主義革命的偉大勝利，建立了中華人民共和國。從此，中國人民掌握了國家的權力，成為國家的主人」。

在以上所引述的憲法序言中，既對中國和中華民族作了概括的描繪，也對由「中華民國」到中華人民共和國的發展過程作了明確的敘述。「政治對立」的實質就成為在中國和中華民族的前提下，「中華民國」和中華人民共和國在現代爭取民族獨立和國家富強道路上的分歧。這種分歧才是內戰背後的真正原因。因此，所謂「政治對立」的核心在於「國家發展道路」的分歧和衝突，但最終立足點仍然是兩岸全體中國人民的福利，同現階段臺灣當局提出的「以臺灣為主，對人民有利」的原則是並行不悖的。

在這種狀況下，對「政治對立」的理解就不僅要超越主權和領土之爭，超越「主權在民」和「主權共享」的緩衝考慮，更需要超越對主權問題的糾結。兩岸本來就是在各自的憲法框架下，追求全體人民的福利，「政治」的含義不是所謂主權或主權性的相關事務，而是與全體人民的事業相關的，用政治學專業術語來講，就是「公共事務」（public affairs）。「政治對立」就是對「how to deal with public affairs」的不同回答。實質上，就是回歸到「政治」概念的本義、即關於其公共性的考慮上。不僅是兩岸內部具有公共性，兩岸之間的事務也具有公共性。國內法、國際法意義上的公權與私權的二分法必須超越去理解。「政治」不僅是個主權或與主權相關的名詞，更是與公共事務相關的名詞。解決兩岸「政治關係」的談判，就可以置換成為如何最

大程度地構建相關機制，最大限度地降低兩岸人民在事務交往過程中的生產費用和交易費用。換言之，兩岸從上世紀80年代開放探親以來的各種交流，包括「大三通」的實現等，一般意義上的經濟、文化、人員往來和交流正是在實踐結束這一公共性意義上的「政治對立」。也就是說，當人們從傳統的政治、經濟、文化等簡單而又刻板的劃分中超越出來，在「一切問題都是政治問題」的「大政治」的眼光考慮下，現階段所極力推動的就不僅僅是在發展一種「先經後政，先易後難，循序漸進」的操作手法，而是自始其實就一直在解決兩岸公共性的政治問題，結束「政治對立」。尤為關鍵的是，在這一過程中，要尋求的不僅不再是一種「主權和領土的再造」，而是如何協調公共性事務。這既是對兩岸全體中國人和中華民族的福利，也是一種新的「政治再造」的過程。

由這一基本認識出發，構建兩岸關係和平發展的框架所面臨的另外兩個核心的問題就自然而然容易理解和面對。當上述對「政治再造」的認識突破之後，對「政治關係」定位的重新理解，就決定了不需要再透過具體的兩岸政治實體的地位、功能、限度等界定框架來實現兩岸全體同胞的最大福利，而是我們以前已經完成的、現在正在從事的、未來將要推動的「政治關係」的塑造。同時，這種基於兩岸福利的各種交流活動的展開、交流機制的建立和擴大，自然是可持續發展的，也是在全球化背景下的必然反應，即使是外部勢力的干涉阻攔也難以奏效。換言之，這正是「做臺灣人民工作」、「寄希望於臺灣人民」的必然結果。

（二）兩岸關係和平發展框架的合理表述和結構設計

1.合理表述方面

以上試圖在邏輯層面透過「政治再造」的理解予以解決構建兩岸和平發展框架的三個核心問題。理論上既承接了過去，也總結了經驗，同時也充實了內涵。然而，這種論證的合理性，畢竟需要透過一套合理的表述方式和結構設計來體現。從戰略層面思考，無論是作為政策制定主體的方面，還是作

為政策協調的另一方面,都需要給予兩岸民眾一種正式的表述,需要儘量使國際社會在承認的基礎上提供情感的認同和實際的支持。

「政治再造」理解的基本面就是附和——「兩岸復歸統一,不是主權和領土再造,而是結束政治對立」。「結束政治對立」就是兩岸在擱置關於國家發展道路分歧的前提下,最大限度地促進兩岸全體中國人的最大福利。統一就是追求幸福的事業,是共同去維護國家主權和領土的完整,不存在誰要統治(government)誰的問題,而是在面對公共事務(public affairs)的情況下,共同去治理(governance)的問題。統一的對象不是主權和有關主權的爭議,而是統一去治理(governance)「兩岸關係中歷史遺留的問題和發展過程中產生的新問題」。這也就是本著兩岸人民的福利原則,基於問題的事務意識,在維護兩岸關係和平發展良好局面的情況下,繼續對現在亟待解決和將來即將面臨的問題的共同應對。

因此,兩岸關係和平發展的框架不是對假設存在的框架內容中的「和平」、「發展」的逐次分析,而是對「和平發展」的綜合說明,並且是在實質意義上的歸納表述。所要實現的不僅是象徵意義上的和平發展路徑,更是充分證明我們正在從事和將要推動的和平發展道路。現行的兩岸之間的兩會協商、國共平臺、「大三通」實現、ECFA簽訂以及大交流的局面等,都是這個框架的現實表現,將要討論的兩岸軍事安全互信機制、打擊犯罪(走私、刑事犯罪、洗錢等)、核能安全合作、海上事故救助、地區開發合作等等,以及可以協商進行的向聯合國申報的大陸架數據、南中國海領土和資源開發、釣魚島問題等,都直接地或者潛在地成為兩岸共同治理的內容,都是有利於兩岸關係和平發展的。按照《反分裂國家法》第六條的具體要求,就是「鼓勵和推動兩岸人員往來,增進瞭解,增強互信;鼓勵和推動兩岸經濟交流與合作,直接通郵通航通商,密切兩岸經濟關係,互利互惠;鼓勵和推動兩岸教育、科技、文化、衛生、體育交流,共同弘揚中華文化的優秀傳統;鼓勵和推動兩岸共同打擊犯罪;鼓勵和推動有利於維護臺灣海峽地區和平穩定、發展兩岸關係的其他活動」。[9]

總而言之，當對「政治關係」的認識進行了「政治再造」之後，兩岸的經濟、教育、文化等領域的事務性協商談判的地位就再也不應該作為一種政治性協商的輔助地位或是發揮一種基礎性的作用，而應當認為這就是一種「政治」協商談判的內容，應該延續並且持續推動的。對其合理的表述就是兩岸共同治理（governance），不涉及到與主權相關的統治（government）。

2.結構設計方面

顯而易見，既然兩岸關係和平發展框架不同於直接在名義上與「和平發展」對等的表述，而是在實質內容上的「和平發展」。構建其基本架構的原則就是在維持現狀的基礎上擴大共識性利益的活動。不僅是兩岸雙方的雙贏性行為，也是兩岸以及國際社會的三贏行為。

具體內容上，一方面體現為現行的兩會協商機制、國共交流平臺、在涉外性事務的個案協商，以及潛在可能的與臺灣的反對黨的對話和交流。更重要的是，兩岸的企業法人機構、社團性法人機構的交流在既有交往活動過程中將扮演更為成熟的、更為重要的角色；同時對於在兩岸公共性事務中的特殊利益群體、相關階層力量也必須繼續吸納。譬如，兩岸的漁業、旅遊業、交通業的相關行政服務機構及從業人員的利益表達吸收和綜合等。具體機構設置上，應予考慮設計一種類似「兩岸共同治理委員會」的輔助機構，其法源效力應該來自於兩岸相關性利益團體和個人的協商、兩岸官方的合法承認，在處理兩岸間的公共性事務中產生作用，也許ECFA架構下的「兩岸經濟合作委員會」就是這方面的體現，一定程度上也是「民治」、「民享」、「民有」最直接的體現。兩岸間的事務應該是直接涉及兩岸關係的利益群體以及與此相關的附屬利益群體的綜合治理。

由此看來，這種既包含官方、企業法人、社團性法人、自助性質的相關利益個體的利益綜合，同時賦予其法律授予的「治理」權，正是兩岸基於「結束政治對立」，也是體現「以臺灣為主，對人民有利」的原則，最終目的都是服務於「追求包括臺灣同胞在內的全體中華兒女的幸福」，因而最大

限度地減小兩岸人民在接受和認可層面的阻力。同時，在國際方面，以實質性事務的協商為主要內容的「兩岸治理」，同各國承認的「一個中國」和維持現狀基礎上的兩岸關係改善並不衝突，其可見的負面效應也可相應地得以控制。畢竟在全球化浪潮的衝擊下，雖然各國貿易保護主義、民族主義興起沖淡了全球治理的發展，但直接的國際金融危機以及類似的全球性事務（包括環保、能源、氣候、恐怖主義等問題）都直接地推動地區間、國際性的共同協商，「兩岸治理」的理唸完全符合這種基本認知，甚至可以認定為一種特殊的區域治理模式。

四、政治協商及談判是構建兩岸關係和平發展框架的重要途徑

從本文開篇所引述的胡錦濤總書記2008年「12・31」講話中不難看出，政治協商及談判是構建兩岸關係和平發展框架的重要途徑及手段，而且將貫穿於構建兩岸關係和平發展框架的全過程，其中包括講話中提到的「平等協商、務實探討、接觸交流、探討、協商」等概念。

既然政治協商及談判是構建兩岸關係和平發展框架的重要途徑及手段，那麼建立相對穩定的政治協商機制就應當擺上議事日程，作為長期推動兩岸關係和平發展的重要步驟之一。

「兩岸政治協商」就是海峽兩岸執政當局透過溝通、協調和談判等方式對共同關心的政治議題取得共識的過程。兩岸政治協商的主體是兩岸執政當局，近程目的是解決兩岸關係和平發展過程中政治方面的分歧與障礙，奠定兩岸關係和平發展的政治基礎；遠程目的是實現中國的統一。

兩岸政治協商機制，是指兩岸公權力機構及其授權機構、社會團體法人、企業法人、公民代表之間為解決涉及政治利益的事務而共同確立的規範、制度和機制的總稱。廣義上講，是指兩岸公權力機構及其授權機構、政黨、社會團體法人、企業法人、社會代表為互涉事務而共同確立的規範、制度和機制的總稱。狹義上講，僅指兩岸公權力機構及其授權機構在協商涉及

政治利益的事務方面共同確立的規範、制度和機制的總稱,既包括正式的規範和制度,也包括相對非正式的機制。

縱觀2008年5月以來,兩岸協商所涉及的主要是經貿、民間等方面交流的事務。秉持「先易後難,先經後政,循序漸進」的原則,兩岸先不涉及爭議分歧較大、敏感程度較高、解決難度較大的政治議題,而先從經貿和事務性方面談判入手。這一原則是切合實際而突顯政治智慧的,三年來取得了兩岸關係大發展的纍纍碩果。

然而,儘管現階段兩岸不以政治性協商為主軸,但是政治協商卻是不可迴避的。原因在於政治與經濟密不可分,在經貿談判的過程中不可能完全不涉及政治。兩岸關係的癥結在於政治問題,經貿關係不正常的根本原因在於政治的分歧。政治問題不解決,經貿談判的進行也不可能深入。政治議題和非政治議題是無法截然分開的。更重要的在於,兩岸必須透過政治協商,確立兩岸關係和平發展的框架及解決相關的問題。雖然經貿方面的協商將為政治協商的舉行提供某些規範、路徑、制度和機制的準備,但經貿協商不能也無法代替政治協商。馬英九先生曾經表示,如果連任,兩岸協商將觸及政治議題。兩岸對政治協商都有推動的需求和期待,可見兩岸政治協商的籌備勢在必行,在《兩岸經濟合作框架協議》簽訂之後應當可以著手這一方面的準備。

兩岸政治問題錯綜複雜,敏感度極高,不可能迅速達成共識。在當前兩岸關係缺少有效保障機制的情況下,兩岸關係仍然存在變數,一旦臺灣政局劇變或者國際形勢衝擊,兩岸關係仍然有可能發生逆轉,因此需要建立正常、定期、制度化和可持續的對話機制,即建立相對穩定的兩岸政治協商機制。

兩岸政治協商及談判的具體內容包括:①兩岸關係現狀的定位;②結束敵對狀態;③建立軍事安全互信機制;④簽署和平協議;⑤臺灣「國際空間」問題;⑥兩岸政權的定位問題。

兩岸政治協商機制功能包括：①協商兩岸政治問題，溝通兩岸政治分歧。②落實兩岸關係和平發展的框架。③討論關於臺灣的最終政治安排，實現兩岸和平統一。

兩岸政治協商機制形式載體可以包括：智庫及相關學術單位（包括與民進黨及其他政治勢力背景的智庫和學術單位）的交流；國共論壇及海峽論壇；兩會協商；兩岸當局的直接談判；兩岸領導人的直接見面。

兩岸政治對話和協商的運行方式以官方主導為主、民間推動為輔。現階段可由大陸和臺灣各界人士提出建議，學術單位相互溝通，各種論壇提出框架，最終由兩會談判協商簽署協議。兩岸政治協商機制將正式的談判機制與論壇形式、官方與民間結合起來，形成多軌並進、多層次、網絡狀的協商體系。現階段可全面鋪開進行，但不必大張旗鼓。整體協商遵循「由易到難，循序漸進」的原則，實行制度化、定期化的會晤機制。協商雙方權利必須平等，利益表達機制必須暢通。兩岸政治協商應建立常設的聯絡機構或者雙方互設辦事處，保證日常的溝通和處理各種危機及突發事件。兩岸政治協商的成果，最終須由兩岸行政機構，即大陸國務院和臺灣「行政院」實施；涉及法律的部分須經兩岸立法機構審議透過。談判的過程必須開放透明，尊重兩岸各界人士和廣大民眾的意見。

現階段有必要認真回顧及總結以往三年來已經建立的兩岸各種交流溝通協商載體運行的正反兩方面經驗，切實檢驗其效果，客觀評估其影響，即與原先的宗旨和目標及其預期成果的落差。

基於兩岸關係的特殊性，無論是國際上的「兩德模式」，還是中國收回港澳的模式，對兩岸政治協商的借鑑意義都十分有限。兩岸政治協商機制應該是一個具有特色的政治協商機制。兩岸政治協商是複雜而敏感的，而如何建立兩岸政治協商機制本身也是複雜而敏感的。建立兩岸政治協商機制需要兩岸領導人和民眾具有高超的政治智慧和求同存異的胸懷。

兩岸協商談判中的「兩岸特色」：理論意涵與實踐特徵

廈門大學臺灣研究院　李鵬

　　胡錦濤在紀念《告臺灣同胞書》發表30週年的講話中提出，「把深化交流合作、推進協商談判作為推動兩岸關係和平發展的重要途徑」[10]。從上個世紀90年代初海協會和海基會開始商談與對話以來，兩岸之間的協商談判經歷了曲折的過程。1993年兩會舉行了歷史性的「辜汪會談」；1998年實現了「辜汪會晤」；1999年李登輝提出「兩國論」和2000年陳水扁上臺後，兩岸商談因為臺灣當局的「臺獨」分裂活動而被迫中斷。直到2008年6月以來，兩會領導人在「九二共識」的基礎上恢復協商，先後在大陸和臺灣進行了六次會談，達成了15項協議，兩岸協商談判才真正實現制度化，成為兩岸關係和平發展進程中不可或缺的重要組成部分。應該說，兩岸的協商談判從一開始就具有鮮明的「兩岸特色」。經過近20年的實踐，當前有必要對兩岸協商談判中的「兩岸特色」的理論意涵和實踐特徵進行分析和總結，以期對今後兩岸關係發展有所啟示。

「兩岸特色」協商談判的特性與意涵

　　從理論上準確理解「兩岸特色」，對於探索和推進兩岸協商談判實踐具有重要意義。按照現代漢語的解釋，「特色」是指一個事物或一種事物顯著區別於其他事物的風格、形式，是由事物賴以產生和發展的特定的具體的環境因素所決定的，是其所屬事物特有的。由此可見，「特色」來自於比較，但不能簡單地將「兩岸特色」等同於「兩岸獨有」或「兩岸特殊」。兩岸協

商談判的「兩岸特色」強調的是建立在普遍性基礎上的特殊性，在符合一般性或普遍性談判規律，符合基本的談判規則或慣例的基礎上，更強調契合兩岸關係的實際。具體來說，「兩岸特色」指的是，大陸或臺灣與其他國家或地區所進行的談判，相較於其他國家或地區之間的談判，海峽兩岸在進行協商談判時，其風格、形式、策略、路徑和內容具有一些不同的特點。「兩岸特色」的協商談判必須要立足於大陸和臺灣的基本現實，符合兩岸關係發展的基本規律，考慮到臺海形勢的發展變化，有利於實現兩岸同胞的共同利益和推進兩岸關係的和平發展。賈慶林主席2009年7月在第五屆兩岸經貿文化論壇上表示，兩岸透過商談建立的機制，「要考慮到兩岸的實際狀況，立足於兩岸現實，既要適合臺灣，又要適合大陸；既要面向兩岸同胞、面向中華民族未來，又要面向世界」。[11]這就是「兩岸特色」。

胡錦濤和大陸官方在正式講話和文件中主要使用「協商談判」這個表述，而不是單純地用「對話」、「商談」或「談判」，本身就具有一定的兩岸特色。從字面上理解，「協商談判」包括「協商」和「談判」兩個層面的意涵，「談判」是「就共同關心的問題互相磋商，交換意見，尋求解決的途徑和達成協議的過程」；「協商」是指「共同商量以便取得一致意見」。這兩個詞並列使用有「相得益彰、相互補充」的效果，「協商」顯得比較親切，「談判」則看似比較正式；「協商」比較強調理性的溝通和交流，「談判」則博弈較量的意味較為濃厚；「協商」側重經濟社會議題，「談判」則聚焦在政治安全議題。從上述意義上講，兩岸「協商談判」是一個剛柔並濟的概念，它強調「協商」與「談判」的相輔相成，協商有助於營造良好的談判氛圍，談判有助於創造一個雙贏的結果。具體來說，「兩岸特色」的協商談判具有以下特性和理論意涵：

首先，兩岸協商談判從本質上屬於中國內部事務的範疇。

兩岸之間的協商談判不是「國與國」之間的談判，兩岸談判理應是中國的內部事務。世界上只有一個中國，大陸和臺灣同屬一個中國，儘管兩岸尚未統一，但中國的主權和領土並沒有分裂，兩岸同屬一個國家的事實必須正

視和承認。提出「國家球體理論」的劉國深教授認為，目前的臺海現狀有兩個基本現實必須承認，即中華人民共和國取代中華民國成為國際社會普遍接受的代表中國的政治象徵；所謂中華民國政府架構仍然存在於臺灣，而且仍得到少數國際社會成員的承認。[12]無論從法理上還是從國際政治現實來看，世界上只有一個中國，大陸和臺灣同屬一個中國，中國的主權和領土完整沒有被分割，這是兩岸關係的基本現狀，也是確定臺海安全屬性的基本前提。從國際社會依然普遍承認一個中國政策、當前臺灣的「憲政體制」依然維持著「一個中國」的法理架構來，也可以得出此結論。即使是同臺灣當局維持「邦交」而與中華人民共和國未建交的國家也沒有違背一個中國的事實，只不過他們認為「中華民國政府」是中國在國際社會的「合法代表」。因此，兩岸協商談判與過去的聯邦德國和民主德國、南北也門、朝鮮與韓國之間「國與國」的談判性質上完全不一樣，而是一個國家內部兩個競爭性政權之間為結束政治對立、促進民間交流而進行的談判。

其次，兩岸協商談判要考慮到特殊的歷史背景和民族情感。

兩岸同胞是血脈相連的命運共同體。這種命運共同體在很多兩岸同胞看來就是「兩岸一家」，凸顯兩岸同胞血脈相連、歷史相承、文化相通、情義相挺、休戚與共的民族情感。雖然19世紀英國首相帕麥斯頓有名言稱，「沒有永遠的朋友，也沒有永遠的敵人，只有永遠的利益」，但兩岸民眾共同的民族情感和歷史文化背景依然是維繫兩岸關係的重要紐帶，依然是兩岸協商談判過程中必須要考慮的重要因素。兩岸之間的協商談判不可能完全建立在理性算計和赤裸的利益訴求基礎之上。兩岸同胞都是中國人，兩岸協商談判集中體現了兩岸同胞要接觸、要交流、要合作的強烈的民族情感和民族意願。胡錦濤2008年6月13日在會見臺灣海基會董事長江丙坤和海基會代表團成員時表示，在世界上不同國家、不同民族尚且能夠透過協商談判化解矛盾、解決爭端、開展合作，兩岸同胞是一家人，更應該這樣做，而且應該做得更好。[13]

再次，兩岸協商談判必須以民族利益和共同利益為依歸。

兩岸協商談判的過程實際上就是解決利益衝突，尋找、確認和實現共同利益的過程。美國學者艾克列認為，談判就是「在利益衝突時，為達成協議而提出各種明確方案，進行利益交換或實現共同利益的過程」。[14]兩岸關係從某種意義上講也是一種利益關係，利益衝突和共同利益同時存在。臺灣學者吳秀光認為，一般而言，會步上談判之途的相關參與者，他們的利益不是完全重疊，也不是完全衝突，只有在部分衝突、部分不衝突的情況下，談判才有可能發生。[15]兩岸間共同利益的實現並不是利益衝突的簡單擱置或消弭，也不是兩岸之間單純的利益交換或妥協，更不是對中華民族的總體利益進行平均分配。它的實現取決於主觀和客觀兩個方面，即兩岸一致性共同利益基礎的客觀存在以及雙方當局對共同利益的主觀認識，以及透過協商談判謀求合作的善意與誠意。兩岸協商談判過程中，兩岸特色不僅表現為要考慮到兩岸同胞的共同利益，更表現為要有利於中華民族的整體利益，有利於中華民族的偉大復興。

最後，協商談判是實現兩岸關係和平發展的必由之路。

透過協商談判來實現和平發展、維護統一，是一種與中國歷史上任何一次國家統一都不同的模式。筆者曾經將「兩岸關係和平發展」定義為，在兩岸關係發展中確立「和平」作為兩岸同胞共同追求的一種價值的觀念，消除破壞臺海地區和平穩定的根本威脅，消除可能導致使用非和平手段或發生衝突、戰爭的一切隱患；在此基礎上，透過擴大交流、加強合作、增進互信、建立機制等各種途徑，逐步解決兩岸之間存在的政治、經濟、社會、安全、外交等各方面的利益分歧，擴大兩岸在各領域的共同利益基礎，實現兩岸關係在和平的基礎上實現發展，以發展的成就來保障和平的良性循環過程，使兩岸關係朝著有利於國家最終統一的方向邁進。[16]兩岸協商談判的需求是兩岸關係發展到一定程度的產物，在兩岸隔絕和軍事對峙時期，任何形式的協商談判都不可能；在兩岸持續緊張和對立時期，協商談判也被迫中止。因此，和平發展與協商談判是相輔相成的，沒有協商談判就沒有和平發展，沒有和平發展，協商談判也無法得到保障。從某種意義上說，兩岸關係的和平發展與最終實現完全統一的過程，就是兩岸透過協商談判，最終形成兩岸都

可以接受的制度化安排的過程。

「兩岸特色」協商談判的實踐特徵

兩岸協商談判已經走過近20個年頭，回顧1990年代以來兩岸協商談判的歷史實踐，海協會會長陳雲林曾表示，兩岸協商談判不僅是推動兩岸關係改善與發展的重要途徑，也是維護兩岸關係政治基礎的有效方式；兩會協商成功與挫折兩個方面的經驗，為我們推進兩岸關係和平發展提供了深刻的啟示。[17]兩岸協商談判的深刻啟示還體現在其「兩岸特色」的實踐中。兩岸協商談判之所以與其他的談判有這樣那樣的區別，主要有以下幾個方面的實踐特徵：

一、兩岸協商談判的基礎與前提

兩岸的協商談判非常強調堅持「九二共識」、反對「臺獨」的政治基礎。雖然臺灣島內有些政黨和政治人物提出，在「不預設前提下」與大陸進行對話和溝通，美國有些人也認為大陸不應該為兩岸對話預設「一個中國」的前提，但兩岸之間的協商談判從來都不是沒有前提和條件的，這也是兩岸在過去協商談判實踐中的一個最重要的特色所在。從兩會正式接觸到展開事務性商談，雙方就如何對待一個中國原則問題，進行過複雜的交鋒。兩會接觸和商談初始，海協會即主張兩會的交往、事務性商談應該遵循一個中國原則。「九二共識」的最大意義在於它體現了一個中國原則，它對兩岸關係發展的指導意義不僅僅侷限於兩會的商談中，而是成為兩岸各項接觸和商談的重要政治基礎，也是判斷臺灣當局政策意圖和兩岸關係形勢好壞的重要指標。沒有1992年兩岸在香港達成的共識，就沒有1993年的「辜汪會談」；正是因為李登輝的分裂活動和陳水扁不接受「九二共識」，兩會商談才中斷10年之久；也正是因為確認了「九二共識」這一基礎，兩會才在2008年恢復了商談。國臺辦主任王毅2011年7月29日在中國駐芝加哥總領館為旅美臺胞代表舉行招待會並發表講話指出，在兩岸關係呈現和平發展光明前景，但又面臨種種挑戰的情形下，推翻這一前提、否認這一共識，將難以想像兩會如何

繼續透過平等協商解決兩岸間的各種現實問題;難以想像兩岸如何在政治分歧猶存的情況下繼續建立互信、良性互動;難以想像兩岸如何為彼此頻繁交流、深化合作繼續提供良好氣氛和必要環境。[18]

二、兩岸協商談判的目標與方向

任何協商談判總是以某種利益的滿足為目標,是建立在人們需要的基礎上的,這是人們進行談判的動機,也是談判產生的原因。兩岸協商談判的目標可以分為多種層次,基本上有階段性目標和終極目標,短期目標和長期目標,部分目標和整體目標之分。兩岸協商談判既是一種手段、一種過程,也是一種結果。無論作為手段、過程還是結果,它都是圍繞著一定的目標進行的。作為手段,兩岸協商談判的目標可以是透過協商談判,解決兩岸經濟、社會、文化領域交流交往中的具體問題,建立起問題解決和協調機制;作為過程,兩岸協商談判的目標可以是透過協商談判,促進兩岸之間的溝通與瞭解,增進互信,以促使兩岸建立的各種機制充分發揮效用,達成制度性安排或協議;作為結果,兩岸協商談判的目標可以是達成一系列具體的經濟、文化甚至是政治協議。無論如何,兩岸協商談判的最終目標是要服從和服務於兩岸關係發展的階段性和整體性目標,某一時期的目標是與當時的兩岸關係形勢和政策任務密切聯繫的。就當前而言,兩岸協商談判的目標就是要鞏固兩岸關係和平發展的新局面,確保兩岸關係和平發展的格局和趨勢不被改變。

三、兩岸協商談判的身分與對象

由於兩岸之間關於政治地位問題的分歧尚未解決,兩岸在進行協商談判時的在主體、身分、對象問題上的處理也可以說是「兩岸特色」之一。臺灣學者楊開煌將「兩岸談判」定義為,從廣義來講,只要是經由雙方政權或政權所委託的代表,就共同關切的委託尋求解決方案,所進行的接觸都屬之;就狹義而言,則應該專指兩岸政權間的接觸。[19]但就目前而言,兩岸協商談判還只能是廣義上的。海協會和海基會名義上是屬於民間協商機制的範疇,

海協會在大陸的登記性質為「社會團體法人」，海基會在臺灣的登記性質為「財團法人」。但與純粹的民間機構不同的是，兩會是經過官方正式授權從事兩岸交流、聯繫和協商談判的機構。黃嘉樹教授認為，海協會是「以官扮民」，海基會是「以民扮官」，都是接受兩岸當局的授權，談判的內容有時候一定會涉及公權力，而兩岸當局也必然會進行政策把關和幕後操縱。從兩會的實際運作來看，兩岸的官員也以專家和顧問甚至以代表團成員的身分參與了兩會商談，這不僅使兩岸當局直接介入了兩會商談，也為日後兩會脫下「白手套」作了鋪墊。[20]除了兩會之外，兩岸之間還曾在官方無法進行直接接觸情況下授權民間團體、行業協會、企業組織或法人團體進行過協商與談判。民進黨當局執政期間，由於其不接受一個中國原則，不承認「九二共識」，使得兩會的協商無法恢復，祖國大陸從務實可行的角度出發，「考慮到兩岸民間行業組織多年來建立了順暢的溝通渠道，就技術性、業務性問題進行過深入探討並達成了許多共識」[21]，因此主張以「民間對民間、行業對行業、公司對公司」的方式來進行協商。

四、兩岸協商談判的路徑與策略

為了更為順暢地推動兩岸協商談判，兩岸之間務實地、實事求是地確定協商談判的進度。兩岸關係發展有著自身的規律，會受到各種因素的影響，兩岸關係和平發展是一個長期、艱巨和複雜的過程，需要有足夠的耐心和包容心，體現在兩岸協商談判上就是要實現原則性、包容性和靈活性的有機結合，既要立足於當前，也要著眼長遠，既要體現特定領域的特點，也要適應兩岸關係發展的需要。這樣做的目的和好處，一方面是體會到臺灣島內特殊的政治環境和兩岸關係特殊的歷史背景，為了使大陸的對臺政策主張，儘可能地被臺灣民眾所瞭解、理解和接受；另一方面，也是為了在兩岸接觸商談時，為臺灣當局和兩岸政治關係的處理留下餘地，以便在維護中國的主權和領土完整不容分割的前提下，爭取兩岸互利雙贏的結果。[22]胡錦濤提出，兩岸協商總體上還是要先易後難、先經後政、把握節奏、循序漸進，但雙方要為解決政治問題進行準備、創造條件。[23]同時，為了照顧到臺灣島內的特殊情勢，在兩岸經濟合作框架協議的談判中，大陸多次明確表示，我們充分考

慮到兩岸經濟規模和市場條件的不同，充分照顧臺灣中小企業和廣大基層民眾的利益，特別是廣大農民的利益。

「兩岸特色」協商談判面臨的挑戰

從以上的分析中我們可以看出，兩岸協商談判是一個具有高度敏感性和非常複雜性的議題，它不僅涉及兩岸之間的問題，還涉及島內政局和臺灣民意的發展變化，以及美國、日本等國際社會的態度等等。雖然過去幾年，兩岸之間的協商談判取得了積極進展，但依然面臨著來自各方面的挑戰，有些「兩岸特色」還不被島內某些政治勢力所接受，也不被某些外國勢力所理解。因此，如何維護兩岸協商談判的政治基礎，深化兩岸政治互信，促進兩岸協商談判向更廣更深層次發展，依然是兩岸同胞需要努力的方向。

第一，島內共識缺乏和政局變化對兩岸協商談判的影響。

兩岸協商談判在大陸和臺灣內部都必須有高度的共識和民意基礎。大陸從黨和政府到普通民眾，在透過協商談判來改善和發展兩岸關係問題上有著高度共識。但兩岸關係不只是簡單的大陸與臺灣的雙邊關係問題，不只是過去的國共關係問題，而是大陸與臺灣的執政黨、在野黨三方互動關係問題。[24]臺灣目前是一個藍綠政治高度對立的社會，藍綠政黨在發展兩岸關係的一些基本問題上還存在深刻的分歧，遠沒有形成基本的共識。其影響主要表現在以下幾個方面：首先，由於民進黨迄今拒絕承認「九二共識」，也沒有改變「臺獨」分裂主張，如果臺灣島內政局發生變化，大陸和臺灣當局的協商談判將會缺乏共同政治基礎。一旦兩會的協商談判再度被迫中止，兩岸經濟合作框架協議的後續協商、兩岸經濟合作委員會的繼續運作、兩岸15項協議的後續落實，都不可避免地會遭遇到現實的困難。其次，民進黨當局宣稱對兩岸過去三年多簽署的協議進行檢討，雖然表示「不會推翻ECFA全部，只會檢討對臺不利部分」，但兩岸之間的協議從來都不是某個政黨的「黨派行為」或某位領導人的「個人行為」，而是臺灣當局的「政府行為」、「組織行為」和「職務行為」；而且任何協議也都不可能只對大陸有利或只對臺

灣有利，如果僅僅因為政權更迭、因為認為對己不利，就要單方面「檢討」或「推翻」已有協議，即使是「部分推翻」，也會讓大陸在今後的協商談判中感覺到「無所適從」，從而傷害兩岸協商談判的誠意和互信。最後，島內還有一些黨派、政治勢力以及支持他們的民眾，在根深蒂固的意識形態和政黨、團體、個人私利的影響下，對兩岸協商談判還抱有種種疑慮，還會刻意利用兩岸協商談判過程中出現的種種問題，作為攻擊政治對手、贏取政治利益的工具，也是對兩岸協商談判的重大威脅。

第二，兩岸協商談判亟待從經濟領域向其他領域延伸和突破。

雖然兩岸確立了「先經後政、循序漸進」的原則，但兩岸協商談判不可能永遠停留在經濟領域，如何延伸、拓展和深化兩岸商談的議題，已是兩岸需要認真思考和面對的現實問題。早在上個世紀90年代的兩岸對話與商談中，大陸就多次主張「推動兩岸談判進程從以事務性商談為主向政治、政治對話的方向發展」，[25]甚至提出要進行海峽兩岸和平統一談判，作為第一步，雙方可就「在一個中國的原則下，正式結束兩岸敵對狀態」進行談判。胡錦濤在紀念《告臺灣同胞書》發表30週年座談會上的重要講話，除了提出兩岸可以簽訂綜合性經濟合作協議，建立具有兩岸特色的經濟合作機制以外，也提出「願意協商兩岸文化教育交流協議」，「對於臺灣同外國開展民間性經濟文化往來的前景，可以視需要進一步協商」，「對於臺灣參與國際組織活動問題，可以透過兩岸務實協商作出合情合理安排」，「可以就在國家尚未統一的特殊情況下的政治關係展開務實探討」，「可以適時就軍事問題進行接觸交流，探討建立軍事安全互信機制問題」，「協商正式結束兩岸敵對狀態，達成和平協議」等一系列兩岸可以進行協商談判的領域。當前，兩岸協商談判取得階段性進展，順利簽署ECFA等十幾項經濟社會領域的協議，這些協議一方面順應了兩岸經濟社會交流的現實，另一方面其實也是一種在政策落後於現實情況下的「亡羊補牢」之舉。兩岸在其他領域的協商談判，不能永遠落後於兩岸交流的實際，不能總是「後知後覺、被動因應」，而是要「未雨綢繆」，在兩岸文化教育交流日趨密切、臺生在大陸求學人數越來越多、大陸學生也開始到臺灣就讀等背景下，理應將商簽兩岸文化教育

交流協議擺上議事日程。同時，兩岸政治對話是大勢所趨、無法迴避。其實與大陸相比，臺灣方面更需要透過政治對話來解決其在政治定位、國際活動、軍事安全等問題上面臨的困境。雖然當前政治對話的條件和氛圍尚不成熟，但「機會總是只留給有準備之人」，兩岸雙方都需要為政治對話創造條件、預做準備，一旦時機成熟，便可順理成章、水到渠成地開啟政治對話的大門。正如國臺辦主任王毅2010年10月19日訪美時明確表示的那樣，「兩岸關係中存在一些多年積累的難題和政治分歧」，「早晚也需要兩岸雙方在條件成熟時，透過平等協商加以妥善處理」[26]。

第三，兩岸協商談判依然需要增進政治互信和加深民間瞭解。

政治互信是兩岸進行協商談判的官方基礎，民間瞭解是兩岸協商談判的民意基礎。在兩岸之間，無論過去、現在還是未來，互信都是影響兩岸關係和平、穩定和發展非常關鍵性的因素之一。2008年以來，兩岸在反對「臺獨」和「九二共識」的政治基礎上，已經建立起初步的互信，但這些互信還很脆弱，不足以讓兩岸協商談判向某些敏感性議題延展，從長遠來看也不足以支撐兩岸關係和平發展框架的構建。由於兩岸長期以來形成的固有的、結構性矛盾尚未解決，大陸和臺灣在很多問題上看法各異，對對方的動機和意圖也存在很大疑慮，這些都會體現在協商談判的過程之中。如果不繼續增進和深化政治互信，兩岸協商談判進程就難以繼續推進。這也是為什麼兩岸領導人在最近幾年提出的多種版本的「十六字」方針中，無一例外地反覆強調「建立互信」、「增進互信」或「累積互信」的重要性。筆者也曾經提出兩岸要實現「從情感型信任到認知型信任的深化」、「從防範型信任到理解型信任的深化」、「從自利型信任到合作型信任的深化」、「從關係型信任到制度型信任的深化」的觀點。[27]除了兩岸官方要增進政治互信之外，兩岸民間更是應該透過加深瞭解和溝通來累積互信，為協商談判打造一個有利的民意基礎。雖然兩岸開放已24年，但整體上看，兩岸民眾之間的瞭解依然非常有限，部分民眾在一些問題上不能設身處地地尊重對方、理解對方，反而容易受到某些勢力的誤導，甚至產生一些扭曲的認識，對兩岸協商談判產生「是否會過度讓利」、「是否會鼓勵分裂」，或者「是否會出賣臺灣」、

「是否是統戰陰謀」等疑慮。這就需要兩岸持之以恆、堅持不懈地擴大民間交流交往，讓越來越多的臺灣民眾逐漸意識到發展兩岸關係的重要性，對兩岸恢復協商對話和建立經貿合作和民間交往機制保持正面和積極的態度。

第四，兩岸協商談判難免會受到美、日等外來勢力的干擾。

兩岸協商談判雖然是中國內部事務，但不可避免地會引起美國、日本等國際勢力的關注和疑慮。回顧20年來兩岸協商談判過程中美國的態度，我們可以發現，不管是「不介入」、「不鼓勵」、被動「支持」還是積極「歡迎」兩岸進行對話，美國對兩岸對話、協商和談判的關注從未減少。美國對兩岸協商談判的關注主要體現在兩個方面：一方面關注兩岸協商談判的進程，包括協商談判的時機、原則、前提、形式、內容、進度、結果等等；另一方面，美國更為關心的是其在兩岸協商談判中能扮演怎樣的角色，發揮怎樣的作用。筆者認為，當前美國「鼓勵」和「樂見」兩岸對話是有限度的，「不介入」兩岸對話是有前提條件的。也就是說，只有在兩岸協商談判不傷害美國利益，以及在美國能夠瞭解和掌握兩岸協商談判進程的情況下，美國才會「鼓勵」和「不介入」。而迄今為止的兩岸協商基本上都集中在經濟和社會領域，對美國利益的直接影響有限，美國也樂得做順水人情，對兩岸協商表示歡迎和肯定。但是，美國、日本等國際勢力對兩岸關係「走得太快、走得太近」，影響到它們在臺海和亞太地區的利益，不符合其「不統、不獨、不戰」的戰略憂慮，始終存在。一旦兩岸協商談判的步伐讓美、日等國疑慮加深，不排除他們會採取牽制和杯葛的動作。雖然美、日等國只是影響兩岸協商談判的外部因素，但其「介入」或影響這一進程的意圖不容忽視。針對美、日等外部因素，兩岸在協商談判過程中要趨利避害，不僅要努力避免其消極影響，更要想辦法促進它們發揮積極作用。只有這樣，才能夠為兩岸協商談判創造一個良好的外部環境，實現兩岸關係的穩定發展，不斷拓展兩岸關係和平發展的新局面。

也論兩岸政治定位

福建社會科學院現代臺灣研究所　吳能遠

　　陳孔立教授發表的《兩岸政治定位的瓶頸》[28]的大作,對相關問題的研究現狀及面臨瓶頸,作了深刻而簡要的論述。其基本觀點,筆者頗表認同。筆者認為,解決兩岸政治定位時機尚未成熟,但討論時機業已成熟。在談判解決政治難題時,要求臺灣方面作出相應讓步是可期的,但在討論時期,期待臺灣學者在「中華民國是主權國家」的底線上作出突破卻是甚難。學者可以而且應該研究兩岸政治定位問題,但紛紛提出各種模式,卻可能未必有利於兩岸關係發展。破解兩岸政治難題似也難以從定位直接切入,高屋建瓴,而仍然需要循序漸進,在解決相關問題的累積中逐步創造條件,以達瓜熟蒂落,問題獲得最終解決。

一、時機成熟又不成熟

　　陳孔立教授認為,兩岸政治定位問題能否解決,面臨兩個瓶頸,其中之一是「解決兩岸政治定位的條件尚未成熟」,因此,「要真正解決這一難題為時尚早」,「兩岸政治定位問題要留待條件成熟以後解決。急不得,但也等不得」。

　　陳孔立教授在文章中,對於條件還不成熟,作了相當全面的分析,包括馬英九當局的態度、臺灣主流民意、臺灣內部分歧以及國際因素。顯然,要使上述條件轉趨成熟絕非易事,更非短期可就,其中關鍵或許有二:其一,大陸仍需加快發展和進步;其二,要在兩岸關係發展中,讓解決兩岸政治定位問題的必要性和緊迫性逐步凸顯。

現在的問題是：一方面，解決兩岸政治定位問題的條件確然尚未成熟，但另一方面，不應也不能迴避政治問題也已在兩岸獲得相當的共識，儘早解決兩岸政治問題的壓力與日俱增，此即「急不得，但也等不得」之矛盾。其中，「急不得」指的是條件，而「等不得」卻是時機。

條件與時機是兩個相互關聯的概念，條件側重於指可行面，時機則側重於指應然面，因此，如從時機角度考察，兩岸關係現狀更精確的表述或為：解決兩岸政治定位問題時機尚未成熟，但討論的時機卻已成熟。理由如次：

首先，兩岸問題歸根結底是政治問題。不處理兩岸政治定位問題，難以保障兩岸關係和平發展長期、穩定、持續地推動。兩岸關係和平發展獲得兩岸民眾和國際社會廣泛的支持，但其穩定卻端賴於制度性框架的建構，包括建立兩岸軍事互信安全機制、簽署和平協議等，而其首要關鍵則是處理兩岸政治定位問題。事實上，「九二共識」已為兩岸關係現狀的認定、兩岸政治定位、兩岸關係行為準則奠定了必要的基礎。[29]

其次，不處理兩岸政治定位問題，勢將阻礙兩岸各項交流合作的深入。誠然，在可預見時間之內，未來兩岸關係和平發展仍將持續先經後政的途徑，重點推動兩岸經貿、文化、民間社會各項交流，然而，經濟與政治難以截然脫鉤，高階經貿問題勢必也會涉及兩岸政治定位問題。張五岳說：「眾所皆知，長期以來在兩岸關係的互動中政治與經濟本來就無法分開，而政治氛圍與考量又經常制約與規範著兩岸經貿與社會交流的鬆緊……如果兩岸政治欠缺互信經貿社會交流很難持續深化。」[30]筆者認同此一觀點。

另一方面，臺灣民眾的利益需求不限於經濟面，也包括政治面，例如國際空間問題即是。要解決此類問題，需要兩岸談判，而談判即會涉及兩岸政治定位問題。胡志強說：「我覺得，兩岸應盡快打開經貿以外的其他方面的對話。臺海之間不是只有經貿開放課題，其他方面的一些問題也是蠻重要的。比如說，馬先生一直在提的『外交』方面的問題，或者民眾很關心的『國防』方面的問題……雙方應該盡快對此有某種程度的共識，並在這個共

識基礎上，繼續努力來改善兩岸關係，消除陰影。」[31]因此，只要兩岸政治定位問題未獲解決，隨時都可能成為引發兩岸關係和平發展出現動盪、曲折的一顆未爆彈，也為「臺獨」提供寄生的土壤。馬英九2011年元旦文告期望百年和平將無從落實。

最後，不處理兩岸政治定位問題，或會限制大陸在堅持原則基礎上，對臺灣方面作出政策讓步的空間。政治定位問題不解決，臺灣將始終身分未明，走向難期，大陸欲作政策讓步，勢必多所瞻顧，而大陸民意疑慮尤深。毋庸諱言，兩岸政治定位問題的解決，將意味著「臺獨」空間的排除，沒有「臺獨」干擾，兩岸關係和平發展自會是一條康莊大道。

二、突破可期又不可期

陳孔立教授認為，兩岸政治定位問題能否解決，另一個瓶頸是能不能突破原有的「底線」。他仔細地考察了兩岸學者對該問題研究的現狀，得出結論：大陸學者已「在原來不願意面對『中華民國』的底線上作出了相當大的讓步」，而臺灣學者卻仍然「堅持『中華民國是主權國家』的底線」，「因此，現在的關鍵在於尚未作出讓步的一方是否敢於突破原有的底線，『球』已經在臺灣一方了」，「臺灣學者能不能、敢不敢突破這一底線，什麼時候才會突破這一底線，應當是我們關注的焦點」。其實，臺灣方面也有類似的意見，例如，謝大寧說：「大的一方願意『優先』釋出善意，拋出真正能解決問題的構想；而小的一方也能在恰當的時機點回應此一善意，如此，那卡住的關係方能逐步鬆開。」[32]

上述觀點是從談判學的理論出發，強調相互讓步和妥協的政治智慧。談判的過程就是相互釋放善意、彼此讓步的過程。誠然，只要海峽兩岸都堅持兩岸關係和平發展的正確方向，都期待在和平發展的過程中解決政治定位問題，則雙方互相妥協，尋求解決問題的折中方案，可說是必然的結果。大陸需要讓步，臺灣亦然。由此觀之，則臺灣方面終究要「突破原有的底線」，乃可預期，但在討論此一問題的階段，期待臺灣學者願意或有勇氣突破底

線，卻又似乎甚難，其理由如次：

首先，從政黨角度看。中國國民黨所創建的「中華民國政府」曾經統治全中國，1949年以後，由於當時的國際環境，又繼續代表中國以迄1971年。1971年聯合國席位為中華人民共和國取代後，仍以所謂「國家」的形態統治臺灣迄今，因此，要求國民黨從「中華民國是主權國家」的底線突破，自非易事。張亞中指出：「國民黨政府一直認為中華民國是個主權國家，在《國統綱領》期間，認為主權涵蓋全中國，亦即包括大陸地區。但是，大約在李登輝鞏固權力以後，表述的方式轉為中華民國是個主權獨立的國家，多了『獨立』兩字。」[33]如今國民黨似乎繼承了此一表述。此外，民進黨則堅持「臺獨」立場，視突破為「出賣主權」、「賣臺」，成為強有力的制約因素。因此，張五岳說：「中華民國的『國號』名稱與主權的行使，可以說是目前藍綠最大公約數之所在。」[34]

其次，從兩岸關係現狀認知看。熊玠等人依據國際法，提出「不完全繼承」理論，在臺灣頗獲支持，例如，王曉波即一再「認為中華人民共和國是不完全繼承中華民國，不完全繼承是現狀」[35]。因此，臺灣方面普遍認為，在兩岸關係中，關鍵是大陸不能務實地承認中華民國，如戴瑞明說：「大陸認知國家統一不是一蹴可及，必須不否定中華民國政府存在的事實，才能和平發展雙方的合作關係。」[36]蕭萬長、馬英九先後提出兩岸關係和平發展十六字箴言，鄭安國解釋：「十六個字中，最重要的就是『正視現實』；也就是要『正視中華民國存在的現實』、『正視臺灣是多元化社會的現實』，這也是臺灣方面對大陸最重要的期待」[37]。因此，在臺灣方面看來，現在需要突破底線的是大陸，而非臺灣。誠如陳孔立教授所言，大陸學者已作了「相當大的讓步」，但在臺灣方面看來，則僅僅是開始，還遠遠沒有到位。邵宗海稱許「大陸學者論文已能公開講述中華民國，這是一項進步」，此之謂也。

第三，從臺灣民意看。1949年「中華民國政府」遷臺後，兩蔣時期仍堅持「中華民國政府」代表全中國，「國家」名稱嚴格限定中華民國，「臺

灣」則是地方稱謂。迨至李陳時期，強力推動「臺獨」，「臺灣」成為「國家」，如今則中華民國、「臺灣」、「主權」深入民間，學者何敢輕言突破？

第四，從國際因素看。臺灣倚賴美日至深。美日不樂見中國統一已毋庸贅言，倘若臺灣方面在「中華民國是主權國家」的底線上讓步，可能會被美日解讀成為兩岸關係在朝著統一邁步。楊開煌說，馬當局不敢邁出政治談判這一步有政治考量，也有美日的影子，「不要說日本，美國基於臺灣的戰略位置，也不願意看到臺灣跟大陸走得太近，他們實際上會有一些鼓勵的動作，希望臺灣對大陸交流採取一些剎車的做法」。[38]

第五，從學者本身看。在解決兩岸政治定位問題條件尚未成熟的今天，臺灣從官方到民間，主流的聲音似乎認為，迴避政治議題足以「維持現狀」，因此，「並不急於解決這一難題」，處此時勢，學者自也難以做到「眾人皆醉我獨醒」。何況臺灣目前「臺獨」依然占據政治上的話語權，維護「主權」是「政治上正確」，在「主權」問題上有所突破，則是百分之百「政治上不正確」，學者焉能不有所受制？在2009年4月7日臺灣「陸委會」發布的《ECFA兩岸經濟合作架構協議》說帖中，揭櫫「守護臺灣，政府承諾」，「三不三要」中首不即「不矮化主權」，強調「中華民國主權毫無退讓，毫無改變」，如此則期待臺灣學者在「中華民國是主權國家」的底線上如何讓步？

因此，筆者的結論是：在兩岸解決定位問題的時期，兩岸都作讓步，都在相關底線上有所突破，以妥協而折中，達到難題的破解，是可以預期的。預期的理由是，相關條件終究可望趨於成熟，但在兩岸討論政治定位問題的目前，設想臺灣學者有所突破，設想「如果一方敢於突破底線，另一方也有同樣的回應，從原有的底線作出一些讓步」，則似乎難可預期。要而言之，「臺灣學者能不能、敢不敢突破這一底線」，也要看相關條件成熟與否，端不在大陸學者突破與否也。

三、模式可提又不宜提

考察歷史得知,每逢遭遇大時代,進行政治大變革,都需要學者登高而呼,鼓動風潮,今日之兩岸關係亦復如此。因此,由兩岸學者率先討論,「提出一個或幾個雙方都可能接受的方案,為破解難題做好準備,也為將來的兩岸政治談判創造有利的條件」,或為知識分子義不容辭的責任。陳孔立教授在文章中將張亞中的「一中三憲論」、劉國深的「球體理論」等,稱之為「方案」,筆者則以為,可能改稱「模式」更為妥帖。方案的概念較模式寬泛,模式一定是方案,方案則不必然是模式,如筆者在文末提出的「解決之道」,或亦可聊備「方案」之一格,卻並非模式。

問題在於,兩岸有無可能從模式開始直接對話?又有無可能「提出一個或幾個雙方都可能接受的」模式?筆者對此頗表質疑。倘若如此,各種模式紛紛出現恐怕未必純然是好事,反而會有治絲益棼,讓兩岸關係發展徒增紛擾之虞。理由如次:

首先,兩岸學者提出的任何模式都不可能突破原則性政策的底線,因此,似乎都不存在為對方接受的可能。兩岸關係模式依功能可分為兩類:一類是兩岸統一、統合、整合模式(「臺獨」不在論列);一類是兩岸關係和平發展模式。目前兩岸學者討論的兩岸政治定位問題,是指兩岸關係和平發展時期應處理的問題,因此屬於後一類(張亞中等人「一中三憲」論則似跨越二者,但重點首先也在於現階段政治問題的解決)。兩類問題是緊密相關的,就大陸而言,堅持一個中國原則,追求國家統一的目標是無可讓步的,因此,兩岸政治定位問題的解決,必然會關照此一堅持。就臺灣方面而言,國民黨對於兩岸關係的未來,似已漸趨采開放式的目標,如此則現階段自難率爾定位。其結果是:大陸學者提出的任何模式,都是在不違背一個中國原則基礎上提出的,而臺灣學者則堅持「中華民國是主權國家」的底線,如黃光國所說:「不論對方是否承認中華民國,我們都應當堅持自己主權國家的地位。」[39]如此則兩岸學者提出的模式,所碰撞的恰恰是兩岸結構性的政治分歧,其難期成果不亦宜乎?非是兩岸學者不努力,而是受條件所限,此一

問題目前尚屬無解也。

其次，模式的提出意味著繼續讓步的空間。模式依效能分，又可分為兩類：談判前模式與談判後模式。眾所皆知，任何模式皆需經由談判，始可能為雙方共同接受。談判前模式指在談判前，由其中一方提出，顯然此種模式僅是初步模式或討論基礎，必須經由談判，雙方再讓步、再妥協之後，方能達成新的雙方一致認可的模式。這就意味著模式背後，仍有相當的讓步想像空間。談判後模式也在談判前，由其中一方提出，卻是已達底線極限，再也無可讓步了，顯然此種模式付諸談判，對方絕無可能接受，因為那已不成其為談判了，除非是城下之盟。那麼，現在兩岸學者提出的模式究竟是何種模式呢？

第三，讓步固然與善意有關，但主要取決於條件，因此，一方的讓步不必然會獲得另一方以讓步作為回報，尤其是力量對比中勢弱的一方，或是認定本來就應該你讓步的一方，其結果可能反而會升高受讓步一方的期待值，要求對方作出更進一步的讓步。在當前國際形勢複雜、臺灣內部多元的情勢之下，本來大陸一方所提出的任何模式，都有可能被有心人士所妖魔化，其所以如此者，蓋意在鼓勵，以示更高的期待也歟？

最後，模式的提出必須考慮相應的環境，始能發揮正面的功能，如一石激起千層浪，倘若隨意提出，乍興乍滅，可能反有後患。風起於青蘋之末，因為青蘋有動的可能。吹皺一池春水，則是春水不想動，不願動，所以干卿底事？兩岸關係中，學者提出模式尤宜慎重。

四、解決之道

那麼，解決之道呢？筆者的意見如次：

第一，大陸發展。鄧小平曾經強調指出，要解決臺灣問題，重要的是先把自己的事情辦好。又說，大陸解決內外問題，都要靠發展。鄧小平的話仍然適合今天的兩岸關係形勢。從一定意義上說，今天兩岸關係和平發展的形

勢，正是大陸發展所導致的結果，所以，大陸只要再發展，再進步，則兩岸政治難題終有破解的一天。楊開煌說：「兩岸的政治談判，也不必太心急，因為臺灣比較小，加上六十多年，甚至一百多年來，兩岸處於隔絕的狀態，兩岸的制度和價值觀差異都很大，所以，一下子要想走得太快，或者走得太密，臺灣很多人確實會有些擔憂。」[40]李允傑也說：「兩岸從經濟的合作到政治的談判，不宜操之過急，需要一個過渡期；兩岸之間要一步一腳印地逐步建立共同利益、共同價值，乃至於共同想像，行穩才能致遠。」[41]這些意見頗為可取，大陸應該對自己多一點信心，對兩岸關係多一點耐心。

第二，強化共識。「九二共識」是兩岸雙方都認同的推動兩岸關係和平發展的基礎，兩岸尋求破解政治難題，應從共同增強共識基礎著手。共識增強了，互信才有可能穩固建立。「九二共識」有兩個重要的支點，即兩岸都承諾堅持一個中國原則，反對「臺獨」，在這樣的基礎上，其實兩岸政治的許多問題都可以先做起來。鄭安國說：「兩岸與兩德不一樣，兩岸之間做可能還比較容易，簽『綜合性協議』反而比較困難」，「很多迫切的事情都可以先做」。[42]筆者認同此一意見。

第三，循序漸進。兩岸問題的解決有兩種途徑，一是提綱挈領，一是循序漸進。提綱挈領是從兩岸根本性分歧著手，解決之後，雙方共同規劃兩岸關係發展。此種途徑理論上最為完美，但現實卻窒礙難行。循序漸進是擱置爭議，求同存異，先經後政，先易後難，此種途徑導致今天兩岸關係和平發展取得積極的成果，呈現良好的態勢，是兩岸中國人高度智慧的展現。倘若把兩岸關係發展視為一個大系統工程，則兩岸政治問題的解決，便可視為一個小系統工程。解決政治問題理論上應從定位著手，現實中卻可能滯礙難行，因為這是從最難之處著手，易陷僵局，恐怕仍需秉持循序漸進方法，從解決具體問題著手，先易後難，逐漸累積，最後條件成熟，政治定位問題迎刃而解。臺灣學者中有不少持此種意見，筆者頗表認同。

第四，交流合作。兩岸問題的解決，歸根結底必須經由交流合作。儘管目前兩岸均有學者質疑交流合作對於促進認同的功能，但依然無法掩蓋交流

合作的積極作用。兩岸交流合作刻下不是業已足夠，而是不論深度和廣度，都還有未及。最近，王健壯撰文呼籲「少談模式，多談交流」，主張「兩岸交流才剛起步，現階段是否也應該多談交流，少談模式？免得因模式之爭，而影響了交流步伐；可長可久的模式，就容以後再議吧」。[43] 此種意見頗有可取之處。兩岸目前仍應花大力氣推動全面交流與合作。

兩岸關係和平發展構想中的社會工程學思維

上海國際問題研究院　楊劍

　　大陸主張的和平統一是一項以改造臺灣社會，重建臺灣社會統一動力，最終實現兩岸統一的社會工程。這一工程又與中華民族的偉大復興相一致。30多年來兩岸關係經歷過和緩，也走過了僵局，和平統一進程不時受到「臺獨」勢力在臺灣社會的阻礙。兩岸關係和平發展的主張自提出之後，得到了兩岸社會多方面的呼應，兩岸間互動的領域拓展，互動的層級和規模提升。兩岸關係從持續對抗轉向塑造新的動力。社會各個層面的資源有效統一到促進兩岸關係和平發展這項社會工程中來。本文從社會工程學的角度考察近年來兩岸關係和平發展取得的進展，並以社會工程學為理論線索，分析兩岸關係和平發展這一社會工程的規劃、設計和主要實施環節。

一、社會工程學原理概述

　　工程活動是現代社會存在和發展的基礎，現代工程不僅改變了地球的面貌，同時也深刻地改變了人類社會的思維模式。社會的發展與變遷在本質上已經具有工程的特徵。

（一）社會工程學的概念與任務

　　現代社會中，科學、技術、工程三位一體，構成了現代科技文明的整體面貌。科學活動是以發現為核心的活動，技術活動是以發明為核心的活動，工程活動是以建造為核心的活動。社會工程是自然工程概念的延伸與擴大。社會工程學是工程學的延伸與發展，是人類自身活動領域、活動範圍不斷擴

大所導致的思維領域、範圍的擴大，是人類知識隨著現代化進程而不斷積累的過程。社會科學以觀察社會發現規律為核心內容，社會技術不獨立存在，以社會工程為活動，改造社會為核心。社會工程與一般的工程的共同點在於作為系統化的結構與過程，都有著他們的技術性和技術上的可操作性。它們之間的不同之處是，一般工程的對象與主體之間的關係是單向的或直接的，是人與物之間的社會實踐的關係。而社會工程的對象和主體是互動的，甚至是反思的，是人與人之間的社會實踐的關係。

工程學改造的對像是自然，工程學要按照設計建造物質結構，在過程中降低成本，控制工程質量。而社會工程學要改造的是社會。社會工程學是將自然科學與社會科學有機協調起來，對社會發展進行預測、規劃、設計、評估，立足於解決社會問題，達成社會改造目標，在過程中降低社會運行成本，規範社會活動，提高工作效率，控制社會發展的風險。[44]

社會工程學借鑑了工程學的方法，但還是有自己的社會性特徵。社會工程學研究的特點是將工程思維與社會思維相結合，社會工程有三個特點：（1）它以人的行為活動為對象；（2）它有自己的獨立的科學工具；（3）它的功能是：提高社會行為、社會工作、社會活動的投入產出率和社會效益，使社會運行具有穩定性，轉型具有可控性，發展具有持續性。[45]

社會工程學的實際應用是為了「向社會工程提供理論和技術支撐，向社會運行提供有效低成本的管理模式；向解決社會問題提供控制技術，向社會轉型提供穩定過渡的協調計劃，向社會發展提供低風險的操作程序」。[46]社會工程規律是社會規律、自然規律、工程規律與人的改造社會的活動的互動中，形成和體現出來的因果性與目的性等整體協調的規律；是人的活動規律、思維規律、物的活動規律與環境變化規律按照社會目的如何統一的規律。社會工程活動的目的並不在於提出某種社會發展理論，而在於設計一種社會藍圖並實現它，從而促進社會的進步。[47]

（二）社會工程學的思維特徵

一般社會學理論大多提供的是「是什麼」與「為什麼」的知識，而社會工程學則提供「如何行動」的知識，社會學運用科學思維解釋社會現象，建立理解社會現象的理論模型，社會工程學引入工程化思維方式建構社會模式。所以社會工程學是指導人們解決社會問題、改造與建設社會的學問。工程思維活動與科學研究活動最大的差異是「設計」活動和建造活動。工程設計活動包括對象設計和過程設計。[48]社會工程學的「設計」指的是，透過社會改造目標的設定和實施過程的設計來合理確定社會運行模式，規範社會活動，提高工作效率，有效地控制社會發展中所帶來的風險。社會工程的設計要考慮時間因素、路徑因素、成本因素、目標因素、風險因素、優先順序等要素。

　　社會工程學在自然科學知識與人文社會科學知識統一的邏輯基礎上，應用經濟學、社會學和政治學知識，將不可量化的社會現象轉化為可量化的知識，然後在分析的基礎上形成計量數據；在計量數據的基礎上進行政策設計，為各種社會問題尋求解決方案和替代方案；為最終確立社會運行模式和政策的設計提供思想基礎和方法論。[49]社會工程學的思維方式與傳統思維方式有很大區別，是從線性思維向平面思維的轉變，從平面思維向立體空間思維的轉變。[50]

　　在社會實踐中人們設計、創造的各種社會結構模式僅僅反映社會發展規律的要求，它本身並不等於社會發展規律。在社會發展過程中，一個規律可以透過各種模式表現出來，社會發展的某種規律也可以透過不同的社會結構模式表現出來。[51]另外，不同的社會群體對於社會的改造目標會有很大差異，在同一社會空間中，很可能出現兩個以上相互矛盾的社會工程目標，這些工程目標的建構很有可能造成社會資源投放的相互抵消。

　　社會工程學對未來目標的理解所構想的實現模式是複雜多樣的。這個特點充分地說明，面向未來的道路不止一條，而且「未來」是具有多種可能的狀態。社會工程活動的突出特點是從多種可能的預設方案中選擇一種可行方案實施和建構。社會工程設計的產物和新事物的形成，不是根據過去的狀態

所推出的現在和將來。在社會工程思維中,既有路徑依賴和制度記憶的因素,也有理想導引和目標規定的作用,它構成了社會工程思維的基本矛盾,這也是社會工程學的學理基礎和方法論的核心問題。52

社會工程學是由理解社會的智慧與實踐社會的智慧結合而成。工程活動的核心是造就一個新的存在物。工程活動過程的各種技術始終圍繞著形成一個新的存在物展開。工程活動的對象具有虛擬性,它是將要存在的事物,而不是已經現實存在的對象;其次是具有理想性,它代表了人的主觀意願和意圖。第三是建構性,它是實踐主體根據自己的意圖,將現有技術資源和物質資源重新整合、建構的過程;第四是轉化性,工程活動是將一個觀念存在透過工程過程轉化為現實存在;第五是協調性,工程思維要處理多重規律的衝突和多重條件的約束問題,要應用不同的規律、適應不同的條件,並且要按照一個總的目標整合起來,透過特定的操作去完成的一個工程對象。工程的活動的本質是既適應存在,又創造新的存在,因為只有適應存在自身的規定性,才能使某一存在物成為變革另一存在物的手段,或者創造一種手段變革一種存在物。53

二、和平發展的提出與社會工程學在兩岸關係中創造性的運用

(一)和平發展理論的提出啟動了兩岸關係結構再造的社會工程學討論

領導人的工程學人生經歷有利於開創社會工程學在兩岸關係中創造性的運用。提出兩岸關係和平發展更主要的歷史條件是,大陸的改革開放就是一個偉大的社會工程。在這個過程中,社會工程學的思維已經「化之於行」,社會工程學的運用已經在我們改革開放過程中貫穿始終。錢學森早在1979就提出並極力推廣社會工程概念的運用,他認為,社會工程是一門組織管理社會主義建設的技術。希望工程、國有企業改革等等都是社會工程學的實踐運用。建立在統計學的基礎之上的經濟政策制定,也是社會工程學的運用。和平統一事業本身就是一個需要設計和施工的偉大建築。如果有最終方案而沒有施工方案,如果連一期工程都不能開工,那麼整個兩岸關係走向統一的大

廈就無法建立。如果沒有透過基礎性施工建立起兩岸互動的渠道，沒有建立起有效的各類社會槓桿作用於臺灣內部社會，最終只會導致臺灣社會與大陸漸行漸遠，直至脫離中國。

兩岸關係和平發展構想的提出促進了研究界從工程學角度的探索。本文以2009年8月全國臺灣研究會會議論文為例來加以證明。周志懷提出，兩岸關係和平發展階段的機遇管理的重要內容就是恰當設定兩岸關係發展的階段性目標。「統一的目標中國絕不會放棄，但那不是現在。在儘早實現兩岸經濟關係正常化的情況下，逐步破解政治難題，力求就結束兩岸敵對狀態、達成和平協議取得具體成果，並最終達成一個使兩岸雙贏的和平發展框架」。[54]黃嘉樹認為，「和平發展是兩岸雙方共同搭建合作架構的施工階段，雙方要共同設計共同施工，建構出某種架構」。[55]劉國深認為，現階段「研究者開始有條件以最大的耐心和智慧梳理兩岸共同事務，尋找兩岸共同治理的共識基礎、路徑和模式」。[56]兩岸共同治理的主體應包括政府、民間的或非政府組織。民間社會要走到兩岸關係的前臺。倪永杰提出，兩岸關係和平發展階段要建構以經濟、文化、社會為三個螺旋的「上升動力最強、阻力最小、空間帶動作用最強、最持久的」三方螺旋新典範。[57]朱松嶺、陳星認為，大陸「建立自己的價值體系並提高自身和島內真正擁護統一力量的物質和精神支持是必須的，這一系統的建立也是實現機遇管理最關鍵的一環」，「兩岸經濟交流與互動會對訊息資源的積累和建構未來統一的力量有著重要的作用，民間社會資本包括共同的價值觀、規範、非正式網絡都是能夠影響個人為實現共同目標進行合作的制度因素」。因此，主張重視積累兩岸間的物質資本、訊息資源、人力資本、社會資本，增強經營兩岸關係的能力。[58]

（二）開闢交流渠道，找到作用於臺灣社會的著力點，人員和資源得到了有效投放

和平發展是實現兩岸關係朝著有利於中華民族利益最大化的方向發展的工程學設計。社會工程學的思考有助於將體現兩岸關係基本矛盾、體現臺灣

社會基本矛盾的主要變量進行「力的解析」，將現階段可用於反對「臺灣獨立」、促進和平統一目的的各類社會資源、社會調節工具做某種類似於經濟學最優配置的技術系統之中，對具體的公共政策的資源、階段目標、施工者、路徑作細緻系統的分工，最後達成一個新的社會狀態。只要社會成員、社會行業之間的交往過程存在，有社會系統與外部環境之間的交往存在，社會系統結構就是一個開放的系統結構。只要這些交換過程存在，社會交往結構和交換過程就會不斷地變化，社會系統結構的變化就時刻存在。兩岸交流渠道的拓展，有助於反「獨」促統的力量和資源直接作用於臺灣社會的某些層面，在系統交換過程中達到改造臺灣社會的目的。

自2008年5月以來，由於雙方政治互信的增進，兩岸經貿往來和產業合作不斷深化，培植了共同利益，增進同胞福祉；兩岸擴大了文化交流，共同傳承中華文化，加深了同胞感情；兩岸不斷拓展交流領域、平臺，豐富交流內涵，使更多社會面和社會成員共享兩岸關係和平發展成果。經過不懈努力，兩岸雙方在2010年6月29日成功簽署ECFA，它標誌著兩岸經濟領域的發展框架基本確立，使兩岸經濟關係在正常化、制度化和自由化方面獲得新突破。兩岸經貿互動的方式也發生很大變化，貿易往來向金融合作深化，產業合作不斷拓展。大陸一些地方大型採購團採購金額高，而且逐漸導向中南部、中下階層民眾，採取直銷、直購方式，減少中間環節，更多、更直接地惠及臺灣民眾。文化交流的層級與領域不斷擴展。雙方文化主管部門就盡快商簽兩岸文化協議等方面達成多項共識，為構建兩岸文化領域的發展框架邁出重要一步，文化產業化合作進一步深化。青年的教育交流實現多方面突破。臺灣立法部門已透過「陸生三法」修正案，標誌著臺灣正式承認大陸學歷，並開放大陸學生赴臺灣大專院校就學。

兩岸官方人員交流和民間人員交流的發展並駕齊驅。互訪官員層級逐步提升，基層官員訪臺逐漸增多，官員互訪日趨密集，交流內容更加實際。民間交流也朝著多元化、規模化方向發展。兩岸社會各界廣泛參與，一些綠營人士也參與了「登陸熱」。

（三）和平發展構想使得泛藍政黨的社會發展目標與大陸的對臺方略之間達成近期的共建方案

和平發展構想的起點是在2005年，當時臺灣社會在民進黨的主導下，正朝著「獨立建國」的方向發展，我們的以和平統一為目的的偉大社會工程正遭遇阻礙。2005年透過國共領導人會談確立國共兩黨共識，我們的政策可以在島內找到呼應。大陸以國民黨為主要互動對象，共同設計出有利於兩岸社會良性互動的交流模式，形成了和平發展這樣一個和平統一大建築的一期工程。和平發展作為現階段兩岸關係的路徑，它造成了社會作用於社會的作用，可以將大陸內部的社會力量綜合運用，達到對兩岸關係進行社會改造的目的。

中國國民黨和中國共產黨曾經是內戰的對手，政治上爭法統地位，在國際場合爭中國的代表權。在兩岸政治關係未來定位上有很大的分歧，存在結構上的衝突。由於歷史的原因和臺灣島內政治現實的牽制，國共兩黨對一個中國原則的政治含義有歧見，兩岸關係還存在著若干不容易解決的問題。但是兩黨確立了以「九二共識」、反對「臺獨」的共同基礎，共同致力於兩岸關係的和平發展。在2008年5月的胡錦濤主席和吳伯雄主席的會面中，雙方都認可「擱置爭議、共創雙贏」的階段性目標。

可以說，和平發展構想的提出，使得原先抗拒統一的阻力，在現階段變成了促進兩岸關係和平發展，提升兩岸經貿關係，促進文化交流和人員往來的巨大協助力。這是一個很大的轉變。

三、兩岸關係及臺灣社會現狀的社會工程系統分析

（一）兩岸關係：兩個子系統的互動分析

社會系統的結構是一個「活」的不斷演進的結構。它的維繫與功能的發揮依賴於和環境之間進行各種物質、能量、訊息的交換過程。現代社會系統要透過不斷地與外部發生物質、能量和訊息的交換過程而存在。只要有社會

成員、社會行業之間的交往過程存在，同時有社會系統內部各社會單元之間的交換存在，社會系統的結構就是一個開放的系統結構。兩岸之間的問題很大程度上是由於隔閡的作用，即兩個子系統之間缺乏全面的能量、物質和訊息的交換。

因為內戰和海峽的隔閡，大陸社會和臺灣社會曾經一度互為封閉的子系統。1979年大陸開始改革開放，主動開放內地，使得兩岸之間開始了訊息、人員和貨物貿易的交換。這樣一種交換使得大陸變成了一個對臺灣有限開放的子系統，同時臺灣也變成了有一定程度開放的子系統。從工程系統來分析，兩個開放的子系統能否最終走向統一變成一個緊密聯繫的連體子系統，還取決於兩個子系統之間物質、能量、訊息的交換程度，相互依賴、相互吸引的程度。

兩岸關係步入和平發展期之後，臺灣社會對於大陸的開放度也大大增加。大陸作為臺灣子系統最重要的外部環境隨著經濟的蓬勃發展，國力的增強，已經成為臺灣貿易的市場和投資的重要場所。兩岸間的貨物、資金、人員、訊息交流達到空前的水平，這樣一種交換已經變成臺灣社會生存的一種需要。2000至2008年間兩岸關係衝突性高漲，影響到了地區和平和臺灣社會的安定。國際社會鼓勵兩岸進行某種程度的交換，以減少衝突。臺灣社會中一種弱化更大衝突的發展趨向變成了社會共識。在這樣的情形下，更大的開放和交流變成了一種期待，和平發展的主張找到了生根的土壤。

（二）臺灣社會發展：「有序——無序——新的有序」的歷史演變過程

一個社會系統或子系統的社會狀態，是按照「有序—無序—新的有序」的路徑循環遞進的。影響社會演進的兩個重要指標分別是，社會整合度和社會成員選擇自由度。一個社會系統的整合度表徵了該社會的組織性程度，一個社會的成員選擇自由度表徵了該社會的社會成員的自主性程度。所以一個社會系統的整體狀態是社會整合度與社會成員選擇自由度的有機合成。社會系統的結構變化的「有序」，是指系統結構內部各個部分、各個層次之間相

互配套、運作協調、整合性高。當一個社會在整體有序時，有兩種情況：第一種情況，社會機構沒有出現重大分化，社會結構呈現出單一的均一性。整個社會表現出沒有活力，缺乏生氣，人們的社會選擇空間很小，社會成員的自主性程度很低。第二種情況，一個社會的整合度和社會成員自由選擇度能夠合理匹配，社會系統既在整體上表現出有序狀態，社會系統合理匹配，社會系統的運行表現出很強的活力，人們的社會選擇的空間也很大。

在蔣介石統治階段，臺灣社會處於高壓之下的「有序」狀態。社會整合度較高，選擇自由度較低。在臺灣當局反攻大陸無望必須立足於長期鞏固在臺灣的統治的情況下，臺灣社會開始開放選擇自由度，體現在臺灣本省人士參與政治和社會管理事務，體現在開放黨禁、報禁。從此臺灣進入了一個社會整合度不斷下降，而社會成員選擇自由度不斷上升的社會發展階段。也就是說進入了一種「無序」狀況，或稱之為進入下一個新的有序的準備階段。社會系統處在一個目標混亂、利益衝突、缺乏整體統一規範的混亂之中。

從臺灣內部社會發展全過程看，我們注意到，在社會系統結構變化過程中，有序和無序是相對存在的。臺灣社會的無序也不是絕對的無序，而是局部有序狀態下的整體無序。當一個社會在整體上無序時，系統內部的局部單元的組織性極強，而且相互之間的矛盾、差異很大，由此造成社會衝突也極大，這便是局部有序所形成的整體無序。社會系統結構中不同群體之間關於社會發展目標、社會總體利益、社會規範卻是相互矛盾和衝突的，從而在系統整體上表現為無序。

如果兩岸社會之間互動較少，或者互動是在一種失真的、間接的狀態中進行的，這種互動有可能加劇臺灣社會的一種內部有序、整體無序的狀態。臺灣社會的一股「獨立」勢力正是利用這樣一種失真的、間接的交換強化了某種局部的有序，同時又增強了臺灣社會整體的無序。

這樣一種無序被其中一股力量企圖導向一個與外部環境激烈衝突的新的「有序」狀態——「獨立建國」。國際上普遍承認世界上只有一個中國，臺

灣是中國的一部分。這樣一個外部環境除非在中國的衰弱中得到改變。但事實上，隨著中國的迅速崛起，以「臺獨」為目的的新的秩序目標變得更加遙遙無期。島內的被強化的「臺獨」方向上的有序，已經形成了一個具有執政能力的、具有很大社會支持基礎的政黨。但是無法形成多數的共識達成有序，與外部環境進行激烈抗爭。民進黨採取的以抗爭和兩岸負面交換，來擴大自己在臺灣社會的支持基礎的做法，使臺灣的新的有序更加遙遠，也破壞了臺灣的社會經濟基礎。

（三）漸變和突變：兩岸關係發展過程管理

從社會系統演進的長期過程分析，其結構轉變方式有「漸變」和「突變」兩種類型。社會結構突變方式的直接目標是使社會的根本結構發生變化。這種突變的實現必然經歷新政治力量核心的形成和舊政權結構的解體這樣一種無序的過渡狀態。在此無序的狀態中，兩種不同的組織力量的組織過程都是非常有序的。一種組織力量有組織地反對另一種組織力量，導致原有社會政權結構的破壞，使社會生活在整體上出現權力真空，結果使整個社會處於無序狀態。

實際上臺灣現處於突變後的無序向有序過渡階段。因為發展方向的嚴重分歧，外部環境與內部主要政治派別的發展主張都無法協調一致，所以這樣一種過渡將是一個長期過程。影響這個過程可以有至少兩種變化，一種是外部環境突變出現了配合臺灣島內某一類政治主張情形；另一種是島內主要政治派別終於逐漸意識到外部環境的配合難以實現，回歸到重建統一的討價還價上來。和平發展構想實際上就是提供兩岸一個和平的環境，讓經濟、文化、人員交流正常化，讓社會系統內的各種政治勢力、社會團體理性、溫和地體認兩岸關係的現實和臺灣未來發展的方向，使臺灣社會的漸變朝著有利於統一的方向發展。

目前在臺灣島內還保存著支持統一的力量，同時還存在著幾個鼓勵與大陸交流的政黨。2005年的國共兩黨直接接觸，確立了未來走向和平發展的主

張。在2008年國民黨執政之後，更大的開放和更大的交流得以實現。大陸與臺灣兩個社會子系統的開放，隨著外界環境的各種輸入內化到社會系統結構中，會使社會結構的協調性和有序性逐步增加。對結構變革引起的無序因素進行不斷整合，使社會系統結構由局部之間的衝突、整體的無序轉向局部的協調、整體的有序，達到結構進化的目的。

（四）複雜的外部環境對兩岸關係重新建構的影響

社會系統的「有序—無序—新的有序」的演進過程，與系統外的因素關聯度更大。社會系統結構的內部矛盾運動和外部世界的環境因素的相互作用的聯合效應達到一定的數量級時，會導致社會結構的轉化。

90年代初，臺灣一些具有官方背景的戰略學者開始建構冷戰後臺灣在亞太地區的戰略坐標。許介鱗、李文志、蕭全政所著的《臺灣的亞太戰略》作了認真的分析。當時，影響臺灣政治利益和經濟利益最大的是美、日兩國。二者一個是臺灣的主要貿易出口國及順差國，另一個是最大的進口區及貿易逆差國。而且美、日兩國對臺灣的發展和地區安全具有絕對性的牽制力，臺灣在經濟和政治上依賴美國和日本。大陸與臺灣沒有正式終止敵對狀態，仍被臺灣視作主要的政治和軍事風險的來源。東南亞各國是臺灣當時主要的經貿互補和對外投資的集中地，當然也是臺灣潛在的經貿競爭對手和可以加以運用的政治籌碼國家。

90年代中期開始，李登輝當局為了追求漸進「臺獨」路線，有意強化中國大陸在安全上的威脅。從2000年開始，民進黨執政8年，更是阻斷了兩岸和解之路。然而就在這十幾年的時間裡，世界的政治和經濟體系經歷了深刻的轉變。有些變化甚至是革命性的。

全球的經濟危機促使了世界政治經濟體系變革的提前到來。美國有意繼續維持其霸主的地位，但它已不再具有單獨主導世界的能力。沿著臺灣的地理坐標來看一下這十幾年來世界歷史變化所留下的軌跡：臺灣原來依賴的地

區經濟體系，逐漸被中國大陸參與的並作為重要角色的新的地區經濟體系所取代；臺灣運用新的經濟體係為自己獲取財富的能力下降，追求「獨立」的政治空間進一步壓縮。在這樣的情況下，臺灣在東亞地區作用的發揮，政治上必須解決與大陸的關係問題，否則很難有較好的安排。

美國不再是臺灣的主要貿易出口國和順差國，大陸已經成為臺灣的主要順差來源。日本在經歷了10年的經濟停滯之後，對亞洲地區的經濟影響力大大下降。臺灣是一個貿易出口依賴度很強的經濟體，經濟的外向型特徵明顯。對於臺灣來說，可以預見的新市場就是大陸市場。大陸經濟的相對穩定和持續增長，是臺灣進一步發展的重要條件。

東亞國家在過去十幾年大踏步進行區域整合，並形成了「東盟+3」等模式。現在的問題是，臺灣無法繞過大陸直接而深入地參與地區合作。因此臺灣未來如何在配合兩岸關係改善的同時，經由與大陸之間的經濟合作框架拓展其他的經濟戰略合作是一個值得探索的問題。臺灣的東亞政策必須以建立兩岸互信機製為突破口，進而在東亞的經濟整合中發揮重要作用。這樣才能化解臺灣向外發展經濟的阻力，才不至處於邊緣化的尷尬地位。

（五）統一工程正遭遇「臺獨」勢力「臺灣民族再造」社會工程的反作用

自李登輝、陳水扁執政以來，臺灣經歷了二十幾年的社會政治改造工程。支持「臺灣獨立」的社會團體正力圖在臺灣建立一個新的「國家意識」，並將「臺灣民族再造」內化到體制內運作。「臺獨」勢力修改教科書，用所謂的同心圓史觀來教育臺灣青少年。陳水扁在2002年提出「一邊一國」論，2006年提出廢除「國家統一綱領」，2007年宣布在大選期間一併舉行以臺灣名義加入聯合國的「公民投票」。「臺獨」勢力將選舉變成一次所謂的「臺灣國民意識」的培育過程和整合臺灣內部「國族認同」的機會。雖然「臺獨」勢力因為陳水扁的貪腐和一意孤行在2008年失去了政權，但作為臺灣一股不可低估的政治力量，它一直在阻礙著兩岸關係的和平發展，阻礙

著兩岸關係的深入交流，壓制了臺灣社會統一動力的發展。「臺獨」社會運動相對於大陸的兩岸統一工程就是一個反向工程。

在「臺獨」勢力以族群分裂為工具的牽制下，臺灣一些支持兩岸交流的政黨，在統一問題上採取了拖延的政策。這一點也令人憂慮。時間特徵在社會工程學中具有特別的含義。錯過了某種歷史社會條件，要搭建一個社會工程，可能只能等到下一個歷史的路口。化解「臺獨」、排除阻礙是對臺社會工程的重要工作，因此盡快建立作用於臺灣社會各個層面的交流渠道和互動支點是和平發展階段的重要任務。

四、社會工程學對推進兩岸關係和平發展的指導意義

（一）以社會工程思維制定「兩岸和平發展社會工程實施規劃」

兩岸關係和平發展是一個社會工程的不斷推進的過程，這個過程與中華民族的偉大復興相關聯。兩岸關係從2008年的快速恢復性發展，進入到穩步發展，有曲折的發展之階段。兩岸互動已經由簡單結構的互動，進入到復合結構的互動。參與互動的人員、部門、領域十分廣泛，正向促進力和反向牽制力同時存在。這樣一種「大合作、大交流」，如果沒有社會工程的整體規劃、任務分解、資源配置，不一定必然導致兩岸關係的「大發展」。雜亂的交流會造成作用力的抵消，不分對象地運用資源會造成反效果同時造成資源的浪費。因此，從兩岸關係和平發展中的工程學思維出發，我們應當制定「兩岸和平發展社會工程實施規劃」。這個規劃應當包括以下六個環節。

第一環節是合理定位，形成發展共識；

第二環節是細化目標，合理配置資源；

第三環節是建立渠道，明確槓桿支點；

第四環節是培養隊伍，激發創造活力；

第五環節是設計制度，銜接終極目標；

第六環節是評價結果，調整工作方案。

第一個環節要解決的問題是相互關係的定位以及共同目標和差異目標的階段性定位。和平發展階段的設立本身就是對目前階段和平統一工作的方式作了一個合理定位，這要在決策層內部獲得共識，在島內的相當一部分群體中獲得響應，在世界範圍內獲得認可。這樣推動兩岸關係和平發展的阻力就小了，容易形成正面的互動。

第二個環節要解決的問題是確立可以實現的階段性目標，並細化到社會各個層面，組織一切可以利用的社會資源實施有效地運用。細化目標是工程結構圖的主要任務。細化目標要有針對的群體，這個群體可能是一個階層，也可能是一個團體，還可能是一個行業。要有適合身分的人員進行工作，要針對工作對象的需要，合理配備資源。配備資源是我們進行一切社會工程首要任務。

第三個環節要解決的問題是建立相應的溝通和影響渠道，在對方社會中找到相應的支撐團體，為各個階層和領域內的階段性目標實現搭建工作面。

第四個環節要解決的問題是要準備在大陸、海外、臺灣社會內部準備三支人才隊伍，對於不同的工作面進行工作的創新。只有社會力量具備了自主創新的活力，隊伍才可能越集越多，事業才可能越做越大。既要有設計解決社會問題能力的人才，也要有實際進行社會工程施工的隊伍。

第五個環節是方向上的把握。兩岸關係的和平發展是一個較長的階段，這個階段要處理兩岸民間的、官方的、國際層面的各類問題，如果沒有一種雙方可以共同認可和操作的制度，雙方的衝突難以管理，雙方的利益難以正常分配，雙方的往來難以持續發展。這樣一種制度如何與未來社會發展相適應，特別是與國家的最終統一相銜接，也是這個階段必須始終考慮的問題。

第六個環節要解決的問題是透過對社會工程推進狀況的評估，調整工程的節奏和重點、政策工具的選擇、資源投入的方式等，以便使下一階段的任務和施工方案更加符合實際，基礎更加牢靠。

（二）堅定統一動力重建的目標

沒有相關的統一動力，不足以支撐和平發展的走向。兩岸關係和平發展的過程要始終貫穿著統一動力重建的思想，要在臺灣社會形成新的統一的理念。社會工程思維中要形成一個社會理念，所需要的三個知識向量，即：規律向量、價值向量和情景向量。所謂規律向量，是指各種科學規律、技術規律、社會規律、經濟規律甚至文化規律等客觀知識。說它們是客觀知識，是指它們都是透過人類的科學活動與認知活動所發現的並經過驗證或者確證的各種知識。所謂價值向量，是指人們在評價社會活動時所使用的評價準則體系。所謂情景向量，是指人們對所要建構的社會對象的總體性觀念以及社會理念是所實際遇到的各種社會歷史條件和自然資源條件的總和。[59]

在統一問題上，如按照以上三個向量來考慮，目前我們在經濟規律和文化規律層面已經開展了頗有成效的交流工作，在情景向量上我們也在準備和發展各種社會歷史條件和國際環境條件，現在問題最大的是臺灣社會與大陸社會在價值向量上出現了問題。

胡錦濤2010年4月29日在上海會見應邀出席上海世博會開幕式的臺灣各界人士時強調，要繼續增進兩岸政治互信，不斷增強兩岸關係和平發展的推動力；要繼續擴大兩岸各界交流，不斷激發兩岸關係和平發展的生命力；要繼續深化經濟合作，不斷提高兩岸經濟的競爭力；要繼續推動兩岸關係和平發展，不斷增強中華民族的凝聚力。「四個力」的建構，既有規律向量、情景向量的建構，更有價值向量的建構，特別是中華民族凝聚力的建構與增強。「力」的分析是工程學的基礎環節。工程學要研究力如何聚合，讓不同的力發揮正向的積極的作用，最後構建一個牢固的難以摧毀的高層建築。要在臺灣社會和兩岸之間建立起這些力的結構，就必須依靠兩岸的大交流，讓

資源和訊息有效地在兩岸社會的方方面面配置和互通。和平發展階段的主要工作就是要將臺灣社會、兩岸社會作為一個工程的對象，完成兩岸社會最終相互內部化的過程。兩岸關係的「四個力」，是和平發展這個社會工程必須破的題，在技術層面合理運用資源去建構相應的「四個力」。

從社會工程學的角度提出「四個力」的發展和凝聚，也就是要回答這樣一個問題：在整個和平發展階段，即使兩岸官方關係對應結構相對穩定，但由於我們社會工程的有效實施，兩岸關係中「四個力」如果獲得了明顯的發展和凝聚，兩岸關係就會朝著和平統一的方向前進。

（三）階段性的社會工程效率評估和進度評估要制度化和系統化

2008年5月之後，兩岸關係和平發展取得重大進展。同時我們也看到在一些方面並沒有產生立即的效果。總體上出現了經濟交往、人員交流熱絡，但政治關係方面進展不大的局面。這也說明兩岸關係和平發展是一個長期、複雜的過程，中間會有困難、曲折，一定要有積累。要動員雙方社會更多的力量加入到和平發展的社會工程中來，也必須要社會廣大成員認識到社會工程的實際效率和效果。我們注意到在和平發展的實施過程中，許多社會成員心中也存在著擔心，最終的結局是和平分裂還是和平統一？繼續給予臺灣國際空間是否會導致對中國主權完整性的喪失？兩岸經濟合作框架是否會導致臺灣在經濟上減少對大陸的依賴？未來臺灣與周邊國家的FTA的簽署，是否會使我們處理臺灣問題更加複雜？緩解軍事壓力，是否會導致臺灣民意更加隨意地導向「臺獨」？我們改善形象、爭取更多民心的措施，是否會導致原則的喪失？兩岸關係是否會出現偏安「獨臺」，造成現狀的永久化，固化了一些本來不該固化的東西，影響了進一步朝向統一的發展？

要解決上述問題，按照社會工程學制度化的要求，工程實施經過一定的時間段，工程的主導方要注意把握階段性工程與總體工程的關係和銜接。因此我們應當對和平發展社會工程的某一階段進行系統的效率和進度評估：局勢是否朝著政策目標靠近？政策互動對象的可信度是否增加？相關不確定因

素是否減少？政策的執行對大陸內部社會的影響如何？政策的可持續性如何？政策工具和時機選擇是否正確？在一系列評估中，臺灣社會統一動力是否得到重建是最核心的評估。

結束語

本文選擇從社會工程學的角度來探討兩岸關係的和平發展，分析臺灣社會的走向，目的是希望揭示在和平發展構想以及和進入和平發展階段後所展示出來的社會工程學思維，更希望在兩岸關係「大交流」走向復合結構的今天，研究界能夠自覺注意運用社會工程學的結構意識和系統意識，主動設計和規劃，將社會資源有效地作用於社會具體層面上，在兩岸經濟、文化正向互通的開放的條件下，重建臺灣社會統一動力，最後幫助臺灣社會及兩岸關係完成一次歷史性的轉型。

論兩岸關係和平發展理論中的政治倫理創新

上海國際問題研究院臺港澳研究所　童立群

2005年中共中央胡錦濤與時任國民黨主席連戰在人民大會堂舉行了60年來兩黨領導人的首次會談，兩岸關係和平發展新局的大幕由此揭開，兩岸和平發展出現前所未有的良好勢頭。近幾年來，圍繞兩岸關係和平發展，黨和國家領導人、媒體、學術界從不同層面、不同角度對其進行過歸納、闡釋和分析，由此逐漸形成了兩岸關係和平發展的理論框架。學者楊立憲認為：黨的十六大以來，以胡錦濤為的第四代中央領導集體，從中華民族的根本利益和國家發展戰略全局出發，根據國際、大陸與兩岸關係形勢的發展變化與需要，在科學總結兩岸關係發展規律與中國大陸對臺工作實踐經驗的基礎上，創造性地繼承和發展了中央前三代領導人關於力爭以和平方式解決臺灣問題、實現國家統一的思想理論與大政方針，逐步提出、完善並形成了透過和平發展方式最終達成國家統一目標的系列論述，這就是關於兩岸關係和平發展的理論。[60]簡單來說，兩岸關係和平發展理論是中國共產黨在新形勢下統領與推進對臺工作新的科學理論。

政治倫理作為一門研究人類政治正當性及其操作規範和方法論的價值哲學，對政治文明的發展和政治體制改革，具有導向、規範和終極價值關懷的意義。[61]作為指導黨和國家對臺工作的新的理論體系，兩岸關係和平發展理論的內涵表達和外延闡述仍處於不斷豐富、深化的階段，很多思想和實踐仍處於新的量變中。但是僅就當前已有的兩岸關係和平發展理論內容來分析，它所展開討論有關兩岸的價值、理念選擇和互動規範、制度結構等內容，已經實現了政治倫理上的某種突破，體現了中國共產黨對馬克思主義政治倫理

精神的全面創新。

一、兩岸關係和平發展理論中的政治倫理創新

（一）建構兩岸關係價值目標體系

當價值被用來表達主體的本質或主體的內在尺度時，價值的直接存在形式便是一種被稱之為「價值」的觀念、規範或尺度。[62]所謂政治倫理的價值目標，指的是政治所追求、所採納的價值取向，是社會政治理想價值意義的最高表現。兩岸關係和平發展理論透過一系列兩岸「價值追求」的論述，從認同、利益和情感三方面建構了兩岸關係價值目標的體系。

一是「命運共同體」的認同目標。

「認同」一詞在工具書中儘管具有不同的解釋，但多數都將「認同」歸類為心理學名詞。在兩岸關係和平發展語境下，「命運共同體」可噹噹一種兩岸間的特殊認同，它既有別於政治、國家、民族認同，也有別於文化認同，其實質是兩岸同胞共有的區別於其他群體的心理狀態和心理傾向。確立兩岸「命運共同體」認同目標，源於對兩岸關係本質的認識和判斷，這一判斷可成為當前和未來時期，兩岸關係和平發展的目標取向。2007年10月，胡錦濤在中共十七大報告中明確提出，「13億大陸同胞和2300萬臺灣同胞是血脈相連的命運共同體」；[63]在2008年12月31日紀念《告臺灣同胞書》發表30週年座談會的重要講話中，胡錦濤再次作了同樣表述。

首先，兩岸全體人民對兩岸關係的認知與評價可以以「命運共同體」為基礎。長久以來，作為兩岸關係發展主體的人民，政治價值觀具有不同程度的差異與矛盾，這種差異與矛盾是在歷史中形成的，無法在短時間內消除，成為兩岸關係發展中必須承認和面對的客觀事實。兩岸「命運共同體」概念的提出，為兩岸民眾在尋找共同的命運追求與共同的命運理念提供了可行的思路。

其次,以「命運共同體」目標構建兩岸共同願景。如果沒有和平發展的共同願景,兩岸交流交往很容易流於形式,人民也會因為兩岸關係走向何方而茫然。如果說兩岸的共同願景是激發兩岸人民創造歷史的動力,這個動力的載體則應該是「兩岸同胞的共同家園」,也就是兩岸「命運共同體」。

第三,兩岸「命運共同體」不是虛無追求,也不是虛幻的感情,而是有深刻的具體內容,是實實在在承載兩岸交流交往的實體。在這個「命運共同體」之下,兩岸人民是一種血肉相連、命運相關、互信、互賴、共生、共榮的關係,雙方從血緣共同體、文化共同體發展至經濟共同體、利益共同體,最後形成主權共同體、安全共同體、理念共同體,實現兩岸的最終融合與統一。[64]

在大陸學界,對臺灣同胞的認同觀看法不一,存在相當多爭論,但對臺灣同胞認同傾向的解讀和分析大多建立在國家、民族層面,而非倫理角度的精神道德層面。樹立兩岸「命運共同體」認同目標的意義就在於,在當前兩岸關係發展遭遇政治文化瓶頸的情況下,立足於現實、著眼於未來,超越兩岸的社會差異和矛盾,建立某種雙方都可接納的精神追求,力圖使之成為兩岸維繫穩定和發展的基礎。

二是「中華民族利益」的利益目標。

利益本質上屬於社會關係的範疇。由於人的需要是多方面的,因此有多種多樣的利益。馬克思主義認為,人們奮鬥所爭取的一切,都同他們的利益有關。[65]恩格斯說:「每一個社會的經濟關係首先是作為利益表現出來。」[66]「共同利益」則是指個體或群體之間互動中創造和實現的利益總量。由於兩岸關係的特殊性,如何在多元的利益目標中尋找共識,是兩岸雙方皆面臨重要課題。兩岸「共同利益」的構建是近年來廣受關注的議題,也是兩岸關係和平發展理論的重要內容。所謂兩岸共同利益,廣義來說,就是兩岸之間凡是對兩岸雙方不構成零和的、獨享性、排他性的利益交集。[67]在政治倫理的範疇內,共同利益更多的表現為一種主觀認知,「中華民族利

益」則可以被理解為某種建立在非經濟、非物質基礎上的利益目標。

首先，對中華民族利益共同的追求，從精神上支持了兩岸關係人民的交流交往，成為推動兩岸關係和平發展的動因。誠如王毅所言：「和平、奮鬥、興中華，理應成為海峽兩岸中華兒女、海內外全體華夏子孫共同的追求和責任。」[68] 作為「中華民族利益」的利益相關者，兩岸同胞都須從中華民族整體利益出發，追求中華民族的偉大復興。

其次，臺灣人民利益、大陸人民利益、兩岸互動的利益從根本上說是一致的，三者可以兼顧。有學者認為，北京對未來兩岸關係的設計，完全建立在「雙贏」的理念之上。[69]「中華民族利益」在不同程度上代表了整體利益和長遠利益，其核心涵義是兩岸互相依存而形成的共同利益，歸根結底也符合兩岸雙方的利益。同理，兩岸各自的利益獲取，只有置於中華民族共同利益基礎上，置於兩岸關係和平發展的環境中，才能轉化為實質的利益。

第三，「中華民族利益」觀可以化解兩岸實際的競爭和利益衝突。舉例來說，在中華民族經濟的大前提下，推進兩岸合作，不論是大陸讓利還是臺灣得利，只是在大範圍內某種形式的（區域或行業）利益再分配，都是為了一個共同的目標——中華民族經濟的繁榮與發展。其他如文化、國際社會的互動等領域，兩岸皆可以以「中華民族」利益的旗幟尋找廣闊的合作空間。

兩岸關係和平發展理論的提出，本身就反映了兩岸人民的共同願望和根本利益。兩岸關係和平發展理論所蘊含的利益目標，對利益的理解，體現的是兩岸互動所遵循的價值抉擇。兩岸應儘量進行換位思考，統籌兼顧協調雙方的重大利益關切，在這個利益目標的指引下，兩岸雙方都有義務維護兩岸同胞的共同利益，關注兩岸人民的福祉，建設兩岸共同的家園。

三是「兄弟情」的情感目標。

溫家寶總理在回答臺灣記者有關兩岸商簽經濟協議問題時，曾以「兄弟」情誼對比兩岸關係。他說，「我們是兄弟，兄弟雖有小忿，不廢懿親，

問題總會可以解決的。」[70]總理還用《富春山居圖》分藏兩岸、希望能早日合成一幅畫為例，盼望著兩岸儘早和平統一，兄弟團聚。根據心理學理論，情感作為人的一種心理過程，是一個由淺入深、由外顯到內化的過程。兩岸關係和平發展見證了兩岸人民內心情感體驗過程中心理的變化，以「兄弟說」來比喻兩岸關係，確立兩岸關係發展的情感目標，是從倫理的角度來論述、闡釋兩岸關係，更凸顯了兩岸關係和平發展理論的人文屬性。

　　首先，從影響兩岸同胞的外部感情入手，培養烘託了兩岸特有的情感氣氛。兩岸關係和平發展以來，大陸領導人和學者透過不同方式將「兄弟」的關懷傳遍海峽兩岸。「我們是兄弟」的話語正在深入人心，在兩岸引起強烈共鳴，成為兩岸間新的共識。

　　其次，兩岸以交流體驗為基礎，確立「兄弟情」的情感取向。隨著兩岸文教交流的日益勃興與熱絡，兩岸交流的管道日漸增多，成為兩岸間聯絡感情、加深瞭解、增強互信基礎之不可或缺的一環，是拉近兩岸認知與距離的推手，更是溝通兩岸人民情感的橋樑，傳遞了兩岸的兄弟情、同胞愛，從而潛移默化地確立了兩岸民眾互為「兄弟」的情感取向。

　　第三，從理論的角度將「兄弟情」情感目標進行整合深化，為化解兩岸人民在情感上的差異與誤解創造條件。兩岸同胞在歷史中形成了一定的隔閡和疏離，情感上也存有因歷史原因而演化出來的意識形態對立問題，民眾間心理鴻溝仍然很深，強化「兄弟情」的情感論述，凸顯兩岸的兄弟情誼和相扶相幫的積極意願，有助於打開兩岸情感心結。

　　概括而言，兩岸關係和平發展理論所構建的上述三大價值目標，體現了價值體系的層次性，也體現了中國共產黨解決祖國統一問題的價值追求。兩岸若要推動政治整合，開啟政治對話，必須在共同認知、情感和價值觀念上形成某種共識，兩岸關係和平發展理論中體現的政治倫理思想正是試圖從這方面尋求突破和創新。

（二）建構兩岸交往倫理與互動規範

交往與互動規範屬於制度的範疇。制度是規範社會生活的理性秩序體系，關於制度的倫理，指正式制度架構中的倫理關係及其調節原則，強調的是對應當建立什麼樣的制度與制度應該如何發揮其作用，給予了更多的道德關注的研究。兩岸交往與互動要實現良性發展，充分發揮其對兩岸關係的引導和整合作用，就必須以某種道德合理性為前提。兩岸關係和平發展理論正是從這一角度出發，對兩岸交往的倫理與互動規範進行了新的探索和嘗試。

一是兩岸政黨倫理的創新。

政黨倫理是研究政黨正當性及其操作規範和方法論的價值哲學。[71]兩岸關係和平發展理論是圍繞著政黨關係如何促進兩岸關係這一關鍵問題展開的。2005年以來，在中國共產黨積極推動和國共兩黨的共同努力下，兩岸政黨關係開始步入和平發展的新階段。為了開創兩岸關係和平發展的新局，中國共產黨把政黨關係與兩岸關係統一起來，形成了有效的政黨合作互助機制，在新的歷史時期豐富和發展了馬克思主義的政黨倫理思想。

首先，以國共兩黨為主體和核心，成功開闢了兩岸交流的新管道——政黨交流平臺。兩黨交流的溝通機制涵蓋議題相當廣，包括政黨高層直接對話，達成共識；開展不同層級的黨務人員互訪，進行有關改善兩岸關係議題的研討，舉行有關兩岸同胞切身利益議題的磋商，舉辦各種論壇，邀請各界人士參加，組織商討密切兩岸交流、開啟政治性對話的措施等。其中，國共論壇已經舉辦了六屆[72]，其成功運作顯出政黨交流模式的靈活性以及在推進兩岸關係發展方面所獨有的優勢，為未來進一步推動政黨交流與合作提供了良好的實踐經驗和理論嘗試，為臺灣其他政黨與中國共產黨的交流造成示範作用。

在兩岸當局溝通間接、迂迴和模糊情況下，兩黨交流不僅為兩岸民間往來提供了強大的推助力，更成為兩岸政治互動的中介與平臺。政黨交流的影

響力既有政治的考量和色彩，同時又兼具民間交往的成分，因此在兩岸關係中有較多的操作空間和較寬的迴旋餘地。

其次，堅持一個中國原則，對臺灣其他政黨持開放態度，建立廣泛的反「臺獨」統一戰線。胡錦濤指出：「臺灣的任何政黨，只要承認兩岸同屬一個中國，我們都願意同他們交流對話、協商談判。談判的地位是平等，議題是開放的，什麼問題都可以談。」[73]「我們要最廣泛地團結臺灣同胞，團結的人越多越好。只有實現大團結，才能促進兩岸關係大發展。對於那些曾經對『臺獨』抱有幻想、主張過『臺獨』甚至從事過『臺獨』活動的人，也要努力爭取團結，只要他們回到促進兩岸關係和平發展的正確道路上來，我們都將熱情歡迎，以誠相待。」[74]臺灣民進黨、臺聯黨等所謂的「泛綠」政治力量顯然屬於「臺灣任何政黨」之中，中國共產黨都願意以開放、包容的態度，願意與他們開展交流對話，只要是在「承認兩岸同屬一個中國」的對話基礎上。

中國共產黨對兩岸政黨交往倫理的創新，用心良苦，是站在兩岸關係制高點上的戰略考量，體現了「用大團結促進大發展」的恢弘氣度。在「牢牢把握兩岸關係和平發展」的旗幟下，期待臺灣更多的政黨和民眾，瞭解兩岸和平發展對增進兩岸同胞福祉和繁榮兩地經濟的重要意義和真正內涵。

二是兩岸「用善意體現發展」的互動規範。

善意是一個無實體意義的抽象的概念。就善意本身含義而言，是好心、好意的意思，[75]它存在於人們的理念之中。善意的發展，用善意體現誠意，是在和平發展環境下兩岸互動的重要規範。

首先，透過利益的共享傳達善意的表示。兩岸關係改善以來，大陸實踐諾言，落實對臺灣民眾的各項有利措施，對臺善意顯然沒有侷限在某一領域，而是全方位的。例如：有關臺灣的對外交往和國際參與問題，在一個中國原則下，大陸就臺參與國際活動作出合情合理的安排，其出發點就是維護

臺灣同胞的切身利益、維護中華民族的根本利益；ECFA是項經濟協議，但臺灣從中獲得的不僅僅是經濟利益，更多的是大陸願意幫助振興臺灣經濟、為兩岸同胞謀福祉的大局戰略；大陸傾力選擇，挑出最好的一對大熊貓贈送給臺灣，等等。可以看出，儘管兩岸還有各方面的分歧和矛盾，大陸的善意一以貫之，已經超越了「讓利」和利益的範疇。

其次，兩岸關係順利發展要靠以德報德、用善意回應善意。兩岸關係是雙方的事情，是兩岸共同的事業。這就需要雙方相互理解，相互體諒，相互釋放善意，相互展示誠意。兩岸在交流與協商時，要以「同理心」、以誠相待，相向而行。這樣，才能實現兩岸之間的良性互動，並把兩岸關係帶入良性循環，實現互利共贏。從臺灣方面來說，其官方、政黨、媒體、學界、民眾對大陸善意都都有不少正面的回應和反響。臺灣領導人馬英九曾表示：「大陸釋出善意，我們確實感覺到了。」[76]但同時也應看到，出於某種目的，顛倒黑白、曲解大陸對臺善意、刻意負面解讀的聲音也有很多，這在根本上違背臺灣同胞求發展的主流民意，違背兩岸和平發展的根本利益。

第三，善意應體現於善言，體現於語言藝術，達到動之以情、曉之以理的表達效果。在每年全國人大會議後的記者會，溫家寶總理屢引詩詞回答有關臺灣及兩岸關係的提問，這些「善言」表達的背後，濃縮著總理和大陸同胞飽含深情、意味深長的善意，由此引起了臺灣同胞的強烈共鳴。

大陸對臺善意源於手足之情、同胞之愛，是「源於一家人理念」。[77]國臺辦主任王毅表示，大陸的對臺政策是面向2300萬臺灣同胞的，大陸對臺釋放的善意、採取的舉措沒有地域或族群之分，是面向所有同胞尤其是基層民眾的。[78]兩岸關係是特殊的關係，其行為模式必定是超越純粹的市場行為而更多的蘊涵倫理意義。兩岸關係和平發展理論更好的詮釋了兩岸「以善意體現發展」的互動規範，兩岸「善意的」互動也必將會增加兩岸同胞的感情和互信。

二、兩岸關係和平發展政治倫理創新的意義

兩岸關係和平發展理論中的政治倫理思想是對馬克思主義政治倫理思想的繼承、豐富和發展，它為兩岸關係的和平發展提供了科學的價值引導、倫理支撐和道德動力，對祖國統一大業的最終實現也具有重要的指導意義。

首先，提倡兩岸關係和平發展政治倫理的目的在於在兩岸建立人道相一致的倫理秩序，使兩岸關係既充滿生機又有利於兩岸社會全面和諧發展。政治倫理影響和制約社會道德。兩岸關係和平發展的政治倫理在其提倡的道德價值體系中居於核心和統領地位，將從根本上影響和鍛造兩岸大眾的心態，使人們在理想、信念和民族精神的層面上把個人的價值和命運與國家和民族的命運和前途聯繫起來。

其次，規範和引導兩岸關係和平發展的路徑及其實踐。在兩岸關係和平發展過程中，雙方及雙方內部的各種矛盾錯綜複雜，解決這些存在的問題主要需要透過機制化的手段。政治倫理可作為一種重要的補充，為規範和引導兩岸關係和平發展的實踐提供了更具體、更切實可行的框架，保證兩岸共同的價值理念正當存在與付諸實踐，並追求可能實現的基本規則體系，使兩岸特殊的價值理念獲得具體的落實。

第三，兩岸關係和平發展的政治倫理將以其獨具特色的倫理思想深刻地影響著兩岸的理論和實踐活動。沒有對兩岸關係價值目標體系的建構，缺乏對政黨倫理、交往倫理等問題的實踐探索，就不可能有今天兩岸關係和平發展所取得的成就。如果兩岸社會發展缺乏基本的認同，一切看似正確的理論或政策有可能失去應有的效能。關於「命運共同體」、「中華民族利益」、「兄弟情誼」等論述，關於政黨倫理，「展現善意的互動」等思考，將是兩岸關係和平發展中寶貴的精神財富。

基於動力分析的兩岸持續合作機制建構

河南師範大學政管學院　王鶴亭

當前兩岸關係正穩步和平發展，兩岸互動也由大交流深化到經貿、文教等領域的合作，ECFA的簽署和落實更「標誌著兩岸經濟合作和交流從此進入常態化、機制化發展的新階段」[79]。新的一年裡，胡錦濤強調，「我們將繼續推進兩岸各領域交流合作，共同開創兩岸關係和平發展新局面」[80]；馬英九也呼籲，「兩岸當局應以和解消弭衝突，以合作取代對抗」[81]。應該說，兩岸持續合作逐步成為普遍的政治共識和社會共識。面向未來，兩岸當按照「先易後難、先經後政、把握節奏、循序漸進」的思路，不斷拓展合作領域，深入發掘和培植合作動力，構建持續合作機制，乃至逐步破解兩岸政治難題，不斷增兩岸人民福祉。

一、兩岸持續合作的動力主體

兩岸關係和平發展進程中存在著多元性的兩岸行動者，包括個人、社會團體和政府等，不同主體在各層次、各領域兩岸合作上的力度與向度各有不同，而且主體（行動者）之間也存在著互動，透過自身的行為能動地影響著兩岸持續合作的範圍、深度、歷程和方向。

（一）個人

「兩岸的分或合，是一個極高度複雜、龐大的工程，牽涉到兩岸整體的互動發展，更取決於各自內部多數人民的意願」[82]，包括2300萬臺灣民眾在內的中國人民，是推動兩岸持續合作的基礎動力，兩岸民眾間血緣、民族、

文化、利益等方面的聯結構成了持續合作的紐帶。但兩岸人民在主體作用發揮的向度和力度上卻未必具有同一性和同等性，呈現多元化特徵，這在臺灣內部尤為顯著。造成兩岸民眾主體性歧異的因素較多，如大陸民眾比較多的受到「民族意識」、「愛國主義」的驅動，從國家、民族、政治利益的角度出發來看待兩岸合作；臺灣民眾則有利益和安全的憂慮，即使在兩岸經貿合作領域，偽「經濟民族主義」的意識仍有一定的市場，更有「悲情意識」的歷史沉澱，正如臺灣學者所觀察，「臺灣人民尋求『出頭天』的願望，這個願望是決定兩岸關係的根本關鍵」[83]。兩岸個體民眾在主體作用發揮方式和效能上也存在差別，中國大陸民眾高度擁護和貫徹黨和中央政府的兩岸政策，而臺灣民眾則對於兩岸事務具有較積極的政治參與和較強的政治功效感，實踐中逐漸增強的主體意識極大程度地影響政府的兩岸政策。

雖然兩岸個體在主體作用發揮上不具有一致性，但是兩岸民眾在日益密切的互動、交往過程中主體作用卻是相互影響的，形成一定範圍的主體間性，會出現一種利益和情感共生的局面，這種水平的關係有利於彌合主體間的歧異性以及垂直性權力結構的缺失。當然，因當前政治分歧、互信不足等，兩岸民眾間合作意願的提升面臨諸多瓶頸，「兩岸民眾互動已經近20年，分歧還是相當深，雖然在各自存活的社會中批判自己的政府，但是對自己所在政權的相信力遠遠大於對方，要如何形成雙方民眾的越界結盟確實是難的問題」[84]。

（二）團體

在兩岸尤其是臺灣內部存在眾多影響臺灣政治社會生活和兩岸關係的團體，如政黨、族群、地方派系、職業團體等，扮演著影響兩岸持續合作的積極或消極力量角色。這些團體擁有資源集聚和組織動員能力，「一切集團和組織是積聚的、綜合的集體資源的動員」[85]，如兩岸的政黨能夠爭取選民支持、募款、製造議題、引導民意等，有著嚴密組織結構和獨特意識形態，是兩岸關係中最有影響力的團體。中國大陸曾經將「國共合作」作為解決兩岸政治敵對的主要方式，而現在則以兩岸政黨平臺作為推動兩岸關係和平發展

與合作的渠道,更有學者以兩岸三黨「紅綠藍」三角互動模式[86]來解釋與分析兩岸關係;同時團體也是一種利益組織,兩岸人民借助於各種團體作為自己利益表達的管道,如從業者透過行業組織和學術團體開展相關領域兩岸合作的探討、嘗試或運作;兩岸的團體還具有把各種要求轉變成政策選擇的利益綜合功能,在獲得相當程度的資源支持、具備足夠權力影響時,這種政策選擇就會有相當的現實影響力,甚至直接成為推動兩岸持續合作的政策;團體具有一定的為成員所遵守的制度和互動規範,規定著個人的角色期待和行為模式,進而影響更微觀層面的個人的合作意願和行為。總體而言,團體可以成為推動兩岸合作的有效管道,在當前則更發揮著中介者、樞紐的作用。

(三)政府

政府是兩岸關係中最重要的主體和最主要的施動者,作為各自效力範圍內的規則制定者和最大資源擁有者,可以制定和執行系列推進兩岸合作的政策,能在一定權限內對個人和團體行使約束性、穩定性的權威去推動兩岸持續合作,並為個人、團體層面的兩岸合作提供具有穩定性的權威架構。當前兩岸政府均無法建立同一憲政體系內覆蓋全體中國人民的政治權威架構,因此,政府層面的合作就顯得尤為重要和根本。當前,由於政治對立下的互信不足、政治定位分歧等影響,兩岸政府在合作「標的」上可能存在不穩定性和潛在衝突,「所遭遇的最大合作難題即在於雙方無法就『相互合作』的內容形成共識」[87],導致推進持續合作的「合力」不足,政策優先性不充分。兩岸政府在規劃兩岸持續合作的問題上,雖然可能存在若干方向性的差異,但在路徑選擇上確有相當多的共識。

總體而言,「兩岸關係不是一種純粹以國家或政府為中心的結構,而是國家和民間社會一起參與的多行動主體的結構」[88],未來兩岸間的持續合作也將是兩岸間政府與非政府主體之間的合縱連橫的結果。

二、兩岸持續合作的動力形式:政治力和社會力

海峽兩岸持續合作的動力與機制

兩岸持續合作的動力來源於兩岸行動者的意願和行動，這最終體現為政治領域的公權力和非政治領域的社會力。政治力包括了反映政府自身利益、民眾意志或公共利益的動力，社會力包括了來源於經濟、文化等領域體現民間利益、情感、價值的驅動力，兩者之間相互影響的互動關係，適用「政治——社會」分析架構，也因兩岸關係特殊性而具有獨特內涵。

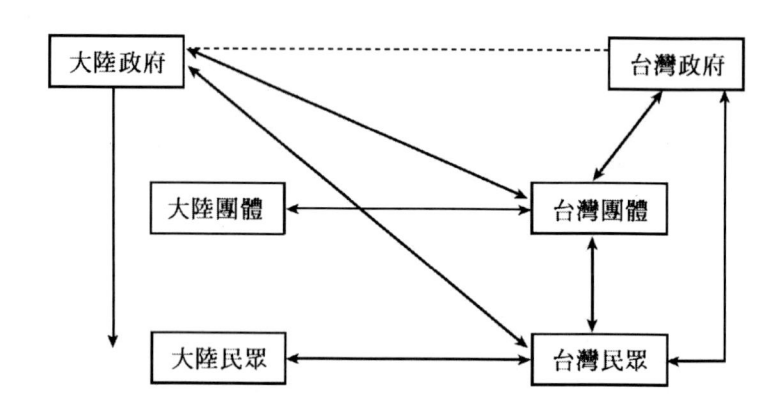

```
大陸政府 ⇠---------→ 台灣政府
   ↕                    ↕
大陸團體 ←————→ 台灣團體
                        ↕
大陸民眾 ←————→ 台灣民眾
```

兩岸持續合作的政治力活動空間受限於兩岸關係的國際大環境、兩岸政治對立及島內政治生態的內部環境；並受社會力的驅動，或反作用於社會力；在推動兩岸持續合作方面多採用半官方的形式，或者對兩岸社會力的合作採取默許的形式，或者對對方政治力推動合作的行為實現不否認的態度。以臺灣方面為例，雖然目前兩岸當局沒有直接的互動合作，但是臺灣內部政治體制和政策機制以及兩岸間多元主體的多維互動，卻為兩岸間持續合作提供了可用的渠道和機制，包括兩岸民眾對民眾與團體對團體的社會互動、大陸政府對臺灣民眾與團體的互動等，這些互動「與臺灣內部的權力互動相連結」，使臺灣的兩岸關係政策「暴露於多元政治的影響」[89]，最終影響到臺灣當局的決策。相對而言，兩岸持續合作的社會力則較為豐沛，具有廣域性和靈活性，不斷推動兩岸朝向更高領域的合作，但卻受限於當前兩岸政治對立的格局，社會力形式的合作一定程度上缺乏權威性保障。而未來兩岸能否實現「由易到難」、「由經到政」，甚至破解兩岸政治難題，將決定於兩岸間政治力與社會力的博弈。

在兩岸民間個體互動層次上，對兩岸政府來說，「跨越海峽的民眾關係是利大於弊的，無論兩岸最終政治關係如何，持續發展的兩岸民眾和團體聯結網絡有助於增進中國大陸和臺灣和平共存的願景」[90]。民間關係的發展會增進瞭解，衍生共同利益，民眾會對決策者施加影響，如由「中華搜救協會」推動的「金廈小三通聯合搜救演習」就創造了「民間推動、政府同意、人民得利」的「三贏」局面[91]；民間的社會力能制約官方的負面干預與阻擾力量，使兩岸關係走向合作而非對抗、前進而非倒退，例如，「兩岸直航是關鍵的突破，不只是日常生活的便利，也加速了民間的相互認識，如果再次政權更替後政策倒退，必然會遭來強烈的民怨，因而會制約政權採取行動的正當性」[92]。

在兩岸間團體互動層面，兩岸政黨關係是最為重要的部分，就大陸而言，中國共產黨是執政黨，具有較大的能量和主導空間；而在臺灣基本上是兩黨政治，兩岸三黨對於民眾、政府的影響力自非其他團體所能比擬。共產黨與國民黨之間享有較高程度的共識，而國民黨與民進黨間有著利益鴻溝，共產黨與民進黨在「主權」與「一個中國」問題上，缺乏交集，雙方轉化現實政治困境的動能較為欠缺[93]，民進黨內不少人也支持加強兩岸社會力的交流與合作，但對社會力所產生的政治影響或所謂政治力的「操弄」存有疑慮，如擔心「以民逼官」、「以商圍政」、「以通促統」。三者間的互動則在很大程度上決定著兩岸政府互動和兩岸持續合作的未來格局。

在政府與民眾、團體的互動上，大陸堅持「寄希望於臺灣人民」政策不動搖，以「利益」、「情感」等為媒介，使臺灣民眾產生傾向「合」的社會力，累積相應的政治力。「針對臺灣各個不同行業、階層、族群釋放符合其個別利益與需要的優惠政策，甚至在經濟利益之外將交流的範圍延伸到兩岸縣市、鄉鎮之間的對等交流，尋求『入島、入戶、入心』的效果」。在此過程中，兩岸政府間競爭的焦點將集中於對「民意」的競逐，而過去居於較為次要、弱勢地位的民間，可望擁有越來越充足的能動性，由下而上，「一改過去兩岸政策幾乎是完全由上而下、執政黨主導而在野黨制衡、官方擬定而民間遵行的政策決策模式」[94]。

在兩岸關係不斷發展的過程中，存在於兩岸政治與社會領域各方行動者之間綿密而錯綜複雜的合作與衝突，勢將形成兩岸內部及兩岸間新的互動情境和動力網絡，而且，在兩岸各主體變得更為自主的時候，相互間會更加依賴；同時，處於其間的行動者也勢必主動或被動地在某種程度調整其結構位置、規範角色與策略作為。當然多元主體的多維互動並不意味著其結果是平面化、去中心化、無等級、無差異化的鏈條或網絡，而各主體的動力發揮是存在著能量、方向、路徑差異的，如政府仍然居於核心地位，透過一定的引導或影響，也一定能夠促使兩岸多元主體的多維互動趨向有利於持續合作的方向，政治力在兩岸合作中仍具有權威性的位階。

三、兩岸持續合作的動力媒介：利益、權力、訊息、情感

兩岸主體間展開多種形式的合作、兩岸社會力與政治力的博弈，持續合作的動力能夠傳導，必須借助於一定的媒介得以實現。兩岸關係不僅是一種物質結構，更是一種理念結構，推進兩岸持續合作的媒介不僅包括利益和權力，更依賴於情感和訊息。

（一）利益

利益體現的是主體的需要與客體滿足需要之間的關係，是主體活動的內在動力，具有導向和調節作用，決定著主體活動對象的選擇[95]，利益的驅動使兩岸不同的個人、不同的集體結成「利益共同體」。兩岸合作以經貿為先，主要就是因個體受經濟利益驅動而開始的[96]，如果「取消了個人正當的利益追求，缺少了有效的激勵機制，再正確的計劃也得不到正確的執行」[97]；在兩岸各行動者在邁向相互合作的努力中，要建立「相互合作」較「相互對抗」為佳的共識，「而轉換能否成功，又系於彼此主觀自我利益認定與客觀環境中自我利益的改變」[98]。兩岸整合進程中的利益表現形式較為多樣，當前，物質的、經濟的利益是較為重要、直接、可操作性較強的媒介。兩岸利益關係也較為複雜，共同利益和利益分歧或衝突共存，有著同質性或互補性的共同利益，利益分歧有著對抗性和非對抗性之分；存在著不同

主體間在實現自身利益過程中彼此之間的衝突、同一主體實現不同利益時的衝突以及不同性質的利益衝突等；兩岸間形成了一個利益聯結和衝突的網絡，構成形式包括縱向上的個人、團體、族群、國家、社會等不同層次上的利益聯結和衝突，以及橫向上的兩岸個人間、團體間、政府間、社會間的關係。兩岸合作中利益媒介功能的發揮。綜合來看，可以歸結為三個基本方面：主體的利益需求與利益滿足的供給矛盾，即是否有足夠的利益加以分配；不同利益之間矛盾的協調，包括不同主體間利益矛盾和同一主體各種利益間矛盾；共同利益的增加問題，也涉及分歧轉化的問題。

（二）權力

權力[99]能夠以強制或誘導的能力驅動著主體的合作，而且兩岸合作往往也需要公權力來進行制度創新和效力保障。兩岸行動者透過各種渠道調配各種資源作用於他者的認知、偏好與行為等，最後滿足自己的需求，這種力量或能力最終發揮著推動持續合作的媒介作用。權力作為一種動力媒介，首先是兩岸行動者從各自內部發揮，但主要還是兩岸之間的權力作用，而處於相對優勢地位的主體在推動兩岸持續合作上往往居於積極態勢，如臺灣大型企業相較於中小企業、傳統產業更傾向於推進兩岸經濟整合。而最終，在把權力作為一種媒介的視角下，從微觀上看，兩岸持續合作，可以說是一個逐步將經驗性、行為性的權力發展過渡為規範性、結構性權力的過程。權力在推動兩岸持續合作的過程中可以以不同面貌出現，隨著兩岸關係的新變化，非政府主體的權力活動空間和積極性逐漸增加，權力逐漸由集權進入分眾時代；在權力操作層面，逐步注重合理配置「硬權力」與「軟權力」[100]，以政府互動為例，硬權力行動成本收益比的提高使得軟權力在兩岸關係中越來越重要，軍事行動、經濟制裁、外交壓制等代價逐步上升，且效果也有待商榷，隨著兩岸關係走向和緩，軟權力自然是較為理想的媒介。

（三）訊息

真實而充分的訊息能夠減少和消除兩岸關係中的不確定性，能夠增進兩

岸互動的理性,增加合作的可能性和效率。兩岸互動不能建立在主觀臆測之上,行動者基於對自己及他者、環境的訊息獲取與理解而採取行動,使得兩岸合作過程能夠最大限度地與客觀實踐和主觀需求相契合,減少不穩定性。行動者追求利益和效用最大化的「理性計算」、兩岸間市場配置等,都依賴於客觀而充分的訊息支撐。完善的訊息使得兩岸政府決策更加科學化,而訊息壟斷的被打破,決策透明度增加,使政府的兩岸決策也更加民主化。作為特殊的媒介,兩岸關係中的訊息還具有權力屬性,或者說逐漸成為一種重要的權力資源,因權力正在從「資本雄厚型」向「訊息豐富型」轉化[101],隨著傳播媒介的多元化尤其是互聯網的興起,訊息的生產、傳播與獲取變得越來越便利和平等,多中心的訊息網絡加速了傳統權力等級結構的瓦解,未來兩岸分布式訊息網絡因其開放、多元、自由、創造、共享等屬性也將為兩岸持續合作提供了更多機遇和助力。

(四) 情感

情感是主體行為的重要驅動力,是社會得以運作的媒介之一,在普遍意義上,「人類的決策依靠情感」,因「理性依賴於選擇的效用評價(或者說處理積極情感的能力)」[102]。中國人社會心理特點及兩岸關係的特殊性更使得情感在兩岸主體的行動模式中發揮著相當重要的影響力,中國人社會行動思維注重「面子」、「人情」、「關係」、「報」等,基於「自己人/外人」的「差序格局」建立社會信任關係[103]。兩岸關係中民眾往往是在「理性自利」與「感性認同」的綜合影響下作出選擇,臺灣內部及兩岸的互動至少也是基於一種「情感與利益的加權關係」[104]。這都使得情感成為推動兩岸持續合作進程中具有獨立主體性的媒介和紐帶,更是推進合作的觸媒、能量和催化劑。兩岸關係中的情感有與生俱來的原生型情感,如同文同種、血脈相連的親情,這種超越政治阻隔的先天情感聯繫無疑觸動了兩岸開放交流,也有後天交往互動形成的社會性情感。雖然數百年不同的歷史生活和百餘年的分隔經歷,使得臺灣社會產生了一些與大陸人民不同的情感,而兩岸情感互動也呈現多元化特徵,在某種程度上,兩岸情感差異甚至使得原本合理的「民族」、「同胞」、「血緣」的道德與情感訴求顯得蒼白無力,但隨著兩岸交

往與合作的深化，兩岸各主體間後天形成的交往情感將在促進兩岸持續合作中占據著越來越重要的地位。

四、兩岸持續合作的機制建構

基於對兩岸持續合作的動力分析，兩岸持續合作的機制建構，在戰略層面應是權力制衡、權利契約、社會支撐三種路徑和諧互動的結果，而在具體的策略層面，則要建立起結構上相互協調，在功能上相互耦合互補的動力、激勵、整合、協調溝通、保障等具體機制。

（一）戰略層面

兩岸持續合作是兩岸良性互動、多種因素綜合作用的必然結果。從建構、推進、保障兩岸持續合作的路徑來看，存在著三種不同的思維和模式。

1.「權力制衡式」路徑

即兩岸依靠力量制約、權力博弈而推進合作。海峽兩岸透過增強各自的實力和權力或能力，並尋求外部力量的支持，在兩岸權力的消長、競爭、妥協與合作中爭取實現自身目標和利益維護。這種思維強調權力制衡或實力的重要性，源於「現實主義」的模式，比較缺乏動態發展的質變空間。從兩岸實際來看，雖然在兩岸權力結構中大陸處於絕對優勢，但是在兩岸議價能力結構中臺灣卻占有一定的優勢和主動性；然而單一力量制衡、利益分配結果下的兩岸合作，也並不能必然保證可長可久，而且還可能承擔較高的維持成本。

2.「權利契約式」路徑

即在合作前或合作中確定合作主體的角色和權利範圍，從保護兩岸相關主體的權利出發，透過契約、制度、法律等來制約和規範相互的行為，在平等協商、合理安排的基礎上，保障兩岸持續合作的穩步發展，如ECFA的作用

等，這是兩岸合作進程中制度創新的結果。兩岸各方已逐步形成一些共同遵守的協議和規則來保障和推進兩岸在相關領域的合作，未來則期待能夠克服兩岸政治定位分歧等難題，在政治合作方面取得突破性進展；而兩岸民間的協議或共識，也有待於官方的保障和認可。

3.「社會融合式」路徑

或者說「持續合作的社會機制」，即在前兩者的基礎上，把兩岸合作的範圍持續擴展到整個社會領域，重點放在解決經濟、文化和民生發展等問題上，加強兩岸人民的交流和資源、訊息的流通整合，促成兩岸社會的全面整合與合作，逐步夯實兩岸政治合作的社會基礎，打通因過去政治隔絕、紛爭擴大化帶來的社會隔絕，化解由於政治對立泛化而形成的社會對立。社會力量具有基礎性的制約和支持作用，透過社會力量的影響，借助於社會與政治的分工與合作、溝通與協商等形式，逐步化解結構性矛盾，共同構築持續合作機制。「社會融合式」合作具有足夠的發展空間和廣泛性、持續性以及創造性。

三者之間相互補充、共同促進，權力機製為兩岸持續合作提供效力——透過權力制約來實現，權利機制提供形式——以規範、制度、契約或法律形式來約定，而社會機制則提供內容——以社會的具體要求和支持來構建，最終形塑一種全面的、發展的、多元的兩岸持續合作機制。

（二）策略層面

1.兩岸持續合作的動力發掘與培植機制

提升兩岸持續合作的動力，一方面是不斷髮現、發掘既有資源和空間，另一方面更要開拓、培植新的方向和領域。就國際環境而言，應積極創造並利用有利條件和機遇，如美國對當前兩岸間合作表示「樂見其成」；兩岸政府對於以合作代替對抗、共同結束政治敵對的訴求一直不斷，社會層面的呼籲不絕於耳，應將這種認知和意願轉換為實踐的動力；在中觀層次，隨著兩

岸經貿、社會等交流整合深化，企業、民間社會團體等產生了更多的合作動力；在微觀層次，立足於兩岸共同的先天文化、血緣、民族感情紐帶和後天的利益聯結，應注重在求安定、求和平、求發展的主流民意中孕育合作的方向和動力。總體而言，隨著兩岸關係的逐步發展，應不斷推動兩岸間對於合作的需求和動力的持續上升，也使兩岸關係和平發展具有更加充沛的能量和堅實的基礎。

2.兩岸持續合作的激勵機制

激勵方嚮應是緊緊圍繞和平發展與兩岸人民福祉的主題，在激勵強度即量的規定上，一方面繼續發揮政治系統的權威性分配功能，如大陸惠臺「讓利」，兩岸政府促進交流的措施等，另一方面更要注重發揮社會領域內價值尺度的作用，如由市場和社會輿論決定兩岸主體互動中某種行為和價值觀的收益或代價。注意物質性的和非物質性的激勵相互配合，物質性的激勵，如對於促進兩岸經貿整合的企業來說，可以享受某種程度的優惠政策，並從這種過程中獲取了豐厚的市場利潤，這又進一步刺激其對兩岸經貿合作乃至政治合作的需求和支持程度，「由政治歧見衍生出來的層層限制之所以能得以逐漸突破，兩岸經濟往來之所以能發展到相當規模，正是這種利益的驅動作用使然」[105]。非物質性的激勵，一般指那些有利於兩岸關係交流合作的行為方式和價值觀念能夠獲得某種價值文化符號的認可、讚賞或精神上滿足與享受。物質性的激勵快捷直接，而精神性的激勵則具有更持久廣泛的目的導向性。在兩岸關係實踐中，更多的是要兩者有機結合，如「海峽兩岸經貿文化交流協會」為推動兩岸經貿合作、文化交流所設立的「江丙坤兩岸交流貢獻獎」。

3.兩岸持續合作的整合機制

兩岸合作不能是個別的、不連續的或即時性的，只有形成兩岸各主體間利益、功能、文化、組織等方面的廣泛而持久的聯結，兩岸合作才可能是可長可久的，當前兩岸社會整合具有核心作用。就整合對象或內容而言，包括

利益、功能、規範、文化、組織等。利益是最基本的整合對象,整合則有利於造就兩岸關係中更多的利益紐帶;功能整合指兩岸各子系統所發揮的社會功能相互耦合、互補互惠,最能突出合作的優勢;規範整合則有助於兩岸合作的主體有章可循,為積累互信規劃路徑;文化整合可以造就兩岸社會成員的合作共識,成為促進持續合作的粘合劑;組織整合屬於結構性整合,將兩岸合作主體按照角色分工,結成有機的社會聯繫,構築兩岸持續合作的載體。從整合方式來看,存在著同構型和互補性兩種形式,前者建立在整合對象的性質、內容和結構等趨同的基礎上,後者因主體間由於相互需要或比較優勢而產生的互惠互賴關係,進而凝聚為整體,兩岸合作,不能僅專注於兩岸間的同構型整合,還要發揮互補性整合的思維,更要將兩者結合,不能偏廢。

4.兩岸持續合作的溝通協調機制

協調機制能夠維持著兩岸社會各方面及各種力量之間的協調、穩定和平衡,促進兩岸合作穩健發展。一方面要協調各社會主體間的利益,另一方面是形成相關合作領域裡共同遵守的社會規範,發揮對各社會成員的制約和導向作用。在協調手段上,可以透過組織的、制度的和文化的方式來進行。各種多元化組織是協調和消解壓力或衝突、深化合作的最直接有效的渠道,如「兩岸經濟合作委員會」作為兩岸官方共組的溝通協商平臺,將促進兩岸特色的經濟合作機制構建,未來「雙方可以考慮成立『兩岸共同事務委員會』,共同策劃、組織、協調、控制和監督兩岸共同事務的合作問題」[106];而制度協調在兩岸合作中越來越重要,如兩岸空運、海運、郵政及食品安全、ECFA等協議乃至和平協議等,今後應注意建構由點及面、由低層級到高層級的制度協調機制;文化協調是指在兩岸社會交往中逐漸形成的、共同遵從的準則和標準對社會成員的協調,是軟性的,更具有廣泛性。

5.兩岸持續合作的保障機制

從消極避害的角度出發,如何阻止妨害兩岸合作的因素的滋長和累積,

避免兩岸關係陷入倒退，預防突發事件的發生等，也是值得重視的方面。保障機制應著眼於預防或調適可能阻礙持續合作的誘因，包括兩岸互動及合作中主體的滿足感匱乏、不公平感、不安全感，如伴隨兩岸經貿互動的臺灣南北社會差異可能產生的政治差異[107]，以及不同領域兩岸合作的低度耦合和不協調等，如兩岸政治系統與社會系統的疏離；借助於包括社會疏導、制度建設、補償、調節等手段，將不利因素和影響降至最低。保障機制是一個較複雜的問題，一方面因為保障屬於公共產品，另一方面受制於兩岸關係的結構性矛盾，在理論建構和實踐操作上都有難度，但基於兩岸過去的經驗與教訓，在未來發展中卻值得探討和關注。

五、政策建議：合作空間、主體互動、媒介配置

首先，深化和拓展一個中國框架下兩岸的國際性共同事務合作，為兩岸持續合作開創新的增長空間。劉國深教授將兩岸共同事務形象地劃分為三種類型：「面對面」、「背對背」及「肩並肩」[108]，兩岸已經在「面對面」的兩岸間事務上展開了諸多合作，後兩類則屬於國際性的共同事務。「背對背」的共同事務指兩岸在國際場域各自代表中國而且不同時在場的情況下牽涉兩岸人民福祉的事務，如在利比亞撤僑期間，大陸表示將全力提供協助幫助臺灣同胞撤離利比亞，臺胞若需援助，大陸將不遺餘力[109]。「肩並肩」的共同事務是指在國際環境中兩岸共同在場加以處理的事務，面對共同的壓力、困境或競爭者以及利益的情況下，兩岸相關主體攜手合作，在推動兩岸共同事務進展的同時自身也獲得增益，如兩岸在南海爭端中的戰略合作[110]、曾經在西沙保衛戰和南沙保衛戰上的合作默契、合作開發東海南海油氣資源[111]；還可以多方面共同增進中華民族利益，例如合作在國際社會推展中華文化，維也納大學的孔子學院（北京外國語大學聯辦）和臺灣研究中心（政治大學聯辦）就在同樓、同層、並列掛牌辦公[112]。毫無疑問，兩岸在國際性共同事務領域的合作，將創造新的公共空間和增長極。

其次，應拓展兩岸交流與合作的渠道，促成兩岸各主體間的直接互動乃至合作，提升頻率與效率。長期以來，兩岸各主體間尤其是基層民眾層面缺

乏直接有效的互動管道，更談不上深入交流乃至合作，「隔空喊話」效果不彰，以至於兩岸間的意圖甚至是「善意」也可能會被誤讀或扭曲。就大陸而言，對臺交流與合作應逐步達到「入島、入戶、入心」的狀態，這包括政府和民間層面的行為。如：陳雲林經貿之旅，與臺灣中南部中小企業、農漁會幹部及農企直接面對面座談，「讓利自己來，不假他手」，「直接把資源下放到臺灣中南部、農漁民手中」，「就經濟效益而言，更直接也更全面」[113]；在兩岸政黨層面，應加強交流，在某些問題上形成合作共識或默契，「現今『兩岸經貿關係正常化』可說是綠、藍、紅三方的最大公約數」[114]，大陸與民進黨正式對話是必由之路，民進黨也應該認識到追求兩岸和平和維護臺灣人民福祉是自己的責任及利益，適當區隔政治議題與經貿議題等，對於兩岸合作，可以考慮由反對制衡到監督再到有意義參與的轉換。就臺灣而言，應逐步放開限制，加大大陸民間與臺灣各層面的交流互動，賦予兩岸民間更多的選擇權和合作空間，促成雙方民間更多認識和信任基礎，是互利雙贏的選擇，「未來如何循序漸進，由『菁英』擴及到『庶民』，而且善用陸客和陸生一致認同的臺灣『軟實力』，以落實馬英九在就職演說中所提及的『建立互信、擱置爭議、求同存異、共創雙贏』」[115]，是值得期待的。最終，只有逐步建立有效的管道，並使兩岸政府、團體、個人之間能形成無障礙、常態化的交流互動，兩岸合作的動力和空間才會持續增加，而兩岸合作才會趨於完整和完善。

　　第三，應優化併合理配置兩岸持續合作的動力媒介，使兩岸合作的動力傳導更加協調均衡。在利益媒介功能發揮方面，應擴大利益媒介作用的範圍和終端，使利益調配或利益輸送真正發揮實效；適當擴大文化的、精神的、低階政治的利益往來，實現利益媒介配置的多元化；注意兩岸利益互動的平等互利性；同時利益只有在與其他媒介如情感、訊息和權力等交互配合作用時，才能發揮最大的功效。在權力互動方面，注重「軟權力」，發揮在文化、觀念、知識、訊息等方面具有優勢地位的資源的影響力；對對岸的公權力予以適當的認可，並逐步探討兩岸間權力空間的分配與對接等。在訊息傳導方面，多中心的訊息網絡並不意味著每個節點都是同等份量的，政府比較

有能力和責任去獲取、篩選、識別並提供有價值的訊息，仍可能獲得權力優勢，兩岸政府應當立足於對受眾的客觀分析，生產、獲取、鑒別並發布客觀而透明的訊息，借助於現代訊息技術以及兩岸社會網絡，構建廣播、窄播、人際等多元化的兩岸訊息通道。在情感互動方面，應避免將彼此情感的差異解讀為差距或敵意，以「同情的理解」達成和解；注意保障兩岸在其他媒介傳導過程中所蘊含的情感傳遞的平等性；同時，情感並不超然於利益，避免單純空洞的利益輸送、道德說教和權力強制；注意將情感發生和傳遞的中心擴散和點對點互動相結合。只有合理髮揮各種媒介的功能並優化配置，才能使兩岸合作由單純的「物質化」到全面的內在結構提升，推動由共同利益到共同價值、共同情感的願景轉換。

試論政治互信與兩岸持續合作的關係

北京聯合大學臺灣研究院　陳星

自2008年5月馬英九和國民黨上臺以來，兩岸合作經歷了一個快速發展的階段。兩岸的政治互信在一定程度上建立起來，兩岸的合作快速發展。兩會復談後，已經簽署了15項協議，兩岸合作的制度化工作也進展順利，這是兩岸關係從對峙走向全面合作的重大變化。在未來的兩岸關係發展中，兩岸政治互信的鞏固與加強是兩岸能夠持續合作的關鍵因素。

政治互信是兩岸持續合作的基礎

信任研究在1950年代進入社會學者的視野，到了90年代，關於信任的研究成為社會心理學、組織行為學、經濟學、政治學、國際關係等研究領域的熱點問題。與信任問題一樣，合作在二戰以後也進入政治學者的視野。目前在學界比較公認的合作概念是：「當行為體透過政策協調過程，調整自身行為以適應其他行為體實際或預期的偏好時」，合作就出現了，政策協調意味著各國調整各自的政策以減少對他國造成的消極後果。這個概念由兩部分組成：第一，它假設每個國家的行為都指向多個目標，但不必是所有行為體都嚮往的相同目標；第二，合作給行為體帶來收益或回報。合作可以透過三種途徑實現：默契、協商和強制。[116]

學界對信任概念的界定主要有以下兩種：（1）強調信任是一種信念，指合作的一方對對方的可靠性和誠實度有足夠的信心。[117]信任可以認為是一種意願，即基於對合作方的可靠性判斷而產生的與之合作的傾向。或者說，信任是因為合作夥伴可以依賴而產生的依賴對方的信念。（2）從組織行為

學的角度出發，信任主要有兩個核心組成部分：一是明確的預期，即信任建立在對他人未來表現進行推測的基礎上；二是信任包含行動並承擔義務。[118]易言之，信任建基於個人或團體對與自己行動選擇有關的他人或團體行動的確切預期，該行動選擇必須在自己能檢測他人行動之前做出，並承擔相應風險。

一般意義上說，信任是在合作過程中產生的，信任的動力產生於合作的需求。合作各方如果要取得自己預想的結果，必須對合作者的可靠性進行判斷。安德烈‧基德說，「信任是關於一方更傾向於合作而不是單純利用另一方的合作意願謀取自己利益的觀念」。[119]簡單地說，信任可以推動合作沿著雙方都可以接受的路徑進行下去。因此，互信是合作得以進行的最重要粘合劑，它保證了合作各方在合作過程中限制自己的行為，在一定程度上保證合作者的利益實現，而這一結果又會反過來促進互信的進一步發展和合作的進一步推進。

信任的形成來源於社會生活和政治交往中的不確定性和人際交往或合作中的風險性。米　泰爾指出，在全球化的條件下，世界充滿偶然性和不確定性，信任變成了非常急迫並且使人焦慮的中心問題。[120]不確定性增加了社會交往的成本，增加了交往的難度，而信任卻可以使交往中的不確定性降低，可以使交往中的成本降低。以此而言，信任在交往中擔負了以下功能：（1）增加未來的可預見性；（2）簡化決策過程；（3）信任具有約束功能。信任是解決風險問題的有效辦法，它簡化了合作的複雜性，增加了合作雙方對合作過程中不確定性的承受能力。[121]

信任的建立和鞏固是合作各方多次博弈的結果，決定信任能否達成的根本在於合作各方利益預期和利益實現程度之間的差距。以此而言，信任可以分為嘗試性信任、維持性信任和延續性信任三種類型。（1）嘗試性信任階段，在這個階段，合作各方必須展示出一定的善意與誠意，如此可以減少其他合作者的疑慮，使合作能夠順利進行。（2）信任鞏固階段，各方逐步互相理解，形成了若干共識，包括共同的思考方式、共同目標以及共同的價值

取向等。（3）延續性信任階段，雙方在合作過程中積累起來的信任和彼此依賴感可以延續到下次合作，而且可以透過一定的傳播網絡延伸到其他可能的合作者。[122]多次合作所形成的信任累加和信任強化就成為社會成員、各種團體以及不同國家和地區間信任形成的基本機制。

政治互信係指政治行為主體之間相互信任、依賴、合作的程度及方式。顯然，政治互信對地區安全問題的影響至關重要。隨著冷戰的結束，政治互信構建成為處理國際安全的重要措施，當前建立政治互信的對象和手段的深度和廣度都有了空前擴大，覆蓋了軍事、政治、經濟、文化等多種領域。[123]政治互信是政治合作的基礎，是非戰爭狀態下政治行為主體進行政治交往時增加交往過程可預見性的重要依據。就兩岸關係來說，政治互信的建立是兩岸合作持續進行的重要基礎，也是將兩岸關係發展過程中因政治互信不足而引致的風險管控在一定範圍內的重要保障。

政治互信的建構是兩岸持續合作推動的結果

兩岸政治互信與兩岸合作互為表裡。兩岸政治互信構建的基礎是雙方對某些基本政治原則的共識和一致性解讀。舍此之外，兩岸政治互信的構建無法達成，合作只能是鏡花水月。就目前來說，兩岸之間如果要達成政治互信，實現持續性合作，最起碼應該在以下幾個基本問題上達成某種共識：（1）在內戰狀態尚未結束的情況下，兩岸經濟聯繫和社會整合已經不可阻擋地發展起來；（2）兩岸同屬一個中國是法理上的事實；（3）兩岸關係良性發展是實現大陸和臺灣雙贏的前提；（4）兩岸關係發展的要義在於優先解決民生問題。兩岸政治互信的基礎是雙方對一個中國原則和「九二共識」的認同，同時雙方還必須擱置雙方一時難以達成共識的政治問題，將主要精力集中於解決目前雙方都需要面對的發展問題。

政治互信的建構是在政治合作的不斷推展過程中完成的。兩岸交往中的嘗試性信任建立在雙方對兩岸合作誠意與善意的基礎上。2005年連、宋訪問大陸，其實就是兩岸嘗試性信任建立的開端。這種嘗試性信任的建立取決於

以下因素：中國大陸持續不斷向臺灣釋放善意；兩岸經貿合作已經達到了相當規模；臺海格局走向說明，處理好兩岸關係對於臺灣未來發展至關重要。在兩岸政治互信構建的過程中，嘗試性信任的建立是難度最大的一步。因為在兩岸內戰狀態尚未結束以及兩岸敵對性認知非常濃厚的氛圍下，嘗試性信任的建立需要克服傳統思維框架，難度之大可想而知。一旦初步的政治互信建立起來，就為未來的政治互信發展和持續性合作提供了路徑起點和模式基礎。

嘗試性信任的建立只是政治互信構建的開始，兩岸政治互信構建最為關鍵的階段是維持性信任階段。維持性信任階段的主要目標已經建立起來的互信和據此形成的合作關係能夠持續下去並不斷加強和擴增。總體來說，兩岸政治互信和合作的維持性階段能否成功延續，實現兩岸合作的可持續發展，主要取決於：（1）政治互信和兩岸合作的制度化。制度化程度的高低基本上反映了政治互信和兩岸合作的程度和未來的發展前景。政治互信和兩岸合作的制度化從三個層面上保證了政治互信的良性發展，一是使行為主體的行為可預測性增強；二是使政治互信和兩岸合作的發展成果以制度形式固定下來，增加了政治互信和兩岸合作的穩定性；三是制度的執行本身具有溢出效應，可以為未來進一步的政治互信加強和兩岸合作的擴大提供模版。（2）聲譽的積累。在經濟學中，聲譽的好壞是職業經營能否成功的重要因素，良好的聲譽增強了經營者討價還價的能力，因而對其行為有顯著激勵作用。[124]在政治互信擴大和兩岸合作發展的過程中，聲譽是行為主體過去行為可信程度的累積紀錄，也是判斷行為主體是否可以信任的重要依據。良好的聲譽與信任成正相關關係，可以限制行為主體利用政治互信進行謀利的投機性行為。在兩岸政治互信構建過程中，制度化的成果是比較顯著的，同時兩岸在構建政治互信方面的信譽也有一定程度的加強。

兩岸政治互信的維持階段是政治互信最為脆弱的時期。隨著合作的推進，兩岸的分歧也越來越多地暴露出來。就臺灣而言，國民黨推動與大陸建立政治互信的行為遭到了綠營、特別是深綠政治人物的質疑與反對，綠營的牽制措施也紛紛出臺，類似熱比婭訪臺事件曾經嚴重考驗兩岸的政治互信；

海峽兩岸持續合作的動力與機制

　　國民黨在兩岸政治互動中多次強調目前只解決經濟問題，而對國家統一問題以及兩岸和平談判問題極力迴避，這與大陸民眾對兩岸政治互信的期待有較大差距。不過總體來說，目前兩岸合作基本上還是以比較平穩的態勢向前發展，在和平發展的基本框架下，兩岸還是將精力集中於解決合作與發展問題，短期內觸碰重大政治議題的可能性不大。

　　在維持性互信階段，兩岸的延續性政治互信其實已經開始起步了。兩岸自2005年以來達成的共識以及在相關合作中積累起來的政治聲譽成為延續性政治互信的基礎。事實上，兩岸每一項協議的簽署都以前面相關協商所構建起來的互信基礎為基本語境。未來國家統一的實現也必須是在政治互信不斷累積的基礎上展開。不過這種延續性政治互信目前還處於較低的水平上，構建高強度的兩岸政治互信、實現政治層面的兩岸合作顯然任重道遠。

政治互信對兩岸持續合作的推動機制

　　在兩岸關係的語境下，政治互信的指涉範圍為政治領域的重要事項，如保持政治認知的一致、保持合作的可能性與持續性等。一般而言，政治互信的作用主體主要存在於政治體的決策層。民眾、媒體等因素固然可以在某個時節透過輿論、選舉等行為影響政治體的運轉模式和運行方向，但難以發揮主導作用。所以戰略互信主要建立在參與各方決策層的判斷和信念之上，其中行政首腦、主要行政官員、執政黨和民意機構扮演著關鍵角色。[125]本文討論兩岸政治互信時，一般所指的行為主體是祖國大陸政府與臺灣行政當局。但是，由於臺灣的獨特政治生態，國民黨行政當局在一定程度上受制於民進黨及「臺獨」勢力的掣肘，在建立兩岸互信、推動兩岸關係的持續性合作方面沒有完全的自主性。所以，兩岸政治互信在維持與推動兩岸持續合作的機制方面有自己獨特的內涵，概括來說主要包括以下幾個層次：

　　（1）承諾。[126]政治互信構建中的承諾係指各方在合作過程中對自己應該承擔義務和應盡責任所做出的允諾。承諾對行為主體來說具有直接約束力。兩岸雙方承諾的有效性對兩岸政治互信的維持和延續具有基礎性影響。

這些承諾可以是形諸文字的，也是可以是默契。前者如兩岸對「九二共識」的認同，對反對「臺獨」的認知，以及對逐步開放兩岸交流、強化兩岸各個層面合作的基本共識等；後者如對民生議題優先順序的排定，對處理好兩岸關係問題的誠意，以及對和平發展的認同等。兩岸雙方對承諾的信守減少了兩岸交往中的機會主義行為，在一定程度上保證了政治行為的可預測性，降低了兩岸交流和交往中出現誤判和導致風險的可能性，也降低了兩岸交流與交往中的成本，是政治合作得以維持和延續的重要條件。

（2）溝通。如果說承諾為政治互信和兩岸合作的維持提供了基礎性框架的話，兩岸政治溝通的功能在於處理兩岸交往過程中的動態問題。由於兩岸對一些問題基本認知不同，可能會產生一定程度的誤解，從而影響政治互信的可持續性。因此，溝通作為重要的消除誤解的途徑，在兩岸政治互信的維持中會發揮關鍵性影響。兩岸政治溝通的核心在於訊息的交流與交換。訊息作為一種寶貴的資源，在現代社會政治過程中的重要性日益突出，已成為政治體系維持其功能的基本要素。[127]對於兩岸政治互信和兩岸合作而言，如何克服兩岸合作過程中的訊息不對稱，以及因為訊息不對稱而引發的誤解，是兩岸政治互信和合作機制要解決的重要問題。溝通的功能在於讓對方瞭解自己的基本立場和利益所在，同時也傳達出自己對合作者的期望，能有效減少因合作雙方各行其是對兩岸合作帶來的衝擊。在兩岸政治互信和兩岸合作維持與延續過程中，國共平臺的成功運作就成功發揮了溝通的功能。

（3）危機管理。危機管理是一個寬泛的概念。有的管理學理論認為，具有完善危機處理機制的組織或是平時訓練有素、危機意識強；或是早已對危機進行了資源上的準備；或是對危機有著比較充分的思想準備，所以它們面對危機時沉著、冷靜，這一切都屬於危機管理的範疇。[128]簡而言之，危機管理其實包括危機的預防（prevention）、準備（preparation）、危機爆發時的反應（response）和危機結束期的恢復（recovery）四個層次的內涵。

由於臺灣政局和臺海局勢的複雜性，兩岸政治互信和兩岸持續合作出現波折的可能性非常大，所以危機管控機制對兩岸政治互信和兩岸合作的維持

和延續就顯得異常重要。在兩岸政治互信和持續性合作的危機管理過程中，有三個方面的因素對危機管理的成效影響甚大：①兩岸溝通的成效。即一方能夠使對方瞭解到自己的想法，並將自己無意損害對方利益的意圖清晰地表達出來。②合作雙方的戰略視野。在兩岸和平發展的大視野下，要求兩岸合作機制具有一定的彈性和抗衝擊能力，否則和平發展的大局就會受到影響。③損害管控。即將危機造成的損害控制在可以接受的範圍之內。只有這樣，兩岸互信和合作機制才可能有可持續性。

結語

兩岸政治互信是兩岸合作的基礎，政治互信構建則是在聲譽累積的基點上不斷向前推展的過程。從根本上說，政治互信的構建根源於兩岸經濟貿易合作越來越密切的現實。由於兩岸民眾之間已經形成了越來越龐大的利益聯結，兩岸持續性合作成為不得不為之的趨勢。這種局面要求兩岸關係必須從1949年以來的軍事對抗轉向全面合作。如陳孔立教授所言，現在兩岸已經從過去的「不合作博弈」轉變為「合作博弈」。[129]這是和平發展理論的基本內涵，也是臺海形勢發展的客觀需求。

由於兩岸合作是一個不可逆轉的趨勢，所以，儘管兩岸政治互信在一些細節問題上會出現若干波折，但總的方向還是會向互信不斷強化的方向邁進。以前那種刻意炒作兩岸關係謀取政治利益的做法已經越來越沒有市場。現在即使是一直對兩岸交流持消極態度的民進黨也不得不考慮調整大陸政策的問題，而這必然要以某種程度的政治互信為基礎。否則，類似陳菊那樣傷害大陸民眾情感的情況如果經常出現，[130]民進黨根本無法與大陸建立起持久的互信，也無法實現可持續性合作。

兩岸持續合作的動力與機制研究——基於非傳統安全合作的視角

廈門大學臺灣研究院　陳先才

一、兩岸合作的動力與機制：現狀與問題

過去兩年多來，海峽兩岸雙方盡釋前嫌，並共同合作推動兩岸關係的和平發展，取得了一系列的豐碩成果。兩岸雙方之所以能夠開展良好的合作，其中一個重要原因就是兩岸雙方有合作的動力，以及在合作中建立起一系列的機制來加以規範和推動。

海倫·少爾納認為，合作是指「行為者透過政策協調過程，調整自身的行為以適應別人目前的和以後的需求」。[131]羅伯特·尼斯貝特認為，合作是為達到一些目標而採取的聯合或協調性行動的行為。合作可能是自願或非自願的，指令或非指令的，正式或非正式的，但不管怎樣，合作總是為達到特定目標的各種努力的結合。其中，合作中的所有者都有自己實現的或想像中的利益。[132]基歐漢認為，合作只有在行為者的政策處於實際或潛在的衝突情況下才會發生，合作不應該被視為沒有衝突的狀態，而應該被視為對衝突或潛在衝突的反應。[133]在這裡，可以看出行為體之間能夠開展合作，很顯然是源於某種利益的現實需求。這種需求也就是合作得以開展的動力所在。

以兩岸關係為例，兩岸在2008年5月後之所以能夠得到快速改善與緩和，除了臺灣政黨輪替這種大時代背景的轉換外，其中一個重要因素還在於兩岸雙方都有推進合作的強大動力和意願。在經歷了李登輝和陳水扁長達20

年的衝突路線，使兩岸關係長時期處於動盪不安的狀態之中，這給兩岸雙方都帶來了極大的困擾，特別是兩岸這種局面對臺灣經濟的發展造成了巨大的負面傷害。

一般而言，行為體之間的合作需要以下幾個基本的條件：一是行為體之間在利益上具有一致性。共同利益是合作得以產生的重要前提，但是，共同利益不等於或必然導致合作。基歐漢認為，不能把合作僅僅看作反映共同利益壓倒衝突利益的狀態，共同利益是合作產生的基礎，但是行為體之間的共同利益只有透過合作才能實現。二是行為體在理念上的一致性。詹姆斯·多爾蒂等學者認為，「作為一個核心前提條件，有關合作行為的理論需要理解和發展政治的一致性，這種一致性是各種制度安排的基礎，而合作正是在這些制度安排中形成和發展的」。[134]三是行為體在認知上的一致性。米爾納認為，要實現合作，行為者必須要形成認知的一致，特別是對共同利益和價值取向，對問題和解決方法的一致認識。[135]對當前兩岸關係而言，維持臺海地區的和平與穩定，顯然是兩岸雙方所追求的共同目標，也是雙方的共同利益所在。兩岸正是在這一共同利益的基礎上，開展一系列的合作，從而使兩岸關係和平發展局面能夠形成和深化。

當前兩岸關係之所以能夠取得歷史性的突破，兩岸關係能夠在諸多領域進行卓有成效的合作，除了兩岸雙方有合作的現實動力之外，也與雙方在互動中成功建立起一系列的合作機制有很大的關係。具體而言，當前兩岸雙方的合作機制包括以下幾個方面：

首先，兩岸在政治層面的合作機制。

2008年臺灣政黨輪替以後，兩岸關係迅速取得了重大的歷史性突破，其中一個重要原因就是兩岸在政治層面的合作機制發揮了重要作用。一是兩岸有進行合作的政治基礎，即「九二共識」，這為兩岸雙方緩和緊張關係，建構兩岸關係和平發展局面創造了前提條件。二是國共平臺機制。從2005年連戰訪問大陸以來，國共平臺架構得以重新建立起來，成為推動臺海地區和平

與穩定的重要助推力。事實上，在國民黨重新執政後，國共平臺仍然是推進兩岸關係和平發展進程中不可或缺的基礎。

其次，兩岸在經濟層面的合作機制。

儘管兩岸經濟交流，特別是臺商對大陸投資由來已久，而且數額巨大，但過去20多年的時間內，由於兩岸關係長期處於不穩定的動盪狀態，兩岸經濟關係始終處於某種非正常的狀態。國民黨重新執政後，兩岸雙方本著先經濟後政治的策略，實現兩岸「三通」，為兩岸人流及物流的快速便捷創造條件。特別是兩岸雙方成功簽署ECFA，為兩岸經濟關係正常化及機制化發展奠定了堅實的基礎。此外，包括兩岸就陸資入臺達成共識，以及兩岸經濟合作委員會的成功運作都是兩岸經濟關係走向機制化制度化的具體體現。

再次，兩岸在文教層面的合作機制。

最近兩年來，兩岸在文化教育領域的交流合作也取得了很大的進展。2009年經文化部批准的兩岸文化交流項目多達1000多項，比2008年增長四成。而2010年兩岸文化交流與合作的規模、層次與影響都更上一個新臺階。截至2010年11月底，經文化部審批的兩岸文化交流項目已達1700多項，13000多人次。而文化部長蔡武成功訪臺，翻開了兩岸文化交流的嶄新篇章，在兩岸文化交流史上具有里程碑的意義。此外，兩岸在學生互換、學歷認證、共同拍攝電視劇和專題類節目以及文化產業合作方面也有較大的發展。

最後，兩岸在社會層面的合作機制。

兩岸在社會層面的合作主要體現在人員往來方面。2008年下半年兩岸就「三通」達成協議，使兩岸期盼30年之久的全面直接「三通」得以順利實現，為兩岸人員的直接、便利往來奠定了堅實基礎。此後，包括陸客赴臺旅遊等政策的實施，兩岸人員往來取得了重大的進展，根據大陸方面的統計，2008年兩岸人員往來是437萬人次，2009年兩岸人員往來達到了540萬人

次，2010年更是突破600萬人次；其中大陸居民赴臺人數明顯增長，2008年大陸居民赴臺將近28萬人次，2009年大陸居民赴臺上升為93萬人次，2010年大陸旅客赴臺人數達到165萬人次，打敗蟬聯43年來赴臺旅遊第1名的日本，成為赴臺旅客最多的境外遊客。目前臺灣交通部門樂觀預測，2011年來臺陸客將可能衝破200萬人次，由此一項臺灣的觀光外匯收入可望突破1000億大關。此外，兩岸直接「三通」實現以後，目前每週往返兩岸的客運航班將近400個，平均每天50多個航班往返兩岸，每天有將近1.6萬多人次往返兩岸。目前兩岸婚姻也已經超過了30萬對，經常性居住在臺灣的大陸配偶人數也有28萬多人。兩岸人員往來的日益頻繁，客觀推動了兩岸社會融合的進程。

儘管當前兩岸關係取得了重大的突破和進展，但兩岸關係持續合作與進一步向縱深領域發展仍然面臨著一些重大的阻力和挑戰。雖然過去兩年來，大陸給予臺灣在經濟上的重大支持，包括陸客赴臺、大陸省市首長赴臺採購等舉措，為臺灣經濟走出金融危機和幫助臺灣經濟恢復造成了重大的作用，但大陸在對臺灣經濟方面的讓利和惠臺措施，但並沒有改變和衝破兩岸關係中仍然存在的結構性困境。

隨著國民黨執政當局越來越面臨民進黨等綠營政治勢力強有力的挑戰，馬英九當局雖然積極推動兩岸在經貿、文化等領域的交流交往，但對於兩岸在政治領域對話以及軍事互信等領域的對話的態度則極為消極，甚至極力迴避。

很顯然，當前臺灣方面在兩岸關係發展方面是採取了典型的政治與經濟相分離的策略。也就是說，臺灣方面對於大陸在經貿方面的讓利概括接受，但在兩岸政治談判及軍事互信方面則繼續迴避。也就是臺灣在經濟上向大陸要好處，在安全上繼續接受美國的保護，仍然購買大批武器，以對抗大陸。我們看到，過去幾年來，馬英九一直要求大陸撤除導彈，但當大陸領導人善意回應時，臺灣方面不但不積極回應，卻仍然大肆向美國購買武器。包括馬英九本人以及「陸委會」主委賴幸媛等政治人物都強調目前兩岸政治對話的

條件不成熟，這顯然在迴避該議題。

目前，臺灣又進入了選舉之年，2012年選舉直接關係到藍綠政權更替的重大問題。執政的國民黨自然在處理兩岸關係方面可能持更加謹慎和務實的立場，在當前兩岸已經簽署「三通」及ECFA形勢下，推動兩岸關係繼續向前發展和持續合作，就需要新的動力和機制。目前，很顯然問題已擺在那裡。由於政治及軍事等議題高度敏感，臺灣方面在2012年前是不可能與大陸進行溝通與處理的。國民黨和馬政府為了防止民進黨等反對勢力的攻擊和藉口，不得不在推動兩岸關係發展方面放慢腳步，迴避敏感議題。在這種情勢下，非敏感的非政治議題或許有可能成為兩岸關係在這一過渡期間內，可以進行溝通與對話的議題。

從過去60多年來的歷程來觀察，兩岸關係的發展絕對不能停止不前，必須要持續相連，這對於兩岸關係具有重要的意義。在當前兩岸由於臺灣選舉而無法進一步推進的情勢下，我們就需要提出新的一些議題來加以推進。

二、當前兩岸持續合作的影響因素分析

一般而言，行為體是否參與合作，是否願意合作，在很大程度上取決於這種合作能夠提供的額外收益。制度是否能夠為單個行為體提供有效的選擇性激勵因素，以吸引行為體加入和支持新制度。當前，兩岸之間的持續合作就面臨此種問題。雖然2008年臺灣政黨輪替後，兩岸在合作方面取得了重大的進展，包括兩岸實現了「三通」並簽署了ECFA等重大協議，但兩岸目前的互信基礎仍然薄弱，這是影響噹前兩岸進一步開展合作的重大障礙所在，這也使兩岸在政治對話與軍事互信等領域的合作進展相對比較緩慢。

正是由於目前兩岸在政治和軍事領域的互信與合作不足，使兩岸目前在官方層面的溝通與交流機制仍然不完善，包括兩岸領導人會晤、建立領導人熱線以及在反恐合作、軍事交流、安全磋商、防擴散合作以及情報合作等領域的合作無法實現，這在一定程度上影響到兩岸關係和平發展架構的穩固

性。因此，互信不足是當前兩岸持續合作的最大障礙所在。下面就當前影響兩岸持續合作的因素進行全面分析。

首先，兩岸的互信基礎仍然嚴重缺乏。兩岸由於長達近40年的分離狀態，加上過去國民黨威權時期的反共教育，以及李登輝及陳水扁主政時期兩岸關係的對立和動盪，都使兩岸之間的互信基礎嚴重缺乏。

兩岸長期的分離隔絕狀態是造成兩岸互信不足的主要原因。1895年清朝政府因腐敗無能，在中日甲午戰爭中慘敗，被迫割讓臺灣、澎湖列島予以日本。從此，臺灣經曆日本殖民統治50年，直至1945年日本戰敗才得以光復。1949年國民黨政府因國共內戰失敗而退據臺灣，從此，兩岸雙方隔海對峙，在政治上、軍事上相互對抗，在經濟上、文化上、人員往來上相互隔絕。直到1987年11月，臺灣當局才開放臺灣民眾赴大陸探親，從而開啟了兩岸民間交流的大門。然而兩岸民間相互隔絕已經將近40年。事實上，兩岸長期的分離狀態，客觀上造成這樣一種現象：「臺灣本地居民多數已經移民臺灣五、六代以上，經過五十年的日本統治，除了依靠族譜的記載之外，對大陸的聯繫已經不很密切，感情也已經不很深厚了。」[136]此外，由於海峽兩岸長期處在不同的政治、經濟和社會制度下，相對擁有各不相屬的政治體系，相互差異的政治文化，因此，造成了兩岸之間政治認同的差異性。

其次，當前臺灣當局面臨2012大選的挑戰，由於兩岸議題在島內的爭議較大，藍綠雙方為了選舉考量，必然會圍繞兩岸議題展開激烈的攻防，執政的國民黨出於勝選的考量，必然會在兩岸政策方面採取更為謹慎與保守的立場和態度，這自然對於兩岸持續合作造成一定的影響和衝擊。

1980年代中期以來，臺灣出現了多元化的政黨政治，政黨以參加選舉奪取權力和職位為目標。為了在選舉中勝選，不少政治人物往往不擇手段，鼓吹「臺獨」，激化選情，以強化政治動員能力。由於臺灣泛綠政治勢力的挑動，往往每次選舉都或多或少帶有統「獨」意識形態激烈對抗的特徵。由於臺灣社會經歷了李登輝及陳水扁長達20年的執政，在過去的一系列選舉中，

綠營的政治動員和惡意宣傳本身就是一個政治社會化的過程，由於綠營不斷地強化「去中國化」的政治宣傳，這是導致近年來臺灣人認同急劇增長的主要原因。

雖然國民黨執政後推行的兩岸開放政策取得了重大進展，但由於國民黨自身的一系列失誤，加上其政績並未完全彰顯，這無疑使臺灣民眾對國民黨不滿情緒不斷增加，國民黨面臨選票不斷流失的嚴重問題。為了在2012年能夠保住政權，防備來自民進黨的負面攻擊，國民黨必然在兩岸政策方面採取放慢腳步的做法，而對於在島內有高度爭議的政治、軍事等高階議題，國民黨不大敢去碰及。由於國民黨推動兩岸合作的意願大大降低，無疑使兩岸持續合作面臨重大的瓶頸。

再次，兩岸之間存在的結構性矛盾與衝突。這些矛盾是兩岸關係中的固有矛盾，並非臺灣政黨輪替就能解決。它包括中華民國、臺灣「參與國際活動」、「臺獨」等議題在內。

目前兩岸在中華民國問題上的立場有很大的差異性。臺灣內部藍綠之間在中華民國議題上態度雖然不完全相同，但也有一些基本的共識，基本上都認為目前中華民國在臺灣仍然存在；大陸方面的基本認知則是中華民國在1949年以後就消失了，已被中華人民共和國所取代。在臺灣「參與國際活動」方面兩岸也有衝突。由於它事關國家主權與領土主權完整，大陸對於臺灣參與國際活動一事表現出相當敏感和在意；臺灣社會則一直希望能夠在國際活動參與方面有比較大的突破。此外，「臺獨」議題也是一大挑戰。「臺獨」勢力是分裂勢力，大陸在這一問題上完全沒有讓步和妥協的空間；但臺灣是一個開放的社會，國民黨不可能壓制「臺獨」，甚至還有可能借用「臺獨」勢力向大陸施壓。

很顯然，當前臺灣方面在兩岸合作上採取的策略是政治歸政治，經濟歸經濟的策略。對於經濟上的利益，臺灣方面一直希望大陸能夠讓予，抱著積極爭取的態度，但對於兩岸「一中」以及兩岸統一的問題卻再三迴避，國民

黨方面兩岸政策中表現出來的政經分離傾向相當明顯。當前臺灣已進入選舉之年，馬英九出於1連任的考量，有可能在發展兩岸關係方面採取相對保守與謹慎的做法，甚至在競選期間發表一些衝擊兩岸關係發展的負面言論。這都是我們需要注意的地方。

三、建構兩岸持續合作的動力機制——從非傳統安全合作的視角

在當前，加強兩岸在非傳統安全領域的合作無疑成為兩岸持續合作的重要動力。所謂非傳統安全是指相對於傳統安全而言的，除政治、軍事、外交衝突以外的其他對主權國家及人類整體生存與發展構成威脅的因素。與傳統安全威脅相比較，非傳統安全威脅所發生的多樣性及其牽涉的層面更加複雜多變，這些威脅不僅針對社會、個人，也包含政府和國家。它突破了單純的軍事範疇而涉及軍事、政治、社會、自然和環境等諸多層面。

兩岸關係的敏感性及脆弱性特徵相當突出。特別是當前兩岸互信基礎不足，臺灣方面仍然視中國大陸為安全上的主要敵人的認知情緒下，在藍綠圍繞兩岸議題高度對抗的島內環境下，兩岸要解決高階政治議題，包括政治談判、和平協議及軍事互信等都面臨很大的困難。

兩岸只能透過在低階政治議題，或者非政治議題範疇內先行進行合作，不斷積累善意，增強共同利益，為最終解決政治議題創造條件無疑為兩岸在非傳統安全領域的合作提供了可能性。同時，在兩岸大交流、大合作、大發展呈現出不可逆轉態勢的情勢下，兩岸交流所衍生的安全議題自然也會呈逐漸擴大之勢，尤其是許多非傳統安全議題不斷呈現出來，如毒品的泛濫、偷渡及非法入境、經濟犯罪、環境生態保護及網路資訊化等問題。這些問題可能引發兩岸社會治安隱憂與經濟危險，造成兩岸社會人民相當大的威脅，維持社會安全與秩序的成本也不斷增加。這些現實挑戰與隱患也需要兩岸雙方加強合作。

從可行性角度來看，從過去幾十年的發展來看，兩岸完全可以在非傳統

安全領域展開合作。事實上，在民進黨執政的8年期間，兩岸關係雖然動盪不安，但迫於兩岸交流中的實際性問題，大陸與民進黨政權也在一些領域展開了務實的合作，包括人員遣返等事務上兩岸都開展了活動，並有一些成就。因此，在當前兩岸關係和平發展新形勢下，兩岸在非傳統安全領域的合作空間更為廣闊、更有著力點。它應成為推動兩岸和平發展的重要動力所在。

（一）兩岸非傳統安全合作為兩岸持續合作提供路徑

首先，利益聯結的路徑。

所謂利益聯結的路徑，是指兩岸之間透過增強利益聯繫的方式來加強合作，從而推動兩岸在傳統安全領域合作的意願和興趣。在當代社會，各行為體之間形成了相互依賴的利益格局。事實上，兩岸在非傳統安全領域內的任何一項合作，其本身都具有重要的利益關係。如兩岸共同打擊犯罪，特別是在海上合作開展緝私，有利於維護兩岸正常的經濟關係，有利於維護兩岸人民的利益；兩岸共同打擊黑社會及共同防止武器擴散，有利於維護兩岸社會的穩定，有著重要的社會利益；兩岸加強金融合作，有利於維護兩岸金融與經濟的安全等等。兩岸在上述領域內的合作，本身都是雙方維護自身利益的現實需要。兩岸在推動非傳統安全合作的進程與實踐中，客觀上是在兩岸之間培植了利益鏈條，這些利益鏈條成為完善強化兩岸合作的基礎，成為推動兩岸持續合作的重要動力，更是推動兩岸關係和平發展的基礎性力量。

其次，文化認同的路徑。

單就推進兩岸持續合作的內涵而言，構建相互影響的共同文化至關重要。[137]加強文化的交流與溝通，不但可以增強彼此的理解與認同，而且可以實現雙方的合作，更有利於互信的培養和積累。兩岸在文化上同屬中華文化，兩岸文化的共通性特徵非常突出。兩岸在語言、文化等方面完全相同，這是持續合作的重要路徑。兩岸可以加強對傳統中國文化的研究，在一些項

目上進行合作,這無疑有助於兩岸互信的積累。例如,兩岸可以共同開展傳統儒家文化的研究,來增強文化的認同感,透過文化認同感來加強互信。

最後,機制規範的路徑。

在合作的內涵中,機制的建構也相當重要。因為隨著行為體之間頻繁往復的交往,行為體之間關於合作目標的相關訊息就得以交換,這樣有助於深化行為體間的對話,增強行為體的透明度,從而有助於推動行為體合作形式及其規範制度的形成。由於目前兩岸互信的基礎很弱,在兩岸互信的過程中,有必要透過相關的協議等機制手段來加以規範。兩岸在非傳統安全合作方面應建立常態的、制度化的合作模式。其內涵應包括兩岸災害預警及防範合作機制、兩岸海事救難救險合作機制、兩岸共同打擊犯罪以及司法互助合作機制、兩岸懲治毒品走私合作機制、兩岸醫療食品衛生安全合作機制、兩岸海上反恐安全合作機制、兩岸海域環境保護安全合作機制等等。例如,雙方可以簽署某項協議,以約束雙方的行為,保證雙邊的利益,並在協議中規定背叛後的懲罰措施,從而給雙方的合作提供充分的安全感。這種協議在兩岸互信的建構中完全具有必要性。一是透過協議可以使雙方感受到善意與誠意,表達了兩岸尋求互信的訴求與意願。二是透過協議可以約束一方內部政局的演變而產生的對互信的衝擊和接受。臺灣是一個選舉社會,政黨輪替是常態,特別是藍綠在兩岸關係發展的立場與態度上存在根本的區別,因此,有必要加強約束性。當前ECFA就是兩岸在經濟領域加強互信的重要措施,這有利於雙方未來加強經濟合作。

(二)兩岸非傳統安全合作使兩岸持續合作擴充內涵

傳統安全的範疇僅限於高階的政治及軍事、外交等議題,而非傳統安全領域的範疇則相當廣泛。推動在兩岸非傳統安全領域的合作,無疑有助於拓展兩岸持續合作的內涵,使兩岸合作的領域更為寬廣,內涵更加豐富。這主要是由非傳統安全的特徵所決定的。非傳統安全的特徵主要有以下幾方面:一是跨地域性。非傳統安全超越了傳統安全以地域為界的地理空間,具有跨

地域性特徵。例如臺灣海峽海域的環境汙染等,都將直接對兩岸的環境產生極為負面的影響;二是多樣性。非傳統安全威脅超越了傳統安全主要限於軍事領域的範疇,具有明顯的多樣性。大部分非傳統安全威脅屬於非軍事領域,如能源危機、資源短缺、金融危機、非法洗錢等主要與經濟領域相關,有組織犯罪、販運毒品、傳染性疾病等主要與公共安全領域相關;三是不確定性。傳統安全通常有一個不斷積聚,性質逐漸演變的漸進過程,往往會表現出很多徵兆,人們可據此採取相應的防範措施。然而,許多非傳統安全威脅卻經常會以突如其來的形式迅速爆發出來。如恐怖事件的發生,以及地震、海嘯等自然災害;四是相互關聯性。非傳統安全與傳統安全威脅相伴而生,具有明顯的互連性,在一定條件下甚至可以相互轉化。許多非傳統安全問題是傳統安全問題引發的後果。如戰爭造成的難民問題、環境破壞與汙染問題等。

　　總之,兩岸在非傳統安全領域合作的內涵有很多方面,包括兩岸人道救援、兩岸共同打擊犯罪、兩岸開展海事救難救險、兩岸生態環境安全、兩岸醫療食品衛生安全、兩岸能源保障安全、兩岸訊息管理、兩岸區域反恐安全、兩岸防武器擴散、兩岸經濟金融安全、兩岸懲治黑道、兩岸南海海域安全、兩岸防範毒品走私等等諸多領域。這些非傳統安全領域既涉及兩岸社會又涉及兩岸民生,對兩岸民眾有著直接而重大的影響。

　　(三)兩岸非傳統安全合作為兩岸持續合作提供路徑

　　加強兩岸在非傳統安全領域的合作,將為兩岸的持續合作提供重要的路徑。兩岸在非傳統安全領域的合作中建立起來的一系列常態化、制度化的合作模式,都為兩岸的持續合作提供了重要的路徑。例如,兩岸在非傳統安全領域合作中建立起來的包括兩岸災害預警及防範合作機制、兩岸海事救難救險合作機制、兩岸共同打擊犯罪以及司法互助合作機制、兩岸懲治毒品走私合作機制、兩岸醫療食品衛生安全合作機制、兩岸海上反恐安全合作機制、兩岸海域環境保護安全合作機制等等,都為兩岸未來持續合作提供了重要的路徑。

我們可以兩岸在南海問題上的合作為例。

鑒於目前兩岸在政治領域的分歧依舊存在，以及兩岸對臺灣參與涉外事務的高度敏感性，兩岸在南海問題合作上可以採取迴避敏感，強化功能，務實理性，議題合作的模式。所謂迴避敏感，就是兩岸在南海問題的合作上，特別是臺灣方面不宜過分彰顯其國際空間的突破與延伸。畢竟目前兩岸尚未達成政治解決臺灣問題之共識，兩岸之間的敏感度仍舊客觀存在。這是一個客觀事實，兩岸雙方都必須要正視；強化功能是指兩岸在南海問題上的合作宜務實而不務虛，應強化雙方合作的實質功能。兩岸雙方都要認知到，南海是兩岸共有的南海，雙方在反對外國占領與干預的立場和態度上應相互支持；務實理性是強調兩岸在南海問題上合作的態度取向上既不可冒進，過分激化該區域的對抗情緒，更不可消極，不去作為，而應持續強化整個中國在南海的事實主權。在這方面，建議由兩岸兩會的名義共同發表一個聯合聲明，主張南海主權屬於中國，屬於兩岸，反對外國一切形式的非法占領；議題合作是指現階段兩岸在南海問題上合作的途徑。由於目前兩岸之間本身還存在諸多的問題尚未解決，而兩岸之間的互信又相當缺乏，兩岸在南海問題上的合作顯然不可能高度默契，這就需要兩岸雙方需要理解與變通，透過在一些議題上採取合作的方式來不斷增強雙方的互信基礎，透過個案合作的形式與不斷累積，進而提升兩岸在南海問題上合作的興趣與深度。

具體而言，當前兩岸在南海問題上的合作可以透過以下途徑來實現：一是雙方可以在海協會和海基會的架構下組建兩岸南海問題事務工作小組。這個機構的成員包括兩岸相關的產學界各方人士。工作小組的功能，一是在兩岸民間掀起研究南海問題的興趣，培育兩岸在南海合作的氛圍，提出兩岸南海合作的可能模式，並為雙方的決策部門提供諮詢報告；二是海峽兩岸應盡速共同成立有效開發南海的經濟實體，包括「兩岸南海油氣勘探與開發公司」，「兩岸南海漁業實業公司」、「兩岸南海地質氣候研究中心」、「兩岸南海海事緊急救急中心」、「兩岸南海海域協防中心」等等；三是加強兩岸在南海的海上維權合作行動和執法能力。這種合作可以採取分議題合作的模式，如兩岸在漁業領域進行合作，共同利用目前兩岸各自在南海已有的基

地,為兩岸漁民的生產生活提供服務,充分保障兩岸漁民的合法權益。

四、結語

　　總之,當前非傳統安全領域的合作已成為兩岸持續合作的主要動力與機制。兩岸完全可以在非傳統安全領域展開一系列活動,來增強雙方的互信,為兩岸最終解決政治議題創造條件和可能性。在當前兩岸關係和平發展局面不斷形成並深化之際,兩岸理應加強在非傳統安全領域的合作,並爭取早日建立起兩岸非傳統安全合作的機制。兩岸在非傳統安全領域的合作並持續深化兩岸非傳統安全合作機制,有助於增強兩岸互信,不但可以為當前兩岸關係進一步向前發展提供新的動力與途徑,而且也可以為兩岸未來在軍事安全領域取得突破創造條件。

兩岸持續性合作機制思考——基於社會整合理論的視角

浙江臺灣研究會　陳凌雄　顧錦康

隨著兩岸ECFA的簽署生效，兩岸關係和平發展已進入新時期，臺海呈現出幾十年來最好的和平穩定態勢。但在此過程中，兩岸間固有的矛盾和發展中遇到的問題開始凸現，並在一定程度上制約兩岸關係朝縱深發展，影響兩岸持續交流、合作的廣度和深度。島內政局和兩岸關係出現了若干落差，如經濟關係的密切與政治僵局無法突破，島內經濟回穩與執政當局政局掌控力的下降，大陸惠臺政策的深入與島內民眾中國認同趨淡等等。在兩岸政治互信尚未建立，全方位交流無法有效增進島內民眾中國認同的情況下，本文嘗試從社會整合理論出發，探索建立社會整合機制，推動兩岸持續合作的方法和途徑，以夯實兩岸合作的社會基礎，為兩岸持續合作注入新的動力。

一、兩岸關係和平發展中出現的新問題

2008年國民黨重新執政後，在「九二共識」基礎上，兩岸簽署了包括ECFA在內的15項協議。兩會的互動模式也由臨時性、功能性對話向穩定的制度化協商轉變，兩岸進入「大交流、大發展」階段。隨著經濟、文化等低敏感度議題商談的深入，低困難度問題逐漸得到解決，兩岸交流合作進入新的階段，也遇到了新的問題，不僅在經濟領域的衝突開始顯現，高敏感度的政治議題浮上臺面，而且島內民眾中國認同的淡化尤值得兩岸共同面對。

（一）經濟合作取得重大進展的同時，經濟摩擦開始凸現

經貿關係始終是兩岸關係中最具活力的積極因素，而ECFA的簽訂是兩岸經濟合作具有里程碑意義的事件。2010年1月至11月，兩岸貿易額累計1317.6億美元，同比上升39.7%[138]，創歷史新高。然而，過去兩年來，兩岸的經濟合作是建立在大陸對臺灣巨大「讓利」基礎上，但在市場經濟中，「讓利」其實是一個假議題，它與經濟規律存在結構性矛盾，無法長期維持。隨著經濟交流合作的不斷深化，兩岸經濟關係開始朝正常化、市場化的方向發展，而臺灣有些產業和業界人士習慣了大陸的「讓利」做法，對大陸方面的正常做法開始出現不適應性，兩岸業界之間的利益博弈越來越突出。應該說在經濟合作中，考慮到兩岸關係特殊性及兩岸經濟規模的差異性，大陸可以適當讓利，但還是要以市場機製為主導，否則將影響ECFA的後續發展與兩岸經濟廣泛深入的合作，長遠來看也會影響臺資產業的競爭力。

　　（二）兩岸關係和平發展，但政治關係未有實質性突破

　　ECFA簽訂後，大陸部分學者、媒體認為馬政府「先經後政」政策中經濟的部分已經基本解決，兩岸合作應自然轉入政治議題，否則馬政府就是以拖拒統，是變相「臺獨」。這儘管只是大陸部分輿論和個別人士的觀點，但仍然給臺灣執政當局帶來不小壓力。兩岸關係的和平發展，臺海局勢的和平穩定，使兩岸民眾追求政治上的和諧、國家的終極統一成為可能，兩岸應積極積累互信，創造有利環境，為國家的統一作適合時代發展的準備。然而，或許是島內特殊政治環境的制約，或許是執政當局思維上的懈怠，兩岸政治僵局始終沒有實質突破。相反，在綠營的反對和刻意誤導下，島內相當一部分民眾對馬政府大陸政策「過分傾中」心存疑慮，頻繁的選舉壓力又使國民黨當局對展開兩岸政治對話的立場日趨保守，馬英九在不同場合多次強調臺灣前途應由2300萬臺灣人民共同決定，其立場似乎與民進黨趨同。

　　（三）兩岸全方位大交流，但島內民眾中國認同卻趨淡化

　　經過近60年的隔絕，兩岸關係逐漸正常化，國民黨重新執政後，兩岸各界交流呈現全方位、寬領域、多層次的格局，客觀上為兩岸合作提供了堅實

的基礎。2010年兩岸人員往來規模迅速擴大，1月至11月，臺灣居民往來大陸468萬人次，同比增長13.6%；大陸居民赴臺149萬人次，同比增長69.6%。全年陸客赴臺旅遊達116.78萬人次，同比增長92.6%，大陸已成為臺灣旅遊業的第一大客源地[139]。然而，兩岸社會交流向縱深發展的同時，島內民眾對大陸負面觀感並沒有改變，這固然與國民黨當局長期的反共教育使臺灣民眾對大陸形成的刻板印像有關，問題的癥結還是臺灣島內廣泛存在的對中華民族的認同錯位，儘管對中華民族的歸屬感是兩岸民眾民族認同的基礎，但自李登輝主政到陳水扁亂政8年，臺灣當局操弄「臺灣主體意識」，蓄意混淆臺灣文化與中華文化的關係，對島內民眾的國家認同造成了很大的衝擊和分化，在扭曲島內民意的同時，也為兩岸關係長遠發展製造了人為的隔閡和障礙。

二、社會整合理論為探索兩岸持續合作提供了豐富的理論資源

以目前兩岸關係現狀來看，兩岸交流合作從低敏感度的經濟、文化層面切入，直接跨入政治層面的設想並不具可行性。臺灣已進入「人人一票」的選舉時代，如沒有社會層面的有效整合，缺乏島內民意的有效支持，兩岸間存在的結構性矛盾難以徹底解決。運用社會整合的理論指導兩岸關係的持續合作，或許是另闢蹊徑，給我們以新的不同的探索視角。

（一）社會整合理論

社會整合是社會學中的經典命題之一，指社會系統與外部環境所達成的和諧均衡狀態。社會整合以結構功能主義的觀點為代表，結構功能主義的代表人物帕森斯認為社會系統要達到整合的狀態，就必須讓社會系統滿足相應的功能，以經濟利益和社會需要為基礎，透過制度化的合作來建立共同的認同，滿足社會系統的需要，並對抗外來壓力，維持社會系統的穩定。為此，帕森斯提出了他的AGIL社會整合分析框架，社會系統為保證自身維持和存在，必須滿足四種功能條件：1.A（adaptation）適應，確保系統從環境中獲取所需資源，並在系統內加以分配。2.G（goal attainment）目標達成，制定系統

目標並確立各目標的主次關係,並能調動資源和引導社會成員去實現目標。3.I（integration）整合,使系統各部分協調為一個起作用的整體。4.L（latency pattern maintenance）潛在模式維繫,維持社會共同價值觀的基本模式,並使其在系統內保持制度化。AGIL功能的物質承擔者分別對應經濟系統、政治系統、社會系統和文化系統。在帕森斯看來,AGIL中任一系統發生變化時,會促使其他系統來主動調整,最終達到維持整合的目的。這種現象被稱為「功能溢出」[140]。

（二）整合概念分類與整合路徑

整合可分為動態整合與靜態整合。動態整合認為整合是一種建構,強調社會整合的方式、過程;而靜態整合則認為整合是透過各種方式和步驟實現的狀態和結果,強調整合的效果,兩者各有所指,又相互聯繫[141]。本文所指的整合更多是指靜態整合,用來描述實體間消除彼此之間的障礙,形成一個新的結構後的狀態。

在整合的具體路徑上,從政治上層建築與社會基礎的相互關係出發,可劃分為權力性整合及社會性整合兩種路徑。權力性整合以公權力的整合為基礎,帶動社會、經濟、文化的整合,由政府利用法律將不同地區納入一個政治實體中來,為社會整合提供一整套的制度框架,社會、經濟、文化在整合過程中出現的問題,最終都會在制度框架內得以解決,公權力是整合的主體。社會性整合透過契約、法律、社會規範等將社會行為主體納入社會系統,透過社會化的作用讓社會行為主體內化社會規範和價值觀,確立行為主體的社會角色即權利義務關係,使行為主體的社會行為滿足社會系統整合的需要。

（三）社會性整合與兩岸關係現狀更具兼容性

權力性整合以公權力統一為前提,需將不同地區的政治性領域讓渡部分權力,組成一個強有力的中央政府。對兩岸而言,現階段對「主權」、「政

治實體」等議題並無太多共識，因此權力性整合併不適合當今兩岸現實，也缺乏實際操作性。而社會性整合的實質是迴避高度敏感的主權問題，透過打破過去近40年的社會隔絕，從發展經濟，增進瞭解，產生認同等角度入手，推動兩岸持續合作，化解泛政治化的社會對立，並為兩岸持久和平穩定創造條件、夯實基礎。

在社會性整合邏輯下，臺灣執政當局推行的「先經後政」政策，是期待透過兩岸經濟合作，促使經濟領域產生變化進而影響政治領域。然而「功能溢出」的過程並不是自發的過程而是一個自覺的過程，它需要社會行為主體的有效推動，在此過程中社會領域並沒有受到經濟領域「功能溢出」的影響，從許多臺灣南部民眾自認在兩岸經濟合作中沒有受惠，對兩岸經濟交流合作評價不高可以佐證。缺乏社會動力的推動，應該是兩岸政治僵局難以突破的原因之一，在兩岸的結構性矛盾難解，無法經由「自上而下」的權力性整合的情況下，發掘社會領域的能動性，「自下而上」的以社會領域整合帶動政治領域整合，共同推動兩岸關係的和平發展，或許是一種有效的補充，大「三通」、兩岸經貿正常化正是兩岸社會性整合的關鍵步驟。

三、兩岸持續合作的社會整合機制的主要內容

機制原指機器的構造和工作原理，現已廣泛應用於自然現象和社會現象，引申為事物和自然現象作用原理、過程、功能。簡言之，機制即是「帶規律性的模式」[142]。筆者認為，兩岸持續合作可以兩岸社會整合為依託，兩岸社會整合的實現則需要一定的機制來保證。有鑒於此，本文擬著重從兩岸社會整合主體、制約因素及方式對促進兩岸持續合作的社會整合機制進行探討。

（一）兩岸社會整合的主體

兩岸社會對兩岸關係和平發展的需要是兩岸社會整合的內驅力，和平發展是兩岸各層次社會主體的共同願望。兩岸社會整合的主體有不同的層次，

從宏觀層次來看，整合主體是兩岸公權力。大陸方面面臨著社會現代化的壓力，希望營造和平的兩岸環境，把握戰略機遇期，實現祖國統一和中華民族的偉大復興；臺灣方面則要安全，要繁榮，要尊嚴，這些訴求如果沒有大陸方面的配合與幫助，臺灣單憑自身力量也很難達成。從中觀層次來看，整合主體是社會組織。現代社會與傳統社會的區別之一就在於社會異質性的增加，即社會組織類別的增多。跨邊界的社會組織不斷湧現，使社會組織的社會角色和政治角色日益重疊。隨著兩岸經貿、文化團體的有效交流、整合，兩岸的經濟組織與文化團體對政治生活的影響將逐漸顯現，成為推動兩岸合作的重要力量。從微觀層次來看，共同的文化、歷史記憶、共同的利益將兩岸人民緊密地聯繫在一起。各層次主體對兩岸合作的需要，往往會自覺推動兩岸社會整合。

（二）兩岸社會整合的制約因素

大陸改革開放30多年，各方面所取得重大成就，社會、經濟條件已大大改觀，希望在和平穩定的前提下，推動兩岸關係和平發展，最終實現祖國的和平統一。但臺灣方面囿於島內藍綠鬥爭尖銳、族群統獨矛盾激化、社會經濟發展面臨重大挑戰，使執政當局缺乏對兩岸關係發展長遠規劃，推動兩岸合作的意願也容易受到「臺獨」勢力及對大陸戒備心理的影響，造成了兩岸各層面缺乏直接、無限制、定期的溝通，影響兩岸的社會層面的整合。當然，大陸方面對島內各方面情況缺乏全面瞭解，對臺灣社會的印象和認知亦存在不客觀性，也構成兩岸社會整合的制約因素。消除影響兩岸社會整合的不利因素，需要兩岸社會的充分溝通和協調，給予雙方充分的調整空間和適應時間。

（三）整合方式

就兩岸社會整合的方式而言，要根據兩岸社會不同的影響面及環節點，將影響兩岸社會整合要素及社會關係進行條理化、合法化的梳理，使其納入統一管理和控制的軌道，避免給兩岸合作帶來困擾。整合方式應包括利益保

障、需求引導、危機管理、互信積累和社會協調幾方面的內容。

1.利益保障：在兩岸不斷鞏固和擴大共同利益過程中，努力讓兩岸民眾共享和平發展「紅利」，建立起適當的利益表達機制、利益獲取機制、利益分配機制和利益補償機制，使兩岸社會整合參與主體利益最大化，這是維持兩岸社會整合最基礎、最直接、最有效的方式。

2.需求引導：在兩岸整合的過程中，要積極創造和引導兩岸的社會需求，有條不紊地為兩岸合作提出建設性的議題來激發社會活力，穩固和深化兩岸社會整合。

3.危機管理：在兩岸社會整合過程中，因為政治體制的不同和價值觀念的差異，往往會步調不一，甚至引發社會危機。為應對危機，在兩岸社會整合中要加強兩岸危機預警機制建設、快速反應機制建設和法律保障。透過危機管理，儘可能控制事態，化解或削弱危機對兩岸關係的衝擊。

4.互信積累：兩岸在交流、合作的過程中，要設身處地為對方著想，進行「同情的理解」，切實為兩岸人民謀福祉，為兩岸和平、穩定創條件。透過改變臺灣民眾對大陸的負面觀感，破除兩岸社會屏障，增進相互信任，凝聚兩岸社會向心力，推動兩岸社會整合。

5.社會協調：兩岸社會協調的著力點在於將阻礙兩岸社會整合的負面因素降至最低，以大力發展兩岸經濟關係為基礎，以兩岸文化為紐帶，以兩岸社會關係的改善為重點，透過兩岸全方位良性互動與有機促進的方式來保障兩岸持續合作。

以上整合方式在實際運行時是相互聯繫的有機整體，利益保障是整合的基礎，需求引導提供整合動力，危機管理、互信積累和社會協調則保障兩岸社會整合始終處於良性運行的狀態，這些整合方式相互補充，互為表裡。

四、結語

兩岸社會整合客觀上有利於兩岸持續交流合作，但是也應該看到要形成穩定的、制度化的、具有協議性的社會整合機制尚需時日。隨著兩岸關係的進一步發展，社會整合也需要提升層次和深化內涵，這將有助於化解兩岸社會間的心結，促成更多的民族認同與利益聯結，催化兩岸持續合作的各項條件的成熟和完善。兩岸社會整合機制是兩岸持續合作的制度保證之一，透過兩岸持續合作，創造和平發展的更多機遇，最終將兩岸整合為和諧的社會共同體。

論海峽兩岸關係的和諧發展

中國華藝廣播公司政策研究中心　郝晨

影響兩岸關係發展的主要因素：「其一為外在國際格局政經體系的變遷；其二為雙方在政、經、社會轉型的制約；其三為兩岸的實力對比與互動的磨合」，[143]意即大陸、島內、國際三個因素之間的互動及影響。其中，島內因素的重要內容之一——民意的作用不容忽視。儘管當前「兩岸互利合作進一步深化，兩岸各界大交流局面已經形成，兩岸關係和平發展趨勢進一步增強，並產生日益廣泛的積極影響」，[144]但未來兩岸能否持續合作仍受島內民意的牽動。

一、當前臺灣民意傾向支持兩岸持續合作，但也存在不同聲音

（一）主張兩岸加強交流，開始逐步適應交流速度，但也疑慮影響「臺灣安全」

兩岸加強交流業已成為臺灣主流意見。據臺「行政院大陸委員會」（以下簡稱「陸委會」）2010年7月民調，有近八成的民眾贊成兩岸繼續透過「制度化的協商來處理兩岸交流問題」。2010年9月民調顯示，對「逐步開放少數大陸省市具有較高經濟能力的觀光客來臺自由行」，「贊成」比例達59.7%（「贊成」45.1%，「非常贊成」14.6%），「不贊成」占31.5%（「不贊成」31.5%，「非常不贊成」13.9%），「無意見」的8.8%。2010年12月民調顯示，對目前兩岸交流速度認為「太快」的占35.8%，「剛剛好」的占33.22%，「太慢」的占12.2%，「無意見」的占8.4%。顯示臺灣民眾支持兩岸協商，歡迎兩岸交流，但尚未完全適應目前交流速度，存在一定疑慮。同

時，臺灣部分民眾擔心加強兩岸交流會使臺灣地位「香港化」，損及「臺灣尊嚴」，影響「臺灣安全」。「陸委會」2010年7月調查，仍有近三成（29.8%）的民眾認為「兩會」簽署的《兩岸經濟合作架構協議》與《兩岸智慧財產權保護合作協議》（大陸稱《兩岸知識產權保護合作協議》）「矮化」「國家」主權。顯示臺灣民眾在兩岸關係發展速度與「安全」保障上的謹慎態度：一方面希望兩岸加強交流，增進瞭解；另一方面又唯恐交流增多而「喪失尊嚴」、「損及主權」，落入「統戰陷阱」。

（二）認同兩岸經濟合作，但又擔心損害「臺灣利益」

臺灣經濟經歷了2008年的大幅震盪，2009年的逐步反彈，至2010年大幅提升。關鍵原因之一是大陸因素發揮了較大促進作用。但民調顯示，臺灣民眾對大陸幫助發展經濟的看法「多元且務實」。以兩岸是否應簽署《兩岸經濟合作架構協議》（ECFA）為例，《遠見》雜誌2010年7月民調顯示，支持的比例達47.1%，不支持的33.9%，相差不大。據2009年3月臺灣「研究發展考核委員會」的調查顯示，竟有高達70.6%的民眾支持馬英九當局提出的簽署ECFA時應堅持「三不原則」（不矮化「主權」、不開放農產品、不開放大陸勞工），62.6%支持「三要原則」（要解決關稅問題、要和東盟國家談判相關協定、要用世界貿易組織的精神）。再比如，2010年12月兩岸簽署《醫藥衛生合作協議》，據「陸委會」當月民調，高達75.2%的民眾支持臺當局「堅持不開放大陸醫護人員來臺灣從事醫療行為，也不開放大陸資金來臺灣設立醫院」（「非常支持」46.4%，「還算支持」28.8%）。71.7%支持臺當局「也堅持不開放大陸醫院成為臺灣的健保特約醫院」（「非常支持」46.4%，「還算支持」25.3%）。顯見臺灣民眾對其自認為對臺灣經濟有利的政策，一般支持度較高。而對被認知為對臺灣經濟不利的作法，如向大陸開放農產品市場、大陸勞工赴臺、大陸投資在臺設立醫院等則相對持保留意見。呈現出對兩岸經濟合作的較為矛盾心態：一方面希望大陸伸出援手，另一方面又擔心「臺灣融入中國經濟體系」、「向中國傾斜」，應堅持所謂的臺灣「主體性」、「與中國完全對等」。

（三）接受大陸強大現實，但反感「打壓」、「矮化」臺灣，對「國際空間」問題十分敏感

據《聯合報》2010年8月民調，69%的民眾認為大陸發展成世界第一強國的機會較大，63%的民眾不認為大陸國力強盛將危及臺灣，樂見大陸持續發展。但無論是民間調查還是官方民調，當民眾被問及推動臺灣「外交」與發展兩岸關係相衝突時如何選擇，主張仍要發展「外交」關係的比例始終高達50%以上，至於「臺灣加入聯合國」的主張在臺灣則更有市場。據《遠見》雜誌2010年3月民調，72.5%的民眾認為臺灣「若未與鄰近國家簽署經貿協定，將嚴重影響未來經濟發展」，表現出對臺灣加入區域經濟合作組織的渴盼心情。而10月民調顯示，在臺灣民眾對大陸做法「仍較反感」的選項中，「限制臺灣參加國際組織」（77.2%）排名第一。顯見臺灣民眾對謀求「國際空間」、追求「國際地位」的強烈意願。

（四）樂見兩岸關係和平發展，但也相當支持對美軍購

《遠見》雜誌2010年1月至2011年2月「臺灣民心指數」調查結果顯示，臺灣民眾認同兩岸關係緩和的指數始終保持在56以上，[145]始終處在「樂觀或正面評價」區間，顯示臺灣民眾多數對兩岸關係緩和持樂觀態度，普遍渴求兩岸關係能夠和平發展，希望和平生活得到保障。但據2010年12月「陸委會」民調，51.6%的民眾仍然認為大陸對臺灣是不友善的（「非常不友善」21.5%、「不友善」30.1%），48.3%的民眾認為大陸對臺灣人民是不友善的（「非常不友善」18.0%、「不友善」30.3%）。據《遠見》雜誌2010年10月民調，67.6%的民眾對「仍較反感大陸瞄準臺灣的飛彈」，65.7%的民眾認為即使「大陸撤除對臺飛彈，臺灣也不應停止向美國的軍購」。表明由於兩岸長期的對峙甚至對抗，雖然當前兩岸關係較為緩和，並已開始步入和平發展新階段，但臺灣民眾對此突然「回暖」仍缺乏充分心理準備，對兩岸關係發展方向仍有相當疑慮和不安。

二、臺灣民意與兩岸持續合作相互作用，彼此影響

（一）臺灣民意是兩岸持續合作的重要推手

「民意」是一個難以言說的詞語，學界觀點不盡一致。《現代漢語詞典》解釋為「人民共同的意見和願望」。[146]也有學者認為「是群眾性利益的輸入與表達，是政治系統正常運行和做出合理輸出行為的基本前提條件，也是民主政府政策輸出的基本原料」。[147]考察60多年兩岸關係發展進程，臺灣民意對臺灣政黨實力的消長變化、執政當局的兩岸政策、政治人物的立場表述等，都會產生重要影響，進而或牽制或具體作用於兩岸持續合作的意願、方式、程度、進程及效果。蔣介石統治臺灣期間，全島戒嚴實行軍事化管理，反共、反大陸宣傳盛行。無論是臺灣「精英階層」還是普通民眾都對大陸缺乏瞭解，擔心、疑慮甚至敵視程度甚高，兩岸關係幾乎停滯，合作交流無從談起。蔣經國執政末期，開放臺灣民眾大陸觀光、探親，兩岸開始真正意義的交流往來，透過第三地或者其他方式增進彼此瞭解，臺灣民眾逐步減少對大陸的敵意，尤其在上世紀80年代末、90年代初兩岸「兩會」頻繁接觸，達成系列協議，激起了臺灣民眾對大陸的相當熱情，兩岸合作交流浮上臺面並得到極大的促進發展。李登輝、陳水扁任職期間，「臺獨」勢力猖獗，嚴重破壞兩岸關係，大肆宣揚「兩個中國」、「一邊一國」理念，混淆臺灣民眾渴望當家做主的意識，深化了對大陸的誤解，強化了對大陸的敵意，甚至部分臺灣民眾敵視大陸的情緒被誇大渲染，使兩岸合作交流難以獲得大規模公開民意支持，而一度走向危機的邊緣。2008年3月馬英九贏得「總統」大選，國民黨重新掌握政權，堅持「九二共識」，認同「一個中國」，響應大陸新形勢下和平發展的兩岸政策，兩岸關係僵局得以逐步打開，臺灣民眾對大陸的認知有了很大改善，匯聚的主流民意推動兩岸當局不斷深化以「三通」為代表的多領域合作交流，開創了兩岸關係和平發展的新局面。

（二）兩岸持續合作勢必促進臺灣民意發展變化

《遠見》雜誌2010年12月「臺灣民心指數」調查結果顯示，臺灣民眾認同兩岸關係緩和的指數為62.4，較1月該項指數52.7漲幅5.7，為近12個月來

漲幅最大的一次。分析原因，與「五都」選舉結果產生後大陸保持冷靜觀望和12月20日第6次「陳江會」簽訂《兩岸醫藥衛生合作協議》等兩岸默契行為及具體合作項目有相當關聯，促使民眾對兩岸關係緩和與否的判斷更趨樂觀。反觀2011年2月調查結果顯示，臺灣民眾認同兩岸關係緩和的指數為58.7，較1月該項指數63.8，跌幅5.1，為近12個月來跌幅最大的一次。分析原因，則與臺灣民眾對菲律賓遣送大陸跨國詐騙犯罪嫌疑人、臺陸軍曝光「羅賢哲間諜案」有關。可見，兩岸持續合作勢頭良好，拓展、深化交流，就會促進臺灣民意對兩岸關係的正面評價；反之，兩岸合作交流若出現負面事件，則會引起臺灣民意的觀望、懷疑、擔心和恐懼，進而消極抵制甚至強烈阻撓兩岸持續合作。

（三）當前臺灣民意對兩岸持續合作的影響複雜多元

臺灣民意受多種因素影響，呈現多元結構，具有一定穩定性、一致性的框架，又處於一個持續存在且不斷演變的過程之中，總體呈現複雜局面。既有正面支持兩岸交流、深化合作的意向，發揮積極促進作用；也存在對兩岸持續合作的負面疑慮，會產生消極牽製作用。一是推動臺灣當局主動選定兩岸交流合作議題，但又防止其進程步伐過快。推進兩岸持續合作的首要環節在於選擇具體交流合作的議題，納入的議題應當是臺灣民眾廣泛關心、具有較大影響、能夠反映民眾普遍意見的訴求。縱觀2008年以來兩岸「兩會」簽署的15項協議，從兩岸「三通」到經濟合作，從農產品檢疫到知識產權保護，從食品安全到聯手打擊犯罪，諸多熱點話題無不牽動臺灣民眾敏感神經，引起兩岸高度關注。但臺灣民眾對兩岸交流的速度存在逐步適應的過程，擔心進展較快引發不利結果，對涉及實際利益的議題附加較多、較嚴苛的條件，充當了兩岸交流的「剎車閥」角色，一定程度上促使臺當局更趨謹慎保守。二是提升臺當局制定兩岸合作交流各項政策的科學化水平，但又不時予以情緒化干擾。兩岸交流合作政策的擬制與具體協議的簽署，屬公共政策運行範疇，其最終目標仍在以政策最優化實現利益最大化及損失最小化。只有切實瞭解民眾切身需要，才能相應制定出更為科學合理的政策。但政策制定者進行理性判斷和抉擇的能力畢竟有限。臺灣民眾深以「民主」自豪，

民意展現渠道多元，各種民調不時呈現，「民意代表」發聲主動積極，媒體討論互動熱絡，從多個角度提供了可供選擇的不同政策方案，利於真實反映民眾意願，便於當局瞭解民意訴求，益於充實政策制定依據。但臺灣民意錯綜複雜，展現方式激烈，加之民進黨常挾民意以「街頭運動」形式表達意見，甚至出現衝擊「兩會」商談的過激行為，對兩岸交流合作的推進產生了值得注意的負面干擾。三是彰顯臺當局推動兩岸持續合作的民主色彩，但也影響了政策實施效率。加強兩岸交流合作的相關政策能否順利出臺並有效執行，關鍵在於能否得到臺灣民眾的廣泛支持，此亦推進兩岸持續合作的重要宗旨與目標。透過多種平臺積極調動臺灣民眾廣泛參與制定兩岸交流合作政策環節，可發揮民意力量，確保政策體現民眾意願，符合臺灣民眾日益習慣並仍在增長的「民主」意識與要求，也減少了民進黨為兩岸交流「抹紅」、「抹黑」的藉口，增強了兩岸各項交流政策出臺的合法性。但臺灣民眾的廣泛參與討論、積極表達立場，也助長了多元觀點充斥、不同意見交鋒、各異主張對抗的消極風氣，一定程度影響了政策執行的效果，減緩了兩岸持續合作交流的步伐。

三、因應臺灣民意，推進兩岸持續合作

（一）密切跟蹤臺灣民意發展變化，實時瞭解掌握臺灣民意狀況

「民意是指示各種社會因素所處狀態的晴雨表，是衡量一切社會決策效果的試金石」。[148]制定政策要求具備明確的施政「方向感」，前提在於準確把握民意跳動的脈搏。一是建立臺灣民意調查數據庫。臺灣民意涉及領域廣、涵蓋內容多，調查瞭解需掌握大量第一手資料，且有些調查連續性強，需和以往數據聯繫進行對比分析。應逐步建立方便查詢搜索、利於比較分析的民意調查數據庫。由可視性強、方便操作的查詢模塊、數據處理模塊、數據分析模塊、可視化交流模塊等組成，透過現代化訊息蒐集處理工具，憑藉計算機與現代通信設備確保獲得充足豐富的臺灣民意數據資源。二是建立臺灣民意數據評價模型。透過問卷調查、座談面訪、駐點生活等手段，聚焦臺灣民眾關心的熱點問題進行具體感受及認知態度的調查，結果往往表現為對

相關問題的滿意程度。應對調查數據進行「深加工」，建立相關滿意度模型，研究滿意度指數，完善滿意度評估系統。透過分析影響滿意度各因素的直接及間接效用，找出影響滿意度的最主要因素，進而展開首要改進。比如，可針對「民眾對當前兩岸關係和平發展的感受調查」，開展兩岸關係和平發展幸福指數的研究，透過測算滿意程度，科學排序考核具體影響因素，進而深入瞭解臺灣民眾對兩岸關係和平發展的詳細指標要求。三是構建臺灣民意反饋平臺。民意總是處在發展變化之中。兩岸分隔日久，交往仍然受限，真實瞭解臺灣民意具有客觀實施上的一定難度。應解放思想，勇於創新，可在福建廈、漳、泉地區先行先試，或採「兩會」合作機制，創設、拓展臺灣民意反饋平臺，及時驗證評估大陸對臺交流政策實施效果，適時調整政策執行的方向、重點、力度、手法，真正貫徹「寄希望於臺灣人民」方針，更多、更好、更快地滿足臺灣民眾實際需要。

（二）針對臺灣民眾實際需求，制定、執行、完善兩岸持續合作的具體政策

近年來，大陸出臺多項惠臺政策，採取多種讓利措施，但受各種條件所限實際效果未獲強力彰顯。應在瞭解臺灣民眾「想要什麼」的前提下，有的放矢結合「能做什麼」的現實條件制定政策，努力實現「得到什麼」的實際效果，使兩岸持續合作的出發點和最終目標取得和諧一致。目前，兩岸關係和平發展態勢已經形成，未來仍將不斷深化，應由專業訊息分析處理機構蒐集臺灣民意訊息，及時取捨歸類、彙總分析、研判綜合，反映臺灣民眾各方面意見要求，將之作為制定兩岸持續合作政策的實際依據，並在執行過程中加以檢驗、評估，盡最大能力回應滿足臺灣民眾「拚經濟、顧民生」的直接需求，使其感受並分享兩岸關係和平發展的「紅利」。正如國臺辦王毅主任所言，「我們願進一步傾聽臺灣民眾的意見和訴求，力爭以更直接的方式、更暢通的渠道，加強與臺灣各界尤其是基層的互利合作，讓更多臺灣民眾感受到大陸方面的善意，共享兩岸關係和平發展的成果」。[149]

（三）發揮互動作用，正面引導、著力強化臺灣民眾支持兩岸持續合作

臺灣民意與兩岸持續合作相互影響，互動頻繁。大陸對臺政策在塑造臺灣民意的過程中扮演關鍵性角色，而臺灣民意狀況業已成為反映對臺政策效果的指標性因素。事實證明，二者的良性互動有利於促進兩岸關係和平發展，有利於增進兩岸人民福祉，有利於中華民族的偉大復興。應加強與臺灣民眾的直接交流與對話，透過擴大對臺交流接觸面、惠臺政策受惠面、文化交流影響面，加深兩岸瞭解，增進彼此信任，使臺灣普通民眾直接受益，使臺灣同胞增強促進兩岸關係和平發展的信心，形成推動兩岸交流合作向更寬領域、更大規模、更深層次邁進的臺灣主流民意，為兩岸和平發展澆鑄更為堅實的民意基礎。

四、結語

兩岸關係不僅僅是兩岸官方之間的兩岸關係，更是兩岸人民之間的兩岸關係。兩岸民眾的人心走向、意願訴求、主張態度，相當程度地決定了兩岸關係的本質和未來發展。作為兩岸中的一方，臺灣民意對兩岸能否持續合作發揮著或促進推動或牽制阻礙的作用，而未來兩岸持續合作的速度、進度、力度、廣度及深度，同樣深刻影響著臺灣民意的發展變化。二者之間若能良性互動，則既可滿足臺灣民意訴求，又可實現兩岸全方位、多領域、各階層的交流合作，有力推動兩岸關係的和平發展。民意可敬，民意可畏，民意如流水，民意不可違。「運用之妙，存乎一心！」

對兩岸關係和平發展時期臺灣民意的探討

中國社會科學院臺灣研究所　劉國奮

為鞏固和擴大兩岸關係和平發展的民意基礎，瞭解和掌握臺灣民意具有十分重要的意義。本文以兩岸關係和平發展時期的臺灣民意為探討內容，力圖透過對涉及兩岸關係的臺灣民意的內涵與特點、影響臺灣民意的因素等問題進行研究分析，以探尋建立兩岸民意的溝通與共融之路徑。

一、臺灣民意的內涵與特點

所謂民意，又可稱為「民心」、「公意」，它是民眾意見或願望的簡稱，是社會上大多數成員對其相關公共事務或現象所持有的大體相近的意見、情感和行為傾向的總和，民意的客體即是那些具有重要性、普遍重要性和特殊性的議題[150]。就臺灣民意的內涵而言，一方面它具有普遍性，即民眾在物質生活、精神信仰和政治參與方面的訴求，尤其是民生經濟是臺灣民眾所普遍關注的問題。另一方面，臺灣民意又有相當的獨特性，由於與祖國大陸多年的分離，臺灣民眾又有與臺灣政治前途相聯繫的諸如「統一」或「獨立」等方面的意向。就臺灣民意的特點而言，以下幾個方面是值得我們關注的。

（一）臺灣民意的多元性

由於民意是一個集合體，它具有多元性。而社會大眾由社會各階層組成，民意又會以社會階層的不同而呈現一定的差異性。隨著臺灣民主化發展，民意的多元化與差異性日益突顯。另一方面，與一般國家或地區的民意

相比，臺灣民意多元性中有一個獨特的現象，即是「臺獨」訴求的存在。對任何一個國家或地區而言，「獨立」的訴求通常是不被接受的。在臺灣恰恰相反，多年來在「反中」、「去中國化」的政治操弄下，「臺獨」主張可以堂而皇之地宣傳，而「統一」的主張卻被視為「洪水猛獸」。為了達到多元民意對某一重大問題的所謂多數認同與支持，民進黨和「臺獨」人士試圖以「公投」這種「多元民意的集中」的方式實現其「臺獨」目的，這使得臺灣多元民意變得更為複雜。自2008年5月國民黨重新執政以來，兩岸關係在「九二共識」下進入到和平發展新時期，對兩岸關係和平發展的認同已成為臺灣的主流民意。然而，兩岸全面、直接「三通」的實現，經貿、文化、人員等往來的密切，並未使臺灣的主流民意增加對中國或兩岸統一的認同。相反，據有關報導，臺灣民意仍然在朝「臺灣身分認同」的方向移動[151]，從而增加了兩岸達成政治妥協的難度。

（二）臺灣民意的變動性

民意如流水，這是民意的最基本、最普遍的特點。然而臺灣民意的變動性有一個特殊的習慣，即給「新人」以較高的支持度，但過一段時間，民意對其標準和要求就會逐步提高。在這樣先寬後嚴的臺灣民意變動趨勢下，所謂「執政優勢」有時反而極有可能成為「執政包袱」。「五市」選舉後，臺灣民意對馬英九當局的期待與要求較過去更高，而對於新出來的民進黨候選人蔡英文的要求卻相對較低。亦因如此，2011年的最初幾個月間馬英九與蔡英文的民調支持度相差不多。[152]臺灣民意的這種變動特性，加上以兩黨競爭為主的臺灣選舉制度，為民進黨在不對其「臺獨黨綱」和「反中」錯誤路線進行任何反省與改正的情況下重奪執政大權提供可能。從民進黨堅持「臺獨黨綱」和反對「九二共識」的立場來看，如果這樣的民進黨再度上臺執政，兩岸關係極有可能出現某種程度的逆轉。

（三）臺灣民意的效用性

對於執政者來說，民意本是作為施政的著力方向，民意的效用是為從政

者提供更為正確的參考意見。然而，由於臺灣政治選舉的頻繁進行，民意在選舉中的重要性更加突顯，所謂「民意調查」常被用來檢測政治人物的指標，同時也被某些政治人物所利用。主政者在乎民意調查，以便為其連任獲得更多的支持者；在野者在乎民意調查，目的是為登上政治舞臺。因而，在選舉年，臺灣的各種民調紛紛出籠，民調為選舉服務的功能被充分利用。正是由於民意的選舉功效被過度利用，臺灣民意的被扭曲與被誤導也就隨之出現。比如陳水扁在主政時期竭力推動「公投法」的透過，試圖在為「臺獨公投」提供法律依據的同時，利用選舉塞入「公投」議題，以「公投綁大選」誤導民意達到其當選目的。另外，在民進黨主政時期，陳水扁當局利用「民粹主義」方式，對臺灣民意進行恣意操弄與扭曲，不僅撕裂了臺灣社會族群關係，也嚴重破壞了兩岸關係的和平穩定。儘管民進黨在利用與操縱民意上頗有一套，但玩過頭最終還是被民眾所厭倦，於2008年的選舉中敗下陣來。[153]這在另一個側面顯示，臺灣民意的選舉效用的有限性。

二、影響臺灣民意的因素

影響民意走向的因素是多種多樣的。在涉及兩岸關係方面，影響臺灣民意的主要有以下六種因素。

（一）歷史因素對臺灣民意的影響

人類是有記憶的群體，因而民意具有歷史記憶的傳遞性與延續性。在涉及兩岸關係問題時，因社會、歷史、文化等因素的影響，各個歷史時期的臺灣民意有所不同，其相關看法隨著時間的推移處於變化之中，可稱之為「歷史記憶」的延續影響。所以在談到影響臺灣民意的因素問題時，我們不能忽視歷史的因素。在臺灣過去百餘年的歷史中，由於被割讓及與大陸相分離，臺灣民眾對祖國的情感受到多重挫傷。在李登輝和陳水扁時期的政治操弄中，臺灣民眾「要求出頭天」的情感逐漸被轉為「臺獨意識」；「臺灣是主權獨立國家」的政治語言被簡化為「你是你，我是我」的口語式表達，兩岸的政治關係就這麼被簡單地作了劃分，並被臺灣民眾在不知不覺中所接受。

在當今兩岸關係和平發展的形勢下,儘管兩岸展開大交流、大合作,雙方從中受益,但臺灣民眾對中國認同的偏差仍在持續發展之中,李登輝和陳水扁時期對臺灣民眾「臺獨意識」政治灌輸的烙印一時難消。因而臺灣的主流民意一方面表現為支持兩岸關係和平發展,贊成兩岸發展經貿文化等交流合作;另一方面對兩岸關係的主張更多地選擇「維持現狀」。[154]

(二)經濟因素對臺灣民意的影響

一般而言,民眾最基本的訴求內容不外乎從切身的經濟利益考慮,即衣食住行等方面人們最基本的生活需求。經濟問題是臺灣民意中的核心問題,經濟的好壞直接影響臺灣民意對政黨及其政治人物的支持度。因此,所謂「民意如流水」,即民意的變動與經濟的景氣息息相關,金融危機後民生問題更受臺灣民眾的關注。從近期來看,臺灣民意關注的內容主要有,工資收入能否增長、失業率是否下降、貧富差距是否縮小,以及高房價問題是否能有效管控等。另一方面,由於兩岸經貿等關係越來越密切,兩岸關係中的經濟因素也對臺灣民眾對當前和今後的兩岸關係走向認知產生一定的影響。以往大陸經濟發展水平低於臺灣,在臺灣當局多年的「反共」、「反中」的宣傳教育下,臺灣民眾對發展與大陸的關係有較多的牴觸情緒。相反,在大陸綜合實力增強的大勢下,與大陸加強經貿等往來,讓臺灣民眾獲益,必將為兩岸關係的改善提供堅實的經濟基礎與較多的民意支持。

(三)政黨鬥爭對臺灣民意的影響

伴隨著民進黨的壯大,臺灣的政黨鬥爭卻日趨激烈甚至惡質化。以國、民兩黨為主的政治鬥爭高低分野並不單純以民生問題為出發點,而更多的是以意識形態上的政治主張來劃分,諸如「維持兩岸現狀」與「臺灣獨立」、「同大陸和解」與「同中國對抗」等。這一鬥爭還與更深層次的意識形態相聯繫,例如將「臺灣民主化」與「臺灣獨立」相連接,把「同大陸交流合作」與「傾中賣臺」畫等號,進而對臺灣民眾思想意識產生極為負面的影響。民進黨以「民主鬥士」自居,在對臺灣民眾進行「本土的才是正確的」

政治灌輸下,以其「本土出身」、「根紅苗正」為基點,抓住其在「臺灣論述」上的「制高點」,使國民黨在「本土意識戰場」上一直處於被動挨打的地位。臺灣這一曠日持久的惡質的政黨政治鬥爭造成的結果是,臺灣民眾逐漸對「臺灣主體意識」的相對廣泛的認同,並使得國民黨被迫往前者靠攏,如馬英九當局常提「以臺灣為主、對人民有利」的原則,在兩岸政策措施上多少有些縮手縮腳。[155]2010年12月臺灣「陸委會主委」賴幸媛在一場公開演講中提出「臺灣人民的七個核心利益說」[156],反映出「臺灣主體意識」的影響很大。臺灣政黨政治鬥爭發展到這種結果,對臺灣民意、兩岸關係及今後兩岸統一問題都會產生不可忽視的影響。

(四)媒體因素對臺灣民意的影響

在隨著資訊時代的來臨,新聞媒體的影響與作用越發顯得重要。在臺灣,新聞媒體也被認為是繼立法、行政、司法之後的「第四權力」。毋庸置疑的是,臺灣媒體在民主化過程中發揮了積極的監督作用。但另一方面,臺灣媒體的監督權在一定程度上被放大,加之臺灣媒體過多,競爭尤為激烈,有的媒體為擴大影響、賺取經濟利益,不時有斷章取義、選擇性報導等做法,臺灣媒體存在的問題不少。[157]而臺灣又是選舉頻繁的地區,政黨和政治人物更加重視媒體的功效,有的甚至利用過度。民進黨主政8年,對新聞媒體的滲透與控制力度很大[158],使得臺灣媒體也同政黨分野一樣,政治對立色彩相當明顯,並為各自的政黨及政治人物服務。除了以一般評論報導影響民眾觀點外,臺灣媒體還有一大特色,即是為選舉服務的民調的頻繁出現,對選民的選舉行為進行這樣那樣的引導和影響。臺灣不少媒體民調主觀意識強,黨派色彩與意識形態色彩明顯,不能代表真正的民意,但那些民調常會誤導民意,進而直接影響執政者的決策。

(五)大陸因素對臺灣民意的影響

大陸始終是影響臺灣民意的重要因素之一。過去大陸因素對臺灣民意的影響以內生與外生兩個方面為主,內生的即透過固有的中國傳統歷史文化等

的影響及因對中華民族的情感因素所起的作用；外生的即是大陸對中國統一的堅強決心和對「臺獨」決不放棄使用武力的堅定立場所產生的影響。2008年以來，在「九二共識」基礎上，兩岸實現直接「三通」，兩會簽署了15項協議，進入了大交流、大合作、大發展的歷史新階段。相較於過去大陸經濟不發達，如今大陸綜合實力提升，臺灣民眾對大陸的思想情感也在發生某些變化。比如，過去臺灣民眾害怕或不贊成與大陸交流合作的為數不少，如今已有70%以上的臺灣民眾贊成與大陸協商[159]。可見，兩岸關係和平發展已獲臺灣主流民意支持。因此說，由於大陸的進步和對臺政策的得當，兩岸交流合作增多和兩岸民意互動增加，大陸的因素對臺灣民意將會造成越來越大的影響作用。但另一方面，我們也看到兩岸互信基礎仍很脆弱，臺灣對兩岸關係的主流民意至多滿足於「維持現狀」，一旦有問題發生，臺灣民意又會往「臺灣主體意識」方向變動。例如，最近出現的「世衛密函」、「將軍言論」等事件，臺灣某些人士的「兩岸敵我意識」就顯露無遺，甚至對馬英九當局的大陸政策大加攻擊。

（六）國際因素對臺灣民意的影響

由於歷史和內在原因，國際因素特別是美國、日本因素對臺灣民意有一定的影響。因美國長期插手中國臺灣問題，並以「臺灣的保護者」面目出現，臺灣民眾對美國的信賴與依賴較多。「臺獨」人士更是以美國為靠山，幻想美國會對「臺獨」出兵相護。在兩岸關係快速發展的形勢下，臺灣民眾有平衡性選擇的傾向，臺灣民意也發生某些微妙的變化。據臺灣《遠見》雜誌所做的一次民調顯示，兩岸簽訂ECFA後，臺灣對於「向美國購買較佳防禦性武器之必要性」，有53%表示贊成，相較於前一年反而增加了5%[160]。這表明，在長期的「反共」、「反中」宣傳教育下，臺灣民眾「恐共」、「恐中」心理使得他們生怕兩岸關係過熱會被大陸「套牢」，因而要求購買美國武器，以求心理平衡。日本是臺灣的近鄰，對臺殖民統治50年，培植了一批親日分子，不少民進黨人士和「臺獨」人士對日本有相當的好感。在李登輝和陳水扁主政時期，臺灣當局就刻意將日本對臺灣民眾殘酷鎮壓和殖民統治的歷史進行選擇性遺忘，寧願每年搞「二·二八事件」紀念活動，也不搞抗

日紀念活動,那段國家遭侵略、同胞被屠殺的歷史還被刻意從教科書中抹去。民進黨至今對日本仍有相當的妥協立場,如釣魚島問題,雖還不敢像李登輝那樣說「釣魚島是日本的領土」,但也不敢大聲說「釣魚島不是日本的領土」;蔡英文等民進黨領導人對李登輝一再表示「釣魚島是日本的領土」的說法,從未加以譴責。[161]

三、塑造兩岸共同民意的路徑與方法

鑒於臺灣民意的變動性與多元性,大陸應積極行動起來,大力展開對臺灣人民的工作。早在上世紀90年代,大陸就提出「寄希望於臺灣人民」的對臺政策。然而囿於當時的兩岸關係格局,大陸的這一政策未能找到強有力的支撐點。而自2008年以來,兩岸關係發生了重大變化,大陸經濟實力增強,兩岸大交流、大合作、大發展新局面的出現,讓大陸「寄希望於臺灣人民」的對臺政策之落實有了基本條件與實現途徑。兩岸關係和平發展新局面的形成來之不易,為進一步鞏固和發展兩岸關係,化解臺灣民意中對兩岸關係和平發展不利的因素十分重要;而將兩岸關係最終引向統一之路,建構兩岸共同民意具有至關重要的作用。

(一)掌握民意脈絡,主導兩岸關係「轉型正義」

面對以往李登輝和陳水扁時期對大陸的抹黑及對兩岸關係的錯誤定位,兩岸關係其實也面臨撥亂反正的「轉型正義」問題。這一「轉型正義」要求民進黨必須放棄「臺獨黨綱」,承認「九二共識」;必須糾正其對「臺灣是中國的一部分」的歷史與法理事實的歪曲,還原其歷史真相;必須停止任何對大陸的抹黑宣傳,以便為兩岸民眾良性互動提供前提條件。這一「轉型正義」要求國民黨及其他臺灣有識之士應與大陸聯合起來,只要對兩岸關係和平發展有好處,就要理直氣壯地發聲,而不是被民進黨和「臺獨」人士的「傾中賣臺」帽子壓得喘不過氣來。這一「轉型正義」要求大陸積極掌握兩岸民意脈絡,主導兩岸關係和平發展議題。大陸要高舉統一大旗,讓臺灣民眾明白:兩岸統一可以將辛亥革命的任務最終完成,徹底結束外國干涉中國

的歷史；只要臺灣不「獨立」，臺灣不必花冤枉錢去購外國武器，兩岸亦不會發生戰爭；統一後臺灣民眾的權益不會受損只會更好。大陸在加強對臺宣傳的同時，正確處理好某些負面新聞也顯得很重要，比如有關「問題奶粉」事件，大陸處理迅速，壓縮了臺灣綠營媒體抹黑的空間，也提升了大陸的形象。這一「轉型正義」也要求兩岸官方就兩岸關係相關問題進行積極協商，不斷為兩岸協商及兩岸關係和平發展提供堅實的基礎。例如，海協會和海基會於2011年6月8日在臺北召開兩岸協議成效檢討會議，這類協議成效檢討會對於鞏固協議成果、推動協議執行、讓兩岸民眾共享其利，進而推動兩岸關係和平發展意義較大。

（二）突出兩岸經貿互利性，鞏固兩岸關係和平發展新局

過好生活是民眾最基本與最普遍的期待，臺灣民眾也不例外。民進黨主政時期，在陳水扁當局「去中國化」與「反中」的政策下，臺灣民眾對兩岸關係和平穩定的好處沒有太多的感性認識，「即使肚皮空空也要支持阿扁」為數不少。但到2008年之後，兩岸進入實質交流期。3年多來，臺灣民眾已在兩岸交流中獲得不少實質利益，這對於民進黨和「臺獨」人士的「反中」的做法有很大的衝擊。經濟基礎決定上層建築，人民群眾是歷史的創造者，將更多的兩岸經貿合作成果惠及廣大民眾，可以夯實推動兩岸關係和平發展和大陸對臺政策的民眾基礎。在兩岸經貿交流合作中，堅持互利與共享的原則十分重要，如果僅以大陸讓利為基礎，則這樣的兩岸關係是難以長久的。當然，由於大陸地域廣，市場空間大，臺灣與大陸合作，獲利肯定多於大陸，只要雙方堅持互利互惠原則，對於兩岸雙方民眾心理上的健康互動有益，其互利的好處才會長久持續下去。只要能讓兩岸民眾獲得可體驗到的實實在在的利益，兩岸的凝聚力就會增強，臺灣民眾對中國的認同意識就會逐步提升，從而為兩岸統一打下堅實的民意基礎。

（三）回歸中華文化本源，重建兩岸民眾的共同價值觀

兩岸民意從對立到重合是一個非常艱苦複雜的過程，這首先需要兩岸民

眾有共同的價值觀。提到共同價值觀人們可能會想到一些所謂「普世的共同價值」，如自由、民主、人權、法治等。我們不否認，這些共同價值觀的建立需要長期持續的努力，其形成有一定的難度，但並非沒有可能，其實這些大的價值觀在大陸也逐漸建立與形成。我們認為，兩岸民眾的共同價值觀首先是建立在兩岸共同的經濟利益基礎之上的，其次是長達五千多年的中國傳統文化成為建立兩岸民眾的共同價值觀必不可少的要件。文化是共通的、進入人們心靈的、體現共同價值觀的最基本的條件。除了自由、民主、人權和法治等，兩岸在中國傳統文化下還有許多不同層次的共同價值觀，其內容相當廣泛。例如，市場經濟與儒家企業文化相結合的共同價值觀，人道精神與人本思想的共同價值觀，現代社區居民意識與中華和諧社會的共同價值觀，等等。從當前兩岸關係來看，兩岸要反對分裂與對立，要有崇尚和平穩定、創造互利合作、追求共同繁榮等共同價值觀。相信在博大精深的中華傳統文化中，兩岸民眾只要攜手並進，定能建構起適合於自己的共同價值觀，為兩岸關係和平發展乃至祖國統一不斷提供有益的社會思維。

（四）推動兩岸民眾多重互動，共寫兩岸人民歷史新篇章

中華民族是吃苦耐勞的民族，也是富有幻想和創新的民族。自兩岸關係進入和平發展新時期以來，兩岸民眾的互動更加頻繁，這為兩岸民眾共寫歷史提供良好的環境。以往兩岸交流合作多側重於經貿方面，其他方面的交流合作相對較少。2008年來兩岸關係和平發展局面逐漸形成，兩岸各界交流交往範圍不斷擴大，民間交流十分活躍。2009年5月中旬在福建召開首屆海峽論壇，其主題是「擴大民間交流、加強兩岸合作、促進兩岸共同發展」，突出了民間性、廣泛性、社會性、參與性。3年多來，兩岸民間交流交往以前所未有的速度發展著，單以兩岸人員往來為例，2008至2010年，臺胞來大陸的人數分別約為436.8萬、448.4萬、514.1萬人次；大陸居民赴臺人數分別約為27.9萬、93.6萬、166.2萬人次，增幅顯著[162]。另據臺灣一資料顯示，除了自然災害的議題外，臺灣公益資訊中心網站所列舉的3245個臺灣基金會以及1128個臺灣社會團體，至少有超過295家與大陸民間組織進行交流與合作[163]。可以說，兩岸民間互動已向更廣、更深的層次發展。此外，我們也看

到,網路媒體作為新興媒體在溝通兩岸民眾尤其是年輕一代民眾的心理將會造成重要的作用。網路交流形式多種多樣,是參與性和互動性極強的交流平臺,對此我們應大力加強「中華文化網路大平臺」的構建,透過兩岸民眾的網路問政與民眾參與等活動,推動兩岸民眾的多重互動,譜寫兩岸人民共創歷史的新篇章。

積極化解政治難題　全方位推動和平發展

全國臺灣研究會　高琛

隨著兩岸關係和平發展進程的不斷深入以及在經貿、文化等領域的交往與擴大，兩岸何時進行政治、軍事等領域的接觸並逐步解決政治難題已成為各界越來越關注的焦點。兩岸學術界為此已先行一步，就歷史遺留的難題展開深入思考與探索，並提出了各種思路與解決方案。多數學者認為解決兩岸政治難題不可能一蹴而就，它是一個漸進的、相互融合的、從量變走向質變的潛移默化過程。應當堅持以民為本，以政治互信為前提，以促進交流、平等協商為路徑，以共創雙贏為目標、先易後難、先急後緩、循序漸進的方式進行。

筆者認為解決兩岸政治難題既是和平發展進程不斷深入的客觀需要，也是兩岸關係和平發展進程中必須面對的現實。也就是說兩岸政治難題的解決是伴隨著兩岸和平發展進程的不斷深入而逐步得到化解和最終得到解決的。這個過程或許會很長、會很曲折，但卻是兩岸關係和平發展進程中無法以人的意志而改變的必然結果。兩岸關係和平發展的最終歸宿，就是走出分裂與分治的局面，最後形成誰也離不開誰的命運共同體。

一、全方位推動兩岸關係和平發展必須面對政治難題

中國共產黨十七大報告提出：「在一個中國原則的基礎上，協商正式結束兩岸敵對狀態，達成和平協議，構建兩岸關係和平發展框架，開創兩岸關係和平發展新局面。」[164]這一論述是我們黨對開展兩岸政治協商談判具有深遠意義的重要主張和對兩岸關係和平發展前景的長遠規劃。

兩岸關係自國民黨重新執政以來，取得了一系列重大突破與進展。隨著兩岸全面直接雙向「三通」的實現、兩岸經濟合作框架協定（ECFA）的簽訂，以及兩岸在經貿、文化、人員往來和其他領域取得的引人注目進展，兩岸關係已由對抗走向和解，由瀕臨戰爭邊緣走向和平發展，由民間、間接、單向、局部的交流走向直接、雙向、全面的交流。兩岸關係在和平發展共識下持續改善，穩健向前邁進，給兩岸同胞帶來了實實在在的利益，使兩岸關係發生了一種結構性的改變。國共兩黨達成的堅持「九二共識」、反對「臺獨」和「兩岸和平發展共同願景」已成為現實。如果說以上所取得的一系列成果標誌著兩岸關係和平發展進程的第一個里程碑的話，下一個里程碑的標誌應該就是雙方在政治、軍事等領域有所接觸甚至有所突破。

毋庸諱言，兩岸關係現狀的改善與發展，僅僅是和平發展進程的一個良好開端。兩岸關係雖已走出僵局，取得空前進展，展現光明前景，但一些深層次矛盾與問題仍然存在。兩岸在諸如臺灣當局的政治定位、臺灣國際活動空間、兩岸結束軍事對峙，以及能否簽訂和平協議等一些重大敏感議題上存在結構性矛盾。兩岸之間仍存在著不同程度的認知分歧與主張差異，乃至重大矛盾，若處理不好，勢必影響兩岸關係和平發展進程。

在和平發展大框架下，如果兩岸只在經貿、教育、文化、旅遊等部分領域取得較大進展，卻在諸如政治、軍事等敏感領域中毫無進展，必然導致和平發展進程不平衡的局面，致使兩岸政治、軍事等關係遠遠滯後於兩岸經濟、文化等關係，甚至在一定程度上影響兩岸經濟、文化等關係的進一步發展。

兩岸關係如何全方位地邁向正常化、制度化，並形成一種互利共贏、全面發展的關係，解決政治難題是關鍵。因為經濟與政治密不可分，經濟是政治的基礎，政治是經濟利益的集中體現。美國學者林德布洛姆在《政治與市場》一書中認為，經濟與政治是無法分開的，他明確指出：「在世界上所有的政治制度中，大部分政治是經濟性，而大部分經濟也是政治性的。」所以說，經濟關係發展到一定程度必然要涉及政治關係，僅靠民間名義的兩會交

往，僅停留在經濟文化層面的交流，僅處理事務性、功能性、庶民性的問題，顯然不能解決諸如政治關係定位、軍事互信、臺灣參與國際活動等深層次問題，更無法滿足兩岸關係持續和平發展的需要。雙方只有在政治對話、務實協商的基礎上，不斷積累互信，才能逐步解決難題。因此說，兩岸關係和平發展，不僅僅只是發展兩岸經貿文化等關係，還應包括建立「兩岸軍事安全互信機制」以及「正式結束兩岸敵對狀態，達成和平協議」等政治關係，這才是兩岸關係正常化、制度化、互利共贏、全面發展的標誌。否則，處於「政治敵對狀態」下的兩岸關係無法全面發展和穩定長久。

二、在務實推進和平發展進程中逐步化解政治難題

近年來大陸方面務實推行以民為本、和平發展、共創雙贏的對臺政策，並展現出高度誠意與善意；而臺灣方面在堅守「九二共識」、反對「臺獨」的政治基礎上，與大陸一道推動恢復中斷了近10年之久的兩會制度化協商談判，並成功簽署了ECFA以及相關15項協議。據臺灣方面有關統計，「過去3年來兩岸關係發展循序進展，為臺灣相關產業帶來巨大收益，帶動去年經濟成長率超過10%。在兩岸空運方面，目前直航客運總班次每週有370個往返班次，到2011年5月1日為止，超過1144萬人次搭機直接往返兩岸。陸客赴臺旅遊觀光方面，平均停留夜數7.83天，居亞洲地區來臺旅客之冠，預估為臺灣相關產業帶來新臺幣1100多億元的外匯收益。也帶動觀光產業蓬勃發展，到去年底為止，共有500多家旅館新建或更新設備，投資金額達700多億元，預估2011到2013年間，將有超過130家旅館新建，投資近800億元，創造更多就業機會」。[165]

2011年4月，國務院正式批准的《海峽西岸經濟區發展規劃》，進一步明確細化了加快海西建設的總體要求、目標任務和政策措施，使福建廈門地區成為「兩岸產業深度對接」、「兩岸長期、穩定的經貿合作機制」和加強與臺灣經濟全面對接「先行先試區域」的核心平臺。兩岸「共同規劃、共同建設、共同投資、共同管理、共同受益」的模式，吸引更多的臺灣同胞高高興興地參與到祖國現代化建設中來。6月下旬，臺灣當局繼開放大陸居民赴

臺團體游之後，又開放了大陸遊客赴臺自由行，為兩岸民眾更加直接、更加深入地相互瞭解提供了便利。

兩岸關係之所以在短短3年多的時間就取得了如此重大的突破與進展，兩岸雙方互信的積累和共同的努力息息相關。上述成功範例充分說明了兩岸信任基礎已大大改變，同時也為兩岸政治對話與談判提供了很好範例，並為今後逐步解決兩岸政治難題奠定了紮實的基礎。

（一）簽署ECFA是兩岸增進互信的成功範例

中共中央胡錦濤在會見中國國民黨榮譽主席吳伯雄時表示，ECFA的簽署，再次表明在反對「臺獨」、堅持「九二共識」的共同政治基礎上，只要雙方良性互動、平等協商，就能夠推動兩岸關係不斷向前發展，也能夠為逐步解決制約兩岸關係發展的難題找到可行辦法。推動兩岸關係和平發展，不但要厚植共同利益，也要增強休戚與共的民族認同。希望國共兩黨都從中華民族長遠利益出發，透過增進互信、求同化異，為兩岸關係和平發展創造更有利的條件。[166]顯然，未來祖國大陸推動兩岸關係和平發展的目標是：鞏固政治互信，厚植共同利益，增強休戚與共的民族認同、求同化異。

2011年1月，兩岸正式成立「兩岸經濟合作委員會」，雙方的首席代表均為經濟部門的主要官員，說明兩岸和平發展僅靠民間機構來推動是遠遠不夠的。「兩岸經濟合作委員會」的成立，象徵著兩岸進入了共同治理的新時代，是兩岸關係的又一次大突破，它改變了長期以來海峽兩岸各自發展的歷史，從而邁入了共同協商、共同發展、共同治理的新時期。相信今後像「兩岸經濟合作委員會」這種形式的委員會，一定會如雨後春筍般地從一種行業向各行各業發展起來，從經濟領域走向其他領域，使更多臺灣同胞在祖國廣闊的天地發揮他們的才智，享受祖國的尊嚴與榮譽，參與到中華民族偉大復興的進程中來。隨著兩岸關係和平發展進程的不斷推進和全面發展，必然促進兩岸相互之間的全面瞭解與理解，降低乃至轉變敵意與排斥，增進好感，建立情感，進而做到同舟共濟、摒棄前嫌、相互扶持、共創雙贏。

兩岸簽署ECFA標誌著兩岸經濟關係從此進入一個新階段，不僅意味著兩岸關係朝著正常化、合作互利、互惠雙贏的目標邁進，還成為兩岸達成互信的成功範例。ECFA的簽署，有利於鞏固和維護兩岸關係和平發展的大好局面，推動兩岸經濟社會文化的全面交流交往，規範兩岸各項交流的秩序，全面夯實兩岸關係和平發展的基礎。相信隨著ECFA的全面貫徹落實，必將對兩岸關係產生多方面、全方位的深遠影響。

（二）珍惜並把握歷史機遇，積極面對與化解政治難題

兩岸關係是否持續穩定、全方位和平發展，「政治互信」是關鍵。雙方確立了「政治互信」，就確保了兩岸關係穩定和全方位持續和平發展的機制化、常態化。胡錦濤在紀念《告臺灣同胞書》發表30週年座談會上就「國家尚未統一的特殊情況下政治關係問題、建立兩岸軍事安全互信機制問題進行務實探討」的提議，進一步表明大陸方面為實質性地推進兩岸和平發展所傳遞的高度誠意與善意。

目前，國共兩黨已有「九二共識」、反對「臺獨」以及「兩岸和平發展共同願景」政治基礎，這是來之不易的歷史機遇。兩岸在此機遇期面對和化解政治難題、推動政治談判、建立政治互信時機更加有利。

臺灣方面在面對和化解政治難題、推動政治談判、建立政治互信等問題上應採取更加積極的行動，為臺灣人民、為中華民族、為共同推進兩岸和平發展拿出足夠的勇氣與膽識，盡快與大陸進行政治協商，就解決兩岸政治、軍事、對外關係等重要問題和正式結束兩岸敵對狀態展開政治對話，進行務實探討，在解決具體問題過程中，逐步積累和深化互信，從而開闢政治協商與談判的最佳途徑。

（三）構建廣泛的民眾基礎，增強臺灣同胞對祖國的向心力與和平發展的推動力

近年來，胡錦濤在論述推動兩岸關係和平發展時多次提到，要把臺灣同

胞當成是骨肉兄弟和發展兩岸關係、遏制「臺獨」分裂活動的重要力量，把最大限度地為兩岸同胞謀和平、謀福祉作為實現兩岸關係和平發展的「根本歸宿」，把促進兩岸同胞團結奮鬥作為推動兩岸關係和平發展的「強大動力」，把寄希望於臺灣人民的方針政策貫徹到各項對臺工作中去。在談到部分臺灣同胞對祖國大陸缺乏瞭解和疑慮時，胡錦濤指出，對於部分臺灣同胞由於各種原因對祖國大陸缺乏瞭解甚至存在誤解、對發展兩岸關係持有疑慮，我們不僅願意以最大的包容和耐心加以化解和疏導，而且願意採取更加積極的措施，讓越來越多的臺灣同胞在推動兩岸關係和平發展中增進福祉。對於那些曾經主張過、從事過、追隨過「臺獨」的人，我們也熱誠歡迎他們回到推動兩岸關係和平發展的正確方向上來。[167]

臺灣的民心所向不僅決定臺灣政局的走勢，而且關係到兩岸和平發展的趨向，貫徹「寄希望於臺灣人民」的方針，就是堅持以人為本，切實解決臺胞關切的問題，維護臺胞權益，加強交往，融合親情，實現兩岸同胞大團結，促進兩岸關係大發展，使「寄希望於臺灣人民」方針轉化為和平發展的現實推動力。多年的實踐證明，只有認真細緻地做好臺灣人民的工作，尊重臺灣人民的意願，維護臺灣人民的根本利益，打消他們的安全隱憂，引導臺灣主流民意朝著有利於和平統一的方向轉變，為兩岸最終統一構建廣泛的民眾基礎，增強臺灣民眾對祖國的向心力，建構兩岸的集體認同感和世代的希望感，是實現祖國和平統一的正確途徑和重要基礎。

據臺灣《聯合報》的民調顯示，在馬英九當局的施政表現中，穩定兩岸關係是最獲臺灣民眾好評的施政，說明臺灣主流民意支持兩岸關係持續改善，這為未來開啟政治談判累積了一定的民意基礎。

只要我們抓住機遇，務實推進，擴大成果，臺灣民眾就會實實在在地感受到和平發展帶來的巨大好處。隨著和平發展進程不斷深入以及兩岸交流實惠不斷顯現，臺灣主流民意將會更加堅定地擁護和支持兩岸人民和諧相處，兩岸關係和平發展。

（四）強化對「兩岸命運共同體」的集體認同，共同為化解政治難題創造條件

胡錦濤在中共十七大報告中提出：「十三億大陸同胞和兩千三百萬臺灣同胞是血脈相連的命運共同體。凡是對臺灣同胞有利的事情，凡是對維護臺海和平有利的事情，凡是對促進祖國和平統一有利的事情，我們都會盡最大努力做好。」[168]這是代表十三億大陸同胞向臺灣同胞作出的莊嚴承諾，是對臺灣同胞最大的理解與信賴。「兩岸命運共同體」的論斷，既表達了中國政府和大陸人民對臺灣同胞所傾注的滿腔親情與深切關懷，彰顯了以人為本的理念，凸現了兩岸關係和平發展的主題，體現了科學發展觀的深刻內涵，又表明了中國共產黨對臺政策的連續性。

「兩岸命運共同體」的概念意義深遠，是對過去兩岸社會、經濟和文化等關係進行的高度概括和肯定。它立足於現實，著眼於未來，超越兩岸在歷史形成的政治對立、社會差異和治理體系的矛盾，希望透過兩岸民眾共同生活的經歷，消弭兩岸之間各族群差異和矛盾，透過共同社會生活來增進共同的情感和共同記憶，從而奠定兩岸之間的集體認同。

隨著兩岸關係的不斷發展和深化，彼此感情更加融洽、合作更加緊密，血脈相連的命運共同體正在逐步形成。兩岸關係的曲折歷程說明，兩岸分則兩害，合則兩利。共同的血脈、文化，共同的兩岸關係前途，共同的中華民族偉大復興願景，把兩岸同胞緊緊地連在一起。

三、結語：和平發展是長期過程

兩岸關係全方位和平發展有助於增進兩岸相互之間的全面瞭解與理解，有助於降低乃至轉變敵意與排斥，增進好感，建立情感，進而做到同舟共濟、捐棄前嫌、相互扶持、共創雙贏。然而兩岸關係錯綜複雜、內外因素兼具的事實決定了和平發展之路，是一個任重而道遠、非常艱難曲折的過程。因此，兩岸雙方既要積極面對，又要有足夠耐心；既要看近，也要看遠；既

要求同，也要化異。只要雙方都牢牢把握和平發展的主題，抓住難得的歷史機遇，解放思想，與時俱進，循序漸進，就會逐步建立互信，減少誤解，達成諒解，形成共識，消除懷疑與隔閡。

目前兩岸關係處於60年來最好的歷史時期，兩岸雙方都要把握如此難得機遇。但由於兩岸關係和平發展是一個長期的、全方位的、漸進式的發展過程，是走向和平統一的必經階段或初級階段。因此「先經後政、先易後難」是兩岸共同的認知。我們從經濟著手，從厚植共同利益著眼，從培育共同歷史記憶著力，就是為了兩岸從經濟共同體走向命運共同體，這就是「先經後政」的、漸進的、相互融合的逐步變化過程。我們應該看到這個過程已經啟動，也許這個過程漫長而充滿變數，但它卻是一個無法扭轉的偉大歷史進程。

兩岸關係和平發展以來所取得的成就充分說明，深化互利雙贏的交流合作，是兩岸關係發展中最具活力的因素，是實現兩岸關係和平發展的有效途徑。只有兩岸雙方解放思想，務實推進和平發展進程，兩岸關係的基礎就會更加堅實，共同發展的領域就會更加全面。雙方更須全力在經濟、文化等相對較容易的議題中，累積互信，推進互利，為未來處理政治難題奠定堅實基礎。終止敵對狀態，達成和平協議是兩岸的共同願景，雙方為此不懈追求和共同努力，才是引導兩岸關係全方位和平發展的強大動力和根本保證。

兩岸共同價值的若干思考

上海臺灣研究所　倪永杰

兩岸關係和平發展、全面統合的盛世時代能否來臨,取決於兩岸共同利益的創造與兩岸共同價值的形塑,後者具有關鍵性的影響並成為兩岸同胞共同的、長期的歷史性任務。

一、兩岸共同價值概念與創造主體

(一)概念

價值是文化體系的核心要素,廣義地講,價值泛指本身有價值、令人渴求的原則、品質、實體,包括道德的、政治的、美學的、宗教的、科學的價值等。本文認為,兩岸共同價值屬於形而上、抽象層次的概念,是兩岸同胞世界觀、方法論及價值觀的總和。換言之,兩岸共同價值是兩岸同胞普遍乃至共同認可、遵循的生活方式、思維模式、行為準則等,是兩岸同胞思想、認知、情感、意願的集合體,是兩岸同胞普遍的行為規範與共同的理性憧憬。

兩岸共同價值應該是當代人類文明、價值的重要組成部分,也是中華文化價值鏈演繹到兩岸和平發展階段的重要成果。兩岸共同價值必然有別於其他價值體系,具有兩岸自身的特色,是兩岸各自價值元素的交融。

(二)創造主體

兩岸同胞是創造兩岸共同價值的主體，特別是經常穿梭、來往於兩岸之間的兩岸同胞、海外華人等，包括那些具有兩岸生活、工作、求學、旅遊經驗的同胞，更是創造兩岸共同價值的主要群體，他們有別於兩岸其他同胞，是兩岸特殊的人群，可以稱之為「兩岸人」，是兩岸共同價值的融合者、引領者、催生者、創造者，主要包括三類人：

　　一是來往兩岸之間的臺灣同胞，包括臺商、臺生、臺干、臺屬、臺灣遊客等。有資料顯示，自1987年臺灣開放民眾赴大陸探親以來，截止2010年底，來大陸臺胞的高達6100多萬人次，真正到過大陸的臺胞已達800多萬人，占臺灣總人口的三分之一多。[169]有資料表明，目前在大陸就讀的臺生超過7000人，其中博士1570人、碩士1861、本科3324人。臺灣約1000個高中畢業生中，有22個赴大陸讀書，占2.2%。長期定居在大陸的臺胞約150多萬人，以居住、工作、求學在上海及其周邊長三角地區的臺胞最多，約有30-50萬之多。

　　二是赴臺定居、探親、交流、工作、就學、旅遊的大陸同胞。2008年之前，歷年大陸赴臺人數已突破190萬人次。自2008年7月開放大陸居民赴臺旅遊，掀起大陸民眾赴臺旅遊的熱潮，截至2010年底，陸客赴臺旅遊達128萬人次，加上商務、探親等多達163萬人次。迄今為止，赴臺旅遊的陸客已達到240萬人次。值得關注的是，赴臺居住的大陸民眾包括兩岸婚姻，歷年累計接近30多萬人，其中近10萬大陸新娘取得了臺灣身分證。他們已逐漸融入到臺灣當地的生活、工作中，對於臺灣公共事務、政治活動的參與興趣、參與程度有所提高。如今，兩岸「大三通」初步實現，兩岸「一日生活圈」時代的序幕已經拉開，必將迎來大陸民眾赴臺投資、工作、就學甚至就業的熱潮。大批高學歷、高收入、具有國際視野、引領潮流的「新大陸人」成為近期兩岸交流熱、「臺灣熱」中的重要人群，對兩岸共同價值的形塑將產生重大的推動作用，必將逐步催生同屬兩岸的新文化、新價值、新典範。[170]

　　三是從海外第三地進入臺灣居住、交流、就業的海外華人，也積極參與兩岸交流交住，在溝通、融合兩岸同胞的情感、形塑兩岸共同價值方面具有

不可或缺乏、不可替代的功能。

這群頻繁穿梭、往來於兩岸之間的特殊的「兩岸人」群體，比兩岸其他同胞擁有更多鮮活、生動的兩岸經驗，既有在本地記憶、刻有本地的文化烙印，又有在對方居住生活、工作求學旅遊的軌跡，他們更為熟悉兩岸政治、經濟、文化、社會的制度與環境，對於兩岸的觀察、感受必然有別於其他兩岸同胞。隨著時間的推移，他們中有越來越多的人逐漸融入新居住地人群的生活中，是兩岸共同價值的關鍵性原創力量。他們分別把各自的兩岸經驗延伸、傳播到對方區域內，與當地同胞相互交流、切磋交融，相互激盪、吸納整合，產生情感的共鳴與共同價值的感應。他們將各自的生活方式、思想觀念、行為模式、情感認知等不同於對方的異質價值體系導入到對岸，上升為理論層次、文化結晶，熔鑄成兩岸共同認知、情感與意志，交融成新的價值認知與情感，經由兩岸同胞的共同錘煉，催生出新的智慧火花，熔鑄新的價值坐標體系。

二、兩岸共同價值來源與主要內涵

（一）來源

兩岸共同價值絕不是無源之水、無本之木，她植根於五千年燦爛的中華文化，來源於兩岸同胞的交流實踐，更是對兩岸共同未來的前瞻與追求。兩岸共同價值來源於5個部分。

一是從中華文化中萃取兩岸共同價值。兩岸雖然分隔60多年，但中華文化是兩岸共同的文化母體，是兩岸共同價值的基本元素。「中華文化源遠流長、瑰麗燦爛，是兩岸同胞共同的寶貴財富，是維繫兩岸同胞民族感情的重要紐帶。」[171]哲學家成中英先生認為，傳統中國的價值體系包含了和諧、真理以及正義三項要素。[172]兩岸共同價值體系，當然也蘊含上述這些基本元素。中華文化中的「天人合一」、「外王內聖」、「王道」、「中庸」、「和諧」、「寬容」、「權變通達」、「公平正義」、「忠孝仁愛」、「仁

義禮智」、「四維八德」、「禮義廉恥」、「真、善、美」等價值要素，是貫穿於中華5000年古國文明的重要價值內涵，也是兩岸共同價值的重要來源。[173]

二是從兩岸及港澳當代文明中凝聚兩岸共同價值。包括從當代大陸文化精華、當代臺灣文化以及港、澳文明元素中加以吸納、融匯與提煉。論者均認為，兩岸之間各自的價值元素既有文化共性，都是中國文化的一部分，都是對中國傳統文化的繼承與創新；又有文化間性，兩者間存有一定差異性，各有特色、各具養分。應促成各自特色的價值體系相互吸納創新、融會貫通，形塑新價值，催生新主流。大陸提出建立社會主義和諧社會的核心價值體系，包括「民主法治，公平正義，誠信友愛，充滿活力，安定有序，人與自然和諧相處」，提倡「八榮八恥」等等，這些都是當前大陸的核心價值。胡錦濤稱，「中華文化在臺灣根深葉茂，臺灣文化豐富了中華文化內涵」。臺灣當代文明的價值主體，也應該是兩岸共同價值的重要組成部分。有論者稱，「要認識5000年的中國，要來臺灣，因為中華文化中的首先價值觀，是一直細心地保存在臺灣的生活裡」。[174]馬英九也認為，「60年來，臺灣保存了中華文化的深厚底蘊，從生活美感到藝術美學，它的傳統韻味，讓世界驚艷」[175]；馬還強調，「善良、正直、勤奮、誠信、包容、進取這一些傳統的核心價值，不但洋溢在臺灣人的生活言行，也早已深植在臺灣人的本性裡。這是臺灣一切進步力量的泉源，也是『臺灣精神』的真諦。」[176]臺灣作家龍應臺針對「華文世界版圖」提出了臺灣在「教育」、「文化溫和主義」、「公民素養」、「社會凝聚力」、「理想性」、「生活美學」等六個「獨特核心要素」方面占有很大的優勢。她認為「溫良恭儉讓」滋潤了臺灣土地，成為臺灣文化的重要養分。臺灣文化根基比較沉澱、寧靜、厚實。[177]這些內涵成為當代臺灣的主流價值之一，應對兩岸共同價值的形塑構成正面影響，成為兩岸共同價值的有機組成部分。

三是從海外華人文化中醞釀兩岸共同價值。炎黃子孫散居五湖四海，世界的每個角落都有華人的身影，他們不但將中華文化傳播到世界各地，而且與當地交融繁衍，產生了新的價值準則。特別是他們富有勤勞、智慧、冒

險、拚搏的精神，極大地豐富了中華民族的價值內涵，理應成為兩岸共同價值的合理成分。

四是從各國及世界文明中提煉兩岸共同價值。在兩岸迎向和平發展、形塑兩岸共同價值的歷程中，兩岸同胞必定充分吸納當代各國文明中優秀元素與合理內核，以科學、民主、自由、平等、公平、正義等豐富兩岸共同價值的內涵，走出一條集成、創新之路，使之具備引領現代人類價值的優勢，而不僅僅是拾人牙慧、簡單複製外國的價值觀。

五是融合中西，匯通古今，催化兩岸共同價值。採取「洋為中用」、「古為今用」的策略，凝聚、合成兩岸共同價值。對於人類各個時期的價值元素，兩岸同胞應該以一種包容的準則，去粗取精，去蕪存菁，去偽存真，剔除糟粕，吸收精華，為我所用，豐富、完善兩岸共同價值。

（二）主要內涵

兩岸共同價值鏈具有多重排列與組合。

一是愛鄉土、愛家園、愛國家民族的情感，這是兩岸共同價值的第一鏈。臺灣同胞「原鄉」意識，事實上就是一種對故國母土的思戀，臺灣作家鐘理和曾以飽含深情的筆觸撰寫了「原鄉人的血只有回到原鄉才會停止沸騰」的詩句。華夏子孫都會慎終追遠，追思先輩，繞胸中的鄉愁、鄉戀、鄉情，可昇華為民族主義、愛國主義情愫，「在五千多年的發展中，中華民族形成了以愛國主義為核心的團結統一、愛好和平、勤勞勇敢、自強不息的偉大民族精神」。憂國憂民、「位卑未敢忘憂國」，就是追求國家統一、民族復興的意志與心願。

二是兩岸共同的人文關懷與命運共同體意識，這是兩岸共同價值的第二鏈。「觀乎人文，以化成天下」，除了鄉愁、原鄉、家園、家國的價值外，兩岸更應建構共同的人文關懷與兩岸共同命運的價值追求。臺灣學者蔡瑋呼籲，馬英九如今也應建構一個包含兩岸共同未來的新論述，建構一套兩岸命

運共同體的概念，可以包括——但不限於——文化的認同、血源的認同、民族的認同、價值的認同和生活方式的認同。[178]胡錦濤多次指出，兩岸同胞是命運共同體，中國是兩岸同胞的共同家園，這些應該是兩岸共同價值的基本內涵。兩岸同胞之間理應弘揚互信互愛、尊重強者、關懷弱勢、尊重人權、張揚人性、推廣博愛的思想，弘揚理性溫和、謙讓敦厚、悲天憫人、以人為本的人文主義思想，展現親民愛民、民袍物予的政治真諦。

三是追求兩岸和諧和平、和解共生、和衷共濟、共同發展、共同成就、共贏共享的價值，這是兩岸共同價值的第三鏈。德國哲學家康德說過：「追求永久和平，是理性的最高目標，也是一種道德義務。」實現兩岸和解、和諧、和平，是兩岸面對歷史糾葛、解構現實困境、追尋共同未來的基本法則，沒有和平和諧、和解共生的意志與願景，兩岸難以超越歷史的恩怨、擺脫矛盾糾纏、創造兩岸廣闊的前景。貴和尚中、和而不同[179]、和實生物、同則不繼等都是中華文化的重要價值之一，以和引領、統領兩岸。

四是追求現代民主、法治的價值，這是兩岸共同價值的第四鏈。對兩岸同胞來說，民主具有一定風險，也有許多缺失，不一定是最好的制度，但大陸學者俞可平認為「民主是個好東西」、「是共和國的生命」[180]，也可能是最終解決兩岸問題較具說服力、較低成本、較高效率的方式。大陸領導人曾多次強調政治體制改革與民主法治的重要性，胡錦濤說過，「沒有民主，就沒有現代化」。溫家寶總理在2011年6月27日英國皇家學會的演講中表示：「沒有民主就沒有社會主義」，「未來的中國，將是一個充分實現民主法治、公平正義的國家」。在兩岸關係和平發展的進程中，民主是繞不開、躲不過、必須走的兩岸政治文明之路，以民主的方式實現國家統一是最快速、最有效的途徑。在兩岸關係由和平發展邁向統一的進程中，兩岸同胞不但要追求民主的制度、民主的形式與過程，更要追求民主的本質內涵，真正體現民主的精神。不但貫徹少數服從多數的準則，更要體現少數獲得尊重的精神，保護少數正當、合理權益，使其感受尊嚴與安全。因此，民主是兩岸共同價值必然要面對的一個重要內容。沒有民主與法治，兩岸關係和平發展缺乏穩定、正常的機制；沒有民主與法治，兩岸和平發展就缺乏足夠的動力。

五是追求卓越、永續創新、自強不息的價值,這是兩岸共同價值的第五鏈。在全球化時代,兩岸除了攜手合作、相互取暖、共克時艱外,更要發揮智慧,培植創造性思維,超越前輩,超越歷史與現實,以更恢宏的氣魄向上躍升。臺灣著名經濟學家高希均對臺灣同胞的生命力、創造力作了精準的描述:「臺灣第一波的生命力,以克難、勤奮、節儉,創造了『經濟奇蹟』,那是成功的『第一條』成長曲線。」他提出構建「學習型臺灣」的「第二條」成長曲線,「以學習、願景、團隊、系統思考為核心,以高科技為主力,來展現臺灣第二波生命力」。[131]臺灣生命力、創造力應該是形塑兩岸共同價值過程中重要的價值標竿與重要內涵之一,唯有追求卓越、創新開拓的民族,才能在世界的舞臺上立穩腳跟,創造兩岸共同美好未來。

　　由上可知,兩岸共同價值是當代人類文明、價值的重要組成部分,也是中華文化價值鏈演繹到兩岸和平發展階段的重要成果,具有承上啟下、繼往開來、融合古今、匯通中外、涵化傳統與現代的價值綜合功能。兩岸共同價值既是對中華傳統文化、兩岸歷史積澱的傳承與萃取,也是對兩岸現實交流互動的概括與催生,更是對未來兩岸共同命運的前瞻與追求。

三、兩岸共同價值特徵與實踐路徑

(一)特徵

　　兩岸共同價值應該具有兩岸自身固有的特點,也應朝向更開放、更文明、更多元、更包容、更前瞻的方向演進。兩岸共同價值應該具有如下幾項特點:

　　一是應為具有兩岸特色的價值體系。兩岸共同價值主要由兩岸同胞共同創造,蘊含了兩岸同胞基本的邏輯思辨、認知情感、價值判斷、行為規範等,具有歷史生命力、時空穿透力與心智感染力,是兩岸同胞共同創造的人文精神建構,必然有別於其他價值體系,具有兩岸自身的特色,是兩岸各自價值元素的共同交集。兩岸共同價值來源於兩岸交流交往、合作雙贏的實踐

活動，取材於中華傳統文化、兩岸及港澳各自的文化價值體系，經歷交流、接觸、融合，最後合成再生的新的共同價值體系，無可避免地打上兩岸特色的烙印。

二是應為多元而非一元、開放而非封閉的價值體系。兩岸共同價值融合古今與中外，古典與現代、傳統與時尚，無分主流與非主流、支配與被支配，各種成分有機合成，和解共生，相互融合。兩岸共同價值體系是一個開放而非封閉的體系，決不排斥兩岸之外的其他價值體系的優秀養分，確保日新又新，不斷昇華。

三是應為動態而非靜止、流變而非凝固的價值體系。兩岸共同價值必然會處於不斷變動、豐富、融合之中，兩岸同胞必然會全力追求至真至善至美的新價值，其他價值元素也會不斷的滲入到兩岸共同價值體系中。求新求變、求真求善是兩岸共同價值不變的追求。

四是應為前瞻而非後視的價值體系。兩岸共同價值既是對中華傳統價值的取捨與繼承，又是對兩岸共同未來的追求與前瞻。中華傳統價值、兩岸各自價值的積澱是兩岸共同價值形塑的起點、基礎，但要創造嶄新的兩岸共同價值，除了繼承之外，更需要面向兩岸共同未來的前瞻性、預設性的創造。凡是符合兩岸共同利益、符合兩岸和平發展和符合兩岸統合的價值規範、價值導向、價值標竿，都應是兩岸共同價值形塑進程中遵循的方向。

五是應為富有生命力、創造力的價值體系。在兩岸和平發展新時代，兩岸同胞富有創意、激情，充滿想像力、創造力，具有引領世界潮流、佔領創新制高點的聰明才智。兩岸共同價值是兩岸同胞共同智慧的結晶，較其他價值體系更具有創造力、生命力，將為兩岸關係的和平發展、為人類文明作出更大的貢獻。

（二）實踐路徑

兩岸共同價值的形塑是一個漫長、動態、可變、可塑的過程，經歷價值

混亂、衝突緊張、排斥否定、價值解析、相互吸納、否定之否定、價值同化、價值合成等多個階段。[182]兩岸共同價值的形塑，有賴於兩岸同胞的心靈磁場共振與心靈感應共生。兩岸共同價值是在兩岸價值存量基礎上的增量擴張，必定朝著更文明、更開放、更多元、更包容、更親和、更具感染力的方向演進。

路徑之一，建立確保中華文化主體地位的保障機制。可將「王道」、和諧、中庸、權變等中華傳統價值導入至兩岸共同價值體系中，引導兩岸共同價值的方向，有機融合傳統與現代、東方與西方文明，形塑兩岸特色的共同價值。

路徑之二，建立價值解析機制，可選擇有利於兩岸關係和平發展、符合兩岸統合方向及符合兩岸文明、開放、多元的價值核心進行有機整合。

路徑之三，建立價值調和機制。儘可能消除兩岸不同價值之間的衝突、緊張及對立，使之和諧整合、多元並存，相互消融，感應共生。

路徑之四，透過價值擴張機制，促成兩岸共同價值經歷一個層次上由表及裡，範圍上由小到大，廣度上由點到線、由線到面、由面到多維立體，內涵上由淺及深、由簡單到複雜、由單一到多元的擴張過程，使之在現有「存量」基礎上不斷「增量」。

兩岸共同價值的形塑需要獲得多種多樣的路徑通道、平臺保障的支撐。借助於兩岸金流、物流、訊息流、人流、智流等的雙向多軌的循環流動，促成兩岸同胞生活方式、思維模式、行為準則的對接與整合，由此形塑共同價值。採取多軌並進、多元建構、多維觸發的模式，推動兩岸共同價值的融合與生成。兩岸共同價值的形塑應有一些制度性的安排，具體建議如下：

1.設立兩岸文化合作委員會。募集兩岸文化合作發展基金，規劃兩岸文化發展綱要，制定並推動落實相關政策、措施。

2.成立兩岸文字創新推廣委員會,兩岸共同編撰《中華大辭典》、《漢英大詞典》,形塑兩岸共同文字語境。

3.兩岸共同編撰歷史教科書,包括兩岸共同編撰中華文化史、教育史、農業史、科技史、宗教史、軍事史、音樂史等,建構兩岸共同歷史記憶。兩岸共同整理兩岸族譜、地方志、民俗民風等。

4.兩岸共同編撰大、中、小學語文和英文教材,逐漸在兩岸各級學校中推廣使用。

5.構造兩岸共同的文化創意產業,促成出版、媒體、網路、新媒體等產業合作。

結語

馬英九在2011年元旦講話中曾矢志臺灣要做「中華文化的領航者」,主張在「中華文化智慧的指引下,為中華民族走出一條康莊大道」。[183]當前,是兩岸關係六十年來最好的黃金發展時期,兩岸各界精英、兩岸同胞應積極扮演兩岸共同價值形塑者、整合者、踐行者的角色,建構兩岸新秩序,創建兩岸共同價值,促成兩岸朝向互信互尊、包容理性、多元共享、民主公正以及可持續發展的方向演進,迎接兩岸和平發展、文明發展的「典範時刻」的早日到來。

精英整合與認同的變遷

上海交通大學臺灣研究中心　吳清

後冷戰時代是第三波民主化的時代，也是民族國家崩解與重建的時代。在全球化日益深入的時代，對民族與國家的合法性的強調也正帶來日益增強的壓力。有關民族主義、族群動員為何會興起，族群與民族認同如何與為何被政治化的研究，是當代比較政治學中的一個日益增長的領域。

對於民族主義興起的原因，典型地存在原生主義與建構主義（或情境主義）兩種理論範式，前者強調血緣、文化的原生要素的解構與凝聚作用，後者強調現實的利益結構關係的驅動力。相比於原生學派，建構學派長期占據主流地位，但近期的研究展示了部分學者將兩者融合的努力。例如，Doug McAdam等認為，應該詢問「在何種程度上民族主義事件是結構因素、制度因素和文化常量所造成的結果，以及在何種程度上，他們又源於一連串的鬥爭……民族主義的結果是和動機、運動以及與民族主義毫無干係 的國家政策交織在一起的」。他著重強調民族主義動員是一種「鬥爭政治」，與其他社會運動一樣，均呈現為機遇-競爭-認同改變的連鎖關係。[184]

本文作者認為，民族主義本質是一種區隔行為，它相信存在某種不同的特點使特定的一群人區別於其他人。這種區隔在歷史上早已存在，所不同的是，只有到了近代歷史隨著現代化的進行，這種區隔變成一種關係到政治共同體的權力來源的問題。現代民族主義不僅僅是文化或其他原生標準的區隔，它更多地強調區隔的後果，即被區隔出來的這群人是一群「新」人，他們應該成為在該地域範圍內政治共同體的主權來源。[185]很明顯，這樣一種進行區隔的努力已經不再是純粹文化上的行為，而是關係到「誰有權去掌握何

種領土,又關係到誰有權代表民族說話」的問題[186]。也因此之故,民族認同的種種訴求,表面上是文化問題,實質上是政治領域中的權力鬥爭問題。新的族群認同標準成為國家(政治共同體)的通行標準的過程,就是精英間相互排斥、重新整合的過程。本文要考察的是,什麼樣的制度因素最有可能鼓勵、放大和強化這種鬥爭;臺灣認同是如何在民主化的進程中借助何種制度機制被創造出來的。

本文基本觀點,認為精英整合的失敗是族群-民族認同行為發生的最重要的推動因素,一個政權的結構方式,其對於政治精英的吸納方式(elite adoption)以及內部政治精英的流動方式(elite mobility),是決定精英整合能否成功的關鍵因素。基於這一認識,作者的基本假設是:政治精英對於認同區隔的強調程度,與其在權力結構中受到挑戰的程度或者被邊緣化的程度成正比[187]。當精英權力地位面臨真實的或潛在的挑戰,當這種挑戰可能造成其權力地位的真實損害或預期將受到損害時,政治精英將會訴諸認同區隔和動員,以保持並爭取其政治利益。

決定精英的政治利益的來源主要是制度,包括顯性與隱性的制度、規則。這些制度、規則決定了精英吸納和流動的標準,是精英獲取權力的基礎,也是他們喪失權力的原因,精英既受到制度、規則的約束,也借助派系與權力鬥爭挑戰並改變規則。對於精英權力地位的挑戰可能來自整個政治制度的制度特點(如國民黨時期的威權制度),也可能來自特定政黨內部權力協調機制的失效(如國民黨的三次大分裂、黨外運動及民進黨內部的路線與派系鬥爭),也可能來自政治共同體外部的壓力(如美國的曖昧支持和中國大陸對臺灣國際空間的壓縮,2004年由於選舉壓力及治理失敗造成權力地位的不穩固)。

國民黨精英整合及其演變

國民黨政權敗亡臺灣之後,進行了一系列的組織結構的改革。這些改革旨在削弱派系力量、強化黨的紀律與政治領袖控制,儘管在一定程度上解決

了權力運行不暢的弊端,但這些改革並未從根本上開放精英吸納與流動。

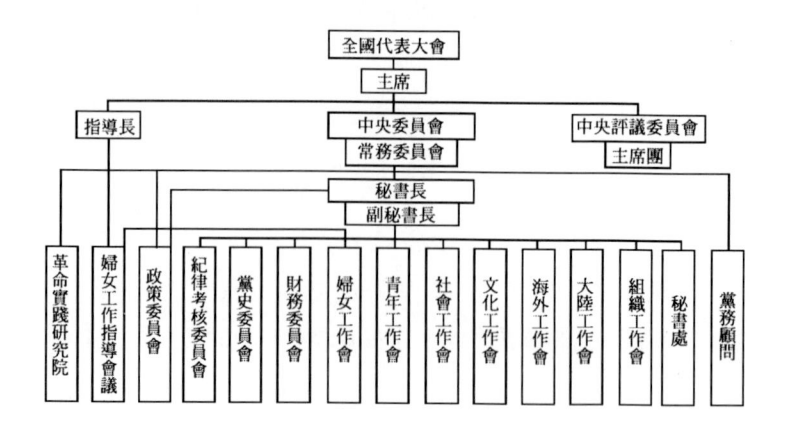

```
                        全國代表大會
                            主席
           ┌────────────────┼────────────────┐
         指導長          中央委員會         中央評議委員會
                        常務委員會            主席團
           │                │                │
           │            秘書長
           │            副秘書長
           │                │
   ┌───┬───┬───┬───┬───┬───┬───┬───┬───┬───┬───┬───┬───┐
   革 婦 政 紀 黨 財 婦 青 社 文 海 大 組 秘 黨
   命 女 策 律 史 務 女 年 會 化 外 陸 織 書 務
   實 工 委 考 委 委 工 工 工 工 工 工 工 處 顧
   踐 作 員 核 員 員 作 作 作 作 作 作 作    問
   研 指 會 委 會 會 會 會 會 會 會 會 會
   究 導    員
   院 會    會
      議
```

圖1 國民黨1950年改造後的組織系統

資料來源:柯瑩玲著《中國國民黨轉型之研究:2000-2004年》,東吳大學學位論文,2003年

圖一顯示國民黨的組織改造後的結構關係。這種表面上的組織結構關係,其最大的特點,在於在現實中權力的來源是封閉性的,既不對外開放,也不對內開放。政治領袖組織追隨者,追隨者依據地域、關係親疏、個人經歷共同、所屬部門等標準組成派系,領袖依靠派系掌握權力,派系借助領袖權力擷取或分享權力資源。政治領袖居於主宰地位,組織運作完全建立在派系基礎上。政治資源並不對外分享,整個政黨就如同一個最大的政治派系,政黨內部精英的吸納與流動,完全是派系力量權力競爭的產物,它造成政黨內部權力整合機制的封閉性和獨裁性。其結果之一,最高權力的獲得完全依賴於領袖對追隨者的掌控,而掌控的最重要方式就是權力資源的分贓,是對不同派系的整合與控制。政治領袖為了牢牢掌握權力,必須尋找最大認同,以便整合與吸納最多的派系力量,並防止派系相互聯盟另推共主。國民黨的制度設計完全出於主席掌控的便利。

國民黨主席長期以來一直以鼓掌透過方式產生,「十三全」時改為起立表決,「十四全」才改為黨代表直接秘密投票方式。黨主席職位的產生遵循

的這種「透明化規則」,便利主席最大程度防止自己派系成員的「背叛」,由此引發強人操控局面。一旦黨主席產生,不僅基層黨員代表根本無法主宰其去留,甚至不受高層精英的控制,直到「十三全」以前,中央委員、中常委的產生甚至全代會代表,都是自上而下安排的[188]。本應居於權力核心的中常委,理論上由中央委員互選,但實際上是由黨主席擬出名單交由中央委員會全體會議透過,中央委員會成員最早是由主席提名、黨代表無記名圈選,直至「十三全」之後改為主席提名與聯署提名各占一半,權力分配中主席的高度集權程度可見一斑。這種體制與西方民主國家政黨的組織方式的區別不是集權的程度,西方民主體制下黨主席也享有高度權力,但由於權力產生方式的開放性,黨主席無法一手掌控,權力精英的流動性及精英的吸納能力都遠比威權體制政黨大,權力產生的方式也即權力的來源,決定了權力如何運行。

這種體制產生的結果之二,導致個人組建派系,派系控制組織,正式的組織不過是權力分贓的名利場,組織名存實亡,圍繞強人構建組織,圍繞派系控制組織,民主集中原則實則是強人政治底下的權力分贓原則,「幾乎所有黨務部門及其官僚都直接或間接向上負責,從而實際上執行這位政治強人積聚和維護排他性最高權力的職能。對黨務部門及其官僚而言,較好地服務於領袖和上級就可以獲得信任與賞識,就可以分享、分割一部分權力歸本部門或私人所有」,這構成了「黨內非正式派系政治的溫床」。[189]這樣的政治,名為政黨政治,實為派系政治,派系的制度化凸現權力鬥爭的不規則性,政治精英權力地位的高度不穩固性,權利地位的獲取主要依靠派系勢力,權力鬥爭常態化。政治精英不得不經常性地關注各派系成員的結構地位的變化,對權力地位、權力鬥爭高度敏感、錙銖必較,一榮俱榮、一損俱損。派系鬥爭經常發動令對手猝不及防的攻擊,派系之間充斥無原則的欺騙與不信任,對權力地位的關注甚於對政黨的意識形態政綱的關注。[190]這種體製造成精英對權力地位的極大的不安全感,是國民黨始終不能理順精英吸納與流動機制的根源,也是造成精英失望與挫折的根源。這反應在臺灣精英的反覆認同訴求上。

臺灣民主化之前，國民黨政權較大的精英整合失敗體現在1947年「2·28」事件、60年代的彭明敏案及雷震案等，這些案件凸顯國民黨政權對於體制外精英整合的無能，其直接原因在於國民黨政權的獨裁性質，對於權力的壟斷。1947年「2·28」事件，表明了對社會精英整合的失敗。此事件的根源，在於趕來接收的國民黨官員將「接收」變成一場「劫收」，大肆侵占日本人離開後的遺留的臺灣的政治經濟資源，致使臺灣精英被大量邊緣化，從而引發暴動。國民黨政權這一次早期整合失敗的後果，使得臺灣一部分本土精英或者遭到鎮壓，或者流亡海外，直接訴諸認同區隔。早期臺灣本土精英的國家認同意識表現出鮮明的目的論特點（原生論色彩），如廖文毅「臺灣民族混血論」，認為臺灣人先天繼承福建、廣東、東南亞、日本血統，是一個全新民族，史明的「臺灣民族論」，區分「臺灣民族」與「中國民族」；1964年彭明敏「臺灣人自決」、「臺灣非華族」、「臺灣人民自救宣言」。這些本土精英在「2·28」事件之前都沒有「國家認同」的問題，但在「2·28」事件後都開始訴諸認同區隔，暴動是精英權力地位的邊緣化的反彈，鎮壓代表的是精英整合的失敗，這些是本土精英形成獨立意識的根本原因。

「2·28」事件之後開放部分選舉，70年代後，面對國際外交挑戰，蔣經國有意進一步強化臺灣化進程，注重吸納本土精英，加之社會經濟的發展，使得本土精英的權力焦慮得到一定程度緩解，很大程度上是流亡海外的「臺獨」精英的區隔訴求未能在臺灣得到大量響應的原因。但精英的吸納過程並非開放透明，精英的流動仍然受到政治強人個人及既得利益集團的嚴重限制，國民黨壟斷權力資源的本質並無改變。

造成李登輝個人訴諸認同動員的根源，正是這種封閉性的精英吸納與流動體制。蔣經國去世後，李登輝的權力地位遭遇來自郝柏村、李煥等代表大陸籍既得利益集團的挑戰。派系政治主宰的制度格局，造成精英流動的非制度化，李的權力焦慮迫使其利用黨主席的規則制定權力，在國民黨「十四全」大會上，利用其主席職權，強行修改規則，改變黨代表產生的辦法與比例結構，將500多名黨籍「民代」納為「十四全」大會當然代表，從而得以

控制中央委員會與中常會選舉,封殺非主流派,鞏固其權力地位。[191]

在隨後的威權體制改造過程中,國民黨並未解決其精英吸納與流動機制內在問題,黨主席、「總統」的權力被不斷被強化,其外部監督制衡機制始終未能建立。1997年國民黨召開民主改革的「十五全」會,儘管對制度硬體設備進行改造,但長期形成的威權傳統並未改變,形成「形式民主,權力獨尊」,「李登輝當政後繼續一言堂,任何事都必須他點頭才行」[192],提名不公、馬屁精出頭的現象無法改變,[193]其實質是精英的整合流通機制仍未能暢通。權力鬥爭的需要迫使政治精英不斷訴諸族群動員以鞏固派系資源及自身的權力地位。李不斷強化其認同區隔,原因在於其權力地位的挑戰並未隨著非主流派的出走而消散,國民黨的第二次分裂,同樣來自權力鬥爭的需要。李推動「修憲」、「凍省」的一系列行為,反映的仍是李的權力焦慮,這一次鬥爭導致2000年宋楚瑜出走,組建親民黨,同年,因大選失敗,國民黨內終於爆發倒李運動,李登輝出走,組建臺聯黨。

從上述三次黨內鬥爭可以看出,精英吸納與流動機制始終無法理順,致使權力鬥爭綿延不斷,政治精英的權力焦慮始終未能根本上消除,每一次鬥爭都圍繞省籍、派系組合,每一次鬥爭都迫使鬥爭雙方不斷強化而非弱化其認同區隔,鞏固其派系地位暨權力地位。省籍爭鬥、派系爭鬥、國家認同鬥爭,實質是一脈相承,是認同動員綿延不斷的根源,其背後掩蓋的是精英吸納與流動機制上封閉性與壟斷性。

反對運動的精英整合

政治精英對於認同區隔的強調程度,與其被邊緣化的程度或對此預期成正比,而政黨內部制度結構決定精英整合的能力,這一點不僅適用於政權內部的精英,同樣適用於政權外部反對運動的精英認同動員分析。

同國民黨一樣,民進黨實際上也是派系政治為其特色,其創黨之初就是一個黨外力量的大聯合,黨內派系五花八門,基本上是個「政黨聯合體」,

「一個尚未制度化的政黨」。「內部政治活動基本上仍以派係為單位」[194]，政治精英的地位取決於其代表的派系力量的大小，派系政治具有相對封閉性的特點，精英的流動與整合很大程度上取決於派系領導人的好惡、利害關係遠近等，其對外的開放性與整合能力雖然強於強人體制下的國民黨，但仍然弱於制度化的民主體制。民進黨的發展過程及其在認同問題上的演變，也反映這一特點。

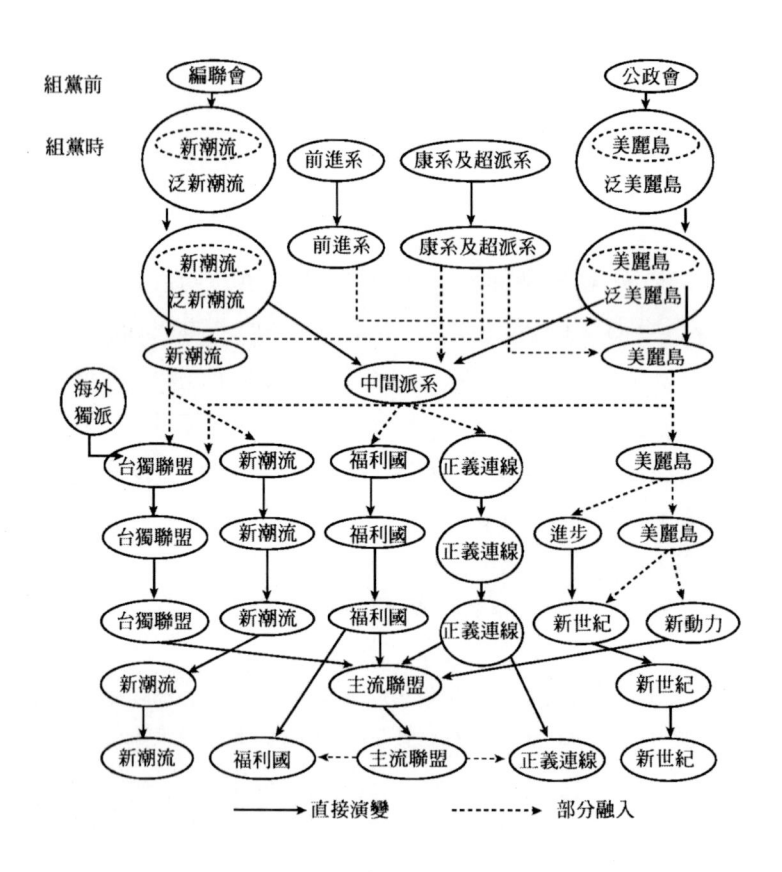

圖2　民進黨派系結構的構成及演變

資料來源：《民進黨派系政治之研究》，臺灣中山大學中山研究所學位論文，2003年，第72頁

　　由於原生素材的缺乏以及臺灣政治經濟的發展及蔣經國主動展開的「臺灣化」運動，早期「臺獨」意識並沒有激起本土精英的普遍響應。70年代臺灣長老會一度公開宣稱「臺灣主權屬於臺灣居民」，使臺灣成為一個「新而獨立的主權國家」，但沒有激起「黨外」的一致反應。初期「民進黨內除了反對國民黨這一點有共識外，其他沒有任何共識」[195]。因此，反對精英同樣經歷了一個認同改變與區隔的過程，經歷了一個從無到有、從弱到強又重新轉弱的過程，決定這一過程的根源，直接來自精英權力焦慮的程度，其深層次的根源在於反對運動內部的精英吸納與流動機制的變化。權力的焦慮感越弱，對於認同動員策略的認可程度越低。

　　1980年代初民進黨內爆發「批康運動」，實質是爭奪對黨外運動的領導權，以謝長廷為代表的派系集團，將「自決」定義為「獨立」，認為「30年來黨外所努力的是民主運動不是民族運動」，意在引進認同區隔與街頭動員，其實質是打破康寧祥代表的早期反對運動的主導權，獲取對反對運動的領導權。90年代民進黨一度強化「獨立」訴求，1993年「3‧14」高雄事件，破壞新黨連線南下發展計劃；1994年「9‧25」事件中高呼「中國豬滾回去」，顯示民進黨一度有轉向「目的論臺獨」的趨勢。其背後的制度根源，在於臺灣的民主化制度改革使得體制外精英競逐權力資源成為可能，而李登輝大刀闊斧的本土化運動，卻造成民進黨精英的權力焦慮，遂試圖以認同動員截取權力資源。然而，90年代初一系列選舉中的失敗，有效遏制「臺獨」訴求，「目的論臺獨」訴求不得不屈服於「工具論」的訴求。1995年民進黨主席施明德提出「新臺獨論」，認為臺灣只要維持現狀，沒有必要宣布「臺獨」，實際上否定了「獨立建國論」，標誌著「臺獨」正式從目的論過渡到工具性層次。由此引發「獨立派」分裂出走，成立「建國黨」。分離出走的正是民進黨內部的邊緣派。1995年2月民進黨在其八屆二次黨代會上宣布「臺灣前途決議文」：「任何有關獨立現狀的更動，必須經由臺灣全體住民以公投方式決定」，實際上將「獨立建國」的責任推卸給選民決定。

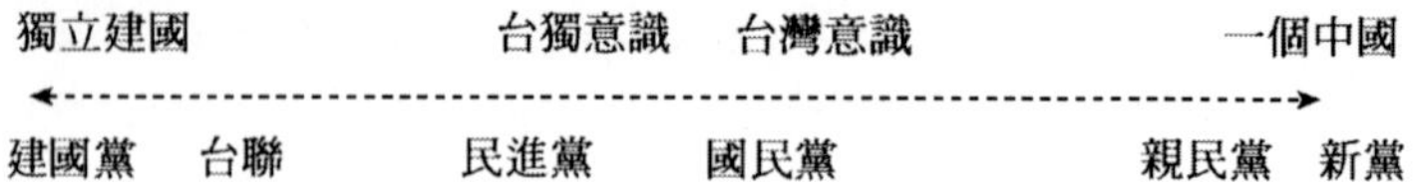

```
獨立建國              台獨意識  台灣意識              一個中國
◄─────────────────────────────────────────────────►
建國黨   台聯        民進黨    國民黨         親民黨   新黨
```

圖3　政黨認同光譜

　　比較反對精英的政黨綱領可見一斑（見圖3）。如臺聯黨黨綱規定「臺灣2千3百萬人民同舟一命、榮辱與共，為族群共生共榮之命運共同體……必須以認同臺灣價值、確保國家主權、維護臺海安全、追求國家利益與促進永續發展為最大共識與使命」。此一區隔程度建立「命運共同體」訴求，相比「建國黨」模糊。1996年10月從民進黨中分裂的「建國黨」認為「中華民國已經不存在」，立即建立「臺灣共和國」，致力於「獨立建國事業」，「本黨以建立新而獨立的臺灣共和國，維護臺灣國民及其世代子孫追求民主自由安全公平幸福的權利為最高宗旨」，成員多為「臺灣獨立」運動激進派成員，早年流亡海外，回國後無法在民進黨內占據權力核心，試圖以反對民進黨中央的「大膽西進」、「大聯合、大和解」主張，奪取民進黨的領導權。

　　民進黨不存在原生的民族認同情節，「臺灣獨立意識」更多的是工具性的而非目的性的，是對抗權力地位邊緣化、爭取權力地位的一種手段和籌碼。民進黨創黨初期沒有明確的臺灣意識，臺灣意識的動員在早期是反對運動內部爭奪權力運動領導權的需要，在民主化之後是選戰動員的策略需要，無論在早期還是後期，認同策略的採用都隨著其對權力的渴望程度與可能程度而變化。在權力結構中越是邊緣化的派系精英，越有可能訴諸認同區隔。

結論

　　本文基本觀點，認為精英整合的失敗是族群-民族認同行為發生的最重要的推動因素，一個政權（包括政黨、反對運動及任何可能產生權力的組織）的結構方式，其對於政治精英的吸納方式（elite adoption）以及內部政治精英的流動方式（elite mobility），是決定精英整合能否成功的關鍵因素。作者認為：政治精英對於認同區隔的強調程度，與其在權力結構中受到挑戰的程度

或者被邊緣化的程度成正比。當精英權力地位面臨真實的或潛在的挑戰，當這種挑戰可能造成其權力地位的真實損害或預期將受到損害時，政治精英將會訴諸認同區隔和動員，以保持並爭取其政治利益。

儘管族群與國家的認同涉及強烈的文化與情感因素，但其實質是利益與權力的競逐。民主代表人民主權，但「誰是人民」的定義權卻是與權力鬥爭緊密相連的，制度對於精英的吸納與整合能力，決定了精英的權力焦慮程度，也決定了他們訴諸認同區隔的動機的強度，在權力結構中越是邊緣的政治精英，其權力焦慮越是強，其訴諸認同區隔以截取、鞏固權力資源的動機越強。從國民黨到民進黨認同動員的過程可以清楚看出，當一個政黨能夠解決內部及內部與外部相互間精英的制度化流動，派系的權力鬥爭能夠得到最大的抑制，反之，族群與國家認同的動員就難以避免。政權組織機制缺乏民主的、開放性特徵是認同動員的主要來源。

從兩岸大交流看兩岸民眾共同認同的建構

廈門大學臺灣研究院　李鵬

2008年5月以來，兩岸已經進入了一個大交流、大合作、大發展的新時期。胡錦濤在紀念《告臺灣同胞書》發表30週年座談會上的講話中指出，兩岸應「透過交流合作增進感情融合、增加共同利益」，「兩岸各界及其代表性人士要擴大交流，加強善意溝通，增進相互瞭解」，「兩岸同胞是血脈相連的命運共同體。包括大陸和臺灣在內的中國是兩岸同胞的共同家園，兩岸同胞有責任把她維護好、建設好」。[196]兩岸大交流是兩岸「命運共同體」與「共同家園」的一個重要組成部分，從某種程度上說是最為基礎的部分之一。只有兩岸透過交流在經濟、教育、社會、文化等各方面朝向制度化和一體化方向發展，才有可能為兩岸全方位的融合打下堅實的基礎。而臺灣民眾是否意識到兩岸是「命運共同體」，是否接受中國是兩岸同胞的是「共同家園」，在很大程度上與臺灣民眾對中華民族、中華文化和一個中國的認同有關。而筆者之所以提「兩岸民眾共同認同」，而非只是提「臺灣民眾認同」，主要是認為，不僅臺灣民眾需要加強對中華民族、中華文化和「一個中國」的認同，大陸很多民眾也需要強化對兩岸關係和平發展進程中的中華民族、中華文化的認同及對臺灣社會的理解和尊重。

一、交流與認同的關係

要想研究兩岸大交流與認同的關係，首先必須釐清「認同」的概念。「認同」在現代漢語中有兩種涵義：一是認為跟自己有一致、共同之處而具有親近感或可歸屬的願望；二是贊同、承認、認可之意。臺灣的楊蓮福總結出，在歐美社會科學傳統中，「認同」是指將自己視為某一「群體」

（group）的一分子，這些有關認同的社會現象，都是以某一具有某類特徵或特性的群體為對象，將自己視為該群體的一分子，並且認為自己和所屬的群體有共同的特性和利益，甚至共同的「命運」。[197]臺灣學者江宜樺認為，「認同」應該包含三種含義，第一種是「同一、等同」，第二種是「確認、歸屬」，第三種是「贊同、同意」。[198]因此，認同既包括對自身身分的定位，也包括對周圍群體身分的認知，是在兩種身分一致基礎上的一種歸屬感。認同現像在社會生活中很常見，比如社會認同、文化認同、族群認同、民族認同、國家認同、政治認同等。在一般情況下，人民是認同最重要的主體，國家、政府或政黨、團體有時候也是認同的主體。

人們的認同的一旦形成，在一定時期內會保持穩定性，但也並非成不變，而是會根據內外環境的改變而不斷髮生變化。臺灣學者葛永光認為，認同的形成就是經過不斷的自我省思「我是誰？」以及「他是誰？」，引申到團體就成了「我們是誰？」及「他們是誰？」的問題。[199]很多因素會對認同的變化產生影響，經濟、教育、社會、文化、政策、輿論等都會影響到人們認同觀念的形成和改變。一旦人們認知到自己身分發生改變，認知到自己所處的環境已經發生改變，就會尋找與新的身分和新的環境相匹配的歸屬，新的認同就會逐漸形成。當然，這種新認同的建立並非是對過去觀念的徹底摒棄，有些觀念的改變並不是一朝一夕的事情，而是一種固有觀念逐漸減弱，新的觀念逐漸形成的過程。

既然很多因素都會影響到人們認同的改變，經濟、社會、教育、文化交流都會對認同產生影響。建構主義的代表性人物、美國著名學者亞歷山大·溫特就指出，「相互依存、共同命運、同質性」是集體身分形成的主動或有效原因，自我約束是主動或許可原因。在一個情境中四個變量可能都會存在，其存在程度越高，集體身分形成的可能性就越大。他認為，透過交流形成相互依賴可以使各方在互動的社會學習過程中更加強烈地感受到彼此相互依賴的關係，強化彼此間的聯繫感和認同感，從而影響集體認同的形成，而共同命運和同質化「可以透過減少衝突和增加自我與他人彼此視為同一群體成員的能力來得到促進」，而自我克制的途徑，將使「集體認同更容易實

現」。因此，建構主義認為，客觀相互依存是形成集體認同的基礎，而只有主觀上的相互依存才能建構集體認同，問題是把客觀相互依賴轉化為主觀相互依存，把給定的效用結果轉化為有效的效用結果。[200]

依據建構主義的理論，相互依賴是形成集體身分的一個必要條件，經濟和社會上的往來與交流，相互依賴態勢的形成，可以促使相互依賴的各方原來的身分都在減弱，各方都在學習用他者的眼光來看待自己，可能會導致自我身分的再定義和集體認同的出現。而「集體認同的建構能夠在各成員之間產生認同感，使個體的自我利益與共同體其他成員的利益認同為一，從而相互包容」[201]，又有助於相互依賴的加深。但與此同時，溫特也認為相互依賴不能構成集體身分認同的充分條件，他認為相互依賴是一個客觀條件，集體身分是一個主觀條件，不能保證相互依賴必然導致集體身分認同。因為隨著相互依賴程度的提高，行為體之間的關係可能更為脆弱，因此也就更有客觀的理由感到自身的不安全。只有在克服了這種心理之後，相互依賴才可能將集體認同導向積極的方向發展。[202]

建構主義關於交流與認同的理論對兩岸關係也有一定的解釋力。臺灣學者陳陸輝和耿曙研究後發現，受政治認同影響所及，對部分臺灣民眾而言，兩岸經貿實質上是「與對手貿易」，無怪乎環繞兩岸經貿的辯論，為何經常牽扯「國家認同」議題。這也可幫助說明，兩岸間密切的經貿互賴，為何始終未能外溢為政治整合。[203]在兩岸關係中，我們討論得比較多的是大陸民眾和臺灣民眾對中國的國家認同、對中華民族的民族認同和對中華文化的文化認同等。國家認同、民族認同、文化認同這幾個概念之間既有聯繫，又有區別。國家認同中包含著民族認同、制度認同或文化認同的因素，民族認同中也包含著國家認同和文化認同的因素，文化認同中也包含著民族認同的因素，它們之間有時候難以截然分開。由於歷史的原因，兩岸分隔數十載，民眾在民族、國家和文化的認同上產生了某種程度的差異，導致兩岸民眾在交流交往的過程中存在著一些誤解，不利於兩岸關係的和平發展。兩岸大交流在多大程度上能夠促使臺灣民眾的「國家認同」、民族認同和文化認同朝著有利於兩岸關係和平發展的方向變化，能夠促使大陸對臺灣民眾的觀念有更

多的瞭解、尊重和包容,能在多大程度上有利於兩岸「命運共同體」和「共同家園」的建構,以下將進行深入討論。

二、經濟交流與臺灣民眾的「國家認同」

在國家認同、民族認同、文化認同等諸多概念中,臺灣民眾的「國家認同」是近年來被討論得最多的概念之一。但對於什麼是「國家認同」,不同的學者有不同的看法。因為對於不同的民眾而言,「國家認同」可能有「族群國家」、「文化國家」、「政治國家」的不同認知。[204]因此,我們在討論臺灣民眾的國家認同時,首先要分清他們所指涉的是那種意義上的「國家」,比如對「中國」一詞,有的臺灣民眾理解為政治意義上的「中華人民共和國」和中華民國,有的民眾理解的是民族和文化意義上的中國,不同的理解往往潛藏著不同的政治立場和認同觀念。臺灣學者江宜樺將臺灣民眾的「國家認同」分為「族群認同」、「文化認同」和「制度認同」三個主要層面來討論。[205]劉文斌則引用自由制度主義的觀點,認為「文化認同和族群認同不足以提供國家強有力的凝聚力」,而「制度認同」是「國家認同中最重要的因素」;而「在臺灣最足以呈現對制度認同的基礎,就是對現行『中華民國憲法』的認同問題」。[206]筆者認為,臺灣民眾的「國家認同」中,民族認同、文化認同、制度認同是對兩岸關係影響最大的因素,也是本節所要討論經濟互賴對「國家認同」影響的重點所在。

首先必須明確的是,臺灣民眾的「國家認同」觀念在過去幾十年時間裡並不是一成不變的,而是在不斷發展變化的,這也是我們討論經濟互賴有無可能影響臺灣民眾「國家認同」變化的重要前提。臺灣學者施正鋒認為,從近年臺灣對於「國家認同」的辯論來看,正顯示臺灣人的「國家認同」並不穩固,甚至可以說臺灣並沒有一個各方接受的「國家認同」。[207]實際上,隨著臺灣臺灣「政治民主化」和政黨政治的發展,一些政治勢力為了達到一己一黨之私,不斷挑動省籍族群因素,刺激臺灣民眾敏感的「統獨」神經,混淆「臺獨」意識與臺灣意識的概念,推動各種「去中國化」、「公投制憲」的「臺獨」分裂活動,使得臺灣民眾的「國家認同」出現了混亂和扭曲。劉

文斌觀察到，相對於逐漸統合的兩岸經濟範疇，「國家認同」的轉變因素就自然成為臺灣當政者左右兩岸政策制定的重要參考依據，這種情況的發展，就是經濟因素逐漸統合，但「國家認同」的政治因素卻造成兩岸關係的緊張。[208]

臺灣學者在分析「國家認同」時，往往會刻意忽視其中所包含的「民族認同」的內涵。所謂「民族認同」，簡單地講，就是臺灣民眾是否認同兩岸同屬中華民族，兩岸同文同種，自己是炎黃子孫。民族認同雖然不能完全等同於國家認同，但卻是可能對國家認同產生重要影響的因素。張亞中教授認為，臺灣人民有著兩種不同的複雜認同感，一方面覺得兩岸應該有著共同的民族認同，但另一方面又覺得彼此在40年並沒有相同的歷史回憶與經驗。因此，民族認同成為最具可變性的一項認同。[209]但事實上，2009年7月，臺灣《遠見》雜誌民調顯示，80.2%民眾自認是中華民族的一份子：泛藍立場民眾有94.5%、中立民眾有77.7%，皆與一年前的調查結果相近，而泛綠立場民眾自認是中華民族一份子的比率，則從一年前的51.5%增加至本次調查的66.3%，認為不是的比率則從30.3%下降至20.9%。再則本次調查中，20至44歲民眾自認是中華民族一份子的比率也相對較高，皆在八成六至九成二之間。[210]

上述民調結果和筆者多年與臺灣民眾接觸的經驗都表明，絕大多數臺灣民眾在中華民族的認同上，立場並沒有太多動搖，即使在民進黨執政八年，不斷宣揚臺灣主體意識，炮製「臺灣民族」概念的情況下，依然有八成左右的臺灣民眾認為自己是中華民族的一分子。當然不能因此得出結論認為這一結果是兩岸經濟互賴所致，但至少可以肯定的是，兩岸過去20多年的經貿交流和人員往來在很大程度上有助於繼續維繫臺灣民眾對中華民族的認同感，而且隨著大陸經濟的發展和中華民族在世界上地位的提升，臺灣民眾的民族自豪感和認同感還可能會進一步提升。不少人都提出兩岸應「攜手賺世界的錢」，各種「中華經濟區」、「華人共同市場」、「大中華共同市場」、「亞洲華人共同市場」、「經濟大中國」的構想也不斷提出，都反映出經濟交流和民間往來對民族認同的確有維繫和促進效應。

文化認同與民族認同、國家認同也有著密切的聯繫。根據建構主義的「文化—規範—認同」範式可以得知，文化因素對一個國家、地區或民族內部成員的行為可以產生規範效應，而普通和被廣泛接受的社會規範又有助於建構對國家或民族的認同。美國學者安東尼·史密斯認為，文化認同是國家認同的起始和結果，更是民族主義的核心。[211]中華文化是兩岸同胞共同的寶貴財富，是維繫兩岸同胞民族感情的重要紐帶。中華文化在臺灣根深葉茂，臺灣文化豐富了中華文化內涵。有大陸學者就認為，臺灣同胞對中華文化的認同，實質上能夠反映出對「海峽兩岸同屬中華民族」的政治認同。[212]事實上，臺灣絕大多數民眾並不否認兩岸文化的血脈聯繫，也承認中華文化是臺灣文化的核心要素。但是，由於李登輝和陳水扁當局十幾年來在文化領域的分裂活動，也有部分臺灣民眾對臺灣文化與中華文化的關係產生了模糊認識，出現了某些諸如「臺灣文化與中國文化已經呈現完全不同面貌」，「中華文化是臺灣文化的一部分」等不正確的看法。

　　臺灣民眾的文化認同依然是影響兩岸關係和平發展的重要方面。前中國國民黨主席吳伯雄表示，兩岸關係除了經濟聯繫之外，血緣和文化更是推動兩岸關係和平發展的強大動力。[213]其實，經濟與文化也並不是完全分離的，兩岸經濟交流之所以能如此密切，經濟互賴程度能夠不斷加深，與兩岸同胞同屬中華民族，有著共同的文化背景不無關係。很多臺商之所以優先選擇到大陸投資，之所以在大陸投資比在世界上其他地區投資更容易取得成功，除了大陸的政策優惠和臺商們自身的努力之外，一個很重要的原因就是他們是在一個相對熟悉的文化氛圍、共同的語言環境和相似的生活方式下經商，容易產生某種歸屬感和認同感。臺灣大學經濟學教授陳添枝在分析為什麼臺商投資向大陸傾斜時，認為第一原因就是語言和文化上的接近，因為文獻顯示「心理距離」是對外投資地點的重要決定因素，廠商在投資時除了考量各種投資的環境條件外，對「地主國」的親和感影響投資也極為重大。[214]另一位臺灣學者蔡學儀也表示，兩岸皆源於中華文化，擁有共同的歷史及傳統，甚至語言和生活習慣都非常類似，這對兩岸的經濟整合形成相當有利的基礎。[215]兩岸經濟交流和互賴深化的過程其實也是一種文化交流整合的過程，

兩岸經濟活動所帶動的不僅僅是資金流、貨物流，還帶動了人員的頻繁往來和觀念的碰撞，有助於臺灣民眾對大陸的瞭解和對中華文化的進一步認同。

在影響臺灣民眾「國家認同」的諸多因素中，與大陸在制度認同上的差異恐怕是最主要的癥結所在。兩岸經過幾十年的分離，分別發展出了不同的政治、經濟和社會制度，這種制度上的差異的客觀存在，加上幾十年來臺灣當局和某些政治勢力的刻意扭曲和操弄，很容易讓臺灣民眾由於對大陸制度的不瞭解而產生某種恐懼和敵視，進而影響到他們的「國家認同」觀念。很多臺灣民眾對中華人民共和國的「制度認同」與對中國的「國家或民族認同」混為一談，認為中華人民共和國就等同於中國，認同中國就等於認同中華人民共和國，因此產生對「中國認同」的牴觸和抗拒，不接受一個中國原則，甚至不承認自己是中國人。其實，他們混淆了對中國的國家認同和對中華人民共和國的制度認同的概念。而產生這種現象一個重要原因是「從1994年起，臺灣已將『制度認同』作為一種防禦性手段，而認為這是兩岸根本的差異與無法建立集體認同的關鍵所在」，具體表現在「臺灣以『民主化』作為區隔與中共的不同，更以『民主認同』作為兩岸邁向統一的必要條件」。[216]在兩岸經濟交流合作中，臺灣當局也經常以大陸的政治與經濟制度「不民主、不開放」為藉口，對臺商和臺灣民眾進行恐嚇，提醒他們防範所謂「政局變動」或「政策多變」所帶來的各種風險。

兩岸大交流對臺灣民眾「制度認同」的影響是潛移默化的。兩岸經過幾十年的對抗和敵對，要讓臺灣民眾認同大陸的政治和社會制度在短期內還比較困難。但從兩岸經濟交流的歷史中我們可以看出，幾十萬的臺商在大陸正常經營，上百萬的臺灣同胞選擇在大陸長住生活，本身已經證明制度差異本不應該成為兩岸走到一起的障礙。臺灣學者林信華認為，在目前的兩岸關係中，雖然擁有近100萬的臺商在大陸，但兩岸之間並不存在任何的共同制度，這在人類社會中的確是一種非常特殊的互動狀態。[217]祖國大陸正是出於對兩岸制度差異的認知，以及對臺灣保持原有制度的尊重，鄧小平同志在上個世紀80年代就提出「和平統一、一國兩制」的基本方針，希望能夠為解決因制度不同而導致的兩岸之間的誤解和爭議。但由於臺灣民眾對大陸制度的

不信任,加上臺灣當局和輿論的抹黑和扭曲,使得臺灣很多民眾在根本不瞭解到底什麼是「一國兩制」的情況下,就盲目表達不認同和反對的意見。

在兩岸大交流、大合作、大發展的背景下,民間往來的密切聯繫可以為兩岸民眾提供更多交流接觸的機會,從而使臺灣民眾有更多的信心和對大陸更多的瞭解,增強他們對大陸政治社會制度的理解和尊重,這在某種程度上是認同的一種初級階段。卡爾‧多伊奇認為,非正式的訊息、商品和人的交流,可以導致認知上的改變,來提高國家或地區間的互信,產生共同體的意識。[218]當臺灣越來越多的民眾瞭解到大陸的政治和社會制度並不是他們在臺灣輿論報導和書本上所描述的那樣,當他們透過交流親身感受到大陸必須實行與國情相適應的制度,他們就不僅不會感到恐懼,還有可能更加深入地思考大陸制度的某種合理成分,從而促進兩岸在制度認同上差異的縮小。雖然要臺灣民眾在短期內認同「中華人民共和國」還有一定的難度,但如果他們越來越認同「一個中國」,能夠接受「九二共識」,對兩岸關係的和平發展就會造成正面積極的作用。

三、經濟交流與兩岸共同認同的建構

兩岸「命運共同體」和「共同家園」的建構並不是臺灣民眾單方面的事情,而是要兩岸同胞共同努力才能夠實現。張亞中教授表示,兩岸「如果認同都無法建立,共同的願景自然也就難以實現」,如何在現實與彼此有利的基礎上重構兩岸的認同,已是應該認真思考的問題。[219]在上文所引用臺灣《遠見》雜誌2009年7月所做的民調中,當追問受訪者,兩岸民眾是否都屬於中華民族的一部分時,表示認同的有57.6%,不認同的有30.8%,此時「我群」、「他群」的對立意識浮現,尤其泛綠立場民眾有63.3%表示不認同、30.3%認同,與大多數臺灣民眾的看法相反。[220]這種既認同自己屬於中華民族一份子,但不認同兩岸民眾同屬中華民族的弔詭現象,說明了兩岸民眾的共同認同尚需要進一步建構。

張亞中教授將兩岸之間的認同分為「垂直型重疊認同」和「水平型重疊

認同」兩種，水平型重疊認同是指兩岸對彼此相互並存的認同，垂直型重疊認同是指一個國家或民族主體對其歷史的縱貫認同，或分離的一方對原有母體的認同。[221]兩岸之間共同認同的建構既需要在垂直層面進行，也需要在水平層面進行。從功能主義的角度看，兩岸大交流可以為水平型和垂直型重疊認同創造條件。兩岸大交流可以為兩岸提供某種功能性合作的契機，而這種功能性合作又可能導致兩岸在各個領域都產生合作的需求，當這些領域的功能性合作形成一種難以分割的互賴網絡，就可能逐漸擴張或外溢到政治部門，使得兩岸的民族和文化認同更加強化，從而有利於垂直型重疊認同的實現；同樣功能性合作也會使得兩岸不得不發展出共同的組織和制度，當這些組織和制度，讓兩岸民眾感受到可以從中得到更多的利益和福祉時，他們也會增強對這些組織和制度的認同，從而有利於水平型重疊認同的實現。

當然，經由兩岸大交流而來的功能性合作使得兩岸民眾的認同趨向一致，並不是一件簡單的事情。張亞中曾經觀察到，兩岸之間的善意並沒有因為兩岸的互動頻繁而增加，反而是在互動過程中發現了對方的歧異遠大於彼此的共同點，雙方的爭執也因為互動增加而增加，彼此間的敵意也沒有經由互動而消解。[222]筆者倒認為，張教授的觀察可能並不全面，沒有從整體、長遠和辯證的角度來看待兩岸之間的交流互動。合作從來都不是一件容易的事情，尤其是對兩岸這種隔絕和敵對多年的雙方來說，合作要有更多的誠意、善意與耐心。經過多年的隔絕之後，兩岸同胞在交流的過程中，發現彼此的不同，是一件很正常的事情；由於雙方各自都有自己的堅持，彼此產生分歧和爭執也並不奇怪，關鍵是在爭執之後能否理性思考、相互理解、相互瞭解、化解分歧。事實上，如果我們放眼1987年以來的兩岸關係發展史，一個明顯的現象就是兩岸民眾的交往越來越便捷、越來越自然了，兩岸在經濟上的相互依賴越來越深，兩岸在社會文化領域的分歧越來越少了，兩岸多數民眾的相互瞭解和理解越來越深了。雖然兩岸在政治上還存在一些結構性難題，但政治關係畢竟只是兩岸關係的一個方面，我們不能刻意放大政治上的分歧，而忽略兩岸交流互動所帶來的經濟和社會效應。

兩岸共同認同的建構還需要大陸有更大的胸懷來包容臺灣民眾的一些複

雜的政治情感和現實的利益需求。兩岸經濟的相互依賴使得大陸和臺灣都從中受益，當然這種受益是不平衡的，會有誰受益比較多、誰受益比較少的問題。筆者認為，如果兩岸都糾纏在誰為誰作的貢獻大，誰為誰作出的犧牲大，誰從兩岸經濟互賴中得到的好處多，不利於兩岸共同認同的建構。在兩岸經貿關係發展中，臺灣對大陸一直保持著高額的順差，大陸也不斷單方面出臺各種惠臺政策，支持臺灣經濟的穩定和繁榮，這是大陸同胞的應有之義。溫家寶總理2008年3月在記者招待會上表示，為了臺灣同胞的利益，我們甚至願意作出必要的犧牲，比如說大陸與臺灣的貿易，臺灣保持著多年的巨額順差。2007年雙邊貿易額超過1200億美元，臺灣的順差超過700億美元。臺灣至今還限制我們的產品進入臺灣多達2000多種，即使這樣，我們對臺灣還是放開市場，包括農產品市場。在臺灣同胞最困難的時候，我們主動來幫助同胞銷售水果等農副產品。[223]胡錦濤2010年春節在漳州看望臺商時也表示，凡是對廣大臺灣同胞有利的事情，我們都會盡最大努力去辦，並且說到做到。現在兩岸正在商談經濟合作框架協議，這是一件促進兩岸經濟合作、實現互利雙贏的好事。在商談過程中，我們會充分考慮臺灣同胞特別是臺灣農民兄弟的利益，把這件好事辦好。[224]這些都體現出大陸是抱持著一種只要有利於臺灣民眾、有利於兩岸關係和平發展，可以暫時不計得失的態度來進行兩岸經貿合作，必定有助於兩岸共同認同的建構。

兩岸大交流可能在短期內難以改變臺灣民眾的某些政治堅持，也難以在短期內消除他們的某些疑慮。對此，大陸也需要展現更大的耐心和更多的寬容，花更多的時間和精力，不厭其煩地進行澄清、解釋和疏導，從而將寄希望於臺灣人民，做臺灣人民工作的方針真正落到實處。胡錦濤2005年3月4日表示，臺灣同胞是我們的骨肉兄弟，是發展兩岸關係的重要力量，也是遏制「臺獨」分裂活動的重要力量。「臺獨」分裂勢力越是想把臺灣同胞跟我們分隔開來，我們就越是要更緊密地團結臺灣同胞。無論在什麼情況下，我們都尊重他們、信賴他們、依靠他們，並且設身處地地為他們著想，千方百計照顧和維護他們的正當權益。[225]2008年12月31日，他進一步表示，對於部分臺灣同胞由於各種原因對祖國大陸缺乏瞭解甚至存在誤解、對發展兩岸關

係持有疑慮,我們不僅願意以最大的包容和耐心加以化解和疏導,而且願意採取更加積極的措施讓越來越多的臺灣同胞在推動兩岸關係和平發展中增進福祉。[226]近年來,大陸公開表示臺灣意識不等於「臺獨」意識,以及「只要他們回到推動兩岸關係和平發展的正確方向上來,願意與那些曾經主張過、從事過、追隨過『臺獨』的人接觸;只要民進黨改變『臺獨』分裂立場,我們願意作出正面回應」的表態,都是上述精神的體現。

總而言之,兩岸各領域、全方位的大交流可以為兩岸帶來更多的共同利益基礎,有助於發展兩岸之間的功能性合作,有助於兩岸同胞在此基礎上強化共同的民族認同和文化認同,縮小制度認同的差異,朝向建立共同認同的方向發展。但是,大交流只是兩岸建構共同認同的必要條件,很多的認同上分歧或差異難以僅僅依靠交流來解決,依然需要兩岸當局和人民能夠相互理解、相互包容,探尋雙方在利益上的共同點和一致性,產生「一榮俱榮、一損俱損」的集體身分認同。只有這樣,才能夠真正體認到兩岸同胞是「命運共同體」,包括臺灣在內的中國是兩岸同胞的「共同家園」。

淺析馬英九執政後臺灣社會的中國認同危機

上海臺灣研究所　朱愛莉

馬英九2008年5月執政後，兩岸關係雖然獲得了前所未有的發展，但臺灣社會的中國認同危機不但未隨著兩岸關係的發展而得到扭轉，反而還在持續。這種兩岸認同危機主要是歷史因素和現實因素綜合作用的結果，無疑將越來越成為兩岸關係和平發展深化的嚴峻挑戰。探討在兩岸關係新形勢下化解臺灣社會中國認同危機已成為兩岸關係和平發展中必須正視的重要課題。

一、臺灣社會的中國認同危機現狀

中國認同屬於國家認同範疇，是個政治概念。國家認同是一個國家的公民對自己歸屬哪個國家的認知以及對這個國家的構成，如政治、文化、族群等要素的評價和情感，是族群認同和文化認同的昇華[227]。在政治學中，國家認同是最基本的政治認同。

臺灣社會的中國認同在1990年代以前並不是問題，90年代開始，伴隨著民主化、本土化，中國認同出現下滑，代表性的特徵就是臺灣民眾身分認同上出現中國人認同持續下滑和臺灣人認同持續上升，臺灣前途上主張統一的下滑，主張獨立的上升。

馬英九執政後，兩岸關係雖然逐漸進入了和平發展的新階段，創造了兩岸和平紅利，但臺灣社會既有的中國認同危機並未得到扭轉，臺灣民眾的中國認同傾向不但未隨兩岸關係的發展而增強反而還在弱化，臺灣社會出現了國家認同現狀與兩岸關係和平發展不相稱的現象。臺灣民調機構的相關數據

顯示，臺灣民眾中認為兩岸是「各自發展的國家」的比率在上升，獨立於中國認同之外的臺灣認同比率亦在上升。

在兩岸現狀方面，遠見民調中心2009年7月的民調顯示，82.8%認為兩岸「目前是兩個各自發展的國家」，4.9%認為兩岸同屬一個分裂的中華民國，0.7%認為兩岸同屬一個分裂的中華人民共和國。與2008年6月民調結果對照，認為兩岸是「兩個各自發展國家」的比率增9.1%[228]。

在身分認同方面，根據政大選舉研究中心從1992年起，不斷進行「臺灣民眾臺灣人/中國人認同趨勢分布」的分析，2008年6月認為自己是臺灣人的比率，開始出現超越認為自己「既是臺灣人又是中國人」的現象。2009年6月認同自己為臺灣人者（52.1%）甚至超越回答既是臺灣人又是中國人者（39.2%）和回答是中國人者（4.4%）的總和[229]。

在兩岸關係的認定方面，遠見民調中心2010年3月的民調顯示，認為兩岸關係最後將為生意夥伴的為44.15%、朋友的為18.0%，只有7.5%認為是家人，5.2%認為是親戚，5.1%是敵人，2.6%為陌生人。與既往數據比較，結果相近[230]。

在臺灣民眾的統「獨」立場方面，遠見民調中心2011年4月的民調數據顯示，「急獨」與「緩獨」的主張者合計為27.0%（17.1%認為臺灣應該盡快「獨立」，9.9%認為先維持現狀再走向『獨立』），狹義的維持現狀者為53.5%（41.1%認為先維持現狀再看情形、12.4%主張永遠維持現狀），緩統和急統的主張者合計為7.5%（3.8%認為先維持現狀再和大陸統一，3.7%表示臺灣盡快和大陸統一），另12.0%沒有明確表態。對於「終極統『獨』觀」的民調顯示，對於兩岸終極統一，贊成者為15.7%，不贊成者為69.6%；對於臺灣終極「獨立」，贊成者為49.3%，不贊成者為34.7%。對照趨勢調查顯示，馬英九執政以來，臺灣民眾統「獨立」場相關數據比較穩定，並無明顯變化[231]。

二、臺灣社會中國認同危機形成的主要原因

中國認同在李扁時代退化，與當時臺灣當局的「去中國化」相匹配，尚屬正常。但在認同「九二共識」的馬英九執政後，臺灣社會的中國認同退化並未同步獲得扭轉，則值得深思。

馬英九執政以後的中國認同危機，既是歷史因素演變而成，也是現實因素作用所致。

就歷史因素而言，主要有兩大層面：

一是兩岸長期以來隔絕與敵對的歷史。由於兩岸隔絕與敵對已超過一甲子，因此，目前為止，臺灣民眾中對大陸持負面看法的人仍為數不少，臺灣仍視大陸為威脅。2011年4月7日，馬英九在臺新一代導彈快艇成軍時仍然表示中國大陸是臺灣「國防」上最大的威脅[232]。由於政治隔絕，兩岸人民錯過了很多創造共同經驗和體驗的機會，缺少榮辱與共的感情。長期隔閡以後，兩岸在價值觀和思維方式、情感和生活方式上產生巨大差距；兩岸實力的強烈對比使越來越多的臺灣人在放棄與大陸爭奪中國代表權的同時，對大陸的政治對立和恐懼情緒也更加強烈。

二是李扁時代「去中國化」的執政史。認同問題在臺灣是歷史、人為製造出來的。兩蔣時代雖然存在國共對立與醜化，但當局「一個中國」的堅定立場使中國認同無可置疑。李登輝和陳水扁時代，臺灣實施民主選舉，在本土化、民主化的口號下，為建構新國家認同，當時以訴求臺灣認同的方式引導對大陸的排斥。為此，刻意把臺灣和大陸區隔，將臺灣與大陸對立，說「臺灣是臺灣，中國是中國」。從1988年到2008年，李登輝推行「兩國論」，陳水扁主張「一邊一國」。在長達20年「去中國化」的政策推廣下，不但臺灣教科書在國家認同上亂象叢生，而且大眾媒體與流行藝術也強化臺灣主體性訴求，甚至創造所謂的臺灣想像共同體。李扁時代這種將臺灣「去中國化」的政治社會化過程影響深遠，其遺毒仍在作用。李扁時代受教育的

學生目前已成長為臺灣社會的新生代，有的已進入中生代，這批人中的很多人在國家認同上具有強烈的「去中國化」的時代烙印。《天下》雜誌2009年12月16日刊出的臺灣民眾身分認同民調中，18～29歲受訪的年輕人中約75%回答是「臺灣人」，高於同期全體受訪者比率（62%），認為自己「即是臺灣人也是中國人」僅有15%，低於全體受訪者比率（22%），不到10%回答是「中國人」[233]。造成此結果的主要原因在於這些受訪年輕人受教育階段主要在民進黨執政時期，是「一邊一國」教育下的產物。李扁時代「去中國化」的刻意操作，促使臺灣民眾中對於兩岸產生「你是你，我是我」的異己認知，認為「中國就是大陸」，是中華人民共和國，中國人就是中華人民共和國人，臺灣人是中華民國人，與中華人民共和國沒有關係，與中國也沒有關係，以至於現在大多數臺灣人把離開臺灣到大陸稱之為「出國」。

就現實因素而言，主要也有兩大層面：

一是選舉現實和政黨競爭的原因。臺灣已經是一個選舉社會，選舉社會的最大特點就是選票政治。有選票就有市場，李扁20年「去中國化」政策的結果已經造就了臺灣社會在國家認同上的一個現實就是：臺灣認同取代中國認同成為主流認同，抗拒統一成為臺灣主流民意。馬英九剛上臺時的民調顯示，臺灣民眾中臺灣人認同比率已超越既是臺灣人也是中國人的雙身分認同比率。在選票最大化考量下，馬執政以後的大陸政策選擇追隨民意，拒絕引領民意，從而在大陸政策上只強調維持現狀的不統不獨不武，不敢也不願提出追求統一的兩岸論述。由此，臺灣現實政黨生態中，依據「一中憲法」執政的國民黨不再訴求統一，而以「臺獨」為目標的民進黨則以指責國民黨傾中賣臺成為與國民黨相抗衡的政黨力量，中國認同越來越邊緣化。

二是兩岸實力對比落差加大以後的心態失衡。大陸經濟迅速崛起後已經使兩岸的綜合實力對比落差越來越大，越來越多的臺灣民眾相信兩岸的力量不對稱將會越來越嚴重，臺灣已經不再具有使其引以為傲的經濟。在大陸經濟是機遇，政治是威脅的認知下，馬英九執政以後的大陸政策在使兩岸經貿日趨緊密的同時，兩岸關係政經分離的現象愈演愈烈。一方面，臺灣依賴大

陸市場，兩岸經濟緊密以後有助於臺灣經濟發展紮實永續，另一方面，兩岸結構性的政治矛盾依然存在。在此情況下，臺灣對大陸經濟依賴度越深，臺灣民眾對大陸的政治恐懼感越強。對於大陸，臺灣既期待又恐懼，期待經濟紅利，恐懼政治吞併。隨著兩岸經濟依存度的增加，臺灣民眾對於力量不對稱下的兩岸關係產生越來越嚴重的不安全感，以至於對於大陸表現出越來越強的異己認知以求自衛。

三、關於臺灣社會中國認同危機與兩岸關係和平發展的相關看法

（一）臺灣社會的中國認同危機已嚴重地阻礙了兩岸關係和平發展的鞏固和深化。如何化解中國認同危機，是兩岸關係和平發展中必須應對的重要課題。

中國認同危機的負面影響主要表現在兩個層面：在臺灣內部層面，伴隨著國家認同的變化，臺灣社會的基本矛盾從統「獨」矛盾轉化為「獨」與非獨的矛盾，並出現了與之相呼應的政黨生態，「獨」與非獨之爭成為臺灣政黨政治的主導議題。認同「九二共識」的國民黨因此而雖然堅持依「憲」行政，但卻不斷淡化「一中」原則，而主張「臺獨」的民進黨則仍然得以反中護臺而得勢；在兩岸關係層面，大陸和臺灣因此而難以進入政治性議題的接觸和溝通。由於兩岸關係的本質是政治問題，因此，適時切入政治議題協商才是兩岸關係順利推動的關鍵。政治議題的滯後在ECFA簽署後對於兩岸關係發展的阻礙作用已日漸凸顯。

（二）臺灣正面臨前所未有的化解中國認同危機的歷史機遇。

依據認同理論，臺灣社會的中國認同危機是可以轉化的。認同理論主要有原生論和建構論之說，原生論強調認同的先天因素，包含種族、語言、文字、血統、宗教、文化以及生活方式等，原生因素的紐帶和感情是根深蒂固的，也是非理性的和下意識的。建構論強調認同的後天因素、情境變化因素，認為所有認同是經過集體想像、人為建構或是後天創造而來，包含共同

的歷史經驗、命運、共同記憶、好惡、情感、利益與意願等。建構因素強調場景性、不穩定性和群體成員的理性選擇。國家認同的形成既有原生因素，又有建構因素。馬英九執政為兩岸關係作出的最大貢獻就是使兩岸關係得以從危機管理進入機遇管理階段。在機遇管理階段，兩岸有化解中國認同危機，建立新兩岸認同的可能。

首先，兩岸執政者在政治上有一定的交集，兩岸具有形成「大陸和臺灣同屬一個中國」共識的客觀條件。一是兩岸執政者均認同「一中」原則。在臺灣執政的國民黨目前強調依「憲」行政，而其依據的「中華民國憲法」是一部「堅持國家統一」的「一中憲法」，其法定有效範圍仍涵蓋大陸，符合「大陸和臺灣同屬一個中國」的主張。事實上，馬英九執政後兩岸之所以能夠迅速恢復兩會的制度化協商和談判，簽定15項協議和1項共識，就是因為兩岸的執政者均堅持體現「一中」原則的「九二共識」。二是兩岸執政者均訴求中華民族復興。胡錦濤在中共十七大報告中呼籲兩岸同胞「為實現中華民族偉大復興而共同努力」[234]。遠見民調中心2009年7月民調顯示，80.2%的受訪民眾認同自己是「中華民族的一分子」，57.6%的受訪民眾認同「兩岸民眾同屬中華民族」[235]。馬英九在其「就職演說」中曾明確表示，「兩岸人民同屬中華民族」，2011年元旦祝詞也以《壯大臺灣振興中華》為題。可見，中華民族認同是目前兩岸政治認同的基礎，中華民族復興是兩岸共同訴求的目標。

其次，兩岸大交流、大合作的新時代將使兩岸擁有越來越多的利益認同。「三通」和ECFA已經使兩岸進入了大交流、大合作的新時代，兩岸未來得以共同經歷中華民族復興的全過程。大交流後兩岸民眾進入彼此環境，彼此認識會從間接到直接，片面到全面，由表及裡，由負面到全面，由誤解到理解，從而認清楚中國是自己生命的源泉。遠見民調中心2009年7月民調顯示，兩岸互動一年後，受訪者中雖然未改變對大陸社會與民眾的印象仍為最多（53.6%），但有22.4%表示對其印象變好，表示印象變差的只有9.7%。很顯然，兩岸民眾近距離、多頻次的互動，已開始改變對彼此的既有印象，也因此更強化了兩岸關係的社會基礎[236]。大合作將使兩岸擁有越來越多的利益

連結。2011年3月,大陸透過了「十二五規劃綱要」。「十二五規劃」首闢專章論述兩岸關係,闡明加強兩岸經濟合作的要點,包括:落實ECFA;擴大貿易,促進雙向投資,推進新興產業以及金融等現代服務業合作,加強知識產權保護;推進海西建設,支持海西以及平潭綜合實驗區在兩岸關係尤其是經濟交往中發揮先行先試作用,推進廈門區域性金融服務業中心建設。臺灣也已於2011年開始實施「黃金十年」的經濟規劃。「十二五規劃」與「黃金十年」的對接將使兩岸建立越來越多的利益認同。

第三,廣泛深入的文化交流將使兩岸在價值認同上不斷進步。由於經貿交流主要以利益為取向,因此,兩岸經貿關係的發展,並不直接而且必然地帶來兩岸同胞認同差距的縮小。而文化規範引導人們的行為模式、態度視角、情感意向,具有巨大的思想統攝作用。兩岸透過宗教、影視、旅遊、科技、藝術、新聞媒體、出版等各項文化交流將可共同繁榮中華傳統文化,增進文化認同。文化交流是心靈的交流,兩岸文化的同源性可以消除兩岸隔閡,增進兩岸共識。近兩年,兩岸在文化、藝術、宗教及民間信仰等各領域的交流合作已有很大的發展。為提升兩岸文教交流合作的廣度和深度,大陸正為推動達成兩岸文化教育交流協議創造條件、積累共識而積極努力。

第四,大陸對臺政策的包容性有助於加強兩岸的凝聚力。中共十七大報告首次在黨的代表大會上明確「牢牢把握兩岸關係和平發展的主題」的新主張,提出「儘管兩岸尚未統一,但大陸和臺灣同屬一個中國的事實從未改變。中國是兩岸同胞的共同家園,兩岸同胞理應攜手維護好、建設好我們的共同家園」,「十三億大陸同胞和兩千三百萬臺灣同胞是血脈相連的命運共同體」。中共十七大報告將對臺政策從強調和平統一調整為和平發展,大陸對於兩岸關係強調重在建設,強調兩岸間彼此平等的角色。「共同家園論」和「命運共同體論」充分顯示大陸對臺政策的包容性越來越強,大陸處理兩岸議題已表現出很大的善意和誠意。

(三)化解臺灣社會中國認同危機也面臨不容忽視的艱巨挑戰。

化解臺灣社會中國認同危機面臨機遇的同時，也面臨不容忽視的艱巨挑戰：

首先，國家認同的撥亂反正具有長期性、複雜性的特點。認同大致來自於家庭教育、學校教育以及社會教育，是人們從小到大成長過程中所接受的政治社會化的結果。因此，國家認同是一個系統工程、複雜工程，是原生因素和建構因素共同作用的結果，認同教育具有長期性。李扁20年建構起來的「去中國化」的國家認同目前仍在發酵，兩岸關係和平發展成果在兩岸認同上的正面效應體現非一朝一夕能夠達成。

其次，兩岸關係的結構性矛盾短期內難以根本解決，甚至有可能凸顯。兩岸關係中存在著由來已久的結構性矛盾，其中包括兩岸政治定位、臺灣「國際空間」、兩岸軍事安全互信等。一方面，我們對於兩岸中國人在兩岸關係和平發展的過程中以高超的政治智慧經過協商逐步解決這些結構性矛盾抱有信心，但另一方面，我們必須清醒地認識到，由於兩岸互信不足，這些結構性矛盾的解決需要較長的時間，目前不具備在短期內獲得根本解決的可能。而兩岸結構性矛盾的存在不可避免地會在一定程度上影響臺灣社會的國家認同。

第三，週期性選舉和民進黨可能執政的衝擊。臺灣4年一次的「總統」大選已使政黨輪替成為常態。2008年民進黨敗選以後在蔡英文的領導下經歷縣市長選舉、「立委」補選和「五市」選舉後，政黨實力快速回升。目前，作為民進黨「總統」候選人的蔡英文已經與國民黨爭取連任的馬英九處於勢均力敵的競選態勢。雖然馬英九2012年連任的機會很大，但已不能完全排除蔡英文勝選的可能性。即使2012年民進黨沒有能夠重返執政，2016年民進黨重返執政的可能性仍然存在。堅持「臺獨」立場的民進黨重返執政的可能性是兩岸關係和平發展的最大障礙。民進黨重返執政對於兩岸關係最大的危害就在於其可能利用執政機會延續李扁時代的「去中國化」的社會運動，延續臺灣與中國「一邊一國」的教育。因此，不能低估民進黨重返執政對於國家認同的負面作用。

第四,兩岸不同政治體系與理念的衝突。兩岸政治、經濟、社會制度完全不同,在政治文化、價值觀念方面有顯著區別。生活於不同制度下的兩岸人民在彼此交往中的理念衝撞在所難免,從而容易產生誤解,並對兩岸認同帶來消極影響。

(四)在化解臺灣社會中國認同危機方面,兩岸執政者除了在兩岸關係領域繼續著力於經濟交流、文化交流外,在各自社會內部亦均有主動作為的空間。

就大陸而言,一方面,須更積極主動地建構與完善「兩岸一中」的理論體系。大陸須積極探討如何將臺灣與大陸連接,如何定位臺灣在中國的角色,如何體現兩岸民眾共同建設中國,如何體現中國是兩岸同胞的共同家園,如何解決臺灣參與國際空間問題。另一方面,大陸在經濟強大、軍事強大的同時須不斷加強軟實力建設,以全面發展的成就在兩岸間呈現獨特的吸引力和魅力。

就臺灣而言,須創新喚回中國認同的論述,以及致力於中國認同的政治社會化教育。一方面,馬政府必須以兩岸歷史文化認同為基礎,從兩岸民族認同出發,更加自信地提出完整全面的兩岸論述。臺灣本土認同與中國國家認同是可以並行不悖的。馬當局應改變偏安心態,放大自己格局,在全球化、區域整合時代,思考臺灣在中華民族復興道路上的角色。臺灣人也是中國人,在身分認同上,宜引導民眾建立既是臺灣人也是中國人的雙身分認同。另一方面,馬政府須在國家認同上加大撥亂反正的社會化教育力度。目前,臺灣各界在各種場合以「中國」來稱呼大陸者已比比皆是,到了毫不奇怪的地步。改變國家認同上的混亂已是當務之急,為此,必須著手中國認同的社會化教育。目前,最重要的就是應更積極全面地清除「去中國化」及文化「臺獨」的社會影響。中國認同從教育入手,從稱謂用語做起,加強社會化宣傳。2011年以來,馬政府在對國家認同進行撥亂反正方面已有所行動,春節前要求民進黨承認「九二共識」,春節後又在2月7日的新春茶話會上要求行政系統各部會在兩岸稱謂上次歸「憲法」架構的定位,稱呼大陸為「中

國大陸」或簡稱「大陸」，公文書禁止使用「中國」稱呼大陸。相關兩岸稱謂規範用語在官方良好示範下應逐漸擴及教育、媒體及其他領域，以引導臺灣社會逐步建立「兩岸一中」的意識氛圍。在中小學教育中，修改「去中國化」不當用詞，統一國家認同相關用語。

試析戴國煇教授對臺灣人身分認同的探索

復旦大學國際關係與公共事務學院　雷玉虹

自上個世紀70年代以來，有關身分認同（identity）[237]問題的研究成為國際學術界持續不衰的熱點。作為臺灣出身的中國人學者，戴國煇教授旅日41年期間，高舉「知性的誠實」（intellectual honesty）、「道德的勇氣」（moral courage）及社會科學家的批判精神等三面大旗，以「不聰明人＝笨拙人」自居，運用各種社會科學理論解釋臺灣近現代史、華僑史、中日關係史，為我們留下了豐富的知識遺產。對臺灣人身分認同的探索，是貫穿戴教授畢生研究生涯中的一個重要課題，也是與他個人的成長經歷密切相關的一個課題。本文試圖透過對戴教授著作的研讀，分析戴教授對臺灣人身分認同（identity）問題的探索歷程。

一、殖民地傷痕——探索臺灣人身分認同問題的原點

戴國煇教授作為一位農業經濟專業出身，研究領域橫跨多個學科的學者，在他的學術生涯中，始終關注的一個重要課題就是臺灣人的身分認同問題，即探索「自我認同的困擾」（生為客家系臺灣人，如何釐清既是客家人、臺灣人又是「中國人」——並非完全等同於「中華民國人」抑或中華人民共和國人之「認同困擾」identity crisis），不斷地反思並尋找該屬於自我的「生之哲學」之「心中奧妙」。[238]而透過對戴教授人生經歷的考察，可見他對臺灣人身分認同問題的探索之過程，是與他個人的人生經歷密切相關的。殖民地時代所遭遇之殖民地傷痕，是他探索臺灣人身分認同問題之原點。而他對自我身分認同，以及對臺灣人身分認同的探索，就是在對臺灣近現代史、華僑史、中日關係史的研究與考察、對日本殖民地體制的批判、與對中

日關係和兩岸關係的研究與展望過程中完成的。

（一）戴國煇教授的殖民地時代傷痕

由於甲午戰爭的失敗，清政府於1895年與日本政府簽訂了《馬關條約》，臺灣被割讓於日本，遭受了50年的殖民統治。在日本統治臺灣的前期，由於臺灣民眾的激烈抵抗，日本政府曾派出樺山資紀等7位軍人總督以武力手段統治臺灣。西來庵事件被鎮壓之後，日本殖民當局對臺灣的統治進入文官治臺階段，開始注重以文化手段加強對臺灣的殖民統治。1936年9月之後，為了配合全面侵華戰爭的需要，日本政府任命海軍大將小林躋造任臺灣總督，臺灣被作為日本進軍東南亞的跳板與侵略大陸的人力資源儲備所。為了使已經歸入日本版圖40餘年卻仍對擁有四五千年歷史的祖國充滿憧憬的臺灣人變成真正的「皇國民」，小林將在臺灣推行皇民化運動作為重要推進方針，開始在公開場合禁止使用閩南話，廢除報紙的漢文欄，採取認定「國語」（日語）家庭並給予優惠待遇等措施推廣日語。還透過舉行寺廟的整理與升天儀式，將臺灣人的寺廟變成日本神社，以對天照大神、北白川宮能久親王等大麻的祭祀取代臺灣人對祖先的崇拜，要臺灣人改變傳統的生活習慣與姓名，加強了對臺灣民眾精神層面的控制。[239]

戴國煇教授1931年出生於桃園縣中坜的一個具有濃郁中國傳統文化的客家村莊，自小在家裡一直接受「黃帝子孫」、「來自原鄉中國大陸的華夏之後」的客家人身分教育。祖父、父親都曾因為抗日而入獄，本著「漢賊不兩立」的春秋大義，視日語為「賊」的玩意兒，終其一生，既不用，也不學日語，以「嚴夷夏之防」。7歲進入為臺灣人設立的小學公學校學習日語時，正值皇民化運動開始之際。皇民化教育貶低臺灣人的固有文化與生活習慣，試圖將日本人的價值體系納入臺灣人之內心。戴教授雖然出生在富裕的家庭，且學習成績優秀，但在求學過程中，卻因為其本島人[240]的身分而頻頻遭受內地（日本）人的同學與老師「清國奴」、「支那人」等辱罵、拳頭與鞭子等暴力，內心充滿著對日本人的厭惡與恐懼。但是，在學校接受皇民化教育的他，卻不知不覺地接受了日本人灌輸的思考方式、價值觀，乃至於美意

識。這使他又不得不用日本的尺度看問題。[241]

　　在他的殖民地生活體驗中，從小在家庭內接受著嚴格的客家中原文化熏陶，在學校接受皇民化教育。因為小學時代是在客家莊生活，周圍都是客家人與會說客家話的福佬人，所以從幼年到少年時代的戴國煇除了村裡的日本人警官以及公學校的日本人教師，未曾見過客家以外的人。[242]到了公學校高年級時才知道附近小鎮中坜街上還有不會聽也不會說客家話的福佬人，開始過上在家裡講客家話，出門到街上講福佬話，到學校講日本話的三重語言生活，並意識到自己的客家身分。在學校與日本人的接觸過程中，面臨著由家庭內自小灌輸的來自中原的華夏之後的身分與在學校接受的皇民化教育之後被強加的皇民身分的雙重身分的困擾。在學校受到的來自日本老師、同學的歧視與傷害而造成的殖民地傷痕，使他對殖民地體制產生了很強的反抗心理。正如他後來所寫道的：「殖民地之子——被扭曲的我在終戰那年剛好13歲，中學二年級生。我也算殖民地體制下自囲的小囚犯。凡是住在臺灣的日本人，不管其承認與否，都力圖全面貶低我們的文化、宗教、思考方式、行動方式、生活方式，使我們變成它——殖民地體制下自囲之囚徒。我對此的反彈性動作總是張起肩肘，在面對日本、日本人時，不知不覺地準備著過份的自我防衛的姿態。漸漸地，對日本和日本人的猜疑心深深地滲透到內心裡去。」[243]在接受日本學校裡灌輸的皇民化思想的同時，在殖民地的日本人對臺灣人的文化蔑視與歧視，也深深地刺傷了他少年時代的心。這種殖民地時代的傷痕伴隨了他的一生，成為他探討臺灣人身分問題的原點。而在學校裡體會到的本島人同學間的不團結，以及目睹部分客家同學在面對占多數的福佬人時隱瞞自己身分的做法，也對他日後關注少數群體的心理，並思考自身及臺灣人的身分認同問題產生了影響。雖然戴國煇的客家身分在他探討自身及臺灣人身分認同問題的過程中發揮了重要之影響，但他在探討該問題時的基本立場卻是已經遠遠超越了狹隘的客家出身之個人侷限，站在全人類的視角進行歷史哲學與政治哲學層次的思考，充滿著對人類的終極關懷。

　　（二）臺灣光復後10年的生活體驗留下的心結

對「2‧28」事件的研究，與對身分認同問題的探索一樣，也是戴教授終身關注的課題之一。他曾在其《愛憎二‧二八》的序言中寫道：「每一個歷30多年而不綴地浸淫某一領域的學術研究者，其實都有著難以為外人道的內在的深情，便是這深情引導著學術研究者即使上窮碧落下黃泉，或寂寞地踽踽於思索的道途中，亦不覺其辛苦。作為一個『2‧28』事件及臺灣史的研究者，我常在午夜夢迴的寂寞之中自問：是什麼力量驅動我走上這道路？是什麼歷史的或無由言說的深情可以令人一往而無悔呢？記憶於是回到1945年至1950年代前半期的往事，那些熱情而真摯的、帶著青春期的正直與理想主義色彩的同學的面容，那目睹憤怒民眾砸爛專賣局臺北分局而驚心動魄的自己，以及一個因『白色恐怖』而自陷頹廢主義借酒澆愁的好友的面容。是那些年少時代被擺布到歷史巨大變局中的心靈震動，引著我直至今日？抑或是大量的捕殺讓流寓日本的我全心要解開這命運之謎呢？理性的認識與感性的深情交相纏繞在心中，連自己都難以分辨。」[244]

臺灣光復時就讀州立新竹中學二年級的戴國煇曾抱著歡欣鼓舞的心情，手拿中華民國國旗和國民黨黨旗夾在歡迎的隊伍裡，熱烈迎接來自大陸的國民政府官員和中央軍的到來。但這種回歸祖國的快樂轉瞬即逝，在之後的10年時間裡，卻在其內心深處留下終身難以忘卻的痛苦與鬱悶的記憶。他親眼目睹了「2‧28」事件的全過程。看到痛恨日本殖民者，曾經熱烈迎接祖國政府與軍隊到來的本省民眾仿效日本人頭綁白布條，口罵「支那人」、「清國奴」，不分青紅皂白地毆打外省人的暴力行為，身為客家人的他也不得不以唱日本軍歌來證明自己省籍身分才得免遭於難，在這之後身邊的許多朋友、老師失蹤，或被逮捕。[245]但在憤怒的民眾激情之外，他也聽到了一些理性的聲音，也目睹了在「2‧28」及白色恐怖的亂局中，人格卑劣，趁火打劫、大幹出賣、敲詐勾當之臺籍人士也不乏其人，使他認識到加害與受害雙方絕不能簡單地以省籍區分。「2‧28事件」發生前後，正值學潮風起雲湧之際。以抗議美軍施暴的「沈崇事件」為契機，引發了打著「反內戰、反饑餓」口號的政治性運動。臺灣也興起了以學生運動為代表的共產主義運動。時為建國中學學生的戴國煇也參與了1947年臺北學生聲援北京大學學生的

「沈崇事件」遊行，並與張光直等一起加入反內戰、反饑餓的運動圈。[246]此後國民黨為了整備臺灣作為撤退基地，著手在臺灣處理學潮。在1949年「4．6」學潮與朝鮮戰爭爆發後開始實行的「白色恐怖」中，戴身邊許多學識卓越、愛國、正直的同學、朋友、師長紛遭逮捕、入獄、槍斃。

從1945到1955的10年間，戴教授經歷了臺灣光復、「2．28」、白色恐怖這段臺灣社會政治翻騰攪擾不已的多事歲月，其中摻雜了欣喜、憤怒、壯懷激烈的各種複雜情緒。許多朋友、同學、師長在「2．28」、「白色恐怖」中，有的冤死莫名，有的慷慨赴義，有的身繫囹圄，飽受身心摧殘。另一方面，也眼見耳聞了數之不盡的公報私仇，政治權力傾軋、鬥爭、欺騙、勒索、出賣等卑鄙醜陋的邪惡行徑。可以說，人性的崇高與卑劣、真實與虛偽在這個過程中，交互呈現，做了最徹底無疑的展露。[247]從一個受盡屈辱的殖民地孩子回歸祖國後的10年間經歷了從歡喜、失望到憤怒、恐懼的心理變化過程，赴日之前的戴教授心理上應該是懷著很大的糾結，即對殖民地統治的憎恨，並在用華夏之子來對抗皇民化教育的皇民身分。但在接受皇民化教育之後，又不得不用日本的價值觀來看待問題。對國民黨政府的期待被「2．28」及其後的白色恐怖中的國民黨政府所擊碎，開始閱讀魯迅、巴金、茅盾等人的作品及馬克思的《資本論》等著作，並對彼岸的大陸中國充滿希望與期待。但在冷戰的國際格局及兩岸軍事對峙的年代，對彼岸的想往即意味著生命的危險。為此他不得不遠離臺北到臺中農學院讀書，並在服完兵役之後參加考試，準備遠離臺灣，赴美留學。在這一期間戴教授之心理體驗，代表了與他同時代許多臺籍知識分子的共同心理體驗。這段經歷對他以後對臺灣近現代史的研究及對臺灣人身分認同問題之探索產生了重要的影響。

（三）作為「邊際人」（境界人）在日本學界確立自己臺灣人、中國人的身分

1955年臺中農學院畢業後，戴教授透過國民黨政府的「教育部留學考試」，申請到美國印第安納州的獎學金準備學習美式大農業經營以奉獻中國

農業的現代化事業。因為去看留學日本後因戰爭長期未曾回國的二哥而在東京停留。「我們都是被扭曲的＝殖民地的孩子。如今，殖民地傷痕的本身成為我們不得不起步再次出發的原點，作為重新開闢的新道路的基石，我們必須好好地活用這個悲痛的經驗。我們一邊要痊癒殖民地的傷痕，一邊要超越它，必須將殖民地遺制的所有東西加以手段化、相對化，經過克服以變成我們自己能掌握的工具及東西。對於圍繞著我們的殖民地傷痕糾葛的本質及核心事物，我們只有透過內省和對決，才有可能擴大作為自舊殖民地被統治者身分求新生的內在自由之嶄新境界」。[248]他二哥的一番話使他改變初衷，同時也有將日本作為觀察中國大陸的窗口之意，在日本留下考入東京大學農經學院留學。

之後的40餘年時間裡，作為曾接受過殖民地時代的日本式基礎教育，並長期活躍於日本學界的具有強烈民族感的出身於臺灣的中國人學者，戴教授認為自己無論是在生活的時間上還是空間上都是處於中日兩個民族之間的「邊際人」的位置。[249]「一方面長期『滯日』，一方面從事以日本入侵期的臺灣為中心的歷史研究，對我來說，幾乎是天天自己鬥自己；不僅如此，如何在不違背良心的妥當形式下，建立起能為日本社會所接納的邏輯與說明，不但是緊張，亦是非常嚴酷的課題。」[250]

戴教授之所以選擇以臺灣近現代史為研究對象，並持續不斷地批判日本的殖民地統治，主要基於以下幾個方面的因素：首先是對戰後日本學者對臺灣的輕視以及讚美殖民地言論的不滿。戰後的日本學界缺乏對過去的臺灣殖民統治的再檢討和歷史定位的學術作業。許多日本人對侵略中國大陸有反省之意，但對臺灣的殖民統治卻毫無愧疚之心。當時的日本學界進步派們支持中國大陸者不重視臺灣。即使是寫出《帝國主義下的臺灣》這樣曾遭臺灣總督府禁閱的著作的自由派學者矢內原忠雄對臺灣的看法也有侷限性，不認為「日本的殖民地統治都是有毒害的，至少在經濟的開發和普通教育方面，給予了殖民地社會永遠的利益」。[251]戰後60年代，日本有關人員正在籌劃、設定日本曾經在臺灣的殖民地經營是不錯的前提下，進一步把它作為一個開發「不發達國家」的新開發理論的模型，而把「臺灣模型」應用到亞洲各國

去。戴教授認為臺灣是日本最早的海外殖民地與對外侵略戰爭的原點，不好好整理這段歷史將不利於亞洲和平。[252]其次，是不同意一些主張臺獨者的言論。第一代「臺獨」人士們以東京帝大校友、臺灣人精英的姿態在日本刊物上公開著文為日本殖民統治歌功頌德，幫助日本人把他們原來已經很稀薄的殖民地統治罪惡感沖淡了不少。[253]很多日本人不但沒有反省對臺灣的殖民統治，而且給予後藤新平極高的評價，認為在臺灣的殖民地支配的不少「成果」，是出於他的手腕與政策。此外，中國大陸研究臺灣成果之缺乏也是促使戴教授蒐集有關臺灣資料，做臺灣研究的動因之一。[254]

在戰後50-60年代，作為日本最有影響力高等學府的東京大學成了很多有批判性的左翼學者或自由派學者的集聚地。「中共革命的衝擊激盪了人心，人們覺得中共是亞細亞明日之『星』，和象徵著希望的『青鳥』。很多人對中國大陸懷抱著非常大的期待，就是這樣的時代」。[255]戴國煇在戰後的東京非但沒有受到殖民地時代曾經受到的侮辱與傷害，還認識了很多有良知的日本人。他在東京大學的老師、日本著名的農業經濟學專家、自由派學者東畑精一、神谷慶治等人都曾積極地鼓勵他廣泛地多聽課，多與日本老師、學友們交往，對他的學術生涯產生了重大的影響。他透過東畑教授的影響，懂得「文化的價值只是相對的，不該把它絕對化」。[256]透過神谷慶治老師的影響，使他形成有關殖民者與被殖民者之間共犯結構的想法。他還認識了文學評論家尾崎秀樹、魯迅研究家竹內好等一批有良知的日本文化人。透過與這些人的交往，他認識到「有良心的日本人和能夠真正自立的臺灣人必須互相聯繫，進行持續不斷的努力，來向殖民地遺制進行對決，並將其手段化，同時冀求更進一步地來克服殖民地的傷痕。」[257]

戴教授於1970年代開始一邊批判日本的殖民地統治，一邊對圍繞著「自己的出生」，自己該歸屬的客家人、臺灣人、中國人、中華民族及其社會和國家，如何給其下「定位」等問題進行了思考和剖析性的研討。也是在東京伴隨著苦惱、疑惑、徬徨，以及對殖民地體制的批判，對臺灣歷史的研究的過程中，他得到了日本社會的尊重，並獲得了包括他的老師東畑精一教授、神谷慶治教授及前文部大臣永井道雄等有良知的日本人的肯定與尊重，漸漸

癒合了自身心理上的傷痕，逐漸完成自己作為一個完整的人的心理成長過程，完成了自己尋找作為臺灣出身的中國人的尊嚴，確立了自己既是臺灣出身的客家人，又是中國人的心理上的自我身分認同，完成了個人的成長。這一過程，也是戴教授堅持幾十年對臺灣人之身分認同的探索與確認的過程。

（四）「經世致用」的學術研究與「落葉歸根」之家國情懷

戴國煇教授的學術研究涉及面非常寬廣，視野也非常寬闊，但有一個最大的特點，就是他研究與探討的問題，都是與國家、民族的發展息息相關的既重要又敏感的問題。他曾說：「我不是『臺灣史的歷史家』。我是要把臺灣史放在中國史（而且是亞洲史、世界史）之全歷史過程中正當地定位，以此再構築『中國史像』，是我的目標。作為住在日本的客家裔臺灣人（更是中國人）學者，有明確的責任參加我自己，以及自己家族所生存社會的改善。隨便任由激情作出強硬言行，與努力保持最高的學問水準並追求最高的知性，兩者之間有所不同，我是明辨自知的。」[258]戴教授曾有要寫中國近代史的構想。他也曾表示想用馬克斯・韋伯的宗教社會學的形式，以世界性的比較宗教學為基礎，來思考中國社會的近代化問題。[259]從他的研究中可以看出他懷有強烈的中國知識分子的「經世致用」思想，希望自己的研究，能對國家民族的發展產生影響。但他人生的大部分時間，卻高舉學術尊嚴之大旗，遠離現實政治。把他的行為放在他所處的時代背景中來考察，可見他所謂的「遠離政治」不過是在冷戰與兩岸對峙的特定歷史背景下關心家國命運的知識分子無奈的選擇。而晚年「落葉歸根」回臺灣，是滿懷著希望將畢生所學得以致用，為家鄉與國家民族貢獻餘生的強烈的家國情懷。[260]

戴國煇教授旅日40餘年間，見證了日本戰後的恢復與經濟的高速發展，逐漸從一個二戰後廢墟中的國家變成一個世界二號經濟強國，也見證了海峽兩岸關係從對峙到緩和的過程。在冷戰期間的大陸與臺灣處於對立與隔絕狀態。日本雖然與臺灣在戰後初期保持了外交關係，日本與大陸則是處於完全隔絕的狀態。而在日本的華人社會也分為支持臺灣國民黨政府、支持中華人民共和國政府、支持「臺灣獨立」三種不同的政治傾向。戴國煇教授探討的

領域，無論是從切入視角還是從涉及相關的議題來看，都是當代政治中的敏感問題。客家中原文化的家庭教育、日本殖民地時代的皇民化教育、「2‧28」時的悲喜交加及臺灣光復後受到左傾思想的影響，以及之後的白色恐怖的體驗，長期在日本學界的生活經歷，使戴國煇教授在內心精神世界裡，無論是在學術、政治、文化諸層面都存在著太多的矛盾與糾結，並給他帶來強烈的苦惱。對自己的中原中國出生感到自豪，卻又因殖民地時代的傷害充滿著對自己的自厭。討厭國民黨，嚮往彼岸的中國大陸，卻因為兩岸的對立，為了自己的安全而不能直率地表達自己的願望或政治偏好。在文化上，處於中日文化的邊際，在政治上也處於國共兩黨對立的邊際，所以他自稱「境界人」，即處於一種邊際的位置之人。作為出身於臺灣又懷有強烈的中原情懷的客家人，愛自己的故鄉臺灣，對國民黨有怨氣又不支持「臺灣獨立」的觀點，愛自己心中的原鄉中國大陸但對大陸的文革等一些做法又不能完全贊同。在兩岸嚴重對立，人們對自己的政治立場常常被逼迫做非此即彼的選擇的年代，他只能以庶民派「獨立自主的中國人」之第四立場自居，以遠離政治的姿態，採用了社會科學的研究工具研究近現代史上最敏感的課題，以探索包括臺灣在內的近代中國之歷程，為此也蒙受了許多誤解。正如他自己所言：「50年代，甚至到了70年代前半期，我斷斷續續蒙受了各種誤解，這真是苦不堪言的體驗。我成為許多議論之的：既然是臺灣出身，應該是國府系統什麼的；既是臺灣省人又為什麼不參加『臺獨』；又為什麼不回去臺灣和前赴大陸等等。」[261]

「1920-30年代的世界史，記錄了不少所謂自由主義派學者被法西斯的狂瀾所吞噬的事例。法西斯的激情在義大利、德國、日本剛起步時，一些所謂的自由派人士尚可借用『明哲保身』來對待一時。等到狂熱日益膨脹成為潮流時，他們逐漸向現實低頭並且選擇了跟上時尚之途，亦步亦趨。最後不但賣了身，還遭燒身、浩劫之難。那些血淋淋的、十分齷齪的、極其醜惡的以及傷心斷腸的悲劇等痕跡史事，仍然清清楚楚地架排在我書齋，出現在我眼前。這些歷史教訓教我如何在海外、在學界立業和做人。」[262]戴教授在東大讀書期間，曾因與臺灣留學生開辦讀書會並組織東大中國同學會被告密而上了國民黨政府黑名單，被吊銷了護照，長達13年不得返臺。在被取消黑名

單可以返臺後，又多次以不願搞政治為由拒絕國民黨政府返臺任高官進入政界之邀，在日本40餘年，高舉「知性的誠實」、「道德的良知」、社會科學的批判精神三面大旗在學術界生存。這除了其本人希望利用戰後東京資訊比較發達的地利條件對學術真相的追求之外，也可看做是其為入世而遁史的生存智慧以及關心中華民族的命運，做大學問，搞大政治的大胸懷。他說「大學問」才能通至「大政治」；反之，「小學問」只能是供給小政客玩弄的「小政治」之份。[263]所以，戴之遠離政治，雖然使其自身曾受到很多人的誤解，其實是為入世的遁世，表明了一位研究政治的學者對現實政治的洞察以及對國家、民族的更大的政治關懷。

戴教授早在70年代的著作中即表明，「我絕對不要成為華僑！有朝一日，我一定要回到我的故鄉，追求認同與回歸，但我絕不要穿著貨不真、價不實的織錦回歸故里」[264]。1996年他帶上畢生蒐集的6萬冊藏書選擇了回臺，試圖以他的學識架起兩岸與中日溝通的橋樑，促進兩岸中國人的和解團結與中華民族的復興。[265]2001年戴國煇教授去世後，在「松花江上」的歌聲中，戴夫人按其遺願將其骨灰撒入臺灣海峽，希望他今後能在原鄉與故鄉之間魂遊兩岸，讓故鄉和原鄉能透過海峽的海水緊密地連接起來。戴國煇教授的生命歷程，也實踐了他作為一位臺灣出身的中國人對自己身分認同的探索與確認的過程。

二、探索臺灣人身分認同問題的理論框架及研究路徑

戴國煇教授是農業經濟專業出身，但卻以立教大學東洋史教授身分在日本執教鞭20餘年，在日本史學界占有一席之地。其研究方法受到了很多西方現代社會科學理論的影響。透過對歷史學、政治學、經濟學、社會學、心理學、國際關係學等諸多理論的綜合運用，對史料及各種資訊進行綜合、嚴謹的分析，捨去歷史中的泡沫，尋求源本性的社會發展規律是其學術研究的特點之一。探討臺灣人身分認同問題過程中，除使用了拓撲數學、（topology）、位置分析（analysis situs）及文化人類學所言及的中心──邊緣理論（center：periphery）等來進行思考外，心理歷史學（psychohistory）的理論框

架及精神分析法曾對他的研究產生過重要的影響。與此同時，他還從華僑研究的視角，以及與猶太人、朝鮮人的比較視角來探討該問題。所以，無論是從廣度還是深度來看，其對該問題的探討都是非常深入的。

（一）心理歷史學的分析框架

出身於德國的美國精神分析家、心理歷史學家愛利克・埃裡克森（Eric H. Erikson）的心理歷史學是戴教授分析臺灣人身分認同問題時所使用的主要理論框架。Erikson指出，所謂的心理歷史學理論的本質，就是採取將精神分析與歷史學相結合的方法來對個人或集團的生活進行研究的學問。精神分析學者與歷史學者有必要努力搭建起兩個學科之間可以通行的橋樑。一旦這個橋樑得以實現，這樣的歷史學就會變成與心理學之間擁有直接、公開、自覺關係的歷史學。這樣本來與心理學之間的關係常常是隱晦地、間接地發生關係的歷史學，就變成了明晰地自覺到自身與心理學關係的歷史學。在這種情況下，案例史（case history）或者個人生活史（life history）就不再簡單地是一種敘述的形式。記述歷史的方法，同時也是「將歷史與其主體相關聯」的方法。[266]

本來精神分析方法是來源於臨床醫學，因此心理歷史研究有點與案例史相似。案例史是對有關個人在成長過程中擁有何種障礙以及為什麼會導致人格分裂，或者是說導致成長的停滯的說明。即治療者根據透過對患者的相互關係中把握的心理動態進行診斷，並決定患者與其他相似的病例應該採取什麼樣的方法才能使之重新開始健全的發育，應該採取何種可行性措施才能達成治療的效果為目的的。個人生活史，與之相對應的就是描繪出個人如何能夠不陷入功能障礙而成長為一個具有完整人格的人而存在，並且在與他者的生活中如何維持其重要的功能者。精神分析者必須透過幫助患者找出自己生活中存在或曾有過什麼錯誤的過程，從而幫助患者找出自己性格中的內在治癒能力的過程。而對歷史人物從生活史的角度進行研究的方法就是將研究對象放在其所屬世界的獨特的連貫的位置的同時，必須考慮其人生從生活史的總體來看是在什麼程度上合乎情理的。對歷史上的人物的研究過程中必要的

正當途徑是,必須將這個人物的個人意圖放在其時代的脈絡中去把握,必須將其對象者與其所處的時代雙方置於心理歷史研究者所擁有的價值觀的關係之中進行研究。因為歷史學不應該只是停留在僅僅是對指導者與其追隨者之間的相互關係中,政治權力或理念的影響力持續的變化所帶來的側面的記錄上,也應該記錄歷史中的各種概念與歷史所記載的和歷史的主體相關聯的雙方是如何相互影響的,這種影響是如何發生的。[267]埃裡克森還把人格的社會心理發展劃分為八個階段,認為每一階段都有一個特殊的矛盾,矛盾的順利解決,是人格發展的前提。而個人生活史與歷史相互之間是不可分離的。

在埃裡克森的心理歷史學分析中,Identity是一個非常重要的技術術語。Identity一詞,原本是哲學和邏輯學上的詞彙,常常被翻譯成「同一性」。根據語境的不同現在也被翻譯成名詞性的「身分」或動詞性的「認同」,或「身分認同」,戴教授則將其翻譯為「自我同定」。在Erikson的社會心理分析中,Identity之內涵是辯證的、動態的、具有歷史連續性的,甚至包含著人性自幼年至年老之變動體驗之結合。但因其所包含的「歷史連續性」以及「人格的同一性」不只停留於「自我」(個人)之境界。而是從自己與母親之相互關係(Mutuality)作為基點,一步一步地走向與父親、家族、鄰居、學校、服務機關以及政府、國家形成其社會化過程之生活圈裡的相互關係。伴隨著個人所涉及的「世界」之擴大,個人獲得有關「自我」的角色種類亦將隨之而增加。在其動態且辯證的歷史過程中,自我必須向其所涉及的「對方」、「集團」之價值觀或價值體系認同。這個過程是個人獲得價值觀(正負雙方面的)並擴大成自我身分認同的過程。

埃裡克森把個體身分認同分為否定性身分認同(Negative Identity)與肯定性身分認同(Positive Identity),然後再理清其兩者間之相互關係。即被壓迫或被殖民的民眾受到外來勢力的壓抑,從而引起自我身分認同的迷失、糾葛或危機。在一個漫長的過程中,受壓抑的人們慢慢被迫接受並習慣外來勢力強加給的外來價值體系,由此形成負面的、陰性的、否定性的自我身分認同(negative identity)。但是這種負面的、陰性的、否定性的自我身分認同並非一成不變的,在社會歷史條件的變遷下,如果透過積極的轉化,它也

可以轉變成正面的、陽性的、肯定性的、健康的自我身分認同（positive identity）。埃裡克森雖然是以個人的生活史為主要涉及對象，但他亦把他的概念延伸到個人與歷史的際會來探討人的深層心理與歷史之間的動態性關係。甚至擴張到Group identity即群體自我身分的有關考察上。[268]

除了使用Erikson有關identity的分析框架外，Erikson的心理歷史學中重視歷史主體的研究方法也在戴教授的歷史研究中可見其影響。傳統的歷史學通常是透過對史料的蒐集與整理的方法來對歷史事件進行分析與評論。戴教授的研究除了重視史料的蒐集與整理、分析外，還重視對個人生活史的分析。無論是其對臺灣史的研究，還是華僑問題、中日關係問題的研究中，個人生活史占有非常重要的地位。在他的研究中，他既是一位觀察者與研究者，同時也是一位他所觀察與研究對象的歷史見證人。他常常說，自己是在透過赤裸裸地解剖自己，來詮釋近代的中日關係史與臺灣殖民統治史。所以在他有關中日關係的研究中，他把自己置於一個出身於殖民地時代的殖民地之子之位置，以歷史的見證人的身分，揭示中日關係中，被殖民者方對殖民統治的看法與態度以及在殖民統治這一段歷史中被殖民者在歷史中的真實。他的《與日本人的對話》、《境界人的獨白》、《臺灣與臺灣人——追求自我認同》、《華僑—從落葉歸根到落地生根的苦悶與矛盾》、《愛憎2·28》、《臺灣結與中國結》等著作中，都非常重視自身以及同時代人的生活體驗。把對個人的研究放在時代的大環境中進行探討。在他對臺灣人的身分問題的探討中，他也大量地運用了對個人生活史的分析。除自身的生活體驗外，還包括許多同時代的其他人，包括同學、朋友、師長、親戚、長輩等親身生活體驗。此外，他還使用了Erikson的擬似種族理論透過與美國黑人、德國納粹、日本軍國主義的比較研究，對一些「臺獨」主張的形成心理進行了分析。因為加入了生活史的內涵，戴教授之研究與只是透過文獻資料而進行的研究相比顯得更為生動與有說服力。

（二）透過對華僑華人內心世界的考察，探索臺灣人的身分認同問題

華僑研究，是戴國煇教授研究生涯中的一個重要部分，也是他在亞洲經

濟研究所10年期間的主要研究領域。他把華僑看作西歐近代以產業革命和法國大革命為契機而興起的產業技術文明,將非西歐世界捲進無限的西歐化大潮流的過程中,居住國或者居住地的所謂接受一方的條件與擠出一方=中國的政治、社會、經濟狀況的交叉所發生的產物。戴教授的華僑研究的重要特點,就是注重對華僑內部精神世界的研究,即對華僑的靈魂層面的探討,並將華僑問題與中國史、世界史相連接,放在國家、民族的歷史層面來思考。他在研究華僑問題時,注重歷史資料的蒐集,也注重個人生活史的研究。透過對包括自己在內的生活在日本的華人、華僑的研究,以及與東南亞、美加華僑的比較研究,在探討華僑內心世界之時,也對屬於華僑之一部分的海外臺灣人的身分認同的問題進行了探討。

上世紀60年代後期至70年代初,隨著全球性的對身分認同問題的關注,在華僑社會內部也對「華僑到底是什麼」,乃至「我是誰」的關注。部分華僑青年們意識到了強烈的身分認同上的糾結與危機。許多華僑由於所受教育程度不高,雖然在經濟上擁有了一定的經濟實力,但卻不敢或不願面對自己的身分與自己的過去。透過對日本不同政治傾向華僑的比較研究,戴教授指出臺灣出身的華僑在身分認同上的糾結比大陸出身者更為深刻。臺灣人華僑一世(指臺灣回歸祖國後赴日的華僑)所擁有的對自己歸屬感的不安,主要是由於殖民地統治而造成的。日本對臺灣50年的殖民統治,磨滅了被統治者一方的文化、語言及民族意識,使其被解體。其次,臺灣出身的華僑對歸屬感的不安,既是由於他們不能與住在中華街的華僑一樣進行彼此之間的交流,也是因為臺灣與大陸雙方的政治上的混亂與不明朗而引起,以至於動搖並不斷發展的。特別是與日本人女性結婚後,為了孩子的就職、結婚等生活上的需求,受到來自妻子方面的壓力由此而產生了更大的困惑。而一些借日本的高度成長之機獲得成功的臺籍商人也為了更大的成功而試著生活在匿名之中。特別是在田中角榮訪問大陸,日本與大陸建交以後,大量的臺灣華僑歸化加入日本籍。但是即使是事業上成功的華僑加入日本籍後,也很難擠入日本的主流社會。雖然許多人接受日本的價值觀,並且試圖同化到日本人的行列而在拚命地做外在的努力。出現將自己的名字改為日本名,不願意別人稱呼自己的舊名。不將臺灣來的親戚帶到自己家裡、不將自己的家人孩子帶

回臺灣等現象。有的人即使帶家人回臺灣，也與自己的妻子孩子一起說「臺灣很髒」、「臺灣人太吵啦」等，忘記了自己的出身與尊嚴。[270]

戴教授認為，這些臺灣的歸化入籍者們雖然只是接觸到了具有不同歷史與生活的人之間理所當然的鴻溝、對生活節奏的違和感的存在這一人類普遍的課題，但因為沒能將其整理出來，所以不能保證自己安定的個人身分認同。他們中的一些人因為拒絕自己的「臺灣」、「中國人性」、一味地去迎合日本人性，結果失去了自己的民族特質，得不到家人與社會的尊重。對此，戴教授提出從歷史上看，認為自己的「出身」低下，自己所屬的民族是劣等的人們，是不可能在這個世界上作出傑出的事業、創造性的貢獻的。[271]並向日本華僑們發出強烈的呼籲，我們必須像人一樣生活，華僑應該保持自己以『中國人性』為基礎的感性與文化，使其得到發展才能既為日本社會做貢獻，同時努力耕耘自己的華僑社會。[272]

（三）從比較研究的視角看臺灣人與猶太人、朝鮮人的區別

18世紀以來，大量華僑開始湧出國外，散居世界各地，並且許多華僑在住在國都遭受了各種迫害。於是，出現了華僑也被比作猶太人的說法。一些主張「臺灣獨立」的人士也將臺灣人比作猶太人，並把追求臺灣獨立比作猶太人建國之路。為此，戴國煇教授透過對臺灣人與猶太人、臺灣人與朝鮮人的比較研究，指出了臺灣民族概念的虛構性，以及臺灣人與朝鮮人對日本殖民統治態度差異的歷史經濟原因。

1.臺灣人與猶太人之比較

「臺灣獨立」派人士把臺灣人比做猶太人，把追求「臺灣獨立」的努力比做猶太人走向追求復國的榮光之路，將歷史上曾短暫存在的「臺灣民主國」作為「具有強烈的民族主義而成立的共和國」等等來強調其在臺灣史上的意義，並將之設定為『臺獨』運動的原點來極力宣傳。戴教授透過比較研究，認為臺灣人與猶太人是不同的，主要表現為如下幾個方面：

首先，臺灣人與猶太人的歷史不同。結合猶太人的紐帶，第一是長久的迫害與歧視的歷史。公元10世紀以前就有以色列王國的建立。從猶太復國主義、以色列建國的熱氣，以及一連串中東戰爭中以色列或海外猶太人的能量之顯現，可見有史以來對猶太人的人種、民族、宗教的迫害堆積之「厚」。讓猶太人意識自覺與持續的要因，與其說由猶太人之「內」，不如說從圍繞猶太人之外面的社會可以看出更多。[273]而在臺灣，甲午戰爭戰敗後因為抵抗「割讓」臺灣，在臺官紳們擁立清朝最後的臺灣巡撫唐景崧為大總統，實體僅存不到10天的以「永清」（清朝永存之意）為元號的這種「獨立宣言」，再怎麼讓步也不能認為當時已有獨自的具有強烈的（臺灣）民族主義的實體的存在。

主張臺灣民族論者強調臺灣曾在荷蘭、西班牙、清朝、日本帝國主義等異民族統治下，並且認為當時統治臺灣的國民黨政府也是外來政權。但他們不願碰觸自己的父祖曾是與鄭成功，或是與在此之前的「海盜」（戴將其定位為武裝貿易集團）夥伴共同行動，或者是隨著清朝開始在臺灣的統治而入臺，抑是因清朝在大陸的惡政（包括太平天國運動失敗的客家）而尋求避難與「求生」的機會來臺，登陸到高山族之島的臺灣，行占領、侵蝕、開拓的擴展，確立漢民族在臺灣的優位性，高山族曾以出草行為進行反覆抗爭而最終敗北，結果是被強加上「蠻人」的蔑稱而被趕入山上與邊境地帶的事實。清朝的支配者並非異民族，而正是同漢族出身者被編入滿洲王朝，而變成其爪牙在統治臺灣這種看法才是比較接近史實。只有日本殖民統治50年期間，才是名副其實的殖民統治。與被放逐而離散並遭遇長期的歧視與迫害的猶太人相比，臺灣人是用了將近四百年去侵蝕「他處」，現在已把自己的鄉土造起來了。在外國的臺灣人大部分並不是被放逐而是自己放逐的結果的滯留。臺灣人所受到的或者說正在受到的歧視與壓迫，在規模、質兩方面比起猶太人來都差得太多。所以由此產生的憎惡與敵意，不足以成為臺灣民族自我認同的紐帶，即使是當做能源也只是極微弱的存在而已。[274]

其次是維繫猶太人身分認同的作為猶太教徒的後裔的意識。猶太教這種堅固的民族規模的信仰在凝聚猶太人意識過程中，造成了很大的作用。而臺

灣人內部不存在這種民族規模的宗教信仰。此外，清朝統治臺灣期間，漢族移民與高山族原住民間的經濟利害與感情對立雖然可說已趨於淡薄，但由於日帝統治臺灣期間採取分割統治的手段，將臺灣的居民稱為本島人，又在戶籍上將其分類為福建人（福佬人）、廣東人（客家人）、其他漢人、熟番人（漢化顯著的高山族）、生蕃（高山族）而進行分割統治，在政策上阻礙其相互接觸，幾乎不給或不促進接觸。雖然日本在臺灣的開發得到了發展，作為其結果可看到臺灣統一市場（高山族居住區的特別行政區除外）的某種程度的圓熟，但臺灣地域主義的對立抗爭，以及福、客感情對立的程度尚未能達到充分的解除。本島人概念是日本人由「上」強加於人的，並不具備一個精神文化上的統一內容。因此，戰後「臺獨」人士所主張的臺灣民族的概念是虛構的，事實上不存在的。[275]而臺灣人概念是在戰後兩岸間的往來被政治性、軍事性切斷後漸漸培育起來的。國民黨在臺灣「黨國一家」的統治體制使得臺灣民眾政治參與被阻，但由於國民黨的臺灣統治與「臺獨派」所譴責的殖民地統治完全不同之故，臺灣省籍的年輕世代可以平等地接受高等教育，所以由自己的胎內生產出眾多憤怒的年輕人。臺灣臺灣本省人、外省人對立的省籍矛盾屬地域層次的對立，而非民族層次的對立，兩者有根本的區別。

2.臺灣人與朝鮮人之比較

臺灣與朝鮮都曾是日本殖民地，戰後中國與朝鮮都成為分裂國家，但臺灣人與朝鮮人對待日本殖民統治與國家統一的態度卻出現了差異。臺灣人中有出現為日本殖民地統治歌功頌德之言論，有「臺灣獨立」之主張。而戰後的朝鮮雖然也成為分裂國家，但朝鮮半島上雖有意識形態為中心的南北對立，卻沒有民族對立。即使有對立，也不過是地域主義的對立。無論是朝鮮還是韓國內都沒有主張獨立的言論，而且朝鮮人對日本殖民統治都是持批判與對決的態度。臺灣人與朝鮮人的差異可以從以下幾個方面去分析：

首先是臺灣與朝鮮遭受殖民統治的時間及方式上有差異。

朝鮮是1910年因《日韓合併條約》整個國家同時被吞併，淪為日本殖民地。朝鮮雖有貴族李王家與兩班的存在，但卻沒有少數民族的存在。所以朝鮮是全民族共同經歷成為亡國奴之傷痛。南北朝鮮雖然有意識形態的分裂，但由於他們付出了整個國家被殖民地化的不幸的痛苦代價，所以他們「8‧15」後能站在同一起跑線上用共同的感覺體驗再出發的苦惱。[276]他們全體拒絕使用日語，對日本的殖民統治採取對決的姿勢，在日本的學者主要研究歷史，許多作家從事抵抗文學的寫作。

中國是部分淪為殖民地。臺灣因《馬關條約》被割讓而遭受了50年的日本殖民統治。為了促進臺灣與大陸分斷的固定化，日本殖民者妨礙、監視、限制臺灣民眾與大陸往來，蓄意隔斷臺灣與大陸之間的聯繫，並透過皇民化政策剝奪了臺灣人的語言、文字能力，並將殖民者的價值觀強加在臺灣居民的身上。在中日開戰後，臺灣人民被納入日本對華戰爭的一環之同時，母國大陸正在進行著抗日的浴血奮戰。由於長時間遭受殖民統治，再加上以臺灣海峽為境的大陸與臺灣地理上的非連續性，所以臺灣被迫與中國形成近代化的國民國家的志向相斷絕，使得臺灣從殖民地體系的價值回歸過程變得更加複雜化。所以1945年8月15日抗戰勝利，臺灣回歸祖國之時，大陸與臺灣是站在不同的起跑線上的。

其次，朝鮮與臺灣在成為殖民地之前社會經濟基礎不同。殖民地前的臺灣，早已經有寄生地主制的廣泛存在，因此日本人地主無法打進臺灣的農業部門。臺灣社會結構的基本組織未被破壞。而朝鮮的情況則不同，日本人地主在相當的範圍內又滲透到朝鮮的農村領域，導致兩極分化的出現。兩極分化的結果，朝鮮國內頑強地展開了以朝鮮「共產黨」為首的激進抗日革命運動。臺灣也有過「共產黨」，但比較弱質，人數也少。「臺灣史上不曾存在過獨立的國家體制，貴族只存在於山地少數民族的『酋長』制社會中。原來臺灣是中原——中國大陸國家——的國內邊疆殖民地，日帝對臺灣的殖民地化，只是把中國邊境上的南海一孤島切斷，納入於日本經濟圈的外緣。」[277]在這個過程中，臺灣人不能和中國大陸人民共同體驗中國的奔向「近代」的胎動，尤其是重新被編進日本殖民地體制中的，以地主階層為中心的中上流

階層為然。朝鮮沒有少數民族，朝鮮半島上雖然有意識形態為中心的南北對立，卻沒有民族對立。即使有對立，也是地域主義的對立，也沒有獨立運動。

臺灣內部在日本統治期間雖然曾有頗多的抗日運動的展開，但因為有中國大陸這個「避難港」，所謂「曲線救國」（先成就中國革命，之後以迂迴的形式把臺灣自日帝的桎梏下解放出來的運動方式）的口實與避難所的客觀存在，使得日據期間，雖然反抗日本殖民統治的抗日活動層出不窮，但本島人大同團結，全力抵抗日本統治的走投無路的狀況，始終不見顯現。

因為殖民地統治時間、方式不同，殖民前社會經濟狀況不同，導致兩個社會對殖民統治與國家統一態度的差異。

（四）對臺灣結與中國結之學理剖析

在1985年8月參加聯合報文化基金會舉辦的「中國結」與「臺灣結」研討會上，戴國煇教授發表了《我看臺灣結與中國結》一文，對有關「臺灣結」與「中國結」問題，從心理歷史學層面進行了剖析。他指出，近代中國雖然已有國家之名，統一之儀，但由於國土大、人口多，民族複雜，宗教語言多元，中國內部一直處於星雲狀態（chaos），並沒有形成定型的近代國家意識相當成熟之概念上的國家。中國的近代就是艱難地邁向近代化、現代化國民國家的進程。隨著臺灣被清朝政府割讓給日本帝國主義，臺灣與大陸同甘共苦、共同走向近代化甚至於現代化道路的可能性，或共享共同基礎經驗之機會被割斷。這種隔斷意味著臺灣和大陸本來向形成近代國家掙扎的過程一起邁進的條件也被隔斷分離。由於這種隔斷，臺灣住民不管是在正負各層面上，不能同大陸人民在同一共同基礎上、經驗上走向近代國家之途。在同一路途上將發生，或愛或憎、幸福痛苦、喜悅悲哀等種種體驗都被一概隔斷；這種情況意味著，臺灣住民與大陸住民共享『共通』之基礎經驗的機會被日帝剝奪。[278]當臺灣被割讓時，臺灣中上層文人知識分子和老百姓都感到悲哀和屈辱，覺得自己被當成養女送給萬惡的日本帝國主義，從而形成被割

掉、丟棄、出賣、疏離、無奈的心態。在日本殖民地政策強制推行下，臺灣民眾被分化了，出現了錯綜、複雜、多元的面貌。一部分人在「中國結」主宰下，回國投身辛亥革命、北伐戰爭；一部分人雖沒有直接投入大陸上的種種具體鬥爭，但他們堅持認同中華民族、熱愛中國，堅持想以孫文的三民主義思想或憑藉溫和的「臺灣議會設置運動」來解決被殖民之臺灣的政治、經濟、文化的困境。但有一部分人在日本皇民化運動毒害下，喪失了固有的自我身分認同，逐漸接受了殖民地體制所塞給的強制性之價值體系，並肯定了它走向否定性的自我身分認同的一種反彈行為，投入滿洲國、汪精衛之南京政府。許多年輕人被徵招入「蝗軍」，成為日本侵略者的幫兇和炮灰。

1945年8月15日，日本戰敗投降，臺灣回歸祖國，給予了臺灣民眾這種否定性的自我身分認同轉化為肯定性的自我身分的絕好機會。但由於接收的臺灣省行政長官公署沒有籍光復的歷史良機，將臺灣民眾的戀母情結創造性地開導促使其昇華，變成肯定的、陽性、正面的以及健康的自我身分認同。而臺灣接收過程中來臺接收的官員、軍警們惡劣的前近代行為以及此後發生的「2·28」事件，使臺籍民眾對大陸人士的心態經歷了「期待、失望、懷疑、不滿、委屈、反抗」的痛苦歷程，自我身分認同的糾葛及危機非但沒有能夠化解，反而向另一個極端滑落並沉澱於深層心理，且不斷累積下去。「2·28」過後，又來了1949年末迄1950年代前半的「政治肅清」。怒氣不但沒有來得及安撫，更累積了新的冤魂。本省人與外省人的認知差距越來越大，但卻無管道可讓其化解與溝通。臺灣所面臨的「信心危機」、綜合性的社會矛盾、日益升高的認知差距和逐漸有可能走向極端的某些意見分歧的根源性因素之根基時期，是在於1945-1954年這10年間。若能對光復之後十年間的臺籍人士之情結——由小惡、小怨的累積以及「含悲九泉，與草木同朽」之冤魂，甚至於否定性自我認同補償行為沒有能夠得到落實反而挫折加深的種種傷痕之糾纏淆亂，終於成為當前「臺灣結」的首要負面部分——若能把它釐清，我們的死結可能就能化為活結，再把活結轉化為健康且肯定性的自我身分認同。[279]

戴教授還指出，「臺灣民族」論者、「臺灣意識」或「臺灣人意識」至

上主義者高喊臺灣人優秀論、臺灣文學高水準論、臺灣話優美論等亦可籍Erikson的「擬似種族化」心態的顯現來看待。臺籍人士的上述主張當然是長年所受委屈和壓抑的「反動」，能否克服仍然自囿於否定性自我同定以及由其而來的臺灣種「擬似種族化」的一些社會心態或社會行為。臺灣結與中國結鬧出分歧、對立甚至於變為對抗性，當然亦意味著有關住民對既存政治、社會、經濟結構以及有關當局所提示之目標不願一體化；亦即是不願在被動之下被整合這種意願的另一種表現。只要在政治、社會、文化上之總體性運作適當與圓熟，很可能讓負面的、否定性的臺灣歷史情結轉化並昇華為健康的、正面的、肯定性的有關臺灣的自我身分認同——也就是臺灣意識以及臺灣人意識。問題之關鍵在於中國結架構內部，能否及時提出更開闊、更革新、更富於普遍性理念的中國的、中華民族的、中國人的自我身分認同概念來整合全體人民。更迫切的課題可能是如何倡出並有效地開導臺灣結由負轉化為正，然後再把正的臺灣結（健康的臺灣意識）與新格局具有說服力及整合力之中國結（健常的中國意識）連接在一起，動員所能動員的一切活力以開創新局面，即讓人民多參與，能提供滿足老百姓真正的「歸屬感」。[280]

三、確立有尊嚴的臺灣人身分認同

透過在日本30多年的不懈探索，戴教授自覺確立了自己個人安定的身分認同，同時也對更大範圍臺灣人的身分認同、中國人的身分認同形成了自己成熟的看法。在1985年臺北召開的「中日不再戰的集會」之後，戴教授寫道：「自1955年以來的30年間，我越來越明白，我是客家系臺灣人，我為自己是出生於臺灣的中國人以及是中華民族的一員而深感驕傲，同時，我重新確認，我也是站在近現代中日關係史的重要原點——臺灣，這個寶島上生活至今的見證人之一。」[281]戴教授指出，確保臺灣人的安定的身分認同，應該是揚棄否定性自我身分認同，建立臺灣人的主體性思考，建構中國史、世界史框架內的臺灣史，構建兩岸間自立（非獨立或分離）與共生的構圖。

（一）確立臺灣人的主體性思考

主體性本來是一個哲學上的詞彙，是指人在實踐過程中表現出來的能力、作用、地位，即人的自主、主動、能動、自由、有目的的活動的地位和特徵。主體並不是一個實體性的範疇，而是價值關係的範疇。[282]在對臺灣人的身分認同探索過程中，戴國煇教授提出確立臺灣人的主體性問題，即摒棄日本美國的價值觀重新確立臺灣人自己的價值觀。在這裡的臺灣人主體性概念，是針對部分本省籍的臺灣民眾在殖民地統治期間，因為接受日本的皇民化教育，接受了日本的價值觀念，從而失去了臺灣人自己自主的價值體系與尺碼。為此戴教授提出日本在臺灣施行殖民統治的最大罪惡不是經濟上的破壞與物質上的掠奪，而是在於對人的破壞。[283]而另一部分1949年以後到臺的大陸籍知識分子，由於沒有臺籍知識分子陷於日本殖民地長期統治的經驗，不但不具有日本尺碼，還因受「9·18」以來的長期侵略而具有抗拒日本之一切事物的深層心理。同時，由於國民黨政府及臺灣長期以來和美國的關係，部分知識分子又具有「美國尺碼」，用美國價值觀看問題。

戴教授認為，如何要克服這些外來的尺碼，尤其是日本殖民地價值體繫留下來的「日本尺碼」，這就需要在精神層面的「對決」中，來形成我們自己自主的價值體系和「尺碼」。臺籍知識分子如果不能與日本殖民地價值體系「對決」，就永遠不能形成自己的自主價值體系和自己的「尺碼」，而在精神上永遠陷入日本價值體系中，自囿於「日本尺碼」，成為它的精神層次上之附庸。[284]臺灣人民應當將對日本殖民地化的歷史進行追究作為自身的課題。應該把殖民地化所遭受的傷痕作為傷痕來看待，用自己的意志，站在自己的立場上進行整理與批判，克服那套日本殖民地統治所留下來的價值體系，而新創出我們自主的價值體系。臺灣社會要與日本尺碼、美國尺碼這兩個外來的「尺碼」做好對決，來建立自己主體的價值體系和「尺碼」。這種主體性包括兩個方面的涵義：一方面，是恢復被殖民統治者破壞的固有價值體系，發揮主觀能動的思考；另一方面是要搞清楚自己的歷史，把自己的社會定位好，才能找到自己該走的路，以及生活方式、生活的追尋和取向。

（二）將臺灣史納入中國史、世界史框架內思考

戴國煇教授曾經指出,瞭解臺灣和臺灣人全體的過去的史實,一如瞭解我們臺灣關係人士們的個人來歷,同樣的重要。同時,「我也相信,為了把臺灣的過去和未來,連接在中、日關係,連接在日本與亞洲的關係,甚至銲接在亞洲和平、世界和平上面去思考,這份整理及瞭解的工作非常重要」。[285]他對自己的「生之意義」,及身分認同的探索,同時也表現在他對臺灣歷史的探索方面。他透過對臺灣甘蔗糖業史的研究,不僅搞清了甘蔗糖業在中國的發展史,而且也對甘蔗在臺灣的發展,及以糖業貿易為基礎的臺灣貿易進行了研究,整理出日本當年為何極力主張侵占臺灣、澎湖的真正經濟原因。透過對清代臺灣的考察,把殖民地化前夕的臺灣,從寄生式地主制度的成熟、樟腦、蔗糖、茶葉貿易與晚清的洋務運動三個方面進行整理,認為晚清洋務運動的成果,後來變成了方便殖民地化銲接的架構。而透過對日本殖民臺灣歷史的研究,指出日本殖民統治對臺灣人民最大的傷害是人的破壞,將殖民統治的價值體系強加在臺灣人民身上,貶低臺灣人民固有的文化,剝奪臺灣人民的語言,割斷臺灣與大陸的聯繫,使臺灣失去與大陸共同邁向現代中國進程過程中的體驗。

他認為臺灣史不僅是臺灣全體住民本身的歷史,同時也是中國史的一部分,在這個意義上,更可以延伸其脈絡至東亞史、世界史來思考今後的課題。臺灣史、中國史、東亞史、世界史等各部分之間,共有著有機關聯自不待言,如果沒有這樣的視野去掌握問題,恐怕不易體會亞洲近代、現代時代精神的來龍去脈,更遑論去理解其真正的內涵及其流向。[286]他認為臺灣史當然需要從內部來探討,包括高山各族的歷史,漢族和高山各族間的鬥爭,爭生存的歷史、漢族間的械鬥的歷史等等。但為了明察「臺灣何去何從」的課題,我們還得從全中國史,從亞洲史,從世界史的關聯上作好臺灣史的定位,才不至於陷入自己的小「框框」,溺死於「小浴池」裡頭。臺灣人只有將臺灣史納入中國史、世界史的範疇,才能建構有尊嚴的臺灣史。

(三)自立與共生——構建有尊嚴的臺灣人身分之路

戴教授透過一生對臺灣與臺灣人身分認同問題的探索,深深體會到「身

為臺灣出身的中國人,只一味地訴說支配下的『怨恨、艱辛、受辱』,實在沒什麼用處,頂多從此陷入一種自厭心理罷了。寧可一方面重視『怨恨、艱辛、受辱』的感性當為『原動力』,不逃避它,正視它,一方面卻努力將其克服與昇華,把自己提高到理性認知的層次,這才是自己作為一個研究者的最『基本』命題」。[287]

自1988年出版了日文版「臺灣——住民、歷史、心性」,並成為暢銷書後,他在多次有關《臺灣與中國大陸關係的展望》的演講中提出了兩岸自立與共生的構圖。自立,用英文來表達便是「self-help」,不是獨立,也不是分離。共生就是「symbiosis」,是指不同的人種、不同的民族、不同族群間都需要探索出相互之間最為合適、互相肯定、相依共生的某一種形式。臺灣與中國大陸「自立」與「共生」的構圖,就是主張海峽兩岸能建構出「自立」與「共生」的良性且有機關聯性關係,在一個中國的大前提下一致對外,對內可以用和平手段來協商、溝通以及調適。先搞包括大陸、港澳臺在內的中華經濟共同體(非大中華經濟圈),以此為中間站,最後變成中華統一體。在解決臺灣和香港問題的過程中,摸索中國的國家形式。[288]戴教授指出,「不管是統或獨」,在其爭議上打高空,喊大話都只是「爽」的一種自慰行為,是無法解決問題的。應該正確地認識我們的課題,併力圖克服我們社會的虛構及矯飾的結構性缺陷。[289]中國大陸逐漸地形成臺灣社會經濟的Hinterland。臺灣和大陸的關係是不易隔斷的,除了血緣、文化、歷史等層面規制著相互的關係外,地理上的唇齒相依關係,是任何人士都難以否定其客觀事實的。

經過40餘年的探索,戴教授再次確認,只有將臺灣人的身分置於中國人的身分認同之下,才是保證臺灣人安定的自我同一性,解決臺灣人認同危機的出路。此外,究明臺灣的認同危機及其困擾時,僅以所謂的本省人即臺灣人為對象,是不夠的,而只有把外省人的認同問題也包括進去,才能表現出「臺灣」一辭之全面性。臺灣民族是不存在的,但臺灣人這一概念是有發展餘地的。「臺灣人」這一概念的生命力取決於其所體現或所想體現的「時代精神」之內容。這內容不僅僅是臺灣全體居民能接受,而且還必須是對岸大

陸的平民百姓也能接受的，富於魅力的內容，否則是不可能持久的。1996年回臺前，他曾經期待當選後的李登輝應該「將諸多政治性言論中過剩的修辭語言剔除，經過與之對決以克服各種的虛偽意識，並認真地研究與對岸大陸共生的路子，接受創造出一個多元和諧（poliphonic）的共同體，也就是『中華共同體』的挑戰。」[290]雖然戴教授生前壯志未酬，但戴教授的思想，卻為我們指出了未來國家的發展方向。

結語

戴國煇教授在日本40餘年，始終固執「三個尊嚴」：出身的尊嚴——對個人而言，任何人的出生都無法事先選擇，是帶有命運性的一種「結果」，而個人坐標軸之基點便是在其出生，因而非固執不可；民族之尊嚴——民族是半悠久性的，對自己民族的認同是一件極為嚴肅的事情，來不得半點馬虎。戰爭、動亂一類的話題和課題，最多也不過是以10年或20年為思考「時域」的，但一國或一民族之有關文化、社會的命運的思考「時域」，該是以百年甚至於千年來做單位的；學術之尊嚴——在堅持學術的純潔和尊嚴的基礎上，進行原理性（追求隱藏於表層現象後，相對穩定且具有持續性質的根源性實質）、邏輯層面（避開情緒、感性的直接宣泄，將個性化的情緒和感性加以醞釀，從而昇華到具有普遍意義的理性層次）、思想層面（指的是「具有時代導向且為時代精神所涵蓋的」銷毀不了的思想）的探討。[291]對臺灣人身分認同的探索過程，也是他自身的生命歷程。戴教授的海峽兩岸「自立與共生的理論」，也是一位用自己的生命去探索「臺灣人生之奧秘」的臺灣出身的中國人學者的「歷史性的證言與敘述」。而戴教授去世後十年的今天之兩岸關係和平發展的現實，恰恰證明了戴教授作為一位高瞻遠矚的歷史學家之睿智與洞察。

培育兩岸理性交往的公共領域

廈門大學臺灣研究院　唐樺

內容摘要：兩岸關係進入和平發展時期，兩岸公共生活有著廣闊的發展空間。兩岸傳媒交流以及角色變遷為公共領域的實踐奠定基礎。當前兩岸交流中逐步培育理性交往的公共領域，兩岸民眾就兩岸的公共事務進行相互協商，以形成公共輿論，表達兩岸民眾的共同意願，並就與普遍利益相關的問題最終導向共識。未來透過兩岸公共事務議程平臺設置，培育最具潛力的傳媒公共領域和網絡公共領域，透過公權力和私領域之外的機制化商談，塑造兩岸民眾的認同感和向心力。

關鍵詞：兩岸關係　傳媒　公共領域

自從兩岸開放以來，兩岸在教育、醫療、衛生、新聞、藝術、宗教、公共安全等社會各領域的交流十分頻繁，在交流人數、項目、層級、內容、效果等方面都有相當的拓展。「兩岸醫療衛生合作協議的簽署，顯示兩岸合作已從經濟領域拓展到了社會公共領域，兩岸合作的議題在擴大。」兩岸經貿現在已經正常化，兩岸政治方面的探討又還是困難重重。兩岸之間的持續合作，不僅需要高層的解決機制，也需要日常交往中建構良性的公共生活。兩岸問題早已經不是兩岸的正式機構、高層或學者們處理或坐而論道的問題，它們是兩岸民眾在日常生活中就會時常遇到的切身問題，兩岸民眾的相遇、接觸與交流每時每日都在發生。未來兩岸關係應該著力建設一個開放性的公共領域，在這一領域之內，兩岸的公民和學者可以就兩岸的公共事務進行富有開放性的、理性的、建設性的交流和溝通，化解兩岸缺乏共識、缺乏理解、缺乏互信的問題。

一、兩岸關係中公共領域的內涵

哈貝馬斯在一篇題為《公共領域》（1964）的小文中對公共領域作了一個簡明扼要的界定：所謂「公共領域」，我們首先意指我們的社會生活的一個領域，在這個領域中，像公共意見這樣的事物能夠形成。公共領域原則上向所有公民開放，公共領域的一部分由各種對話構成，在這些對話中作為私人的人們來到一起，形成了公眾。……當這個公眾達到較大規模時，這種交往需要一定的傳播和影響的手段，今天，報紙和期刊、廣播和電視就是這種公共領域的媒介。[292]根據哈貝馬斯的理論，本文界定，兩岸關係中的公共領域是兩岸關係發展中以日常語言為交往手段、以理解為交往前提、以開放為交往取向的為基本特徵交往空間。

可以這樣概括兩岸關係中「公共領域」的基本內涵：第一，兩岸公共領域是在兩岸私人交往領域基礎上延伸出來的與公權力領域相區隔的中間領域和中間緩衝帶。它既不同於私人領域的交往，也不是公權力領域的交往，它跨越了個人家庭的侷限，所討論和處理的是具有普遍利益的兩岸的公共事務。第二，兩岸關係中的公共領域是兩岸民眾透過話語交往形成公共輿論的理性批判空間。它不是具體的、有邊界的物質空間，而是兩岸透過話語進行理性交往並體現公共性原則而存在的社會空間。[293]第三，兩岸關係中的公共領域是一個供公眾辯論的開放性空間，它對儘可能眾多的人開放，可以在其間表達和交流多種多樣的社會經驗。開放性體現在兩個層面：一個層面是事關兩岸公共事務中的每個相關人都能進入空間參與，進行對公共事務的論辯，身分平等；另一個層面是看法開放，每一個進入討論的人都能聆聽他人意見，都願意調整自己的意見。

兩岸關係中公共領域探討的主要是兩岸關係中的醫療、教育、新聞、公共安全、環保等的公共事務，構成要素包括了作為主體的兩岸公眾、作為客體的兩岸公共空間和作為工具的兩岸公共輿論。平等交往、公開討論和關注公共事務構成了兩岸關係中公共領域的基本運作機制。參與公共領域的主體則包含具有獨立人格是能夠就「普遍利益問題」展開理性辯論的兩岸公眾，

以及「各種非政府和非企業的公民組織,包括公民的維權組織、各種行業協會、民間的公益組織、社區組織、利益團體、同人團體、互助組織、興趣組織和公民的某種自發組合等等」。[294]兩岸民眾,當他們只要關心兩岸事務,參與與對方的討論和溝通,都是兩岸公共生活的公眾。公共領域的客體是由兩岸民眾匯聚而形成的客觀存在的公共空間。兩岸關係中的公共領域,不是真正的物理空間,而是由議題所串聯而成的形上空間,也稱「後設議題空間」,是指任何能夠體現公共性原則,可以形成諸如公共意見這樣事物的場域。在一定意義上說,公共領域只是一種理論上的抽象劃分,在現實社會中則表現為一些具體的社會空間,如咖啡館、俱樂部、沙龍、報刊、電視等這些能形成公共意見的地方。[295]公共領域還必須具備保障兩岸公眾充分交往、溝通而形成的公共輿論。兩岸交流不僅需要有法律和制度規定的程序,而且還要有公共領域這種社會交往形式,以形成公共輿論,表達兩岸民眾的共同意願,並就與普遍利益相關的問題進行相互協商,最終導向共識。「三通」之後,兩岸的公共生活有著廣闊的發展空間。目前已經存在的各種兩岸交流的平臺和論壇,經過參與者的努力,可以建成為兩岸溝通、理解的示範性交流場域。

二、從兩岸傳媒交流歷程探討兩岸公共領域的實踐

兩岸隔絕50多年,長期以來兩岸人民礙於地域和政治體制的異同,基本上都是借由媒體來獲取兩岸關係發展與現狀的消息,瞭解對方的發展狀況,瞭解民生習俗,消除心理隔閡。新聞媒體在兩岸的交流與互動上扮演著相當重要的角色,同時也在兩岸人民心中塑造著彼此的形象。哈貝馬斯在討論公共領域誕生時,媒體一直被看成極為重要的社會條件,沒有媒體的中介,論壇可能會停留在很地域性或是很局部性的層次。大眾傳媒是兩岸交往中的公共領域最重要的形態,是兩岸民眾討論公共事務的重要途徑。透過梳理兩岸傳媒交流的歷史,探討一下兩岸交往中初具雛形的公共領域。

第一階段,1987年到1995年,兩岸傳媒交流前期是單向流動,後期進入不對稱交流階段,不存在公共領域。

在1949年後的幾十年時間裡，海峽兩岸同胞曾處於長期的隔絕狀態。1979年全國人大發表《告臺灣同胞書》後，臺海地區的局勢開始逐漸趨向緩和，1987年11月臺灣當局被迫開放臺灣同胞赴大陸探親，兩岸民間交流交往正式開展。1987年9月《自立晚報》記者李永得、徐璐突破臺灣當局的禁令繞道來大陸採訪。臺灣與1989年4月正式開放臺灣大眾傳播人士赴大陸地區採訪、拍片以及製作節目。後，臺灣記者到大陸採訪形成高潮。1987年到1990年，主要是臺灣記者到大陸採訪。

1991年8月，新華社記者範麗青、中新社記者郭偉峰赴臺採訪「閩獅漁事件」處理情況，成為首次赴臺採訪的大陸記者。1992年9月，17家大陸新聞單位的18名記者組成「首批大陸記者訪問團」到臺灣採訪，正式開啟兩岸媒體雙向交流。1993年4月，福建、上海、廣東和海南4省授權受理審批臺灣記者來大陸採訪申請。1992年、1993年和1995年，臺北和上海先後舉辦了3屆「兩岸經貿關係」研討會，發起方就是大陸中國新聞社和臺灣《中國時報》這2家重量級媒體。1993年4月在新加坡達成的《辜汪會談共同協議》「雙方同意積極促進青少年互訪交流，兩岸新聞交流以及科技交流」成為兩岸傳媒雙向交流的推手。1994年，大陸允許臺灣媒體不間斷派記者來大陸駐點採訪。這個階段的兩岸媒體交流雖然由單向交流轉向雙向交流，但是極不平衡。

第二階段，1996年到2007年，兩岸傳媒初步互動交流，為公共領域的形成奠定基礎。

1996年12月，國臺辦發布關於臺灣記者來祖國大陸採訪的規定，下放審批權後，有記者採訪審批權的省市增加為12個。1996年到2000年，兩岸關係經理了一個從緊張到緩和再到緊張的過程，這個階段，臺灣媒體到大陸交流的少，大陸媒體到臺灣交流的多。2000年9月，兩岸媒體人聯合採訪西藏。2000年11月10日，臺灣終於在兩岸媒體的壓力下開放4家大陸媒體記者赴臺駐點採訪。2001年9月，兩岸媒體人共赴西北行採訪活動。2002年12月，國臺辦對《記者來祖國大陸採訪的規定》加以修訂，使臺灣媒體記者赴大陸採

訪的手續簡化。2002年金門與廈門、福州等地實現直航，閩臺交流密度開始大增。2002年11月26日，22名福建媒體人赴金門，這是大陸媒體人第一批到金門交流。2004年7月，臺灣當局放行中國新聞社記者赴臺灣駐點採訪。共有5家大陸媒體記者獲準赴臺灣駐點。然而，2005年4月，臺灣宣布暫緩新華社、人民報社記者在臺灣駐點採訪。兩岸媒體交流出現倒退。2005年兩岸關係出現了一些促進對話的積極因素，連宋大陸行開創了兩岸之間對話的新渠道，[296]中共與國民黨、親民黨之間的政黨溝通平臺啟動後，兩岸民間的對話變得活躍。2005年9月，國臺辦延長臺灣記者赴大陸駐點採訪時限，由此前的1個月延長為3個月，地點不限。2006年12月，國臺辦《關於奧運會及其籌備期間臺灣記者在祖國大陸採訪規定》，臺灣記者赴大陸採訪只要受訪者同意即可。規定還為臺灣記者自用採訪器材入境通關和辦理採訪證件打開方便之門。2007年9月，新華社、人民日報社和中新社8名媒體工作者組成「大陸媒體赴臺訪問團」赴臺北訪問、交流。這個階段的兩岸傳媒交流大體形成互動之勢。兩岸的報紙或廣電媒體雖然無法為對方所直接收視、閱聽，但透過網路傳播，以及兩岸互相駐派記者和兩岸傳媒界業已形成的一些互動和合作，使得兩岸民眾對對方都具有一定的訊息量。因此，雖然兩岸的媒體不能自由交流，兩岸民眾的溝通和交流受到極大的限制，但在某種程度上，兩岸存在著最低意義上的公共生活，並且還有著廣闊的發展空間。

第三階段，2008年至今，兩岸傳媒進入大交流大發展階段，公共領域開始萌芽。

2008年5月，國民黨重新上臺執政，兩岸關係也因此迎來新的發展契機。從開放大陸觀光客入臺及週末包機正常化，到兩岸「大三通」的全面實現，再到2010年6月29日兩會簽訂《海峽兩岸經濟合作框架協議》（ECFA），14項協議就像14條高速公路，使兩岸的連接之路頓時暢通。2008年7月4日，由新華社、人民日報、中央電視臺、中央人民廣播電臺、北京電視臺和北京日報等10幾家媒體組成的60人記者團乘「週末包機」抵臺，這是兩岸開放媒體交流後規模最大的單一大陸記者團。2008年11月《臺灣記者在大陸採訪辦法》發布，體現了為臺灣記者提供符合新聞作業要求的專業

化人性化服務，受到臺灣媒體的歡迎。2008年11月，臺灣允許大陸地方媒體福建日報，包括旗下海峽都市報及海峽導報、東南衛視記者可以用輪替方式赴臺灣駐點採訪，每次採訪時間為3個月，並簡化了赴臺申請程序。2008年兩岸媒體交流頻度增高，兩岸媒體在各個層面交流的頻繁帶動了合作領域不斷擴大。2009年3月26日，由《人民日報》總編輯吳恆權率隊的「大陸記協中央媒體負責人訪問團」赴臺灣，共17家媒體的20位負責人去臺灣進行媒體交流。2009年7月27日，國臺辦新聞局長楊毅帶領「海峽兩岸關係協會新聞交流團」一行16人抵臺，媒體包括中國國家廣電總局、人民日報、中央電視臺等。交流團參訪中央社、中國時報、東森電視臺等臺灣媒體以及地方記者協會等機構。2009年10月底，由臺灣海基會董事長江丙坤率領的海基會新聞交流團抵達大陸訪問，顯示兩岸新聞交流的良性新變化。2010年2月，臺灣東森、中視2家電視臺和中國時報集團旗下的旺報到福州和廈門駐點。臺灣媒體正式駐點還是首次，這標誌著閩臺新聞交流與合作邁上了新臺階。這個階段，兩岸傳媒交流你來我往，兩岸傳媒交流已成為兩岸同胞增進瞭解、溝通感情的重要橋樑。兩岸傳媒交流經歷從無到有，從單向發展到雙向，活動日益頻繁，內容豐富多彩，形式多種多樣，領域日益拓寬，規模不斷擴大。

兩岸關係進入和平發展時期，交通、通訊手段的發展減少了兩岸交往的時空障礙，透過旅遊觀光、參觀訪問、學術交流、互派學生等形式的文化交流使得兩岸的知識、思想、制度、觀念、習俗不斷融合。兩岸交流日益頻繁，越來越具有相互滲透和依賴的特徵，很自然會引發兩岸人民對共同命運的關懷。同時，兩岸面臨諸多共同問題所造成的危機感，以及解決這些問題所做出的共同努力，恰恰是兩岸關係中公共領域形成的先決條件。兩岸關係發展離不開兩岸交流，而在兩岸交流中，傳媒交流一直扮演著重要的角色。傳媒交流催生了兩岸交往中公共領域的初具雛形，表現在以下幾個方面：第一，圍繞兩岸熱點問題，大眾傳媒開始較為集中地設置議題。過去因為兩岸關係的波動，很多探討都是媒介禁區。現在兩岸關係進入和平發展時期，兩岸媒體開始逐漸涉及兩岸關係中的熱點問題，迅速建構了一個傳媒公共領域，公共輿論。比如在汶川大地震和「莫拉克」臺風災害發生後兩岸新聞媒體在第一時間趕赴現場，詳細報導，為兩岸民眾瞭解災情，及時捐災提供了

大量訊息。比如央視四套的《海峽兩岸》，海峽衛視跟東森臺合作的一系列節目，鳳凰衛視的《震海聽風錄》等，還有中評網、華廣網、鳳凰網等，都針對兩岸的一些社會焦點問題設置議題，建構起具有影響力的公共領域。第二，大眾傳媒為兩岸民眾討論公共事務提供越來越多的參與渠道。《一虎一席談》中幾期關於兩岸問題的探討，包括《震海聽風錄》幾期找來兩岸的學者對民共對話的障礙和前景進行探討，都是很好的嘗試。中評網則是建構了一個公共領域的虛擬交流空間。有學者的觀點，也有網民的自由意見。中國評論新聞網目前是兩岸關係中最具有活力的傳媒公共領域。第三，參與者身分與敘述風格多樣化。兩岸關係中主流媒介的公共領域仍然由學者、評論員所壟斷，但是未來不斷拓展的空間為越來越多不同身分的兩岸民眾提供了機會。第四，傳媒的角色變遷刺激了公共領域的產生。在促進兩岸交流與溝通中，發揮著促進相互認知、培育情感認同、彌合政治分歧以及提供輿論支持的作用，並經歷了「傳遞政策、傳遞事實和傳遞影響力的角逐變遷」[297]。第五，公共領域所形成的公共輿論的作用越來越大。近年來，圍繞兩岸發生的一些重大新聞事件，眾多傳媒常常會形成一種合力，建構影響巨大的公共領域，甚至引發兩岸關係的明顯變化，陳光標赴臺行善事件就是一例，兩岸關係發展中的很多問題都會隨著一些事件的產生和報導而浮出水面，被人們關注和討論。

當然，兩岸關係中的公共領域從萌芽到成型這個過程還很長，當前存在諸多問題：第一，兩岸媒體發展的不平衡，影響了公共領域的形成。兩岸不同的媒體的運作方式，大大決定了公共領域的存在和運作。大陸媒體肩負著政策導向的旗幟作用，對於敏感的臺海時政新聞，必定要充分考慮「報導可能對兩岸關係造成的影響」這一衡量標準。與之相異，同時受到經濟因素和政治手段的影響，不同背景的臺灣主流報紙在新聞報導上都存在著一種基本的政治傾向。甚至，不是以旁觀者的角度報導問題，而是「跳上舞臺跟著一起演出」。良好的討論機制是公共領域賴以生存的關鍵，過去兩岸文化交流的阻隔以及不同的歷史發展軌跡，深刻影響了兩岸傳媒的差異性，現在雖然有不少改進，但整體上還很不平衡。第二，探討的領域不平衡，議題探討的持續性差、巔峰期短，缺少真正完整意義上的「兩岸公共事務討論空間」。

目前兩岸的報導內容上往往集中於經貿、文化、社會的重大事件或硬性新聞，較少關注日常生活的軟性訊息，對風物民情、地方歷史文化的常態報導不夠，深度報導更少，對民生的常態生活、觀念習俗等常規化、結構性內容缺乏深入瞭解。報導的單一化擠壓了兩岸互動和社會團體利益表達的足夠空間。諸多關係兩岸民生的公共事務方面需要的專業探討，都還尚未開啟。公共領域是一個由議題串聯而成的形而上空間，例如，同一個議題的論辯第一次是在報紙的某個版面進行，第二次是隔天在電視上辯論，第三次是又是數天后在某次論壇上討論等。但是現有的論壇以及報導，比如海峽論壇、兩岸一甲子學術研討會、兩岸智庫論壇等，都不夠深入，沒有持續性。從媒體與受眾互動性上看，傳受者的地位沒有改變，仍然以單向傳播為主。從效果上看，意見討論的結果大都不了了之。第三，兩岸合作和交流的民間組織無論在種類、數量，還是在獨立性與自主性上，都遠遠沒有達到公共領域發展的要求。兩岸民間組織的交流剛剛開始，缺乏一個自我組織、非威權地達成共識、進而介入和影響兩岸關係發展的面向，目前還不足以藉非威權的方式形成社會的公共意見。兩岸關係中公共事務的探討，需要真正公開而客觀的公共輿論，而不只是欠缺應有的理性論辯的激情和謾罵。

三、構建兩岸理性交往的公共領域的機制

2009年11月在臺灣舉行的「兩岸一甲子」學術研討會上，兩岸軍政學界首次就臺灣國際生存空間和軍事互信等敏感議題公開交流，即便雙方各持立場，針鋒相對，卻絲毫不減其理性對話和相互尊重。其最大意義在於：兩岸即使仍存在許多重大分歧，但已經站在一起，進行坦誠的交流對話。2010年11月2日，首屆兩岸智庫論壇在臺北舉行。兩岸智庫可以扮演先行先試的角色，先行先試進行深度廣泛交流合作，釐清在政治立場上彼此存在的歧見，扮演協助兩岸政府協商溝通與謀求共識的橋樑。這兩次的研討會已經初具公共領域的雛形：①協商過程的形式是辯論，即大家僅僅是訊息和理由之間的交換和較量，而不是力量或利益之間的較量；②協商是包容的、公共的，即大家都有機會參與，公開進行；③協商是排除強制的，這是第一條的邏輯後果；④協商是平等的。目前的兩岸關係已經呈現一種雙軌的商議機制的態

勢，即透過兩岸官方商談這種公開性較強的制度性方式和兩岸公共領域這種公開性較弱的非正式的交往形式來完成。①兩岸公眾透過交往行為將兩岸議題在公共領域中自由地討論，辯護和批判，商談型兩岸關係更重要的是關心產生於特定的社會情境、與公民真實的生活動機密切相關的觀點和意

---

① 公共領域是從生活世界自身擴展出來的，對交往之流進行過濾和綜合，從而形成公共意見或輿論的公共空間，是民主意願的策源地，而國家的制度性組織是民主意願的載體或表達渠道。

見，並儘可能使他們得到合理的表達。

兩岸關係和平發展時期，構建兩岸關係中的公共領域的機制主要有以下幾個方面：

（一）兩岸公共事務議程平臺建設

兩岸公共領域是一個公共交往領域，在一個特定的公共空間中或者依託媒介、載體和渠道，兩岸民眾「能夠以話語方式形成意見和意願」；這些意願從而形成公眾觀念，並進一步成為客觀要求。兩岸民眾運用理性的對話方式來處理社會公共事務。因為兩岸民眾多元化，有不同的利益訴求，所以這些公共意見的形成需要依託一定的參與機制將公共意見議程化，影響相關兩岸政策制定。從現有的經驗來看，兩岸公共事務聽證會、兩岸關係研討會、兩岸精英論壇、兩岸智庫論壇等，對兩岸民眾參與兩岸事務有積極作用。兩岸公共事務議程的平臺建設應該從以下幾個方面進行：兩岸政府在兩岸事務中的角色轉變，將更多的兩岸公共事務交由社會組織管理；建立健全大眾傳播媒介組織機構，形成健全、獨立、理性的多渠道、多維度的兩岸交流網絡體系；為各種兩岸事務的民間組織、諮詢智囊組織提供寬鬆和良好的發展環境，充分發揮其在表達民意、鼓勵兩岸民眾在兩岸公共事務上參政議政、培養兩岸民眾政治參與能力和形成政策決策意見等方面的重要作用。

（二）發展兩岸社會交流自主性，兩岸社團合作開創公共領域

兩岸關係走入和平發展，社會資源呈現多元化態勢，隨著技術進步帶來的通訊便利以及公民責任意識的不斷增強，很多社團正變得越來越活躍。自願社團的成長促進了兩岸關係中社會資本的形成和轉化。開放兩岸社團合作和開放兩岸自組一般性社團（非政治性的自由結社權），開放兩岸婦女組織、基金會、環保組織、非政府研究機構等，在資源、人口、環境、教育、扶助弱勢人群、解決貧困等方面合作，是開創公共領域的社會基礎。當大量的兩岸人民參與社團合作或自組社團過程中，兩岸人民之間有持續性的交往，就形成「重複博弈」之局，傾向考慮長遠利益而非短期，易於形成合作的精神與習慣。兩岸人民透過參與社團活動，彼此交流相互學習，能夠大大增強其理性思考和行為能力。溝通理性並不是理性本身，而是達致理性的方法。兩岸關係發展中，人們透過商談或對話的溝通方式建立起他們之間的關係並調整相互關係，不同的一件和觀點透過交流爭論融合而逐步趨向於共同的認識和價值觀。溝通理性的實質，乃是在於它是一種程序性理性觀念。[298]社團式的兩岸人民參與網絡為兩岸關係的發展提供了一種訊息傳遞、建立信任、理解並達成共識的橫向交往結構。大量自治性、多元性社會團體聚合了兩岸間的物質、精神資源，在經濟、社會和政治生活中具有一定的影響力，而且能在政府無力或不願介入的社會領域裡發揮不容忽視的作用。以具有五緣優勢的廈門為例，社會組織透過民間和半官方的形式，搭建起各種載體平臺，有力地促進了海峽兩岸的經貿合作與人員往來。[299]開放兩岸人民間的社團合作和自由結社，作為一種公共生活形式，以合作的形式大大拓展了兩岸理性交往的公共領域。

（三）培養最具潛力的兩岸公共領域：傳媒公共領域和網路公共領域

兩岸隔閡的時間太長了，冰層太厚了，要使橫阻在兩岸的冰層完全消融，還需要更加努力，促進兩岸社會的進一步相互瞭解和理解。現在兩岸關於對方的報導，層次較淺，只是一些簡單、零碎的表面的情況，尤其是對於民生新聞、常態生活報導極少，比如關於陸生入臺問題，臺灣的年輕人對此有何想法，會給他們帶來哪些變化等等，幾乎沒有相關報導。如果記者能夠深入到對方社會生活的某一點，報導的內容將豐富得多，也會吸引更多的受

眾。關於這個問題，臺灣政治大學政治學教授石之瑜早在1994年就談到過。他說：「新聞媒體在作關於兩岸或大陸方面報導的時候，首先應該要讓此間的民眾看到大陸上的人民是如何瞭解他們自己的。因此，媒體要鼓勵記者深入大陸鄉鎮田野，對於農村生活、盲流的發生與動機、大陸兒童立志要當工人的社會背景、酒廊女侍的生活目標等等，寫出深入的報導文學作品，協助此岸的人民進入彼岸人民的生活情境，體會他們生命之中的酸甜苦辣。像這類報導，絕不是一個以行使主權為主的人所關切的，但這卻是人類生活實際當中的絕大部分。」[300]未來在兩岸新聞報導方面：從民間入手，由下而上打好傳播基礎、提升社會信任度；從民生入手，增加常態報導、增進瞭解；從民聲入手，強化認同、增強輿論影響力。兩岸媒體的報導可以促進雙方的換位思考，促進民眾對兩岸關係發展的理性思考。兩岸應該加快新聞媒體交流與合作的速度、擴展交流與合作的廣度，深化交流與合作的深度，引導兩岸社會逐步建立相互信任合作的氛圍的基礎。「兩岸共同媒體」這一概念由郭偉峰提出，指「兩岸傳播人共同合作構建的新聞媒體，是兩岸新聞與傳播的共同訊息平臺」，以共構性、兩岸性、民族性為基本特徵。[301]兩岸媒體公共領域的培育有利於兩岸媒體的資源聯合與共享，更深層的是由此形成兩岸同根的心理共構。報紙、雜誌和電視這些傳統媒體在傳播向度上還是比較單一，採取自上而下的訊息傳播方式，公共輿論往往是被製造出來，兩岸公眾的批判意識孱弱。兩岸公共事務領域中媒體應該釋放更多地空間給予兩岸民眾參與討論，協助民眾在兩岸公共事務領域形成公眾輿論，並且形成長效的機制。

隨著兩岸民眾獲取訊息方式的轉變，互聯網作為訊息傳播工具，其影響力越來越大，並逐漸融入到兩岸民眾的日常生活、工作學習和娛樂中。中國評論新聞網作為網路公共領域的典範，值得更多的網路媒體和論壇學習。2010年11月，邱毅作為臺灣政治人物首例在新浪開微博，引起大陸網民的熱烈回應，上面有很多觀點，是有些民眾在正常媒體看不到的。話題的多樣性擴大了兩岸民眾參與兩岸公共事務的深度和廣度。在開放的互聯網中，微博、推特和FACEBOOK裂變式的傳播方式開闢了網路公共領域的新時代。微博將社會自我呈現的時間、空間暫時性的限制被打破，參與者隨時隨地地進

入、爭取發言的機會。並且,在他們的發言互動中呈現其多元、異質和互為主體性的特徵,其同時構成特殊的連結感。這個連結感尤其在對特定事件的爭議討論中構成一個討論的、意見交換的社群,網路公共領域參與者之間的論辯也將更多地表現為理性的「思想交鋒」而不是操縱他人。它真正的意義不在於能夠完全建立起一個獨立自主的對公共事務探討的領域,而在於作為一種相對獨立的民間力量,培養了兩岸民眾對於兩岸事務參與的熱情,為兩岸關係的發展提供了基礎。在網路公共領域中,兩岸透過「互相纠正」來培養互信。充分利用兩岸網路平臺,構建良性網路公共領域,使得理性、批判和建設性的公共意見得以形成,發揮疏導民意、表達利益訴求並形成客觀要求的渠道機製作用。

　　和平發展能為兩岸交往的公共領域提供兩個前提條件:一是承認和遵守共同的社會規範;二是確立良好的對話環境。它容許一切參與者發表不同意見,照顧到一切參與者的有關利益,同時保證規範的普遍有效性。兩岸之間聯繫已經如此緊密,兩岸民眾對兩岸議題的關心和討論也已經不是雙邊內部發生的事務,毫無疑問兩岸民眾不僅有互動行為、有共同經歷的事件,而且也早已開始尋求價值的溝通與意義的探尋。兩岸公共領域以兩岸民眾公共參與公共事務探討的方式在兩岸間建構一個對話的共同體。這一對話的共同體不僅成為兩岸民眾進行身分認同和文化歸屬的重要依憑,塑造了一種命運共同體的民族意識,還影響到他們對待兩岸及其關係的態度,即輿論和民意。培育「兩岸公共領域」的深層意義在於透過參與公共事務的探討塑造了兩岸民眾的認同感和向心力,為兩岸和平發展的主流局面奠定持續性的心理基礎。兩岸的民眾在共同對於公共事務的探討中,才能更深切地體會到同胞的涵義。以公共領域來看認同問題,不僅僅要注重將歷史淵源與文化傳統、法理依據和目前廣泛的經濟相互依賴等作為命運共同體認同的粘合劑,[302]而是要在此基礎上,更注重兩岸民眾在接觸、交往中能否有助於溝通、理解與共識的達成,有助於共同參與建構良好的兩岸公共領域。

新形勢下兩岸非傳統安全合作芻議

福建社會科學院現代臺灣研究所　劉凌斌

近年來,隨著國際政治格局多極化和經濟全球化進程的不斷深化,恐怖主義、跨國犯罪、自然災害、環境保護等非傳統安全問題正日益引起世界各國的關注。就新形勢下的兩岸關係而言,隨著兩岸關係的不斷改善,兩岸人員往來日趨頻繁,經貿文教交流加速發展,兩岸關係正式進入了和平發展的新階段。由於兩岸政治互信的建立與鞏固,傳統安全因素即政治與軍事對於兩岸關係的威脅逐漸淡化,但是非傳統安全因素對於兩岸關係的影響則不斷上升。[303]因此,加速推進兩岸在非傳統安全領域的合作就成為當前兩岸深化交流合作進程中的一個重大課題。本文在梳理「非傳統安全」概念的基礎上,就兩岸非傳統安全合作的現實意義、主要內容以及實現路徑等問題進行初步探討,以求教於方家。

一、非傳統安全的理論探討

近年來,非傳統安全問題作為國際政治、區域發展與國家安全研究的新領域,其重要性伴隨國際形勢發展與全球化進程的深入而不斷提升,日益受到國內外學術界的重視,一般而言,「非傳統安全」(non-traditional security,簡稱NTS)是相對於「傳統安全」(指以政治和軍事安全為中心的國家安全)而言的,有的學者稱之為「非軍事安全」、「非常規安全」、「綜合性安全」、「新的安全威脅」、「新安全」等等。

目前,學術界對於「非傳統安全」並無一致的定義。學者王逸舟認為,「非傳統安全」,指的是人類社會過去沒有遇到或很少見過的安全威脅;具

體說,是指近些年逐漸突出的、發生在戰場之外的安全威脅。[304]陸志偉認為,「非傳統安全」是指由非軍事因素引起,直接影響甚至威脅本國發展、穩定與安全的問題。[305]有的學者認為,「非傳統安全」是非軍事、非典型政治領域的全方位的、多層次的、內容廣泛的新的安全威脅。[306]還有的學者認為,「非傳統安全」是指區別於傳統政治軍事安全,又能對國家安全造成實質影響的更加廣泛意義上的安全。[307]由於不同學者關注的角度和側重點不同,研究者往往根據個人的理解作出了不同的詮釋,加上「非傳統安全」這一概念的內涵和外延仍在不斷發展之中,使得相關定義的統一更加困難。綜合上述學者的研究,筆者將「非傳統安全」定義為,近些年來逐漸凸顯的,並非由傳統的政治、軍事因素引起的,直接影響國際社會的和平與發展、主權國家的安全與穩定,並對人類的生存與發展構成威脅的問題。

相對於傳統安全而言,非傳統安全的內涵更廣泛和複雜,涉及政治、經濟、軍事、文化、科技、生態環境等領域,幾乎涵蓋了當今世界上的全部難題,對各國的國家安全和社會穩定乃至全世界的和平發展構成嚴峻挑戰。具體而言,非傳統安全問題主要包括經濟安全、金融安全、訊息安全、科技安全、資源安全、食品安全、環境安全、恐怖主義、武器擴散、疾病蔓延、跨國犯罪、走私販毒、排法移民、海盜、洗錢等方面。

儘管非傳統安全尚未形成一個公認的、權威性的概念,但是多數學者對非傳統安全的主要特點以及非傳統安全與傳統安全的關係等問題基本達成共識,簡要概括如下:首先,非傳統安全問題的主要特點有全球性、跨國性、主權性、不確定性、動態性、協作性、行為主體的多樣性等。其次,非傳統安全與傳統安全之間沒有絕對的界限,二者常相互交織,相互聯繫,相互影響,並在一定條件下發生轉化。如果非傳統安全問題的矛盾激化,有可能轉化為依靠傳統安全的軍事手段來解決,甚至演化為武裝衝突或局部戰爭。因此,非傳統安全的鞏固有助於傳統安全的維護。再次,非傳統安全更加重視人的安全和社會安全,更加重視經濟、社會、文化、環境等因素對世界和平與國家安全的影響和作用。最後,非傳統安全問題的解決手段具有綜合性和協商性。與主要憑軍事手段解決傳統安全問題不同,解決非傳統安全問題則

需要綜合運用政治、經濟、法律、外交、科技等手段；同時，更強調透過各國間的對話與協商，以及國際組織的協調來應對非傳統安全問題。

二、兩岸非傳統安全合作的現實意義

2008年5月國民黨重新執政以來，臺灣局勢和兩岸關係發生了重大的積極變化，兩岸兩會恢復協商並達成15項協議與1項共識，兩岸經貿文教交流和人員往來日趨熱絡，兩岸關係走上了和平發展的快車道。由於兩岸政治對抗和軍事衝突的可能性大幅下降，非傳統安全問題正逐步取代傳統安全問題，成為新時期影響兩岸關係和平發展的主要威脅。因此，兩岸不斷加強在非傳統安全領域的合作，是新形勢下兩岸關係不斷發展的必然趨勢，對於深化兩岸之間的交流合作，維護兩岸關係的和平發展，有著不容忽視的正面意義。

（一）兩岸非傳統安全合作，有利於兩岸之間開拓更多的合作領域，促進兩岸全方位的合作與交流。對兩岸當局而言，要鞏固兩岸之間的良性互動以及兩岸關係和平發展的新局面，除了在經貿、文化、教育等既有領域繼續深化合作以外，更重要的是不斷開拓新的合作領域，創建新的合作交流機制。由於非傳統安全涉及領域相當廣泛，兩岸之間在共同應對非傳統安全威脅方面的合作可以說是大有可為，在打擊跨境犯罪、抵禦自然災害、防範傳染疫病、共同保護環境、發展低碳經濟、維護海上安全等諸多方面，兩岸都有廣泛的合作空間和多樣的合作機會。

（二）兩岸非傳統安全合作，有利於保護兩岸民眾的安全福祉，降低非傳統安全因素對兩岸關係的負面影響。兩岸推進非傳統安全合作，順應了在兩岸交流中維護人的安全和社會安全的客觀需要。長期以來，非傳統安全事件的爆發，不僅嚴重危害兩岸民眾的生命財產安全，而且損害兩岸經貿、文化和人員交流，不僅容易引發兩岸社會危機和政府互信，而且容易產生新的兩岸衝突矛盾，導致兩岸關係的緊張局面。[308]1994年3月發生的「千島湖事件」以及2003年春夏之交「非典」疾病的蔓延即是典型的例子，兩起非傳統

安全事件除了造成重大的人員傷亡和財產損失以外,由於兩岸之間缺乏政治互信,在處理兩起事件過程中存在訊息公開不足、協商溝通不利等問題,加上臺灣「臺獨」分裂勢力和有心人士借題發揮,挑撥兩岸人民感情,直接衝擊了原先就十分敏感脆弱的兩岸關係,甚至導致兩岸關係出現緊張和兩岸交流倒退的局面。[309]此外,上世紀80年代後,劫機犯罪和大陸居民「私渡」臺灣等違法犯罪行為頻繁發生,給兩岸之間的民航安全以及臺灣的社會治安帶來嚴重隱患,同時也在兩岸人民之間播下互不信任的種子,給兩岸關係的發展帶來不利影響。可以說,由於臺灣問題的特殊性、敏感性和複雜性,任何非傳統安全領域的風吹草動都可能升高對傳統安全的威脅,進而影響兩岸之間的良性互動,衝擊兩岸關係和平發展的大好局面。有鑒於此,兩岸當局有必要加強合作,共同防範和解決各類非傳統安全問題,才能最大限度地保護兩岸同胞的生命財產安全,降低非傳統安全因素對兩岸關係和平發展的衝擊和損害,共同維持當前來之不易的兩岸關係新局面。

(三)兩岸非傳統安全合作,有利於消弭兩岸民眾之間的誤解和分歧,增進兩岸同胞的民族感情和相互認同。在面對自然災害和重大突發事件之時,兩岸各界積極為受災受難的對岸同胞捐款捐物,並以實際行動參與救援和善後工作,體現了兩岸同胞之間的人道主義關懷和血濃於水的親情,雙方可以透過在此基礎上建立起來的互動合作機制,促進兩岸民眾之間的相互瞭解和相互信任,無疑有利於增進兩岸同胞之間的民族感情。又如,兩岸共同打擊詐騙、搶劫、殺人、綁架、涉黑等惡性犯罪,透過司法互助遣返藏匿於對方管轄區域內的犯罪分子,能逐漸消除兩岸民眾對彼此的負面觀感,化解彼此之間不必要的誤解,並增進兩岸同胞之間的信賴度以及逐步提升對彼此「公權力」部門的好感度。可見,兩岸堅持「以人為本」,共同推進在打擊跨境犯罪、災害預警與救援、疾病預防與控制、食品安全管理等非傳統安全領域的合作,在某種意義上也是為兩岸同胞搭建起溝通交流和情感互動的橋樑,勢必進一步消除兩岸民眾之間的誤解和歧見,拉近兩岸民眾的心理距離,增進兩岸同胞的民族情感,提升「兩岸一家人」的認同感和自豪感,從而為祖國統一的早日實現和中華民族的偉大復興創造有利條件。

（四）兩岸非傳統安全合作，有利於鞏固和強化兩岸之間的政治互信，為將來兩岸開展傳統安全對話奠定基礎。在當前兩岸政治互信不足的情勢下，短期內開啟涉及政治安全與軍事安全的傳統安全對話（如協商軍事互信機制，簽署和平協議）殊無可能，雙方應遵循「先易後難」、「循序漸進」的原則，逐步開展非傳統安全領域的對話與合作。實際上，兩岸關係的各個層面都是普遍聯繫的，傳統安全議題和非傳統安全議題是不能截然分開的。例如，兩岸開展海上非傳統安全合作，以及為共同應對自然災害而建立起來的災害預警、應急救援機制等，都可能需要兩岸軍方或準軍事力量的配合和參與，這就為突破當前兩岸軍事對峙局面，增進兩岸軍事或準軍事部門的互動創造良機，為兩岸推動軍事互信機制邁出了關鍵的第一步。因此，在兩岸解決傳統安全議題之前，優先討論和解決非傳統安全議題，積極推進兩岸非傳統安全合作，有利於不斷增進和鞏固雙方的政治互信、積累協商對話和互動合作的經驗，這本身就是為將來兩岸開展傳統安全領域的對話與合作，為雙方最終破解政治難題創造條件。

三、兩岸非傳統安全合作的主要內容

鑒於兩岸同屬中華民族，在非傳統安全領域有著重大的共同利益，雙方進行合作的空間十分寬廣，在新形勢下，兩岸應當在原有的基礎上，從以下五個方面入手，不斷加強和深化雙方在非傳統安全領域的合作。

（一）防範打擊「三股勢力」

「三股勢力」是指境內外民族分裂主義勢力、宗教極端主義勢力和恐怖主義勢力。當前，「三股勢力」頻繁活動所帶來的威脅是世界各國應對非傳統安全的核心議題，而「三股勢力」往往相互勾結，相互利用，給各國的和平穩定帶來嚴峻挑戰。在兩岸關係中「三股勢力」的威脅始終存在，但在不同時期的表現特點並不相同。近20多年來，「臺獨」勢力在臺灣當局的姑息縱容下不斷發展壯大，2000年主張「臺獨」的民進黨上臺執政，「臺獨」分裂勢力在臺灣盛極一時，成為影響兩岸和平穩定的最大因素。相對而言，恐

怖主義、宗教極端主義對兩岸關係的影響則並未凸顯。2008年，國民黨重新上臺執政，兩岸關係在「反對臺獨」和堅持「九二共識」的基礎上不斷改善，「臺獨」勢力遭受重大的政治挫折。但在新形勢下，「三股勢力」仍然賊心不死，仍會千方百計地干擾兩岸關係的和平發展。一方面，不能排除「藏獨」、「疆獨」等民族分裂主義勢力以及國際恐怖主義勢力利用兩岸交流的舞臺製造事端的可能性。另一方面，窮途末路的「臺獨」勢力與「藏獨」、「疆獨」分子相互勾結的趨勢不斷加強，並已經開始製造事端衝擊兩岸關係（如邀請達賴訪臺等），未來甚至不能排除極少數「臺獨」分子透過製造恐怖主義事件（如爆炸、暗殺、綁架、劫持人質等）來破壞臺海和平穩定的可能。因此，兩岸雙方應該從兩岸關係和平發展的大局出發，共同防範打擊「三股勢力」的活動。

（二）共同打擊跨境犯罪

上世紀80年代末以來，兩岸人員往來和民間交流日益頻繁，這也給兩岸的一些不法分子提供了可趁之機，跨越兩岸的違法犯罪活動時有發生，如「私渡」、劫機、搶劫、殺人以及涉黑性質的販毒、洗錢、走私、綁架、敲詐勒索、偽造假幣、拐賣婦女賣淫等嚴重犯罪，嚴重危害了海峽兩岸同胞權益，破壞了兩岸社會和諧。也有不少在臺灣遭到司法機關通緝的經濟要犯、黑道分子和刑事重犯潛逃到大陸「避風」，以逃避法律的制裁。據臺灣學者統計，目前至少有400多名臺灣通緝犯潛逃至大陸藏匿。[310]近年來，又出現了兩岸犯罪分子合作進行網路詐騙和電話詐騙等新的犯罪形態。

有鑒於此，從1990年代初開始，兩岸就十分重視共同打擊跨境犯罪議題。1990年9月兩岸行政主管部門分別授權雙方紅十字組織簽署了關於遣返私渡者和刑事犯罪嫌疑人的「金門協議」，此後兩會圍繞兩岸共同打擊犯罪進行過多次協商，但由於協議的內容所限，加上兩岸政治互信基礎薄弱，兩岸跨境犯罪常涉及主權爭議，兩岸司法部門缺乏順暢的溝通配合機制等問題，故而不同程度地影響了兩岸司法機關共同打擊犯罪的成效，導致跨越兩岸的一些惡性犯罪活動仍然屢禁不止。2009年4月，兩會在南京簽署了《海

峽兩岸共同打擊犯罪及司法互助協議》，為兩岸司法部門加強和完善共同打擊跨境犯罪，開展全面的司法互助合作奠定了基礎。自2009年6月25日該協議生效後，兩岸共同打擊犯罪和司法互助的成效均十分顯著，有力地保障了兩岸交往秩序和兩岸同胞權益。據統計，兩岸共同打擊犯罪績效最顯著的案件為「電信網路跨境詐騙」，自協議簽署至今，已合作破獲20案、逮捕1329人。大陸方面協助臺灣緝捕遣返通緝犯部分，總共完成109案、97人，重要通緝犯包括前法官張炳龍、前「立委」郭廷才、前彰化縣議長白鴻森、槍擊案要犯陳勇志等人。此外，兩岸司法互助成效良好，兩岸警方通力合作，共交換729件犯罪情報，相繼破獲了夏姓臺商遭綁架53天勒索巨款案、臺灣醫生黃麟杰在大陸殺死情婦案等重大刑事案件。[311]

（三）海上非傳統安全合作

海上非傳統安全威脅是指除因海上領土、領海、海洋權益纠紛引發的國家間武裝衝突、戰爭等傳統威脅外的對國家海上安全和海上利益構成的現實和潛在的壓力。[312]21世紀是人類走向海洋的世紀，兩岸不但共同面臨著與周邊國家的領土爭端、海洋權益等傳統安全威脅，也共同面臨著諸如猖獗的海盜活動、過度的海洋捕撈、海洋汙染與環境保護、海洋能源爭奪等非傳統安全威脅。

為了共同維護中國的領海主權、海洋權益和資源安全，未來兩岸必須積極採取有效措施，推進海上非傳統安全合作。一是加強兩岸海上救助合作，共建「平安海峽」。2010年9月16日，兩岸海上聯合搜救演練在臺灣海峽的廈門、金門附近海域成功舉行，這次演練是兩岸海事部門與海上搜救力量首次共同策劃、組織、參與、合作、完成的大規模海上聯合搜救演練，在確保兩岸海上航行安全，開展海上救難合作，推動兩岸航運發展方面意義重大，對兩岸建立海上應急救助和處置的協調機制是一次成功的探索。[313]今後，兩岸應共同努力構建起兩岸海上聯合搜救常態和長效協作機制，為兩岸海上航行安全提供堅強的保障。二是共同保護海洋環境，合作開發海洋資源。在保護海洋環境方面，兩岸可採取的措施包括：透過協商實行漁業捕撈配額制

度,完善「休漁」管理制度,促進漁業資源可持續利用和保護;簽訂保護海洋環境的協議,進行沿海地帶的環境整治,開展治理海洋汙染的研究與合作等等。在合作開發海洋資源方面,兩岸相關企業早已達成共識並在開發臺灣海峽石油、天然氣資源方面取得實質性進展。[314]未來,兩岸在合作開發、共同勘探海洋資源方面應遵循擱置爭議、一致對外、投資分攤、成果均享、風險共享等原則;[315]除了加強對石油、天然氣等傳統海洋資源的開發外,還應積極合作開發利用海洋新能源,如潮汐能、波浪能、海洋生物能等。[316]三是嚴厲打擊海盜活動,共同保障兩岸船舶的航行安全。近年來,在索馬里沿岸、亞丁灣海域和馬六甲海峽等一些重要的國際海域,海盜活動日益猖獗,他們襲擊來往船舶、搶奪船上財物、綁架殺害船員、索要巨額贖金,對各國的海上航行安全構成嚴重威脅。為此,現階段兩岸可以採取的措施包括:雙方海事部門(大陸的海事局、邊防海警部隊以及臺灣的「海巡署」)共同建立訊息交換與溝通協商平臺;兩岸海軍分別派出艦艇編隊為來往船舶(包括對方的船舶)護航;[317]由臺灣的「海巡署」和大陸的邊防海警部隊(「準軍事」部門)進行反海盜演練,必要時可採取聯合行動打擊海盜等。未來一旦兩岸建立起軍事互信機制,雙方軍方還可相互配合,共組艦艇編隊,實施常態化護航,或採取軍事行動共同打擊海盜,為兩岸船舶的海上航行提供安全保障。

(四)自然災害的預警與救援

近年來,兩岸分別遭遇了不同程度的自然災害,如地震、臺風、洪水、泥石流等。大陸先後發生了四川汶川大地震、青海玉樹大地震和甘肅舟曲特大泥石流等重特大自然災害,臺灣則飽受臺風肆虐之苦,如2009年的「莫拉克」臺風及其引發的「八八水災」,2010年的「凡那比」臺風和「鯰魚」臺風等,這些自然災害給兩岸造成了重大人員傷亡和巨額財產損失。每當大陸或臺灣發生重大自然災害後,海峽對岸都會積極行動起來,透過捐款捐物、派遣救援隊、參與災後重建等多種方式,向災區同胞伸出援助之手,充分展現了兩岸民眾之間的骨肉親情、同胞之愛和人道關懷。在汶川大地震發生後,臺灣各界迅速行動,透過多種渠道支援抗震救災,幫助災區民眾重建家

園,臺灣當局隨即宣布捐款20億元新臺幣支援四川災後重建,企業、民間團體和個人的捐款也達到數十億之多。此外,臺灣方面還迅速派遣救援隊、醫療隊、心理諮詢服務隊、地質專家趕赴災區協助搜救和善後工作。而在2009年臺灣遭受「莫拉克臺風」和「八八水災」重創之後,大陸各界也以實際行動伸出援手,據不完全統計,大陸各界向臺灣受災同胞捐款總數達到1.76億元人民幣、捐贈各類救災物資折合人民幣2500萬元,其中包括1000套災區急需的用於安置災民的活動板房。[318]

為了減輕自然災害的影響,提高對人民生命財產安全的保障,兩岸相關部門和有識之士紛紛呼籲兩岸應儘早建立完善配套的防災減災救災互助機制。國臺辦發言人範麗青多次表示,兩岸雙方可以共同協商建立災難預警、急難救助和災後重建等方面的互助機制。臺灣學者謝明輝則建議兩岸共同防災救災救難機制可朝以下方向進行討論:兩岸天然災害技術專家之交流,擴大兩岸災害防治及救難之合作,建立兩岸災後重建機制,並強調對特大救災救難之機制啟動,須突破兩岸軍事互信機制。[319]然而,目前兩岸在災害預防、救援和災後重建方面的合作還僅停留在起步階段,運作比較成熟的只有兩項:即兩岸專家就自然災害的防治進行定期研討和交流,閩臺氣象部門建立的「重要天氣電話會商機制」。但在人命關天的「天災」面前,這顯然是遠遠不夠的。有鑒於此,兩岸應當盡快協商,探討建立兩岸雙方在災害預警與防範、緊急救援與處置、災後重建等方面的常態化的互助合作機制,為兩岸交流、民眾往來提供更安全的保障。

(五)突發公共安全事件的防範與應對

突發公共安全事件,是指突然發生,造成或者可能造成重大人員傷亡、財產損失、生態環境破壞和嚴重社會危害,危及公共安全的緊急事件,主要包括自然災害、事故災難、公共衛生事件和社會安全事件四大類。在兩岸關係方面,影響較大的突發公共衛生事件主要有傳染病疫情(如「非典」、禽流感、甲型H1N1等)、食品安全事故(如「三鹿奶粉」事件)、旅遊安全事故(如大陸遊客被落石、起重機砸死砸傷)以及交通安全事故、環境安全事

故（如核能安全事故，近期日本大地震導致福島核電站核泄漏致使兩岸遭受核輻射）等。從後果來看，重大突發公共安全事件頻發將對兩岸交流和人員往來造成一定的衝擊，甚至直接影響到兩岸關係的和平發展。一方面，隨著兩岸「三通」的實現以及臺灣當局開放大陸遊客赴臺旅遊和大陸學生赴臺求學，以及放寬大陸配偶工作權並縮短申請定居期，兩岸人員往來日益密切，經濟文化交流合作逐漸頻繁，突發公共安全事件尤其是交通安全事故、旅遊安全事故、食品安全事故、環境安全事故、傳染疾病的流行等進入多發期，給兩岸防範和應對突發公共安全事件增加了難度。另一方面，由於兩岸之間仍然存在很多複雜的情結與敏感的問題，導致兩岸正常交流中的許多問題存在「泛政治化」的傾向，臺灣一些別有用心的政治勢力尤其是綠營政客和「名嘴」為了牟取政治利益，往往不惜利用突發公共安全事件來干擾兩岸交流，其後果輕則傷及兩岸民眾的互信以及同胞感情，重則直接衝擊兩岸的人員往來和各項交流合作的進程，進而影響兩岸關係的和平發展。[320]因此，未來兩岸雙方必須採取有效措施，透過溝通和協商，盡快建立起有效防範和應對突發公共安全事件的運作機制，才能為保護兩岸同胞的生命財產構築「安全閥」，盡力避免突發公共安全事件對兩岸關係可能造成的衝擊。

四、兩岸非傳統安全合作的實現路徑

在兩岸關係「和平、和解、合作、交流」的新形勢下，兩岸當局應當盡快樹立全面客觀的問題意識，在反對「臺獨」、堅持「九二共識」的前提下，遵循「先易後難」、「循序漸進」的原則，積極採取有效措施，加強制度建設，構建合作平臺，建立危機管理機制，不斷推進雙方在非傳統安全領域的互助與合作，共同保障兩岸交流的正常秩序和兩岸民眾的生命財產安全，維護海峽兩岸的和平穩定和中華民族的根本利益。

（一）不斷強化兩岸非傳統安全合作的制度保障

對於防範和應對非傳統安全威脅，如防治自然災害、應對突發事件等，海峽兩岸單方面已經制定了相應的管理制度和法律法規，並各自建立起一套

比較完善的預防和應對體系，但僅憑單方面的規範和制度畢竟無法建立雙邊的合作互助機制，因此，兩岸有必要加強溝通和協商，透過簽署協議的方式將兩岸非傳統安全合作制度化。2008年以來，兩會先後簽署了《海峽兩岸食品安全協議》、《海峽兩岸共同打擊犯罪及司法互助協議》和《海峽兩岸醫藥衛生合作協議》，分別就應對重大食品安全事件、共同打擊犯罪和防控傳染病蔓延制定了相應的管理規範，標誌著兩岸非傳統安全合作的制度化建設已經初見成效。當然，由於非傳統安全涉及的領域相當廣泛，未來兩岸兩會應當繼續就雙方亟須合作的非傳統安全議題展開雙邊對話和協商，可透過簽署「兩岸應對突發公共安全事件協議」、「兩岸防治自然災害合作協議」、「兩岸合作開發與利用海洋資源協議」等等，為兩岸進一步深化非傳統安全合作提供較為完備的管理規範和制度保障體系。此外，兩岸還可以根據形勢的需要，在必要時設立專門的常設機構，如共同組成兩岸非傳統安全合作委員會，或由雙方的對口部門單獨就某個議題設立委員會、工作小組等，[321]負責協商和處理兩岸非傳統安全合作的相關事宜。

（二）構建多層次、寬領域的兩岸非傳統安全合作平臺

兩岸要不斷推進在非傳統安全領域的互助與合作，構建多層次、寬領域的合作平臺是關鍵。所謂「多層次」，主要包括三個層次：一是搭建官方或「準官方」協商平臺，目前主要以兩會協商平臺為主，兩岸行政官員可以戴上兩會的「白手套」，直接坐上談判桌進行對話，共商兩岸非傳統安全合作大計。二是建立對口部門的事務性合作平臺，如共同打擊跨境犯罪、防範「三股勢力」威脅需要兩岸的司法部門和警政部門建立起合作平臺。三是設立學術研究與交流平臺，兩岸可透過定期舉辦研討會（如每年舉辦兩岸非傳統安全合作論壇，或專門領域的研討會等）、考察調研等形式，邀請兩岸相關專家學者就相關議題進行深入研究和學術交流，為兩岸不斷深化非傳統安全合作提供建言。所謂「寬領域」則有兩層含義，一是兩岸非傳統安全合作的領域十分廣泛，當前推進合作既要統籌兼顧，合理安排，又要重點突出，以某些對臺海和平穩定影響最大的議題為突破口，優先開展合作。二是在現有框架下進行合作的同時，要根據形勢的變化不斷拓寬兩岸非傳統安全合作

的領域，如合作開發新能源和綠色能源，共同保障資源安全；加強訊息技術合作，共同維護訊息安全等等。

（三）建立和完善兩岸應對突發事件的危機管理機制

如前所述，當前兩岸正進入突發公共安全事件的多發期，由於突發公共安全事件具有非預期性、公共性、巨大的危險性、高度的不確定性等特徵，一旦兩岸當局處置不當，應對不力，在兩岸關係特殊的背景下，極容易受到內外政治因素的干擾，使得單純的突發事件演變成政治事件，釀成後果嚴重的公共危機。危機管理理論指出，現代的公共危機管理應是建立在危機預防、預警和預控基礎上的主動管理，而不是毫無準備的被動應對。因此，兩岸面臨的當務之急就是樹立危機管理理念，制訂各種應急預案，加強應急處突力量建設，建立和完善有效應對突發事件的危機管理機制，包括預防與預警機制、緊急救援機制、善後處理機制、評價與反饋機制等等，進一步提高兩岸共同應對重大突發事件的預防和處置水平。唯有如此，才能防患於未然，保證一旦突發事件發生，就能及時啟動應急預案和危機管理機制，儘可能降低突發事件的危害程度，以最大限度地保障兩岸人民的生命財產安全和兩岸交流的正常秩序。

（四）重視發揮NGO在兩岸非傳統安全合作中的作用

NGO（non-government organization）是指在特定法律系統下，不被視為政府部門的協會、社團、基金會、慈善信託、非營利公司或其他法人，簡言之，就是不以營利為目的的非政府組織。兩岸的NGO多集中於慈善事業、環境保護和關懷弱勢群體等領域，臺灣的NGO在「解嚴」以來特別是經歷「9·21」大地震的洗禮之後蓬勃發展，目前總計有2萬多家，輻射面廣，覆蓋率高，運作較為成熟，管理機制較為完善，擁有一支較高素質的志工隊伍，在慈善、環保、救災等領域發揮了積極的作用。如在「9·21」大地震發生後，臺灣民間成立的NGO抗震聯盟以及9·21抗震基金會，在地震救援和重建過程中貢獻卓著，民眾對NGO的評價和讚揚甚至超過了臺灣當局。相比

而言,大陸的NGO還處於發展的初期,存在著諸多不足,但「5‧12」大地震為大陸NGO初次聯合併形成可持續行動提供了重大的實踐機遇,四川省「5‧12」民間救助服務中心的建立和突出表現,展示了中國NGO走向成熟與理性的可能。[302]另一方面,由於在「5‧12」大地震的救災中活躍著臺灣慈濟基金會、法鼓山基金會以及民間搜救隊、醫療隊和心理諮詢隊等NGO的身影,也為今後的兩岸NGO合作提供了寶貴的經驗和借鑑。總體而言,由於兩岸非傳統合作的議題十分廣泛,不可能單憑官方和行政部門大包大攬,雙方應該充分調動民間NGO的積極性,參與到環保、救災和應對突發事件等領域的合作中來。今後兩岸當局應當重視發揮NGO的作用,為環境保護組織、流行病防治組織、慈善救濟組織等NGO的發展創造環境,積極為NGO參與兩岸非傳統安全合作創造機會,鼓勵兩岸NGO為應對非傳統安全威脅作出更大的貢獻。

論兩岸關係和平發展中涉臺外交政策的理論創新

上海國際問題研究院臺港澳研究所　嚴安林

　　新中國的外交也已走過了60多年的發展歷程。由於國共內戰、國民黨退居臺灣以及東西方的冷戰所致，新中國外交中的臺灣問題自始就是一個核心問題，臺灣問題與新中國外交相伴而生，相伴而行，涉臺外交也一直是新中國外交政策中的重要內容之一。本文透過回顧新中國涉臺外交的發展歷程，系統檢視各個不同發展階段涉臺外交政策中不同的任務，探討涉臺外交的特點與一直體現在政策中的原則立場，最後在展望兩岸和平發展時期涉臺外交所面臨的形勢下，來探討涉臺外交政策的理論創新。

一、60多年來涉臺外交政策的發展進程

　　1949年新中國成立至今的60多年中，涉臺外交大體經歷了四個階段。由於每個階段所面臨的中國國內外形勢不同，從而涉臺外交政策的任務也不盡相同。

　　（一）第一階段是「中國代表權」爭奪戰的時期（1949-1979年）。

　　新中國成立後外交工作的主要任務是獨立自主、保障國家的安全。第一屆中國人民政治協商會議在1949年9月所透過的《共同綱領》總綱第一條規定了新中國外交的總目標為「為中國的獨立、民主、和平、統一和富強而奮鬥」，「外交政策的原則，為保障本國獨立、自由和領土的完整，擁護國際的持久和平和各國人民間的友好合作，反對帝國主義的侵略政策和戰爭政策。」在1954年中國第一部憲法頒布之前，《共同綱領》起著臨時憲法的作

用，因此，它所規定的新中國外交政策的目標、原則為新中國的獨立自主的和平外交政策指明了方向。該階段的外交政策與外交工作基本上是圍繞對臺政策與工作重點而展開，外交工作是為「解放臺灣」服務的。1954年7月，毛主席以中央政治局會議的名義給當時正在參加日內瓦會議的周恩來寫信：「在朝鮮停戰之後，我們沒有及時（約遲了半年時間）地向全國人民提出這個任務，沒有及時地根據這個任務在軍事方面、外交方面和宣傳方面採取必要的措施和進行有效的工作，這是不妥當的。」[323]因此，該階段涉臺外交是由國共內戰所延伸的兩岸在國際與外交領域展開的外交爭奪戰，主要在兩條戰線上展開：一是與臺灣當局進行有關建交國的爭奪，爭取國際支持，以鞏固新生的人民政權；二是兩岸在聯合國代表權問題上的爭奪。1950年6月朝鮮戰爭爆發後，6月27日美國總統杜魯門發表聲明，美國派兵進駐臺灣，第7艦隊在臺灣海峽游弋，阻止中國人民解放臺灣。美國對新中國採取的是政治孤立、經濟封鎖、軍事威脅政策。針對美國對新中國的敵視與威脅政策，中國政府採取了針鋒相對的鬥爭，不斷譴責美國干涉中國內政、阻撓中國政府恢復在聯合國的席位以及企圖製造「兩個中國」的行徑。1949年11月15日，周恩來總理分別緻電聯合國秘書長賴伊和第四屆聯大主席羅慕洛，鄭重聲明：國民黨當局已經喪失代表中國人民的任何法律的與事實的根據，絕對沒有代表中國人民的資格，強調中華人民共和國中央人民政府才是代表全中國人民的唯一合法政府，中國政府要求聯合國立即取消國民黨當局繼續代表中國人民參加聯合國的一切權利。1950年1月5日，周恩來再次致電聯合國秘書長與聯大主席，指出國民黨當局的代表留在安理會是非法的，要求將其開除出安理會。8月，中國政府還通知聯合國秘書長與聯大各成員國的代表團，中國政府已任命張聞天為中國駐聯合國首席代表，並組團準備出席第五屆聯大。[324]之後，兩岸在聯合國席次問題上的鬥爭一直沒有停歇。但在美國的阻撓下，新中國恢復聯合國席次的問題在50年代一直被「暫緩討論」擱置起來，60年代又被以所謂「重要問題」（即恢復中國代表權的席位問題是需要聯合國成員三分之二多數才能透過的重要問題）被擱置起來。

直到1971年，由於與中國政府建交的國家已遠遠超過了臺灣當局「邦交國」數目，美國在聯合國的阻撓起不了作用，第26屆聯大最終透過了由「兩

阿」（阿爾巴尼亞與阿爾及利亞）等23個國家提案、恢復中華人民共和國中央人民政府在聯合國的一切合法權利、並立即把國民黨代表從聯合國及其一切機構中驅逐出去的提案。恢復聯合國合法席位對於中國的主權地位的維護具有重要意義，「是新中國成立以來在維護國家主權方面的一次質的突破」。[325]當臺灣當局的代表被驅逐出聯合國後，立即有20多個國家轉而承認中華人民共和國政府，是為新中國涉臺外交的重大勝利，「是美國自聯合國成立以來遭到的最慘重的失敗。」[326]

（二）第二階段是營造和平統一的國際環境時期（1979-1993年）。

中國政府恢復在聯合國的席位後，與中國建交的國家又增加20多個，臺灣當局的對外關係如江河日下，尤其是1972年中日建交、1979年中美建交，臺灣當局國際地位更加孤立。中美建交，既是中國政府外交政策的重大勝利，也預示著外交政策的重點向解決臺灣問題、實現中國的完全統一調整，鄧小平說：「中美建交，臺灣問題解決了一半。剩下一半這麼辦，靠我們自己。」[327]

在「和平統一、一國兩制」對臺方針政策確立後，隨著統一大業提上議事日程，中共中央提出了80年代三大任務之一是解決臺灣問題、實現祖國的完全統一。鄧小平指出：「臺灣歸回祖國的問題已提到日程上來。」「今天是1979年元旦，這是個不平凡的日子。說它不平凡，不同於過去的元旦，有三個特點：第一，今天是我們全國工作的著重點轉移到四個現代化建設上來；第二，今天中美關係實現了正常化；第三，今天把臺灣歸回祖國、完成祖國統一的大業提到具體的日程上來了。」「臺灣歸回祖國、完成祖國統一大業的事情能提到具體日程上來，也是由於在國內和國際的工作中取得重大的成果的結果。」[328]因此，該階段涉臺外交工作與政策圍繞臺灣回歸祖國、完成祖國統一大業展開，重點是為和平統一營造良好的國際環境。但在國際形勢開始向有利於和平統一祖國方向發展的同時，臺灣臺灣的政治形勢卻發生了巨大的變化，一方面是堅持一個中國政策的蔣經國去世，以李登輝為代表的「臺獨」分裂勢力掌握了臺灣的政權，另一方面是臺灣社會的本土化趨

勢加快，臺灣政治社會中的分離化力量上升，表現在涉臺外交形勢上是臺灣當局推動臺灣問題國際化的動作加快，各種形式的「務實外交」層出不窮，從而使兩岸圍繞臺灣當局「國際空間」問題的鬥爭開始加劇。

（三）第三階段是在國際社會開展反分裂、反「臺獨」鬥爭時期（1993-2008年）。

隨著臺灣臺灣政治本土化局勢的發展，以李登輝為代表的「臺獨」分裂勢力的「臺獨」面目日益暴露，並開始在國際社會追求所謂「臺灣國際生存空間」的活動，突出的事例是從1993年開始推動「參與聯合國」活動，公開挑戰一個中國的原則。為此，1993年8月31日，中國政府頒布了《臺灣問題與中國的統一》白皮書，闡述了中國政府處理涉臺外交的具體的政策原則立場，指出臺灣當局「參與聯合國」的活動旨在謀求「兩個中國」或「一中一臺」。經過多年的涉臺外交工作，在國際社會的反「臺獨」、反分裂鬥爭取得了不小的成績，也面臨著一些困難與挑戰，錢其琛是這樣表述的：「世界上的所有大國都承諾奉行一個中國的政策，但臺灣問題一直是中國外交鬥爭的一個焦點。在各種反華勢力的挑動下，少數國家往往會做出一些違背承諾的行動。1991-1992年法國向臺灣出售武器和1995年美國允許李登輝訪美所引起的外交鬥爭，就是兩個突出的例子。」[329]尤其是1995年5月22日，美國宣布允許李登輝在6月以「私人的、非官方的」名義去美國訪問康乃爾大學。李登輝「訪美」打破了將近17年不準臺灣最高層領導「訪美」禁令，嚴重損害中美關係的政治基礎，也為臺灣當局推行『兩個中國』、『一中一臺』政策打氣撐腰，助長了臺灣當局和國際反華勢力的囂張氣焰。[330]面對美國的「外交挑釁」，中國政府被迫採取了一系列強有力的反擊措施，包括推遲國防部長遲浩田訪美、召駐美大使李道豫「回國述職」、在臺灣海峽舉行大規模軍事演習，「以打消克林頓政府以為中方在美稍做姿態後就會吞下李登輝訪美苦果的幻想」。[331]正是經過鬥爭，1998年6月30日克林頓在訪問上海時承諾美國對臺「三不政策」，即美國不支持「臺灣獨立」；不支持「兩個中國」、「一中一臺」；不支持臺灣加入任何必須由主權國家參加的國際組織。「美國總統公開做出上述承諾，這是第一次。」[332]

該階段涉臺外交基本上是圍繞建立國際「反獨」統一戰線而展開的，尤其是2000年陳水扁上臺後，民進黨當局為了維持其執政權地位，採取製造兩岸關係緊張以謀求選票的極端「臺獨」路線，瘋狂推行「憲改」、「正名」、「烽火外交」、「入聯公投」等極端「臺獨」分裂活動。涉臺外交中的反「臺獨」鬥爭形勢極為嚴峻，主要工作是積極應對民進黨當局「烽火外交」，堅決反對與遏制陳水扁當局推動「入聯公投」活動，反對任何形式的「臺獨」分裂活動，進一步鞏固與強化國際社會一個中國的大框架。

（四）第四階段是在國際社會維護兩岸和平發展機遇的時期（2008年5月以來）。

2008年3月，臺灣政治形勢發生重大積極性變化，第二度政黨輪替。5月20日，承認「九二共識」的馬英九正式執政後，兩岸關係出現了難得的和平發展的歷史性機遇，涉臺外交政策的重點也轉到了如何在國際上進一步營造兩岸和平發展的環境，培育有利於和平發展的因素，以維護兩岸和平發展機遇。

二、涉臺外交政策的特點

（一）解決臺灣問題、捍衛國家主權與領土完整始終是涉臺外交的本質要求。

國家主權是國家最重要的屬性，是國家獨立自主地處理內外事務的權力。為此，中國人民政治協商會議透過的《共同綱領》明確提出：「中華人民共和國外交政策的原則為保障本國獨立、自由和領土完整」。由於國共內戰，國民黨退居臺灣，臺灣問題便始終成為涉臺外交的核心與關鍵性問題。如美軍第七艦隊侵入臺灣海峽後，1950年6月28日，周恩來發表聲明強烈譴責美國對中國領土的侵略，並於8月24日向聯合國安理會提出控訴，幾經周折，以「武裝侵略臺灣案」措辭在9月9日被安理會決議透過列入議程。中國政府任命的特派代表伍修權受聯合國秘書長邀請於11月24日到達紐約聯合國

總部，28日在安理會作了發言。這是新中國的聲音首次響徹在聯合國講壇。[333]再如在1958年「金門之戰」中，美國企圖干涉中國主權與領土完整，命令第七艦隊採取「預防性措施」，試圖在臺灣海峽蓄意製造國際事端。為此，中國政府向美國的行為提出嚴重的警告，並且宣布12海里的領海權，制止了美國侵犯中國領海的企圖。而從1955年8月1日開始到1970年2月20日，中美在日內瓦（後在華沙）舉行的大使級會談中，中國政府始終堅持這一原則：美國政府保證立即從中國領土臺灣和臺灣海峽地區撤走其一切武裝力量，直到1978年底美國接受中國政府提出的「斷交」、「廢約」、「撤軍」的建交三原則。在90年代反分裂、反「臺獨」鬥爭中，中國政府和人民也自始至終把捍衛國家的主權與領土完整擺在十分突出的位置，江澤民明確指出：「維護祖國統一事關中華民族的根本利益，中國人民將義無返顧地捍衛國家主權和領土完整，絕不允許任何人以任何方式把臺灣從中國分割出去。」[334]江澤民在慶祝中國共產黨成立80週年大會上的講話中堅定地表示：「中國共產黨人維護國家主權和領土完整的立場是堅定不移的。……結束祖國大陸同臺灣分離的局面，實現祖國的完全統一，是中國共產黨人義不容辭的使命。」[335]

（二）解決臺灣問題、實現祖國完全統一始終是涉臺外交政策的主要目標。

解決臺灣問題、實現國家的完全統一涉及國家核心利益，因而是外交工作中的核心問題。62年來，在新中國的外交政策與外交工作中，臺灣問題顯得特別重要，是新中國外交62年中最重要的核心問題。如1949年4月30日，毛澤東在為中國人民解放軍總部發言人起草的《為英國軍艦暴行發表的聲明》中指出：「外國政府如果願意跟我們建立外交關係，它就必須斷絕同國民黨殘餘力量的關係，並且把它在中國的武裝力量撤出去。」[336]為了維護中國的主權、領土完整，中國對與別國建交提出了有關臺灣問題的特殊條件：「凡與國民黨反動派斷絕關係，並對中華人民共和國採取友好態度的外國政府，中華人民共和國中央人民政府可在平等、互利及相互尊重領土主權的基礎上，與之談判建立外交關係。」[337]

在中國政府的涉臺外交中，尤其重視其中的美國因素，1955年4月萬隆亞非會議上，周恩來發表聲明：中國人民同美國人民是友好的，中國人民不要同美國打仗，中國政府願意同美國政府坐下來談判，討論緩和遠東緊張局勢，特別是臺灣的緊張局勢的問題。在其後的中美上海公報、建交公報甚至「八一七公報」談判中，臺灣問題始終是中美談判中的一個根本性的問題。對此，鄧小平總結道：「中美關係中的關鍵問題是臺灣問題」，「臺灣問題解決了，中國同美國之間的疙瘩也就解開了。」[338]「中美關係也有個障礙，就是臺灣問題，就是海峽兩岸中國統一的問題。」對臺灣問題，「美國歷來是介入的。……所以臺灣問題，一直是中美建交談判中最重要的問題。」[339]

（三）海峽兩岸關係發展狀況及需要始終是涉臺外交政策與任務的基本依據。

兩岸關係與涉臺外交密不可分，兩岸關係狀況決定了涉臺外交政策的方向與任務，當兩岸在政治上對立、軍事上衝突時，決定了涉臺外交的本質在於鬥爭，而當兩岸關係出現緩和、合作時，涉臺外交中合作、互助的方向與任務也隨之湧現。從戰略上看，兩岸關係的位階應該要高於涉臺外交的位階。

（四）維護臺灣民眾在海外各方面的利益是涉臺外交的基本內容之一。

涉臺外交既強調捍衛國家主權與領土完整的政治問題，也開始注重保護在海外中國人的經濟、生命等民生利益。尤其是改革開放後，涉臺外交政策中的重要任務之一是保護在海外的臺灣民眾的生命與利益，如1990年8月2日伊拉克入侵科威特，經過中國政府與使館人員努力，到8月29日，將5000多中國公民撤到安全的地方，其中臺灣同胞有100多名。[340]胡錦濤在《告臺灣同胞書》發表30週年座談會上的講話中也明確指出：「我們一貫致力於維護臺灣同胞在國外的正當權益。我們駐外使領館要加強同臺灣同胞的聯繫，誠心誠意幫助他們解決實際困難。」[341]

三、涉臺外交中的若干政策原則

透過62年的涉臺外交實踐，若干原則逐漸成為中國政府處理涉及臺灣問題所必須堅持的政策原則。

（一）一個中國的原則

新中國建立後在與各國的建交談判中，始終堅持中華人民共和國政府是代表中國的唯一合法政府的立場，反對任何導致「兩個中國」或者「一中一臺」的言論和行為。這一原則不僅在兩岸開展外交爭奪戰的「漢賊不兩立」時期，即使是在提出和平統一祖國的階段，也始終堅持不變。鄧小平指出：「我們不贊成臺灣『完全自治』提法。自治不能沒有限度，既有限度就不能『完全』。『完全自治』就是『兩個中國』，而不是一個中國。制度可以不同，但在國際上代表中國的，只能是中華人民共和國。」[342]針對1980年代中日交涉的「光華寮事件」，鄧小平就一針見血地指出：「光華寮問題的實質是一個中國還是『兩個中國』，或者是『一中一臺』」。[343]為了捍衛一個中國的原則，中國政府堅決反對臺灣當局自1993年起推動的「參與聯合國」活動，鄧小平說：「現在臺灣有人想搞『一國兩府』，連聯合國的局面都想改變，實際上還是搞『兩個中國』。現在聯合國只承認中華人民共和國政府是中國唯一的合法政府，臺灣是中國的一部分。」[344]

中國政府也堅決反對搞「雙重承認」。如1994年南非「非國大」執政後，並未按照原先承諾與臺灣當局「斷交」而與中國大陸建交，而是希望實現「不會因與中國建交而與臺灣斷交」的局面。李登輝也力圖以南非作為臺灣推行「雙重承認」、「兩個中國」政策的突破口。時任「外長」錢復甚至在「立法院」表示「臺灣準備接受南非對海峽兩岸的『雙重承認』」。對此，外交部發言人立即發表談話給予批駁，指出臺灣當局的言行是不顧民族大義、分裂祖國的圖謀。中國政府讚賞南非總統曼德拉和「非國大」承諾堅持一個中國、按照聯合國慣例解決對華關係問題的立場。[345]在李登輝的金錢攻勢下，11月18日，曼德拉召開記者會稱：南非正在努力解決與中國的外交

問題,但「我們一直與臺灣有外交關係,除非臺灣做出一些事情,向我證明應該取消這種關係,否則我看不出什麼道義上的力量,能夠取消這一外交關係,我準備保留它。」對曼德拉公開奉行「兩個中國」政策的態度,江澤民主席在11月30日給曼德拉去信說:「要實現兩國建交,就必須妥善解決臺灣問題。臺灣問題事關中國的主權和領土完整,牽繫著中華民族的根本利益和12億中國人民的感情。中國絕不會接受『雙重承認』。中國與世界上159個國家建立了外交關係,成功地解決了臺灣問題。相信閣下會以政治家的遠見卓識,推動中、南非關係朝著正確的方向發展。」[346]正是在中國政府堅持一個中國原則的政策立場十分鮮明的情況下,南非才轉而明確承諾與臺灣當局「斷交」、「廢約」、「撤館」,不再與臺灣保持「任何形式的官方關係」,並在1998年1月1日與中國大陸正式建立外交關係。

(二)中國必須統一的原則

涉臺外交始終堅持中國必須統一的政策原則,鄧小平說:統一問題,「首先是個民族問題,民族感情的問題。凡是中華民族子孫,都希望中國能統一,分裂狀況是違背民族意志的。」[347]如果中國政府在國家統一問題上失去原則立場,那就正如江澤民所強調的:「人民就沒有理由信任我們,任何中國政府都應該下野,自動退出政治舞臺,沒有別的選擇。」[348]

(三)臺灣問題屬於中國內政的原則

臺灣問題是由於國共內戰所造成與引起的中國的內政問題,為此,堅持臺灣問題屬於中國內政的原則主要包含四方面內容:

一是堅決反對臺灣問題的國際化。突出例子是中國政府反對美國在聯合國推動的「新西蘭提案」。1955年解放軍開始進行沿海島嶼的軍事行動後,美國總統艾森豪威爾在解放軍攻占一江山島次日的1月19日,對記者發表談話,鼓吹「透過聯合國的斡旋」,「停止中國沿海的戰鬥」,1月28日,新西蘭向聯合國安理會提案,聲稱「中國的行動可能危及國際和平與安全的維

持」，要安理會出面干預臺灣海峽問題。[349]為了打破美國透過「新西蘭提案」將臺灣問題國際化的企圖，中國政府透過蘇聯在安理會提出「美國在中國的臺灣和其他島嶼地區對中華人民共和國的侵略行為」的提案，要求安理會譴責美國對中國的侵略行為，並要求美國從臺灣和其他一切中國領土撤退。最後迫使安理會不得不無限期地擱置了對「新西蘭提案」的討論。[350]

二是臺灣問題由兩岸中國人自己解決。1960年5月22日，毛主席主持召開中央政治局常委會議研究對臺灣問題總方針，提出臺灣寧可放在蔣氏父子手裡，不能落到美國人手中。[351]鄧小平也強調：「解決臺灣歸回祖國，完成國家統一的問題，是中國的內政。」[352]「1979年中美建交，主要是解決了臺灣問題，美國承認臺灣是中國的一部分。解決了這個問題，才取得了中美新關係的建立，並使之繼續得到發展。」[353]

三是反對外國干涉中國的內政，反對外國對臺售武。鄧小平指出：「關於美國繼續向臺灣提供防禦性武器問題，我們明確表示了我們的意見。我們為什麼不贊成，就是這無助於我們同臺灣商談和平統一祖國的問題。」[354]1991年4月，法國擬向臺灣出售6艘「拉斐特」護衛艦，時任外交部長錢其琛對此嚴正指出：「向臺灣賣武器涉及中國的主權與安全，這是一個原則問題。」[355]6月1日，李鵬總理會見法國通用電氣阿爾斯通公司董事長德喬治時再度強調：「中國領導人重視中法關係，但堅決反對法國向臺售武。」[356]1992年11月18日，法國向臺灣出售60架「幻影2000」戰鬥機。為此，中國大陸宣布：撤銷部分擬議中與法國大型合作項目，如廣州地鐵、大亞灣核電站二期工程、購買法國小麥等；不再與法國商談新的重大經貿合作項目；嚴格控制兩國副部長級以上人員往來；立即關閉法國駐廣州總領事館。[357]最後迫使法國於1993年12月28日與中國政府簽署《聯合公報》，「法國政府承諾今後不批准法國企業參與武裝臺灣」。[358]

四是解決臺灣問題、實現中國完全統一的方式由中國人自己決定。在美國提出中國政府解決臺灣問題只能用和平方式時，鄧小平指出：「我們不能承擔這麼一個義務：除了和平方式以外不能用其他方式來實現統一祖國的願

望。我們不能把自己的手捆起來。如果我們把自己的手捆起來,反而會妨礙和平解決臺灣問題這個良好的願望。」[359]中國政府堅持以和平的方式來解決臺灣問題、實現國家的完全統一,但如果我們承諾我們根本不使用武力,「結果只會促使臺灣當局根本不跟我們談判和平統一。這反而只能導致最終用武力解決問題。」[360]

(四)堅持原則性與務實靈活性相結合原則

鄧小平指出:「我們對臺灣問題的解決是採取現實態度的。」「我們尊重臺灣的現實」。[361]在涉臺外交中,我們在堅持原則性立場的同時注重靈活性,如1991年10月2日,外交部國際司司長秦華孫與韓國外交部次官補李時榮在紐約簽署關於中國大陸、中國臺北(Chinese Taibei)的身分加入APEC。加入名稱不盡相同,大陸是以主權國家身分,臺灣與香港是以經濟體的身分。[362]這樣,中國大陸、香港與臺灣三方均參加亞太地區經濟合作組織,「三贏」局面出現。再如中國政府在堅定不移追求國家統一目標的同時,考慮到實際情況,對於臺灣問題解決的時間,鄧小平也強調:「至於時間表,中國是有耐心的」。[363]

四、兩岸和平發展新形勢下涉臺外交政策的理論探索

(一)和平發展時期涉臺外交若干問題的理論思考

1.「上位政策說」。即對外政策的上位是兩岸關係政策,兩岸彼此的對外政策都應該服務與服從於兩岸關係的政策。因此,中國大陸的外交政策也要服從與服務於對臺政策,未來比較長時期內涉臺外交的基本目標與主要任務是在國際社會維護兩岸關係中和平發展新局面、新態勢。在反對任何形式的「臺獨」分裂活動,維護、鞏固與發展國際社會一個中國大框架的同時,努力維護兩岸關係中來之不易的和平發展的成果,爭取國際社會對兩岸和平發展局面的理解與支持。

2.「合作雙贏說」。即兩岸和平發展新局面下的涉臺外交的性質已經有所改變，為此涉臺外交政策的基本思維也需要有所調整。以往兩岸關係中的敵對性質決定了兩岸在國際場合鬥爭是敵對的關係，而在兩岸關係出現和平發展的良性互動關係後，兩岸在國際場合的關係由過去的對立、對抗向合作、互助轉變，思維由「零和」向「雙贏」轉化。因此，涉臺外交工作的基本方向是「重視解決」「臺灣同胞對參與國際活動問題的感受」，目的是為了「兩岸在涉外事務中避免不必要的內耗」。

3.「原則立場說」。即涉臺外交政策60多年來形成與確立的基本原則必須堅持，那就是思考與解決臺灣的國際參與，不能在國際社會造成「兩個中國」或者「一中一臺」這樣的局面。

4.「平等協商說」。即涉臺外交政策與工作的方法是對有關臺灣參與國際組織活動的問題，「透過兩岸務實協商作出合情合理安排」。[364]

(二)臺灣的國際參與和兩岸和平發展相輔相成

1.「和平基礎說」。即兩岸關係和平發展是臺灣對外政策調整及其國際參與擴大的基本條件與基礎。陳雲林在接任海協會會長前表示：兩岸「和解休兵」等議題只有在「兩岸關係和平發展中尋求解決辦法」。2008年5月以來海峽兩岸關係的和平發展，是臺灣對外關係政策大調整的基本背景與條件，正是兩岸間的和平發展為雙方在國際社會的「停止內耗」創造了條件，提供了可能，因為馬英九承認「九二共識」，兩岸關係就能和平發展，因為馬英九把對大陸的政策定位於對外關係的「上位的政策」，才使「外交休兵」主張成為可能，甚至成為現實。馬英九在會晤前「監察院長」錢復時曾引用錢的論述：「大陸政策是外交政策的上位政策」。

儘管民進黨指責並反對馬英九當局推動的「外交服膺於兩岸關係的政策方略」[365]，但無可否認，臺灣參與國際活動，「其中最大的障礙是兩岸關係的惡質化。」馬英九以「活路外交」為思考主軸，提出兩岸「外交休兵」，

「不再與中共在國際場域進行零和競爭」，[366]「從兩岸和解切入，推動活路外交，確是找到了突破臺灣外交困境的癥結。」[367]臺灣淡江大學教授李本京認為，「活路外交」就是「務實外交」，所謂「務實」就是放下意識形態及虛幻的面具。馬英九採取「尊嚴」、「務實」、「靈活」的「外交」策略，「便是以兩岸相互利益為經，維持臺海安定為緯，再尋求兩岸雙贏的平衡點」。[368]蘇起也曾公開表示：先前8年，民進黨的「外交」是「烽火外交」，而對大陸的政策是一路紅燈，馬英九當局的做法是不斷拿捏紅燈、黃燈、綠燈的分寸，同時小心維持大陸政策不同燈號與「活路外交」之間的動態平衡。這個做法的目的就是希望在「三大（美國、中國大陸、日本）之間難為小」的大環境中，建構一個能夠讓臺灣擁有更大安全與尊嚴、更多自主空間的新格局。[369]

對民進黨執政8年與馬英九上任後的3年做一個對比就可以發現，由於民進黨推動「烽火外交」，其「結果卻是遍地烽火」，華府稱之為「撞牆外交」。[370]而由於馬英九「首先在兩岸關係上積極作為，化開了雙方的心結，建立了彼此的默契，很快就在外交空間上見到了成效，國際觀感與待遇方面也獲得了改善。」這就證明：「只有改善兩岸關係」，臺灣的「外交問題才能逐漸解決」，「大陸政策做得好，臺灣就有更大的國際空間」。[371]因此，馬英九的「外交休兵」能否真正見效及持久化，也端賴兩岸關係和平發展是否能夠持久化。中美洲哥斯達黎加總統阿里亞斯在2010年2月1日公開透露，巴拿馬總統馬丁內利曾經希望循哥斯達黎加模式與臺灣當局「斷交」，轉而與中國大陸建交，但是中國大陸卻是「興趣缺缺」，「還要巴拿馬稍安勿躁」。尤其值得注意的是，馬丁內利提議與中國大陸建交時，恰好是臺灣方面已經承諾捐贈價值2200萬美元買行政專機以後。[372]

2.「相互促進說」。即臺灣國際參與的擴大有利於兩岸和平發展。首先是有利於兩岸關係和平發展局面的建構。馬英九的「活路外交」主張使兩岸交往的思維由過去的相互對立與對抗轉變為和平與合作，彼此不再是猜忌與懷疑，而是建立互信。馬英九不僅承認「九二共識」，而且提出兩岸間關係不是「國與國」之間關係，他說：「我們基本上認為雙方的關係應該不是兩

個中國,而是在海峽兩岸的雙方處於一種特別的關係。……但不是國與國的關係,這點非常重要,所以也不可能取得任何一個外國,包括墨西哥在內的雙重承認,我們一定是保持和平與繁榮的關係,同時讓雙方在國際社會都有尊嚴,這是我們的目標。」[373]由此兩岸之間交往的思維由原先的對立與對抗轉變為和平與合作。美國布魯金斯學會東北亞政策研究部主任、前美國在臺協會理事主席卜睿哲稱:「外交休兵」「實際上這是一個很重要的提議。因為中國每挖走臺灣一個邦交國,臺灣人民就對中國產生十分負面的反應,當這種負面態度發生時,就降低改善兩岸環境和氣氛的可能。改善兩岸環境和氣氛是馬英九很想做的事,所以他正試圖消除一個可能會影響他目標的障礙。」[374]馬英九也對媒體公開承認,他相信有臺灣的「邦交國」提出與大陸建交的請求,但大陸卻是婉拒了。這顯示了大陸以具體的行動在善意回應臺灣方面提出的「外交休兵」政策。對於臺灣能夠參與世界衛生大會,他也承認是與大陸的善意分不開的。

其次是兩岸在國際社會停止內耗使和平發展的兩岸關係得到鞏固。臺灣《中國時報》的社論指出:「整體基調上,『活路外交』與『兩岸和解』是一體兩面,都是力圖讓兩岸從零和式的殊死戰走向和平共存、彼此體諒、相互尊重。」[375]「『活路外交』的主要機會,則須建立在兩岸的『外交休兵』」。[376]所以,馬英九說,他提出「外交休兵」,不是只為了臺灣自己的「邦交」,也是為了兩岸未來的前景,如果實施,「相信臺灣的路會越來越寬,海峽兩岸的路也會越來越寬。」[377]

3.「良性互動說」。即臺灣國際參與和兩岸和平發展是互為因與果關係,並且開始了良性循環,而非民進黨當政時期的惡性循環。由於兩岸間和平發展,造就了臺灣當局提出並推動「活路外交」的對外政策,由於臺灣方面推行「外交休兵」政策,從而也更加有利於兩岸關係的和平發展,而兩岸間的和平發展的深化,又再度促進臺灣對外關係新進展,如提升APEC與會人員的層級等,因為臺灣參與了WHA,從而不再在聯合國大會「提案入聯」,反過來又有利於兩岸間的和平發展。馬英九在臺灣獲邀參加世界衛生大會時曾強調:「一個和諧善意的兩岸關係,和臺灣的國際參與是相輔相成」,

「兩岸如果在國際上相互協助，彼此尊重，對兩岸關係一定有重要幫助。」[378]

4.「協同說」。即臺灣國際參與的發展與兩岸關係和平發展相同步，也是與兩岸關係和平發展的基本狀態相適應的。特別需要指出的是，臺灣參與國際組織的活動的步伐與進程也需要與兩岸關係和平發展水平及程度相適應、相一致。因為目前兩岸關係和平發展尚處於「初級階段」，在兩岸經濟、民生問題亟待解決，兩岸尚未展開政治對話與談判的時空背景下，兩岸事實上也無法對臺灣參與國際組織的活動做全面與系統的規劃與協商，出現一些並不能夠讓所有人都能夠滿意的情況與案例也在所難免。

5.「協調說」。即臺灣國際參與的未來發展有賴兩岸和平發展局面的鞏固，需要兩岸和諧關係的發展。其實，也正是因為2008年5月以來馬英九團隊明確承認了體現一個中國原則立場的「九二共識」，堅持了「兩岸同屬一個中國」的政策立場，兩岸執政當局在堅持「九二共識」、反對「臺獨」核心問題上有共同的政治基礎，兩岸之間和平發展局面的出現，兩岸不僅恢復了兩會之間的協商與談判，而且透過兩岸平等協商，解決了若干臺灣民眾所關心的參與國際組織活動的議題，臺灣方面能夠以「中華臺北」的名義，以觀察員的身分連續三年參加世界衛生大會，正是以兩岸同屬一中為基礎、以兩岸關係和平發展為前提與基礎的。

（三）兩岸人民在國際社會「共享一中」主權的思考

1.樹立兩岸人民「共有一中」的概念。中國是兩岸中國人共同的家園，中國的主權及其榮光是兩岸中國人所共有。兩岸「共有一中」主權既是過去，也是現在，更是未來。

2.推行兩岸人民「共享一中」的思維。主權屬於人民，中國的主權屬於兩岸全體中國人，兩岸人民共同享有中國的主權。

3.實施兩岸人民「共用一中」的行為。人民是國家的主體，中國的主權

理應由兩岸中國人共用。

4.兩岸人民共同維護「一中」主權。中國主權中國人享有，也應由兩岸中國人共同維護，因此，擴大與拓展臺灣的國際參與必須不能傷害與破壞一個中國的主權與領土完整，不能破壞兩岸關係和平發展的基礎。為此，兩岸均需要堅持「一個中國」的基本立場，堅持「九二共識」的政治基礎，反對任何形式的「臺獨」分裂活動，不在國際場合搞「兩個中國」或者「一中一臺」，無論「一個中國」的內涵是什麼，無論雙方在此問題上存在多大的分歧，雙方首先都需要毫不動搖地堅持「一個中國」的大框架。

大陸「涉臺外交」的優勢與要點分析

北京聯合大學臺灣研究院　劉紅

兩岸關係實現歷史性轉折、進入和平發展階段以來,在取得兩岸制度化協商機制建立、兩岸「三通」等一系列重大突破的同時,「涉臺外交」也是一樣,態勢對中國外交大戰略有利,對兩岸關係和平發展有利,對鞏固「一個中國格局」有利。

一、大陸「涉臺外交」有利於兩岸關係和平發展

從兩年來的情況看,大陸繼續保持「涉臺外交」的絕對優勢,外交形勢越來越好,主導能力越來越強,交往成果越來越多,對外格局越來越穩定。

(一)「涉臺外交」的簡要回顧

「涉臺外交」是伴隨著兩岸關係的形成而出現,經過60多年的努力,已經為兩岸關係創造了一個良好的國際氛圍。

一是突破「法統外交」重圍。在國民黨當局去臺灣後的前22年間,臺灣當局的「邦交國」陣容最大,占有聯合國的代表席位,擁有最大化的國際空間,「法統外交」盛極一時。按照衝破西方反華勢力包圍圈的外交戰略,中國政府聯合社會主義陣營,廣泛結交廣大第三世界新國家,到1971年10月聯合國透過2758號決議前後,迎來建交新高潮,標誌著「涉臺外交」取得重大勝利,「法統外交」趨於沒落。二是把「彈性外交」控制在「一個中國格局」內。1970年代前期起,臺灣當局進入「外交崩潰期」[379],開始實施「彈

性外交」,四處設立非官方、準官方和半官方的辦事機構[380],組建起其後涉外事務的基本陣容。對此,大陸在「涉臺外交」上堅持「和平共處五項原則」廣交朋友,堅持一個中國原則維護國家主權,構築起防止「兩個中國」、「一中一臺」的牢固防線。三是有效遏制「務實外交」。李登輝在1988年1月上臺後不久開始宣揚「務實外交」,聲稱要運用一切資源及可能的手段,爭取最大的國際空間,以獲取臺灣作為「主權獨立國家」應有的「國際尊嚴」。大陸一邊冷靜應對「8‧9」政治風波帶來的西方的抵制風潮,有效防範「務實外交」,一邊依法協商解決臺灣加入WTO、APEC等國際組織問題,把「務實外交」的破壞程度降到最低。四是徹底擊潰「臺獨外交」。陳水扁當局開始把「外交」作為推進「臺獨」舞臺和捷徑,特別是自2007年6月起推行的「入聯公投」,更視之為完成「法理臺獨」的途徑。大陸對此實施全面反擊,包括美國在內的世界上絕大多數國家也與中國合作,聯手制止「臺獨外交」。在挫敗「臺獨外交」圖謀的同時,「涉臺外交」也成為實現兩岸關係和平發展的重要促進因素。

(二)和平發展下的「涉臺外交」順勢而為

2008年3月,臺灣政局出現重大且積極變化,馬英九就職後落實「活路外交」承諾[381],推行「外交休兵」,一方面保持兩岸關係和平發展的國際氛圍,一方面抓住時機、改變手法擴大國際空間。對此,大陸在「涉臺外交」上能夠掌握辯證法,發揮高超的外交藝術,一方面積極引導「外交休兵」中的有利成分,為和平發展創造條件。大陸的態度和政策十分明確,多次表示「臺灣同胞參與國際活動是中國人自己的事,應由兩岸人民共同協商」,強調「瞭解臺灣同胞對參與國際活動問題的感受,重視解決與之相關的問題」[382]。一方面堅持國際法,堅決防堵「臺獨」、「兩個中國」和「一中一臺」等情況出現,儘量減少「外交休兵」的消極成分。和平發展下的「涉臺外交」,一方面得到臺灣民意的贊成[383],一方面形成解決臺灣參與國際組織活動的新模式。對於臺灣參與國際組織活動問題,在「亞洲開發銀行(ADB)」、「亞太經合會(APEC)」、「世界貿易組織(WTO)」模式之後,在不造成「兩個中國」、「一中一臺」的前提下,透過兩岸務實協商,

則創造了「世界衛生組織年會（WHA）觀察員模式」。新模式的形成，也為今後解決類似問題提供了必要參考。總之，「涉臺外交」的成就，使得兩岸在協商臺灣涉外事務問題時的對抗性、尖銳性降低不少。

（三）大陸「涉臺外交」的優勢在增加

隨著兩岸關係和平發展繼續推進，「涉臺外交」的優勢在增加。從戰略高度看，「涉臺外交」作為整體外交的重要組成部分，外交戰略的成功為「涉臺外交」奠定了紮實基礎。「涉臺外交」取得的成就，為實施整體外交戰略與兩岸關係和平發展創造了重要條件，相應的國際氛圍越來越好。臺灣議題不再成為世界外交舞臺的主要議題，做臺灣文章、製造支持「臺獨」事件的國際政治力量在減少。特別是美國向臺灣出售武器、美國總統會見達賴等惡性事件出現後，中國政府據理力爭，積極引導，把事件對中美關係、兩岸關係的危害性降到最低。在這過程中，「涉臺外交」發揮積極作用。就兩岸來說，在敏感的臺灣涉外事務問題上，雙方的交集和共識開始出現。與和平發展一樣，「涉臺外交」進入60多年來少有的平穩、正常時期，成為兩岸關係和平發展重要保障之一。中國「涉臺外交」的立場和態度，已經成為絕大多數國家對臺政策的主要依據。圍繞有關臺灣涉外事務的方向把握、議題確立、協商過程、解決方案等，中國的立場和意見起著決定性的作用。臺灣方面也越來越明白，參加國際組織，發展對外關係，並非是李登輝、陳水扁的「臺獨外交」能夠起作用的，必然經過與大陸的協商。因此，「涉臺外交」的主動性、主導性大為加強，繼續在為兩岸關係和平發展發揮著積極作用。

（四）有利於兩岸關係和平發展

「涉臺外交」對兩岸關係和平發展帶來積極的影響。縱觀兩岸關係發展，無論是在「法統外交」、「彈性外交」階段，還是在「臺獨外交」階段，兩岸在對外關係領域高度對立，或者說是處於「零和狀態」。兩岸關係實現歷史性轉折後，和平發展需要相應的氛圍，需要減少引發衝突的熱點，

需要培養越來越多的交集點。在大陸強調「瞭解臺灣同胞對參與國際活動問題的感受,重視解決與之相關的問題」的前提下[384],臺灣方面圍繞對外事務提出「活路外交」、「外交休兵」,儘量減少和避免在對外活動中的「臺獨式的衝撞」。可以說協商解決臺灣參與國際組織活動問題是兩岸關係和平發展的結果,兩岸在臺灣涉外事務上的協商則為兩岸關係和平發展提供了更好的氛圍。特別是「涉臺外交」逐漸做到近期目標要與長遠利益相結合,外交目標和適當手段相結合,維護「一個中國格局」與維護兩岸關係大局相結合,反對「臺獨外交」與保護海外臺胞利益相結合,處理臺灣涉外事務與尊重臺灣民意相結合,遵守國際法與爭取兩岸共同權益相結合,得到臺灣民意支持,為兩岸關係由緊張對立過渡到和平發展、推動和平發展進程作出了重大貢獻。並且在不斷取得「涉臺外交」勝利基礎上,協商和處理臺灣涉外事務的運作能力也越來越強。

二、大陸「涉臺外交」的特殊性

要讓「涉臺外交」更好地為整體外交戰略服務,為兩岸關係和平發展創造更好的國際環境,在對臺工作中發揮更大的作用,需要看到「涉臺外交」的特點,進而才能有助於認清「涉臺外交」面臨的形勢和任務。

(一)臺灣涉外事務的特殊性

處在兩岸關係和平發展起步階段的臺灣涉外事務,在兩岸敵對狀態沒有結束、雙方沒有作出總體安排情況下,要看到本身存在的複雜性。

一是涉及面很廣。對外關係領域眾多,臺灣國際空間包括與「邦交國」關係,與「非邦交國」關係,參加地區經濟合作組織、地區性政治合作組織、全球性經濟多邊組織、全球性政治多邊組織,與其他國家和地區簽訂「自由貿易協定」或「緊密經貿合作協定」,涉及中國的領海和島嶼的主權與爭端、參加安全合作機制尤其是軍事安全合作機制、參加聯合國活動等方面。在某一領域中,又有眾多系統、部門。臺灣對外事務的每一領域,下面

又有許多細項，如「邦交國」關係，則涉及不同地區的23個國家。如「非邦交國」，則涉及的國家則更多。因而，擴大臺灣國際空間是一個「複雜、綜合、多層的問題」[385]。從臺灣當局的鞏固「邦交國」關係、發展與「非邦交國」關係、提升與美日歐盟等重要國家的關係、參與國際組織活動和對外活動等五個對外活動方向看，臺灣涉外事務並不簡單。

二是相關因素多。臺灣涉外事務的複雜性之所以存在，是因為臺灣本身定位所致。從根本上講，外交是主權的外延、行使、代表和象徵，臺灣不是主權國家，因而不可能擁有與主權國家一樣的正常外交關係；臺灣也沒有與大陸實現政治關係正常化，也就無法就涉外事務達成正式協議。此外，60多年來，保持一定的國際空間，是臺灣經濟社會發展的需要。與此同時，國際間有一些政治勢力一直把支持臺灣擴大國際空間作為干涉中國內政的「招牌菜」。因此，臺灣涉外事務的上述特性，決定了臺灣不會放棄任何擴大國際空間的機會。「涉臺外交」的基本任務是，一方面必須維護「一個中國格局」，防止任何可能導致「兩個中國」或「一中一臺」的「外交事件」的發生；一方面也要按照實際需要，合情合理協商解決臺灣涉外事務。

三是可變性大。臺灣涉外事務涉及兩岸及第三者的關係，任何對外行為並非是兩岸所完全決定的，這也決定了臺灣涉外事務的可變性。如在「邦交國」關係上，第三者的作用很大。如某國與兩岸某一方「斷交」，不能完全歸結於與此「建交」的兩岸中的一方。如參加某國際組織活動，則必須服從該機構的「組織法」。此外，還要看到另外一種可變性，即協商臺灣涉外事務，必須海峽兩岸相向而行。由於臺灣涉外事務可變性的存在，如果只是臺灣方面要求大陸釋放善意，妥協退讓，而沒有在防止「兩個中國」或「一中一臺」方面提供必要承諾，也將壓縮協商和解決問題的空間。因此，在協商臺灣涉外事務方面，可變性不是沒有可能出現。

（二）新形勢下「涉臺外交」的關注點

臺灣涉外事務的特殊性，決定了兩岸在協商臺灣涉外事務問題時各有側

重點。

　　一是性質。外交是主權的外延和代表。誰在國際間代表中國，兩岸間有競爭，國際間也有選擇。在兩岸軍事對峙期間，對外關係是蔣家父子的「法統象徵」，在聯合國的席位更是其「代表中國」的標誌。2758號決議透過後，誰在聯合國代表中國的問題徹底解決。當然，臺灣當局在對外文化經貿民間往來頻繁情況下，還有一定的對外官方關係存在。當然，無論是在現階段，還是兩岸關係正常化後，臺灣方面不可能放棄擴大國際空間的努力。或者說「活路外交」和「外交休兵」，在相當程度上成為臺灣方面擴大國際空間的理由、途徑和可能。由於外交的性質，臺灣方面的「外交」與國家主權的對立是客觀存在，臺灣擴大國際空間活動如果衝擊「一個中國政策」，則會引發兩岸衝突。這種對抗性，決定了在處理臺灣參加國際組織活動時，必須防止「兩個中國」或「一中一臺」情況的發生。

　　二是矛盾。對於擴大國際空間，臺灣當局尋求對外交往突破、擴大國際空間的活動沒有停止過。臺灣民意對此也有相當大的期待。對於泛綠陣營來說，一方面不希望國民黨執政有政績，極力阻撓馬英九提出的包括「外交休兵」在內的各項政策的落實。一方面又把能否獲得新的國際空間，作為評判馬英九施政業績的依據。也就是說「外交休兵」成與敗，可以成為泛綠挑起藍綠對立、干擾和破壞兩岸關係和平發展的議題，把兩岸關係和平發展作為「臺灣內鬥的廉價箭靶和犧牲品」。也有些人聲稱，按照「一個中國格局」協商臺灣涉外事務問題，「是大陸對兩岸關係和平發展沒有誠意，是檢驗大陸有沒有因應兩岸和平發展的思路，是否有體會彼此的尊嚴」[386]，把臺灣參加國際組織失敗的責任簡單推向大陸。問題是由於臺灣既不是主權國家，又沒有實現兩岸關係正常化，因而在政治定位沒有完成的現狀下，臺灣涉外事務、參加國際組織活動問題受到很大限制。因此，兩岸圍繞臺灣「外交」的矛盾是客觀存在，決定了在處理臺灣參加國際組織活動時，一方對另一方不能有過高期待和要求。

　　三是難度。因為臺灣與大陸同屬一個國家，所以臺灣「國際空間」問題

解決到什麼程度，是和兩岸政治關係的解決聯在一起的。只要兩岸政治定位沒有解決，兩岸政治關係正常化沒有實現，進而關於臺灣涉外事務問題沒有作出安排前，兩岸在對外關係上的對立難有根本性改變。也就是說，臺灣「外交」問題的解決，實質上是和統一前的兩岸關係的總體安排連在一起的，因而解決的難度很大。集中體現在，如何按照「一個中國政策」，符合相關國際組織的組織法和規章制度，解決臺灣參加國際組織活動問題。根據臺灣參加ADB、WTO、APEC和WHA四種模式，要點為名稱要符合「一個中國政策」、常駐機構級別要降低（WTO中設「辦事處」而非「代表處」）、出席峰會代表級別降低（APEC峰會由臺灣領導人的代表出席）和以觀察員身分出席年度會議（WHA）等。從中可以看出，面對難度，兩岸只要在「九二共識」基礎上進行協商，就一定能夠找到解決的辦法。

三、繼續發揮「涉臺外交」的優勢

「涉臺外交」曾經為兩岸關係和平發展作出了重要貢獻，在和平發展面臨新的突破之際，「涉臺外交」的任務，是根據外交的特殊功能，把其對和平發展的促進功能和作用發揮到最大。

（一）充分認識「涉臺外交」的新形勢

兩岸關係實現歷史性轉折，也為「涉臺外交」帶來新的態勢。臺灣涉外事務分為「四類」，一是「統一後的一個中國外交」，兩岸共享祖國對外獨立權和代表權。二是「中華民國外交」與「兩個中國式的外交」，「法統外交」和「彈性外交」屬於此類。作為中國內戰在對外關係上的遺留問題，以歷史問題予以對待。三是「務實外交」與「一中一臺式外交」，這是「臺獨」在國際間的體現，「涉臺外交」應堅持原則，順應世界潮流，對此進行全面圍堵，不給出路。四是「協商外交」、和平發展下的臺灣對外活動，經過與大陸協商，合情合理、逐步、個案對待臺灣參加國際組織活動問題。在協商這一問題時，既要考慮到「統一後的一個中國外交」的遠景，又要考慮到歷史上存在多年的臺灣對外關係現狀，更要防止「臺獨外交」的重演，這

就是「涉臺外交」面臨的新形勢新要求。與陳水扁執政8年間相比,「涉臺外交」需要由「單一到多元」的轉變,即由圍堵「臺獨外交」一項主要任務,轉變為從政治、經濟、文化各個領域關注和協商臺灣參與國際組織活動問題。由「對抗到對話」的轉變,即由過去圍繞「臺獨外交」的兩岸對抗,轉變為兩岸圍繞臺灣涉外事務進行對話。由「反擊到交往」的轉變,即由過去反擊「臺獨外交」挑釁,轉變為兩岸進行關於臺灣涉外事務問題的交往和協商。上述轉變表明在最為敏感的臺灣涉外事務問題上,兩岸的交集和共識開始出現,「涉臺外交」成為兩岸關係和平發展繼續深入的重要推動因素。

(二)繼續發揮「涉臺外交」的優勢

現階段發揮「涉臺外交」的優勢,集中體現在,隨著中國國際地位的提高和影響力擴大,要繼續鞏固「一個中國格局」,把商談臺灣涉外事務的過程變為增進互信、共創雙贏的過程,引導「活路外交」和「外交休兵」向有利於兩岸關係的方向發展,為和平發展創造必不可少的國際氛圍。繼續發揮「涉臺外交」優勢,一是處理好實力和能力的關係。在綜合實力、國際地位、對外影響大為提高的同時,中國作為「負責任的大國」,當重大國際問題出現時,要逐步提高影響和主導局勢演變的能力;當國際間某些人炒作臺灣議題時,要全面提高主導和控制議題走向的能力。二是處理好目標與手段的關係。「涉臺外交」的目標是要鞏固「一個中國格局」、為兩岸關係和平發展創造必要的國際氛圍,要繼續提升外交戰略,提煉外交藝術,更好地為目標和任務服務。三是處理好短期和長期的關係。對於大國外交來說,階段性任務和策略需要與長期的目標和戰略相配合。對於臺灣擴大「國際空間」問題,從正面看,「涉臺外交」既要和當前的兩岸關係相聯繫,又要和推動和平統一進程相聯繫。從側面看,在看到當前協商臺灣「國際空間」問題可行性的同時,又要看到「臺獨」力量以後可能上臺執政後的破壞性。四是處理好外交和兩岸關係的關係。臺灣涉外事務,在主流民意中存在天然且廣泛的同情力。而且極易被臺灣一些人作為煽動「仇中反共」的題材。當然,在不造成「兩個中國」、「一中一臺」的前提下,透過兩岸務實協商,合情合理地解決臺灣參與國際組織活動問題,則會在臺灣贏得主流民意的支持。因

此,繼續發揮「涉臺外交」優勢,要想讓「涉臺外交」成果最大化,有必要與兩岸關係和臺灣民意結合起來加以考慮。

(三)逐步調整關於臺灣參加國際組織活動的思維

60多年來,兩岸圍繞臺灣擴大國際空間問題進行過很多博弈,也形成了一些固定的思維。在「法統外交」、「彈性外交」階段,兩岸處於封鎖狀態,「外交」是為兩岸關係服務的,在國際間是「漢賊不兩立」,處於高度對立狀況。在「臺獨外交」階段,儘管兩岸關係進入對峙下的交流交往階段,由於「臺獨外交」是為「臺獨」服務的,衝擊「一個中國格局」,造成兩岸關係的緊張等原因,大陸一方面努力幫助臺灣方面發展民間對外經濟文化交流,一方面圍堵「臺獨外交」,並取得決定性勝利。不管原因如何,長期以來已經形成臺灣「外交」與兩岸關係對立的觀念。只要是臺灣「外交」的成功,則是對「一個中國格局」的挑釁和「涉臺外交」的失敗;臺灣「外交」的失敗,則是對「一個中國格局」的鞏固和「涉臺外交」的勝利。這種國際冷戰思維和兩岸互不往來時期形成的觀念,在兩岸關係和平發展階段已有很多調整。一方面臺灣「國際空間」問題對民意影響極大,「臺灣只有20多個『邦交國』,你每弄掉我們一兩個,臺灣人記刻骨銘心,忿恨不已」,「如忽略臺灣人民對參與『國際空間』的期待,兩岸關係的改善會有侷限」[387]。一方面現階段可以協商臺灣參加國際組織活動問題,要看到兩岸在涉外事務方面的共識,對兩岸關係和平發展的推動作用。此外,還要看到對外關係方面的成果,能夠成為馬英九方面進行政治動員、爭取選票進而贏得選舉的支撐點,成為有利於反對「臺獨」力量執政的重要因素。總之,兩岸關係和平發展階段「涉臺外交」的展開,需要與之相適應的思維和觀念。

(四)全面增強「涉臺外交」的主導能力

當前「涉臺外交」的基本任務是繼續開創兩岸關係和平發展的國際氛圍,重點體現在,一是主導國際政治生活中相關臺灣議題的演變。從國際上看,西方一些政治力量總是要借臺灣問題干涉中國內政,牽制中國的正常發

展,從根本上杜絕此類事件顯然不現實,但在事件出現後,「涉臺外交」系統要站得更高,看得更遠,主導事件朝有利於兩岸關係的方向發展。二是主導臺灣涉外事務議題的演變。對於臺灣當局的「活路外交」和「外交休兵」中有利於兩岸關係和平發展的部分,應從國際外交態勢、相關國際組織規定、臺灣政局演變進程、兩岸關係和平發展需要等四個方面,正確判斷時機,在「九二共識」基礎上,透過兩岸協商解決問題。三是建立「涉臺外交」的預防機制。對於「活路外交」和「外交休兵」中擴大國際空間的成分,必須認真對待。臺灣當局至今已把現階段對外目標鎖定在參加特定的國際組織、簽訂自由貿易協定和提升與重要國家的「實質關係」等方面[388]。由於臺灣涉外事務涉及因素很多,有必要依憑國際間「一個中國格局」,充分依靠國際法,建立針對「臺獨外交」的預警機制、判斷機制和穩定機制,在國際事務中堅持國際準則,在國際組織內堅持組織法,在協商臺灣涉外事務時堅持依法辦事。如是,才能保證兩岸關係和平發展沿著正確方向前進,「涉臺外交」才能不斷取得新的進展。

總之,發揮大陸「涉臺外交」優勢問題,實質就是把兩岸在「九二共識」基礎上協商臺灣涉外事務問題的促進作用發揮到最大。60多年來,「涉臺外交」有過成功的實踐,積累了豐富的經驗,而和平發展又為「涉臺外交」的展開打下紮實基礎,「涉臺外交」對和平發展與和平統一的作用、貢獻將越來越大。

新時期的美臺關係及其制約因素[389]

上海交通大學國際與公共事務學院　林岡

　　研究美臺關係，有不同的理論途徑。從自由主義的視角來看，美臺關係難免受到美國國內政治和臺灣臺灣政治的影響。而從現實主義的視角來看，美臺關係的發展趨勢又取決於中美關係和兩岸關係的大氣候。不少美國和臺灣學者曾以三角關係理論研究美國與中國大陸和臺灣的關係。[390]但由於國際社會對一個中國法理現實的普遍認知和兩岸綜合實力的日益懸殊，臺灣在三方博弈中的地位和作用實屬有限。民進黨執政時期推行激進「臺獨」路線，試圖「以小博大」，導致中美雙方聯手共管臺海危機，就是一個典型的例子。隨著中美戰略合作的加深和兩岸關係的和平發展，美臺關係的發展將更多地受到中美關係和兩岸關係大氣候的制約。

　　本文認為中美戰略關係的縱深發展和兩岸關係的和平發展，決定了美臺關係的變化趨勢。在政治上，美國樂見國民黨連續執政和兩岸關係的和平發展，但對於臺灣被迫走向統一，存有疑慮，希望及時把握兩岸和談的具體進程。在軍事上，美方表示支持兩岸建立互信機制，但要求臺灣及時告知美方兩岸的商談內容，同時在減少對美中關係帶來衝擊的前提下，繼續對臺軍售，推動美臺軍事交流。在臺灣的國際空間問題上，美方希望臺灣依照世界衛生大會的參與模式，參加國際民航和氣象公約等政府或非政府組織，並希望在兩岸簽署ECFA之後，美臺經貿關係也能得到提升。美國對臺灣在「國防」、「外交」等領域予以多方面支持的目的，既是增強臺灣在兩岸談判中的籌碼，也是同步強化美臺關係，維護美國在臺海地區的長期利益。

　　一、有條件支持兩岸政治對話

海峽兩岸持續合作的動力與機制

面對兩岸關係和平發展的大趨勢，美國政策圈的學者已經開始認真思考與評估兩岸政治對話的可能性及其可能導致的結果。曾任美國在臺協會主席的卜睿哲（Richard Bush）指出，兩岸關係的發展趨勢，存在兩種可能性。其一是兩岸關係的穩定化，包括雙向接觸的增多、互相擔心的減少、互信和可預測性的增加、合作領域的擴大以及制度化的互動，這一放鬆共存（re-laxed coexistence）的局面與1995-2008期間的緊張共存（conflicted coexis-tence）形成了鮮明的對照。其二是最終解決兩岸的根本分歧，實現政治整合（political integration）。卜睿哲認為，雖然不能排除臺灣公眾和政治領袖最終接受「一國兩制」的可能性，但臺灣對中華民國（或臺灣）是「一個主權國家」存在廣泛共識，不可能接受這一方案。如果未來一、二十年出現政治整合，其觸媒將不是經濟整合和大陸影響力增長的累積效應，而是北京提出比「一國兩制」更為寬鬆的方案。由於這種跡象並不存在，兩岸關係的穩定化是更可能的發展趨勢。[391]

至於臺灣的最終歸屬，美國仍然秉持和平解決的原則，對統「獨」選項持開放立場。所謂和平解決，在邏輯上固然包括「和平獨立」選項（甚至可以說是美方的政策偏好），但基於中國大陸追求國家統一的堅定立場，這一可能性並不存在。從1995年到2008年期間，兩岸關係的多次危機充分說明和平與「獨立」無法並存。事實上，在中美關係正常化之初，美方所提出的和平解決原則，本來是作為武力解決的對立面提出來的，與和平統一或和平整合（peaceful integration）沒有本質區別，而且美方當年對臺灣問題在兩三年、三五年內得到和平解決（即和平統一），也有心理準備；只是由於後冷戰初期中美戰略關係的鬆動，美方才將和平解決原則刻意詮釋為包括和平統一與分離這兩個選項在內的彈性概念，凌駕於「一個中國」政策之上，不願意輕易放棄臺灣這一長期夥伴。[392]正如美國國防部官員Christopher Twomey最近撰文所指出的，美國在臺海的首要目標是維護自身作為臺灣可靠朋友的形象，其次是避免戰爭，特別是大規模的戰爭。雖然在美國有人認為應該將避免戰爭例如優先考慮目標，也有人認為一個在軍事上與大陸分庭抗禮（militarily separate）的臺灣可以制約大陸的軍力投放，符合美國的國家利益，但大部分美國人的觀點是由兩岸自身決定臺灣的前途。美國的利益在於

關注兩岸互動的性質（the nature of interaction），而不是互動的結果。[393]

美國對統「獨」選項既不支持，也不反對，所持的理由是不能「替兩岸選擇臺灣的前途」，故以兩岸人民同意、和平解決為最高原則。卜睿哲認為，美國對臺灣最終歸宿持開放立場，是因為認知到臺灣是一個民主社會，臺灣政治人物，不管是主張統一還是「獨立」，都必須向人民說明其好處和所存在的風險。美國的主流派學者可以接受兩岸的和平整合，認為中國統一不符合美國利益，顯然不代表美國的政府立場。[394]曾在美國國務院長期擔任要職的容安瀾（Alan Romberg）也表示，任何統一模式，只要臺灣人民接受，就不會是美國的重大憂慮所在。[395]美國不會試圖阻擋臺灣做出走向統一的決定。除非中國軍隊駐紮臺灣，以臺灣作為投放軍力的基地，改變臺灣政權的民主性質，才算是跨越了美國的真正紅線。[396]其實根據中國大陸提出的「一國兩制」方案，並不存在這裡所說的兩根紅線。因此，問題的焦點是臺灣是否將被迫接受兩岸和平統一問題。如果臺灣自願接受兩岸和平統一，美國基於和平解決臺灣問題的政策立場，難以干預和反對。美方涉臺政策圈的學者唐耐心（Nancy Tucker）、柯慶生（Thomas Christensen）等人早在2002年就表示，如果臺灣選擇統一，美國無力干涉。[397]

臺灣是否「被迫」走向統一的不歸路，與兩岸形勢發展和臺灣方面主觀認知的變化有很大關係。Twomey認為，中國大陸軍事能力的增強雖然成功遏阻了臺灣走向「獨立」（deterrence success），但在獲得對臺成功實施兩棲登陸（a viable amphibious invasion）作戰能力之前，尚不足以成功迫使（compellence success）臺灣接受統一。根據他的分析，兩岸軍事平衡在過去20年中已經發生顯著變化。例如，大陸可對臺灣的軍事目標實施準確的導彈打擊；在美國沒有大量介入的情況下，擁有對臺灣海峽的制空權（air control）及對臺持續空中作戰能力；可以限制臺灣和美國海軍進入臺灣附近海域（sea denial）。中國軍力的增強與美方作出「臺灣不是主權獨立的國家」的政策宣示有一定的相關性。Twomey認為，未來10年內，隨著大陸軍力的增長，可以在美軍介入的情況下，對臺實施持續性的空中打擊；2020年後，大陸可以將控制海域的能力延伸到數百海里之外，並對臺成功實施兩棲

登陸作戰。在這之前，中國大陸難以憑藉軍事實力，在政治上迫使臺灣接受統一。[398]也就是說，從軍力對比的角度看，臺海在未來10年可能維持不統、不「獨」的現狀。

不過，從非軍事的意義上，美方人士對於臺灣是否可能在短期「被迫」接受統一，則有不同看法（在這個意義上，「被迫」和「自願」難以明顯區隔）。美國國務院一位官員就對馬英九一旦連任，大陸是否順勢推進兩岸簽署和平協議、實現統一目標表示關心。他認為，如果馬英九在第二任期內還不跟大陸談和平協議，大陸可能失去耐心；兩岸現狀已經在不斷改變之中，可能難以長期維持。[399]與此相似，曾任職美國國會研究部門和東亞情報委員會的沙特（Robert Sutter）不無憂慮地表示，美國在臺海地區維持對美臺有利的權力平衡的長期政策目標，已經隨著中國大陸對臺灣的影響的增加而被打破；取而代之的是積極發展中美關係和兩岸關係的政策主張。[400]與兩岸關係制度化和穩定化相伴隨的是中國大陸對臺影響力的明顯上升。在沙特看來，大陸對臺灣的經濟、軍事和外交優勢，美國對臺支持（特別是對臺灣安全的承諾）的減弱，最終將使臺灣除了接受兩岸統一外，別無選擇。他甚至認為，美國和臺灣的決策精英也許私下已經意識到中國大陸對臺灣前途具有決定性的影響力，默認兩岸最終統一的政策選項，只是其它政治人物和利益團體仍對維持現狀以及臺灣的自由選擇存有不切實際的預期心理。對於這些潛在的政策衝突，美國必須預先準備，並對其亞洲的盟友做出戰略確保：美國政府鼓勵兩岸營造最終導致統一的條件並不意味著亞洲權力格局的變化。[401]沙特的這一最新說法，與Bruce Gilley前幾年有關臺灣芬蘭化的說法（即美中可能出於戰略利益考慮，就停止對臺軍售達成協議或默契），以及Charles Glaser今年在美國《外交事務》刊物發表的有關美國應該更多考慮大陸利益、犧牲臺灣的說辭有相通之處。[402]但後者不是研究東亞安全的專家，沙特的觀點則有一定的代表性。

兩岸關係的和平發展和中美戰略合作的增強，使越來越多的美國學者專家開始思考臺灣問題的最終解決方案問題。卜睿哲早在2005年出版《解開困結》一書時，就提出了邦聯制的統一模式。[403]其後，他又與容安瀾合作撰

文，希望大陸提出比「一國兩制」更為寬鬆、更加富有創意的統一模式。[404] 與此類似，卜大年也提出華人國協（a commonwealth of Chinese-speaking nations）模式。[405]

還有些學者鑒於兩岸軍事實力失衡，主張由美國扮演建設性的角色，與大陸直接打交道，為臺灣謀得最好的政治交易。[406]沙特也認為，美國在關鍵時候，可以犧牲臺灣利益，直接與大陸交涉，確保美國在臺海的利益不受到損害。[407]但大部分美國政策專家仍然認為，臺海不統、不「獨」的現狀在短期內不會發生改變，即兩岸在未來一、二十年間無法解決彼此的根本爭議。[408]這一估計跟Twomey有關中國大陸在2020年之前無法迫使臺灣接受統一的說法相吻合，儘管所持的依據不完全一樣。卜睿哲與容安瀾認為，臺灣所擁有的民主制度資源，決定了兩岸若要實現某種形式的統一，必須取得臺灣公眾的廣泛同意。臺灣法律地位的變更，需要透過高門檻的「修憲」程序，如果國民黨執意推動統一，民進黨仍有力量予以阻止。[409]根據上述分析，可以看出美國鼓勵兩岸政治對話的預設前提是：臺灣不會被迫接受統一，兩岸和談不會影響美臺關係的發展。

二、加強美臺軍事關係

中美戰略合作的加強和兩岸關係的和平發展，對美臺軍事關係提出了新的制約條件。在對臺軍售問題上，美方不得不更多地考慮到中方的核心利益和兩岸和平的新格局。2009年12月和2010年1月，美國政府相繼宣布對臺出售愛國者三號導彈防禦體系和其他武器、技術和設備，價值64億美元。這些項目中的大部分早已列在布希政府2008年通知國會的軍售清單中，但尚未執行。對此，中國政府作出強烈反應，停止中美兩軍交流，拒絕美國國防部長蓋茨在2010年亞洲之行中訪問大陸，[410]使美方感受到對臺軍售的代價。美方一些人士認為，在兩岸和平發展時期，對臺軍售仍有合理性，包括透過升高兩岸軍事衝突的成本，使北京更不願意對臺使用武力，從而維持西太平洋的和平與穩定；以及對臺軍售可以加強馬英九在臺灣的信譽，表明馬並沒有以臺灣安全為代價加強兩岸關係，因此軍售有助於馬英九實現改善兩岸關係的

議程等。[411]但上述說法,並沒有得到美方政界人士的普遍認同。美國參議院情報委員會主席范世丹(Dianne Feinstein)在2010年6月的一次聽證會上,就將對臺軍售稱之為中美關係中的刺激因素(substantial irri-tant),並詢問國防部長蓋茨(Robert Gates),在什麼條件下美國才可以考慮減少或停止對臺軍售。[412]值得指出的是,范世丹在這之前剛剛率團對臺灣進行過非正式訪問,馬英九還對其強調,臺灣需要先進武器,才能有信心與大陸協商兩岸和平。[413]

鑒於中國大陸反對軍售的基本立場,美國近年在對臺軍售上有所節制。例如上述軍售清單,就沒有包括例如2001年軍售案的柴電潛水艇,以及臺灣方面近年多次提出的F-16C/D型戰機。對於美國為何沒有出售F-16C/D型戰機給臺灣,美臺有不同的說法。美方認為臺灣沒有將這一軍售案編入預算,臺灣當局雖然有提出要求,但沒有透過美國國會和利益團體對行政部門進行政治遊說,爭取這一敏感的軍售項目。[414]美方人士認為臺灣面對大陸軍事威脅能力的加強,在堅持防衛戰略的同時,應該加強對大陸的威懾能力。[415]臺方則認為美國一直沒有對臺出售F-16C/D型戰機的計劃,如果臺灣將其編入預算,沒有兌現,這批款項就不能挪作他用。美臺在這一問題上互相踢皮球,說明其既有對外宣示願買或願賣的政治需求,但又存有擔心其將影響中美關係或兩岸關係的想法。例如曾任美國在臺協會臺北辦事處處長的包道格(Douglas Paal)就坦承,如果歐巴馬在臺灣的要求下,選擇出售F-16C/D性戰機給臺灣,就得準備為已經有麻煩的美中關係付出新的代價。[416]美臺雙方磨合的結果是,美方決定出售升級版的F-16A/B型戰機給臺灣。雖然就純軍事技術而言,升級版的A/B型戰機和C/D型戰機沒有根本區別,美臺人士普遍認為其政治意涵是避免刺激中國大陸。按照美國政府在1982年對臺灣作出的「六項保證」,美國在決定對臺軍售時,只考慮臺灣的防衛需要,而不必跟中國大陸磋商。上述這一變通做法,意味著美國在對臺軍售問題上,不得不更多地考慮中國大陸的面子。例如,美方人士在說明對臺出售升級版的A/B型戰機是所持的理由是:增強馬英九當局與大陸政治對話的信心,並獲得臺灣多數民眾的支持;不少華府智庫的專家表示,既然中美雙方都樂見國民黨繼續執

政與兩岸關係穩定發展，就不該反對美國的這一軍售計劃。[417]

但這一變通處理方式並不意味著美國對臺軍售政策已經發生了根本性的改變。美國官員公開表示，對臺軍售是為了滿足臺灣的防衛需求，加強其與大陸的談判籌碼（strengthening its negotiating position through arms sales）。[418]在美方看來，中國大陸對臺加強軍事能力的目標有三：一是嚇阻臺灣「獨立」；二是對臺施加影響，使其接受大陸的統一條件；三是嚇阻（deter）、拖延（delay）或抵制（deny）美國對臺灣所可能提供的軍事支持。卜睿哲認為，在臺灣走向「獨立」的可能性明顯下降後，中國大陸雖然暫停增加沿海短程導彈的部署，但增加了巡弋導彈的部署，加上彈道導彈精確度和彈藥量的提高。為此，臺灣需要繼續加強其對大陸的嚇阻能力。[419]這與美國國防部長蓋茨在答覆參議員范世丹的質詢時，以巡弋導彈和彈道導彈為由，說明對臺軍售的必要性，是頗為一致的。在卜睿哲看來，臺灣所面臨的最大挑戰是大陸對統一的追求，臺灣只有擺脫軍事上弱勢角色，將來才能在與大陸的談判中處於主動地位。為此，臺灣不但需要購買適當的先進武器設備，而且要建立有意義的防衛戰略。雖然臺灣不能假定美國一定會在臺海衝突中協防臺灣，但臺軍人士必須考慮臺灣的可能作為，加強抵抗能力，使美國一旦介入可以獲得最大效果。[420]如果大陸持續地增加臺灣的不安全感，美國也應該對臺灣提供可加強臺灣軍事威懾能力的武器系統，而不是那些主要作為政治符號起作用的項目。[421]與此類似，包道格表示，中國大陸對臺進攻能力的增強，決定了臺灣當局必須尋求對外軍購。[422]

對於兩岸建立軍事互信機制的可能性，美方表示關切和興趣，並爭取主導其具體進程和內容。華盛頓的中國問題專家葛萊儀（Bonnie Glaser）表示，美國在1990年代中期臺海危機後，即開始意識到兩岸建立軍事互信機制的必要性，主要理由是兩岸即使是因為偶發事件或誤判導致軍事衝突，也可能將美國捲入其中。作為有興趣的旁觀者（interested bystander），美國政府官員並不打算直接參加到兩岸有關軍事互信的談判，也不尋求影響談判的議程和步伐，但基於美國在臺海的利益及其與臺灣的密切安全關係，美國期望臺灣在進行有關軍事互信的談判前，諮詢美方的意見。葛萊儀注意到兩岸在這一

議題上的立場差異：臺灣強調內部共識的重要性，以大陸減少對臺軍事部署作為討論軍事互信機制的前提，將軍事互信機制的主要功能界定為避免偶發事件導致衝突升級，希望其不影響臺灣發展軍力和美國對臺軍售，同時希望美國明確表示支持兩岸建立軍事互信機制；大陸則強調兩岸軍事安全機制的特殊性，反對將改變對臺軍事部署或對臺放棄用武作為談判的前提，該機制的主要功能是建立兩岸互信，其次才是避免意外衝突。基於上述分歧，葛萊儀認為兩岸正式商談軍事互信機制的時機尚不成熟，大陸和美國都不應該迫使臺灣進入談判，但兩岸可以加強軍事訊息的交流，改變軍事演習的針對目標，減少大陸在沿海的導彈部署，並在非軍事領域加強信心建立措施，由軍方參加彼此的救災活動。[423]戈迪溫（Steven Goldstein）對兩岸建立軍事互信機制的前景更不看好，認為其不但不可行，而且沒必要，甚至不利臺海和平與穩定。不可行是因為大陸對兩岸軍事安全互信機制賦予強烈的政治意味，將其與廣義的建立信心措施（CBMs）相區隔，以堅持一個中國原則為前提，同時排除外國介入談判過程；而臺灣只想透過軍事互信機制的建立，獲得安全目標，不想在軍事互信和政治互信間建立太多的聯結。沒必要是因為兩岸基本不存在避免偶發衝突和軍事誤判的需要，而這本屬CBMs的核心內容。推動軍事互信機制的負面效果是大陸所追求的維護一個中國原則的政治目標（包括停止美國對臺軍售）與臺灣所宣示的互不否認、維繫美臺安全的立場一旦在談判桌上碰撞，將會破壞兩岸的和緩氣氛。[424]其實美方人士更為擔心的是，一旦兩岸建立了軍事互信機制，大陸會將臺灣停止對美採購先進武器和美國對臺安全承諾等問題提到議事日程。

三、擴大臺灣的國際空間

美方人士普遍認知臺北的「外交休兵」和大陸的善意有助於臺灣擴大其國際活動的空間，雖然也有個別人士認為，臺灣尋求大陸許可參與世界衛生大會的做法，有違美國在臺海維持「健康的平衡關係」的長期目標。[425]對於兩岸簽署經濟合作框架協議（ECFA），美國政府表示歡迎，認為這意味著兩岸對話和互動的增加。[426]同時希望臺灣可以在世界貿易組織（WTO）的框架下，與其他國家自由協商雙邊貿易協定。[427]但美方更關心的是美臺經濟關係

也能得到相應提升，分享兩岸和平發展的紅利。例如，包道格主張積極推動美臺自由貿易協定；唐耐心認為，在兩岸簽署ECFA之後，美國應該更多地（而不是更少地）參與亞太地區的經濟活動，利用亞太區域經濟所提供的機會，重新建構美國在亞洲的強勢經濟地位。為抵消中國大陸在臺海事務中的影響，美國可以與臺灣簽署沒有FTA之名而有FTA之實的經濟協議，即貿易投資框架協議（TIFA）。[428] 卜睿哲認為，兩岸簽署ECFA，有助於臺灣與東協（ASEAN）國家進行經濟自由化。美國也應該介入這一進程，在貿易投資框架協議之下與臺灣恢復經濟談判，擺脫美國牛肉進口風波的後遺症。[429] 美國企業研究所的資深研究員卜大年（Dan Blumenthal）則認為美臺自由貿易協定的簽署，有助於美國以臺灣為跳板（launching pad）進入大陸市場，亞太其他國家也會更願意與臺灣簽署自由貿易協定，臺灣可望成為地區經濟中心，展現政治活力，增強自身的安全感，從而有力於臺海穩定。[430] 雖然受制於美臺經濟關係的一些結構性問題，TIFA談判至今尚未列入美臺關係的議事日程，但從以上的討論，可以看出兩岸經濟合作的加強，對美臺經濟關係的催化作用。換句話說，美臺經濟關係，不可避免地受到了兩岸關係迅速發展的牽動，不再是完全有美臺雙方的內部因素和純經濟考量來設定議事日程。

幫助臺灣拓展國際活動的空間，是美國的一貫政策。在兩岸出現政治和解、經濟、文化大交流的局面下，美國在這個問題上表現地更為積極，有拉近美臺關係距離的明顯意圖。美方人士認為，兩岸應該以非主權的途徑（non-sovereignty approaches）解決臺灣的「國際空間」問題，後者不但包括聯合國的專門機構，也包括臺灣與其他國家所欲簽署的經濟合作協定（即自由貿易協定）。例如，兩岸應該盡快協商解決臺灣對國際民航組織（International Civil Aviation Organization）和聯合國氣候改變框架公約（UN Framework Convention on Climate Change）的參與問題，大陸應該停止在非政府組織對臺灣的排擠。[431] 與此類似，葛萊儀也指出，大陸應該對臺北參與上述兩個國際組織的要求作出積極回應，默許兩岸「外交休兵」，排除臺灣參與國際非政府組織的障礙。為幫助臺灣從全球金融危機中復甦，大陸可以考慮給予臺灣航空公司第五航權，取消對兩岸貨運班機的限制。[432] 包道格則提出臺灣

應該參加東亞峰會（East Asian Summit）和東協（Association of Southeast Asian Nations）的活動。[433]

臺灣「國際活動空間」能否擴大的關鍵，是準確界定臺灣在國際社會的身分。美方政策專家的思路是在兩岸有關臺灣「主權」問題的歧見間尋找一個平衡點。葛萊儀希望臺灣在爭取參加以國家為單位的國際組織時，應該考慮中國大陸的統一目標，在滿足臺灣人民希望在國際社會有能見度和大陸堅持一個中國原則的內部需求間求得平衡。[434]容安瀾注意到大陸對臺灣以臺澎金馬獨立關稅區的名義，與新加坡簽署經濟合作協議，未表示明確反對，希望臺灣在參加國際組織上，不要執著於名稱。[435]卜睿哲認為，臺灣當局接受九二共識，同時保持對一個中國意涵的詮釋空間，有助於打開兩岸僵局。臺灣當局必須區分哪些是值得捍衛的主權，哪些是無關緊要的爭論。臺北如何界定主權？與北京的協商將如何影響到其對主權的定義？這些都是至關重要的問題。[436]卜睿哲認為，就國際法意義而言，臺灣作為主權國家的地位已經基本喪失（fought a losing battle with the PRC since the 1970s），但就威斯特法利亞主權（Westphalian sovereignty）而言，臺灣又有絕對權利在其管轄範圍進行統治（the absolute right to rule within their domain）。政權改變未必只產生一個國家繼承者（a single successor state），目前臺灣的國際命運只是多種可能的概念結果（several possible conceptual outcomes）之一。政治聯合體（political union）可以採取不同的處理主權爭議的方式，包括雙重主權（dual sovereignty）和互享主權（shared sovereignty）。中國大陸只有願意接受中華民國存在的現實，才能獲取其追求統一的目標。[437]上述觀點反映了美方力圖提升臺灣「國際地位」的明顯意圖。

四、結論

兩岸關係的和平發展和中美戰略合作的加深，共同重塑了美國在臺灣問題上的政策思維。在2008年之前兩岸關係的動盪期，美方的政策重點是避免兩岸發生軍事衝突。為此，美方採取戰略模糊、雙向威懾（dual deterrent）、鼓勵對話的策略，不支持臺灣「獨立」，反對臺海任何一方單方面改

變現狀,以維繫臺海兩岸「不統、不獨」的冷和平(cold peace)狀態。2008年兩岸關係進入和平發展時期後,美國對臺政策的重點是加強美臺軍事關係,支持臺灣擴大國際空間,以平衡兩岸經濟、文化交流迅速發展對美臺關係的影響,增加臺灣在兩岸政治對話中的籌碼,並對兩岸關係和平發展的可能結果予以密切關注。在這時期,美國繼續鼓勵兩岸政治對話目的,固然是避免兩岸關係發生逆轉,重蹈覆轍,具有政策的延續性;同時也是為了掌握情況,防止臺灣被迫接受大陸的統一要求,從而影響美國在臺海的戰略利益。如果說,在兩岸關係動盪期,美國不支持臺灣「獨立」的說辭,客觀上有利於防止臺灣走向分裂的話,那麼,在兩岸關係和平發展時期,美方對兩岸統一的前景既不表態支持也不看好的政策觀點,則無法造成促進中國統一的作用。此外,由於兩岸關係的和平發展,也導致了臺灣問題在美國決策者心目中的地位有所下降。卜大年就將美國稱之為臺灣的易變和穩定的夥伴(fickle and uncertain partner),認為這不利兩岸關係的長期穩定。[438]

雖然美國希望美中關係和美臺關係可以同步發展,但後者難免受到前者的制約。上述Bruce Gilley和Charles Glaser的觀點,雖然不是美國的主流意見,但也說明了兩者間存在的內在張力。事實上,美國在臺海的利益是從屬於美國在亞太地區的更大利益的,後者包括中國大陸對國際經濟體系的繼續參與,以及對西方自由國際秩序的接受。[439]歐巴馬政府的對華政策的主軸是交往合作與防範(engaging and hedging)兩手並用,與其前任並無本質不同。不同的是,布希政府上臺之初曾強調中國是美國的戰略對手,表示將「竭盡所能協防臺灣」,而後因為國際反恐、反核擴散的需要才加強了與中方的戰略合作。而歐巴馬政府上臺之初強調與中國的合作與接觸,到第二年又因為韓國天安艦事件和南海領土糾紛,強調與亞太其他國家交往合作(re-engaging with Asia-Pacific countries),並隨著美國在伊拉克和阿富汗的逐漸脫身,將更多的資源轉移到亞太地區,悄悄地進行戰略重新平衡(strate-gic rebalancing),防範一個新的強勢的中國(to hedge against a newly assertive China);但臺灣在美國亞太戰略重新布局中缺席,美國在對臺出售F-16戰機上的變通做法,美國部長級官員多年未訪問臺灣,說明美臺關係畢竟是服從

美國的全球戰略的。[440]正如卜睿哲所坦承的，如果北京在伊朗和北韓問題上的政策與美國的利益更為一致，美國也會更多地將中方在臺灣問題的敏感性列入決策考慮範圍。[441]

　　從長遠的觀點看來，不管美國的全球戰略如何調整，總是需要中方在朝核、伊朗、伊拉克等傳統安全與經濟、金融、能源、反恐等非傳統安全議題上與美方廣泛合作，隨著越來越多的美方人士認識到中國崛起的不可避免性，美國將不得不更多地尊重中國政府在臺灣問題上的核心利益。在中美尋求全球戰略合作的新形勢下，保證臺海相安無事的根本途徑，是積極探討和平解決臺灣問題的最終方案。畢竟，中美之間的戰略和經濟利益高於美國在臺灣的既得利益，而和平統一與美國政府有關和平解決臺灣問題、不支持「兩個中國」、「一中一臺」的政策主張也沒有根本衝突。正如美國軍事專家Michael McDevitt最近所指出的，如果兩岸可以就「臺灣不獨、大陸不武」達成協議（a grand bargain），美國可以停止對臺軍售，只要臺灣認為沒有必要；如果兩岸實現和平統一，則意味著美國可以走出捲入中國內戰的歷史，這對中美關係來說堪稱最好的結果。[442]

歐巴馬政府臺海政策評析

上海國際問題研究院臺港澳研究所　邵育群

　　內容提要　美國歐巴馬政府上任以來，其臺海政策沒有脫離美國自卡特政府以來歷屆政府的政策框架，基本繼承了布希政府第二任期的政策內容。但由於兩岸關係和中美關係發展出現了新變化，歐巴馬政府臺海政策對此作出了呼應，其主要內容包括四方面：支持兩岸關係改善的同時防止臺灣過度依賴大陸；防止兩岸「改變現狀」的壓力主要倒向大陸；對指向為「統一」的兩岸政治、軍事對話不發表意見，不做斡旋人；以及繼續支持臺灣民主制度。

　　關鍵詞　美國　臺海政策

　　歐巴馬政府上任至今剛滿一年，其臺海政策的基本框架和主要內容已經清晰。總體而言，由於兩岸關係發展積極，未對地區安全和美國在亞太的利益構成威脅，且歐巴馬政府面臨經濟危機、氣候變化和伊朗核問題等更加重大急迫的問題，臺海政策在其外交議程中排名較為靠後。本文旨在分析歐巴馬政府臺海政策的主要內容、出臺背景、發展趨勢及其對兩岸關係發展產生的影響。

一、歐巴馬政府臺海政策的主要內容

　　歐巴馬政府臺海政策的基本框架是中美三個聯合公報和《與臺灣關係法》，這是對自卡特政府以來歷屆美國政府臺海政策基本框架的繼承。具體而言，歐巴馬政府臺海政策包含以下主要內容：

第一，支持兩岸關係改善，防止臺灣在經濟上過度依賴大陸。兩岸關係改善符合美國在亞太的整體利益，美國官方、智庫透過各種渠道多次表示支持兩岸關係改善的政策立場。負責亞太事務的助理國務卿坎貝爾在國會聽證會上明確表示，美國支持兩岸增加互動與對話；[443]歐巴馬總統訪華期間，中美兩國發表的《聯合聲明》中表示，「美方歡迎臺灣海峽兩岸關係和平發展，期待兩岸加強經濟、政治及其他領域的對話與互動，建立更加積極、穩定的關係。」[444]對歐巴馬政府而言，支持兩岸關係改善的根本動力在於確保其以武力方式捲入臺海衝突的可能性大大降低。美國國內對布希政府第二任期的臺海政策評價較高，認為布希政府較為成功地遏制了因臺灣民進黨當局支持「法理臺獨」而挑起的兩岸緊張關係演變成兩岸武力衝突。歐巴馬政府認為，兩岸關係進入和平發展階段，兩岸發生武力衝突的可能性較布希政府時期已經降低，如兩岸在經濟、政治等各領域的交流進一步密切，那麼武力衝突的可能性將大大降低，這將從根本上防止美國被迫以武力方式捲入臺海衝突，符合美國長期的戰略利益。

值得注意的是，雖然美國國內有人擔心兩岸關係和平發展將最終走向兩岸統一，不符合美國的利益，但這只是少數意見。美國政府及學界主流觀點認為，兩岸政治交流目前看來仍障礙重重，難以有效推進。樂觀的估計是2012年馬英九如能獲勝連任，他可能在第二任期內推動兩岸政治對話，而且由於臺灣政治因素，他不可能推進過快，否則將引向其臺灣政治議程及國民黨的發展；悲觀的估計是兩岸至少需要20至30年才能開始進行政治對話，因此美國在現階段不必擔心兩岸在政治上走得過近，應該鼓勵兩岸互動與交流。[445]

在支持兩岸關係和平發展的同時，歐巴馬政府也意識到，兩岸關係進入和平發展階段後，美國與臺灣都面臨更大的風險，即臺灣在經濟上對大陸的過度依賴，大陸將以此作為其重要的政策工具迫使臺灣和美國作出讓步。到2009年10月，根據臺灣貿易主管機構的統計數據，臺灣對大陸出口依存度已經升高至32%。[446]美國智庫認為，中國大陸馬上將成為臺灣一半出口商品的目的地，而對臺貿易只是大陸對外貿易中很小的一部分。當未來兩岸關係出

現危機時，大陸將利用這種不平衡關係，把經濟政策變為外交政策的工具。[447]歐巴馬政府認為，大陸已經開始使用這種政策，如高雄市政府邀請達賴喇嘛訪問後，大陸的旅遊團取消了去臺灣南部的行程；以此為鑒，馬英九團隊為了繼續推動兩岸經貿關係，拒絕了熱比婭訪問臺灣的要求。

正是在這種背景下，歐巴馬政府一方面支持兩岸簽署「兩岸經濟合作框架協議」（ECFA），確保臺灣借此參與東亞地區經濟合作，一方面以進一步發展美臺經貿關係為由，利用臺灣政治爭鬥，要求臺灣在牛肉等問題上作出讓步，以重啟關於美臺貿易與投資框架協定（TIFA）的談判。歐巴馬政府認為，雖然兩岸簽署ECFA後臺灣參加東亞地區經濟合作的前景並不明確，但至少ECFA為臺灣參與地區合作提供了可能性。與之相配合，美國可以透過外交努力要求東盟國家擴大與臺灣的經貿關係，改變民進黨時期臺灣經濟被邊緣化的窘境，幫助臺灣融入地區經濟，重新獲得活力。同時，開始於1994年的美臺TIFA框架實際上是雙方就經濟、貿易和投資等議題交換意見的重要官方平臺。臺灣馬英九團隊迫於提升臺灣經濟、平衡與大陸簽訂EC-FA的政治效應的考慮，急於恢復和美國就TIFA進行的談判。美國利用這點，要求臺灣在進口牛肉及其他問題上作出讓步。歐巴馬政府認為，臺灣馬英九團隊雖然積極發展兩岸經貿關係，但對臺灣過度依賴大陸心存擔憂；民進黨雖然仍堅持「臺獨」，但面對臺灣經濟形勢，也無法反對國民黨發展與大陸更緊密經貿關係的政策，因此兩岸更緊密的經貿關係成為必然趨勢。美國可以利用此局面，既防止臺灣過度依賴大陸，又獲取美國在臺灣的經濟利益。

第二，防止兩岸單方面改變「現狀」的壓力倒向大陸。布希政府第二任期臺海政策的主要內容是不支持「臺獨」政策，即透過樹立在定義臺海「現狀」上的絕對權威和加強預防外交兩手封殺「法理臺獨」的發展空間，以使臺海「維持現狀」。布希政府提出了「我們定義的現狀」，即「北京不得對臺灣動武或威脅對臺灣動武；臺北在處理所有兩岸關係時必須謹言慎行；兩岸不得發表任何聲明或採取任何行動片面改變臺灣地位」。布希政府堅決反對因臺灣「憲改」而引起的兩岸關係不穩定，並認為這是臺灣單方面改變現狀。[448]因此，布希政府第二任期內，美國防止兩岸單方面改變臺海「現狀」

的壓力主要在臺灣一方。

歐巴馬政府認為，雖然兩岸關係進入和平發展階段，但正如前文所述，兩岸發生武力衝突的可能性仍然存在，目前臺灣並不試圖挑戰臺海「現狀」，但大陸的意圖卻不清楚。由於當前大陸仍然繼續在沿海地區積極部署軍力，舉行軍演，當大陸的軍力較臺灣具有更大優勢後，大陸可能產生改變臺海「現狀」的意圖。美國國防部《2009年中國軍力報告》認為，中國人民解放軍針對臺灣的軍事現代化行動及對臺灣構成的威脅在馬英九上任後並未減少，反而仍在繼續。短期內，中國軍隊正在迅速發展脅迫能力，以遏制臺灣謀求獨立；未來這種能力將在兩岸發生衝突時迫使臺灣做出傾向於大陸的選擇，並遏制、延緩或阻止美國在兩岸發生衝突時提供對臺灣的支持。[449]2009年7月，當2010年度《美國國防授權法案》在國會參、眾兩院分別進行辯論時，共和黨參議員John Cornyn附加了一個修正案，要求國防部提供關於臺灣空中軍力的報告。據他援引的數據，中國大陸在沿海距離臺灣不需要中途加油的範圍內部署了490架作戰飛機，其中330架戰鬥機，160架轟炸機，這個數字還可以擴展幾百架。而臺灣只有390架作戰飛機，且全部是戰鬥機。[450]這份修正案可以被看做是國會內親臺勢力在歐巴馬總統訪華前的擔憂情緒的表現，他們擔心總統犧牲臺灣的利益來換取中國在其他問題上的合作。歐巴馬政府國家安全團隊及國務院官員則表示，在兩岸關係和平發展階段，大陸不僅沒有減少沿海地區的軍力部署，反而有所增加，且積極舉行軍演，其軍事意圖令美國不安。[451]

在此背景下，美國國防部在2010年1月初宣布批准洛克希德‧馬丁公司實施布希政府2008年10月的對臺軍售計劃，向臺灣出售「愛國者」導彈。雖然當前兩岸關係和平發展，美國正在尋找各種理由繼續售臺武器，如保持馬英九在臺執政的合法性、美國軍工集團的利益驅動等，但在所有理由中，最為關鍵的是增強臺灣自我防禦能力，確保大陸軍力不具備攻擊臺灣的絕對優勢，也就是防止大陸具有單方面改變臺海「現狀」的實力以及因此產生的意圖。

第三，對指向為「統一」的兩岸政治、軍事對話不發表意見，不做斡旋人。歐巴馬總統首次訪華期間兩國發表的《聯合聲明》中提到，美國歡迎臺灣海峽兩岸關係和平發展，期待兩岸加強經濟、政治及其他領域的對話與互動，建立更加積極、穩定的關係。雖然其中明確提到美國歡迎兩岸進行政治及其他領域的對話，但其對政治（軍事）對話的含義是模糊的。歐巴馬政府認為，其任內兩岸不可能出現指向為「統一」的兩岸政治（軍事）對話。因此，《聯合聲明》中的歡迎態度是「錦上添花」，美國政府從根本上不願打破雷根政府時期的對臺「六點保證」，不願做兩岸對話的斡旋人。

第四，繼續支持臺灣的民主制度。臺灣的民主制度一向是美國在亞太地區引以為豪的典範，歐巴馬政府並不例外於之前歷屆美國政府，繼續支持臺灣的民主制度，並且視其為保持臺灣相對大陸優勢的重要力量來源。因此，歐巴馬政府繼續對臺灣內政保持高度關注，時刻關注民進黨的走向，防止臺灣出現一黨獨大的情況。

二、歐巴馬政府臺海政策制定的背景

歐巴馬政府臺海政策的內容離不開其政策制定的背景。概而言之，其主要背景為以下兩方面：

第一，中美關係再定位是歐巴馬政府臺海政策制定的背景之一。歐巴馬政府上任前後，國際金融危機短時間內演化成經濟危機，波及世界各國的實體經濟，不僅對全球經濟、貿易、金融業的發展形成重創；也給國際格局調整、大國關係互動和地緣政治爭鬥帶來巨大影響。世界各國在應對各種傳統及非傳統安全問題時，更多地強調務實靈活的合作，而非之前的以「民主」為標準劃分的同盟關係。美國全球戰略出現了一定程度的收縮，更多地強調巧妙聰明地使用軟硬實力，更傾向於多邊外交、對話與合作。

中美關係在2009年的發展具有全球影響力。兩國首腦分別於4月和9月在倫敦與紐約會面，為共同應對全球性問題做出努力；2009年7月在中美戰略

與經濟對話開幕式上，歐巴馬總統稱美中關係將塑造21世紀。同年11月，歐巴馬總統訪華，他成為在任第一年內訪華的第一位美國總統。從兩國《聯合聲明》可以看出，中美關係的內容非常豐富，涵蓋雙邊、地區和全球等各個層面，涉及經濟、金融、科技、能源與氣候、教育、外太空、核不擴散、地區熱點問題、軍事等多個領域，兩國互相依賴的程度大大上升。美國在對華戰略上仍然強調合作與遏制的兩手策略，但值得注意的是，由於全球經濟危機後，美國在經濟上有求於中國，在氣候問題、伊朗核問題等棘手外交議題上也希望得到中國的幫助，其對華戰略中的合作面有所加強，遏製麵有所減弱。

　　第二，兩岸關係大幅度改善，進入和平發展階段。2008年馬英九團隊上臺以來，兩岸在經濟、文化、政治等各方面的交流日益密切，2009年，兩岸以及國共兩黨繼續良性互動，兩岸關係和平發展深入人心。兩岸人員往來達到540萬人次，創歷史新高。首屆海峽論壇大規模邀請臺灣基層民眾參加，成為兩岸民間交流盛會；兩岸經貿文化論壇則首次以文化教育交流為主題，顯示出兩岸交流已經拓展到全新的領域。兩岸全面直接雙向「三通」正式實現，兩岸經濟關係正常化取得實質進展。與此同時，臺灣的「國際空間」進一步擴大。2008年11月，臺灣前副領導人連戰參加亞太經合組織（APEC）領導人非正式會議，他是自1993年APEC舉行領導人非正式會議以來臺灣參加人員層級最高者，實現了臺灣對外關係的一大突破。2009年5月，臺灣以「中華臺北的名義」，以觀察員身分參加了世界衛生大會，這對臺灣而言也是一次重大突破。兩岸「外交休兵」，臺灣「邦交國」不斷減少的勢頭得以停止。總之，兩岸關係改善後，在「一個中國」的框架內，臺灣的「國際空間」不斷擴大，這也進一步促進了臺灣民眾對兩岸關係和平發展的認同。美國對「法理臺獨」的擔心一夜間消失，轉而歡迎兩岸關係積極發展，甚而在戰略界出現討論兩岸和平統一前景的想法，認為兩岸和平統一的可能性正在上升，應該成為美國臺海政策的決策背景之一。

　　三、歐巴馬政府臺海政策的發展趨勢預估

臺灣問題在中美關係中的緊迫性有所下降，但其敏感性和重要性並沒有改變。它作為美國製定對華戰略的重要指標之一，在每次美國國內對華戰略大辯論中必然出場。歐巴馬政府的對華戰略目前尚在形成過程中，隨著雙邊關係互動加深，美國政府在「先禮後兵」的政策引導下，在無法從中方這裡得到期待的實際回報後，必定會有所行動。具體到臺灣問題，美國的政策將有可能向以下方向演進：

　　首先，繼續強化對大陸沿海軍力部署的壓力，將其同「兩岸關係和平發展」掛鉤。美國政府認為，大陸對臺政策是衡量其「和平發展」政策的重要指標之一，從中可以瞭解大陸的戰略意圖及其對美戰略。同時，遏制大陸軍力發展也是確保大陸單方面改變臺海「現狀」的一部分。因此，對臺軍售將成為美國臺海政策的主要內容，短時期內不可能終止。但是，由於當前中美關係對美國全球戰略和地區政策具有非常重要的戰略意義，因此歐巴馬政府在繼續對臺軍售的同時不希望破壞中美關係的穩定。歐巴馬政府行政團隊就對臺軍售問題向中國大陸進行說明的過程中，以下因素非常明顯：第一，希望大陸將美國對臺軍售問題與中美軍事交流脫鉤；第二，強調對臺軍售對馬英九團隊的重要性；第三，強調美國將謹慎對待售臺武器的數量和性質；第四，強調美國的國內政治因素及軍工集團的利益驅動。同時，從美國國防部宣布批准洛克希德‧馬丁公司實施布希政府2008年10月的對臺軍售計劃的時間上也可看出，歐巴馬政府希望儘量不讓對臺軍售案影響2010年上半年胡錦濤主席對美國的訪問。但是，不管歐巴馬政府如何將對臺軍售合理化，對臺軍售和美臺實質性的軍事關係仍然是兩岸關係和平發展直至最終和平統一的巨大消極因素。

　　其次，密切關注臺灣政局演變，在「五市」選舉後視情況對2012年臺灣大選施加影響。美國在臺灣的利益是保證兩黨互相牽制，臺灣經濟保持競爭力，同時臺灣在政治上、軍事上依賴美國的幫助。美國將適時評估兩黨候選人，做出政治選擇。對美國而言，如果2012年臺灣臺灣實現政權轉換，民進黨的大陸政策對確保美國的利益非常重要。美國將向民進黨清楚表達希望其繼續推動兩岸關係和平發展勢頭的願望。

第三，支持兩岸發展更緊密的經濟、社會關係，同時高度關注兩岸的政治對話，警惕兩岸可能的更緊密軍事交流對美國造成的損害。歐巴馬政府將同時關注兩岸更緊密的經濟、社會關係給臺灣帶來的利益與風險，及其對美國的影響，運用政治、經濟和文化手段推進實現其利益，降低風險指數。雖然歐巴馬政府認為兩岸政治對話在現階段仍然難度較高，但其仍將密切關注兩岸政治「二軌」對話、政策研究中關於「和平統一模式」、「兩岸政治地位與關係」等題目的研究成果，並對兩岸政治對話的前景不斷進行評估。同時，美國在進一步推進兩岸建立「軍事互信措施」的同時，也將防止兩岸更緊密的軍事交流對美國造成的損害。

小結

歐巴馬政府任內，中國大陸、臺灣與美國的互動出現了新的特點，即中國大陸與臺灣的關係更加緊密，美國試圖同時發展與中國大陸和臺灣的關係，與此同時，臺灣與美國的關係也處於恢復當中。在此背景下，美國對臺灣問題的主導權有所下降，中國大陸的主導權有所上升。必須清楚地認識到，出現這種情況的主要原因是——馬英九團隊認同「九二共識」，兩岸關係實現根本好轉，而非美中兩國實力出現此消彼長。當然，中國大陸的國力迅速上升，美國在很多問題上對中國的依靠加大，但美中兩國的綜合實力對比沒有出現根本性的變化，美國仍然擁有影響臺灣問題的各種政策手段，且這些手段也沒有根本弱化。因此，兩岸關係和平發展階段的美國因素仍值得重視。歐巴馬政府的臺海政策目前還處於逐漸成型階段，隨著未來兩岸關係和平發展的進一步深入，中美關係的互動進一步複雜化，其臺海政策還將不斷調整。

歐巴馬政府臺海政策要點探析

全國臺灣研究會　嚴峻

　　早在2008年1月，還在競選初期的歐巴馬首次針對臺海問題表達立場，表示如果當選總統，「希望臺海兩岸經由對話和平解決雙方分歧，保證臺灣海峽永遠不會發生軍事衝突。任何解決臺海僵局的方式都應為海峽兩岸的民眾接受」。[452]其政策兩個要點是——「確保和平」與「人民同意」。這種政策基調是對以往美國政府尤其是最近幾屆政府臺海政策的傳承，誠如後來出任美國副國務卿的斯坦伯格所言，「多年以來，美國共和黨政府與民主黨政府在臺灣問題上有著重要的政策連續性，我認為我們希望看到這種政策繼續下去」。[453]下面本文就這兩個政策要點進行分析。

一、「確保和平」

　　李登輝、陳水扁當政期間，臺灣當局屢屢挑釁中國大陸對臺政策底線，使臺海局勢幾度高度緊張，令美國十分擔心。因為如果兩岸發生戰爭，美國可能被迫捲入戰爭，如美國在臺協會主席薄瑞光所言，「因為我們對臺灣有承諾，儘管定義有些模糊，但理論上說我們不得不採取行動」。[454]而儘管美國軍事力量超過中國，但中國的反擊能力也令美國懼怕，如美國防部《2009年中國軍力報告》認為，中國有能力對美國大部分主要城市形成毀滅性打擊。[455]2008年臺灣政權更替後，美國相關官員都長舒一口氣，薄瑞光甚至認為：「2008年5月20日臺灣新領導人當選以來，臺海緊張局勢大大緩和……我認為這是近兩年來世界上最大的好消息！」[456]放鬆、喜悅的心情溢於言表。為了確保「臺海和平」，美國政府採取的主要政策是鼓勵兩岸關係緩和以及繼續對臺軍售。

海峽兩岸持續合作的動力與機制

（一）支持、鼓勵兩岸關係改善，以期兩岸「和平」局面得以鞏固、繼續

2008年5月以來，兩岸關係大幅改善，美國政府對此持肯定、支持態度，認為這一態勢符合美國的利益。斯坦伯格表示：「美國對臺海兩岸間積極對話感到鼓舞，同時也鼓勵兩岸探索建立互信，以便使臺海局勢更加穩定」，「希望兩岸儘可能降低緊張，開展對話，密切經濟合作，美國希望繼續保持這一趨勢」。[457]負責亞太事務的助理國務卿坎貝爾在國會聽證會上明確表示，美國樂見兩岸對話及關係改善，是因為「這意味著雙方因誤判而擦槍走火的可能性降低了……這種兩岸關係取得的進展非常符合美國的利益」。[458]

臺海兩岸走向緩和在美國國內也獲得較多輿論支持，就連具保守傾向的《華盛頓時報》在社論中也認為，儘管兩岸之間更密切的聯繫將使臺灣進一步向中國大陸傾斜，但總的說美國還是樂見兩岸關係緩和。[459]國會的主流意見也是支持兩岸關係的緩和與改善，美國眾議院54名議員曾聯名致函肯定馬英九「在強化臺美互信，增進兩岸對話與交流各方面的成就」。[460]美國學界多數觀點也支持歐巴馬政府的政策，當然他們主要的理由之一是認為兩岸關係改善離兩岸政治對話還很遠，即便兩岸進行政治對話，在一定時期內只能是談結束敵對狀態，不可能將統一列入談判議題，因此美國不用擔心海峽兩岸走得太近而影響到美國的戰略利益。例如史汀生中心東亞研究室主任容安瀾表示，即使臺海兩岸會統一，「但這並不是眼前的事，在未來相當長時間內也沒有可能」，「兩岸之間還存在許多重大分歧，未來難保不會遇到障礙而倒退」，因此美國不必擔心兩岸接近，而應該慶幸臺海緊張的降低。[461]正是由於兩岸關係緩和給臺海和平帶來更大的保證，而這種和平符合美國的亞太戰略利益，所以美國政府對兩岸關係改善的支持態度是明顯的，在2011年初中國國家主席胡錦濤訪美期間，美方在中美聯合聲明中重申它「支持兩岸關係和平發展，期待兩岸加強經濟、政治及其他領域的對話與互動，建立更加積極穩定的關係」。

（二）堅持繼續對臺軍售，但在是否與中國政府事先協商上出現不同聲音

然而，兩岸關係的緩和並沒有改變美國政府對臺軍售的一貫立場。這是因為：第一，美國政府認為兩岸關係雖然趨緩，但對臺軍售有利於維持兩岸的「軍事平衡」，增加臺海的「和平係數」。美國防部認為，中國大陸針對臺灣的軍事現代化行動及對臺灣構成的威脅在馬英九上任後並未減少，反而在提升，「中國軍隊正在發展脅迫能力，未來這種能力將在兩岸發生衝突時迫使臺灣做出傾向於大陸的選擇，並遏制、延緩或阻止美國在兩岸發生軍事衝突時提供對臺灣的支持」。[462]美國一些重要智庫也提出相同的看法，如蘭德公司2009年8月公布了一份臺海局勢研究報告，稱當前臺海形勢雖然已經緩和，但「潛藏的危機並未消除」，「在臺灣意識節節高漲的情況下，馬當局政策的彈性非常有限，很難滿足中國大陸的期待，未來一旦大陸發現經濟合作手段無法遂行統一目標時，就有可能考慮採取非和平手段」。[463]第二，美國還把「增加臺灣當局與大陸對話、和談的信心」作為對臺軍售的藉口之一。早在2008年10月，當小布希政府宣布對臺軍售案時，歐巴馬就透過其競選團隊國家安全事務發言人莫莉姬發表聲明稱，「歐巴馬參議員歡迎布希政府的決定」，「加強臺灣的防禦能力有利於增加臺灣與大陸對話的信心，不僅不會對緊張局勢緩和的進程造成破壞，實際上能夠促進局勢的緩和」。[464]斯坦伯格也稱：對臺軍售「不僅僅是出於法律義務，同時也因為美國認為這樣做是對的，因為它有助於增強臺灣與大陸對話和談判的信心」。[465]

近來，美國國內一些質疑對臺軍售的聲音引人注目。前美軍太平洋總司令普里赫表示，「美國與中國的關係經緯萬端，可是一旦扯上對臺軍售，往往就可能陷入死胡同，不免因小失大，所以不妨重新思考對臺軍售，以跳脫由此產生的惡性循環」。[466]前美國參謀長聯席會議副主席比爾‧歐文斯上將指出，軍售臺灣並非解決臺灣問題的最好辦法，只有放棄《與臺灣關係法》及對臺軍售，才能改善美中關係與解決臺灣問題。美國喬治‧華盛頓大學教授查爾斯‧格拉澤在《外交》雙月刊上也發文認為，由於北京堅持對臺主權的「不可談判性」，為了避免美中兩國因為臺灣問題而爆發核戰爭，美國唯

有放棄臺灣。[467]然而，美國對臺軍售，絕非單純囿於對兩岸關係及美中關係的思考，它至少還涉及以下兩方面因素：一是美國在東亞的「安全承諾」。美國認為「一個在東亞海岸線有著常規優勢的中國，能夠對美國作為該地區安全與穩定保護者地位構成直接、廣泛、難以應付的、持久的挑戰，這一挑戰是超越臺灣問題的」，[468]「對臺軍售不僅有明確的軍事意義，而且更有重要的地緣戰略意義，發出一個美國遵守其義務的信號，那些在安全與穩定方面依賴美國的國家和地區可以放心，即美國的支持是可靠的、堅定不移的」；[469]二是美國國內軍工利益集團和保守勢力對美國政府的壓力。會員包括洛克希德馬丁公司、波音公司、雷神公司等軍工巨頭的「美臺商會」經常對美國政府的臺海政策指指點點，歐巴馬就曾感嘆「美國在制定對外政策時，由五角大樓、軍工企業和來自國防開銷大區的國會議員所組成的鐵三角發揮越來越大的影響力」。[470]

在可預見的未來，美國不會停止對臺軍售，但未來是否會突破雷根政府對臺「六點保證」中有關「不與中國政府就對臺軍售問題事先協商」的承諾呢？現在看有這種跡象——斯坦伯格曾表示「美方認為對臺軍售對地區穩定有利，做好準備對此進行認真討論，也願意聽取中方意見，美方要解釋這樣做符合雙方利益」。[471]在2010年初歐巴馬政府宣布對臺軍售案後，美國國家安全事務助理瓊斯表示，未來美國將就任何對臺軍售「不論我們所宣布或不宣布的內容，都不會讓我們的中國朋友意外。我們將會以透明的方式進行磋商」。[472]然而，這種政策的轉變受到美國國內保守勢力強大的壓力，因而尚未在歐巴馬政府中形成統一的意見，如最近美國國防部負責東亞政策的戴維·赫爾維在2011年4月13日國會聽證會上表示，「我們是根據我們對臺灣防務需求的評估結果——基於臺灣的安全要求和臺海軍事平衡來做出決定的，我們不會與其他任何國家協商，我們不會與中國協商」。[473]隨著中國在國際上話語權的繼續增長、美國對中國核心利益尊重程度的上升，未來美國政府也許會突破雷根「六點保證」中的這一點「保證」。當然，這一突破勢必牽扯到美國國內外諸多因素，也將對美國國內政治、美中關係、美臺關係產生較大影響，事態的發展值得拭目以待。

二、「人民同意」

美國對臺灣問題以「和平解決」為最高原則，這種「和平解決」在上世紀70、80年代基本上是「和平統一」的同義語，事實上，當時美國官方曾在不同場合表示美國樂見中國「和平統一」（peaceful unification）或「和平統合」（peaceful integration），[474]但當時美國政府並沒有強調這種「和平解決」需要得到臺灣人民的「同意」或「接受」。容安瀾和卜睿哲對此的解釋是，因為當時臺灣尚未「民主化」，所以無所謂臺灣民眾的意見，兩岸當局若能達成和平統一的協議，美國也不持異議。[475]然而到了90年中後期，美國在公開的對臺政策宣示中，除了堅持臺灣問題「和平解決」外，還強調最後的解決方法「是臺灣人民所能夠接受的」。[476]例如2000年2月在中國政府發表《一個中國原則與臺灣問題》以後，克林頓政府發表聲明稱「我們繼續拒絕使用武力作為解決臺灣問題的手段，我們也將繼續絕對明確地表示，北京與臺灣之間的問題必須和平解決，並得到臺灣人民的同意」。[477]而現在美國政府官員更多的是使用「兩岸人民的同意」取代「臺灣人民的同意」，如薄瑞光表示：「我們有個關切，一項核心利益，即兩岸間達成的任何協議必須透過和平手段，並得到雙方民眾的一致同意。」[478]美國政府這種用語的改變，目的除了避免刺激大陸對「臺獨意識」、「臺灣公投」的敏感神經外，還有告誡臺灣方面不可單方改變現狀（因為解決方案還要取得大陸人民的同意）的用意，但實質上仍然堅持「臺灣民意對臺海問題的解決方案有最終同意權」的原則。

（一）美國政府堅持「人民同意」的原因

美國堅持「人民同意」有理想主義和現實主義兩方面因素。從理想主義角度看，不論是民主黨還是共和黨政府，美國歷屆政府都認為外交政策應該建築在美國的價值觀之上，都認為推廣美國民主符合美國的國家利益，只不過是強調的程度有所區別罷。具體到臺海問題上的「人民同意」，美國理想主義因素又分為兩個層面：第一個層面是確保臺灣的「民主成果」。2009年9月，美國國防部助理部長葛瑞格森稱，歐巴馬政府對臺灣的安全承諾遠遠

超過美臺關係法律的規範，美臺間除了有共享的安全利益、經濟關係，更重要的還有「共同的民主理想和價值」。[479]美國認為如果未來臺海問題的最終解決方式沒有經過臺灣民眾同意，是與美國的價值觀不相容的；第二個層面的考慮是以「臺灣民主」對中國大陸進行「和平演變」。「美國認為它的價值觀和制度具有全球的適應性……認為美國人命中注定要指導中國人民走向自由、民主和現代化」，[480]而臺灣作為「亞洲和世界民主的燈塔」[481]，美國人認為它不但「創造了經濟成就，也在政治發展上相當迅速……為中國大陸的人們提供了另一種選擇之路」。[482]可以說，在美國看來，強調臺海問題之「人民同意」，是強調其「普世價值」的一種體現，是影響中國大陸「民主進程」的諸多方式之一。

從現實主義角度看，美國研判認為，臺灣民眾有一種「獨立的身分認知，也就是他們所謂的『臺灣意識』……在1988至2008年的20年裡，臺灣的兩位『總統』，尤其是陳水扁，積極地推動和強化這種身分認知」，[483]即使是對大陸較友好的國民黨上臺後，「大陸目前對臺灣人民還缺乏政治吸引力」，「臺灣人民不會同意與大陸統一」，並認為「如果馬英九對北京的做法增加了臺灣經濟、政治和安全的脆弱性，臺灣選民會用選票對馬進行懲罰的，美國不必過於擔心」。[484]可見，美國認為現在臺灣多數民眾不認同兩岸馬上統一，所以只要堅持臺海問題方案的解決必須得到臺灣民眾的同意，在可預見的未來就不會出現美國所不樂見的局面。

（二）美國堅持「人民同意」的主要做法

其一，堅持模糊的「一個中國政策」及實質上「臺灣地位未定論」，為「臺灣的未來須經臺灣人民同意」埋下政策伏筆。美國政府始終對中國政府關於「世界上只有一個中國，臺灣是中國的一部分」的立場以「認知」（acknowledge）應對，表示「這只是中國的看法，不是美國的立場，美國對此既沒有贊同，也沒有反對」。[485]較近的一個例子是，2007年7月美國國務院給聯合國負責政治事務的副秘書長的一個包括九點聲明的文件中稱「美國認知（acknowledge）到中國關於臺灣是中國一部分的觀點。我們對臺灣的地

位不採取立場,我們既不接受也不拒絕臺灣是中國一部分這種要求。」[486]且進入90年代,美國官方不再使用「一個中國原則」的提法,代之以「一個中國政策」,[487]因為「原則」對「一個中國」的認可相對剛性,而「政策」則具更大的靈活性。歐巴馬政府基本上繼承了往屆美國政府的「一個中國政策」及「臺灣地位未定論」。斯坦伯格表示,「美國的一個中國政策是在民主黨和共和黨共同認同下,多年來美國最成功的外交政策之一」。[488]2009年11月中旬歐巴馬訪華後,薄瑞光抵臺稱「中美聯合聲明中有關雙方相互尊重主權和領土完整的表述只用以說明西藏和新疆議題,與臺灣無關」,「多年來,美國的政策是明確的,即我們對臺灣的最終地位不持立場。」[489]這種「對臺灣最終地位不持立場」的表述,隱含著美國認為兩岸關係的未來並非只有統一而是具有多種可能的意涵,而無論哪種可能都須經「人民同意」。

其二,加強美臺經濟關係,防止臺灣經濟過度依賴大陸以致「影響臺灣民眾的判斷與選擇」。美國認為臺灣經濟對大陸依存度過高,「當兩岸關係出現危機時,大陸將利用這種不平衡的經濟關係,把經濟政策變成外交政策的工具。」[490]「美國經濟與安全評估委員會」在向美國國會提交的2009年度報告中,一方面「建議國會敦促歐巴馬政府支持近期以來的臺灣海峽兩岸關係的改善」,另一方面也「建議國會催促歐巴馬政府尋找機會加強美臺經濟關係,以免臺灣經濟對大陸過度依賴。」[491]美國國會中有一批議員呼籲美國與臺灣簽訂「自由貿易協定」(FTA),他們認為簽訂FTA「意味著美國關心臺灣的自由、民主」。[492]但目前看,出於各種因素美臺簽訂FTA的可能性不大,美國政府傾向於先與臺灣簽訂「貿易暨投資架構協定」(TIFA)美國加強美臺經濟關係,主要是防止臺灣經濟過度依賴大陸,從而使臺灣民眾在大陸的「經濟利誘」和「經濟壓力」下失去「自主」意識,使兩岸關係趨於美國不希望的方向,正如美國傳統基金會研究員譚慎格所言,「如果臺灣對中國有解不開的經濟依賴,而且缺乏有效的反制,將很快使臺灣越過臨界點,走向北京的政治乃至最終的安全依賴」。[493]所以,美國儘管口頭上呼籲要尊重「人民同意」的權利,便實質上卻透過各種動作影響臺灣民眾的判斷與選擇。

其三，堅持不作兩岸「調停人」，主張兩岸政治對話不應設置前提，甚至主張兩岸政治談判的啟動及進程「應由臺灣人民決定」。從上個世紀80年代到90年代中期，美國對兩岸政治和談基本上採取「不鼓勵、不介入、不調停」政策，1995-1996年臺海危機後，美國政府認識到希望兩岸若能進行「建設性對話」，將有利降低兩岸衝突的風險，從而符合美國的亞太利益，於是開始表示樂見兩岸和平協商。不過布希政府仍然主張美國不做兩岸調停人，且兩岸應該無條件地進行官方對話，實際上是不支持中國大陸有關「在一個中國原則下進行政治對話」的主張。歐巴馬上臺後，美國政府仍堅持鼓勵兩岸對話但不做調停人的立場。對歐巴馬政府臺海政策有一定影響力的卜睿哲這樣解釋「兩岸談判不應設立任何前提條件」的理由：「一方為恢復談判設置先決條件是不具建設性的，這使另一方懷疑，在討論開始之前已經等同在根本性的問題上做出了讓步。」[194]這種主張實際上與上文所述的其關於「臺灣地位未定」的主張是相呼應的，目的也是想保證臺灣方面的「多元選擇權」，並維持美國所希望的目前兩岸不統不獨局面。面對兩岸實力差距的進一步擴大，美國政府現在更強調兩岸是否談判，主動權應在臺灣一方。薄瑞光表示：「我們會鼓勵兩岸雙方改善關係，但這並不意味著我們會參與談判或居中調停，事實上兩岸也都不希望我們這麼做。談判的節奏、時間、議題都完全取決於臺灣。我們不會壓臺灣談或者不談某些特定議題。」AIT臺北辦事處處長司徒文2010年10月接受臺灣《聯合報》採訪時也表示，「美國歡迎臺灣與大陸交往，但速度與方向，以及多快進行政治對話，都要由臺灣人民決定」。[195]這種「由臺灣人民決定」的論述其實已經在一定程度上偏離了「兩岸人民同意」的立場，道出了美國政府關於「臺灣前途由臺灣人決定」的內心真意。

三、結語

事實上，當臺灣的「民主選擇」威脅到臺海的「和平」時，美國就會抱怨臺灣的「民主品質」，並要求臺灣「自制」。典型的例子是2007年下半年，針對臺灣「入聯公投」所引起的臺海動盪，美國官方多次發表聲明反對臺灣舉辦公投。卜睿哲曾公開表示：「臺灣民主的品質將攸關美臺關係的發

展」,「希望臺灣的民主不會成為美臺安全夥伴關係的緊張與衝突來源……若臺灣可以改善民主政治體制,就比較不會從事一些可能引發與美國衝突的政策。」[496]不過,細緻觀察可以發現,在臺海問題解決方案與人民的權利之間,美國政府只是用「人民同意」而非「人民決定」一詞,也就是說,美國的立場是人民不能「主動」地「決定」或「選擇」臺海問題的解決方案,只是有權「被動」地「同意」或者「不同意」某種解決方案。從這個意義上講,美國政府認為「和平解決」原則與「人民同意」原則並不衝突。這其實除了強調大陸方面提出的或兩岸當局達成的方案要取得臺灣人民同意外,也是在告誡臺灣方面,不要試圖主動透過所謂的「民主程序」或發動所謂的民意來單方面主動地改變兩岸關係現狀,危及臺海「和平」,否則是無法得到美國的保護的。這也是美國政府多年來在臺海兩岸實行「雙軌政策」或稱「雙重遏制政策」的一種體現。正如薄瑞光所言:「迄今為止7屆美國政府採取的『雙重遏制』政策保持了臺海的和平。『雙重遏制』指軍事上遏制北京使用武力,政治上遏制臺灣單方面改變現狀挑釁北京。」[497]可以說,「美國是本著一種複雜的心態在臺海戰爭的風險與骨子裡的親臺情結之間玩弄脆弱的平衡」。[498]

對新時期深化兩岸文化交流的若干思考

全國臺灣研究會　楊立憲

兩岸簽署經濟合作框架協議之後,如何深化兩岸文化交流的議題成為各方關注的新焦點,筆者試就這一議題發表一些不太成熟的看法,以求達到拋磚引玉、集思廣益、促進兩岸關係深入發展的目的。

一、ECFA後簽署兩岸文化合作協議的議題已提上日程

馬英九主政3年多來,兩岸關係取得了舉世矚目的大突破大發展,昔日劍拔弩張的臺海緊張氣氛已為今日熱絡的「三通」所取代,初步步上和平發展的軌道。隨著ECFA的簽署並於2011年1月1日正式生效,兩岸經貿關係實現了質的飛躍,進入了機制化發展的新階段。

後ECFA時期,人們不約而同地將兩岸關係下一個發展重點指向了文教交流與合作。這一是因為ECFA確立了兩岸經貿關係發展的大框架,雖然後續還有許多工作要做,還有許多阻力有待克服,但畢竟已邁出關鍵步伐,翻開新的篇章。二是因為兩岸政治談判問題受制於臺灣政局、國際因素及大陸內部因素等,一時尚難以提上議事日程。故相比較而言,文化議題的爭議性不大,可深可淺、可大可小,是可以著力的領域。更為重要的是,文化交流扮演著連接情感、溝通思想、凝聚認同、彌合分歧、重建共同記憶的基礎性作用,「經貿與文化是連接兩岸的兩大橋樑,缺一不可」,在全球金融風暴下的此刻,當重新審視兩岸關係的未來時,「我們意識到兩岸關係是否能持續且長遠地發展,是否能在不遠的未來產生實質性的更大突破,文化平臺上的溝通、往來與融合是問題解答的一個關鍵所在」。[499]

臺方最早提出商簽文化交流協議的事[500]，得到大陸的積極回應[501]，但後來臺方又縮了回去，對商簽文化協議一事踩了急剎車。[502]2010年9月，臺中華文化總會會長劉兆玄表示：「兩岸間文化合作還需要時間討論，需要積累經驗，因為文化範疇比經濟更廣泛，談出架構協議不容易。」[503]2011年1月臺「文建會」主委盛治仁聲稱，目前不需要簽署兩岸文化交流協議，「傾向於從個別議題入手，自然形成交流機制」。[504]臺「教育部長」楊朝祥建議兩岸簽署教育ECFA。[505]今年6月1日，劉兆玄再次表示應先搞交流，「由易而難，累積經驗，發覺問題，再坐下來談，有需要時再簽，這樣比較有完整性」。[506]由此可見，兩岸均認為應加強文化交流，但對於是否應開始商簽文化合作協議缺少共識，時機尚不成熟。

　　不論簽或不簽，兩岸對於胡錦濤所說的「推動兩岸文化教育交流合作邁上範圍更廣、層次更高的新臺階」，[507]和中臺辦孫亞夫副主任提出的「不斷為商簽兩岸文教協議積累共識、創造條件」的建議[508]，應無異議。

二、兩岸文化交流合作協議可粗可細

　　兩岸文化協議之所以難簽，除了時機條件因素外，可能與文化議題「範疇比經濟更廣泛」、更為龐雜、也因而更難簽有關。如果說經濟層面的交流主要是為了實現兩岸經濟資源最佳配置、創造最大的互惠利基、滿足經濟發展的迫切需要，那麼，文化交流則兼有溝通觀念、密切情感、增進共同認同、滿足人們精神需要的多重作用，是一個細水長流的工程，重要但不急切。

　　廣義的文化形態似乎可以分為四個面向，即世俗的、觀念的、行業的和產業的。世俗形態的文化最常見，比如語言文字、衣食住行、民間信仰、生活習俗等。觀念形態的文化特指人們的意識形態和價值觀，體現為各種各樣的理論、學說、主張、倫理道德觀及制度規範等，它是人們的社會存在暨生產生活方式在觀念及法制層面的反映，對人們的社會存在具有指導作用。行業形態的文化指的是從事精神文明活動、服務於精神文明建設或與文化事業

有關的社會職能部門，例如教育、科技、文藝、宗教、體育、衛生、出版、傳媒等界別。產業形態的文化就是文化的產業化，泛指透過設計製造銷售文化產品來贏利的國民經濟部門。

文化的龐雜性決定了它不太容易談成一個一攬子的綜合文化協議，特別是在兩岸政治和意識形態存在較大差距的情況下更是如此。例如：人們很難簽訂一個規範觀念交流的文化協議，因為觀念是附著於人的頭腦之中的，無處不在無處不在，只要有人的接觸交往，有事的交流合作，就會有觀念的自然溝通、碰撞與相互影響，不需要也沒必要用一紙協議來規範觀念的交流。再如文化行業和文化產業也是千頭萬緒，短期內難以理出思路來。

但這並不是說兩岸不能也不需要籤文化交流合作協議。畢竟協議可以是宏觀抽象的原則，也可以是微觀具體的規定；可以提綱挈領，也可以像實施細則一樣面面俱到；ECFA就是關於兩岸經濟合作的框架協議（臺方稱為「經濟合作架構協議」）。簽協議的主要意義是更好地規範和促進交流，既是交流發展到一定程度的產物，也是深化交流的需要，例如兩岸已簽的15項協議，意義及作用均不可小覷。兩岸文化合作協議不是能不能簽，而是願不願簽及簽署時機問題。臺方認為目前商簽時機不成熟，兩岸先就具體的文化行業和文化產業商簽交流合作協議也無不可，例如有關方面提出的商簽教育ECFA、影視ECFA、出版傳媒ECFA等。

三、從具體議題入手加強文化交流合作

事實上，兩岸文化交流合作一直秉持「先易後難、先個別後一般」的規律在推進。例如：早在民進黨執政時召開的國共第三屆經貿文化論壇，即提出了「積極促進兩岸教育交流與合作」的7項建議。2009年國民黨執政後召開的第五屆兩岸經貿文化論壇提出6大類29項「共同建議」中，促進兩岸文教、文創產業和新聞交流等的內容就占了5大類26項。兩岸簽署ECFA後召開的第六屆兩岸經貿文化論壇，提出的22項「共同建議」中有10項涉及兩岸文教交流合作的內容，均為具體議題。

這些議題包括：促進兩岸合作編纂中華語文工具書；鼓勵和支持兩岸青少年參加形式多樣的交流活動；加快推動兩岸學歷學位互認、兩岸學生互至對岸學習研修，促進建立兩岸高院相互招生的聯繫與協調機制，建立兩岸學歷學位證件查驗及作業平臺；促進兩岸體育交流合作，加強兩岸奧委會、單項協會和各類體育組織及專業人員的交流；建立出版物交流合作規範，擴大出版物貿易和版權貿易；盡快實現兩岸媒體互設常駐機構，支持制定促進新聞交流與媒體合作的政策；完善兩岸廣播、影視、出版等業界溝通對話機制，加強兩岸文創、數字內容、音樂產業的交流合作，支持制定規劃及相關政策；推動落實兩岸知識產權保護合作協議等。

幾年來特別是國民黨重新執政後，經過努力，上述建議內容有許多已取得積極進展。例如：兩岸文學藝術類的交流更加活躍，兩岸教育交流取得突破（大陸宣布給臺生以等同於陸生的平等待遇，臺方承認41所大陸大學學歷並開放陸生入臺就學），兩岸體育健兒共同參加一些大型比賽，兩岸故宮達成合作協議，共同舉辦文物展覽、合拍影視劇、合作出版圖書音像作品，啟動合作編纂中華語文工具書，共同推動商簽智慧財產權保護協議等。

目前，兩岸應重點就雙方都有共識且都感需要的教育、新聞傳媒和文創產業的交流邁出更加堅實的步伐。

文化與教育相伴而生，相隨而長，文化給教育以社會價值，教育給文化以生機活力。兩岸文化教育事業的進步需要交流，兩岸關係發展需要來自文教交流的動力，更需要強有力的文化認同、民族認同的支撐。開展兩岸文教交流合作，對推動兩岸關係發展具有基礎性、全局性、長遠性的重要作用。[509]目前兩岸教育交流距離兩岸關係和平發展的需要還差得很遠，因此，推進兩岸文化交流合作必須繼續在教育交流合作上下大工夫。

新聞傳媒扮演著溝通兩岸訊息、傳遞兩岸民意、增進兩岸理解的重要角色，在兩岸文化交流中發揮先頭部隊和鋪路搭橋的作用，不可或缺。國民黨重新執政以來，兩岸交流取得極大進展，但在新聞傳媒部分卻進展有限，或

「只聞樓梯響，不見人下來」。表現在兩岸的報刊、電視、網路、記者駐點等仍被限制，「影響所及，主觀，偏頗，甚至預設立場的新聞報導不但侷限了兩岸人民之間的信賴與瞭解，嚴重推遲了兩岸『終極和解』的時間表，也給了根本就不希望兩岸和解的『有心人士』可乘之機」。[510]

除外，兩岸文創產業發展各有長短，大陸有深厚豐富的文化資源、功底紮實的藝術專業人才、廣闊的市場及強有力的政府支持，但文化產品的質量、文化服務的多樣性和完善程度還不能滿足市場的需求，文化產品的國際競爭力還較弱，在創意設計、技術研發、自主知識產權和品牌等方面存在諸多不足；而臺灣文化產業起步較早，在創意、研發、營銷及品牌經營方面具備相當的優勢和基礎，但在人財物特別是市場方面不如大陸。因此，兩岸在文創產業方面的合作完全具有優勢互補、互惠雙贏的可能。

四、正視兩岸在觀念文化形態上的差異

毋庸置疑，兩岸文化形態系出同門，均具有鮮明的中華文化的特色。例如：兩岸人民都以漢族為主體，兩岸語言文字相同，飲食服飾、風俗習慣、宗教信仰、倫理道德觀念等也大體相同。尤須指出的是，臺灣自1945年光復後，在政治上居統治地位的主要是從大陸去的中國國民黨及其政權，教育上占主導地位的仍是以儒家學說為代表的中華傳統文化，民間仍然保持著濃厚的漢民族習俗，上世紀60年代末推動的「中華文化復興運動」對中華文化的整理保護與宣傳做出很大貢獻。這些不僅使中華文化在臺灣根深葉茂，也使之內涵得到極大豐富和發展。[511]

正因為如此，兩岸均認同：「中華民族能歷五千年而不墜，端賴優秀文化的維繫。」[512]博大精深的中華文化「是維繫全體中國人的精神紐帶」，[513]「是全體中國人的共同驕傲和精神支柱」和「兩岸交流的基礎」，[514]也是「兩岸真正的最大公約數」。[515]

但另一方面也應看到，由於地理環境場所、歷史經歷等有所不同，臺灣

文化已形成融海島文化、移民文化、外來文化和西方文化於一體的自身特色。例如：崇尚自由開放，接受外來事物較快；尊重多元、包容不同、勇於創新，重視將傳統文化與現代文化相結合；重友情講義氣，信奉「愛拼才會贏」；政治上傚法歐美的政黨政治、三權分立與普選制；經濟上實行外向型的市場導向的自由競爭機制；社會治理向西方看齊，公民文化、志工文化及大眾消費文化較為發達等。兩岸在制度文化和觀念文化上存在著很大的差距。

尤需指出的是，兩岸關係近百年的疏離和60多年的政治敵對以及受國際冷戰格局的影響，近代分別走上不同的發展道路，深深影響了兩岸民眾的民族情感，甚至造成了政治、身分、文化認同的對立與統「獨」對立，不僅給兩岸關係的深入發展造成阻力，也成為影響兩岸建立政治互信的深層次原因。從這個意義上可以說，「兩岸交流最艱難的障礙也在於文化」[516]，簽署文化協議、深化兩岸的文化交流合作確有其必要性和緊迫性。

還需指出的是，決定一種文化形態本質特徵的是民族和人，而不是其他。因為文化與民族不可分，文化「孕育著民族的生命力、凝聚力和創造力」。[517]兩岸文化的不同點並非兩岸文化的本質區別，中華文化本身就是中華各民族融合、繼承傳統、不斷演化、自行發展並與外來文化相互影響下的結晶，其內涵包括了臺灣文化的諸種特性，其外延則較之臺灣文化更為豐富多元——這應是臺灣文化隸屬於中華文化大範疇的主要依據。

五、對待文化差異應從大處著眼、換位思考

由上述可知，兩岸文化均屬於中華文化體質、大同小異，需要探討的是：兩岸究應如何對待彼此的文化差異？經驗表明，文化相同有助於兩岸走近，文化差異又提醒兩岸保持距離，其結果造成一種不遠不近、若即若離、欲近還離的混沌關係，不利於兩岸關係的持久和平發展。

臺灣因為自身的侷限性，希望在經濟上擁抱大陸，借助大陸求發展，但

在文化上則自視「優越」，自認「唯有臺灣，最有條件成為中華文化的領航者」，「臺灣經驗應可作為中國大陸未來發展的借鏡」[518]。馬英九大陸政策的實質，就是要以臺灣模式引領大陸發展，促使大陸和平演變，在此之前維持兩岸「不統不獨不武」的現狀。

大陸的既定目標是實現中華民族的偉大復興，在本世紀中葉進入中等發達國家的行列，為此，希望先從經濟文化入手進行自身的建設與兩岸的交流融合，最終實現大中華的政治整合。因此，大陸對於臺灣利用兩岸關係和平發展搞政經分離和文化滲透的做法頗為敏感，對臺灣追隨以美國為首的西方陣營來對付中國大陸感覺不爽並保持一定的警惕。

筆者認為，目前雙方立場之形成可謂「冰凍三尺，非一日之寒」，均有可理解之處。臺灣自視文化發展優越於大陸有其依據，兩岸政治對立亦與制度觀念形態的文化差異直接關聯。大陸因幅員遼闊、歷史悠久、情況複雜、家底薄、發展不平衡等，不可能照搬臺灣經驗和西方發展模式亦很正常。要整合雙方的立場，使兩岸關係和平發展能夠良性循環，關鍵在於端正態度、換位思考和明確共同的奮鬥目標。假設雙方都能以民族復興為重，以民本（不是民粹）為宗，從實際出發，相互理解，求同存異，取長補短，許多問題就不難解決或者可逐步解決。

從大陸方面來說，應該「以大事小以仁」，率先展示祖國大陸的博大胸襟與中華民族延續五千年文明的自信，以海納百川的姿態尊重包容臺灣同胞的所思所想所為，承認臺灣同胞是中華民族在現代化道路上的先行者，視臺灣發展經驗為中華民族的寶貴精神財富，虛心學習臺灣的先進之處，透過交流合作逐步化解臺灣同胞對祖國大陸的誤解和敵視，努力尋求重建兩岸共同的民族文化認同。

從臺灣方面來說，則應看到自身在自然條件、發展品質上存在著不足，看到臺灣的發展離不開大陸、兩岸關係唇齒相依、休戚與共；應理解大陸「大有大的難處」，近代史上同樣經歷內憂外患的「悲情」，走過發展的彎

路，付出沉痛的代價，渴望民族振興、國強民富、再造中華文明的盛世輝煌，必須走出有中國特色的現代化發展之路；應明確兩岸人民只有同心協力才能完成振興中華的神聖使命，臺灣的持久和平發展繁榮只有在中華振興的大背景中才能實現和確保。

六、兩岸觀念文化的交流應嘗試「相向而行」

香港《大公報》曾發表社評認為，兩岸關係的根本改善，千頭萬緒，離不開消除大陸與臺灣之間50多年的隔閡與不信任，離不開兩種社會制度和意識形態的和諧相處。這就需要中華文化春風化雨的滋潤和滴水穿石的工夫。以中華文化豐富的內涵和深邃的智慧，完全可以成為兩岸和平發展事業的動力和重要支撐。這方面的交流合作，不僅有良好紮實的基礎，有民意民心的支持，也有寬和的政策環境，這些都將為兩岸和平發展軟實力的培育和壯大提供可行性，創造有利條件。[519]筆者非常認同這種看法。

所謂「相向而行」就字面意義理解，是說對立的兩造應互以對方為目標向中行進靠攏。兩岸在價值觀上只有「相向而行」，才有可能最終實現互利互惠和合，才可能使兩岸關係永久走在和平發展、良性循環的軌道上。

首先，兩岸觀念文化交流「相向而行」應建立「三個明確」的共識，即：明確兩岸的歷史、地理、血緣、文化密不可分，兩岸人民都是炎黃子孫、中華兒女，臺灣與大陸都是兩岸同胞共有的家園，兩岸命運與共，誰也離不開誰；明確大陸文化和臺灣文化都屬於中華文化的範疇，兩岸都有傳承和弘揚中華優秀傳統文化的權利與義務；明確文化交流應秉持以人為本，以同胞為懷，以振興中華、再造中華文明盛世為宗旨。

其次，「相向而行」應確立循序漸進的低中高級目標。

——低級目標是求同存異，最大限度地尋找並建立兩岸在觀念文化上的公約數，尋找並拓展共同話語，如以民為本、保護人權、完善民主、加強法治、懲惡揚善、平等相待、互利互惠、共創雙贏等。

——中級目標是求同化異,即在交流的基礎上增進瞭解和理解,進行換位思考,嘗試尊重、包容、借鑑乃至欣賞與自己不同的價值觀與思想行為方式,逐步縮小彼此在觀念和情感認同上的差距,化解並解決爭議。

——高級目標是追求和諧,即各種思想觀念生活方式和平共處,互相尊重,取長補短,自然選擇,進而在更高層次上達到兩岸文化的融合與再造,重現中華文明的輝煌盛世,為人類社會的現代化進程與文明進步,樹立新典範,作出新貢獻。

最後,應把握「五不」原則。即:1.不做傷害或有損於兩岸政治互信、傷害或有損於兩岸人民共同利益的事情;2.不搞兩岸社會制度、意識形態、價值觀念、生活方式乃至所謂的「核心利益」的對抗;3.不操之過急、拔苗助長;4.不唯己獨尊、固步自封、盲目否定和排斥一切與自己不同的文化形態;5.不在交流中將自己的想法強加於人。換言之,在文化交流中應努力做到以誠相待、理性務實、互相尊重、求同存異、自然選擇。

結語

兩岸關係在經歷了近60年的冷戰對峙之後,終於在2008年迎來了和平發展的曙光,並在短短兩年的時間裡取得了諸多歷史性的大突破。在實現「三通」、簽署ECFA之後,進一步加強兩岸文教交流與合作的議題已被提上議事日程,成為現階段深化兩岸關係和平發展的必然選擇。

如果說文化是「民族的靈魂」,「兩岸交流歸根到底是人與人的交流」[520],「文化的交流要比其他任何領域的交流都更為深刻,更為長久」[521],那麼,要確保兩岸關係和平發展、長治久安、良性循環,就必須讓文化交流與經濟交流並重,讓文化建設與經濟建設並重,將文化交流建設融合貫穿於和平發展的全過程,與振興中華同步。

兩岸雖然走上不同的發展道路,但各有長短,都是中華文化的組成部分,唯有相互學習、相互激勵、取長補短、相向而行,才可能實現文化資源

的充分利用和優勢互補,才能重建中華文明的盛世。應正視兩岸在社會制度、價值觀上的差異,正視臺灣內部存在的政治與身分認同的分歧,正視統「獨」之爭,正視兩岸重塑共識的問題與困難。現階段應從具體議題入手加強交流,時機成熟時則應思考商簽交流合作協議的問題。

兩岸文化合作機制與文化共同體的構建

上海大學臺灣研究中心　嚴泉

近年來，在兩岸關係和平發展的潮流中，經貿往來隨著兩岸「大三通」的基本實現，已經達到一個頂峰。越來越多的人認識到兩岸之間尋求政治共識，僅有經貿合作是不夠的，還必須重視文化交流。文化合作機制是聯繫兩岸政治與經濟之間不可分的重要紐帶，是走向未來兩岸共同體的不可缺失的環節。本文擬以兩岸文化合作機制與文化共同體構建為題，在回顧過去，總結經驗的同時，也展望未來的發展趨勢。

一、兩岸文化合作交流的領域

（一）傳統文化合作領域

多年來，兩岸文化合作交流的傳統領域主要表現為文藝演出、藝術節慶、文化聯誼活動等。如2010年，大陸方面張藝謀版大型景觀歌劇《圖蘭朵》、「譚盾之臥虎藏龍」音樂會分別在臺中、臺北上演。中國美術館舉辦的臺灣著名雕塑家楊英風和楊奉琛藝術展、星雲法師書法展，臺灣朱宗慶打擊樂團在西安和北京的演出，以及《寶島一村》《彈琴說愛》等「表演工作坊」舞臺劇的大陸巡演，也都獲得熱烈反響。而在藝術節慶方面，2010年6月，「兩岸城市藝術節」由臺北移師上海舉行，數十場藝術展演為正逢世博盛典的上海，增添一道亮麗的「臺北風景」。10月，「2010海峽兩岸民間藝術節」在廈門舉行，歌仔戲、民俗技藝、客家音樂的兩岸演藝人員團體及相關學者約600人共襄盛舉。

據統計，2010年截至11月底，經文化部審批的兩岸文化交流項目達1700余項、13000人次，全年有望突破15000人次。又據大陸方面的不完全統計，自1991年至2008年年底，大陸方面應邀赴臺的文化交流項目就達4500多項、44000多人次。[522]兩岸文化交流範圍遍及文學、美術、音樂、戲劇、舞蹈、曲藝、雜技、文物、民俗、藝術教育和博物館等各個領域，交流項目多達5000多個、50000多人次。

（二）新型文化合作領域

2008年初，兩岸關係出現了歷史性轉機。兩岸在「九二共識」基礎上恢複製度化協商，「大三通」格局基本形成，兩岸關係從此進入和平發展的新時期。在新形勢下，兩岸在文化合作領域方面也推陳出新，文化論壇、文化參訪、文化產業合作成為新的亮點。

在兩岸文化論壇的舉辦上，2008年第四屆兩岸經貿文化論壇專門舉辦文化沙龍，邀請大陸作家王蒙、余秋雨及臺灣政論家南方朔、臺灣藝術大學校長黃光男暢談如何弘揚與傳承中華文化，以及推動兩岸文化交流與合作。2009年7月在長沙舉辦的第五屆兩岸經貿文化論壇上，有關深化兩岸文化產業合作的7條共識被列入《共同建議》。2010年7月在廣州舉辦第六屆經貿文化論壇更是盛況空前，又有加強兩岸文教交流的10條共識寫入《共同建議》。

在文化參訪方面，2010年9月，文化部長、中華文化聯誼會名譽會長蔡武首次率團訪問臺灣。兩岸眾多媒體認為，蔡武的這次臺灣之行顯示兩岸文化交流正邁向歷史性的高峰。這是兩岸歷年來層級最高的一次文化交流活動。臺灣輿論更是評論說，蔡武訪臺掀起的「文化旋風」，預示著兩岸互動交流重點將由經濟領域拓寬至文化領域，更有利於擴大與深化兩岸互信，標誌著兩岸文化交流進入新階段。此後，文化領域的高層訪臺活動頻頻開展。同年12月中旬，先後又有葉聖陶研究會名譽會長、開明畫院名譽院長嚴雋琪訪臺，出席在孫中山先生紀念館舉辦的開明畫院臺北書畫展；中國文聯主席

孫家正率團訪臺,參加在臺北舉行的第二屆海峽兩岸暨港澳地區藝術論壇。這些高層級官員參訪,有力推動了兩岸文化管理機構的對話與交流。

在文化產業合作方面,從2007年11月開始,大陸方面進一步對臺灣影視業者開放市場,允許「大陸與臺灣合拍的電視劇,經大陸主管機關部門核準後,可視為大陸生產的連續劇播出與發行」,而且將有臺灣演職人員參與的大陸電視劇核準工作,交由省及廣播電視行政部門負責。這兩項政策開放,不僅促進兩岸影視業者合作的商機,而且進一步擴大了臺灣影視娛樂產業在大陸經營發展的空間版圖。與此同時,一大批優秀的臺灣業者和藝人,各自以獨特的方式在大陸的文化市場上深耕,也取得了豐碩的成果。僅2008年在廈門舉辦的「第一屆兩岸文化產業博覽交易會」上,交易金額就多達58億人民幣,成功地達成了搭建兩岸文化產業合作平臺、共創雙贏的目的。

但是正如有學者指出,兩岸文化交流合作也存在一些問題與不足。如政策措施的不對等、交流規模的不對稱、交流領域的不平衡、尚未建立合作機制等。[523]在作者看來,其中最為重要的是兩岸文化合作機制尚未建立,需要進一步實踐與探索。

二、兩岸文化合作機制的基本框架

盡快建立兩岸文化合作機制,已經成為當前兩岸交流的普遍共識。賈慶林在2009年第五屆兩岸經貿文化論壇開幕式上發表講話時指出:「建立這樣的機制,主要是訂立制度規範和搭建穩固平臺,商討交流合作的重大問題,協調兩岸雙方之間的相關政策,以利於發揮各自優勢、整合各種資源,實現兩岸文化教育交流制度化、規範化、長期化。建立這樣的機制,需要確立正確、長遠的發展目標,規劃切實可行的推進步驟。當前,兩岸雙方可以組織人員先就商簽兩岸文化教育交流協議進行研究和規劃,就其具體內容、形式、步驟等問題提出建設性意見。如時機成熟,可將商簽兩岸文化教育交流協議納入協商議題。」[524]有論者也認為機制、體制與法制是兩岸文化合作機制的重要層次。[525]筆者認為,未來兩岸文化合作機制的基本框架主要包括四

個方面的內容。

（一）文化管理機構的對話機制

2010年9月文化部長蔡武訪臺，標誌著兩岸文化管理機構開始重視對話機制的建立。正如有臺灣媒體在社論中指出，蔡武訪臺「透過文化論壇形式的交流，嘗試提出有利於雙方文化交流綱目，應是可以期待的。」而且這次訪問「在於構築互利雙贏、共同發展平臺，透過經貿文化交流，增進雙方互信基礎，進而創造和平的新局。」目前，兩岸關係已由「萬馬齊喑究可哀」逐漸臻於「堂堂溪水出前村」，「相信蔡武訪臺應可為兩岸文化交流帶來更上層樓的契機，而與經貿交流成為未來深化兩岸關係的紐帶。」[526]

蔡武訪臺事件從另一個方面也說明，相對於兩岸經貿交流的廣度與深度，文化交流可以說是相對遜色的。兩岸經貿交流不僅早已進入了積極的互動狀態，而且隨著ECFA的簽署，兩岸經合會的成立，合作機制業已形成，正在向更廣泛和更深入的方面發展。相比之下，兩岸文化交流，近年來雖有頻頻互動的發展態勢，也已有了多層次的交流交往，在互動方面已經初步形成不可阻擋的良好態勢，但是文化管理機構的對話機制尚未建立起來。誠如蔡武在2010年「兩岸文化論壇」上講話所指出：「凝聚共識，推動兩岸文化交流制度化。我們將努力構建兩岸交流機制，透過加強兩岸文化界高層互訪、舉辦兩岸文化論壇等舉措，推動兩岸文化交流制度化、機制化。」[527]

具體而言，兩岸文化管理機構建立訊息溝通機制是當務之急。兩岸交流的訊息不暢通，容易對雙方的政策規定產生誤解，衍生很多問題，無形中為兩岸文化交流製造訊息鴻溝。當前兩岸文化高層管理機構人員直接接觸與會晤已經拉開了文化交流新階段的序幕，未來應該促成文化管理機構高層人員定期與制度化的會晤機制，實現多層次多途徑的溝通和互動，並逐步把這種互動轉化為務實的共進、共贏的合作機制。

（二）文化交流的可持續性機制

在文化交流機制方面，一方面繼續搭建兩岸交流平臺，深入打造兩岸文化聯誼活動和大型文化交流品牌，更多地參與臺灣舉辦的各類文化節慶活動，凝聚雙方力量，不斷拓展兩岸文化交流與合作的領域、層次和影響。另一方面，應重視兩岸文化交流可持續性機制的完善，特別是交流方式、文化政策、項目選擇與合作形式等機制內容。

1.在交流方式上，實現文化交流制度化目標。文化交流制度化，就是要推動兩岸交流雙方建立更為密切、經常性和規範性的聯繫與往來機制。兩岸文化單位加強互動合作，舉辦系列性、品牌性的藝術節、藝術展演、文化論壇等文化交流活動，在促成兩岸文化團體交流的同時，兩岸文化團體、文化經紀機構應該建立固定的合作關係，推動兩岸表演藝術交流更有規劃、更加符合市場預期。

2.在文化政策上，應重視政策鼓勵與增加投入的方式。當前兩岸文化交流尚存在一些壁壘和障礙需要雙方共同克服，如臺灣可以在開放大陸地區人員來臺參與合作制拍電視劇節目的同時，能夠開放大陸歌手來臺進行商業性演出活動。此外，雙方應該增加文化投入，支持雙方文化民間單位開展交流，同時資助、扶持從事兩岸文化交流的文化機構、藝術團體，廣泛吸收社會資金和企業贊助，推動兩岸文化交流持續穩定向前發展。

3.在項目選擇上，進一步推動兩岸文化產業合作的深入發展。大陸擁有深厚豐富的文化資源、功底紮實的藝術專業人才、廣闊的市場及強有力的政府支持，但是文化產品的質量、文化服務的多樣性和完善程度還不能滿足市場的需求，文化產品的國際競爭力不強，在創意設計、技術研發、自主知識產權和品牌等方面存在諸多不足。而臺灣文化產業起步較早，在創意、研發、營銷及品牌經營方面具備相當優勢和基礎。因此，兩岸可謂各有所長，優勢互補，完全可以選擇互惠雙贏的文化產業項目進行合作。

4.在合作形式，建立具有中華文化世界品牌影響力的平臺。如兩岸可以客家文化為內容，嘗試共同申請世界非物質文化遺產。現在大陸客家擁有

「土樓」客家族群的特殊建築，目前正在申請世界文化遺產，臺灣客家則創作出新的傳統，已經發展出新的族群文化意象，以及相關文化產業、外圍產品的發展。因此，可以鼓勵兩岸進行合作，共同促進客家文化的發展，打造具有世界影響力的中華文化品牌。

（三）文化產業發展的政策機制

文化產業的發展機制核心是透過兩岸文化產業合作的深化，形成兩岸文化產業合作發展的共同政策。

1.產業領域。面對激烈的全球文化產業和創意經濟競爭，兩岸如何優勢互補、共同打造文化產業鏈，成為當前兩岸文化交流合作中最熱門的話題之一。在2009年7月在長沙舉行的第五屆兩岸經貿文化論壇上，有關深化兩岸文化產業合作的7條共識被列入《共同建議》。臺北市副市長李永萍用「舞臺之外的平臺」來形容兩岸文化產業合作方興未艾的現狀。她說：「兩岸在這個平臺上攜手共進，必能爆發出更大能量，向世界展現中華文化的魅力和內涵，甚至引領世界文化潮流走向。」

今後兩岸文化產業合作，特別應該加強文化創意產業的合作。眾所周知，雖然兩岸在社會、政治、經濟發展條件存在基本差異，但由於雙方具備共同的語言、文化底蘊基礎，合作發展文化創意產業其實具有良好的先天性條件，這使得兩岸在文化創意產業發展上擁有難得的互補性。整體而言，臺灣文化創業者在產品開發特色上精彩體現中華文化傳統元素，並廣泛應用到日常生活各種領域，產品精緻多元，並且糅合現代設計風格，深獲市場的讚賞好評。需要指出的是，近年來，滬臺在文化創意產業領域的交流已經起步，如2010年就曾舉辦過上海臺北雙城文化創意產業博覽會。

2.合作形式。按照市場競爭的規律，文化企業需要優化組合文化生產所需要的各類要素和資金、技術、人才、訊息、無形資產，並根據現代企業管理方式不斷調整，以最大限度地降低成本，提高文化產品或文化服務的市場

回報，這是都市文化產業長勝不衰的重要保證。

　　文化創意產業和製造業更是與科技業不同處，文化創意產業從設計、生產製造、通路銷售、到消費者購買行為之間的產銷距離被壓縮得很近，同一廠商或創作者，經常同時扮演了研發設計者、生產製作者與銷售演出者的多重角色，再加上消費者、閱聽者的反應及時且影響下一個作品，因此創造多元平臺讓創作者與消費者之間密集互動，是輔導育成文化創意產業的重要策略與工作。臺北市在已有的特色基礎上，已經發展出多元的文化創意園區或街區，如大稻埕古風區、故宮文化園區、西門町電影及青少年創意文化街區、永康街美食及藝文特色街區、信義新天地街頭藝人表演及文化創意產業、特色書店及原創音樂街區等。

　　目前大陸已經將文化創意產業列入大陸重點發展計劃的一環，全力發展動漫、設計、影視、藝術等產業，從北京市大手筆興建宋莊藝術園區、上海授權36家創意產業聚集區，到深圳定位為動漫加工都市等。所以大陸城市應該重視借鑑臺灣文化創意園區的經驗，與臺灣共同規劃成立「兩岸文化產業園區」，透過科學規劃，培育一些可以代表中華文化的創意產業，並發展成為新的地區經濟增長點。正如蔡武在2010年兩岸文化論壇上所說：「加強產業合作，增強兩岸文化產業的國際競爭力。我們將大力支持兩岸各界從中華傳統文化中汲取精髓，整合資源、創意、資金、人才、市場，推動兩岸文化產業對接，將中華文化的豐厚資源轉化為中華文化軟實力。搭建兩岸文化產業合作平臺，積極落實有關政策措施，為臺灣業界來大陸從事文化產業活動提供更好的服務，實現兩岸文化產業合作全方位發展。」[528]

　　3.產業效應。兩岸文化產業合作，還應重視文化產業發展所產生的經濟效益。以臺北市為例，在就業方面，1990年以來，臺北經濟結構逐漸以服務業為基礎。2001年臺北市文化產業系統就業員工有289,676人，占臺北市就業人口比例為17.72%。臺北市文化產業生產系統的產值規模有6880億新臺幣，占臺灣文化產業生產系統生產總值的44.2%。新媒體、廣告、音樂及出版產業多系集中分布於臺北市的主要核心區：大安區、松山區，中山區、信

義區、中正區。都市中心商業區的空間特性具有高度產業集中、交通便利等區位條件。[529]所以兩岸地方政府，應該重視文化產業效應，投入更多資源增強文化產業創造社會財富和就業機會的能力，使文化產業成為城市經濟支柱之一。

（四）文化專業人才的培育機制

文化專業人才是兩岸文化合作的基礎性工作，其培育工作機制主要有三個方面。

第一，以文化交流活動為載體，密切兩岸作家、藝術家的相互聯繫。例如，鼓勵與支持更多的兩岸文化藝術團體開展聯合創作、合作排演優秀劇目並在海峽兩岸巡演；安排大陸的博物館、美術館、大劇院等文化專業人才，與臺灣美術館、文獻會、交響樂團、國樂團、社教館等進行雙向交流；積極推動兩岸圖書館開展中文文獻資源共享，共同做好古籍保護和整理工作等。

第二，深入開展兩岸文化人才的培養工作，做好文化交流的人才工程。如在文化藝術人才培養方面，可以建立「駐市藝術家」交換機制。目前臺北市已推動設置「臺北國際藝術村」供各地藝術家在臺駐村創作。大陸可以借鑑臺北經驗，在一些歷史文化名城，如西安、北京、南京等地，建立駐市藝術家的交換制度。未來雙方可以互相邀請作家、畫家、書法家等進行實質交流，借此拓展彼此的文化視野。推動所需經費除由政府編列外，也可透過民間單位贊助執行，進一步擴大人員數量與交流項目。而在文化產業人才培養方面，臺灣文化創意產業規劃統籌文化藝術、設計製作和國際營銷，在文化產業的各個領域和文化資本、產品生產和設計技術等方面，培養和造就了一大批具有國際視野和影響的人才。所以需要重視影視製作與娛樂節目製作、音樂製作、卡拉OK廳經營、古玩貿易、數字休閒娛樂產業、藝術品收藏與貿易、婚紗影樓、體育休閒產業、圖書版權貿易、廣告策劃、教育培訓等領域臺灣的人力與經驗，促進大陸本地文化產業人才事業的發展。

第三，透過兩岸城市文化交流平臺，有意識地加強文化專業人才的培育工作。在目前上海與臺北、北京與臺北的城市文化交流活動中，可以透過文化產業論壇及相關基地參訪等方式，促進兩岸文化專業人才在發展文化產業的策略、方法與實務經驗上交流觀摩；深入廣泛地交流城市文化發展經驗，包括討論思想、文化論述等價值觀的異同；建立雙方文化與思想的交流機制；建立長遠的人才合作機制；創新文化產業人才培養方式，特別是提高青少年文化藝術水平，設立專門資金，加強對青年創意設計的扶持，培育造就一大批文化產業後備人才。

三、合作機制與文化共同體構建

兩岸文化合作領域的拓展，以及文化合作機制建立的最終目標是推動兩岸文化共同體的構建，其作用與影響主要表現在制度建設、文化共同市場與社會文化融合三個方面。

第一，兩岸文化合作的制度建設。在立法層面，近期目標是在「九二共識」的基礎上，盡快簽訂兩岸文化合作協議。其內容要點應包括規劃未來兩岸文化合作項目、重視兩岸知識產權與專利的保護、規範與保障兩岸文化市場的健康發展，以及制訂獎勵文化發展的政策，為共同推進兩岸文化交流與合作的確立更為明確的發展方向。而在實施層面，主要是依據協議，建立兩岸文化交流協商機制，成立兩岸文化合作委員會，其職能包括規劃中長期兩岸文化合作交流計劃，互設民間文化辦事機構，負責處理與兩岸文化交流與合作的相關服務，商討宣傳推廣和權益保護等事務。對大陸各級地方政府來說，應該借鑑臺灣經驗，改善政府在文化管理方面的角色，如政府在文化建設中，除重大文化項目，一般不要以參與者身分出現的，更重要的是作為調節者而存在，在法律和政策上為經營者提供各種指導，這也就是我們常說的宏觀調控。政府促進文化產業發展，不是面面俱到深入其中的管理，而是資金上的投入和政策上的支持。在引導文化事業發展方面，政府主要是發動和鼓勵民間的、私人的文化機構主辦各種靈活多樣的活動。有時也根據需要，提供資金扶持規模較大的文化設施和活動。

第二，兩岸文化共同市場的構建。一般認為，兩岸文化和文化產業的機構和企業，要採取具體措施，整合兩岸的資源、創意、資金、人才、市場等，推動兩岸文化合作進入實質性的階段，實現兩岸文化產業的對接，把兩岸文化產業發展推向新的階段。但是筆者認為，今後兩岸文化產業的發展目標應該是建立文化共同市場。大陸有廣闊而需求旺盛的文化消費市場，近年來臺灣企業投資大陸的電影、音樂與娛樂、藝術品收藏與貿易、婚紗影樓、圖書版權貿易、廣告策劃等產業，不但取得了不菲的成績，而且為兩岸文化交往提供了重要通道，為形成統一的文化共同市場，更好地保障文化產業投資者和文化市場消費者的合法權益奠定了基礎。

　　建立兩岸文化共同市場，就是要取長補短，發揮兩岸文化產業在資源、市場和人才等方面的優勢，共同制定文化產業規劃和標準，共同培育文化產業主體，共同打造具有中華文化特色的世界知名品牌，共同建設文化消費市場，共同造就一批文化產業拔尖人才和領軍人物，共同營造文化產業發展環境，從而實現共同參與世界文化產業分工和國際文化市場競爭，占領全球文化產業發展制高點的目標。在具體措施方面，可以建立文化和文化產業合作的「試驗區」。如福建閩南地區，與海峽東岸的臺灣，有著「同根、同種、同文」的優勢，透過發揮政策上「先行試驗區」的有利條件，加快閩臺兩地文化產業的對接，使兩地實現最大程度的優勢互補，形成閩臺文化產業發展的共同市場，並進一步將經驗推廣到大陸各地。

　　第三，兩岸社會文化的融合。近年來，在中國大陸，特別是沿海都會地區，臺灣文化藝術人士為兩地文化交流的融合作出了積極的貢獻。臺灣知名教育科技界人士吳建國曾指出：「現階段，臺灣文化人要做的是加強彼此的聯繫，協助更多的文化人來上海，在心理上對大陸有歸屬感。從長遠來看，海峽兩岸的文化，可以從文化交流到文化整合再發展到文化統一。」為結合兩岸文化人的力量，為兩岸文化交流合作發揮更大的作用，吳建國與在滬臺灣文化界人士，共同組織「滬臺文化人上海聯誼會」，期望兩岸文化人，從兩岸文化交流做起，逐步邁向兩岸的「文化統一」。[530]吳建國的想法與一些學者的觀點也是不謀而合的，如臺灣大學張亞中教授就提出過追求兩岸統合

的七個夢想,其中第一個就是「文化統合」。[531]大陸學者李鵬則強調兩岸文化整合對兩岸關係和平發展的重要性。[532]為進一步加強兩岸文化交流的整合,可以考慮設立兩岸社會文化交流合作基金,資助不同層次的政黨、城市、學校、工會、協會、學會交流,擴大兩岸文化交流範圍與基礎。與此同時,還可以採納一些臺灣學者的建議,選擇一些合適的歷史文化議題,如抗日戰爭、辛亥革命、臺灣光復等,「以借此培養兩岸民眾共同的歷史記憶。」[533]

有學者曾指出:「實現兩岸和平發展,促進祖國統一進程,根本路徑就是透過兩岸共同發展,培植兩岸共同利益,形塑兩岸共同價值,加快兩岸同胞情感趨融、價值趨近、認同趨合的進程,加快兩岸一體化進程,建構兩岸共同體,確立兩岸同胞對共同家園、共同家國的認同,最終完成兩岸統合。」[534]由此可見,文化領域的合作與交流,正是兩岸共同發展的重要主題。一種可以預見的樂觀前景是:兩岸關係從經濟建設領域起步,再到文化領域的合作,在兩岸經濟共同體與文化共同體的基礎上,繼而實現政治領域的突破,最終形成兩岸共同體的歷史事實。

試析海峽兩岸「文化的流動」軌跡

天津社會科學院東北亞研究所　姚同發

海峽兩岸交流「先經濟後政治」的安排，是否意味文化交流排在第三的位置呢？筆者認為，似不宜作這樣狹隘的理解。事實上，兩岸「文化的流動」，早在臺灣有人類活動時即已存在。描述兩岸「文化的流動」軌跡，從中不難發現，其間確有一根紅線貫穿始終。有鑒於此，本文試提出若干具操作性的「文化的流動」路徑，以利兩岸關係和平發展進程的推進。

兩岸交流，文化宜先行

我們一直認為，兩岸「先經濟後政治」的安排，是對臺工作最基本最恰當的策略。那麼，這是否就意味著文化交流，該排在第三位呢？竊以為，恐怕不宜這樣狹隘地來理解。

依據馬克思主義唯物史觀，人類社會是由經濟、政治、文化三方面的要素以其固有的內在聯繫構成的活的有機體。這種與經濟、政治相對的文化，先哲稱之為觀念形態的文化。這種人類的精神生產活動及其成果，對人類社會發展的影響和作用，具體表現為：其一，從文化與經濟、政治的關係來看，它能動地反映並積極地作用於經濟和政治。其二，從文化與人類文明的關係來看，「文化的流動」在人類文明發展的長河中，橫向上可以發揮傳播和交流作用，縱向上可以發揮傳承和創新作用。其三，從文化與創造文化的主體的關係來看，它可以滿足主體精神方面的諸種需求，使主體不斷地完善自己、提高自己，增強改造世界的能力。由此可見，與經濟、政治相對的文化活動，在實踐上是可與經濟、政治同時展開的。

美國已故的文化人類學和社會學教授克萊德．克魯克洪說：「文化是無所不在的。」這位美國人類學協會的前主席很善於用身邊的例子證明他論斷的雄辯。他說：「打噴嚏乍看像是純屬生物學的現象，但其中卻發展出一些小小的習俗，諸如說一句『對不起』或『多多保重』。不同文化的人們，或者同一社會階層的人們，都不會以嚴格相同的方式打噴嚏。打噴嚏是在某種文化網絡裡結成的生物行為。要指出那一件活動不是文化的產物是很困難的。」[535]事實上，在兩岸的交往中，文化不僅無處不在，而且往往處於先行的地位。例如，在兩岸隔絕的年代，中華醫藥文化就始終在暗中交流著、溝通著，扮演著先行者的角色。

溫家寶總理在今年的政府工作報告中，對文化建設給予了極高的評價。他指出，文化是一個民族的精神和靈魂，是一個民族真正有力量的決定性因素，可以深刻影響一個國家發展的進程，改變一個民族的命運。溫總理這一精闢論述，讓我們對兩岸交流中文化先行的思考，更加充滿自信。

實際上，文化先行不僅不會與「先經濟後政治」相牴觸，相反可以為我們進一步開創兩岸交流的新面貌。文化部長蔡武的訪臺，與臺灣「文建會」主委盛治仁會面，成為開創兩岸文化交流新的里程碑。筆者不久前在石家莊出席「冀臺文化交流研討會」時，見證了「河北文化寶島行」的戲曲演出及民間工藝展示之盛況，其影響所及，遠非一個經濟合約所可比擬，而它對於臺灣民眾心理的衝擊，更是難以估量的。

簡言之，文化特別是有中國特色社會主義文化，是綜合國力的重要標誌。毋庸置疑，文化先行乃至進一步提升兩岸文化交流層級，在當今世界以訊息技術和知識經濟為標誌的經濟全球化形勢下尤有必要，它對於落實胡錦濤「同心實現中華民族偉大振興」的目標，無疑具有重要的現實意義和深遠的戰略意義。

兩岸「文化的流動」軌跡概述

其實，兩岸「文化的流動」，早在臺灣有人類活動時即已存在。這裡擬以多學科視野、大文化格局，對兩岸「文化的流動」軌跡，作一粗疏勾勒，對其來龍去脈、根由本源作一簡略追溯。從中我們不難發現兩岸「文化的流動」軌跡，確有一根紅線貫穿其間，即大陸的中華文化在臺灣的傳播及紮根。

——文化人類學研究揭示，兩岸同胞都是炎黃子孫，他們之間存在著一條密切的血緣關係軌跡。從祖源地學說，人類體質、語言、文化特質，發祥地傳說三方面入手，我們可以推定遠在七八千年前，「百越」的一支為臺灣少數民族的族源。他們一直保留的斷髮紋身、龍蛇崇拜、缺齒墨齒、拔毛去鬚、腰際紡織、貫頭衣裙、飯稻羹魚、干欄建築、龍舟競技、婚前交往、女勞男逸、父子聯名、老人政治、占卜獵首、懸棺屈肢等十六條「百越」遺風，更是一個有說服力的佐證。[536]從民族文化史的觀點來看，大陸居民至少有三次大規模遷徙臺灣的行動，第一批是所謂「長濱文化」的主人，他們從中國大陸南方遷到臺灣的年代約在距今五萬年前；第二批從大陸遷徙臺灣的移民是大部分現代高山族（俗稱山胞）的祖先，最早者在距今六千五百年前；第三批也就是近代漢民族移民。[537]

——語言學研究確認兩岸語緣關係軌跡是這樣的：「夫臺灣之語，傳自漳泉，而漳泉之語，傳自中土，……」。[538]從語音、詞彙和語法三個層面來看，臺灣閩南語語音跟廈門話幾近相同，其差異甚至比廈門話跟漳州話、泉州話之間的差異還要小得多；以《臺灣語常用語彙》所收五千個詞語跟福建閩南話的說法做比較，至少有百分之九十以上是相同的；臺灣閩南話語法，無論是詞法還是句法，跟福建閩南話幾乎完全一樣。客家話也一樣，是典型的移民產物，含有許多中國古代雅言的成分，現在臺灣所說的客家話主要是大陸「四縣方言」和「海陸方言」。他們的語言經語言學「底層」理論印證，源出古越語。

——文藝學描述的兩岸文緣關係軌跡是這樣的：臺灣文學的最初開創者，是按照中國古代文學的詩歌與散文的範式，來建立臺灣文學的文體模式

的;中原文化的基因,規範了臺灣文學發展的方向、形式、內涵和風格。從民族文化的血緣上說,原鄉人的血必須流返原鄉,構成了臺灣文學創作的一個重要母題,它既是社會發展留給臺灣文學的一段歷史情緣,也是社會心緒借助文學表現出來的一種政治情懷。具有廣泛民間基礎的臺灣戲劇,有所謂正音、亂彈、四平、七子班、九甲戲、車鼓戲、採茶戲、歌仔戲、布袋戲、傀儡戲、皮影戲等多種形式,所使用的劇本、演出方法、伴奏樂器、臺詞等,沒有一樣不是借鑑、採用早期大陸北方或南方傳過去的戲劇樣式。[539]

——民俗學研究證明,兩岸俗緣有著千絲萬縷的聯繫軌跡:生活習俗兩岸因同根而相承,生命禮俗兩岸因同種而相近,民風民俗兩岸因同文而相習,祭祀風俗兩岸因同祖而相襲。具體來說,服飾上表現為「刺繡之巧,幾近蘇杭」,「綢緞之屬,來自江浙」;飲食上表現為臺灣少數民族「其肴刳鹿不膩,生魚不燔」,與三國時期一脈相承;[540]民居上臺灣少數民族「干欄」式建築源自百越族,移民建築造則多承襲漳泉;生育文化上,衍生註生娘娘、臨水夫人的諸神崇拜,說明兩岸生育神靈信仰有其普遍性與共同性;婚姻習俗持續地保留了傳統的禮儀,從「六禮」到「三禮」都十分喜慶熱烈;節慶年俗都依據農曆來安排,完全與大陸同源同步。

——宗教學研究確認臺灣民間信仰大多傳自祖國大陸的流動軌跡,尤其是傳自閩粵二省。隨著明清時期大陸移民成批入臺墾殖,他們不論遇到多大的天災人禍,不論遭到多重的艱難曲折,始終都有家鄉的守護神相伴左右。就舊屬泉州府範圍看,共同的守護神是廣澤尊王,俗稱聖公,祖廟為南安縣鳳山寺;安溪縣移民祀奉清水祖師,俗稱祖師公,祖廟為安溪清水岩;同安縣移民祀奉保生大帝,俗稱大道公,祖廟為同安縣白礁慈濟宮;惠安縣移民祀奉靈安尊王,又稱青山王,祖廟為惠安青山宮;永春縣、德化縣移民祀奉法主公,祖廟為德化縣石牛山石壺洞。[541]至於媽祖信仰,從大陸勃興到護佑移民入臺墾殖、撫平平埔族傷痛,以至今天依然長盛不衰,更表現了兩岸炎黃子孫強大的凝聚力。

移民與「文化的流動」

以清代大陸移民為例，他們移動的軌跡大致為：進入臺灣以後，以臺南地區為中心，分別向北向南流動，主要分布於臺灣西海岸的平原地帶及東部宜蘭平原等地。向北流動的一支，一路由臺南北進，另一路由鹿港登陸，開墾中心為彰化平原。向南流動的一支，進入屏東平原，由於臺灣西部平原大多為福建移民所開拓，所以進入南部地區的主要是廣東移民。我們跟隨移民開墾的路線一路走來，分明可以看到移民過程中逐一形成的閩粵方言群，逐一傳承的閩粵藝術樣式，逐一承襲的閩粵生活習俗、民風民俗，以及逐一供奉的閩粵民間信仰神祇。

如果再進一步從移民經歷的渡海、開拓、定居和發展四個步驟來檢視，我們甚至可以看到大陸民間信仰在臺灣如下所述的一張詳盡的流程圖。

在早期渡海飄洋之時，移民的航海技術相當落後，也沒有氣象預報的條件，加以臺灣海峽水流湍急，臺風頻仍，所以移民都隨船供奉與海洋有關的神，包括媽祖與玄天上帝，以求平安渡臺。登島之後，他們就把隨船而來的神像供祀家中，以後再逐步供祀於廟宇中。

到達臺灣之初，移民面臨的最大問題是瘟疫肆虐。在移民社會，醫生與醫藥均極匱乏，健康與生命均無保障，所以保障移民生存的保生大帝、臨水夫人和定光古佛信仰，在移民初期被首先引入。渡臺初期，移民對自然、生命、社會都有一種恐懼感，也大多借奉祀瘟神「王爺」，以安定恐懼的心理。

定居下來後，移民又面臨種種難題需要克服，比如，防備原住民的攻擊、與不同移民群體爭土地、建造大規模的灌溉系統等等。由於早期移民都是零星渡臺，所以他們無法利用固有的宗族或氏族共同行動，只好借助同鄉同村的關係作為組織的根據，而原來同一方言或同一地域所共同供奉的神祇就很自然地被用作團結整合的象徵。這些地域性的神祇包括漳州人祭拜的「開漳聖王」、客家人祭拜的「三山國王」以及城隍崇拜等，先後成為移民最普遍供奉的廟神。

隨著城鎮市集不斷擴大、商業貿易的繁榮，一個正常定居而有所發展的社會就基本建立起來了。在一個移殖而初步定居的社會中，人際關係網絡的建立，特別是在商業性的相互交往中，極需一種講信用重義氣的象徵作為行為的準則，此時「關公」崇拜就突顯出來了。關公原是一個武神，但民間因受《三國演義》小說的影響，就轉化為講信義的神。尤其在商業社會裡，關公的崇拜更為普遍，顯現出較大資本力量與城市居民已參與到民間信仰之中。

當前「文化的流動」路徑

當今時代，文化越來越成為民族凝聚力和創造力的重要源泉，越來越成為綜合國力競爭的重要因素。21世紀是各國「軟實力」較量的時代，也就是以文化力量為中心的時代。獨創的、傳統的、與自然協調的人文力量，更加受到世界各國的青睞。凡是經濟、政治力量達不到的地方、完不成的使命，必然可以透過文化來完成。更為重要是，文化的方式是一種和平的方式，一種使人在身心愉悅過程中，就能獲得成功的方式。

隨著兩岸和平發展進程的不斷推進，簽訂兩岸文化交流協議已呼之欲出。兩岸要透過積極善意的、全方位的、制度化的、循序漸進的文化交流，使兩岸民眾增強溝通融合，建立一個共同的歷史記憶、共同的文化認同和共同的民族認同，並最終達成嶄新的政治認同、實現兩岸和平統一。下面試建言幾個可予實施操作的「文化的流動」路徑。

第一，兩岸共同實施中華文化工程。中華文化工程是一個宏大的系統工程，涵蓋方方面面，可以在中國社會科學院往年實施的「華夏文化紐帶工程」的基礎上，透過兩岸共同編撰五千年中華文明史、交流展示故宮珍貴文物、共同編寫覆蓋小學、中學、大學各個層面的兩岸通識教材……在兩岸營造一脈相承的文化氛圍和共同的國家民族意識，強化中華傳統文化的紐帶作用。語言文字的統一與國家認同的關係極為密切，要大力推廣漢語拼音、普通話和簡體字，這不僅對兩岸人民交流有利，也便於兩岸與國際接軌。

第二，定期舉辦兩岸文化節、兩岸藝術節及兩岸文化交流研討會、兩岸藝術交流研討會，可在兩岸輪流舉辦；設立兩岸文化交流基金，重點在促進臺灣傳統的弱勢文化社團、劇目的成長，推動大陸頂級藝術團體及劇目到臺灣表演、交流，同時歡迎臺灣頂級藝術團體及劇目到大陸演出，加強兩岸各門類藝術的交流，讓兩岸民眾都有機會享受最優秀的文化盛宴；對於臺灣原住民九族文化的保存與成長，兩岸文化交流基金尤須給予支持與幫助；設立「中華文化獎」，對那些研究、傳播中華文化有傑出貢獻的藝術團體、表演藝術家予以表彰。

第三，加強兩岸教育交流。要下大力量動員、鼓勵大陸學生報考臺灣院校，促進兩岸青年學生的交流。大陸學生赴世界各國著名學府就讀者數以十萬計，但是，赴臺灣就讀的意義更深。大陸高校則不僅要開放臺灣學生就讀，還要切實幫助畢業生就業。在兩岸目前政治制度不同、意識形態不同的條件下，兩岸對於青年學生的爭奪，絕不能等閒視之。

第四，大力弘揚奧運文化。奧運會是體育競賽的盛會，更是文化交流的平臺。要像大陸金牌選手赴港弘揚奧林匹克精神和中華民族自強不息精神那樣，推動大陸金牌選手入臺交流表演，同時鼓勵退役金牌選手或教練入臺執教，幫助臺灣有望奪金奪銀的項目提高運動水準。

第五，設立兩岸「和平論壇」，以民間力量推動兩岸和平統一進程。論壇每年舉行一次，可在兩岸輪流舉辦。同時，可在融合東西方文化的香港，籌設由民間發起的「孫中山和平教育基金會」，由大陸及港澳臺工商界人士捐助，每年仿照「諾貝爾和平獎」方式，表彰有傑出貢獻的海內外人士。

臺灣社會對中華文化的態度探析

全國臺灣研究會　楊立憲

一、綜述

臺灣是祖國的寶島，兩岸人民同文同種同緣。臺灣的人口結構中，漢族占97%，余為原住民。更具體而言，閩南人約占臺灣總人口的72%，外省人約占13%，客家人約占11%，新住民1%（指外籍和大陸籍新娘）。臺灣的文化形態無不打著中華文化的烙印。例如：官方語言為大陸普通話，主要民間語言為大陸的閩南話、客家話，通行繁體漢字；主要的宗教信仰為發源於大陸的佛（教）釋（儒教）道（教）和媽祖、關公等神明崇拜，信眾逾千萬，外來的天主教、基督教和伊斯蘭教的信徒則僅占前者的一成左右；主要的風俗習慣與大陸無異，如重視家庭生活和傳統節日，重視飲水思源、尊師重教、敬老愛幼、上慈下孝、忠孝仁義禮智信、勤儉持家等傳統美德，喜歡中華傳統戲曲，講究飲食冬補等。

臺灣民眾就其主流而言，是認同中華民族和中華文化的。但由於臺灣政治鬥爭和統「獨」鬥爭的緣故，以民進黨為代表的「獨」派勢力，對中華文化的態度比較扭曲。他們在心裡或者說骨子裡是認同中華民族和中華文化的，但為了與國民黨的政治鬥爭和實現「臺獨」目標，故意突出兩岸文化的不同點或臺灣文化的特殊性，致力於型塑具有「獨立」特色的所謂「臺灣文化」，一些人甚至根本否認臺灣文化屬於中華文化的範疇，鼓吹「臺灣人是新興民族」、「臺灣文化是新興文化」，主張以「國與國」定位來進行兩岸的文化交流。隨著民進黨登上政治舞臺推行「臺獨」路線，在文教領域大搞「去中國化」，致「臺獨」思潮在臺灣日益泛濫，臺灣民眾在政治、文化與

身分的認同上日益錯亂。典型的案例如：認同兩岸為「一邊一國」的比例達到七成多，自認「是臺灣人」的比例逐年提升，而自認「是中國人」的比例逐年下降。

不可否認，1949年後由於國共內戰的原因，兩岸各自走上不同的發展道路，「發展出不同的社會制度與生活方式」，兩岸的文化交流也一度中斷長達近40年，這些都極大地影響了兩岸同胞的觀念、思維方式與情感，給民族的認同和凝聚造成很大的負面影響。雖然近些年來兩岸文化交流有所加強，特別是國民黨重新執政後，兩岸關係初步步入和平發展的軌道，呈現出良性循環的態勢。但冰凍千尺，非一日之寒，滴水穿石，也非一日之功。要徹底改變目前臺灣民眾的認同問題，「使中華文化薪火相傳、發揚光大，以增強民族意識、凝聚共同意志，形成共謀中華民族偉大復興的精神力量。」[544]，「增進瞭解，培養互信，逐步消除歧見，在中華文化智慧的指引下，為中華民族走出一條康莊大道」[545]，「努力創造中華文化的文藝復興」[546]，還有很長的路要走。

總的來看，文化與政治不可分。廣義的文化包括政治在內，狹義的文化——與政治相對應的文化，例如宗教、倫理、習俗、文學、藝術、教育、科學、體育、衣食住行等，則與政治有所區別。二者之間關係密切：文化可以為政治服務，對政治產生潛移默化的影響，政治則既可以保護文化，促進文化的發展進步，也可以阻礙或破壞文化的發展，對文化產生立即的影響。臺灣光復後，臺灣民眾對中華文化的態度，經過一個演變過程，在相當程度上受到政治的影響。

按照馬克思主義關於群眾、階級、政黨、領袖四者關係的論述，分析臺灣民眾對中華文化的態度，應從臺灣的政治結構入手。臺灣的政治結構大體上分為藍綠兩大陣營，分別以國民黨、民進黨以及更藍的親民黨、新黨和更綠的臺聯黨等為代表。為了寫作的方便，本文將以兩大陣營最主要的代表國、民兩黨為對象，分別解析一下他們對中華文化及臺灣文化的態度，在此基礎上找出一些特點，以此作為大陸制訂宣傳對策的基礎。

二、國民黨及泛藍陣營的態度

從縱向上看，可分為三個時期，即蔣氏父子統治時期、李登輝時期、連馬吳（即連戰、馬英九、吳伯雄）時期。

（一）蔣氏父子統治時期，一直以「中華文化的正統代表」自居。一是在教育上堅持以「民族教育」和「道德教育」為重的政策，自小學至大專院校均講授《生活與倫理》、《中國文化基本教材》及《國民思想》等課程，「冀使中國文化和道德『得以生根闡揚』」。二是將「保衛中國文化」作為「復興基地」建設的工作重點之一。[547]三是於1967年發動了所謂的「中華文化復興運動」，旨在保護弘揚傳統文化，「增強民族認同，培養民族自信心」。四是於1986年發動「現代國民生活運動」，針對物質主義對人精神生活的侵蝕，重點宣揚「孝悌、勤儉、禮節與秩序」等傳統美德，希望借此使人們「確立生活準則，注意身心修持，重視家庭倫理，增進社會和諧」。[548]

（二）李登輝主政時期有前後兩階段的變化。1996年以前，李基本上繼承了蔣氏父子的文化政策，如強調「臺灣人也是中國人」，「博大精深的中華文化，是全體中國人的共同驕傲和精神支柱」，「中華民族能歷五千年而不墜，端賴優秀文化的維繫」，「我們歷來以維護及發揚固有文化為職志」，「以文化作為兩岸交流的基礎，提升共存共榮的民族情感，培養相互珍惜的兄弟情懷。」甚至還提出「經營大臺灣，建立新中原」的口號。[549]之後，李在政治上逐漸背離「一個中國」原則，強調本土化、臺灣化，與此相適應，在教育領域搞「去中國化」，為「臺獨」思潮泛濫培育了土壤。

（三）2000年臺灣首次政黨輪替以後，連戰、馬英九、吳伯雄先後接任國民黨主席，開始回歸國民黨的正統路線，不僅在政治上同「臺獨」劃清界限，而且強調認同中華文化。2005年4月「國共會談新聞公報」明確表示，要「促進兩岸同胞的交流與往來，共同發揚中華文化」。吳伯雄在擔任國民黨主席和榮譽主席期間，6次參加「兩岸經貿文化論壇」，大力推動兩岸文化交流。2009年5月，吳伯雄曾對胡錦濤表示：「博大精深的中華文化，是

所有炎黃子孫的共同資產和感情依託,也是海峽兩岸堅實的橋樑。兩岸人民同屬中華民族,都有責任共同發揚中華文化,雙方也要以中華文化為基礎,在教育、學術、科技、資訊、體育、藝術、青少年等各個領域,推進交流整合的深度和廣度,提升共存共榮的民族情懷。」

（四）馬英九擔任國民黨主席,特別是2008年出任臺最高領導人之後,在繼承和弘揚中華文化方面可說是不遺餘力,不僅親自兼任臺灣「文化總會」會長,還採取了一系列具體行動措施。例如：調整中文譯音政策,將陳水扁時期強行透過的通用拼音重新改為漢語拼音；將被陳水扁去掉的「中國」抬頭的單位名稱予以恢復；重新審定教科書,增加中國史的教育內容；恢復祭孔活動,開創遙祭炎黃始祖的先例；提倡文字「識正書簡」；鼓勵兩岸民間合作編撰中華語言文字書；力推開放陸生入臺就讀和大陸學歷採認等。馬還明確將「臺灣文化」定性為「有臺灣特色的中華文化」[550],以此與「臺獨」論述進行切割,並明確將「傳承中華文化」作為自己「必須達成的使命及責任。」[551]臺現任「中華文化總會會長」劉兆玄也多次指出：「中華文化是兩岸之間最大的公約數」。

總的來說,在蔣氏父子統治的大部分時間裡,臺灣的文化主體性是以中華文化為主導。李登輝主政後期,伴隨政治民主化進程,出現了文教去中國化的動向。2000年首次政黨輪替之後,下野的國民黨重新定位本黨的屬性與政治主張,在文化認同上注意將傳統與現代結合、走有臺灣特色的中華文化發展之路。2008年國民黨重新執政後,馬英九明確將臺灣文化定性為「有臺灣特色的中華文化」[552],即認為臺灣文化屬於中華文化的範疇,但逐漸發展出「自身特色」。

臺「文建會主委」盛治仁認為：「臺灣以中華文化為底蘊,吸收了葡萄牙、西班牙、荷蘭、日本、美國等文化影響,以及1949年遷徙到臺灣的大陸各省文化特色,再加上自由民主的開放環境,讓臺灣發展出一個獨特具有臺灣特色的中華文化。」[553]

不僅如此，國民黨及藍營民眾大多認為，「臺灣特色的中華文化要優於大陸本土的中華文化」。臺現任「中華文化總會」秘書長楊渡認為，「臺灣獨特的多元文化有三個基本優勢」：首先，相較於其他華人地區，「臺灣有比較深厚的中華文化底蘊」。第二，臺灣本身有海洋文化的包容，也是移民社會，在漢文化為主體之外，還受到日、美文化的影響。第三，民主化之後形成了「多元社會與自由主義傳統」，「這兩者令臺灣具有一些新的想法和自由的創作環境。」[554]

現任國民黨主席暨臺灣領導人馬英九，在今年元旦祝詞中發出了「要做中華文化的領航者」的宏願。他自認臺灣可以承擔這個責任的理由：一是沒有大陸的文革動亂，二是臺灣有海洋文化的開放與創新，三是臺灣「是全球實踐儒家思想最普遍、最徹底的華人社會」；除外，臺灣「具有紮實的公民社會、多元的社團宗教、自由的媒體輿論、興旺的志工運動」等。劉兆玄也認為，要實現中華文化的「文藝復興」，臺灣有條件「扮演最關鍵的『尖兵』及『催化劑』的角色。」[555]

三、民進黨及泛綠陣營的態度

可從民進黨執政前後兩個時期來分析。

（一）民進黨執政前致力於宣傳、催生「獨立的臺灣國民意識」

民進黨成立之初，將政治目標定在「臺灣前途住民自決」上；1991年「臺獨黨綱」透過後，所有的政策主張無不服從服務於這一目標，文化政策自不例外。民進黨《黨綱》聲稱：「以臺灣社會共同體為基礎，依保障文化多元發展的原則重新調整國民教育內容，使人民之國家、社會、文化認同自然發展成熟，而建立符合現實之國民意識。」「認同本土文化並吸收世界文明，形成嶄新的進步文化。」這裡明顯提出了「重塑國民意識」的任務。

俗語：亡人之國先亡其史。對於「臺獨」而言，欲建「新國家」則必先清理舊意識重建新共識，「舊」自然包括了對中華民族和中華文化的認同，

「新」則是以臺灣為主體的政治文化認同。為此,該黨極力「推動國民教育教材的本土化,重塑國民對臺灣歷史文化的認知」。1993年8月該黨制訂的《中國政策綱領》主張:兩岸文化交流「應擺脫兩岸政權『促進統一』之類意識形態前提的羈絆,而以促進中國大陸各階層人士對不同歷史發展經驗下之臺灣社會的認識為目標。」「除有特別的政策或法規外,應依循、準用國際間的法律、規定或慣例來處理相關事務。」1994年7月該黨《臺灣主權宣達書》聲稱:「臺灣四百年來的歷史發展,有其追求自立自主的歷史主體性,最近一個世紀以來的分隔,海峽兩岸更因不同的政治、經濟、社會制度,以至於不同的歷史經驗,形成很不同的國民意識。一種以臺灣歷史、社會發展之共同歷史記憶為基礎的臺灣共同體意識正在形成。」1999年5月民進黨《臺灣前途決議文》聲稱:「臺灣主權獨立已經成為社會共識。」

(二)民進黨執政後致力於形塑、鞏固「臺獨意識」

2000年民進黨上臺執政後,從政治和文化兩個層面為最終實現「法理獨立」做準備。政治上推動「公投、正名、制憲」,以及「去蔣化、去國民黨化、去中國化」;文化上加快「去中國化」步伐,將普遍存在的「臺灣意識」轉化為「臺灣獨立認同」。

2000年5月,陳水扁在其「就職演說」中首次提出「臺灣文化」的概念。其後,在連續8年執政期間,陳水扁當局採取了如下一些作法:任命「臺獨」分子把持教育機構,將「臺灣主體性」列為「四大教育施政綱領」;修改中小學教科書,美化荷蘭、日本等對臺灣的殖民統治,把「臺灣史」從「中國史」中分割出來,把1949年後的中華民國當作「臺灣史」,之前列為「中國史」;高校把中國文學課程併入「外國文學系」;公務員考試以閩南語命題,初等考試「本國史地」命題範圍僅限於「臺澎金馬」;把臺灣「鄉土文學」改為「臺灣文學」,用「臺灣閩南語羅馬字拼音」取代漢語拼音;清除象徵中國的各種標誌、口號、符號、特徵、圖案和名稱等。與此同時,每逢全臺重大選舉,陳水扁必煽動民粹,伺機炒作省籍、族群問題,操弄「愛臺」、「賣臺」、「臺灣人VS中國人」的議題。

顯見，上述做法的實質，就是要突顯「臺灣是臺灣、中國是中國、兩岸互不隸屬」，「臺灣人不是中國人」，「臺灣文化」與「中國文化」不相干，「在這樣的論述下，兩岸成為『異己關係』」，「中華民國已經是一個華人國家，而不再是個『中國人』的國家。」[556]

「3‧19」槍擊事件發生後，為了緩解內部高度緊張對立的氣氛，民進黨內有人醞釀提出所謂「新臺灣文化」論述，提出「本土化不等於『去中國化』，……也與國際化並不衝突」，「外省文化與價值觀也是臺灣文化的重要內涵之一」等新說法。還有人建議「在重要場合多使用普通話」，以「尊重不同族群的感受」。[557]2004年9月，民進黨透過《族群多元國家一體決議文》，聲稱「為了鞏固民主，提升文化國力，民進黨應深化黨綱中的多元文化主義主張，建立各族群相互接納、共同參與公民社會，完成政治民主化之後的第二波社會文化改革任務。」決議還具體提出「十項主張」，包括：「建立臺灣文化主體性，並非排外主義」，「國民黨的壓迫並非外省新住民原罪」，「中華民國認同與臺灣認同應相互接納」，「族群歧視言行應予譴責」，「各族群都是臺灣主人」，「推動跨族群交流以促進族群和諧」等。然而，後來的事態發展表明，民進黨所謂的「尊重、包容、融合、和諧」的「新臺灣文化」，不過是為了實現其未竟的「法理獨立」目標而作的姿態而已，其本質並無改變。

2006年開春，陳水扁先是拋出「國家認同」的「三段論」，即：「臺灣是我們的國家，土地面積三萬六千平方公里。臺灣的『國家主權』屬於兩千三百萬人民，並不隸屬於中華人民共和國。臺灣的前途只有兩千三百萬臺灣人民才有權決定。」，繼而大肆炒作「廢統」。同年底，陳將「中華文化復興運動總會」正式更名為「國家文化總會」。2007年8月，民進黨研擬「正常國家決議文」草案，聲稱「外來威權統治殘留的教育文化迷思和對本土文化的壓制與汙名化，阻礙臺灣人民的國家認同，造成『國家認同不正常』」，應「從『命運共同體』的臺灣認同感出發，深化民主價值，強化臺灣意識」等。同年9月，民進黨透過《正常國家，幸福臺灣》宣言，聲稱要「致力建立具臺灣主體性的文化與經濟體」。2008年初，民進黨再次操弄

「公投綁大選」，拋出「以臺灣名義加入聯合國」的公投提案，進行下臺前的最後掙扎。

（三）大部分綠營民眾將文化與政治相區別

雖然民進黨精英階層「臺獨」思維至上，鼓吹「政治衝突和文化關聯」（見林濁水《中國時報》文章），但大部分綠營基層民眾的價值觀和生活方式都受到中華傳統文化根深蒂固的影響，是一個不爭的事實。

例如：在臺灣中南部遍布著大大小小的源自大陸的宗教神明廟宇，祭拜著如釋迦牟尼、觀音、普賢、媽祖、關公、三清道祖、玉皇、真武、清水祖師、臨水夫人、保生大帝等，廟中香火鼎盛，每年例行的祭拜活動被視為地方的頭等重要大事；中南部民眾還保持著記錄家譜族譜和傳統的祭祖習慣。顯見，綠營基層民眾的靈魂深處仍是中國傳統文化在主導，大部分人實際上是把文化與政治區別開來，文化的歸文化，政治的歸政治。

對於這一點，民進黨前新潮流系創系大老、前「海基會」董事長洪奇昌曾在報刊為文辯稱：「臺灣民眾『自認是臺灣人，卻也是中華民族』，『中華文化的保存和貫徹，已深根在臺灣基層民眾之中』，但『文化認同不等於政治認同』，『文化交流不等於民族認同』，若一味地將『強化文教交流=強化中華文化和民族認同』奉為教條，進而借此想讓臺灣投向中國的懷抱，則不啻緣木求魚。」[558]

需要指出的是，藍綠陣營民眾對臺灣文化的某些看法有相同之處，如均認為「臺灣文化雖源自中原，但已發展出自身的特色，且較之中國傳統文化或中華文化更為優越」。

還需要指出的是，對於胡錦濤「12·31」講話正面肯定臺灣文化對中華文化的貢獻，民進黨精英給予一定的肯定。如資深「臺獨」理論家、前民進黨「立委」林濁水撰文認為，胡錦濤的講話，「既承認臺灣文化的特殊性，又肯定其不與中國文化衝突且有正面貢獻」，「有新思維」，「相較於過去

有相當的進步性」。林擔心大陸此舉會給民進黨造成壓力,認為「民進黨恐怕不能輕率以對」。559

總之,在民進黨執政8年的操弄之下,臺灣民眾、特別是青年一代對「國族」與文化的認同加快轉變。

四、結語

綜上所述可知,海峽兩岸同文同種、血濃於水,但因近代兩岸關係幾經變故,故臺灣社會對待中華文化的態度是矛盾複雜和歧異的:以國民黨為代表的藍營認為臺灣文化屬於中華文化的範疇;以民進黨為代表的綠營則認為臺灣文化已超越中華文化的範疇,「中華文化只是臺灣文化眾多組成元素之一」;「臺獨」頑固分子甚至故意抹殺臺灣文化與中華文化的內在聯繫,認為臺灣文化為「新生文化」;另有一些人認為,文化與政治、與民族認同是兩回事,認同中華文化不等於認同「中國」、「中國人」,更不等於認同「兩岸一中」和「兩岸統一」。國、民兩黨雖都對臺灣文化有「自身特色」和「優越性」不持異義,但在總體認知上還是南轅北轍。2010年9月,民進黨「立院黨團幹事長」管碧玲,斥責國民黨當局「文建會」主委盛治仁的有關談話(即「臺灣已發展出一個獨具臺灣特色的中華文化」),是「嚴重失職」,「刻意諂媚大陸,徹底否定臺灣文化的主體性,將臺灣文化邊緣化」等560,突顯了兩黨之間的根本區別。

事實證明,文化認同是民族認同的基礎,文化認同發生歧異,勢必會影響到民族認同,進而影響到兩岸關係。事實還證明,兩岸經濟交流可以促成利益連接,但只有文化交流才能溝通心靈與情感,才能確保兩岸關係良性互動可長可久。「兩岸關係發展需要來自文教交流的動力,更需要強有力的文化認同和民族認同的支撐」,文化認同對推動兩岸關係發展「具有基礎性、全局性、長遠性的重要作用」。561

鑒於上述,筆者認為,祖國大陸應高度重視臺灣社會對中華文化認同的

複雜特點,不要簡單地以為臺灣社會都認同海峽兩岸「同文同種」,也不要把認同「同文同種」等同於認同「兩岸政治上同屬一個中國」,以及把認同「九二共識」等同於認同「兩岸統一」。毫無疑問,追求國家統一必須首先從達成民族與文化的認同做起,兩岸和平發展階段的首要任務,除了促進經濟交流,還應同時注意「弘揚中華文化,加強精神紐帶」、「增強民族意識、凝聚共同意志」[562],在此基礎上實現經濟文化的整合與融合。

為此,筆者建議:一要認識文化認同問題產生的複雜歷史背景,正視兩岸在思想文化觀念上有聯繫、有分歧、同時各有特色的事實,肯定「中華文化在臺灣根深葉茂,臺灣文化豐富了中華文化內涵」,注意將「臺灣同胞愛鄉愛土的臺灣意識」與「臺獨」意識區別開來,[563]以更為平和、理性的心態來看待臺灣發展模式暨「臺灣經驗」,「以寬容、平等、同胞情誼看待彼此的長短和歧異」[564];二要遵循「以人為本」、「以民為本」的科學發展觀,從關注人的生存狀態和民之所欲入手,從關注兩岸有共同利益和共同語言的人和事入手,跟隨兩岸經濟社會文化發展的腳步,跟隨兩岸交流的腳步,跟隨全球化的腳步,不斷強化兩岸的利益連接,逐步縮小兩岸在文化、身分認同和情感、價值觀上的差距;三要認識整合或重塑文化認同是一長期的工作,應區分難易、掌握節奏、循序漸進,現階段應以「療傷止痛」、「不斷增進相互瞭解,融洽彼此感情,化解恩怨」、「求同存異、聚同化異」[565]作為重要任務;四要一視同仁地對待臺灣同胞,儘量避免只重視藍營不重視綠營,只重視中北部不重視中南部的偏差,特別是對泛綠陣營的民眾,應注意貫徹中央領導關於「站在全民族發展的高度」[566]、「對臺獨人士也要爭取團結」[567]、「兩岸交流應不斷擴大參與,跨越地域和界別,跨越黨派和意識形態」[568]等指示精神,積極促使他們早日走上理性務實的道路;五是慎重處理中華民國這一歷史遺留問題,注意掌握政策和分寸,避免「為淵驅魚」、「為叢驅雀」,造成兩岸主流民意對抗。

總之,兩岸關係在經歷了逾百年的疏離之後,終於在2008年迎來了和平發展的曙光,並在短短三年裡取得了諸多歷史性的突破。大好形勢來之不易,應該倍加珍惜。當務之急是把被李登輝、陳水扁主政時扭曲了的臺灣同

胞對「國族」與文化的認同導正過來。同時,「不但要厚植共同的經濟利益,而且要加強中華文化的精神紐帶,增強休戚與共的中華民族認同。」[569]

推進兩岸文化融合與經濟合作良性互動之路徑探索

福建社會科學院現代臺灣研究所　單玉麗

30多年來,基於中華文化的同根性,兩岸經濟合作持續發展,成效顯著。與此同時,由於兩岸間存在的社會文化隔閡,經濟合作呈現波動曲折的複雜狀態。在未來一段時期內,儘管ECFA為兩岸經濟合作提供了相應的制度性保障,但是,在兩岸社會文化層面沒有得到有效融合情況下,隨著合作的不斷深化,兩岸經濟摩擦與矛盾也將不斷上升,進而影響兩岸和平發展的進程。只有不斷推進兩岸文化融合與經濟合作的良性互動,兩岸經濟合作與和平發展才能健康持續向前推進。本文將在分析中華文化對東亞經濟發展貢獻的基礎上,探討兩岸文化融合的路徑。

一、中華文化對東亞經濟快速發展的貢獻

中華文化是世界上歷史最悠久、內涵最豐富、特色最鮮明的文化類型之一,具有優秀的文化傳統和頑強的生命力,幾千年來其傳承和發展從未間斷,對中國和世界經濟發展產生了巨大作用。早在西漢時期,司馬遷在其所著的《史記·貨殖列傳》中就指出了戰國時期各地經濟發展與文化的關係。如齊國「其俗寬緩闊達,有先王遺風」;鄒魯「有周公遺風,俗好儒,備於禮,地小人眾,儉嗇」等。自先秦諸子、漢時經學、魏晉玄學、隋唐佛學至宋明理學等幾種典型的哲學文化形態,都無不與社會經濟聯繫在一起。現代較早從正面研究以儒家倫理為核心的中華文化對經濟發展貢獻的是美國「大過渡理論」創立人赫爾曼·康恩（Herman　Kahn,1979）,他在《日本的挑戰》和《1979及其後的經濟發展》兩部著作中指出:美國將要沒落,取而代之的是亞洲,美國沒落的主要原因是價值系統,即清教倫理精神出了問題,

而東亞「新儒教國家和地區」（包括日本、「亞洲四小」和東南亞華人社會）的興起則得益於現代儒教文化倫理的熏陶，並指出現代儒教文化倫理主要包括強調節制、強烈的奉獻精神、對組織群體的認同、內在的責任感和較高的文化素質；其突出表現是工作勤奮、敬業樂群、人際和睦、敬老尊賢、團結合作，而不是突出個人，強調個人利益。「新儒家文化圈」（new-confucianism）這種獨具的倫理思想使得現代東亞社會能夠具有更高的發展效率和發展速度。此後的二、三十年間中華文化與東亞經濟崛起的關係成為世界發展經濟學研究的熱門課題。英國學者羅德里克・麥克法誇爾（Rodrik macqhuar 1980）發表的《後儒家的挑戰》、美國經濟學家霍芙亨（Hofheinz 1981）和柯德爾（Calder 1981）發表的《亞洲之峰》、美國學者弗蘭克・吉布尼發表的《日本經濟奇蹟的奧秘》、美國哈佛大學教授沃格爾發表的《日本名列第一》、澳大利亞學者雷吉・利特爾和沃倫・裡德發表的《儒學的復興》、韓國學者金日鐘發表的《東亞的經濟發展與儒家文化》、美國華裔學者戴洪超發表的《東亞道路：關於文化與經濟的假說》等，都從不同的角度正面論述了中華儒家文化思想對東亞經濟快速興起的推動作用。[570]

世界經濟文化學派從對東亞經濟發展變化的比較中看文化對經濟發展的助推作用是以現實為依據的。上世紀70～80年代，東亞經濟增長速度遠遠領先於世界其他地區，也遠遠超過自工業革命以來西方國家曾經創造過的最高增長紀錄，特別是中國改革開放之後這種優勢尤為顯著。據世界銀行統計，1965～1980年和1980～1987年，東亞地區的中國、日本、新加坡、韓國、泰國、中國香港、馬來西亞7個國家和地區國民生產總值年均增長率平均為7.9%和8.3%，分別是美國、英國、法國、德國4國平均3.1%、2.2%的2.5倍和3.8倍。近20年以中國為中心的東亞經濟增長速度更是讓西方國家望塵莫及。[571]早期工業化國家經濟的停滯不前更加顯示了東亞新興工業化國家和地區經濟的活力，從而激起了世界政界、商界、學術界的關注，使得一大批研究者把注意力轉向東亞文化因素對東亞經濟奇蹟影響的研究。

在現代經濟社會中，文化是社會經濟發展的原動力，文化作為綜合國力

的一個重要因素滲透於經濟、政治、社會發展各領域、各要素中發揮作用；在促進世界經濟發展的主要因素中，物質文化是經濟發展的基礎，因此，聯合國教科文組織提出：「發展最終應以文化概念來定義，文化的繁榮是發展的最高目標。」

西方學術界對現代文化價值的把握採用三個向度：一是把文化與人的本質聯繫起來，強調文化源於人的自由和超越的創造本性，是人所特有的本質特徵；二是將文化作為把握人類文明歷史進程的一種基本範式或分析框架；三是強調文化之於社會經濟發展的重要作用甚至是決定性作用。[572]

那麼，文化是如何推動和影響經濟發展的呢？日本發展經濟學家速水佑次郎運用以下模型形象說明了文化建設與經濟發展的相關性（如圖）。

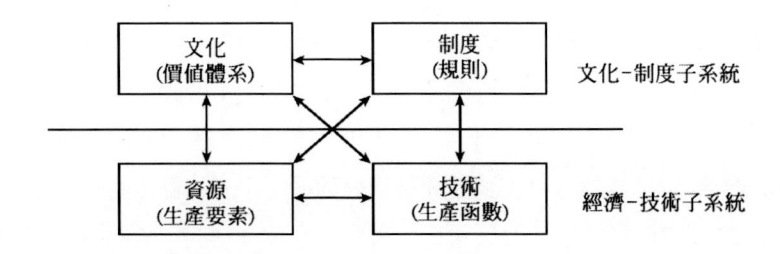

圖：社會發展中的經濟-文化相關性模型

該模型由文化——制度和經濟——技術兩個子系統構成。這是因為資源投入和技術進步是經濟增長的要素，而文化（價值體系）是透過制度（規則）對經濟發展所需的資源（生產要素）和技術（生產函數）發生作用的。資源投入和技術進步是經濟增長的基礎，而資源稟賦和技術組成的生產力則以社會文化和制度為條件；社會文化因素主要透過制度模式和取向兩種機製作用於經濟系統。當一種制度得到主流文化的支持並與社會價值觀相契合時，它對經濟增長的作用是正向的；反之則增加經濟增長的成本，阻礙經濟的發展。儘管這個模型所涉及的因素無論是文化系統或經濟（技術）系統都過於簡單，但由於社會文化因素一般難以計量，該模型還是能夠讓人們從宏

觀層面上理解文化與經濟關係的基本框架。

二、中華文化對兩岸經濟合作的影響

（一）文化同根性對兩岸經濟合作的推動

文化是民族的靈魂，是國家的凝聚力和綜合國力的標誌。所謂「文化」是指一個國家或地區民族的歷史、地理、風土人情、傳統習俗、生活方式、文學藝術、思維方式、行為模式、制度規範、價值觀念等物質財富和精神財富的總和。[573]從中國詞意延伸來看，文化的本意是「以文教化」，特指教育、科學、文學藝術等。《大英百科全書》中說，「文化」是「總體人類社會的遺產」，「是一種淵源與歷史的生活結構體系，這種體系往往為集團和成員所共有」，它包括「語言、傳統、習慣和制度，包括有激勵作用的思想、信仰和價值以及他們在物質工具和製造物中的體現」。此定義較完整的說明了「文化」的歷史性、地域性及其功能性特徵。一個國家或民族文化的發展是一個漫長的歷史積澱過程，這個過程實際上是人民群眾在其生產實踐中不斷積累和豐富其物質財富和精神財富的過程，生產實踐活動是文化積累和發展取之不盡的源泉；文化創新是推動經濟社會發展的精神動力。

在當今世界，文化與發展成為世人關注的重大課題，因為發展的內涵已不再僅僅是追求經濟的增長，而是以人為中心，經濟、社會、政治、文化、生態的協調與可持續發展。聯合國教科文組織明確指出，「文化政策是發展政策的基本組成部分」，「發展可以最終以文化術語來定義，文化繁榮是經濟發展的最高目標」，「脫離人和文化背景的經濟發展是一種沒有靈魂的發展」。[574]

中華文化是中華各民族在遼闊的中國大地上經過五千多年辛勤勞動創造的寶貴財富。臺灣自古以來就是中國的神聖領土，臺灣文化是中華文化的重要組成部分；中華文化是大陸文化和臺灣文化的統一體。臺灣儘管經歷了1895年到1945年的日據時代和1949年至今兩岸的政治對立，但其在中華文

化的認同上並未出現實質性動搖，即使是在最艱難的年代，兩岸民間的思想、文化、經濟交往也或暗或明地存在著，臺灣人民的辛勤勞動和艱苦鬥爭同樣為中華文化的繁榮作出了貢獻，正如胡錦濤2008年12月在紀念《告臺灣同胞書》發表30週年座談會上所說的：「中華文化源遠流長、瑰麗燦爛，是兩岸同胞共同的寶貴財富，是維繫兩岸同胞民族感情的重要紐帶。中華文化在臺灣根深葉茂，臺灣文化豐富了中華文化內涵。」[575]

30多年來，中華文化以其博大的胸懷，強大的生命力，在兩岸不同政治制度下，為兩岸的經濟交流與合作發揮了重要的推動作用。自1979年全國人大常委會發布《告臺灣同胞書》之後，兩岸民眾文化的同根性一直成為激勵兩岸經濟合作的思想紐帶。1980年第一家臺商投資企業在福建泉州落戶後，開啟了以閩臺區域文化為基礎的兩岸經濟合作的序幕。1987年臺灣當局基於兩岸同胞的共同願望，解除了戒嚴令，兩岸經濟合作化暗為明，迎來了第一波臺商投資熱，與臺灣具有深厚文化淵源的福建成為臺商投資的熱點，1981～1989年，臺商投資福建金額占全大陸的38.5%，居大陸之首。1992年兩岸「辜汪會談」，在一個中國原則基礎上達成「九二共識」，兩岸對中華文化的認同，使兩岸經濟合作區域、領域和規模迅速擴大。據臺灣「經濟部」投資審計委員會統計，1992年臺商投資大陸協議金額為2.47億美元，占臺灣對外投資總額的21.78%，1995年這一比例上升到44.61%，之後有所下降，尤其是2000年民進黨上臺，陳水扁當局散布種種謬論，不擇手段地「去中國化」，企圖將臺灣文化與中華文化割裂開來，鼓吹臺灣文化的獨立性，宣稱「以臺灣經驗創造適合於臺灣人民的新文化」，為「臺獨」製造輿論，阻礙兩岸經濟合作的深化，臺商對大陸投資趨緩，2000年臺商對大陸投資占臺灣對外投資總額比重下降到33.93%。然而，儘管「臺獨」勢力費盡心機，卻難以阻礙兩岸經濟交流合作的發展。2001～2005年臺商投資大陸協議金額累計241.47億美元，平均每年48.3億美元，2005年，臺商投資大陸占臺灣對外投資總額比重達71.05%。[576]

2005年，國共兩黨領導人實現歷史性會談，達成以「中華民族偉大復興」為目標的「兩岸和平發展共同願景」，再次高舉中華民族文化這面光輝

燦爛的偉大旗幟，本著「建立互信，擱置爭議，求同存異，共創雙贏」的精神，有力地推動了兩岸關係發展，使兩岸經貿合作取得歷史性成就。據大陸商務部統計，截止2011年3月底，大陸累計批准臺資項目83712個，實際利用臺資525.5億美元；兩岸貿易額累計超過1萬億美元。大陸早已成為臺灣第一大投資市場、第一大貿易市場和第一大貿易順差來源地。[577]

30多年來，兩岸關係發展的實踐表明，尊重歷史、尊重現實、共同繼承和弘揚中華優秀文化傳統，使中華文化薪火相傳，發揚光大，是激勵兩岸經濟合作的強大內生動力，也是推進兩岸和平發展的必由之路和共同選擇。

（二）文化認同偏差對兩岸經濟合作深化的制約

在長期的歷史文化發展過程中，兩岸中國人有著同一部歷史，同一種文字，同一種語言，這是兩岸對中華文化認同的永恆基礎。但毋庸諱言的是，由於兩岸關係近代歷史的多變，迄今為止還有一部分臺灣民眾對臺灣文化和中華文化關係的認同存在偏差。這是因為在歷史上臺灣先後經歷了三百多年荷蘭和日本的殖民統治，特別是日本的「皇化教育」對臺灣社會產生了深刻影響。1949年國民黨退居臺灣後，蓄意進行的反共宣傳，更加深了臺灣民眾對大陸疑慮和中華文化認同的偏差。這種認同偏差突出表現在文化價值觀上的認識差異，如有相當一部分臺灣民眾認為「臺灣文化雖然與中華文化頗有淵源，但是經過幾百年的進展，已經形成為一種新的以民主自由為核心的臺灣文化」，把臺灣文化與現今的大陸文化對立起來，強調「臺灣文化的主體性」。

價值觀是人們用以評價事物發展以及從各種可能目標中選擇自己合意目標的準則。價值觀透過人們的行為取向及對事物的評價、態度反映出來，是世界觀的核心，是驅使人們行為的內部動力，它支配和調節一切社會行為，涉及社會生活的各個領域。[578]由於兩岸文化價值觀認同的差異，在很大程度上轉化為「民族認同」、「政治認同」的偏差，從而影響到政治互信和經濟合作的持續深化。這就是為什麼儘管大陸在經濟上一再讓利於臺灣，而迄今

臺灣民眾對大陸的印象仍然不佳。兩岸經貿技術交流的規模、行業、模式、市場準入也受到種種限制。在未來一段時期，ECFA簽署和實施必然給兩岸經濟合作帶來結構性變化，使兩岸經貿關係進入大交流、大合作、大發展的新階段，但與此同時，在兩岸文化價值觀認同缺失的情況下，隨著兩岸經濟合作的深化，也會衍生一些新的競爭和摩擦，給兩岸民眾的思想觀念帶來強烈衝擊，因此，推進兩岸文化整合，對兩岸經濟合作乃至兩岸關係和平發展至關重要。

三、加快兩岸文化融合，促進兩岸經濟合作持續發展

（一）強化歷史文化記憶，大力開展中華優秀文化的宣傳教育

中華文化是兩岸中華民族的靈魂。2009年5月胡錦濤強調指出，在「新形勢下，開展兩岸文化教育交流，既有巨大需求和潛力，也顯得更為重要。我們要比以往更加努力地開展兩岸文化教育交流，共同傳承和弘揚中華文化，增強中華文化認同，中華民族認同」。[579]2011年馬英九在其發表的元旦文告中也指出，兩岸炎黃子孫應透過深度交流，在中華文化智慧的指引下，為中華民族走出一條康莊大道。[580]因應這一形勢的發展，我們有必要對中華優秀傳統文化精髓進行再認識、再教育，在以下方面大力共同弘揚中華先進文化。

一是以和為貴、和合和諧的價值取向。和合文化是中華文化的核心，這是一種基於辨證哲學思想的以包容事物差異為前提的注重事物共存發展的雙贏文化類型。[581]它追求人之自我身心、個人與他人、個人與社會、個人與天地自然的普遍和諧。和合思想將不同事物視為對立統一的和合體，求同存異，共同發展。這一理念對兩岸關係有深刻影響。「合則兩利，鬥則兩敗」、「合則雙贏、分則俱傷」；「和氣生財」是華人社會經貿成功的秘訣。美國華裔學者戴洪超把以和合文化為核心的東亞經濟發展歸納為「東亞現代化情感模式」，認為這一模式區別於西方現代化理性模式的要點是在於它注重人類的情感紐帶在各種經濟活動中的作用；重視群體導向與社會和諧

功能。

二是胸懷天下、團結奉獻的愛國情懷。中華民族的「一統」精神和深厚的愛國情感是中華文化最優秀的傳統之一。整個中國五千年的歷史始終是沿著「分久必合」的軌跡繼承和發展的，其根本原因是植根於中華民族「大一統」的思想觀念，維護了國家的統一、民族的團結和文化的復興。崇拜祖宗、愛鄉愛國是中華民族的傳統信仰；由對祖宗的孝到對家族的敬再擴及對社稷國家的忠，最終形成「家」、「國」一體的理念，這是中華民族寶貴的文化傳統。中華文化是具有極大包容性、繼承性、融合性的文化，因為它是在「大一統」觀念主導下的各民族社會經濟發展的歷史產物，融合了各個民族文化的優秀傳統，形成了推動經濟發展、社會繁榮、國家進步的意志取向。

三是節儉自律、自強不息的奮鬥精神。美國社會學家彼得‧伯格在深入分析儒家文化傳統時指出，東亞現代化是根源於世俗的精神傳統——「儒家思想」，由此培養了滲透到普通人靈魂、體現在每一個人日常生活和經濟活動中的，為普通大眾所遵守的自律、節儉和奮鬥精神。這種文化思想給東亞經濟發展以極大的推動力。五千年中華優秀傳統文化始終蘊含著向上、進取、開拓的精神力量，它是我們民族生存、繁衍和發展的動力。《易傳》中的「天行健，君子以自強不息；地勢坤，君子以厚德載物」的思想在中華大地上深入人心，其剛健有為、自強不息的精神凝聚、強化了民族的向心力，激勵著一代又一代的炎黃子孫為民族和國家的進步而不息奮爭。[582]

四是扶正揚善、助人為樂的社會公德。中華文化以求善為主導，以道德為根本，始終以倫理道德修養為主線，寡慾中庸。孟子以「仁、義、禮、智」四端界定人性之本；孔子強調「克己復禮為仁」。在中華文化的精神寶庫中，有「捨生取義」的氣節操守，有「富貴不能淫，威武不能屈，貧賤不能移」的凜然正氣，有「助人為樂，見義勇為」的高尚情操，有「言必行，行必果」的處事準則，正是有這些保持自尊自立的精神源泉，才使得中國能夠以禮儀之邦、文明古國揚名於世。[583]

（二）拓展文化內涵，協同發展兩岸文化新興產業

產業合作是兩岸經濟合作的主軸。文化產業是新興產業的朝陽產業，聯合國教科文組織對文化產業的定義是：結合創新、生產和商業內容，具有無形資產與文化要領的特性，以產品或服務的形式呈現，並有智慧財產權的保護。由於「文化」與「產業」的相互滲透性和文化市場的共生性，「文化產業化」與「產業文化化」往往是雙向融合、存在並已成為世界經濟文化發展的一種趨勢。「文化產業化」是將地方傳統特色文化資源借創意、想像力與科技的介入，予以恢復、重建或再造，使之成為兼具文化價值與經濟價值的新的文化產品，賦予新的生命力；而「產業文化化」是透過現代手段把好的文化行銷出去，變成流行的時尚，以商業服務實現文化的價值。文化已成為產業的核心要素。

2004年國家統計局在《文化及相關產業分類》中對「文化產業」的定義是：「為社會公眾提供文化、娛樂產品和服務的活動，以及與這些活動有關聯的活動的集合」，內涵分三個層次，「核心層」：即文化藝術、新聞、出版、廣電；「外圍層」：網路、娛樂、旅遊、廣告、會展等；「相關文化服務層」：提供文化用品、設備生產及銷售。以此為導向有力推動了大陸文化產業的發展，如今，文化創意產業已成為大陸許多省市的戰略性支柱產業。

中華文化博大精深，兩岸中華文化血肉交融，正如臺灣中華文化總會會長、前「行政院」院長劉兆玄所說：「中華文化是兩岸最大公約數。」兩岸文化產業合作的空間和合作潛力都很大。基於文化與經濟的互動關係，近年來兩岸文化藝術業、影視業、娛樂業、文化創意業、文化產品製造業、文化旅遊業等的合作迅速發展。2010年5月第一屆「兩岸文化創意產業研究聯盟論壇」在臺北召開，該「論壇」至今已經舉辦三屆，就兩岸文化創意產業發展、教育創新合作機制、知識轉移平臺構建、學科建設和人才培育等問題進行了深入的探討；2010年9月江蘇崑山市舉辦「海峽兩岸文化創意產業發展」高峰論壇，就兩岸文化創意產業園區實體建設、品牌打造等方面交流了經驗；2010年11月，由中華文化聯誼會與臺灣商業總會合辦的「兩岸文化創

意產業展」在「臺灣國際文化創意產業博覽會」上展出，有50多家涵蓋工藝、美術、動漫影視、茶藝等領域的大陸企業參展。

然而，與其他產業相比，兩岸文化產業合作相對滯後。兩岸文化產業有很好的互補性，臺灣在文化產業創意人才、文化創作自由度和資金方面有優勢，而大陸不僅有廣闊的市場，還有許多文化產業園區和傳統文化精髓，兩岸合作前景廣闊，未來應著手以下方面的努力：一是整合研發、設計、生產、行銷等環節，以文化創意產業園區為載體，共創文化產業新模式；二是合作創辦文化創意產業開發推廣中心，組織產學研結合培養具有國際視野的文化創意人才，力求與21世紀新潮文化創意接軌；三是從奠基於中華文化的人、事、物出發，尋找雙方合作的動漫遊戲題材，開發中華文化故事商品，推進動漫產業合作發展；四是協作發展兩岸文化旅遊，透過合作機制聯合開發具有特殊文化意義的地域文化資源，包括全國及東南亞華人地區，發展形成大中華文化創意與觀光旅遊圈。

（三）提升文化軟實力，共同應對經濟全球化挑戰

軟實力的倡導者美國學者約瑟夫・奈對軟實力的定義是，「一個國家和政府透過文化、發展模式、價值觀、制度和政策來施加其影響的力量」；而文化軟實力是指在社會文化領域裡具有精神感召力、社會凝聚力、市場吸引力、思想影響力、心理驅動力的一種影響能力，其基本要素是民族精神、信仰、知識、道德、藝術、思維方式、生活方式、價值觀、文化產業、文化傳播與創新能力[584]。文化軟實力是一個國家或地區軟實力最基本、最主要的內容。上個世紀90年代以來，文化軟實力成為一個國家或地區綜合競爭力的重要組成，被視為一種影響國家盛衰和世界進程的重要力量，並把發展文化，提升文化的國際吸引力作為一個國家或地區的發展戰略。美國曆屆政府都把文化軟實力納入美國國家安全框架內，推行美國的價值觀和文化貿易自由化，實施美國的全球文化戰略。

當前，在後金融危機背景下，歐美等發達國家透過頒布一系列「法

案」，以其政治文化、商業標準、市場規則、消費行為、價值觀念等推行新的貿易保護主義，加劇了新一輪的國際競爭，這對兩岸都是嚴峻的挑戰。2006年胡錦濤在全國文代會上指出，提升國家軟實力是擺在我們面前的重要現實課題。我們應該看到，當前兩岸都同樣面臨著社會轉型過程中價值失範、理想和信仰失落、道德危機、文化庸俗化、文化創新能力不足以及西方文化的衝擊等問題，兩岸應該聯合起來，把握當代文化發展的趨勢和規律，對中華文化及其在世界文化發展中的地位進行理性梳理，推動兩岸文化融合和創新，培育中華文化核心價值體系，增強中華民族凝聚力，提升兩岸文化軟實力，這是應對經濟全球化和新一輪國際貿易保護主義的需要。

基於中華傳統文化基礎的兩岸經濟合作與文化融合

福建社會科學院現代臺灣研究所　單玉麗、蘇美祥

兩岸關係和平發展既是經濟交流合作的過程,也是文化思想交融整合的過程。當前,兩岸關係迎來了前所未有的大好時機,要鞏固和擴大業已取得的成果,推動兩岸關係持續穩步發展,實現中華民族偉大復興的宏偉目標,不僅要繼續深化兩岸經貿合作,而且要加快兩岸文化交流與整合的步伐,促進文化交流與經濟合作良性互動,以共同的中華文化基礎推動兩岸關係和平發展的進程。

一、中華文化是推動兩岸經濟合作的內生動力

文化是人類創造的一切物質產品和精神產品的總和,是民族的靈魂和國家凝聚力、綜合國力的標誌。在當今世界,文化與發展成為人們關注的重大課題,因為發展的內涵已不再僅僅是追求經濟的增長,而是以人為中心,經濟、社會、政治、文化、生態的協調與可持續發展。聯合國教科文組織明確指出:「文化政策是發展政策的基本組成部分」,「發展可以最終以文化術語來定義,文化繁榮是經濟發展的最高目標」,「脫離人和文化背景的經濟發展是一種沒有靈魂的發展」。[585]

中華文化是中華各民族在遼闊的中國大地上經過5000多年辛勤勞動創造的寶貴財富。臺灣自古以來就是中國的神聖領土,臺灣文化是中華文化的重要組成部分;中華文化是大陸文化和臺灣文化的有機統一體。臺灣儘管經歷了1895年到1945年的日據時代和1949年至今的兩岸政治對立,但其在中華文化的認同上並未出現實質性動搖,即使在最艱難的年代,兩岸民間的思

想、文化、經濟交往也或暗或明地存在著，臺灣人民的辛勤勞動和艱苦鬥爭同樣為中華文化的繁榮作出了貢獻，正如胡錦濤2008年12月在紀念《告臺灣同胞書》發表30週年座談會上所說的：「中華文化源遠流長、瑰麗燦爛，是兩岸同胞共同的寶貴財富，是維繫兩岸同胞民族感情的重要紐帶。中華文化在臺灣根深葉茂，臺灣文化豐富了中華文化內涵。」[586]

30多年來，中華文化以其博大的胸懷，強大的生命力，在兩岸不同政治制度下，為兩岸的經濟交流與合作發揮了重要的推動作用。自1979年全國人大常委會發布《告臺灣同胞書》之後，兩岸文化的同根性一直成為激勵兩岸經濟合作的思想紐帶。1980年第一家臺商投資企業在福建泉州落戶後，開啟了以閩臺區域文化為基礎的兩岸經濟合作序幕。1987年臺灣當局基於兩岸同胞的共同願望，解除了「戒嚴令」，兩岸經濟合作化暗為明，迎來了第一波臺商投資熱，與臺灣具有深厚文化淵源的福建成為臺商投資的熱點，1981～1989年，臺商投資福建金額占全大陸的38.5%，居大陸之首。1992年兩岸「辜汪會談」，在一個中國原則基礎上達成「九二共識」，以中國這個「國家」為核心的「中華民族」、「中華文化」的認同對兩岸經濟合作起了極大的促進作用，使兩岸經濟合作迅速北上西進，合作地區、合作領域和合作規模迅速擴大。據臺灣「經濟部」投資審計委員會統計，1992年臺商投資大陸協議金額為2.47億美元，占臺灣對外投資總額的21.78%，1995年這一比例上升到44.61%，之後有所下降，尤其是2000年民進黨上臺，陳水扁當局散布種種謬論，不擇手段地「去中國化」，企圖將臺灣文化與中華文化割裂開來，鼓吹臺灣文化的獨立性，宣稱「以臺灣經驗創造適合於臺灣人民的新文化」，為「臺獨」製造輿論，阻撓兩岸經濟合作的深化進程，臺商對大陸投資趨緩，2000年臺商對大陸投資占臺灣對外投資總額比重下降到33.93%。儘管「臺獨」勢力費盡心機，仍然難以阻撓兩岸經濟交流合作的發展。2001～2005年臺商投資大陸協議金額累計241.47億美元，平均每年48.3億美元，2005年，臺商投資大陸占臺灣對外投資總額比重達71.05%[587]。大陸已成為臺灣第一大投資市場、第一大貿易市場和第一大貿易順差來源地。

2005年，國共兩黨領導人實現歷史性會談，達成以「中華民族偉大復

興」為目標的「兩岸和平發展共同願景」，再次高舉中華民族文化這面光輝燦爛的偉大旗幟，本著「建立互信，擱置爭議，求同存異，共創雙贏」的精神，有力地推動了兩岸關係發展，使兩岸經貿合作取得歷史性成就。據大陸商務部統計，2006年兩岸貿易總額突破1000億美元。2007年兩岸貿易總額1244.8億美元，其中臺灣對大陸出口首次突破1000億美元，為1010.2億美元。[588]截止2011年3月底，大陸累計批准臺資項目83712個，實際利用臺資525.5億美元；兩岸貿易額累計超過1萬億美元。[589]

由於兩岸文化的同根性，近年來兩岸的文化、旅遊與經貿的合作日益緊密聯繫在一起，在兩岸全面實現「三通」，人員往來日益便捷、順暢的新形勢下，宗教旅遊、謁祖旅遊、尋根旅遊等極富兩岸文化元素的旅遊持續高漲，成為兩岸旅遊的一大特色，也促進了兩岸經濟的發展。據資料顯示，自2008年7月臺灣正式開放大陸觀光客赴臺旅遊，赴臺旅遊的大陸人士絡繹不絕，2009年大陸遊客赴臺人數突破60萬人次，大陸成為僅次於日本的臺灣第二大客源地。2010年兩岸旅遊大交流大合作格局進一步顯現，大陸居民赴臺旅遊人數井噴式增長，全年達122.81萬人次，同比增加102%，累計超過434萬人次。據臺灣「主計處」公布的資料稱，以2010年大陸遊客為臺灣帶來收入達20.6億美元的觀光收入估算，陸客來臺對臺灣經濟成長率貢獻為0.28%，超過臺灣全部餐飲業兩個月的營業額。[590]可見，大陸遊客為臺灣經濟取得20多年來最高增幅發揮了重要作用。與此同時，大陸也成為臺灣民眾赴境外活動人數最多的地區。2010年臺灣同胞赴大陸人次突破500萬，達514萬，增長14.64%，創歷史新高。截至2010年11月，臺灣居民來大陸累計6056萬人次。[591]

兩岸關係發展30多年的實踐表明，尊重歷史，尊重現實，共同繼承和弘揚中華優秀傳統文化，使中華文化薪火相傳，發揚光大，是激勵兩岸經濟合作的強大內生動力，也是推進兩岸和平發展的必由之路和共同選擇。

二、促進兩岸文化融合是鞏固兩岸經濟合作成果的基礎保障

文化與經濟之間存在互動關係，一個國家或地區文化的發展取決於其經濟的發展狀況，即不同的區域經濟孕育出不同的地域文化，對地域文化的形成與發展起支撐作用；同時，區域經濟發展過程也決定著地域文化發展的結構、類型和性質等，文化與經濟發展之間存在著相互影響相互促進的關係。在經濟運行中，每一個活動主體都不可避免地受到文化背景的深刻影響。而文化背景的差異，也總是透過經濟活動的方式、規模、層次曲折地反映出來。司馬遷在《史記‧貨殖列傳》中分析各地商業活動，無一例外地揭示了當地經濟發展的文化背景，如齊國「其俗寬緩闊達，有先王遺風」，鄒魯「有周公遺風，俗好儒，備於禮，地小人眾，儉嗇」等。

臺灣文化是中華文化的重要組成部分，其在遷移過程中，由於地域差異，產生文化差異——亞文化，「臺獨」就是擴大差異性，抹殺共同性。但實際上，共性是最基本的，差異則是必然的。因為，文化有自己的獨立性和相對穩定性，但也不是一成不變的，文化除受經濟的根本作用外，還受歷史積澱、傳統演化、人口遷移、經濟發展、社會進步等多種因素的影響。因此，實際上兩岸文化之間存在著一定的差異性，但這種差異性並不能抹殺兩岸之間文化的共通性和核心價值觀。

中華文化的核心之一是「和合」。儒學認為：「義以分則和，和則一，一則多力，多力則強」，因而崇尚「和諧」、「和合」，將其視為一種價值追求。這一理念對經貿活動有深刻的影響。「合則兩利，鬥則兩敗」、「合則雙贏、分則俱傷」，即是「和合」思維的體現，「和氣生財」成為華人商貿成功的重要秘訣。「和合」思維也是處理兩岸關係，推動兩岸經貿合作的寶貴資源，「和合」能夠產生幾何學的凝聚力。2004年韓國博士羅鐘一先生在其著作《東北亞共同體的文化視角》一書中認為：「歐洲共同體肇始於煤鋼共同體，對東亞地區來說，以文化共同體作為開端是最好的。」對於兩岸來說，要推進兩岸關係和平發展，實現中華民族的偉大復興，應先從區域文化一體化著手，因為文化是根，沒有文化上的認同，就很難有民族的認同、國家的認同。可以說，文化是推動兩岸關係發展不可或缺的因素，文化認同，有利於增進彼此瞭解，擴大共識，增進情感，這就是為什麼泛藍三大政

黨主席訪問大陸時,都高揚炎黃子孫的民族大義和中華文化的共同價值。因此要整合、創新兩岸文化,擴大共同性,減少差異性,共同促進中華文化的發展與繁榮,在經濟全球化和區域經濟一體化大趨勢下,為兩岸經貿合作持續發展奠定深厚的人文和社會基礎。

文化融合是指不同文化透過交流合作而產生的互相吸收、消化、融合、更新的過程。文化的歷史性、區域性特徵決定了文化整合的必然性。不同地區之間的互相聯繫,必然帶來不同區域文化的相互影響,互相融合乃至同化,進而產生新的文化特質。這是人類社會文化發展的一個重要過程,它貫穿於人類社會發展的每一個階段。

海峽兩岸在長期的歷史文化發展過程中,一直為「同一部歷史、同一種文字、同一種語言」的文化實體。幾千年來,中華民族優秀傳統文化緊密維繫著兩岸中國人,作為兩岸中國人的精神支柱,滋潤和培育著偉大的中華民族之靈魂,使兩岸的中國人以特有的品質和風貌自立於世界先進民族之林。目前兩岸之所以要文化整合,主要原因在於民進黨執政期間,為推行「臺獨」路線而進行的「去中國化」運動,宣揚「臺灣文化的主體性」,把大陸文化與臺灣文化對立起來,否認臺灣文化和大陸文化都是中華文化的重要組成部分,擾亂了兩岸中華文化的價值體系,給兩岸經濟、社會、政治、文化交流合作設置了障礙。

兩岸文化整合是同一個多民族大家庭內的不同地區之間的同質性文化整合,整合的目的不僅是要透過共同的歷史記憶追溯兩岸之間的歷史文化和民族的認同感,而且要從具有深刻啟示意義的歷史經驗和從中華民族所固有的傳統優秀文化寶庫中去尋找挖掘有利於推動兩岸政經合作、共創雙贏的文化思想元素,為進一步推動文化合作與經濟合作良性互動,引導兩岸民眾重新認識我們偉大的中華民族和偉大中華文化,共同塑造面向未來的具有創新性的中華文化,以加快推動兩岸經濟共同體的建構,因此,兩岸文化整合對重塑兩岸文化價值觀,化解兩岸意識形態隔阂,進一步完善兩岸經濟合作機制,建立穩固的兩岸經濟利益共同體,建設兩岸共同家園,實現中華民族偉

大復興有著深遠的戰略意義。

　　經濟合作是兩岸關係和平發展的基礎，多年來兩岸經濟合作事實已經證明，兩岸經濟合作是共同應對經濟全球化挑戰的必由之路，是實現中華民族偉大復興的共同需求。然而30多年來，由於意識形態原因，兩岸經濟合作一直處於不穩定、不平衡、不均等的無序狀態。雖然《兩岸經濟合作框架協議》（ECFA）已經簽署並實施，但ECFA畢竟只是一個框架性文件，後續還有一系列協議待協商，539項早期收穫清單也僅僅是兩岸貨物貿易中的極小部分，目前，兩岸的產業合作領域、合作規模、合作模式、合作技術檔次等也還有種種限制，兩岸經濟合作的不確定性因素還很多，建立完善的經濟合作機制還有漫長的路要走。特別應該看到的是，目前的經濟合作機制是建立在「先易後難，先經後政」的共識基點上的。隨著經濟合作的深化，新的難點、矛盾乃至衝突將會凸顯，將會逐步觸及到更加接近兩岸關係癥結的核心問題，經濟合作、經濟利益終究不是從根本上保障兩岸關係和平發展的良方，決定兩岸關係和平發展，兩岸經濟合作持續推進的力量是文化，是中華民族的文化價值體系。因此，在ECFA時代兩岸經濟合作趨於融合的情況下，隨著兩岸間經濟利益共生性的強化，應當從文化認同之於民族認同、國家認同的基礎關係入手，推進兩岸文化整合、修復被人為割裂的文化記憶，重塑兩岸中華文化認同，以鞏固和深化經濟合作成果，推進兩岸關係和平發展。

　　三、深耕兩岸民間文化資源，促進兩岸經濟文化交流社會化

　　區域文化是在地理區位、自然資源、歷史人文、生活方式等諸多因素長期影響下所孕育和發展起來的具有不同個性特質的地域文化。中華傳統文化是聚居在中華大地上各個民族共同創造的多元一體的文化總匯，既有中原的齊魯文化、北方的羌狄文化、西南的巴蜀文化，也有南方的湘楚文化、吳越文化、嶺南文化、閩臺文化以及其他少數民族的地域性文化。中華傳統文化一貫主張「天下同歸而殊途，一致而百慮」，提倡不同民族地區、不同類型的思想文化兼容並蓄，相互滲透，取長補短，以達到多元一體。正是由於有這種兼容天下的廣闊胸懷，中華文化才能在不同價值系統的區域文化和民族

文化的碰撞下走向統一,不斷創新、延續和發展。

福建與臺灣之間由於存在特殊的地緣、親緣、文緣、商緣、法緣的「五緣」關係,形成了獨具特色的閩臺區域文化。30多年來福建以閩南文化、客家文化、海絲文化、船政文化、武夷文化、　族文化等獨特的吸引力,成為兩岸文化交流和經濟合作最活躍的地域,有效促進了兩岸經濟文化合作的社會化。

(一)以文化交流為載體,不斷推進閩臺區域性經濟合作

30多年來,閩臺充分利用區域文化特色資源,透過組織各種富有地方特色的文化活動招商引資,使文化交流不僅成為弘揚中華文化的盛典,而且為兩地經濟合作創造了良好氛圍,擴大了經濟合作空間,成功地創造了「文化搭臺、經貿唱戲」的合作模式。

如媽祖文化。媽祖是兩岸民間共同信奉的女神。目前世界上26個國家和地區共有媽祖廟5000多座,信徒2億多。除馬祖、金門外,僅在臺灣島經當局登記注冊的媽祖宮廟就有739座,崇拜媽祖的民眾約占臺灣總人口的2/3。1987年以來,每年到福建莆田市湄洲島朝拜媽祖的臺胞都在10萬人次左右。媽祖文化已成為臺灣能夠超越族群、階層、區域的民間主流文化。福建莆田是媽祖信仰的發源地,媽祖廟數以百計,僅湄洲島上就有近20座。莆田自1994年舉辦媽祖文化旅遊節以來,已成功舉辦十二屆。它以突出的和平主題、深厚的文化內涵、鮮明的地域特色,吸引了海內外眾多賓朋,在海峽兩岸產生了深遠影響。從第十二屆媽祖文化節開始,媽祖文化節升格為國家級節慶活動,由國家旅遊局與福建省人民政府共同主辦,使這一活動成為大陸對臺對外文化交流合作的重要平臺和兩岸旅遊節慶活動,使湄洲島成為中國首個信俗類世界遺產申遺地和大陸首批創辦的12個國家級旅遊渡假區之一。目前每年到湄洲島觀光朝聖、旅遊渡假的遊客超百萬人次,其中臺胞15萬多人次。媽祖文化不僅成為聯結兩岸民眾強有力的精神紐帶,而且也極大促進了兩岸經濟文化交流與合作。與媽祖文化旅遊節同時舉辦的「世界莆商大

會」已成為福建對外經濟合作的重要平臺。如2004年10月的首屆「世界莆商大會」簽約投資合作項目20個，投資總額20076萬美元，利用外資8975萬美元；2007年10月舉辦的第四屆世界莆商大會，共有25個項目完成簽約，投資總額達46.91億元人民幣。

同樣具有濃郁區域文化特色的漳州市東山關帝文化也是維繫兩岸民眾的精神橋樑。漳州東山武廟是兩岸關帝信仰的發祥地，是中原文化經由東南沿海向臺灣和海外遷播的中轉站和連接點，維繫著兩岸人民的文化觀念和思想感情，是臺灣民間關帝文化的發祥地。東山關帝廟是臺灣現有470多座關帝廟分靈的祖廟，其香火遍布臺澎。關帝「忠勇仁義」的精神為兩岸人民和海外華僑所稱頌。東山關帝廟集中體現了關帝愛國統一的精神，其文化實質是華夏儒學《春秋》精義的「大一統」理念，因而海峽兩岸人民共尊關帝為「統一之神」。東山以關帝廟為載體，以關帝文化為橋樑和紐帶，至2010年已連續舉辦十九屆關帝文化旅遊節，不僅增強了兩岸民眾的親和力和凝聚力，強化了兩岸文化旅遊的交流與合作，而且也促進了東山旅遊業的發展和對臺經貿合作。在「第十九屆海峽兩岸關帝文化旅遊節暨閩臺水產品博覽會」期間，共簽訂合作項目28個，引進資金150多億元人民幣，項目涵蓋旅遊綜合開發、商業物流、生物科技、生態農業、水產品精深加工等領域。[592]

（二）以「海峽論壇」為平臺，推動兩岸經濟文化合作社會化

2009年開始在福建舉辦的，以民間為交流主體的兩岸綜合性大型交流平臺——「海峽論壇」，以其內容的豐富性、參與人員的廣泛性、參與人數的規模化、社會化，成為推動兩岸同胞大交流、促進兩岸各界大合作、開展兩岸基層對口大聯誼的民間交流合作活動，受到兩岸民眾的廣泛歡迎，成為一年一度的兩岸經濟文化交流合作的重要平臺。論壇堅持「民間性、草根性、廣泛性」定位，以「擴大民間交流、加強兩岸合作、促進共同發展」為主題，廣泛邀請臺灣社會各界，特別是臺灣基層民眾參與，對促進兩岸經濟文化交流社會化，增強兩岸同胞的文化認同感，夯實兩岸民間的共同利益基礎，推動兩岸關係和平發展起了重要的推動作用。

海峽兩岸持續合作的動力與機制

2010年6月舉辦的第二屆「海峽論壇」組織開展了論壇大會、政策研討、文化藝術交流和民間民眾嘉年華等四大板塊的20多場活動，與會者近萬人，不僅有工商企業界、文化教育界和民間社團，還有來自臺灣中南部的閩南族群、客家族群、少數民族、民俗信眾代表和廣大青少年。在這次「海峽論壇」期間，除舉辦「海峽27城市新聞出版業發展論壇」、「海峽兩岸中醫藥發展與合作研討會」、「海峽兩岸科技與經濟論壇」等業界專業性論壇外，還舉辦了綜藝晚會和豐富的民間文化藝術交流活動，包括「媽祖文化活動周」、「海峽兩岸合唱節」、「海峽兩岸客家高峰論壇」、「武夷山朱子文化節」、「海峽兩岸體育交流大賽」、「海峽兩岸少數民族聯誼交流會」、「海峽兩岸市縣工會主席（理事長）論壇」、「海峽婦女論壇」、「海峽兩岸關愛下一代成長論壇」、「海峽兩岸鄉鎮對口交流會」以及「海峽青年論壇」、「海峽兩岸大學生職業技能大賽暨大學生創新成果展」等活動。此次論壇在兩岸民間贏得了廣泛的支持，產生了良好的反響，它使我們深刻認識到，兩岸民間文化交流是促進兩岸和平發展的重要基礎。

2011年6月11日在廈門舉辦的第三屆「海峽論壇」，是繼5月6日在成都召開的「第七屆兩岸經貿文化論壇」之後又一次兩岸民間經濟文化交流的重要活動，對貫徹落實國共兩黨達成的19項共同建議有重要的推動作用。「論壇」將更加貼近民眾、更加聚焦民生需求、更加突出民間特色，在福建全省九個設區市設置分會場，開展家族聯誼、親子閱讀交流、烹飪大賽、體育競技、影視展映展播等民眾喜聞樂見的文化活動，推動兩岸基層鄉鎮深度對接，舉辦臺灣特色廟會，薈萃臺灣美食，展示臺灣名品特產，舉辦兩岸民間信仰交流活動，組織工、青、婦、科技、中醫藥、工商聯、紅十字組織、僑聯、關心下一代等15個子論壇。預計參加人數、活動地域、活動內容都將是空前的。作為兩岸最大的民間文化交流平臺，「海峽論壇」對弘揚兩岸同源文化的精華，促進兩岸同胞的友好互動，增進兩岸民眾的相互瞭解，將產生更加深刻、更加廣泛、更加深遠的影響。

當今世界，區域文化背景和文化環境對經濟活動的影響越來越深刻。國際社會的一個普遍共識是：解決經濟發展中的許多問題，不僅只有經濟一種

手段,還需要逆向、發散思維,反彈「琵琶」,因為文化等非經濟因素對經濟行為的制約和影響有時比經濟本身的因素更重要。因此,在推進兩岸關係發展中,既要夯實共同的經濟利益基礎,也要重視兩岸文化交流融合的作用,還要透過文化與經濟的互動關係,局部地域和整體空間的關係,全面拓展兩岸的交流與合作,多維度、全方位厚植兩岸和平發展的基礎。胡錦濤在2003年第十屆全國人大一次會議臺灣代表團審議時的講話指出,我們要更廣泛地團結臺灣同胞在內的中華兒女共同為實現中華民族的偉大復興而奮鬥!「解決臺灣問題,實現祖國的完全統一,我們寄希望於臺灣人民」。兩岸和平發展的根基在民間,動力在人民,這是任何力量都阻擋不了的歷史潮流。

和平發展框架下兩岸經濟合作對臺灣社會的影響

清華大學臺灣研究所　劉震濤　鄭振清

一、和平發展框架下的兩岸經濟合作

（一）兩岸關係和平發展框架的內涵

大陸在2005年前後醞釀兩岸關係和平發展戰略，2005年4月「胡連會」公布《兩岸和平發展共同願景》，國共兩黨開始探索兩岸關係和平發展之路。2008年12月底胡錦濤對臺講話建構了兩岸關係和平發展戰略的基本框架（「胡六點」）。這個戰略框架不僅延續了此前中央對臺方針和政策，而且提出了把握兩岸關係和平發展主題，增進一中原則基礎上的政治互信，建立具有兩岸特色的經濟合作機制，加強兩岸文教合作精神紐帶，擴大社會各界交流，協商涉外事務，達成兩岸和平協議，構建兩岸關係和平發展框架，共建兩岸同胞共同家園等新內涵。參見下圖1所示的兩岸關係和平發展路線圖：

最近三年來，兩岸關係的發展圍繞著「和平發展」主題，有選擇有步驟地構築這個戰略框架。我們可以初步概括和平發展戰略理論要點如下：

1.堅持「九二共識」，恪守一中原則，為兩岸經濟、社會、文化、教育交流奠定政治基礎。

2.以直接雙向「三通」和兩岸經濟關係正常化為基礎，以資源稟賦比較優勢和政府引導為復合手段，建立具有兩岸特色經濟合作機制（以《海峽兩

岸經濟合作框架協議》為標誌），厚植兩岸共同利益，讓兩岸同胞共享兩岸發展的成果和福利，實現兩岸經濟合作的「外溢效應」，促成兩岸社會諒解和共同發展共識，推進兩岸經濟一體化，為兩岸共同家園奠定必要的經濟基礎。

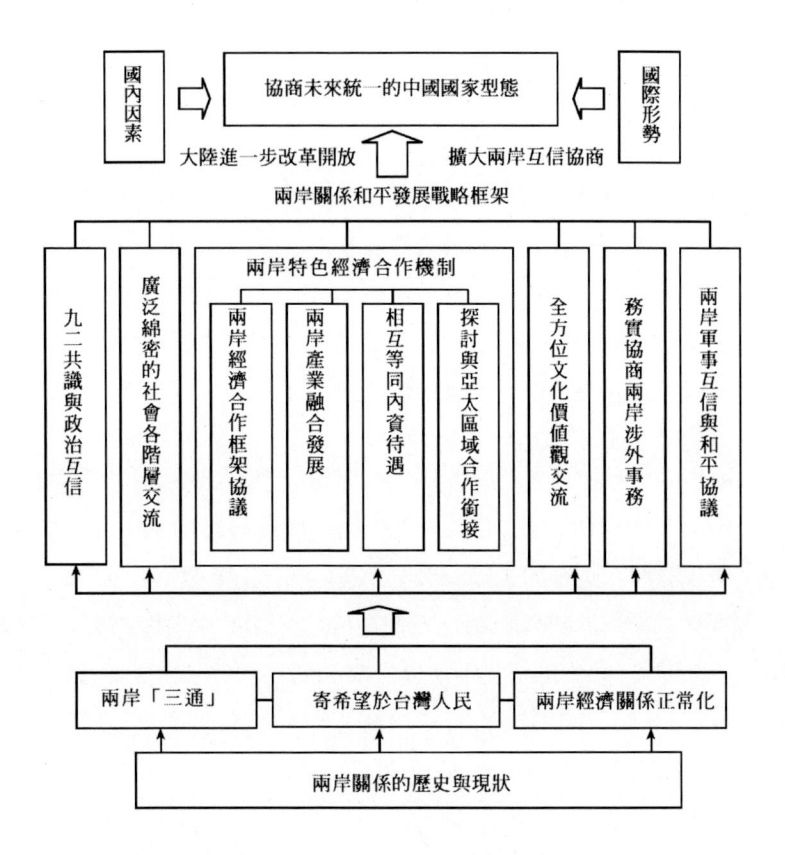

圖1　兩岸關係和平發展框架示意圖（來源：本文作者製圖）

　　3.全方位推進兩岸文化和價值觀交流，特別重視兩岸在教育領域的廣泛交流合作，逐步促進兩岸文化認同和民族認同。

　　4.推動兩岸社會各階層綿密交流，建立政府和民間多層「共同治理」的體制機制，積累兩岸社會互信，逐步重塑兩岸國家認同。

5.協調和平發展外交戰略與和平發展兩岸戰略，探索不違背「一中」原則下臺灣的國際活動空間問題。

6.研究中國戰略安全與亞太戰略競爭格局，探索建立兩岸軍事互信機制，終止敵對狀態，達成兩岸和平協議。

（二）近期兩岸經濟交流對臺灣經濟的影響

在上述和平發展框架下，兩岸實現了經濟關係正常化和經濟合作制度化，逐步構建具有兩岸特色的經濟合作機制。這就為大陸經濟資源與活力帶動臺灣經濟走出全球金融危機開闢了通道。隨著《海峽兩岸經濟合作框架協議》（ECFA）早收效應發酵，在大陸經濟帶動下，臺灣經濟保持2010年初以來的良好勢頭，呈現積極向好的發展趨勢。

1.宏觀經濟穩定增長。經濟增長率由2008年的0.73%、2009年的-1.93%遞增為2010年的10.82%。2011年1季度，經濟增長率為6.19%，雖低於新加坡8.3%、香港7.2%，但高於韓國3.9%、泰國3.0%、馬來西亞4.6%、菲律賓4.9%、在東亞地區處於較高水平。[593]據臺灣「行政院主計處」預測，全年經濟增長率為5.04%，超出國際貨幣基金組織（IMF）2011年全球經濟預測增速近1個百分點，人均GDP將達到20,848美元，首次突破2萬美元大關，CPI上漲2.18%。[594]

2.貨物貿易大幅提升。2011年1、2季度，臺灣出口總額達到1541.5億美元，同比上升16.88%。其中，對大陸出口615.7億美元，同比上升28.4%，占出口總額的39%，對大陸擁有440.5億美元的貿易順差。[595]大陸為臺灣最大的貿易夥伴、第一大出口目的地和第二大進口來源地。據大陸海關統計，截至2011年3月，大陸一般貿易項下ECFA降稅清單所涉產品進口貨值6.84億美元，關稅優惠1.27億元人民幣，增長46%，明顯高於一般貿易項下非ECFA產品進口增速的27.9%。

3.服務貿易持續拉動。陸客赴臺旅遊成為拉動臺灣服務貿易的主要動因，並迅速彌補了因地震、海嘯影響日客赴臺驟減遺留巨大的空間，臺灣旅遊及相關產業收益持續穩定增加，2011年預計增長6.38%。2008年7月至2011年5月底，陸客赴臺旅遊人數達到234.81萬人次，已為臺灣相關產業創造收益1100多億新臺幣，大陸已成為臺灣第一大客源市場。2010年，達到122.81萬人次，同比增長102.6%，為臺灣創造618億新臺幣的經濟收益，帶動GDP增長0.28%。2011年6月，陸客赴臺自由行啟動，據臺灣經濟研究院預測，僅2011年下半年就會為臺灣創造100億新臺幣的商機，所有與消費有關的產業如餐飲、零售、旅館及運輸業等都將受益，同時進一步帶動臺灣就業，對臺灣經濟景氣產生積極影響。

4.臺灣投資開始增加。兩岸關係和平發展特別是ECFA框架下關稅減免的有利條件極大地增強了外部資金投資臺灣的信心，外商投資連年大幅衰退的趨勢逐漸扭轉。2010年，臺灣民間投資增長32.79%。據臺灣相關部門統計，截至2011年4月底，臺商返臺投資共26件，預估投資金額約203億元，較去年同期投資金額大幅成長49%，年度目標達成率為46%。投資領域主要為電子零組件製造業、電力設備製造業以及機械設備製造業。2011年7月，臺灣方面提出後ECFA時代的「黃金十年」規劃後，跨國企業投資臺灣的信心增加，承諾赴臺投資金額超過3000億元。歐美、日本、韓國的企業渴望搭上「ECFA便車」，以臺灣為跳板，進入巨大的中國大陸市場，他們利用參股、併購、委託代工，以及合資設廠等多種方式，與臺資企業建立更緊密的關係，為將來開發大陸市場布局。

二、兩岸經濟合作對臺灣社會分配的影響

我們應該清醒地認識到，兩岸經濟合作的加強，一方面有利於臺灣宏觀經濟的穩定和發展，另一方面由於臺灣內部不同產業和不同社會階層對兩岸經濟合作的承受力不同，有可能強化原有的貧富差距趨勢。2011年5月，清華大學臺灣研究所組成臺灣貧富差距調研組，赴臺北市、新北市、臺南市和高雄市20多家學術單位、企業、社團、基層政府和政黨機構開展專題調研和

學術交流活動，掌握了翔實的資料，為研究兩岸經濟交流合作對臺灣社會效應奠定基礎。

(一)目前臺灣社會貧富差距現狀分析

1.短期內宏觀經濟快速增長，但中長期所得分配不均的趨勢增強。

自2010年第1季度開始，臺灣經濟實現較為快速的復甦，馬英九政府以此為傲並引為重要政績。但是從2010年下半年到2011年初，很多臺灣民眾感覺不到經濟復甦的好處，他們的生活壓力與2007-2009年全球金融危機期間相比並沒有明顯緩解。同時，臺灣出現所得分配不均和貧富差距擴大的中長期趨勢。這種生活壓力增加與貧富差距擴大背景下的經濟復甦被不少臺灣民眾和媒體稱為「無感復甦」。

根據臺灣「行政院主計處」2011年2月17日發布的數據，2010年第1季度GDP增長13.6%，第2季度增長12.9%，第3季度增長10.7%，第4季度增長6.9%，全年GDP增長率為10.8%。同年臺灣出口總額達到2264.4億美元，增幅達到創紀錄的38.4%，進口總額為2052.2億美元，增幅高達48.6%。[596]從這些宏觀經濟數據看，臺灣度過全球金融危機的衝擊，明顯進入經濟復甦階段。同年，日本GDP實際增長3.9%，韓國GDP實際增長6.2%，馬來西亞GDP實際增長7.2%。與這些同處經濟復甦中的東亞國家相比，臺灣經濟增長之所以取得這樣亮眼的成績，離不開中國大陸GDP高達10.3%的強勁增長的帶動。2010年，臺灣不僅從大陸得到高達860億美元的巨額貿易順差，而且受惠於大陸臺資企業資金回流、大陸遊客赴臺、大陸各級政府和企業採購臺灣產品等一系列措施。

不過，2001-2010年10年來，臺灣的財富分配相對於1990年代，一直處於高位徘徊狀態，家庭所得差距不斷擴大。2010年臺灣短期經濟復甦就是在這樣一個中期分配不均的背景下發生的。根據臺灣「行政院主計處」的家庭收支調查報告，我們分析一下國際上衡量貧富差距的兩組數據——基尼係數

和大島指數——在臺灣的變動情況。從基尼係數（Gini』s　Coefficient）和大島指數（Oshima　Index，家庭所得五等分後20%最高收入組與20%最低收入組的所得倍數比）來看，過去10年來臺灣收入分配差距出現不斷擴大、高位徘徊的趨勢。參見圖2所示：

　　基尼係數表示居民之間的收入平等程度，國際上通常把0.4作為收入分配差距的警戒線（按黃金分割律，其準確值應為0.382），聯合國開發計劃署規定0.2-0.3表示收入分配比較平均，0.3-0.4表示收入分配相對合理，0.4-0.5為收入分配差距較大，0.5以上為收入分配差距懸殊。如圖1所示，2000年以後臺灣基尼係數明顯上升，2001-2009年基尼係數穩定在0.34-0.35之間，明顯高於前一個10年即1990年代。同時，臺灣若干年份的大島指數（高低倍數比）反映了最富和最窮兩極貧富差距的程度（國際上常以6倍作為警戒線），可以看出，2000年以後，臺灣的高低倍數比突破6.0，並且不斷攀升，2009年已經達到6.34倍，遠超1990年代的倍數。

　　分析臺灣這兩個指標中長期歷史性變化，可以看出臺灣工業化以來家庭所得分配經歷了三個階段：第一階段為1970年代到1980年代，這20年間臺灣基尼係數在最低0.277（1980年）到最高0.303（1989年）之間變動，高低倍數比在最低4.17（1980年）和4.92（1989年）之間變動，顯示臺灣處於均富型經濟增長階段，所得分配比較平均；第二階段為1990年代，這10年間基尼係數從1990年的0.312逐步上升到2000年的0.326，高低倍數比從1990年的5.18上升到2000年的5.55，顯示臺灣的均富型增長模式和所得分配發生變化，貧富差距開始擴大但不算嚴重；第三階段為2001年至2010年，這10年間基尼係數從0.35緩步上升，逼近國際警戒線，同時大島指數基本上在6.0以上，2009年達到6.34，顯示臺灣的貧富差距持續擴大，所得分配不同於1970-80年代均富型增長時期的狀況。

　　因此，臺灣自2010年第1季度以來的短期經濟復甦，是在中長期財富分配不均和貧富差距擴大的背景下產生的。全球金融危機以後，各主要國家透過加大投資、「量化寬鬆」等辦法救市，但同時引發新一輪的通貨膨脹，惡

化了原有的財富分配不均和貧富差距擴大的問題。目前各國財經政策都面臨著必須兼顧經濟增長與財富分配的難題，臺灣也不例外。可以說，「無感復甦」的問題不是臺灣獨有的，而是很多國家和地區的通病。關係民生的公共政策問題因此浮上臺面，成為2012年美國、法國、俄羅斯、韓國、日本等國重要政治選舉的關鍵議題，臺灣也不例外。

2.後危機時期經濟走向復甦，但民眾生活壓力依然很大。

2010-2011年的經濟復甦是相對於2008-09年經濟下滑而言的，即便臺灣在2011年下半年回到金融危機以前的宏觀經濟水平，全球金融和經濟雙重危機造成的生活壓力高漲的局面並不會短期內消失。由於受全球金融危機的影響很大，2008-2009年臺灣不少外銷企業訂單大幅萎縮、工廠倒閉、失業率高漲、薪資停滯，以及輸入型通貨膨脹造成的油價、物價、原物料普遍上漲，造成臺灣民眾生活壓力普遍升高。在調研中，我們與不少學者、專業工薪人士、基層黨工和民眾進行交流，認知到他們所說的「無感復甦」下的生活壓力。這種「生活壓力」至少包括下列四個方面：

其一，失業率沒有明顯降低，結構性失業問題嚴重，臨時就業崗位不穩。2009和2010年臺灣的失業率分別是5.85%和5.21%。今年第1季度失業率雖然下降到5.0%以下，但是因為產業結構轉型和外移所導致的結構性失業問題仍然嚴重，臨時工、短期工、派遣工等臨時性就業現象依然存在。

其二，家庭所得增長率明顯低於經濟增長率，越貧困者越明顯。圖3羅列出最近10年臺灣家庭五等分組後各組可支配所得的年增長率和同時期臺灣人均GDP增長率，比較這兩類年增長率可以發現：（1）臺灣收入最低的兩組（占40%家戶）的所得為負增長；（2）全部五組家庭所得年增長格局呈現出收入越低，所得縮減越明顯（最低為-0.46），收入越高，所得增加越明顯（最高為0.85）；（3）更明顯的是，10年來所有組別的所得年增長率（總平均0.23）遠遠低於人均GDP增長率（2.36）。2010年8月，臺灣「行政院主計處」將臺灣546萬多個綜合所得申報戶分為20個層級，2008年位於頂端的

5%平均所得為450萬餘元（新臺幣），位於最底層的5%則僅有6.8萬餘元，兩者相差66倍，遠遠超過1998年的32倍，創下歷史新高。而且，10年來，臺灣全部家庭可支配所得只增長4.6%。其中，最富有的20%家庭可支配所得增加約7%，而最窮的20%家庭所得減少2%。[597]

其三，廣大工薪階層薪資連續十年停滯。「行政院主計處」2010年8月公布調查指出，臺灣薪資漲幅遠不及物價上漲速度，2010年上半年的實質經常性薪資為34400多元新臺幣，不如1999年的34600元，已倒退至11年前的水平。[598]

其四，通貨膨脹率高企，實際收入和消費能力降低。在國際石油與原料價格上漲的背景下，自2007年起臺灣進口物價與批發價格迅速上漲，帶動消費者物價指數全年上漲1.8%，其中扣除易受季節、氣候影響的蔬菜、水果、魚及能源項目的「核心物價」上漲1.35%，創下11年新高。其中，醫療保健類價格上漲最大，達3.91%；衣著類次之，上漲3%；食品類居第三，上漲2.86%。尤其是2007年下半年以來，汽油、柴油、麵粉、食品、奶製品及運輸等主要民生價格普遍上漲，據統計有500多種商品調漲價格，平均漲幅為18%。2008年第1季度到2011年第1季度，臺灣物價持續上漲，主要食品多數上漲超過10%。此外，臺北市和新北市房價高位運行。

3.「相對剝奪感」：上層財富積累較快，中層收入停滯，下層貧困化。

從圖3可以直觀地看出：近10年來臺灣收入最低的20%家庭（即組一反映的社會下層）的所得增長都低於人均GDP增長率，而且2008年以前這種差距幅度更加明顯。2008年在金融危機衝擊下，收入中等的40%家庭（即組二和組三所反映的中間階層）所得增長趨零甚至達到負值，低於人均GDP增長率，收入最低的40%家庭（即組四和組五所反映的社會下層）則都遠低於人均GDP增長率，而且最低20%家庭組別負增長幅度最大，同時最高20%家庭組別也有負增長。根據在臺調研所得推算，2009-2010年所得最低40%（組一和組二）中下階層所得下降幅度更加明顯，而所得最高20%階層（組五）所得

則明顯上升，甚至超過人均GDP增長率。可以總結：最近10年來，臺灣社會各階層中上層財富積累較快，中間階層所得收入基本停滯，而社會下層在最近3年則陷入所得收入萎縮的貧困化狀況。

最近臺灣「窮忙族」（the working poor）概念流行，指形成了一大批錢少事忙、收不抵支、而且越拚命工作越貧窮的群體。2010年12月「行政院主計處」調查說明，臺灣受僱者主要工作收入包含薪資、加班費、傭金、獎金及小費等經常性收入，2010年臺灣受僱者約8066000人，平均每月收入34431元新臺幣，雖較2009年略增688元，但低於2007及2008年，仍未回到金融海嘯前的水平。按收入級距分析，2010年月收入不到1.5萬元有28.1萬人，月收入1.5萬元以上但不到2萬元有75.7萬人，合計月收入不到2萬元有103.8萬人，遠高於2008年的84.3萬人。至於月收入2萬以上、不到2.5萬元則有122萬人，2.5萬元以上、不到3萬元有133.9萬人，總計月收入3萬元以下有359.7萬人，不僅高於金融海嘯前的水平，且占總受僱者的44.6%；換句話說，臺灣將近一半上班族，月收入不到3萬元。[599]

據臺灣111人力資源銀行調查，扣除兼職等部分工時工作，臺灣有五大「窮忙產業」，即餐飲旅遊娛樂業、百貨零售門市業、文教出版業、傳統製造業和媒體廣告業。這些產業近幾年企業競爭力下滑，員工工時拉長，薪資卻無法同步上調：中層幹部月薪35000元至45000元新臺幣間，新人起薪平均約22000元到28000元新臺幣（約5500元到7000元人民幣）。這種薪資水平如果在臺北市租房，扣掉各種生活開銷後所剩無幾。[600]

4.貧富差距的國際橫向比較並不嚴重，但縱向同地區比較則感受強烈。

從橫向的跨國比較可以看出，近年來臺灣貧富差距雖有擴大的趨勢，但是相對而言並不嚴重。如圖4所示，把7個東亞國家和地區2008年的基尼係數和大島指數（高低倍數比）進行比較，可以發現臺灣和韓國都處於貧富差距較不嚴重的地區/國家，當年臺灣基尼係數只有0.344，大島指數為6.05，而韓國的這兩項指標分別是0.32和5.47。反觀中國大陸和菲律賓、馬來西亞和

泰國的這兩項指標，可見這個四國家和地區都處於貧富差距十分明顯的國家，日本則處於中間狀態。

但是，如本文對圖1所分析的，近50年來臺灣的貧富差距問題經歷了三個階段，1990年代這個10年階段要比之前20多年這個階段要嚴重，而21世紀第一個10年則比前一個10年更加嚴重。尤其2008-2009年臺灣經歷了金融和經濟雙重危機的衝擊，加劇了原有的貧富差距問題。把目前的生活壓力與10年之前、甚至20年之前的「均富增長」時期相比較，對比感受就顯得十分強烈。

而且，根據臺灣「行政院主計處」家庭收支調查報告分析的大島指數和基尼係數，都是政府移轉收支後的數據，也就是說都是臺灣行政當局透過各項財經政策及社會福利政策進行家庭所得再分配調整以後的數據。如果不包括家庭所得再分配的福利補助和直接稅費支出，則貧富差距的指標會更加嚴重。如表1所示。

總的來說，目前臺灣確實存在貧富差距擴大的問題，雖然從國際比較來看，並不屬於最嚴重的地區，但在上個世紀臺灣「均富增長」和公平分配的對照下，目前的貧富差距問題顯得比較嚴峻。同時，金融危機的後遺症，包括失業率高、進出口萎縮、收入減少、通貨膨脹等引發的生活壓力問題，並沒有隨著短期經濟復甦而完全消失，反而在部分外銷型產業大幅增長、總體財富分配不均、所得稅制不合理的背景下，顯得十分突兀。這就是目前臺灣經濟增長與所得分配難以兩全的問題，在2012年「大選」的壓力下成為藍綠政黨競爭的重要議題。

表1　政府轉移收支對臺灣家庭所得分配之影響（單位：倍）

年別	政府移轉收支前差距倍數(1)	所得重分配效果 從政府移轉收入(社福補助)	所得重分配效果 對政府移轉支出(直接稅規費等)	所得重分配效果 合計(2)	目前計算差距倍數(1)+(2)
1991	5.31	-0.24	-0.10	-0.34	4.97
1992	5.57	-0.23	-0.09	-0.32	5.24
1993	5.76	-0.26	-0.08	-0.34	5.42
1994	5.79	-0.31	-0.11	-0.41	5.38
1995	5.93	-0.50	-0.09	-0.59	5.34
1996	6.17	-0.68	-0.11	-0.79	5.38
1997	6.25	-0.72	-0.12	-0.84	5.41
1998	6.49	-0.84	-0.14	-0.98	5.51
1999	6.47	-0.82	-0.15	-0.97	5.50
2000	6.57	-0.88	-0.14	-1.02	5.55
2001	7.67	-1.13	-0.15	-1.28	6.39
2002	7.47	-1.18	-0.13	-1.31	6.16
2003	7.32	-1.12	-0.12	-1.24	6.07
2004	7.41	-1.24	-0.15	-1.39	6.03
2005	7.45	-1.26	-0.15	-1.41	6.04
2006	7.45	-1.29	-0.15	-1.45	6.01
2007	7.52	-1.40	-0.14	-1.54	5.98
2008	7.73	-1.53	-0.16	-1.69	6.05
2009	8.22	-1.75	-0.13	-1.88	6.34

資料來源：「行政院主計處」編印：《臺灣家庭所得收支調查報告（2009）》。注1：表中「從政府移轉收入」，包括低收入戶生活補助、敬老福利生活津貼、國保老年基本保證年金、工作所得補助、老農年金、彩券中獎獎金及其他（災害、急難救助、殘障生活補助、失業及馬上關懷急難救助等）。注2：「對政府移轉支出」，包括房屋稅、地價稅、綜合所得稅、契稅、遺產稅、土地增值稅、私人汽車牌照稅、彩券等。

（二）臺灣貧富差距與兩岸經濟關係

臺灣貧富差距的擴大，在全球化背景下是東亞地區的普遍現象。兩岸經濟交流合作以後，兩岸因素是否以及如何影響臺灣社會貧富差距，是一個新的重要問題。目前實證研究十分缺乏，需要對兩岸產業發展與就業狀況、兩岸財富流動與分配狀況、臺灣宏觀經濟增長中的大陸貢獻率、臺灣營業稅、所得稅和社會福利支出等問題進行深入研究才有確定答案。本文根據「中央研究院」社會學所的臺灣社會變遷調查資料，分析臺灣民眾關於兩岸經濟交

流如何影響臺灣宏觀經濟、貧富差距和家庭經濟狀況的態度。

2009年「中央研究院」社會學研究所開展「臺灣社會變遷調查」並根據新馬克思主義模型算出臺灣的階級結構：在就業人口裡工人階級占44.5%，新中產階級約占31.6%，自營作業者占19.8%，僱主則占4.1%，其中無論回答企業有投資大陸者（約占11%）和經常往來大陸者或者是高教育水準的兩岸貿易獲益者，在臺灣民眾當中都是少數。[601]多數臺灣民眾很難感受到自身的就業安全與家庭收入從兩岸貿易中獲益，反而有不少農工階級和中小企業主更擔心因為兩岸貿易的衝擊而面對失業或虧損的風險。

表2從雙維角度對比發現，臺灣民眾對於兩岸經濟關係密切對臺灣經濟發展的影響的認知，與其原有的民族/族群認同密切相關。傾向臺灣人認同者，認為兩岸經濟關係密切對臺灣經濟有負面影響和負面影響很大的加起來有41.1%，占相對多數。具有中國人認同者（包括持中國人認同和持雙重認同者）則有多數認為有幫助和幫助很大，值得一提的是持雙重認同者認為有幫助和幫助很大的占76.2%。即便持維持現狀態度的民眾也多數認為有幫助和幫助很大的占73.7%。從中可見，多數臺灣民眾認為兩岸經濟交流有助於臺灣經濟發展，但還有少數人由於意識形態因素而否定兩岸經濟交流對臺灣的正面意義。吳乃德的研究進一步揭示了臺灣民眾對於兩岸經濟關係對臺灣貧富分化的認識。對兩岸經濟關係持基本正面態度（包括幫助很大和有一些幫助）的民眾，有58.7%到70.7%認為兩岸經濟交流擴大了臺灣貧富差距。對兩岸經濟關係持基本負面態度（包括有一些負面影響和負面影響很大）的民眾，更是絕大多數（87.6%-91.6%）認為兩岸經濟交流擴大了臺灣貧富差距。[602]可以看出，多數臺灣民眾認為近年來兩岸經濟交流擴大了臺灣社會的貧富差距。如果再深入追問兩岸經濟交流臺灣民眾家庭經濟狀況的影響，則根據受訪民眾關於兩岸經濟關係對於臺灣整體經濟發展的影響的態度，可以簡要分為基本肯定和基本否定兩組，前一組中39.3%到60.1%的人認為兩岸經濟交流對其家庭經濟狀況有幫助，後一組中認為有幫助的微乎其微，67.%-80.6%的人認為有負面影響（包括有一些負面影響和影響很大兩類）。同時，認為兩岸經濟交流對臺灣整體經濟和個人家庭經濟都沒有影響的人數

比例高達70.1%。[603]參考這些調查，可以發現兩岸經濟交流對臺灣經濟的影響固定在一小部分民眾中，目前來看還沒有「普惠性」。

表2 兩岸經濟交流與臺灣的民族認同

兩岸經濟關係密切對台灣經濟發展	民族認同	台灣民族主義	中國民族主義	雙重認同	維持現狀	其他	總數
	幫助很大	8.0 (36)	46.0 (64)	23.7 (23)	34.3 (105)	15.4 (35)	21.6 (264)
	有幫助	30.1 (134)	42.9 (60)	52.5 (52)	39.4 (121)	25.9 (59)	34.9 (425)
	有負面影響	15.3 (68)	3.5 (5)	7.0 (7)	9.5 (29)	6.9 (16)	10.2 (124)
	負面影響很大	25.8 (115)	0.0 (0)	8.6 (8)	7.7 (24)	8.6 (20)	13.7 (166)
	沒有影響	1.4 (6)	0.0 (0)	1.1 (1)	0.4 (1)	1.4 (3)	1.0 (12)
	不知道/拒答	19.4 (86)	7.6 (11)	7.2 (7)	8.8 (27)	41.8 (95)	18.6 (226)
	總數	36.5 (444)	11.5 (140)	8.1 (99)	25.2 (306)	18.7 (228)	100 (1217)

資料來源：吳乃德：《中國崛起的政治效應：民族認同和政黨支持》，臺北：中央研究院。

三、和平發展框架下改善兩岸經濟合作的思考

自2010年6月底ECFA簽署以來，關於兩岸經濟關係深入發展對臺灣內部經濟社會的影響的評估，一直存在兩種觀點：一方面，從宏觀經濟角度看問題的學者，認識到ECFA特別是「早期收穫」清單所帶來的兩岸自由貿易將促進臺灣GDP、出口額、民間投資額、總就業率等指標的增長[604]；另一方面，從所得分配角度看問題的學者，擔心ECFA以後兩岸經濟交流和合作的利益主要流向少數大企業和有限的「兩岸族」，這會促使臺灣內部所得分配進一步惡化，並且從近年來臺灣家戶平均收入的高低倍數比和基尼係數的上升找到依據。[605]

這兩種觀點各有道理。從上述調研和數據分析，我們進一步獲知：

其一，多數臺灣民眾認為兩岸經濟交流有助於臺灣經濟發展，這與宏觀經濟數據一致，兩岸經濟交流確實促進了臺灣經濟復甦發展。

其二，兩岸經濟交流是否擴大了臺灣貧富差距，從宏觀經濟數字上無法得到證明，但是多數臺灣民眾認為近年來兩岸經濟交流擴大了臺灣貧富差距，這說明兩岸經濟關係的發展受到主流民意的質疑。

其三，兩岸經濟交流對臺灣經濟的影響固定在一小部分民眾中，目前來看還沒有普惠性，更談不上兩岸「包容性發展」。

本文的研究初步揭示了兩岸經濟合作對於臺灣經濟結構和社會結構的影響。總的來說，如果說過去影響兩岸經濟關係的因素主要是市場機制（促進作用）和政治關係（障礙作用），那麼在兩岸關係和平發展框架下，如何運用公共政策來調節兩岸經濟交流合作帶來的利益分配、財富分配、貧富差距等社會效應及政治影響，進而促進兩岸經濟關係和政治互信的協調共進，已經成為今後兩岸關係發展與研究的重要課題。也就是說，兩岸關係和平發展框架能否不斷得到落實並保持穩定，需要考慮臺灣經濟和社會的承受力和反應力。關於這方面的新問題，兩岸官方和學術界都應該認真思考並重視研究。

東亞經濟一體化進程對兩岸經濟合作的影響

浦東臺灣經濟研究中心　盛九元

一、臺灣經濟發展的模式與路徑選擇

　　臺灣經濟曾經取得過舉世矚目的發展成就，從一個落後的經濟體迅速發展成為新興工業經濟體，並躋身亞洲「四小龍」行列。在1976-1990年間，臺灣經濟年均增長速度達到11%[606]。從臺灣經濟發展的基本路徑可以看出，「出口導向型經濟發展戰略」[607]是臺灣經濟得以迅速發展的關鍵因素，也是臺灣經濟發展的主要模式。從統計數據上可以看出，臺灣經濟發展中的對外依存度相當高，在實現經濟起飛的1970年代貿易依存度高達87.27%，在2000-2008年間的依存度更攀升至96.87%。較高的貿易依存度及出口對GDP的顯著貢獻表明，對外貿易是臺灣經濟增長的重要支撐點，也是帶動臺灣整體經濟發展的主要動力。在臺灣的進出口結構中，美、日長期以來始終占據著重要的地位，強化與美日的經濟聯繫成為臺灣經濟發展的基本路徑。

　　在1975年至1987年間，臺灣對美、日的整體貿易依存度平均達到53.06%。而同期，臺灣對從美、日的進口依賴度也高達53.13%多，其中從日本進口占總進口的比重更高達29.84%，「輸入之對臺灣之重要性在於原料及機器設備的輸入占總輸入的94%」[608]。從進出口商品的結構分析，臺灣從美、日的進口產品絕大多數都是資本品，而出口則以消費品為主。美、日是臺灣最主要的出口市場和原材料、設備的進口市場，並在分工基礎上大體形成「出口美國、進口日本」的貿易格局。

　　表1　臺灣對外貿易對經濟成長的貢獻（單位：%）

年別	GDP平均增長率	出口 占GDP平均比例	出口 平均增長	出口 貢獻▲	出口 貢獻率*	進口 占GDP平均比例	進口 平均增長	進口 貢獻▲	進口 貢獻率*	依存度
1961~70	9.64	18.74	21.78	3.76	39.05	22.89	17.14	3.77	39.13	41.63
1971~79	9.89	44.69	17.61	6.87	69.50	42.58	15.29	5.95	60.19	87.27
1961~79	9.76	31.03	19.81	5.24	53.66	32.22	16.26	4.80	49.23	63.25
1980~89	8.20	48.90	10.80	5.25	64.01	37.01	8.29	2.89	35.25	85.90
1990~99	6.40	40.65	9.12	3.65	57.00	36.87	10.53	3.74	58.43	77.51
2000~08	3.20	49.35	6.48	3.07	96.06	44.49	7.85	3.19	99.82	93.85

資料來源：1.▲進（出）口貢獻：進（出）口增長帶動GDP增長的比率。計算方法為進（出）口增長率乘以前期進（出）口占GDP的比率。★進（出）口貢獻率：進（出）口增長帶動GDP增長的比率占GDP增長率的百分比。

2.本表中1961年到1979年的數據計算結果引自於宗先「對外貿易與經濟穩定」一文，該文見《臺灣對外貿易發展論文集》，（臺灣）聯經出版事業公司，1994年。

3.本表中原始數據來自於《Taiwan Statistical Data Book 2009》，臺灣「經建會」。

表2 臺灣對美、日貿易依存度（單位：%）

年份	美國 進口	美國 出口	美國 進出口	日本 進口	日本 出口	日本 進出口
1965	31.72	21.28	27.05	39.80	30.60	35.69
1970	23.87	38.08	30.88	42.83	14.56	28.90
1975	27.76	34.33	30.86	30.45	13.08	22.26
1977	23.07	38.85	31.34	31.05	11.97	21.06
1978	21.55	39.49	31.15	33.36	12.38	22.13
1979	22.88	35.10	29.25	30.88	13.96	22.06
1980	23.68	34.12	28.91	27.13	10.97	19.03
1981	22.48	36.10	29.51	27.97	10.96	19.19
1982	24.16	39.45	32.42	25.31	10.73	17.43
1983	22.90	45.11	35.19	27.54	9.86	17.76
1984	22.96	48.82	37.98	29.34	10.46	18.37
1985	23.61	48.08	38.40	27.60	11.26	17.73
1986	22.47	47.70	38.17	34.14	11.44	20.01
1987	21.86	44.12	35.34	33.85	13.01	21.23

資料來源：以上數據根據《Taiwan Statistical Data Book 2009》（臺灣「經建會」編印）中相關數據計算得到。

表3 臺灣出口美、日比重及對臺灣GDP增長的貢獻（單位：%）

年份	總出口	對美出口	對日出口
1978	13.66	5.40	1.69
1979	11.17	3.92	1.56
1980	11.11	3.79	1.22
1981	7.88	2.85	0.86
1982	1.94	0.77	0.21
1983	7.43	3.35	0.73
1984	9.49	4.63	0.99
1985	0.78	0.38	0.09
1986	11.48	5.48	1.31
1987	7.02	3.10	0.91

資料來源：1.以上數據根據《Taiwan Statistical Data Book 2009》（臺灣經建會編印）中相關數據計算得到。

2.向美國（日本）出口對於GDP增長的貢獻=總出口對GDP增長的貢獻乘以向美國（日本）出口占總出口的比例。

統計數據顯示，在1969-1990年間，美、日等西方發達經濟體的強勁增長和產業、技術轉移為臺灣的發展提供了廣闊的市場和產業升級條件，成為推動臺灣經濟成長最重要的外部因素。透過密切的經濟合作，美、日與臺灣之間形成了有效的產業分工關係，臺灣也因此加快融入全球經濟的過程，並在全球產業分工體系中占據一席之地，進而保持經濟持續穩定的增長。這是臺灣經濟發展的主要模式，也是臺灣經濟發展的基本路徑。

二、中國大陸區域發展戰略與兩岸經濟合作

從目前的發展態勢分析，大陸區域合作戰略是以「和平發展」為出發點，透過積極推動區域經濟和安全合作，形成多層次、多領域、多面向的區域合作體系，營造更加有利的國際環境，維護戰略機遇期，進而推動區域共同發展。就經濟層面而言，大陸推進區域經濟合作的戰略逐步從參與東亞多層次的地區合作機制的創建，走向以更加積極的姿態推動東亞區域實現全面的一體化。從參與東亞區域經濟合作的實踐看，大陸選擇了以「10+1」為主軸，並率先於2010年1月1日正式實現「中國東盟自貿區」的基本運行框架。這一進展顯示出，中國大陸在推動區域經濟一體化進程中的積極姿態與日益

增強的影響力。

儘管大陸在推動區域經濟整合過程中的定位與功能逐漸明確，但囿於各方面因素（國際環境、戰略競爭者、地緣與歷史因素等）的制約，尚未確立起區域合作的主導性優勢，反而面臨著新的、複雜的競爭環境。其原因在於，從地區乃至全球力量板塊上看，任何區域權力結構的調整，實質上意味著區域既有勢力結構的改變和區域新秩序的重構。在結構變動的過程中，出於對前景不確定性的擔憂，既有的結構反而會呈現強化的趨勢，極易導致新舊結構更替的潛在衝突；而只有當新興力量占據明顯優勢、且新結構的發展前景逐步顯現時，既有的結構才可能出現鬆動乃至於出現重構的態勢，這種態勢必然對區域的整體發展具有直接的、戰略性和深遠的影響。由此分析，在區域合作的發展過程中，主導地位的取得、戰略競爭優勢的確立是區域合作重構與發展進程中的關鍵。

作為東亞地區合作的戰略基點，東盟不僅戰略地位非常突出，而且也已成為全球經濟發展的熱點區域；但由於自身的實力薄弱、內部整合程度有限，因此，難以真正發揮領導和推進東亞經濟區域一體化進程的重任。伍貽康明確指出，就東亞一體化這一複雜而艱巨的歷史進程來考察，從長遠和根本上說東盟難以承擔起東亞一體化的主導和核心力量這副重擔[609]。而東亞主要經濟體中國大陸、日本、韓國雖經濟依存度高、共同利益逐步擴大，但在區域安全結構上又處於對立狀態，進而導致在東亞地區合作中無法迴避對區域合作主導權之爭。其中，最主要的是中國大陸與日本之爭。此外，美國從全球戰略的角度出發，利用其全球霸權地位以及東盟尋求戰略平衡的心理，積極強化對東亞區域經濟合作的介入。針對這種複雜的情勢，大陸的區域經濟合作戰略也需要有新的調整，在合作的方式與途徑方面應進行深化和細化，以確保在區域經濟合作中取得主動權。

從目前情況分析，「由於亞洲地區的多樣性、複雜性以及與其他地區聯繫的廣泛性，今後亞洲區域合作也不可能只有一兩個統一的渠道，而仍將是多領域、多層次、多渠道同時發展」[610]，但從長期發展趨勢看，如無法形成

有效的突破則東亞區域經濟一體化的進程可能將長期處於較低的層次而難以取得大的進展，其中的關鍵就在於形成穩定的合作「軸心」與動力源，而中國大陸在其中可以發揮更加積極的作用。

總體而言，當前制約東亞區域經濟一體化的因素較為複雜，但核心是缺少合作的主軸，這其中既有安全與非傳統安全因素，也有著成員方之間缺乏有效的政治互信以及共同利益基礎有待進一步鞏固的原因。基於此，如何透過區域合作的有效實踐，緩解東盟對中國崛起的擔憂，進一步深化彼此的共同利益基礎，成為中國大陸進一步發揮在區域經濟合作中主導與推動作用的基礎與關鍵。而在這一過程中，充分利用兩岸簽署ECFA後的新情勢，深化兩岸聯繫，增強兩岸互信，實現兩岸經濟合作機制化，將在很大程度上強化中國大陸在區域經濟合作中的主導力量，同時也有利於兩岸在區域一體化格局中占據更有利的地位。因此，在兩岸經濟合作機制化基礎上建構起區域合作的雙層結構，對於中國大陸區域合作目標的實現有著重要的意義，而兩岸經濟密切互動的現實也為這一發展目標奠定了堅實的基礎。

三、東亞經濟發展格局調整與兩岸合作契機

總體而言，東亞區域經濟發展仍處於不平衡狀態，現代世界經濟體系理論所謂的「核心—半邊緣—邊緣」的結構尚未完全打破。長期以來，日本處於東亞經濟發展的核心，包括臺灣在內的「四小龍」處於半邊緣狀態，其他經濟體則相對處於邊緣區域。近年來，日本經濟發展速度放緩，其東亞經濟核心地位已經出現鬆動的趨勢，但借助在資本、技術與管理方面的相對領先優勢，日本在推動東亞區域一體化進程仍具有較大的影響力。臺灣經濟一度出現「邊緣化」危機，但在進一步與大陸深化經濟合作的基礎上，經濟保持持續穩定增長，基本保持其「半邊緣區」的地位。在改革開放以前，由於多種因素的影響，中國大陸基本上處於被排斥在世界經濟體系之外的狀態；實行改革開放後，中國大陸逐步融入現代世界體系；經過30年的發展，大陸已經成為具有世界影響力的經濟大國，2010年經濟總量超越日本，居全球第二，並繼續保持快速增長的態勢，樂觀者甚至預計大陸的GDP最快於2020年

超越美國,成為世界第一。但由於人均GDP、整體發展水平等方面距離發達經濟體尚有很大差距,因此,要成為真正意義上的「核心區」尚有較長路程要走。因此,目前的東亞經濟體系總體而言尚處於調整與變動之中。

在實現經濟持續發展的過程中,中國大陸非常清楚地認識到,區域經濟一體化是當前參與經濟全球化進程最重要的方式與途徑,因此,大陸方面在積極參與全球多邊合作的同時,也開始進行戰略調整,全力推動東亞經濟一體化進程。2001年11月,時任國務院總理朱鎔基在中國—東盟峰會上宣布推動成立中國(大陸)—東盟自由貿易區(10+1)[611]。2002年11月初,中國大陸與東盟(ASEAN)正式啟動自由貿易區談判,2010年1月1日,自由貿易區正式運行。

和平發展戰略的實施、經濟快速增長、積極負責的合作態度,使得中國大陸在東亞經濟一體化進程中發揮著越來越大的作用。從目前的發展態勢看,東亞區域經濟格局正經歷著歷史性的變化,這種變化主要體現在兩方面:

中國大陸經濟的快速崛起和區域合作戰略的調整。曾經是東亞經濟發展推動力的日本經濟,在經歷了長達10多年的增長停滯後,已經難以繼續發揮東亞經濟的「火車頭」作用,取而代之的是中國大陸。這一區域經濟發展格局改變的深刻意義在於,「對於東亞區域內各國和地區來說,大陸的崛起是一趟促進發展、共享繁榮的高速快車。」[612]區域內主要經濟體已經把大陸作為最重要的貿易夥伴與合作對象,對大陸投資和貿易已經成為東亞主要經濟體經濟發展的重要外部動力。而且,隨著大陸經濟的持續增長,承接大陸的投資與開拓大陸市場也已成為東亞新興經濟體經濟發展的重要取向。由於市場與經濟發展潛力巨大,中國大陸經濟崛起對東亞經濟一體化的影響正以前所未有的力度向前推進。可以預見,大陸以其較高的經濟增長速度、潛力巨大的市場、豐富的勞動力資源、眾多的科技人才和發達的基礎技術體系,以及一部分具有世界水準的高科技產業和完整的產業結構,將在東亞產業分工中發揮更大的比較優勢。中國大陸巨大的市場潛力,將形成巨大的規模效

應，給處於經濟轉型和一體化進程中的東亞經濟發展帶來巨大的機遇。隨著經濟實力的不斷增強，中國大陸在東亞經濟一體化進程中的影響力必將日益擴大。

更需要指出的是，中國大陸除了重視「10+3」和「10+1」的經濟合作之外，還特別重視海峽兩岸「一國四方」（大陸、臺灣、香港、澳門）「中華經濟圈」的建設。面對經濟全球化及區域經濟一體化的發展趨勢，為促進大陸與香港及澳門經濟合作的深化與發展，逐步消除在一國之內三個獨立關稅區之間的要素流動與制度障礙，大陸中央政府分別於2003年6月29日和2003年10月17日與香港、澳門特別行政區政府簽署了《更緊密經貿關係安排協議》（CEPA），並立即開始了具體實施工作，目前協議已進入到第六階段，顯示大陸與香港、澳門之間的經濟合作，已由民間自發的鬆散形式，全面轉變為官方機制化協調的新模式。而此類的緊密合作安排如擴展到臺灣的話，就會形成一個合作空間更廣闊、互補性更強、合作潛力更大、更具有世界性影響的經濟協作體系。從一定程度上講，「一國四方」經濟的機制化合作應當成為東亞區域經濟合作中的重要組成部分和動力源。

東亞區域經濟一體化的建設進程進一步加快。世界銀行的一份研究報告指出，東亞地區的貿易互補指數由1985年的51.2點升至2001年的67.3點，絕對指數高於北美自由貿易區（NAFT）和歐盟（EU）[613]。正是在這一背景下，東亞地區開啟了區域經濟一體化的進程。這個進程包括兩個層面：一是區域內各經濟體之間的雙邊或多邊的自由貿易協議以及經濟一體化制度的研擬或安排，如中國大陸分別與香港、澳門達成的更緊密經濟合作協議（CEPA）、與臺灣簽署的海峽兩岸經濟合作框架協議（ECFA），日本與新加坡的新時代經濟合作協議，中國大陸與東盟自由貿易區（10+1）及研擬中的中、日、韓與東盟自由貿易區（10+3）等；二是區域內各經濟體與區外經濟體的雙邊或多邊經濟合作，如中國—智利自由貿易協定，澳大利亞、新西蘭和新加坡自由貿易協議，亞太經濟合作論壇（APEC），上海合作組織，東盟與印度自由貿易區等。在這些各種各樣的區域經濟合作形式中，對東亞經濟發展影響範圍最大及最具有深遠意義的當屬「10+1」及研擬中的「10+3」，

因為這一區域合作機制將形成一個經濟總量、經濟增長及市場潛力都堪稱世界第一的超級區域經濟集團，對全球經濟發展及國際經濟秩序重構將產生巨大而深遠的影響，而在這一進程中，中國大陸無疑是公認的有著主導性影響力的推動力量，對區域內新的合作體系的形成有著不可替代的影響力，並進而成為帶動東亞區域經濟成長的重要力量之一，這也是新的東亞經濟合作格局的最大特點。

在這一發展態勢下，兩岸經濟合作的重要性日益凸顯，並進一步推動著兩岸經濟合作機制化的深化與發展。

兩岸在國際經濟空間開展經濟合作研究——以CAFTA與ECFA機制銜接為主旨

廣西師範大學桂臺經濟合作研究中心　劉澈元

一、引言

全球化和區域化背景下，區域經濟一體化是任何經濟體開展國際經貿活動，構築國際經貿關係的首要機制。全球化和區域化也深刻影響到兩岸經濟合作的進程與走向，尤其是在後ECFA時代，兩岸經濟關係的發展場域向國際空間延伸已成為不可逆轉的趨勢。在此情勢下，兩岸需要以更寬廣的視野，更深邃的智慧，從兩岸與國際、現實與長遠、政治與經濟、理論與政策等不同維度考量兩岸經濟合作的深遠意義，制定兩岸經濟合作的可行方案，以兩岸民意為風向標，促進兩岸關係的和平發展和經濟合作效應的發揮。

二、CAFTA與ECFA機制的建立對臺灣的影響

（一）CAFTA對臺灣的影響

2010年1月1日，中國—東盟自貿區（CAFTA）全面建成，自此，自貿區成員間經貿關係將受到中國——東盟自貿區基本框架的規約，而中國大陸與東盟簽署的《貨物貿易協議》、《服務貿易協議》和《投資協議》就是自貿區運行基本框架的主體。具體來說，從2010年1月1日起，中國大陸與東盟（老六國）90%的產品貿易關稅將被取消，與新四國的免稅協議將於2015年全面實施。

臺灣是典型的外向型經濟體，東亞經濟一體化對臺灣當前和未來經濟的發展都具有重要影響。以臺灣對中國大陸（包括香港）、東盟以及日本、韓國2010年貿易狀況為例，2010年臺灣對中國大陸（包括香港）的進出口貿易總值占臺灣對外貿易總值的28.13%，對東盟國家的進出口貿易總值占臺灣對外貿易總值的13.50%，兩項合計占臺灣對外貿易總值的41.63%，再加上對日本、韓國的對外貿易總值，三項合計占臺灣對外貿易總值的60.22%。僅以出口而言，2008年臺灣對中國大陸（包括香港）出口額占臺灣出口總值的40.87%，對東盟國家出口額占臺灣出口總值的15.40%，兩者合計達56.27%，若加上對日、韓出口額，則占臺灣出口總值的66.77%。

　　CAFTA全面建成進一步凸現了臺灣在東亞經濟一體化中的邊緣化困境。首先，臺灣與東盟在中國大陸市場的競爭中因無法享受零關稅待遇而處於不利地位，其貿易轉移效應將對臺灣企業的競爭力構成嚴峻挑戰；其次，臺灣與中國大陸在東盟市場的競爭中同樣處於不利地位。[614]由於10+3自由貿易區尚處於協商進程中，臺灣在上述兩個市場暫時尚未受到來自中國大陸、日本和韓國的競爭壓力，但可以預料的是，如無有效的機制保障，隨著10+3自由貿易區的建成，臺灣在東亞經濟一體化格局中的邊緣化處境將會更加加劇。

　　由於兩岸的特殊關係，臺灣要擺脫邊緣化處境，融入東亞經濟一體化格局，鞏固並擴大與東亞各國（經濟體）的經貿關係，必須先行構築與大陸的制度性一體化關係，從而在「一個中國」框架下以一體化區域整體或透過相關授權與東亞國家（經濟體）建立一體化關係。2008年5月，國民黨在臺灣重新執政後，臺灣當局在參與東亞經濟一體化、避免經濟邊緣化方面也基本採取了「先兩岸、後國際」的政策思維。相應地，臺灣當局在促進兩岸關係和平發展方面做出了一系列富有成效的舉動，展現了一定的誠意。

　　（二）ECFA對臺灣的影響

　　2010年6月29日，兩岸「兩會」在重慶簽署「海峽兩岸經濟合作框架協議（ECFA）」，並於同年9月12日生效實施，早收計劃也於2011年1月1日正

式實施。ECFA的簽署與實施使兩岸關係顯著改善，它既是兩岸經貿關係從功能性一體化步入制度性一體化的標誌，也為兩岸關係的和平發展提供了經濟機制保障。可以預期，隨著ECFA效應的逐步發揮，兩岸構築「你中有我、我中有你」命運共同體的美好願景將指日可待。

根據ECFA及其附件規定，協議生效後，兩岸經貿關係將步入正常化、制度化軌道。兩岸之間的雙向投資將更為便利、更具保障，而臺灣企業與東盟企業在大陸市場部分產業領域將處於公平競爭的地位。但是，ECFA的簽署與實施也凸顯了另一個問題，即臺灣在參與東亞經濟一體化過程中與東亞地區相關國家簽署雙邊自由貿易協定（FTA）的方式問題，該機制的建立關係到臺灣在東盟市場上與包括大陸在內的經濟體的公平競爭問題。這一問題包括兩個方面：一是臺灣能否與東亞國家洽簽自由貿易協定，即臺灣的身分該如何界定；二是如可能洽簽，臺灣以何種方式參與的問題。

三、CAFTA與ECFA條件下兩岸對在國際經濟空間開展經濟合作的戰略考量

兩岸在國際經濟空間開展合作的本質是臺灣如何參與國際經濟一體化，關鍵是臺灣參與國際經濟一體化後兩岸和諧關係的建立。目前最具迫切性的問題是臺灣參與國際經濟一體化的方式與途徑。兩岸在這一方面均有各自的戰略考量和主張。

（一）臺灣的戰略考量

臺灣當局對於參與東亞區域經濟一體化具有多重戰略意圖。經濟方面，主要是透過區域經濟合作提升臺灣企業競爭力，避免邊緣化危機；政治方面的考量則在於透過與相關國家簽署FTA，拓展臺灣的「國際生存空間」，從而提升臺灣在國際社會的參與度，發揮政治影響力。[615]上述戰略意圖的基本內容在民進黨執政和當前國民黨執政時都是如此。所不同的是，民進黨執政時政治考量優先，經濟考量居次；國民黨執政後，經濟考量居先，政治考量居次。最為重要的是，民進黨執政時，將臺灣參與東亞經濟一體化戰略作為

獲取「臺獨」國際支持的重要環節，試圖透過參與國際區域整合發展與某些國家的實質政治關係，從而遏制兩岸經濟整合（當前在野的民進黨仍保持這一思維）；而國民黨執政後臺灣參與東亞區域經濟整合則是在兩岸已有「外交休兵」的政治默契情勢下，為兌現臺灣領導人馬英九提出的經濟發展目標，提振臺灣經濟而做出的戰略布局，雖然其戰略步驟仍強調「連接兩岸，布局全球」，但國民黨的戰略實施不排斥兩岸經濟整合，而且將其作為國際區域合作的優先步驟加以實施。國民黨執政後臺灣當局的這一戰略意圖及其實施步驟雖屢遭民進黨及綠營其他政治團體杯葛，但在國民黨內和臺灣產業界已基本形成共識。一旦條件成熟，其推行雖有難度，但不會遇到過大阻力。

（二）大陸的戰略主張

2008年12月31日，中共中央胡錦濤在紀念《告臺灣同胞書》發表30週年座談會講話中明確提出：「建立更緊密的兩岸經濟合作機制，有利於臺灣經濟提升競爭力和擴大發展空間，有利於兩岸經濟共同發展，有利於探討兩岸經濟共同發展同亞太區域經濟合作機制相銜接的可行途徑。」胡錦濤的講話既是大陸對臺工作戰略的延續和傳承，也體現了新形勢下對臺戰略的提升和轉變，從戰略高度表明了大陸對臺灣參與東亞經濟一體化的總體態度和方向。一個客觀的解讀是，大陸在將兩岸經濟合作機制與臺灣參與東亞經濟合作機制有機聯繫的前提下，從戰略層面允許臺灣參與東亞經濟一體化，並將在一個中國原則下探尋臺灣參與東亞經濟整合的方式與途徑，為大陸對臺戰略提供具體的策略支持。

（三）兩岸戰略取向下大陸的兩難處境

臺灣的戰略意圖在與大陸兩岸關係發展戰略呈現一定契合度的同時，也使大陸面臨一個兩難選擇。在兩岸關係改善之前，大陸反對臺灣與東亞相關國家簽署FTA主要基於反對「臺獨」的戰略考量。而在兩岸關係顯著改善的背景下，反「臺獨」的國民黨執政是兩岸關係持續改善、甚至促進國家統一

的重要保障。如果繼續反對臺灣與東亞相關國家簽署FTA，在臺灣特殊的政治生態下，兩岸的軍事互信、政治互信協商將難以開展，兩岸關係和平發展的局面也會受到影響。但是，如果允許臺灣與東亞相關國家簽署FTA，在兩岸尚未就臺灣政治定位進行明確協商的情況下，臺灣將以此為範式，與世界範圍內眾多國家簽署FTA，從而引發大陸所不願看到的連鎖效應和政治後遺症，大陸與臺灣在國際上的新一輪較量將勢所難免。再者，東亞區域經濟一體化形態多樣，在臺灣已以特定模式參與非機制性經濟一體化（APEC）的情勢下，究竟參與哪一種區域經濟一體化組織可為兩岸所接受，也是一個值得大陸進行戰略思考的問題。

四、兩岸應共同採擇的合作策略或策略取向

（一）兩岸共同策略的支撐要件及其政策體現

就臺灣參與東亞區域經濟一體化問題，雖然兩岸基於各自的考慮而存在一些認識和策略上的分歧，但兩岸對於共同構築國際經濟空間的和諧關係是具有高度認知的。在這一前提下，兩岸應透過協商，就兩岸應採擇的共同策略達成一致。本文認為，兩岸共同策略應包含兩個最主要的支撐要件：一是ECFA的實施進程與實際效應，二是ECFA與東亞區域經濟整合機制的有效對接。毋庸諱言，雖然兩岸各界乃至國際社會對ECFA效應發揮均抱持高度期待，但ECFA作為兩岸特色經濟整合機制的組織依託和程序載體，目前只完成了框架協議的簽署與實施，其早收清單所包含的產品涵蓋的產業遠未達到兩岸需要整合的產業預期目標，後續協議的簽署與實施將更具挑戰性。因此，ECFA的簽署與實施只是兩岸特色經濟整合機制構建的開始，要加以落實並發揮作用，需要一個過程，需要具體化和延伸，直到兩岸經濟產生實質性的整合效果。同時，ECFA的簽署只是為兩岸經濟整合與東亞經濟整合的對接提供了一種可能和一定條件，其具體的渠道和方式尚待探索。

（二）以政策試驗推動兩岸共同策略的形成

在此情勢下，兩岸有必要選擇部分區域開展兩項政策實驗：一是選擇特定區域作為ECFA框架下兩岸次區域合作試驗示範區，在ECFA框架下簽署更具體的合作協議，進一步推展ECFA政策內涵，建立具有區域特色的兩岸經濟合作新模式、新機制，從區域層面為ECFA的運行和完善積累經驗，探尋兩岸開展全面性制度化合作的切入點和突破口。[616]二是選擇特定區域作為ECFA與CAFTA對接的試驗示範區，在中國大陸已參與的東亞區域經濟整合機制下，探討臺灣與該機制下特定國家或區域建立經濟一體化關係的可行性及其途徑。在中國—東盟自由貿易區已全面建成並有序運行的條件下，以CAFTA作為對接試驗的目標區域較為合適。當然，上述兩項試驗的區域可以分別選擇，也可以在某一特定區域同時開展兩項試驗。

五、區域選擇與試驗示範區設立：以CAFTA與ECFA機制銜接為主

本文認為，CAFTA與ECFA機制銜接的政策試驗目前以在大陸特定區域開展為宜，而適宜於承擔CAFTA與ECFA機制銜接政策試驗職能的區域，必須具備一定的條件。主要包括：具有連接中國大陸參與的東亞主要一體化區域和臺灣的地緣特徵和區位優勢；具有發展潛力，透過特定政策支持有望成為兩岸在國際經濟領域合作的示範區域和兩岸合作的優勢區域；具有一定的對臺經濟合作基礎，已建立專門的對臺合作平臺，具有試驗示範區運行的便利條件和試驗基礎。

從大陸各省市區與東盟的地緣關係和傳統經貿關係看，廣西尤其是其北部灣經濟區具有開展CAFTA與ECFA機制銜接政策試驗的條件，適於承擔該項政策試驗職能。

（一）區位優勢與區域合作格局

廣西北部灣經濟區處在華南經濟圈、西南經濟圈和東盟經濟圈交匯點，具有連接和溝通上述國際國內區域的特殊區位優勢，因之，北部灣經濟區的發展也具有多區域合作的背景條件，諸如以國內區域整合為背景的泛珠三角

區域經濟合作，以西部大開發為背景的西南「六省區市七方」經濟協作和南貴昆經濟帶（區），以中國-東盟自由貿易區為背景的中國—東盟博覽會、「兩廊一圈」、大湄公河次區域合作、「一軸兩翼」及泛北部灣區域合作等。臺灣在東亞區域合作中的目標與走向，使廣西作為臺商進入東盟市場橋頭堡的功能更加顯現。對廣西的獨特區位優勢，兩岸各界都有共識。臺灣現任副領導人蕭萬長曾指出，臺灣應加強和廣西的經貿合作，共享巨大商機。臺灣政治大學教授林柏生也提出，廣西不僅可扮演臺商由大陸沿海向西部內地轉移的重要樞紐，也將是臺商參與中國與東盟「10+1」區域經濟合作的關鍵樞紐，廣西應可成為「臺商進入東盟市場的前線基地」。[617]

（二）政策優勢與發展潛力

2008年2月、2009年12月中國中央政府相繼發布《廣西北部灣經濟區發展規劃》、《國務院關於進一步促進廣西經濟社會發展的若干意見》，就北部灣建設和廣西全面發展的區域和產業定位、政策支持體系提出了具體意見。《廣西北部灣經濟區發展規劃》將廣西北部灣經濟區的功能定位為：立足北部灣、服務「三南」（西南、華南和中南）、溝通東中西、面向東南亞，充分發揮連接多區域的重要通道、交流橋樑和合作平臺作用，以開放合作促開發建設，努力建成中國—東盟開放合作的物流基地、商貿基地、加工製造基地和訊息交流中心，成為帶動、支撐西部大開發的戰略高地和開放度高、輻射力強、經濟繁榮、社會和諧、生態良好的重要國際區域經濟合作區。[618]國務院《關於進一步促進廣西經濟社會發展的若干意見》則明確指出，廣西要加快建設與東盟合作平臺，拓展合作領域，擴大合作範圍，創新合作機制，構築國際區域經濟合作新高地。國家對廣西北部灣和廣西全區的戰略定位確定了廣西及其內部重要區域的發展方向，廣西不僅自己要加快與東盟的合作，更要承擔中國區域與東盟要素流動的大通道，加快建設與東盟合作平臺，構築國際區域經濟合作新高地，用這個平臺和高地來促進中國與東盟的經貿合作。國家對廣西的定位重在「通道」和「平臺」兩個關鍵點。因此，相較於中國其他省份，廣西在具有面向東盟的獨特區位優勢和經貿關係優勢的基礎上，也具有相對政策優勢。

（三）對臺合作基礎與平臺

兩岸經濟合作以來，廣西積極構築對臺經貿合作平臺，擴大對臺貿易，吸引臺資發展優勢產業，至2008年年底，廣西吸引臺資規模居全國第7位、在西部12個省區市中居首位。在「桂臺經貿合作論壇」連續成功舉辦的基礎上，2009年、2010年，廣西自治區主席馬飈、黨委書記郭聲琨分別率千人代表團訪臺，在臺灣舉辦「桂臺經貿合作論壇」、「兩岸（桂臺）產業共同市場論壇」，已成功建立了與臺灣各界、各次產業的常態化、制度化合作平臺和機制。2006年，國務院臺辦、農業部、商務部在廣西玉林設立「海峽兩岸（廣西玉林）農業合作試驗區」。經過近五年的發展，目前試驗區運行良好，在兩岸農業合作中發揮了良好的試驗示範作用。廣西北部灣經濟區設有欽州保稅港區、憑祥保稅區以及中越跨境合作區、南寧—新加坡經濟走廊等，便於與臺灣和東盟開展港口合作，具有連接臺灣和東盟水運的紐帶功能。經兩岸「兩會」協商，桂林、南寧已先後與臺灣開通空中直航，北部灣各港口也與臺灣主要港口開通水上直航。北部灣經濟區立足桂臺產業對接，建立了專門的臺灣產業園，以加強桂臺合作，開拓東盟市場，連接更大範圍的國際市場。為推動桂臺經濟合作向縱深發展，廣西壯族自治區政府於2009年9月頒布實施《廣西壯族自治區人民政府關於支持臺資企業發展的若干政策措施》（二十四條），包括支持臺資在廣西北部灣經濟區建設產業園、參與重點產業和重大基礎設施建設、加大對臺資企業的金融支持和財稅政策扶持、優化投資環境和提升服務水平等方面。凡此種種，表明桂臺經濟合作已具有專門的平臺，已具備較好的基礎和條件，進入了深化發展階段。

因此，後ECFA時代，在廣西北部灣經濟區設立ECFA與CAFTA機制銜接試驗示範區，根據兩岸協商後賦予的特定職能，採取相應的政策措施，一定能發揮連接臺灣和東盟產業、市場以及溝通兩岸在國際經濟空間良好關係的功能。

六、政策試驗方案的主要內容與基本思路

（一）政策試驗方案的目標與主要內容

現階段，主要是ECFA與CAFTA兩個一體化區域服務提供者和原產地身分的相互適用。可以是直接適用，可以是間接適用。目標在於解決臺灣與東盟經貿活動中享受降稅安排的問題，（或東盟產品在臺灣市場享受降稅安排）。同時，也可以試驗示範區為平臺和中介，開展為臺灣和東盟雙向投資提供便利的政策試驗。

從中國大陸、東盟、臺灣三方關係看，要實現上述目標，首先必須解決臺灣產品的自貿區原產地身分和服務企業服務提供者的身分問題。其中關鍵的問題就是臺灣產品的原產地身分必須得到東盟國家的認可，也必須符合中國——東盟自貿區相關協議；其次，必須不違反世貿組織的規則。因為，大陸與臺灣同為WTO成員，如果大陸給予臺灣這項優惠政策，則WTO其他成員也會要求中國大陸給予其同等待遇。這樣，就會招致WTO其他成員經濟體與中國大陸間以「歧視性」為由的貿易政策糾紛。相應地，如東盟國家願意借助中國大陸開拓臺灣市場，經兩岸協商同意，也需要遵循上述程序。為此，必須根據中國——東盟自由貿易區相關協議和WTO規則，就臺灣產品出口東盟（或東盟產品出口臺灣）享受「零關稅」問題設計相關貿易政策。

（二）政策支持

如試驗示範區的設立經兩岸協商獲準運行，目前可由大陸先行試驗。相應的步驟是，由國臺辦、商務部、海協會共同磋商，提請兩岸經濟合作委員會評估，在ECFA後續協議協商時將ECFA與CAFTA機制銜接納入兩岸經貿關係議題。「兩會」可先行就試驗示範區設立進行探討，條件成熟時做出適宜安排，可由兩岸公權力部門透過特定方式共同開展該方面政策試驗。透過雙邊或多邊外交途徑，就支持臺灣參與東亞經濟一體化問題與東盟國家進行協商，為試驗示範區建設提供穩定、良好的國際環境。同時，支持試驗示範區管理機構開拓東盟市場。

與此同時，大陸需賦予試驗示範區及其所在地方政府相應的對臺政策權限，並就試驗示範區的基礎設施建設、試驗示範區對臺灣與東盟各項交流合作給予專項資金支持。

（三）試驗示範區所在地方政府層面的政策準備

1.開展試驗示範區設立與運行專門研究，為試驗示範區建設提供理論與政策準備；

2.進行試驗示範區核心區、示範區、輻射區規劃，明確各區域功能與試驗主旨、內容；

3.採取積極措施，推進廣西（北部灣經濟區）、臺灣、東盟三方港口合作，為試驗示範區建設提供便捷優質的物流通道；

4.加快保稅港區建設，為臺灣與東盟產品的原產地身分需要提供良好的保稅服務；

5.以試驗示範區為平臺，制定切實的政策，吸引臺商投資；

6.支持本地企業與廣西臺資企業，同臺灣臺灣企業開展策略合作；

7.積極探索與泛珠三角各地方政府開展CAFTA與ECFA機制銜接合作的可能途徑。

七、結語：試驗示範區政策提煉與經驗分析

試驗示範區如獲準設立、運行，將會為兩岸在國際領域開展經濟合作提供現實經驗和理論政策素材。將這些經驗和素材提升到兩岸共同面向國際市場的高度，可為獲取兩岸民眾支持，促進兩岸關係的和平發展提供源源不斷的理論和政策動力。對於試驗示範區所在地方政府而言，同樣存在一個政策

提煉和經驗總結的問題。尤其要從連接臺灣與東盟的角度，提高政策設計的科學性，構築多層次、多領域的經濟合作政策體系，提高政策試驗的效率，加強政策實施對地方經濟發展的促進作用，使試驗示範區的經驗和政策可以在更廣泛的區域推廣。

參考文獻

[1]杜震華，中國大陸的亞太區域整合策略對臺灣的影響與因應[R]，臺灣：亞太和平研究基金會政策報告，2009。

[2]王建民，東亞區域經濟整合與臺灣參與的可行性問題探討，廈門大學「臺灣研究新跨越」學術研討會，2010。

[3]朱金莉，從熱度到深度——桂臺經貿的雙贏選擇，《當代廣西》，2007年第20期，24-25頁。

ECFA後兩岸產業共同治理：結構、機制與政策含義

清華大學臺灣研究所　李應博

前言

2011年是兩岸經濟合作框架協議（ECFA）實施關稅減讓的第一年。臺灣近期將會快速受益於ECFA早期收穫，預計將會有500多種臺灣產品透過減免關稅進入大陸市場。臺灣經濟部門數據顯示：ECFA早期收穫降稅效益加上歐美景氣回溫，臺灣2011年1月外銷訂單金額已經達到44.6億美元，年增率13.47%，創歷年同月新高。其中，大陸訂單數量超過1/4，金額達到92.1億美元。

應當看到，自臺灣受2009年全球經濟危機的衝擊後，投資、消費和出口這三駕馬車並未發揮有效的經濟刺激作用。而2010年卻使得臺灣經濟實現了近些年來少有的突飛猛進發展。臺灣GDP成長率達到9.98%，名義GDP達到13.52萬億新臺幣。[619]全年出口總額為2746.42億美元，進口金額為2513.95億美元，貿易順差為232.47億美元。核準對外投資總額達到161.4億美元，投資項目為655件。其中，對中國大陸投資達到146.18億美元，年增119.82%。原因何在？筆者認為，ECFA所帶來的並不僅是臺灣經濟指標的提升，更重要的是透過ECFA所釋放的正向利好訊息，臺灣經濟獲得了前所未有的動力和機遇。ECFA的簽署已悄悄改變了臺灣經濟的氛圍與生態。[620]

在產業合作層面，兩岸透過20多年的努力，已經在一些產業領域積累了合作經驗，確立了基本的合作模式並取得了較明顯的經濟績效。然而，兩岸產業合作一面對臨技術合作瓶頸，商業模式單一、合作機制不靈活等問題。

ECFA後，究竟應當用一種什麼樣的視角去思考兩岸產業的合作願景？關稅減讓只是ECFA的初級階段，後續的產業合作與投資便利化措施才是重頭戲。

應當說，兩岸貿易與投資關係的深化，不僅顯示了兩岸之間在經濟上的互補需求，而且ECFA等重要的機制化、結構化與規範化的制度安排也逐漸成為兩岸對話與協商的有力平臺，並成為兩岸凝聚共識、共塑未來的途徑。兩岸應當充分利用這些合作協議所建構的良好的制度平臺，為兩岸產業深度整合創造條件和機遇。兩岸要突破慣有的合作思維，尋求一些創新型的發展理念，就應不再停留在傳統的產業項目投資上，而是應建立兩岸產業合作的共同治理模式。

一、兩岸產業發展的階段特徵

（一）兩岸產業合作的指標特徵

兩岸產業合作20多年來，產業貿易總量迅速增加，產業投資規模不斷擴大，產業空間布局發生顯著變化。據中國商務部數據顯示，兩岸貿易額從1989年的34.8億美元增長為2010年的1453.7億美元。大陸臺資項目從1989年的539個增長為2010年的3072個，累計項目數達到83133個。實際利用臺資從1989年的1.6億美元上升至2010年的25.4億美元，實際使用臺資累計達到520.2億美元。合作領域上從農業、食品加工、服裝等勞動密集型產業，發展到家電製造，運輸裝備、訊息製造等技術密集型乃至資本密集型的產業。其中，電腦、電子產品、光學製品以及電子零組件製造業所占比重超過大陸臺資金額的1/3。但是，這個情況在2010年發生了明顯變化。2010年臺灣對大陸投資主要集中在不動產業、批發零售、電力設備和機械設備四個領域，這與臺灣「金管會」放開對大陸投資不動產和金融保險的限制以及兩岸簽訂ECFA在服務貿易與投資方面加強合作密切相關。此外，2009年6月兩岸啟動的「陸資入島」計劃改變了以往兩岸產業投資的單向性。截至2011年1月份，陸資入島項目達到112個，投資金額達到了1.37億美元。

（二）兩岸產業合作的制度化特徵

ECFA後，兩岸產業合作具備了一個制度化的保障平臺。事實上，兩岸迄今已經簽署了14項合作協議。在這些平臺的作用下，兩岸產業合作開始顯露出制度化的端倪。自2009年啟動「兩岸搭橋專案」以來，包括中草藥、太陽光電、車載資通訊、通訊、LED照明、訊息服務、風力發電、流通服務、批發零售、車輛、精密機械、食品、生技與醫材、紡織與纖維、數位內容、電子商務、電子業清潔生產等共計17項產業均在研究協商範圍之內。迄今共舉辦了26場次兩岸產業合作交流會議，總計有11,900人次與會，促成850家兩岸企業洽商。在LED照明、中草藥、通訊、車載資通訊及太陽光電等產業領域已使兩岸產業由交流轉為實質合作。2010年，臺灣舉辦了5場研討會，在大陸舉辦了10場研討會。當前，兩岸產業搭橋專案已鎖定在照明、無線城市、食品與城市物流3個項目進行試點。可見，兩岸產業合作的模式和機制正在發生變化。

（三）兩岸產業合作的階段問題

1.兩岸產業合作的技術合作瓶頸亟待解決

隨全球創新浪潮，產業科技創新受到了前所未有的重視。產業層次的提升和競爭力的集中體現就在於是否擁有世界最先進的技術。近些年來臺灣在產業轉型過程中非常重視核心技術和標準的研發制定。然而，兩岸產業合作迄今仍以代工生產模式和以加工貿易形態為主，雖然近年來一些領域的產業技術轉移也在單個項目或某個地區悄然發生，但是臺灣當局仍對高技術領域的產業投資實施嚴格管制，成為制約兩岸產業共同提升競爭力的主要障礙。

2.在產業鏈下游環節的商業合作模式缺乏創新

以往臺資企業過分依賴於外銷市場，並未重視大陸市場的開拓，大陸臺資並未與大陸民營企業形成很好的商業合作模式。當全球金融危機爆發時，臺灣產業由於外向型經濟的主導型而受到重創。尤其是2010年簽訂ECFA後，

臺灣產業嘗到了與大陸密切合作的甜頭，因此臺資企業已經重視大陸市場潛力的挖掘。但是，總體來講，在產業鏈下游的臺資與陸資缺乏合作模式的創新，在市場細分與營銷戰略上處在「分散化」的局面，沒有形成很好的業務流程合作。

3.產業合作的不確定性和「尋租」

近些年來，兩岸產業合作受臺資企業自身投資行為和大陸地方招商行為的左右的問題較為嚴重，隨機性和不確定性很強，一個地區的臺資招商工作力度強，臺資「社會資本」化程度高，臺資投資強度可能就會大一些。這樣的合作機制缺乏有效的契約式合作保障，很多產業投資注重的是短期效益，在責權利以及危機處理方面表現出了嚴重的脆弱性，一旦遇到重大事件產業投資可能就會發生波動。更重要的是，這種缺乏常態化的產業合作很容易產生路徑依賴效應，在個別領域和個別地區形成了產業過度集中從而導致不良競爭。因此，這已經不是我們通常所看到的「產業集群」的正外部性，而是很有可能變成由於路徑依賴所導致的產業投資的「尋租」。

在當前兩岸產業合作不斷向制度化推進的過程中，合作模式已經不能僅侷限於產業投資的初級階段。基於「治理」導向而形成一個「自上而下」與「自下而上」相結合的共同治理體系相當重要。因為兩岸產業合作畢竟是兩岸共同的事情，誰也離不開水。要形成「你中有我，我中有你」的局面，必須調動一切積極因素和力量，讓更廣泛的社會主體參與，才能夠實現產業合作的繁榮發展局面。

二、兩岸產業共同治理：理論探討

（一）治理內涵

治理不同於管理，治理強調透過合作、協商的方式對公共事務進行管理，從而彌補政府和市場在社會資源配置過程中的不足或失效。它既包括政府機制、同時也包括了非政府的機制。治理理論的代表人物羅茨指

出：治理理論的定義可以歸為六種形態，分別為國家治理、公司治理、新公共管理治理、「善治」的治理、社會控制系統的治理以及組織網絡的治理[624]。雖然治理概念多樣，其共同取向則在於國家與社會、市場以一種新的方式形成了互動關係，以應付日益增長的社會以及政策議題或問題複雜性、多樣性和動態性的需要[625]。

產業治理是指在產業發展過程中，出於彌補政府和市場在資源配置中的失靈的動機，眾多社會主體透過合作對話的方式共同參與產業問題解決的過程。在特定地區特定產業發展過程中，產業治理更多地傾向於內生問題導向式的治理，即基於產業自身發展的一些特定問題出發，來提出改革思路和方案。

兩岸產業共同治理有所不同。大陸與臺灣產業合作發展積累的經驗充分說明：兩岸產業發展的路徑畢竟有所不同，而且各自的產業利益訴求不同。因此在合作中，產業的問題主要產生於合作中的衝突管理與利益協調。因此，兩岸產業共同治理是「外在需求導向式的治理」，這樣產業共同治理實際上要集中在協調雙方利益分配上。因此，兩岸產業共同治理就是以解決衝突，協調共同責任為目標，透過有效地分配產業合作收益來促進彼此產業的共同發展。一般來說，兩個產業之間的要素成本分配和交易成本轉換對彼此的協調發展將發揮重要作用。兩岸企業因為投資和運營目標的不一致，因為責任與權力的分配不一致以及產業收益的不一致而阻滯其合作進程的情況也是時有發生。可見，這種產業治理趨向於單邊治理。因此，兩岸在產業共同治理上需要更多的智慧來創新產業共同治理方式，從而建立更為完善與可行的治理結構，以此來實現優化要素成本分配方式和交易成本的轉換方式。

（二）治理結構

治理結構（governance structure）來源於公司理論。公司治理的核心是在所有權和經營權分離的條件下，由於所有者和經營者的利益不一致而產生的委託—代理關係。很多學者隨後相繼不斷發展和豐富治理結構的內涵，認為

海峽兩岸持續合作的動力與機制

治理結構廣泛存在於社會組織和網絡中，而不僅侷限於企業層面。Gulati將治理結構定義為一種戰略合作過程中的正式的契約關係。Williamson（1991）指出治理結構的目標是把規則嵌入可能引發衝突或能獲得共同收益的關係中[626]。這種治理結構要依賴於激勵強度，管理型控制方法以及法律規則。因此，從根本上來說，治理結構要提供解決方案來化解和協調跨組織之間或者組織內部成員間由於目標和利益的不同而引起的衝突。

筆者認為，兩岸產業共同治理的結構需要完善的資源配置結構、理性的合作策略選擇，也需要一套能夠保障區域協調發展的法律約束制度、政策協同機制以及獨立組織建構。借鑑Gerald等（2007）提出了共享服務式（shared services organizations，SSO）的組織治理結構，兩岸產業共同治理應該建立基於結構、過程和關係型機制的治理結構，參見圖1。

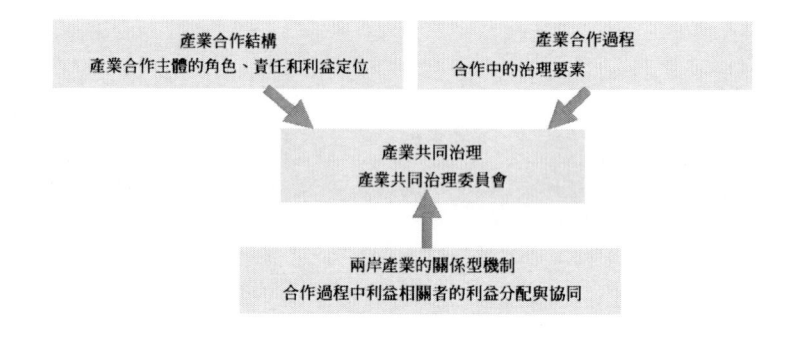

```
┌─────────────────────┐          ┌─────────────────────┐
│     產業合作結構      │          │     產業合作過程      │
│ 產業合作主體的角色、   │          │   合作中的治理要素    │
│   責任和利益定位      │          │                     │
└──────────┬──────────┘          └──────────┬──────────┘
           │                                │
           ↓                                ↓
              ┌─────────────────────┐
              │     產業共同治理      │
              │   產業共同治理委員會   │
              └──────────┬──────────┘
                         ↑
              ┌──────────┴──────────┐
              │  兩岸產業的關係型機制   │
              │ 合作過程中利益相關者的  │
              │    利益分配與協同     │
              └─────────────────────┘
```

圖1　兩岸產業共同治理結構

首先，應當確立兩岸產業合作結構中的合作主體的角色、利益與責任分配。從具體現實看，兩岸產業合作的主體目前主要是大陸臺資企業與大陸地方政府（由於大陸臺資「在地化」程度不高而導致當前缺乏大陸民營企業參與），以及陸資入島行動中的臺灣陸資與臺灣官方組織。可見，這種產業合作主要是政府主導的企業投資行為，因此這種角色、責任和利益分配就不會充分體現市場機制下的利益需求。因此，廣泛調動合作主體參與，並給予一個清晰定位是非常重要的。在共同治理模式下，兩岸產業治理主體應包括兩

岸官方機構、大企業、中小企業、行業協會、市場中介組織、民意代表組成的利益相關者群體。

　　第二，在產業合作過程中，兩岸產業界要對合作中的治理要素加以詳細歸類分析，從而協商利益相關者的利益分配。基於調研分析，筆者認為兩岸產業合作中的治理要素主要分為結構性要素和非結構性要素。結構性要素主要是指影響兩岸產業分工，包括當前產業結構比例，產業投資分布以及兩岸在產業鏈的定位。非結構性要素是指兩岸產業合作中的個別事件和偶然因素，這些非結構性要素影響著兩岸產業投資的成效。兩岸產業合作實踐表明：很多產業投資受制於產業合作的非結構性要素的影響，因此要特別重視對治理要素的分析。

　　第三，應共同協商形成一個類似於兩岸產業共同治理委員會的特定組織形態，包括決策層面、執行層面、管理層面和技術層面的各類成員，從而合作協商兩岸產業合作的各類問題，對產業利益、人力資本、策略選擇、合作願景、項目實施進行全方位的治理與監管。當前，兩岸經合會在很大程度上發揮了這個組織的功能，但是在一些具體產業項目的合作與投資方面仍需深入探討。

　　第四，兩岸產業的關係型機制需要解決的是兩岸在產業合作中各利益相關者的利益分配與協調合作。兩岸產業合作近20多年的實踐表明：缺乏有效的協調機制而進行的產業投資是鬆散的、盲目的和被動的。由於大陸臺資近20年的投資基本立足於大陸的低成本優勢，因此在利益分配上主要是基於臺資自身利益最大化的考量，缺乏從宏觀上把握大陸產業發展動向和臺資特點。因此，在2007年國際經濟環境和大陸宏觀政策調整之時，大陸臺資轉型升級表現得非常迫切。同時，在臺資與大陸企業建立協同合作關係的過程中，臺資並未將大陸企業視為產業鏈上的共同體，而只是將大陸企業作為上下游環節配套加工的企業。臺資與陸資缺乏行動的一致性，影響了大陸臺資自身「在地化」的發展。ECFA後，產業領域的合作投資將成為兩岸進一步協商的重要內容。因此，建立與產業共同治理委員會為核心組織形態，以合作

結構、過程和利益關係為重要協商內容的產業共同治理結構,是非常重要的。

三、兩岸產業共同治理機制設計

任何一個治理機制要解決兩個最基本的問題。一是如何有效配置資源,保證組織成員間的利益實現;二是如何制定激勵約束機制來協調彼此間的關係。具體到兩岸產業共同治理上,需要解決的兩個核心問題應當包括:一是在兩岸產業合作領域提高資源的配置效率,同時確保實現雙方產業利益;二是透過兩岸組織間有效的協商來設計合作的激勵約束機制來化解矛盾和問題,保證雙方的協調互動。

（一）產業共同治理原則

首先產業合作權的共享原則。新經濟社會學認為,從宏觀方面看,經濟組織都是「嵌入」在社會網絡之中的,經濟制度本質上是「社會建構」的;從微觀方面看,現實的人都是帶有歷史和社會屬性的經濟人。因此,共同治理並不否認每個產業主體的自利追求,而是強調理性的產業主體應把合作看作是自身利益的源泉。這實際上是一種機會的均等。

二是產業利益索取權均霑原則。這一原則強調利益相關者共同擁有對產業收益的剩餘索取權。這不等於平均分攤,而是根據兩岸產業的各種資本對產業收益的貢獻,實行剩餘由人力資本所有者、物質資本所有者和技術所有者按比例分享。

三是權利動態調整原則。產業合作中的權利安排應根據利益相關者貢獻大小來進行動態調整。兩岸產業合作中隨外部環境變化會產生很多變化的因素,這些因素將導致不同利益相關者在特定階段、特定區域的角色和功能發生變化。兩岸產業合作從最初大陸臺資中小企業以勞動密集型產業的OEM為主,到大陸臺資大規模以資本與勞動密集型的高技術製造業為主,到現在陸資入島項目啟動後兩岸實現雙向投資,兩岸企業與民間機構的作用發生著顯

著變化。因此,就目前兩岸產業共同治理的現實需求來看,必須要動態地看兩岸產業合作中的不同參與主體的角色和作用,才能有利於推進兩岸經濟關係的和平發展。

(二) 產業資源配置共享機制

資源配置方式決定資源配置效率和效果。促進兩岸產業合作發展,要對產業知識和技術,以及產業先進的管理理念、方式和模式都實現共享。技術層面可以透過技術創新和合作機制解決,但是理念、方法、經驗這些緘默知識(tacit knowledge),必須要透過人際間的網絡合作才能夠得以傳播。兩岸如何能夠打通這一環節,在知識流、人才流、訊息流以及商貿服務流四個方面開發出一整套的資源共享機制,對兩岸產業提升人力資本價值和創新價值至關重要。本文人為,建立兩岸產業資源共享機制應分三個層次。基礎層應基於兩岸的產權歸屬,在產業合作投資環節建立產業資源的分解機制,做到責任明細,權屬清晰。中間層是以具體的企業合作出發,在產業合作運行環節(如製造、研發、銷售)建立資源共同使用機制。最高層是產業收益分享機制。它是基於產業運行後所得的收益而共同建立的利益分享機制。此外,包括產業投資地區的補償機制、產業收益的再投入機制以及兩岸企業的合作對接機制也是值得關注的。臺灣學者以臺灣ICT產業為例指出:臺灣企業在FDI過程中傾向於關注依賴自身力量獲取高技能的人力資本,而忽視了透過合作實現的一般水平人力資本的培育。這恰恰成為影響臺灣企業FDI效率和水平的重要因素。[627]可見,正當全球產業競爭的業態基礎和商業模式呈現出新特徵之時,兩岸產業如何創造合作機遇,積累彼此合作的互信,建立合作共識,在資源的流動與共享上真正讓更多的兩岸企業受益,切實需要兩岸認真思考。

(三) 產業共同監督機制

兩岸產業共同治理不僅需要共享,而且需要完善的監督。在事前監督階段,產業合作的參與主體應從兩岸企業生產能力、發展前景、管理能力、盈

利率和風險控制等因素進行評估。在事中監督階段,當兩岸產業合作主體的利益目標不一致時,透過產業共同治理委員會對其進行必要的干預和監管,從而有效保障雙方利益。在事後監督階段,也就是產業運行步入正軌後,對產業投資的績效進行合理評價,從而為下一階段合作提供治理依據。ECFA簽署後,兩岸必定在一些高技術產業領域,如新能源、新材料、生物科技、雲計算、電動汽車等領域開展協商洽談。這些產業領域的高技術涉及雙方彼此的產業核心利益。只有兩岸首先在這些領域建立很好的資源配置和主體行為的監督機制,才能夠將合作正常推進下去。

(四)政策協同機制

兩岸產業合作中由於主體參與的多元化所導致的利益訴求偏差,使得在合作中不可避免地產生理念、行為和策略的差異。這種差異如果得不到適時適當地改變,會對產業合作效果產生不利影響。因此,兩岸產業共同治理需要解決的就是如何識別各種利益相關者不同的利益需求,儘可能尋找到「合作博弈」中的多重均衡解。因此,應透過有效協商,對產業合作中出現的利益衝突問題廣泛吸收民意,並在此基礎上形成政策議題進入公共政策過程,從而最終形成政策方案,透過頂層設計原則來貫徹執行,就是兩岸產業共同治理的政策協同機制。

四、兩岸產業共同治理的政策含義

(一)兩岸產業共同治理應成為ECFA後兩岸產業深度整合的重要方式

兩岸產業共同治理的必要性顯而易見。預期ECFA後兩岸產業的制度化協商將會進一步推進。事實上,兩岸已經開始逐步意識到產業合作的制度化與常態化對發展兩岸經濟關係的重要性。對此,兩岸產業共同治理應成為兩岸官方機構與民間組織一個重要的共識。因為只有共同治理的事情才是兩岸共同的事情,才是可以透過協商來加以解決的。產業的深度整合僅是項目和資源的整合是不夠的,更需要一種機制的協同耦合。只有機制設計得合理有

效,才能夠從根本上保障產業合作利益的實現。

（二）兩岸產業共同治理需要頂層設計

兩岸產業共同治理儘管牽涉的利益相關者較多,但是仍需要兩岸官方貢獻智慧和力量。自上而下的頂層設計方案才具有最高的政策執行力,才能夠被兩岸各方所真正貫徹實施。同時,只有頂層設計的政策方案才能夠體現最宏觀和最大的公共價值,而不是僅侷限於某一方或者某一範圍的利益訴求。否則就可能會產生「俘獲」理論中的治理失靈。這不僅不符合兩岸產業的共同利益和各自利益,更加會制約兩岸多方利益相關者的行為協同。

（三）兩岸產業共同治理需要公眾參與

兩岸事實上都在進行著民主化的改革與實踐。在公共管理不斷重視公民參與的今天,兩岸產業界是否也應該思考建立公眾參與式的治理模式。產業合作的核心利益相關者雖然是企業,但是企業的投資不僅與企業利益休戚相關,更加與兩岸的政策行為、社會組織的發展以及公眾的主體認知密不可分。臺灣目前倡導的「三中原則」（中小企業、中南部、中下階層）體現了臺灣內部政策考量的重點。事實上,筆者認為：兩岸產業共同治理也可以借鑑這種思路,吸收更多的民意代表和中小企業意見,在兩岸產業合作發展中發揮獨特的作用,同時也避免了「內部人」控制問題的發生。

（四）兩岸產業共同治理需要嵌入式的社會建構

ECFA之後,兩岸產業共同治理不應將產業合作的各種參與者的行為設定單純設定為個體的經濟理性行為。任何一個組織或者個體的決策,在當今複雜的社會環境中愈來愈成為與外在制度相互選擇、適應和匹配的過程。因此,兩岸產業共同治理不能僅從市場機製出發,各種社會因素在這些利益相關者行為中的嵌入所產生的社會建構,將會越來與影響未來產業合作的預期。

結語

兩岸產業發展20多年來,產業規模的不斷擴大、產業層次的不斷提高、產業效益的不斷增加、產業合作機制的動態調整已經從事實上證明了兩岸有能力處理好雙方產業合作的各種問題。產業共同治理應當成為繼ECFA後兩岸產業關係又一重要議題。關鍵是能否建立共同治理的共識,並尋找到有效的治理結構和機制,並從政策上加以推進。應當說,兩岸產業共同治理最終不僅要體現在經濟指標上的提升上,更重要的是體現在產業生態體系的健康與可持續上。在當今全球經濟與日俱增的不確定條件下,在ECFA正式生效的第一年,在中國大陸「十二五」的開元之年,在臺灣經濟創造了2010年輝煌之後,兩岸應再接再厲,共同探索創造產業合力並提升產業競爭力的治理途徑,從而有效推進兩岸經濟關係平穩向前推進。

ECFA時代兩岸經貿合作的內生動力分析

福建社會科學院現代臺灣研究所　蘇美祥

海峽兩岸經貿合作在經濟全球化背景下發展迅速，成為當今世界經濟發展進程中一道亮麗而獨特的風景線。從1980年代起步，兩岸經貿交流經歷了貿易主導階段、貿易與投資並重階段到投資主導階段，其規模不斷擴張，層次不斷提升，地域和範圍不斷擴大，動力源自兩個經濟體之間的經濟互補與經濟依存，基礎在於兩個經濟體的共同經濟利益。ECFA的簽署和生效，從機制上提供了釋放經貿合作內生動力的可能保障，開啟了兩岸經貿全面深化合作的新時代。

一、兩岸經貿合作內生動力的提出及表現

從國際貿易理論的演進過程來看，國際貿易產生的直接動因在於不同國家和地區間相互擁有的比較優勢。這種比較優勢有兩種：一是基於先天的自然稟賦差異而產生的比較優勢；二是基於後天的比較優勢，也就是消費者追求產品的多樣性引致的廠商生產的規模報酬遞增和機會成本遞減的比較優勢。在經濟全球化背景下，兩岸經貿合作發展的內生動力源自兩岸相互擁有的比較優勢，即先天的自然稟賦差異所產生的比較優勢，以及臺灣投資大陸不斷擴張所產生的比較優勢。

（一）內生動力作用下兩岸經貿往來迅速發展

根據國家海關總署數據統計，兩岸貿易在1990年代起迅速發展，於2003年首次突破500億美元，達583.7億美元。從此，大陸取代美國、日本，成為

臺灣的最大貿易夥伴，並成為臺灣的第一大出口地及貿易順差的來源地。2006年兩岸貿易總額突破1000億美元。2007年兩岸貿易總額1244.8億美元，其中臺灣對大陸出口突破1000億美元，為1010.2億美元。至2010年底，兩岸貿易總額累計達11089.45億美元，其中臺灣對大陸進口累計2019.98億美元，出口累計9069.57億美元，順差累計達7049.59億美元。[628]

從增長速度看，兩岸貿易總額從1991年的57.93億美元，到2010年增長到1453.7億美元。以每年增長率算術平均法計算，在過去20年間兩岸貿易總額年均增長率達22.93%。

臺商投資大陸始於1983年，至今將近30年。根據商務部統計顯示，1991年至2010年大陸實際利用臺資累計金額達515.44億美元，2010年實際利用臺資24.8億美元[629]。大陸市場對臺商的重要性愈來愈大，臺商大陸投資占臺灣整體對外投資的比重不斷提高。從投資趨勢看，臺商投資產業由早期加工型、勞動密集產業擴大至資本及技術密集產業。從投資區域看，臺商投資地區從早期福建、珠江三角洲擴張至長江三角洲、環渤海灣以及華中、西南一帶。

（二）內生動力作用下的兩岸經貿合作的形態

早期國際貿易中，大部分基於先天的自然稟賦的比較優勢開展起來，表現為產業間的國際貿易。而當代世界經濟運行中的國際貿易更多的是基於規模報酬遞增原則，表現為產業內的國際貿易。產業內貿易的直接動因是不完全競爭條件下的差異產品的規模經濟優勢和跨境直接投資的大規模流動，商品的種類多為同類商品中的多樣化產品以及中間產品和跨國公司內部的零部件貿易，貿易形式大多表現為加工貿易。從世界貿易的發展趨勢看，產業內貿易比產業間貿易的增加速度更快，發展更有後勁。[630]這與兩岸經貿交流的發展軌跡相吻合，兩岸經貿往來早已突破一般貿易投資形態，兩岸貿易為典型的投資帶動型，且具有明顯的產業內貿易和企業內貿易特徵。

據估計，臺灣對大陸出口的75%發生在外資企業，其中主要為臺資企業。臺灣輸往大陸的前10項產品中屬於製造業原料、中間產品或零部件產品類占有絕對的比重，而電子資訊和機械產品及其零部件在貿易總額中所占的比重，呈逐年快速上升趨勢，兩岸在此兩類產品的生產上，已經形成一種較為密切且相對穩定的分工關係。從臺灣統計按產業關聯程度大小，對1999年投入—產出表分析後所作的總體部門分類情況看，臺灣出口大陸貿易中的前10項主要產品，基本屬於感應度及影響度係數均大於1的產業或前向關聯度低、後向關聯度高的產業。[631]儘管與大陸各個產業之間聯繫的具體實現形式不同，但是臺灣透過向大陸的出口，已經與大陸之間形成了「出口中間產品或零部件—在大陸組裝、生產和銷售或轉向第三國或地區銷售」的產業分工模式。這一產業分工是透過臺商在大陸不斷擴張投資規模，轉移製造業產能實現和推進的，在此過程中，臺灣得以將自身的製造技術優勢與大陸的包括原材料、勞動力和市場等在內的資源優勢有機地結合起來。兩岸間的產業分工格局，決定了兩岸貿易的投資帶動型特徵。

二、ECFA對兩岸經貿合作內生動力的釋放意義

ECFA只是一個涉及兩岸經貿事務的協議，但因它是兩岸間一般性、總體性的架構協議，在法的位階上顯然高於過去兩岸所簽訂的其他協議。EC-FA不僅僅意味著兩岸經貿關係已經由個別項目擴展到總體性合作範圍，更重要的是，解決了釋放原動力、催生新動力的機制設計問題，標誌著兩岸經濟關係走向正常化、制度化。

（一）從貿易層面看，貿易內涵更豐富

目前兩岸經貿合作是以加工貿易為主要特點，即大陸將產品加工之後再出口。隨著早期收穫清單產品逐漸降低關稅，一方面，加工貿易的規模將進一步擴大，另一方面，更多物美價廉的臺灣商品進入大陸，大陸將成為臺灣的最終市場。早收計劃實施以後，兩岸產品貿易的交易成本和交易費用必然降低，將大大促進兩岸貿易的往來。今年1-2月，福建、廈門出入境檢驗檢疫

局共簽發ECFA原產地證書109份，貨值318.36萬美元，為企業減免關稅7萬多美元。[632]僅1月份，江蘇崑山市國檢局簽發ECFA原產地證書68份，貨值超過200萬美元，分別占江蘇省的31.9%和24.2%，簽證量位居江蘇省第一。[633]據臺灣方面估計，ECFA生效後的1個多月，臺灣申請原產地證明的件數達2000件，貿易金額4億多美元，透過免稅降低成本，臺灣產品在大陸市場的競爭力進一步提升。[634]

（二）從投資層面看，投資形態更多元

ECFA將給兩岸投資者提供一個更安全、更放心的投資環境，臺商在大陸投資心態將從短期發展轉為謀求長遠發展，投資策略將會發生新的變化。ECFA時代，兩岸在製造業方面相互投資，在金融、保險、房地產等領域深化合作都有巨大潛力和廣闊前景。同時，大陸企業也將增加對臺灣的投資，進而改變臺商對大陸單向投資為主的模式，開啟兩岸雙向投資新模式。在這個過程中，大陸企業可以參股的方式進行資本投資，也可以設廠的方式進行實物投資，服務業的開放也將進一步拓寬投資領域。總之，未來兩岸的投資形態將更加多元化。

（三）從產業層面看，產業合作將升級

ECFA的實施，可降低兩岸產業鏈中的加工製造成本，從而使兩岸產業共同提升國際競爭力；還可發揮兩岸比較優勢，強化分工協作，降低貿易糾紛發生率，有助於兩岸共同創新區域經濟一體化的模式。ECFA對兩岸產業合作的促進作用主要體現在三個方面：首先，過去兩岸經貿往來更多的集中在大企業投資，現從ECFA早期收穫清單看，也為兩岸中小企業提供了很好的平臺，未來中小企業可以在臺灣或者大陸發展更好，彼此之間可以整合。其次，隨著ECFA的簽署，兩岸經貿將進入正常化規範化，經濟合作模式將發生變化。過去兩岸是臺商在大陸投資，今後兩岸合作從過去簡單的資本移動到要素整合，各憑要素稟賦。未來兩岸合作將更多走向項目合作，為產業整合帶來深遠影響。最後，ECFA將帶來兩岸服務業的開放，此可為兩岸企業發展

提供更好的金融等現代服務，促使相關產業向上下游延伸，從製造向兩端延伸，提供更好的機遇和空間。[635]

三、ECFA時代，加大釋放兩岸經貿合作內生動力的現實意義

區域經濟合作理論的核心是合作的動力或收益要超過單邊行動的動力或收益。區域的共同經濟利益是區域合作發展的經濟基礎，即透過生產要素在區域內的自由流動，從而實現資源的有效配置和生產效率的提高。兩岸經貿交流經過近30年的快速發展，已經形成密不可分的互動關係，臺灣經濟高度依賴大陸市場，大陸經濟發展也與臺商投資無法分割。ECFA時代，基於共同的經濟利益，順應區域經濟一體化潮流，加大釋放經貿合作的內生動力，推進兩岸經貿更加密切合作，是兩岸經濟發展的現實需求。

（一）經貿合作是兩岸經濟發展的共同需要

一方面，臺灣是個典型的出口導向型經濟體，出口對其經濟有著關鍵性作用。在其出口總量中，對大陸（含香港）的出口占到了4成以上。如前所述，臺灣對大陸貿易順差累計超7000億美元。臺灣對大陸出口持續擴張以及龐大的貿易順差，已成為臺灣經濟增長的重要動力。同時，臺商對大陸投資帶動了臺灣產業結構的升級。隨著臺商投資規模的擴大，臺灣產業梯度逐漸向大陸轉移。臺灣勞動力密集型產業轉移到祖國大陸，為臺灣產業結構的升級創造了有利條件。這些產業轉移到大陸後節省了企業的勞動力成本、土地成本等，獲得了較高的利潤，從而使臺灣企業有了更多的資金發展資本密集型產業和技術密集型產業；此外，中上游企業轉而生產和出口高附加值、高技術含量的原材料及零部件產品，供給大陸的中下游企業，從而大大提高了國際競爭力。另外，不少臺資企業在大陸的投資發展中壯大，利用大陸作為製造工廠，降低生產成本，在兩岸進行產業分工，並建立了全球運行的企業經營模式，如鴻海、廣達、華碩等國際級企業，其中鴻海已經成為臺灣最大的製造業企業。

另一方面，臺商赴大陸投資，將大量資金、技術及管理人才帶到大陸各地，帶動大陸產業升級，尤其是近年來臺灣電子訊息產業加快到大陸投資，推動了大陸電子訊息產業的發展。在大陸的臺資企業的產品出口到第三地，對祖國大陸保持出口高速增長造成了重要作用，對大陸經濟崛起及世界工廠的地位具有關鍵的影響力。「十二五」規劃綱要的實施，將為兩岸進一步加強經濟合作開闢更加廣闊的空間，為廣大臺商在大陸的發展提供巨大的商機。「十二五」規劃的主線是加快轉變經濟增長方式，並提出了包括新能源、電動車、生物育種、新醫藥等在內的七大戰略新興產業。臺灣為推進經濟轉型升級，也正在推動六大新興產業等發展戰略。兩岸在新能源、生物、新一代訊息技術、新能源汽車等這些戰略性新興產業方面有很強的互補性，有良好的合作前景。

（二）加強經貿合作是兩岸應對經濟全球化的共同需要

由於兩岸經濟的相互依存關係，兩岸可能共享經濟全球化與區域經濟一體化的成果，也可能要共同面對全球性經濟危機的衝擊。2008年爆發的國際金融危機再次驗證：加強兩岸經貿交流與合作是歷史的必然趨勢。受全球性金融風暴衝擊，2008年臺灣經濟增速僅為0.12%，2009年更是負增長1.93%。作為臺灣經濟的重要支撐因素之一，兩岸貿易總額在2009年為1062.3億美元，出現17.8%的同比降幅。面對國際金融市場的動盪，國際經濟秩序的混亂而導致經濟增長速度放緩時，祖國大陸積極鼓勵並推動兩岸經貿界開展多種形式、多個領域的交流與合作，在合作中共享經驗、共謀對策，以此加快兩岸經貿正常化機制的建設。2010年兩岸貿易額強力反彈，創下歷史新高，同比增長36.84%，為臺灣經濟成長10%奠定堅實的基礎。

金融危機後，經濟全球化受到嚴峻挑戰，國家和地區間的競爭加劇，貿易保護主義盛行，對區域間的經濟合作造成抵制作用。從外貿結構來觀察，可以發現兩岸經濟仍然保持了適度增長，主要原因在於：大陸在適時調整宏觀經濟政策的同時，實施了擴大投資保增長、擴大消費保民生、擴大就業保穩定的應對危機的一攬子計劃，成功渡過危機；兩岸的經濟發展是相輔相成

的,大陸出口的增加,必定帶動臺灣出口的增加,兩岸間合理的經濟分工,可以克服雙方在各自經濟結構中所存在著的經濟反差,以兩岸經濟的內生合作動力來共同戰勝由於金融危機給兩岸經濟所帶來的困難,抵禦經濟全球化的可能帶來的各種危機。6:36

四、加快充實並落實ECFA,全面釋放兩岸經貿合作內生動力

受兩岸關係發展中的負面因素制約,長期以來兩岸經貿合作的內生動力被嚴重束縛,兩岸經貿關係呈現出失衡、單向、局部化的特徵,與區域經濟一體化趨勢相悖,與兩岸經濟合作發展的需求相悖。兩岸經貿關係要突破瓶頸,深化發展,就要緊緊抓住本質問題,加快充實和落實ECFA,積極推動ECFA後續協議商談,全面釋放兩岸經貿合作的內生動力。

ECFA簽訂後的後續協議,主要包括:一是貨品貿易協議。根據《關稅與貿易總協議》(GATT)24條規定,WTO會員間簽署FTA應該在合理期間內消除貿易障礙、取消商務性限制、實質多數產品零關稅,所以ECFA生效後6個月內,兩岸要展開協商,逐步減少或消除彼此間實質多數的關稅與非關稅貿易障礙。二是服務貿易協議。根據WTO服務貿易(GATS)第5條規定,要逐步減少或消除彼此間涵蓋眾多部門的服務貿易限制性措施,增進雙方在服務貿易領域的合作等。所以ECFA生效後6個月內,兩岸要展開協商,促進雙方服務業的相互合作發展。三是投資保障協議。在ECFA生效後6個月內展開協商投資協議,建立投資保障機制,提高投資規定的透明度,逐步減少雙方投資限制,促進投資便利化等。四是爭端解決協議。雙方應不遲於ECFA生效後6個月內,就建立適當的爭端解決程序展開磋商,並盡速達成協議,以解決任何有關ECFA解釋、實施和適用爭端。在上款所指的爭端解決協議生效前,任何關於ECFA解釋、實施和適用的爭端,應由雙方透過協商解決,或根據ECFA所設立的「兩岸經濟合作委員會」以適當方式加以解決。五是經濟合作方面:包括知識產權保護與合作、金融合作、貿易促進及貿易便捷化、海關合作、電子商務合作、產業合作布局、中小企業合作、經貿團體互設辦事機構等。

海峽兩岸持續合作的動力與機制

大陸「十二五」規劃綱要指出，要全面深化兩岸經濟合作，擴大兩岸貿易，促進雙向投資，加強新興產業和金融等現代服務業合作，推動建立兩岸貨幣清算機制；並指出要積極落實兩岸經濟合作框架和兩岸其他協議，推進貨物貿易、服務貿易、投資和經濟合作的後續協商，促進兩岸貨物和服務貿易進一步自由化，逐步建立公開、透明、便利的投資及其保障機制。「十二五」規劃表明，經貿往來仍將是未來兩岸關係發展的主軸，當前的迫切任務就是積極全面地建構兩岸經貿合作機制，但從目前情勢看，還存在不少難點，如兩岸投資保障協議方面。

簽署兩岸投資保障協議十分必要。因為，廠商在投資地產生糾紛和問題時，雙邊的投資保障協議是保護權益最有力的保障。為吸引外資來華，同時保護大陸投資者在境外的權益，大陸已經與106個國家和地區簽訂了投資保障協定。為做好臺商服務工作和保護臺商權益，大陸在1994年和1999年分別公布實施《臺灣同胞投資保護法》及《臺灣同胞投資保護法實施細則》。但是，《臺灣同胞投資保護法》及其《實施細則》畢竟只是單邊的法律條文，在內容上也無法替代「投資保障協議」。臺灣是大陸外資的第二大來源地，目前在大陸臺商超過7萬家；同時大陸廠商也逐漸進入臺灣投資，同樣可能遇到問題，迫切需要兩岸簽署投資保障協議。2011年2月22日，兩岸經濟合作委員會首次例會，宣布啟動貨物貿易、服務貿易以及爭端解決等3個後續協議的商談。兩岸投資保障協議被認為是ECFA時代兩岸經貿制度化的重要支柱，並未同時啟動。根據ECFA，投資保障協議除了「建立投資保障機制」之外，還有「提高投資相關規定的透明度」、「逐步減少雙方相互投資限制」、「促進投資便利化」等要求，因此兩岸投資保障協議不但有「投資保障」的功能，還有「促進兩岸投資」的功能。就目前來看，「促進兩岸投資」很可能就是投資協議商談的難點之一，原因在於臺灣對大陸資金入臺投資實行嚴格的限制措施。目前，臺灣對陸資採取嚴格的正面表列方式，只開放包括製造業、服務業及公共工程等共192個項目，而且對大陸企業到臺灣投資的領域、項目、投資金額、持股比例、人員往來等有嚴格限制。這與ECFA下的兩岸投資保障協議的方向與定位不符，將是未來商談的一大障礙。

ECFA後續協議談判，不可能一蹴而就。但是，在兩岸經濟一體化不斷深入的背景下，順應兩岸經濟合作發展的共同需求，兩岸經貿關係將以ECFA後續協議商談為契機，進入兩岸經貿機制的全面建構時期，讓內生動力得以最大化釋放。

ECFA背景下陸資赴臺投資與兩岸關係發展研究——以民營企業為例

寧波大學　鄧啟明　謝駿飛　朱冬平　張秋芳

　　長期以來，由於海峽兩岸間各種政策規定的限制，特別是臺灣當局的政策制約，使兩岸交流合作及經貿關係正常化機制不能建立，呈現出了只有臺商到大陸投資而大陸企業幾乎不能赴臺投資的單向格局。海峽兩岸「大三通」，尤其是ECFA的順利商簽與初步實施，使兩岸關係發展及經貿合作進入了一個嶄新的時代。特別是ECFA明確提出，要將促進兩岸雙向投資列為未來雙方合作的重要領域與項目，而投資便利化機制及其保護機制的建立健全，必將更加有利於陸資赴臺投資的發展和雙向交流與合作，進一步深化產業分工與經濟合作，進而推動兩岸經貿關係正常化、經濟合作制度化，共同應對激烈的國際經濟競爭與挑戰。為此，筆者擬從當前實際出發，首先較系統分析、研究ECFA背景下陸資赴臺投資的現狀、趨勢及其對兩岸關係發展的促進作用，特別是民營企業赴臺投資的動因、特點及其主要影響因素，進而提出相應的策略措施，為兩岸更好地進行經濟貿易合作及區域經濟一體化建設提供參考，推動兩岸關係有序、穩定和良性發展。

一、陸資赴臺投資的動因

（一）微觀目的

1.追求利潤的最大化。追求高額利潤，或者以追求利潤最大化為目標，這是對外直接投資最根本的決定性動機。美國學者凱利（Marie E.Kelly）和菲

利帕圖斯（George C.Philippatos）於1979～1980年對225家美國製造業跨國公司的對外直接投資的動機進行了調查研究，結果顯示，追求利潤是企業對外直接投資的主要動機，其他投資動機無非是追求利潤的間接表現而已[637]。祖國大陸的民營企業也不例外，當臺灣有更好的投資機會和利潤時，企業必然會突破重重阻礙，將資本投向臺灣，以獲得更大的利潤。目前，臺灣有2300萬人口，人均GDP達到19155美元[638]，這顯示臺灣具有較強的購買力和消費力，對大陸部分產業和民營企業具有一定的吸引力，值得進一步調查與分析研究。

2.謀求自身優勢發揮。雖然從總體上看，同臺灣企業相比，祖國大陸民營企業沒有絕對的壟斷優勢，但企業競爭優勢的強弱只是相對於同一區域、同一市場、同一行業和同一時間的其他企業而言的。從某些產業上看，祖國大陸民營企業在某些因素上是具有相對競爭優勢的。特別是在計算機、通信、新材料、新能源等高新技術產業領域的努力與發展，大大縮短了與發達國家（或地區）的差距。一些民營企業的高新技術產品，已達到或接近國際先進水平，對經濟欠發達國家（或地區），甚至是發達國家（或地區）來說，都具有較強比較優勢。如新大陸電腦股份有限公司研製出的、具有完全自主知識產權的二維碼解碼芯片，在全球範圍內都很有影響力，標誌著中國大陸在二維碼核心技術領域達到國際先進水平。這也是其成功赴臺投資的重要依據與訂推動力之所在。

3.學習先進技術與管理經驗。和大多數發展中國家的企業一樣，中國民營企業面臨著缺乏企業賴以生存和發展的核心技術，缺乏持續的競爭能力的困境。跨國公司對大陸進行直接投資時，會有意識的對先進技術進行控制，使中國能得到的僅僅是一些已經成熟的技術，這就迫使中國企業不得不重視透過對外直接投資，透過選擇當地技術先進的公司並與之開辦合資企業，從而利用發達國家（或地區）的技術人員、先進理念和先進設備進行研究開發，從而縮短研發時間，在有可能快速獲得國外高端技術的同時，獲得國外先進的管理經驗[639]。中國的高技術產業起步晚，尤其是民營企業的規模小，技術力量薄弱，這就使他們能否獲得先進技術和管理經驗變得尤為重要。而

祖國大陸和臺灣之間語言和文化的天然優勢，使得臺灣成為了大陸企業進行對外的投資以獲得先進技術和管理經驗的優先選擇。

(二)宏觀意義

1.促進兩岸交流與關係正常化。長期以來，兩岸資本流動呈現出只有臺灣到祖國大陸，而祖國大陸很少到臺灣的現狀。這在較大程度地制約了兩岸生產要素的自由流動與優化配置，不僅使兩岸經貿關係未能達到其應有的規模與水平，而且使得兩岸經貿關係在投資方面形成了高度的不對稱狀態，進而減弱了兩岸經貿關係發展對臺灣經濟發展的貢獻程度[640]。兩岸交流和經貿關係的進一步發展以及祖國大陸經濟實力的不斷增強，使得這種單向流動與兩岸之間的現狀嚴重不符，特別是在經濟全球化的背景下，雙邊互動迫在眉睫。推動陸資入島將有助於改變這種狀況，促進兩岸經濟雙向成長，從而逐步實現兩岸經貿關係的正常化。推動陸資赴臺投資在深化兩岸經貿合作的同時，有利於推動民間交往，增加互信溝通，化解政治對立態勢。兩岸之間的經貿交流成為穩定兩岸關係的重要力量。

2.避免臺灣經濟被邊緣化。推動陸資赴臺投資，促進兩岸經貿關係正常化發展的同時，也對臺灣的經濟發展尤為重要。臺灣經濟發展對「外需」的依賴程度很高，且逐漸集中於祖國大陸、東盟、日本等東南亞國家和地區。如今，韓國已與美國、印度、歐盟、東盟、智利、新加坡等國簽署自由貿易協定（FTA）；日本與東盟、墨西哥、智利、澳大利亞、韓國、印度等國也簽署了FTA；中國-東盟自由貿易區也於2010年1月1日正式啟動，臺灣邊緣化趨勢明顯[641]。在區域主義盛行的大背景下，臺灣有被邊緣化的危險，主要貿易競爭對手競相與大陸經濟整合的趨勢對臺灣的競爭力造成很大的壓力。事實上，臺灣由於缺乏廣大的市場腹地和資源，如果不能與中國大陸結成更為緊密的經濟合作聯盟，將很有可能在吸引外部投資和擴大外部市場上處於相對劣勢的地位。現如今中國大陸已經成為臺灣的第一大貿易夥伴，臺灣的發展已經與大陸的發展密不可分。推動陸資赴臺投資將在一定程度上實現兩岸經貿關係的正常化，避免臺灣經濟的邊緣化。兩岸經貿關係的正常化發展，

也將在加快臺灣經濟全球化與促進兩岸經貿合作制度一體化方面做出貢獻。

二、陸資赴臺投資的特點

（一）投資規模相對較小

從總的看，目前大陸對臺投資的件數、金額相對較小（表1）。據統計，截止2011年4月底，臺灣當局已核準陸資赴臺投資140件，投資金額1.5億美元。另據商務部統計數據，截止2011年4月底，大陸累計批准臺資項目83935個，實際利用臺資528.1億美元。比較表1中的兩組數據，可以得出海峽兩岸之間資金要素單向流動特徵明顯的結論。另外，據商務部統計數據顯示，2010年大陸實現非金融類對外直接投資高達590億美元，投資目的地涉及129個國家和地區；截止2010年底，大陸累計非金融類對外直接投資2588億美元。據此，我們可以發現祖國大陸對外直接投資金額較高，但赴臺投資還不到其1%。因此，陸資赴臺投資規模相對較小，並不是由於大陸對外直接投資小造成的，臺灣當局的種種限制才是造成該現象的主要原因。當前，臺灣經濟在全球金融危機後雖有所緩和，但失業率仍居高不下，臺灣方面急需推動兩岸經貿關係的發展以幫助臺灣經濟走出低谷，失業率回落。由此可以預見，雖然目前陸資赴臺投資的金額較小，項目較少，但若放開限制，未來陸資入臺發展空間極大。

表1　海峽兩岸相互投資情況比較

年份	陸資赴台投資 件數(件)	陸資赴台投資 金額(億美元)	台商到祖國大陸投資 項目(項)	台商到祖國大陸投資 金額(億美元)
2009.07~12	23	0.38	1412	10.1
2010.01~12	79	0.95	3072	24.8
2011.01~04	38	0.17	802	7.9

資料來源：臺灣「經濟部投資審議委員會」，中華人民共和國商務部。

（二）投資領域比較集中

按照「先緊後松、循序漸進、有成果再擴大」的原則，2009年6月30日，臺灣當局以「正面列表」方式開放大陸企業赴臺投資。截至目前，臺灣方面先後開放陸資赴臺項目247項（表2）。其中，製造業方面共開放89項，占臺灣製造業細類總項目的42%；服務業方面共開放126項，占臺灣服務業細類總項目的42%。但這只占臺灣產業總數的1/5，仍未完全開放，發展潛力巨大。

表2　臺灣開放陸資赴臺投資項目一覽表

時間	項目(項)	類別
2009.06.30	192	製造業64項、服務業117項、公共基礎建設11項
2010.05.20	12	銀行、證券及期貨等12項
2011.01.01	1	配ECFA服務業早收清單開放1項
2011.03.02	42	製造業25項、服務業8項、公共基礎建設9項

資料來源：筆者根據相關資料整理所得。

由表3得，自2009年7月至2011年1月，臺灣核準陸資赴臺投資案件，前3名分別為計算機、電子產品及光學製品製造業、訊息軟件服務業和批發及零售業。三者比重高達80%，占了陸資赴臺投資的絕大部分，其中陸資赴臺投資領域又主要集中於製造業，服務業次之。且第二波開放的陸資赴臺投資項目中，包括了芯片代工、半導體封測、面板製造、精密機械加工等四類項目，也是此次開放中最敏感的高科技產業。作為第二波開放項目中「含金量」最高的項目，這四類產值占到臺灣GDP總量的一半以上，是臺灣當局重點扶持的帶有全局意義的戰略性產業。預計未來陸資在高端製造業上的投資將逐漸增多。

表3　2009年7月至2011年1月核準陸資赴臺投資案件一覽表

業別	金額(億美元)	占比
計算機、電子商品及光學製品製造業	0.56	40.67%
訊息軟體服務業	0.38	27.78%
批發及零售業	0.19	13.98%
其他	0.27	17.57%

資料來源：臺灣「經濟部投資審議委員會」。

另外，臺灣服務業在全球具有良好的聲譽，隨著服務業在陸資入島投資領域中所占的比重逐漸增大，陸資可借助臺灣在服務業上形成的優勢，實現合作互補、共同發展。就目前的趨勢而言，海峽兩岸未來有望在服務業上進行更加深入的合作，陸資在服務業上的投資也有望增多。

（三）投資方式比較單一

從總的看，當前陸資入島的投資方式以合資和收購為主。合資是指投資者赴另一國家或地區創辦新企業，這也是目前最為普遍的國際直接投資模式[642]。但受政策、政治與社會環境的影響，大陸民營企業很難以獨資的形式在臺灣投資，以合資的形式投資臺灣，相對而言比較安全可行。如廈門華天港澳臺商品購物有限公司，是一家專營批發零售業及臺灣商品業務的民營企業。2010年8月，廈門華天港澳臺商購物公司與臺灣智明投資開發公司合資在金門設立了首家陸資合資公司「金門延銘開發建設有限公司」，經營住宿服務與餐飲業。

收購主要是指透過購買現有的投資地企業，或是購買企業一定比例的股票，以取得對該企業全部或部分資產所有權的投資行為[643]。該模式手續簡單，投資成本較低且經濟效益較高，已成為大陸企業赴臺投資的重要模式之一。收購主要有兩種形式，一種是透過收購跨國公司及其在臺業務的方式，實現間接進入臺灣投資的目的。如2009年7月底，福建新大陸電腦股份有限公司在臺灣出資28萬歐元，收購荷蘭史利得控股公司在臺灣獨資的帝普科技有限公司58%股份。另一種是直接收購兼併臺灣企業。由於臺灣政策方面的

限制,當前該種形式未能實現。

三、陸資赴臺投資的影響因素

(一)積極影響因素

1.語言文化優勢及長期合作基礎。祖國大陸與臺灣血緣相親、語言相通,民情、民俗相近,人文關係一脈相承,為陸資入臺提供天然的紐帶和深厚的民族精神與文化基礎。兩岸的文化交流活動日益頻繁,已經形成一系列常態化的文化交流平臺,如兩岸大學生辯論賽、海峽青年論壇、海峽論壇,等等。兩岸文化交流規模的進一步擴大,文化交流層次的進一步提升,將為陸資赴臺投資提供人文基礎。長期以來,祖國大陸始終把兩岸的交流放在重要位置,特別是近幾年來,兩岸雙方努力保持良性互動,兩岸執政黨之間黨際交流和高層互動出現新高潮,政治互信基礎進一步增強。同時大陸臺資企業的帶動或引導,也在一定程度上促進了陸資赴臺投資。兩岸全面三通的實現,ECFA的簽署以及後續談判的進一步履行,都使兩岸的經貿關係在正常化中穩步前進。陸資赴臺投資必將以兩岸語言文化優勢及長期合作為基礎,得到進一步的發展。

2.民營企業的體制機制比較靈活。民營企業的體制機制比較靈活也是影響陸資赴臺投資的一個有利因素。在市場經濟中誕生的民營企業,不僅對市場反應敏感,善於捕捉市場訊息,把握機會,尤其是對國際市場上多品種、小批量、個性化需求的出口商品,民營企業表現出極大的靈活性和明顯優勢,同時民營企業自身發展不需要國家投資,也不需要政府承擔風險。另外,民營企業機制靈活,投資決策果斷,工資分配、營銷方式有很大的自主權;在國際市場上的適應性強,可以因陋就簡,由小到大,逐步發展,規避市場風險的靈活程度高[644]。目前由於多方面原因,臺灣市場錯綜複雜,具有一定的市場風險,民營企業靈活的體制機制有助於企業自身在規避市場風險的同時,依靠自身對市場反應的敏感性,提高自身在臺灣的生存能力。

3.ECFA的順利簽訂及其後續談判。2010年9月ECFA正式生效,這標誌著兩岸經貿關係正常化正在實現。ECFA生效後,兩岸雙方隨即展開經濟合作委員會(簡稱經合會)組成的協商。經過數月努力,海協會和海基會於2011年2月22日在臺灣桃園縣召開了首次經合會例會。會議決定成立包括貨物貿易、服務貿易、投資、爭端解決、產業合作、海關合作等6個工作小組的第一批工作小組,負責相關協議的磋商、推動相關領域的合作;會議還充分肯定了早期收穫計劃的實施效果,並交流了早期收穫計劃實施經驗。同時,充分肯定了兩岸投保協議商談取得的積極進展,並宣布開啟貨物貿易協議、服務貿易協議、爭端解決協議等3個協議的商談,全面啟動EC-FA後續協商工作。雙方還就兩岸經貿社團互設辦事機構事宜交換了意見。作為兩岸經貿領域制度化協商的重要平臺,經合會必將對促進陸資赴臺投資發揮重要作用[645]。

4.臺灣投資環境的持續改善。近幾年來,臺灣當局以意識形態左右經濟發展,再加之金融危機的影響等因素,使臺灣的投資環境急劇惡化。鑒於此,馬英九執政後陸續對460多項經貿法規進行了調整,尤其是剛透過的「產創條例」以及未來可能推動「黃金十年」、「自由貿易島」等措施,很大程度上改善了臺灣的投資環境。與此同時,祖國大陸適逢「十二五」時期,祖國大陸將加快轉變經濟增長方式,對外投資的重點也將從資源和成本密集型產業轉移到對產業結構升級有利的高科技產業、研發服務業等,而這些都是臺灣的優勢產業。中共中央臺辦、國務院臺辦主任王毅表示,大陸方面在制定五年規劃時首次把兩岸關係列為專章加以闡述,充分體現了我們對兩岸關係的高度重視。該部分內容不僅指明了今後幾年兩岸經濟關係的發展方向,也明確了深化兩岸經濟合作的重點領域和主要內容,堪稱是一個推進兩岸經貿合作的行動綱領。

根據美國商業環境風險訊息機構(BERI)公布的2010年第3次(12月)的投資風險評估報告顯示,臺灣投資環境評比總分71分,排全球第4名,在列入評比的全球50個主要國家中,次於新加坡、瑞士及挪威;在亞洲排名第2名。尤其值得注意的是,臺灣的投資環境在本次評比中被列為1B等級,為

適合投資的地點。據BERI估計，2011年臺灣評分將上升為72分，排名為全球第4名，2015年分數維持72分，排名為全球第5名。這一切都表示臺灣的投資環境正在逐漸改善中。

（二）消極影響因素

1.赴臺投資運營成本較高。祖國大陸人口多，經濟發展水平低，具有勞動力成本低的優勢，而臺灣地少人多，土地價格高、租金高，因此大陸民營企業到臺灣投資勢必會喪失原有的成本優勢，必然要面對高的運營成本。陸資入臺需要謹慎考慮成本與收益的問題，應儘量選擇利潤率較高、競爭不太激烈的領域。但臺當局第一階段開放的投資項目中，多為利潤率較低、競爭較激烈的傳統製造業及相關領域，所以陸資赴臺投資寥寥無幾。從臺當局第二波陸資入臺開放項目中，我們可以發現開放項目的重要性和關鍵性逐步提高，如半導體封裝及測試業，此類產業及相關領域利潤率高、競爭不太激烈，應為赴臺投資企業的投資重點，唯有此赴臺投資企業才能在一定程度上緩解較高運營成本的壓力。

2.赴臺投資仍有諸多限制。自臺灣當局在2009年6月30日公布了192項陸資赴臺投資項目，7月1日正式開放申請，至2011年2月底，經核準來臺投資件數為120件，投資金額為1.39億美元。這個數字與大陸對外直接投資的規模、與兩岸經貿合作的水平不相符合，其中一個很重要的原因是臺灣當局對陸資來臺仍然抱有戒心，在開放投資的同時，也設置了一些限制，具體體現在準入項目的投資尺度和投資領域上。以第二波的芯片代工、精密加工、面板、半導體等高科技產業為例，陸資持股比例不得超過10%，如合資新設公司持股比例須低於50%，且對該公司不得具有控制能力。此次第二波開放項目包括一些臺灣重點扶持的戰略性產業，如面板、半導體封裝測試、芯片代工等，具有全球競爭力，陸資合作的興趣高。但陸資最有興趣的金融、電信、觀光及房地產等產業，並未在此次開放項目之列，這無疑會使陸資赴臺投資的效果大打折扣。

3.臺灣政治政策風險。一個企業在任何一個國家（或地區）投資，都存在一定的政治政策風險，臺灣也不例外。臺灣的政治政策風險，主要體現在臺灣的政治鬥爭和「激進臺獨」的反動勢力上。就臺灣的政治鬥爭而言，主要是指臺灣政治鬥爭複雜，藍綠兩大陣營對抗激烈。兩大陣營的對抗和爭奪所導致的頻繁的政治勢力的此消彼長，有可能直接影響到大陸企業在臺的經營秩序，更可能影響到臺灣當局對大陸投資政策的連續性[646]。臺灣2012「大選」在即，選舉結果勢必會影響兩岸未來幾年的經貿發展方向，也會影響陸資赴臺投資的進展。就反動勢力而言，主要是指臺灣存在一股「激進臺獨」的反動勢力。而這股激進「臺獨」分子往往對大陸企業在臺灣投資與經貿活動抱有敵意，有可能會影響到大陸商務人士在臺灣的商務活動。這些都可能成為大陸企業在臺投資的政治政策風險。

　　4.西方國家的干涉與競爭。改革開放以來，中國取得了舉世矚目的成就，經濟實力和綜合國力更是日益強盛。西方國家對此感到恐慌，在世界上鼓吹「中國威脅論」，企圖離間中國與周邊國家和地區的關係。個別國家甚至支持「臺獨」勢力，向臺灣兜售先進武器，干涉中國內政，以遏制中國的崛起。

　　特別是隨著兩岸「大三通」的實現以及ECFA的簽訂實施，臺灣的投資環境會逐漸改善。伴隨而來的不僅是陸資的入臺，臺灣原本外流的資金，以及日本和美國等西方發達國家的資金，也會流入臺灣。但中國多數民營企業目前還處在技術引進階段，在關鍵技術上，還難以與國外具有高新尖技術和成熟產品的企業抗衡。中國某些行業的產業結構、產品結構、技術結構，還不適應市場經濟的要求，根本沒有競爭優勢可言，無力與其他企業進行競爭。因此，大陸企業赴臺投資如何應對其他企業的競爭也是很值得關注的一個問題。西方國家的干涉與企業競爭都在一定程度上影響著陸資赴臺的投資數量與規模。

　　四、加強對臺投資促進兩岸關係發展的對策措施

（一）民營企業

1.選擇重點投資領域與鼓勵項目。陸資入臺，是否及如何更好地選擇重點投資領域以及臺灣鼓勵投資的項目，不僅可以繞過諸多政策壁壘，而且可以規避與當地企業的競爭。就投資領域而言，不僅要結合企業所處行業的特徵和企業的戰略需要，而且還要考慮臺灣當局政策開放的程度。就目前臺灣方面開放的陸資赴臺投資項目來看，主要集中在製造業，故製造業應該成為投資的重點。但低端製造業成本高、收益低且競爭激烈，加之臺灣較高的運營成本，企業很難生存，唯有高端製造業才能讓企業在臺灣生存下來。如第二波開放的陸資赴臺投資項目中的芯片代工、半導體封測、面板製造、精密機械加工等四類項目應為重點，但目前臺灣方面對此仍設有諸多限制。在臺灣開放高端製造業仍有諸多限制的情況下，大陸企業最適合先投資服務業。臺灣的服務業在全球都有很好的聲譽，大陸企業若能與臺灣企業就此進行優勢互補，必能對雙方都有益。

2.選擇合適的投資方式和合夥人。選擇合適的投資方式可以降低企業的風險，提高投資利潤，獲得更多的投資收益。目前赴臺投資的大陸企業採取的投資方式主要是合資和收購。合資或合作經營模式比較安全可行；收購或兼併模式手續簡單，投資成本較低而經濟效益較高，應該說這兩種投資方式較符合當前形勢。鑒於臺灣市場特殊性和兩岸關係複雜性，大陸企業赴臺投資還可選擇一些風險較小、方便易行的投資方式，如非股權參與式投資模式。該投資方式操作比較簡單，所受限制比較小，不須進入臺灣，不必直接經營就可與臺灣企業合作，是理想模式。在選擇合夥人時，可以透過直接或間接的方式瞭解對方的資金實力、企業信譽、管理理念、營銷策略以及經營目標等等，以免在投入了大量的人力、物力和財力後，卻無法獲得經濟效益的風險。

（二）祖國大陸

1.鼓勵龍頭企業赴臺投資創業。當前中國大陸很多企業對臺灣還比較陌

生,這嚴重阻礙了陸資赴臺投資以及兩岸經貿關係的良好發展。隨著ECFA的簽訂及後續工作的持續展開,中央政府和各級地方政府都高度重視對臺投資的重要作用,特別是針對有能力、有意願赴臺投資的企業,大力宣傳、介紹臺灣的投資環境、政策法規、配套措施等方面內容,讓企業更深入瞭解、準確把握投資臺灣的機遇和風險。如,早在首屆海峽論壇大會上,中央臺辦、國務院臺辦主任王毅宣布的八項具體方案中就包括「推動大陸企業赴臺投資」一項,指出:大陸主管部門近期將有序組織電子、通訊、生物醫藥、海洋運輸、公共建設、商貿流通、紡織、機械、汽車製造業等行業的骨幹企業赴臺投資考察,依據雙方確定的優先領域,進行企業洽商與項目對接,推動赴臺投資取得實際進展。實踐表明,鼓勵大陸龍頭企業赴臺投資創業,能造成示範和帶動效應。由於臺灣不同區縣的主導產業不同,所以如何結合臺灣的產業特色與分布特點,開展有針對性的對接活動,必能引起雙方的投資熱情,推動陸資赴臺投資。福建省在赴臺投資方面一直走在了全國前列,這在很大程度上得益於其積極鼓勵龍頭企業赴臺投資創業,並有針對性地與臺灣產業進行對接。據介紹,2011年福建將繼續推動一批有比較優勢的電子訊息、化工、機械、輕工、農業和服務業的骨幹龍頭企業赴臺投資設點,並與臺企合作開展國際市場營銷或第三地再投資,以「走出去」方式促進閩臺企業緊密型協作及閩臺產業的融合與發展。

2.編制項目指南出臺扶持政策。在鼓勵龍頭企業赴臺投資創業,並有針對性地與臺灣產業進行對接,以引起雙方投資熱情的同時,還需要編制項目指南、積極出臺一些扶持政策,以造成引導、示範和帶動效應。如,在陸資赴臺投資初期,各級地方政府應對一些民營經濟比較發達的縣市做一些深度的調研,瞭解當地企業赴臺投資意願以及企業的憂慮,進而有針對性地組織一些推介會或者赴臺考察團,讓大陸企業更好地瞭解臺灣的投資環境;此後,各級地方政府還應對已赴臺投資企業的投資去向和發展情況進行追蹤與統計分析,並對在這方面有較多經驗的福建省等省份進行考察借鑑,同時結合自身經濟與產業特點,編制投資項目指南,對赴臺投資企業進行相關指導,使企業赴臺投資更有針對性;相關部門還應有計劃召開已赴臺投資企業的相關會議,給予企業家們一個反映情況、交流經驗的平臺,並據此瞭解企

業在臺灣生產經營方面存在的問題、困難。同時積極出臺一些扶持政策，鼓勵企業走出去，走進臺灣。特別是一些有意赴臺投資的企業面臨著資金及融資方面的困難，而融資方面的困難在增大運營成本的同時，也降低了大陸企業赴臺投資的熱情。對此，各級地方政府應該對有意赴臺投資且確有資金困難的企業，進行能力範圍內的補貼以應對其資金困難。

（三）臺灣

1.進一步放寬投資領域和相關限制。陸資入臺有助於充裕臺灣產業資金，活絡臺灣金融市場，擴大兩岸產業合作領域。但當前臺灣當局的諸多限制束縛了陸資手腳。對此，廈門大學唐永紅研究認為，在開放陸資赴臺投資問題上，臺灣當局一開始就以保守主義的思維為指導，確定了「先緊後松、循序漸進，先有成果、再行擴大」的原則。這種保守主義貫穿於臺灣開放陸資政策的方方面面。具體體現在，臺灣開放給陸資投資的行業領域相當有限，對陸資投資有吸引力的行業領域更少。截至目前，臺灣方面已開放陸資赴臺投資項目247項，但這只占到臺灣產業的1/5，製造業和服務業開放的項目也都只達到對應總項目的42%，遠低於其承諾的WTO會員待遇。值得一提的是，陸資最有興趣的金融、電信、觀光及房地產等產業，目前仍未在開放項目之列。與此同時，在開放的投資產業領域、投資金額、參股比例等方面，依然對陸資予以嚴格限制。若將製造業按投資依敏感程度分為三類，最敏感的集成電路、面板等高科技產業投資只開放5項，陸資參股比例不得超過10%；對敏感度較低的肥料、冶金機械及其他金屬加工用機械設備製造等開放10項，陸資參股比例不得超過20%；合資新設企業，陸資持股比例不得超過50%，大陸對投資企業不得具有控制能力。另外，大陸企業必須提出產業合作策略，並經項目專案審查透過方可投資。臺灣當局這種保守的開放政策已經影響到了陸資赴臺投資的進一步發展，建議抓緊放寬投資領域和相關限制，包括對大陸商務人士及其家屬在出入境、居留、就學、就業等各個方面給予便利和支持，以減少陸資入臺後的運營成本和風險。

2.積極落實海峽兩岸投資保障協議。祖國大陸允許臺灣投資者在大陸的

投資「參照外商投資」管理，享受外商投資的優惠政策；臺灣卻將大陸投資者在臺灣的投資看做「陸資」，對赴臺投資項目仍採用正面列表，未能採用負面列表，使大陸投資者未能享受到外商投資的優惠政策。這在一定程度上打擊了大陸企業赴臺投資的積極性。顯然，陸資受到的不公平待遇問題，可以歸咎為兩岸投資保護政策的不健全，特別是臺灣當局未出臺詳細、周全的相關法律，使大陸商務人士在臺的投資、投資收益和其他合法權益受到完全的法律保護。對此，中國社科院臺研所王建民研究認為，臺灣經濟要發展、要促進就業，就要正面看待陸資、正視陸資、善待陸資。臺灣只有以積極與開放的姿態，鼓勵與吸引陸資，才能實現真正意義上的兩岸雙向直接投資，才能實現兩岸經貿關係的正常化發展，真正實現臺灣經濟的長期發展，促進就業，惠及民生[649]。當務之急，海峽兩岸應積極落實兩岸投資保障協議[650]的簽訂工作。建議在秉持雙向平衡、有效保護、減少限制、便利投資原則基礎上，充分照顧各方關切，盡快達成一個互利雙贏的好協議，確實保護祖國大陸投資者合法權益。

五、簡要小結與討論

綜上，儘管當前陸資赴臺投資仍存在諸多困難與限制，但在經濟全球化、區域經濟合作日益增強及海峽兩岸「三通」、MOU、ECFA逐步實施背景下，特別是隨著「海峽兩岸投資保障協議」的順利協商和即將簽訂，陸資赴臺投資的限制將逐漸較少。假以時日，假以更加開放的政策，陸資赴臺投資勢必有一番亮麗的表現。這也將改變昔日臺商對大陸單向投資為主的兩岸關係發展和交流合作模式，即：從單向投資到雙向投資，從單一形態到多元形態，從內循環到產業鏈的合作，真正實現兩岸大交流、大合作、大融合和大發展的格局。

2010年是兩岸關係全面發展、交流合作全面推進、成果豐碩的一年。特別是ECFA的順利簽署，為兩岸交流合作揭開了互利雙贏新篇章。人員往來的快速增長，為兩岸的大交流、大合作提供了強勁動力；經貿關係的全面加強，也為兩岸攜手擺脫金融危機發揮了重要作用。為實現兩岸關係穩定、有

序和良性的發展，海峽兩岸應共同努力，抓緊落實好ECFA各項後續議程。我們相信，兩岸關係和平發展是一條正確道路，ECFA及其各項後續議程將越來越激發兩岸同胞交流合作的熱情，越來越增進兩岸民眾的福祉，越來越得到各界人士的理解和支持。

參考文獻

[1]李非，湯韻：海峽兩岸雙向投資的方式和領域[J].兩岸關係，2009（2）：29-30

[2]李義虎，王立：ECFA開啟兩岸經貿關係的新時代[J].亞非縱橫，2010（4）：19-23

[3]呂鈉：推動陸資入臺實現互利雙贏[J].兩岸關係，2010（9）：29-30

[4]尹茂祥：臺當局開放陸資赴臺促進兩岸雙贏[EB/OL]中國社會科學院臺灣研究所http：//www.cassits.cn/zjlt/news0024.html，2009-07-05

[5]張莉：陸資入臺開始起步[J].兩岸關係，2010（2）：15-17

[6]林銀木：「陸資入臺」可能面臨的投資風險及其應對之策[J].福建法學，2010（2）：16-21

[7]余克禮：對後ECFA時代深化兩岸協商、談判、對話的幾點看法[J].臺灣研究，2010（5）：1-30

[8]石正方：陸資入臺兩岸經貿關係正常化邁出突破性一步[J].兩岸關係，2009（8）：23-25

[9]李路陽：陸資赴臺投資：普華永道專家指點迷津[J].國際融資，2009（8）：41-43

[10]葉歡，蔣瑛：論大陸資金進入臺灣臺灣的障礙與對策[J].亞太經濟，2009（4）：108-110

[11]李憲建：現階段大陸資本入臺投資問題初探[J].臺灣研究，2010（5）：25-30

[12]熊俊莉：「陸資入島」的現況、問題及前景展望[EB/OL].中國社會科學院臺灣研究所http：//www.cassits.cn/zjlt/news0154.html，2011-03-22

[13]魏浩，程錚：兩岸經濟合作框架協議對兩岸經濟的影響與展望[J].亞太經濟，2010（4）：115-120

[14]唐永紅：當前兩岸制度性經濟一體化的經濟可行性考察[J].臺灣研究集刊，2007（1）：82-89

赴臺旅遊與促進兩岸民眾交流：現狀、問題與思考

浙江臺灣研究會　周麗華　聞益

旅遊是區域間人群交往、文化聯繫和思想交流的重要活動之一，開放大陸居民赴臺旅遊已近3年，產生了較大的經濟和社會效益。如何以旅遊為載體，鞏固和加強發展兩岸關係的經濟、文化和民意基礎，增進兩岸人民的交流和認同，值得深入探討。筆者擬從近3年來赴臺旅遊發展的基本狀況和出現的問題入手，分析旅遊對於促進兩岸經濟交往，增進兩岸民眾交往的作用和前景。

一、大陸居民赴臺旅遊的現狀和成效

2008年7月臺灣開放大陸居民赴臺觀光游以來，大陸居民赴臺游熱情高漲，據臺灣「交通部觀光局」統計，當年以觀光為目的大陸遊客就達9.47萬人，此後幾年旅遊人數不斷創新高。2009年，大陸居民赴臺人數達97.21萬人次，其中，觀光客53.91萬；2010年逾163萬人次，觀光客達122.8萬人次。[651]目前，兩岸「兩會」正加緊磋商，即將啟動大陸居民赴臺「自由行」試點。[652]這將進一步推動大陸赴臺旅遊向更廣更深發展。赴臺旅遊的蓬勃興起，順應了兩岸關係和平發展的大局，為深化兩岸民間交流交往注入了生機。

（一）赴臺游有力拉動了臺灣經濟成長

首先，赴臺旅遊為臺灣旅遊業帶來直接的經濟效應。2008年開放赴臺旅遊，為低迷的臺灣經濟復甦注入了活力。臺灣旅行商業同業公會總會負責人

曾表示，「臺灣經濟恢復從陸客赴臺觀光開始。在國際金融危機背景下，花蓮、臺東等地觀光業一枝獨秀，增幅都在40%以上」。[653]據統計，2009年大陸居民赴臺游創造了598億元新臺幣產值，2010年成長至928億元新臺幣。按照臺灣提供的「大陸觀光客平均每人每日消費金額295美元，平均停留七天六夜」的調查資料測算，團進團出的大陸遊客人均在臺灣消費近1800美元。[654]大規模旅遊團組帶來的經濟效益更為引人注目。2009年3月，安利公司組織萬人團分批赴臺旅遊，揭開各地區大規模赴臺游序幕。隨後，廣東省、江蘇省均組織萬人團赴臺游，為臺灣帶來巨大商機。《聯合報》曾報導說，經濟不景氣，員工常抱怨「今天的風很透，頭家的臉臭臭」；陸客來了，每週沒得休，員工做得辛苦卻快樂，老闆多發獎金彌補[655]，臺灣社會普遍感受到開放大陸居民赴臺游的利好。

其次，旅遊業的綜合效應有利於推進臺灣經濟的結構性調整。旅遊業是典型的上游產業、朝陽產業，一業興而百業旺，旅遊業的發展帶動了與之相關的航空運輸、酒店餐飲、百貨零售以及製造業的發展。另外，旅遊業對提高地區知名度、創造就業崗位、促進產業升級，綜合效應明顯。近年來，隨著科技進步和勞動生產率的提高，傳統勞動力密集型產業受到極大制約，經濟發展伴隨高失業率成為臺灣結構性矛盾，使臺灣失業率居高不下。招來大陸遊客，大力發展旅遊業可以有效促進以服務業為代表的第三產業的發展，促進產業結構調整和合理布局，並且緩解就業壓力。相關理論研究顯示，旅遊業收入每增加3萬美元，就可增加1個直接就業和2.5間接就業機會。世界旅遊組織研究報告也指出，旅遊業每增加1個從業人員，相關行業就增加5個就業機會。隨著兩岸經貿交流的密切和臺灣旅遊業績的大幅提升，臺灣失業率出現近20個月的連續下降，成為馬英九重要政績之一。

(二)大陸居民赴臺游增進了兩岸民眾相互瞭解和交往

兩岸長期的對立、分隔，民眾彼此之間的瞭解往往有失偏頗。尤其是李扁近20年「去中國化」路線的貽害，部分民眾對大陸的排斥、敵視情緒較為濃厚，隨著旅遊的開放和民眾的直接接觸，兩岸基層的交流和瞭解不斷深

入，不僅臺灣民眾的熱情淳樸給大陸遊客留下深刻印象，臺灣民眾也在與大陸遊客接觸的過程中，真切地感受到大陸經濟發展帶動的各方面進步，逐漸改變對大陸固有的刻板、負面印象。據臺灣有關方面的調查統計，大陸居民赴臺旅遊實施以來，赴臺旅遊的滿意度達到85%。[656]臺北縣觀光旅遊局公布陸客赴臺週年民調顯示，臺灣57%民眾認為開放陸客赴臺觀光有助於兩岸關係和諧，43%的受訪者給予大陸觀光客正面評價。臺灣民意學會民調也顯示，近40%的民眾表示喜歡大陸。中華兩岸旅行協會理事長沈冠亞說：「以前兩岸民眾見面聊天，常因政治分歧、兩岸未來發展方向的認知不同等不歡而散，現在情況發生了明顯變化」，「彼此懂得互相關懷關注，越來越友善，更像朋友了」。[657]旅遊是民間交流較為自然的方式，兩岸民眾直接交流，能累積善意互信，減少差異，為兩岸攜手共進打下良好的民意基礎。雖然受到區域政治氛圍影響，臺灣南部旅遊市場開發仍顯不足，但是，隨著大陸居民赴臺游效益的不斷顯現，為搶占商機，南部縣市長也不得不順應民心訴求，推銷旅遊資源，歡迎更多大陸居民前去旅遊觀光。高雄市政府積極爭取直航增班，臺南市政府也在爭取安平港及臺南機場與大陸的直航。事實證明，旅遊經濟跨越了狹隘的政治偏見，旅遊交往可以有效消除某些臺灣民眾對大陸的偏見和排斥情緒。

（三）旅遊業磋商機制對兩岸事務性交流具有示範效應

旅遊不同於單純的經濟活動，其涉及的人員交往和社會公共管理相對其他經貿活動更為複雜，與公共安全、交通秩序、出入境管理、突發事件處置等諸多環節關係密切。為保障和推動兩岸旅遊的健康發展，兩岸旅遊行政部門積極主導開展業界合作，多次組織海峽旅遊論壇、海峽旅遊博覽會和海峽兩岸臺北旅展、海峽兩岸旅行業聯誼會等活動，促使兩岸旅遊交流與合作向縱深發展，對組團程序、辦件流程、團員管理、行業規範等兩岸業界互動的內容，累積了非常充分的經驗和默契。2010年5月，兩岸互設旅遊辦事機構，建立了固定的工作磋商機制。「海旅會」和「臺旅會」作為兩岸官方授權機構，溝通情況、交換意見，共同引導旅遊企業誠信經營、優質服務。

赴臺旅遊是兩岸眾多事務性交流中的一部分內容,兩岸互設辦事處對兩岸其他事務交流、逐步建立各項交流機製造成了良好的示範作用,有助於兩岸間互信的建立和協商默契的積累。兩岸關係和平發展本著由易到難、先經後政的方向逐步推進,兩岸旅遊業界交流機制的建立,作為兩岸事務性往來機制建立的有益探索,為兩岸各項協商事務機制的逐步成型具有示範性作用。

二、赴臺旅遊存在的主要問題

隨著大陸居民赴臺旅遊的快速增長,也出現了一些問題,這些問題的背後既有經濟層面的因素,也有政治環境、交流不暢、配套機制滯後等方面的原因,集中反映在如下幾個方面:

(一)旅遊市場可持續增長面臨困境

臺灣豐富的旅遊資源和人文環境對大陸遊客極具吸引力,但要使旅遊市場可持續的增長,除了需要源源不斷的客源,更需要足夠的基礎設施和接待能力,讓每一位到臺灣的遊客乘興而來,滿意而歸。但是,自開放大陸居民赴臺旅遊以來,臺灣旅遊資源及其配套設施出現短期效益和長期可持續發展的矛盾,引發外界關注。

1.接待能力跟不上現實需求

旅遊接待能力主要包含吃、住、行、娛樂、購物幾大方面,赴臺旅遊,除了吃,其餘幾方面或多或少存在改進提高的空間。一是客房不足現象比較突出。隨著入島大陸遊客劇增,臺灣賓館入住率普遍提高,大陸某些大公司的「獎勵遊」旅行團赴臺,動輒上千人,在臺停留達一週,按照臺灣的接待能力,很容易飽和。據估算,如果赴臺大陸遊客達到每天7000上限,需要三星級房間2.4萬至2.5萬個才足以應付,對大陸開放旅遊之初,臺灣只能供應1.5萬個左右的房間。所以,2009年5月1日,臺旅遊主管部門曾被迫將平均每日核准入臺陸客人數上限由7200人降回3000人。二是導遊經常出現短

缺，一些資深導遊連軸轉，套團接送，忙得兩個禮拜不能回家。有的旅行社不得不出動有導遊證卻沒有帶團經驗的上班族、學生，還有退休導遊硬著頭皮上陣領團。[659]三是航空運輸也面臨同樣的問題。因為大陸遊客猛增，直航班機一票難求，票價居高不下，特別是被譽為「鑽石航線」的上海虹橋-臺北松山定期航班開通以來，客座率一直高達90%以上。

  2.淡旺季市場不穩定，影響業者的信心

  旅遊淡旺兩季忙閒不均，大陸赴臺旅遊存在忽冷忽熱、人數忽多忽少等現象給兩岸旅遊業者帶來不小困惑。[660]由於大陸遊客數量大、外出旅遊習慣趨同等緣故，往往上半年景氣大好，4、5月間人數暴增，而進入暑天之後，大陸遊客團人數突然縮水。[661]僅以2009年為例，大陸赴臺遊客4月達13.14萬人，6月驟降至5.74萬人，7月回升至7.15萬人，而11月又達到11.38萬人的高點。[662]遊客市場不穩定致使臺灣旅遊業上半年設施吃緊，導遊忙到沒時間休息；而6月下旬之後人數逐漸降溫，8月份甚至連每天的配額都用不完。此外，赴臺旅遊辦證手續相對繁瑣，必須提早規劃，不少遊客仍偏向東南亞游，因此團量不穩定、忙閒不均。況且從更長期趨勢看，赴臺游景氣狀況與兩岸關係直接相關，部分業界人士擔心民進黨上臺兩岸關係倒退，也影響投資信心。

  （二）旅遊品質和旅行安全問題仍然突出

  大陸遊客成為臺灣觀光業的最大客源，赴臺旅遊浮現出市場欠規範，監管不力、管理漏洞等問題。最突出表現在低團費價格的惡性競爭和旅遊安全。

  1.競相壓價使旅遊品質難以保證

  為保障赴臺游質量，臺觀光局設定了接團社每人每天60美元的底線，但旅行社為招攬客人，競相殺價，60美元的底價已掉到最低25美元。在低團費

壓力之下,為節約成本賺取利潤,忽略品質很難避免,有些駕駛員和導遊缺少專業訓練和與遊客溝通的經驗,很容易造成遊客的誤解和質疑。旅行社為了衝量多拉團、多購物,不惜壓縮景點觀光時間,擅自變更路線,欺騙消費者的事情也時有發生。不少臺灣旅遊業者不無感嘆地承認,以每人每天30美元的團費,甚至導遊墊付旅行社利潤接團,這樣的團只能被拉去買天價玉石。[663]當然,大陸旅遊監管部門也應該出臺相應懲戒措施,嚴禁超常規的低價出團。對大陸遊客來講,報名參團不能只考慮價格因素。

2.旅行安全事故頻發既有天災因素也有人為疏失

臺灣山高林密、景色優美但地勢險峻,自然災害頻發。近年來,赴臺游出現了多起重大的旅遊安全事故。如:大陸遊客在太魯閣被落石砸中身亡,蘇花公路塌方被埋,旅行車在市區道路上被塔吊砸中,車禍、撞船、阿里山小火車翻車等造成遊客傷亡等,臺灣媒體的評論也意識到,旅遊安全出現問題,將會重創臺灣旅遊市場。[664]究其原因,有些屬於不可抗拒的天災,但更多的屬於人為疏失。因應人流日益增加,缺乏對旅遊用車、船的合理調度,熱門景點流量控制措施不力,因天災或突發事件造成的安全事故,事先預警不足,事後協調能力不夠,往往給外界缺乏危機處理能力的觀感。

(三)赴臺游的政治環境有待改善

其一,大陸居民赴臺游長期以來受到政治左右,甚而淪為政治操作或是政治角力的工具。李扁時期推行「臺獨」路線,兩岸交流極不對稱,大陸居民赴臺旅遊受政治力的制約未能開放。國民黨重新執政後,兩岸關係緩和,政治環境鬆綁,馬英九為兌現其競選承諾,宣布開放大陸遊客赴臺觀光。赴臺旅遊開放之初,臺灣質疑大陸遊客「間諜」、「偷跑」、「破壞臺灣旅遊品質」、「嚇跑歐美遊客」等等負面之音不絕於耳,也發生過因為意識形態左右,妄自批評大陸遊客「囂張」、「暴發戶」的不愉快插曲[665]。

其二,受政治因素的干擾,個別大陸遊客不文明行為被刻意放大。大陸

遊客旅行途中的不文明行為，如隨便塗鴉、大聲喧嘩、擁擠失序、不愛護古蹟文物、不尊重原住民生活習慣等純屬個別行為、少數案例，但經過媒體的報導，往往被有心人士刻意渲染和放大，利用個別遊客的不文明之舉抹黑大陸遊客的整體形象，藉機否定臺灣當局開放大陸遊客赴臺交流的政策，以此阻隔兩岸民眾的直接交流和融合。

三、發展赴臺旅遊與加強兩岸融合的幾點思考

由於歷史的原因，兩岸在社會生活和民眾心態上存在差異，而旅遊離不開人與人之間的文化交流和文化融合。在和平發展的共同願望下，透過旅遊活動促進兩岸民間交流，夯實兩岸一體的社會基礎，以民間的交流不斷縮小兩岸民眾心理的距離，是最自然和最具生命力的促進兩岸民眾融合方式，具有不可替代的現實作用。但如何避免「交流越多，分歧越大」的窘境，突破「經濟前進、政治倒退」的怪圈，將赴臺旅遊這件好事辦好，僅提出如下幾點思考：

（一）兩岸共同努力減少政治歧見的干擾

改善赴臺游的政治環境，減少政治因素的干擾，需要兩岸共同的努力。兩岸不僅存在共同的市場，也有共同的人文社會基礎，和平發展才能謀求雙贏。

首先，兩岸關係和平發展是推動赴臺旅遊持續發展的根本。赴臺旅遊的成效說明兩岸應該繼續擴大共識，累積互信，拋棄所謂大陸與臺灣的人為界限，克服障礙，超越政治分歧。來者是客，以禮相待，旅遊接待最能體現人本意識和人文精神。觀光業最怕政治因素的干擾，臺灣當局不能因為反對黨的所謂「傾中賣臺」攻擊而顧此失彼，應以「兩岸一家親」的心態堅持正確的輿論導向和政策宣示，積極穩妥地做好大陸居民赴臺旅遊的各項工作。

其次，增強兩岸民眾認同感有助於赴臺旅遊健康發展。旅遊的最大魅力就在於體驗差異，好比城市人期待享受山風海景，山居人則渴望體驗都市繁

華。差異帶來見識和愉悅，但難免產生誤解和敵對，對差異的態度取決於人群和社會的開放度。臺灣社會對差異的包容度影響遊客的心情。如果因為意識形態偏見和炒作，持有不似我者非愚即蠻的心態，自然會產生傲慢與偏見，令外來者難過以致受辱。大陸人口眾多、幅員廣闊、多元性特徵突出，與臺灣在文化、消費習慣方面有差異，而內陸少數民族地區與臺灣的差異更大。臺灣旅遊管理部門應該拿出措施包容差異。當然，入境隨俗也是一種智慧和涵養，大陸的組團社也要提醒遊客尊重旅遊地的風俗人情。赴臺旅遊，應該有意識地增進主客雙方的瞭解，消除誤解，擴大社會正面效應。如果誤解沒有得到有效消除，會出現交流越多隔膜越深的弔詭現象。雙方認知差距的擴大會演變成社會面的文化價值觀敵視，甚至出現非我族類、其心必異的錯誤判斷。

（二）兩岸旅遊主管部門和業者應該加強溝通合作

赴臺旅遊要持續產生經濟效益和社會效益，必須堅持兩岸精誠合作。赴臺旅遊的安全保障、突發事件處理、旅遊規模管控、旅遊線路優化、旅遊質量保證等諸多方面，都需要兩岸旅遊主管部門和旅遊業者開拓智慧、強化機制建設來共同面對。

1.積極穩步加快兩岸交通建設

直航增點擴線對赴臺游具有十分重要的意義。價格是遊客關心的焦點，而赴臺游的價格又與兩岸航班數量直接相關。以瀋陽赴臺游為例，2008年夏天剛開放時，因瀋陽到臺灣沒有直航，赴臺游報價高達9800元。2009年8月瀋陽到臺北直航航班開通後，赴臺游報價下降到7000元左右。目前，兩岸正在積極運作直航航班的再度擴容。臺北松山機場與上海虹橋機場的直航已實現城際對飛，松山機場目前正在加緊擴建，迎接新的發展機遇。但是，由於市場巨大，比較繁忙的航線仍是一票難求，進一步開放兩岸交通的市場空間廣闊。

另外，兩岸雙方應該透過機制溝通，穩固赴臺旅遊客源，減少季節、突發事件或出行習慣等對旅遊的負面衝擊，只要客源穩定，赴臺游對臺灣和大陸民間資金都極具吸引力。臺灣酒店、機場設施、購物設施等與旅遊業直接相關的投資還有巨大市場前景。未來，兩岸也可以透過引進大陸民間資金等方式積極推進共同投資建設旅遊設施。

2.繼續放寬赴臺旅遊限制

根據積極穩妥開放的原則，兩岸應不斷努力做好大陸居民赴臺旅遊實施後的擴大開放工作。經與臺灣有關方面協商，臺灣將旅遊組團人數由10人以上降低為5人以上；將在臺停留由不超過10天延長為15天；今年1月1日起，臺灣將赴臺遊客人數從每天3000人增加到4000人，進一步擴大了市場。大陸也扎紮實實地推動居民赴臺旅遊，2010年5月31日，大陸開放了內蒙古等西部內陸6省區大陸居民赴臺旅遊，經過兩年的逐步開放，組團赴臺旅遊權限擴大到了所有省市區。目前，兩岸主管機構正加緊技術層面的協商溝通，力爭盡快開放大陸居民赴臺自由行。開放自由行，對於促進兩岸民間交往和臺灣旅遊產業結構優化有重要作用。

3.推動旅遊產業布局和前瞻規劃

大陸團隊赴臺旅遊開放以來，遊客主力為50歲以上的中老年人，線路也以6日、8日環島游為主。隨著兩岸更多的直航點線的開通以及「自由行」的即將開啟，赴臺游價格成本會降低，將大大刺激商務、探親和年輕客源群體，赴臺遊客源構成將更為廣泛。大陸民眾赴臺游的需求也將朝多元化發展，從最初造訪阿里山、日月潭等知名景點的走馬觀花式環島游，向保健旅遊、美容旅遊、借旅遊機會考察商機、洽談合作等多元和深度游轉型。觀光型旅遊的主要特點是旅遊景觀，受環境氣候影響較大，淡旺季現象明顯。若赴臺個人遊開放，純粹以觀光為主、旅遊模式單一化的情況將得到有效改善。目前，兩岸旅遊業者應在開放自由行的基礎上，大力培育和開發娛樂消遣、渡假保健、文化教育、宗教尋根等多種類型的旅遊產品，既豐富赴臺游

的選擇,又可以充分利用臺灣多樣化的旅遊資源,從更深層次促進兩岸民眾交流溝通。

4.共同建立危機處理應急機制

2010年4月,河南省和浙江省的5個旅遊團共160多名乘客因大霧天氣影響,在高雄小港機場滯留了2到4天,情緒煩躁的大陸遊客與航空公司和警察發生了衝突。類似事件既有損大陸遊客的形象,也暴露臺灣相關部門應對突發事件的能力尚需提升。進一步做好赴臺旅遊品質保障和市場秩序維護工作已成兩岸共同責任。兩岸民眾間由於社會環境、成長經歷、價值觀體系的差別,會表現出行為模式的殊異,溝通處理不當,極易造成矛盾衝突的升級。面對突發事故和災難事件,兩岸業者有責任共同應對,並研究制訂處理危機的預警、通報、處置、善後等一系列機制,探索應對危機的SOP規則。

(三)臺灣應全方位提高旅遊服務能力

首先,應該形成保障旅行安全的有效機制。安全保證是旅遊業發展的基礎。臺旅遊主管部門應該充分重視,完善旅遊相關法規,並做好危機處理機制和預案的設計,聯合農務、林務、水利、公路等各主管部門,要求各縣市政府與旅遊相關單位全面協調,提出針對赴臺旅遊安全具體的規範。民間旅遊企業也應重視旅遊安全,例如旅館、民宿、餐廳、小吃店的經營者要建立起相應的保證旅行安全的標準作業程序,重視防災、飲食衛生等安全觀念。特別是遊覽車業者、公路客運、高鐵、地鐵等公共運輸行業應該堅持守法精神和敬業精神,保證服務品質。

其次是從機制上保證和促進赴臺旅客資源的可持續發展。面對接待能力不足的問題,一方面需要有計劃、有步驟、循序漸進地推動旅遊基礎設施的建設,以適應赴臺游市場不斷擴充的新局面。另一方面,民進黨不確定的兩岸論述給旅遊業發展帶來極大不穩定性,投資者普遍信心不足。當局應透過「立法院」等民意代表機構以「立法」的方式保證赴臺游形成制度性經濟活

動，避免赴臺游受兩岸關係發展前景和臺灣政爭的影響。

（四）大陸方面應努力實現規範組團

首先，大陸方面應積極總結和建立適用於處理兩岸旅遊業糾紛的相關法律規範和結算體系。為保證赴臺旅遊的順利推展，大陸方面應一如既往地完善旅遊管理的辦法和規章，加強市場監督和管理，規範赴臺旅遊市場秩序。同時積極倡導誠信旅遊理念、建立誠信旅遊機制，引導企業誠信經營、遊客理性消費，做好赴臺旅遊的安全管理和安全教育，及時妥善處理兩岸雙向旅遊交流中出現的突發事件。同時，與臺灣業界建立定期工作磋商機制，相互協調配合，共同做好赴臺旅遊的市場監督和管理工作。充分利用「海旅會」、「臺旅會」的協商機制妥善處理突發事件和個案問題。

其次，應加強赴臺旅遊常識普及和宣傳教育。應重點加強對領隊和全陪導遊的赴臺游常識教育和宣傳。臺灣是地震、臺風多發地區，一場暴雨就可能帶來山體滑坡、道路中斷，影響預期旅程。發團前，應告誡遊客提高自我保護意識，及時與當地或大陸有關部門聯繫，尋求營救保護；應宣傳學習《大陸居民赴臺灣旅遊注意事項》，大陸居民赴臺旅遊期間應當做到個人舉止文明，衣著和言談得體，共同維護大陸同胞的良好形象；注意不要發表一些無謂的言論，在和臺灣同胞交流時，應求同存異，對於不瞭解的事情，不要隨便發表評論，維護兩岸關係和平發展大局。

結語

旅遊社會學研究指出，旅行途中旅行者與目的地民眾的良性接觸不僅是愉悅心情的重要組成部分，而且能增進地區間民眾認同。許多旅遊者因能與當地居民接觸而自認是有成就的旅遊者，而接觸形式，通常是一起飲食聊天。不少旅遊者談起不愉快的旅行體驗，通常所舉事例大都也是因為旅途被敲竹杠，甚至被人攻擊產生失望和難堪。一段愉快的旅行回憶是衡量旅遊品質的重要標準。所以，要保證赴臺旅遊品質，不僅要維護良好的旅遊市場

秩序，更要注重大陸遊客與臺灣民眾直接的心靈交流，特別是即將實施的自由行，對於加快兩岸瞭解融合、營造和諧的旅遊氛圍具有特殊重要意義。

　　賈慶林表示，我們要不失時機地深化兩岸文教交流，形成全方位、多層次、機制化的合作格局，進一步密切兩岸民眾感情，使「兩岸同胞一家人」的觀念深入人心。只有這樣，兩岸關係發展的基礎才能更加牢固，動力才能更加持久。[667]旅遊是體驗文化的休閒活動，也是基本文化觀念的表達和文化適應的過程。旅遊既是經濟行為，也是一種文化交往活動，宣傳效應很大。兩岸旅遊業發展和合作方興未艾，前景十分廣闊，不僅可以有效地帶動臺灣經濟成長和結構轉型，而且對於促進兩岸民間交流、拉近兩岸民眾心理距離、推動兩岸文化一體都有著重要作用。赴臺旅遊可以擴大和加強兩岸的民意基礎。目前，應牢牢把握兩岸民眾尋求和平發展的主流民意，讓兩岸民眾在旅遊休閒中增進感情、達成共識。相信在兩岸共同努力下，隨著赴臺游市場的擴大和進一步規範，赴臺游在產生巨大經濟效益的同時，可為兩岸民眾和諧相處創造更好的社會環境。

以城市戰略合作為重點的兩岸交流新模式——以上海和臺北為例

上海臺灣研究所　肖楊

兩岸之間由於特殊原因，兩岸交流在很長一段時間內一直處於「官冷民熱」的狀態。2008年5月以來，兩岸關係雖然出現了重大積極變化，兩岸逐漸邁入大交流、大合作、大發展時代，但是由於兩岸定位的政治問題仍未解決，兩岸官方之間的交流絕大部分由海基、海協兩會以「白手套」方式完成。本文擬以上海市與臺北市的合作為代表，探討兩岸城市的戰略合作模式，為兩岸交流合作提供新的參考。

一、城市戰略合作的理論探討

（一）戰略合作的理論基礎

根據傳統的木桶理論，木桶的最大容量是受制於最短的那塊木板。以此，一個城市經濟的發展也是受制於最弱的發展因素，經濟發展的速度和強度都不能超過其承受能力。這種理論就單一木桶而言固然有一定的科學性，但勢必造成某些優勢資源的巨大浪費。而「新木桶理論」則認為，木桶的容量不只受制於自身內部木板的長短，還可以借用其他木桶的長木板，對原木桶進行改裝，從而充分發揮每一塊木板的功能。即一個城市的資源固然是有限的，但各個城市之間具有不同的資源，資源在不同城市的重新組合，可以把各個城市的優勢資源共享並重新優化配置，進而促進城市超越自身條件限制，實現持續快速發展。

在工業經濟時代，由於傳統資源的稀缺性特徵，只能被少數獨占擁有和使用，因此工業經濟時代城市之間主要是競爭關係，且這種競爭具有對抗性。但進入知識經濟時代後，訊息、知識成為生產的最重要資源，城市之間的競爭轉向對人才、知識創新的競爭。[669]而知識和訊息的不斷擴展性和開發利用的可合作性，使得不同城市可以同時獲得新增資源，進而使城市之間進行合作成為可能。

另一方面，隨著當今世界的全球化、網路化，全球某一城市的競爭力是由它在超越了特定地區、國家的全球城市網絡中的作用及功能決定的。[670]單個城市難以在激烈的國際競爭中取得一席之地。因此為了在全球競爭中獲勝，一個城市必須和其他城市進行合作，透過合作達到資源的優化配置，合理共享，進而實現城市利益的最大化。

不過由於兩岸的特殊性，兩岸城市之間如果僅僅是合作，又難免「統戰」疑雲。因此兩岸各方要在利益最大化的前提下尋找到一個利益的均衡點——這樣城市之間存在著合作也存在著競爭，是合作中有競爭，競爭中也有合作，既可以充分利用各方資源，避免片面的競爭和重複建設，又可以避免單純合作，尤其是大陸簡單讓利、採購所謂的短期效應。因此本文提出了「戰略合作」的概念。所謂城市的戰略合作是指兩岸城市在訊息技術和知識經濟時代，透過在資源（尤其是訊息、知識資源）和市場等經濟要素的良性競爭，進行經濟要素的優化配置，發展城市的核心競爭力，提升城市品質，進而優勢互補，獲得更大的合作空間，以實現城市活動的優質發展，從而在全球競爭中獲勝，達到城市間雙贏的戰略目標。

由此可知，兩岸城市的戰略合作有別於傳統的競爭或合作，這是一種介於完全競爭與完全合作之間的戰略。在戰略合作中，城市的競爭與合作是一個有機整體，不可分割。但在競爭與合作的程度上，權重可能有所側重，或者是競爭的程度高於合作的程度，或是合作的程度高於競爭的程度。由於對於城市而言，生存和發展所面對的資源十分廣泛，包括土地、資本、人才、教育、科技、產業、市場、生態環境、城市形象、管理制度等，因此，經

濟、社會、文化環境等諸多因素都影響和制約著城市戰略合作的具體運行模式。但有一點是明確的，即開展戰略合作的最終目的還是實現城市的總體戰略目標，建立和保持長久的合作共贏。基於城市發展和利益最大化的原則，城市戰略合作的本質是合作，競爭的目的是為了強化城市自身優勢，達到資源的優化配置以獲得最大的利益。

（二）兩岸城市進行戰略合作的可行性

大陸方面，伴隨改革開放的不斷深入，大陸的市場經濟也逐漸完善。中央政府對地方政府的財權、事權不斷下放，地方政府有了更多的自主權。尤其是大陸進入財稅分權體制改革以來，各地經濟突飛猛進，地方政府成為具有較大主動性的利益主體，其作為區域利益代表的身分日益顯性化。地方政府經濟自主權的增強，使其有能力透過財政支出進行基礎設施等建設，同時從政策層面對非公有制經濟發展給予肯定和鼓勵，以改善發展環境，吸引生產要素，為經濟發展創造良好條件。因此大陸地方政府自主權的加強是兩岸城市進行戰略合作的前提條件。

不過，地方政府為了發展當地經濟的積極努力固然值得肯定，但是為了吸引資金、技術和人才等要素的流入，也導致了地方政府間產生了激烈的經濟競爭。無序的競爭同時又會誘發重複建設、地方保護主義、優惠政策的濫用、地方政府職能錯位等負面效應。因此，地方政府需要轉換思路，透過政府主動、企業參與等形式加強與其他城市的合作，實現城市資源的互補作用，促進各城市的協同發展。

臺灣方面，地制改革以來，也在逐漸形成以五市為各自中心，輻射周邊縣市的城市群模式。雖然無論是在財政支持或是管轄人口上，五市都具有較大優勢，但作為新的大型都市，新一屆市政府不僅需要經歷磨合期，而且需要新的城市發展動力。尤其兩岸簽署ECFA後，臺灣各縣市的區域地位開始凸顯。臺灣地方領導人是否能借落實ECFA的契機充分發揮兩岸關係的利好因素成為其施政能否推動地方經濟持續發展的關鍵因素。

424

因此，兩岸城市發揮彼此的優勢，展開戰略合作就成為可能。

二、兩岸城市戰略合作的方式——以上海和臺北為例

構成城市競爭力的包括有自然條件，如特殊的區位優勢，豐富的自然資源，也包括有非自然條件，如經濟方面有產業基礎、城市規模、人力資源、市場體系等；制度方面的如企業制度、政府服務、市場規範等；文化方面的如價值觀、教育水準、文化意識等。而運用這些條件的主體主要是城市的管理者（市政府）、城市經濟價值的創造者（企業）、城市居民組織（機構、社團），因此，政府、企業與各類機構、社團組織及其之間的協作是參與城市活動，共同構成城市網絡的基本因素。兩岸城市的戰略合作亦是在地方政府、企業、機構、社團及其共同組織的大型活動四個層次展開。

（一）上海與臺北展開城市戰略合作的模式

1.地方政府層級

由於為了吸引企業入駐而改善城市投資環境（即所謂城市競爭）的實施者是地方政府，城市之間合作項目的簽署與執行的主體也是地方政府。因此地方政府是城市之間展開戰略合作的重要主體。「上海—臺北城市論壇」就是以兩個城市市政府為主線，邀請兩岸學者共同參與，借由焦點議題的對話與相互學習，交換大型都市管理經驗，探討都市發展與管理的各項問題與解決之道以及合作互惠的事項，營造良好的溝通互動平臺。2000年5月，時任上海市建委副主任的譚企坤帶隊赴臺參加第一屆「上海—臺北城市論壇」。之後「城市論壇」作為上海市與臺北市戰略合作的載體延續至今。

2006年11月，在「雙城論壇」的基礎上，臺北市政府邀請上海市赴臺參加「北臺灣與長三角區域合作」研討會。上海市組團與南京、蘇州相關部門負責人一起赴臺參加研討會，與時任臺北市長的馬英九、臺北縣長周錫瑋、桃園縣長朱立倫等共同探討區域合作經驗，建立雙方持續溝通的管道與平臺。

2010年4月6日，應郝龍斌市長之約，上海市長韓正率領260餘人的考察團搭乘班機抵達臺北松山機場，展開以深化雙城合作、推介上海世博會為主軸的訪臺之旅。其中最引人注目的重頭戲莫過於上海和臺北兩市透過「城市論壇」的形式簽署文化、旅遊、環保及科技園區四項合作備忘錄。

2.企業層級

由於城市之間真實的經濟競爭其實是落實在企業之間的競爭上，因此城市之間的戰略合作也並非只在地方政府層級，還包括了企業層級，尤其是一些具有區域影響和重要地位的大型企業。不同城市企業間的聯繫是建構城市之間的聯繫的主要基礎，城市間的流量主要是由不同城市企業間的經營活動和業務往來所構成的，因此「許多城市競爭與合作項目都是在市場機制下從企業層面展開的。」[671]

具體到上海與臺北而言，如臺北農產品運銷股份有限公司與上海江橋農產品批發市場開展了企業合作，雙方在市場管理與營銷、農業科學技術應用等方面展開了卓有成效的合作。2008年5月，雙方更結為姐妹公司。臺北智慧卡票證公司與上海公共交通卡股份有限公司亦建立了聯繫。

臺灣方面自2009年6月30日開放大陸資本入島，上海最早有3個項目經批准投資臺灣，包括上海航空股份有限公司在臺設立分公司；上海三碁電氣科技有限公司在臺設立辦事處；均輝電氣（中國）有限公司在臺設立子公司，他們都將辦公室設在了臺北。

2011年1月9日，作為兩岸最大投資規模的商貿合作項目，總投資額為50億元人民幣的「臺北商貿中心」正式啟動。該項目由大陸保利集團與臺灣櫻花集團聯手在上海嘉定新城打造，並計劃於2013年底竣工。這也是目前大陸地區首個結合兩岸觀光、餐飲、購物、休閒、娛樂以及兩岸文化交流於一體的多功能、綜合型商場。

3.機構社團層級

除了地方政府、企業層級，城市居民之間的交流合作對城市的戰略合作的形成亦具有重要作用。2002年，上海市體育局和臺北市體育處簽署「上海—臺北城市體育交流」協議，確定每年組織體育選手互訪。上海行政學院與臺北市政府公務人員訓練中心也形成了對口交流機制。

2005年，上海外文圖書公司和民營的季風書園聯手，與臺灣聯經出版事業公司合作創辦了臺北「上海書店」。書店一開張就銷售火爆，短時間內上海題材、傳統題材、文史哲及藝術類書籍全線告罄，不僅產生了可觀的經濟效益，還一時成為兩岸文化交流的熱點。

此外，上海靜安區與臺北中正區、上海楊浦區與臺北大安區、上海浦東新區與臺北內湖區、上海虹口區與臺北士林北投區、上海黃浦區與臺北萬華區、上海長寧區與臺北大同區等也建立了基層的交流互訪機制，尤其是就社區服務、社區老年安養等方面的問題相互取經。

4.大型活動層級

上海與臺北目前最具典型的大型城市活動莫過於以上海世博會與臺北花博會為代表的兩市「雙城、雙博」活動。

2008年6月，臺北市長郝龍斌來上海與韓正市長簽約確定臺北市參與世博會，並積極邀請韓正市長訪臺。臺北市申報的兩個自薦案例「臺北無線寬帶—寬帶無線的便利城市」和「資源全回收、垃圾零掩埋、邁向城市的永續」兩個案例從全球遴選的87個城市、113個提案中脫穎而出，是全球唯一連中「兩元」的城市。

同時借世博之機，上海交通銀行還開辦了新臺幣與人民幣兌換，韓正市長與郝龍斌市長亦就上海虹橋機場與臺北松山機場的直航問題達成初步協議。

而在上海世博會舉辦期間，繼2009年由上海赴臺北市舉辦「兩岸城市藝

術節—上海文化周」之後，2010年6月，臺北市以回訪姿態，首次至上海舉辦「臺北文化周」。「臺北文化周」透過藝術表演、文化論壇、「世博臺北日」和「花博展演」等形式多樣的活動全面展示了臺北在城市發展過程中藝術風貌的全景圖卷。「明華園」、「臺北市立交響樂團」、「臺北市立國樂團」、「優人神鼓」、「屏風表演班」等7個臺北表演團隊在上海的各個大劇院、音樂廳、會展廳與戶外空間上演了連臺好戲。

上海世博會閉幕後，上海又以「海韻園」命名的展園參與了臺北花博會。花博會期間應臺北市長郝龍斌邀請，上海市相關單位還舉行了「滬臺攜手‧相約花博」——上海800名中學生訪臺觀花博活動。這是繼去年臺灣800名學生應韓正市長邀請，作為「市長小客人」來滬參加「2010滬臺青少年走進世博千人夏令營」活動後，滬臺間又一大規模的青少年交流活動。

（二）上海與臺北進行戰略合作的特點

1.開創性

上海與臺北的交流合作開創了以城市交流、「城市論壇」為基礎的兩岸城市合作的新模式。上海不僅是大陸四大直轄市之一，也是大陸經濟中心之一，臺北則是臺灣政治經濟影響力首屈一指的城市，兩市簽署合作備忘錄，開創出「大都會」型的兩岸經貿文化交流新模式，具有極其重要的象徵意義。尤其是合作備忘錄的簽署具有長期積極效應，不但拉近了雙城的關係，也開啟了兩岸城市戰略合作的新契機。無論是文化、旅遊，還是環保、科技園區的交流，都將共同提升兩市的發展水平和競爭能力。再加上上海和臺北市直線距離僅約700公里，上海虹橋與臺北松山實現對飛，兩市「兩小時生活圈」的成型，亦將使兩市形成更頻繁、更常態化的合作新渠道。

2.優質性

臺北與上海，一水相隔的雙城，以極具開放性、包容性、多元化、國際化的相似特點，競爭與合作不斷，為兩岸城市戰略合作提供了優質範例。上

海市正在積極打造國際金融、航運和貿易中心，臺北市則是全臺的政治、經濟、文化和教育中心，兩城各有優勢、能夠各取所需。這兩座大都會之間的合作既可以被視作兩岸合作的濃縮版、精華版，更可以被看做兩岸合作的最前沿和範例。首先，韓正市長以大陸直轄市長的身分訪臺，顯示出兩岸交流正在突破身分限制和意識形態的桎梏。因此，韓正市長的此次訪臺之旅也為未來大陸正部級官員甚至更高層級官員訪臺開啟了一扇機會之窗。

其次，過去兩岸人員互訪以經貿往來為主，而上海與臺北之間的合作則是涉及兩岸的文化、城市管理以及教育、醫療等多方面的全方位、多領域的交流。兩市不僅有城市論壇，兩市人員往來也更側重文教領域。如隨韓正同期訪臺的上海交響樂團和崑劇團，對兩岸的文化交流造成了不可忽視的促進作用。而世博期間，「臺北文化周」的融入，不僅為世博增添了一道絢麗的風景，使大陸同胞可以在上海欣賞到具有濃郁臺北城市文化特色的精彩節目，認識和瞭解臺北文化發展的精緻與多元，而且亦為臺北的花博會作了前期宣傳。從「雙城、雙博」的成功經驗看，這一趨勢將逐漸擴散開，影響兩岸城市戰略合作從經貿領域擴充到文教領域。

3.長期性

從2000年上海與臺北展開制度化城市合作，之後雖然「城市論壇」因為陳水扁執政時期以意識形態掛帥，讓兩市高層交流一度受阻。臺北市政府只能以「臺灣生命力文教基金會」與「上海發展研究基金會」為對口單位繼續保持聯繫。不過，2006年兩市高層即恢復交流，由臺北市經濟發展委員會委員賴士葆帶團赴上海。而隨著韓正訪臺，兩市簽署四項合作備忘錄，「雙城論壇」可謂曲折前行，10年有成。「雙城論壇」這種穩定的機製為上海與臺北之間的戰略合作交流提供了長期穩定的平臺。在兩岸關係進入大合作、大交流、大發展的時代後，上海與臺北兩市的戰略合作必將能更上一層樓。

三、兩岸城市戰略合作的前景

借鑑臺北市與上海市的成功經驗，兩岸城市進行戰略合作前景光明。

首先，兩岸城市戰略合作的模式可以避免直接面對交流當中敏感的國家定位問題。如上海與臺北以城市交流的名義，開展城市之間的合作，讓郝龍斌避免了被綠營扣「自我矮化」的帽子。未來，兩岸之間的城市交流更可以深入到綠營執政縣市，畢竟如果可以避開政治因素，在選舉生存論的影響下，綠營縣市長也需要分享兩岸交流的紅利以提高執政成績。

其次，兩岸城市的戰略合作可以深化兩岸交流。以往由於臺灣媒體只關註標題是否吸引眼球，因此大陸採購團在臺灣只有具體的採購數額被大篇幅報導，具體採購流程則未被提及。而由於大數額採購往往是一個長期過程，短期內不可能達成，結果被綠營人士故意歪曲為大陸採購「攏系假」。而上海與臺北簽訂了4項合作備忘錄，關注的是兩座城市的人文合作與發展，尤其是科技和人才的交流，既避免了讓臺灣民眾反感的「炫富」，又可以讓兩岸交流跨越經濟層面，向更深層次發展。

最後，兩岸城市戰略合作的機制性特徵可以為兩岸關係和平發展增添更緊密的紐帶。城市合作由於更關注經濟和文化交流，因此受政治因素影響較小。而經濟和文化也是與普通民眾關係最緊密的活動，一旦形成機制化的合作交流，民意是最好的動力。「上海—臺北城市論壇」活動啟動於2000年5月，至今已經走過了10年，其中兩岸關係雖然因為陳水扁的「急獨」政策而一度處於冰封狀態，但兩座城市的交流從未停止。這也為時任臺北市長的馬英九瞭解大陸打開了另一扇窗口，為其擔任臺灣領導人後的兩岸政策打下基礎。

綜上所述，雖然由於上海與臺北都是國際性大都市，屬於區域一體化程度較高的經濟中心城市，其合作模式不能完全被照搬。但對於大陸的一些二線城市或是臺灣的其他縣市由於不具備很強的綜合優勢，也可以選擇專業型合作的途徑。如高雄市希望「推動兩岸城市交流，期達成『南進南出、北進南出、南進北出、南進北出』目標，吸引陸客以高雄作為到臺灣環島旅遊的

起點和終點。」^673此外，2011年1月21日，基隆市駐廈門市旅遊經貿文化辦事處也正式成立，必將促進廈門與基隆進一步交流合作。

　　臺灣目前有22個縣市，如果每一個縣市都能與大陸的某一個省市建立長期的戰略合作聯繫，兩岸人民也必然能夠借此加深瞭解，兩岸城市之間的戰略合作將成為兩岸關係和平發展的樁基之一。

高等教育交流合作：成效與趨勢分析

寧波大學　閆華清　鄧啟明　張真柱

隨著經濟全球化和區域經濟一體化的快速發展，世界各國（或地區）間在教育領域內的交流與合作也日益廣泛和深入——教育資源的跨國流動、教育活動的國際合作、教育問題的全球性等「教育全球化」現象日益凸顯。海峽兩岸文化同根同源，教育制度一脈相承。近年來，特別是2008年以來，兩岸關係邁入和平發展新階段。兩岸人員往來、經貿合作、文教交流發展迅速，呈現出大交流、大合作、大發展的特徵。《中共中央關於「十二五」規劃綱要》強調指出：要「鞏固兩岸關係發展的政治、經濟、文化基礎，努力加強兩岸文化、教育、旅遊等領域交流，積極擴大兩岸各界往來，持續推進兩岸交往機制化進程，構建兩岸關係和平發展框架。」顯然，新形勢下文教交流全面化、自由化、制度化，已成為兩岸關係發展的新要求。海峽兩岸如何在已有交流合作的基礎上，發揮兩岸同胞同宗同源優勢，進一步深化高等教育交流合作與發展創新，已成為當前推動兩岸高等教育發展及穩定兩岸關係的重要理論與現實問題。

一、兩岸高等教育交流合作的歷程與成效分析

兩岸教育交流是在1979年《告臺灣同胞書》[674]發表後開始啟動的。尤其是1987年臺灣「戒嚴」解除以來，兩岸高等教育交流合作經歷了一個從無到有、從單向到雙向、從間接到直接、從簡單到多元的曲折漸進發展過程。參照潘懋元（2009年）「單方推動階段、互動起步階段、互動發展階段、震動發展階段及互動發展新階段」五個階段，以及許明等（2010年）「瞭解初探期、互動交流期、緊密合作期」三個發展階段，我們將其發展歷程劃分為

4個階段。

（一）歷程

1.初步交流期（1987～1992年）

　　臺灣於1987年11月「戒嚴」解除，準許民眾赴大陸探親，開啟兩岸民間交流；同年，大陸頒布《關於對臺灣進行教育交流的若干規定》，鼓勵兩岸輪流舉辦單邊或多邊學術研討會、組團互訪。1988年11月，臺灣公布《大陸傑出人士、海外學人及留學生來臺參觀訪問審查原則》，開始有限制地開放大陸學者赴臺參觀訪問。自此，兩岸重新拉開了以人員往來為主的文化教育交流合作的序幕。1992年，臺灣當局批准公立大學校長及公務員可以到大陸從事文教活動，大陸專業人士可以到臺灣講學。此階段，由於臺灣對相關專業人員赴大陸存在很多限制，這時期的交流仍侷限於民間組織性質的互動和個人性質的交流，且交流程度、規模都較小，兩岸高等教育交流合作還處於初步交流階段。

2.互動發展期（1993～2000年）

　　從「辜汪會談」[675]（1993），到「江八點」、「李六點」（1995）的相繼發表，兩岸關係明顯改善，隨之兩岸高等教育互動規模逐步擴大，形式也逐漸增多。1994年，在臺灣當局公布《臺海兩岸關係說明書》後，海峽兩岸學術交流成為臺灣教育主管部門的重要議題。1997年，臺灣教育主管部門正式公布《大陸地區學歷檢核及採認辦法》和「73所大陸高校學校認可名冊」。這時期，海峽兩岸高等教育交流程度和規模均增大，兩岸學生互動較多，特別是臺生赴陸就讀人數持續上升。兩岸少數高等院校之間也開始建立校際合作關係，且多次商討學歷學位互認問題。這一階段，透過多次學術探討和經驗交流，兩岸均加深了相互瞭解，增進了彼此認知，為兩岸高等教育交流合作的進一步深化打下構架橋樑。

3.動盪發展期（2001～2010年）

2000年臺灣政局發生變動,兩岸關係陷入緊張狀態,其對兩岸高等教育交流合作也採取了消極態度。這一時期,大陸始終堅持積極主動的原則,努力為兩岸高等教育市場的相互開放創造各種有利條件,且伴隨兩岸經貿交流的持續繁榮發展,臺灣民間組織同大陸高等教育交流且合作的熱情不斷升溫。2008年,臺灣執政黨變更,海峽兩岸關係開始進入一個良性互動發展階段。特別是2010年8月,臺灣透過了「陸生三法」[676],有限制地開放陸生赴臺就讀,並承認大陸41所高校學歷;同年9月,臺灣高校首次大規模招收大陸短期交換生,而大陸高校也首次免試招收臺灣學生。從2001年到2010年的10年間,伴隨著臺灣執政黨的變動及相關政策的改變,兩岸高等教育交流合作經歷了從簡單到多元的曲折漸進發展過程,兩岸高校教師、學者的交流合作人數越來越多,高校之間的校際合作也越來越頻繁,並開始嘗試聯合培養人才。

4.實質合作期(2011年起)

2011年3月9日,北京「海峽兩岸招生服務中心」正式成立,標誌著兩岸高等教育深度合作已進入實質性合作階段。2011年,臺灣高等學校在北京、上海、江蘇、浙江、福建、廣東六省(市)招收自費生,預計招收2141名大陸生,其中學士1488名、碩士571名、博士82名。臺灣高校招收本科生,主要集中在私立大學,且本科招生只看高考成績;但其碩、博班招收大陸學生,只承認部分大陸高校的學歷。據瞭解,目前臺灣學生赴大陸學習,大陸承認其全部164所大學學歷,而臺灣目前只承認大陸41所高校的學歷。

(二)成效

1.提高兩岸高等教育質量與水平

臺灣高等教育理唸成熟,管理模式先進;大陸高等教育學科門類齊全,基礎研究水平較高。在兩岸高等教育交流合作中,大陸高校積極引進臺灣高等教育先進教育理念、管理模式,臺灣高校則吸收大陸高等院校學科建設、

人才培養等方面的經驗,有效提高了兩岸高等教育質量與水平。近20年來,隨著兩岸高等教育交流合作不斷擴大,促進了兩岸高等教育的共同發展,對推動兩岸高校有效服務社會經濟發展和海峽兩岸區域經濟一體化具有重要意義。

2.成為兩岸交流與溝通重要平臺

海峽兩岸透過大學教師訪學講學、互聘,學生短期互換、觀摩學習,高校舉辦研討會、結成姊妹校、交換書籍期刊、推廣研究成果等方式,建立起兩岸高等教育交流合作關係,已經成為海峽兩岸同胞交流與溝通的重要平臺。如,透過兩岸大學校長論壇,促進兩岸大學校長之間的交流互訪,建立兩岸高等教育協商機制;透過陸生赴臺交流論壇,建立兩岸學生交流對話機制,有力地推動了兩岸同胞交流交往的發展,對維繫和增進兩岸同胞的民族感情具有不可替代的作用。

3.引導兩岸關係和平與穩定發展

1987年大陸方面頒布了《關於對臺灣進行教育交流的若干規定》,鼓勵兩岸輪流舉辦單邊或多邊學術研討會、組團互訪。臺灣方面則於1988年底公布《大陸傑出人士、海外學人及留學生來臺參觀訪問審查原則》,開始有限制地開放大陸學者赴臺參觀訪問,兩岸高校間的教師學者交流開始展開。此時,在兩岸當局相關部門的支持下,兩岸高等教育開始小規模、淺層次地交流,尤其是兩岸青年學生交流,在兩岸經貿交流尚未熱絡之際,為兩岸關係初期的和平與穩定發展造成了引導作用。

二、兩岸高等教育交流合作的趨勢與特徵分析

(一)教師交流成為兩岸交流合作的熱點

進行短期訪學、講學是兩岸教師交流最普遍的形式。在1990年以前,兩岸高等院校人員的交流是單向的;1991年,臺灣當局開始有限度地開放大陸

學者赴臺交流，此後，兩岸教師學者之間的交流日益頻繁。從初期兩岸高等院校人員相互進行10天左右的短期訪學到後來一個月或一個學期的講學，之後，兩岸大學、科學研究機構也開始進行一定範圍自然科學和社會科學領域的高校教師互聘。例如，中國人民大學在組織大陸清史編纂工作中也聘用了不少臺灣教師學者參加。兩岸參加訪學、講學交流的教師學者人數呈逐年增加的趨勢，據臺灣學者統計，2002年至2008年，臺灣到大陸從事文教交流活動者突破6萬人次；大陸學者赴臺也超過6萬人次（表1）。

表1　2002-2008年大陸學者赴臺統計（單位：人）

項目		2002	2003	2004	2005	2006	2007	2008
身份	教職員	6242	4660	5436	6009	7619	9404	10200
	研究人員	1133	920	632	784	414	80	209
目的	講學	88	72	85	68	73	83	69
	研討會	2744	2121	1962	2755	2770	2923	2924

參加學術研討會或論壇是兩岸教師交流中的一道亮點。海峽兩岸已舉辦過多次學術研討會和學術論壇，如「海峽兩岸師範教育研討會」、「海峽兩岸高等教育研討會」、「兩岸環境保護學術研討會」、「海峽兩岸大學校長論壇」、「兩岸微系統科技研討會」等等。其中，影響最大的是「海峽兩岸大學校長論壇」，已成為兩岸大學交流合作的重要平臺，且是連接兩岸高等教育界的重要橋樑。海峽兩岸大學校長論壇已舉辦三屆，每一屆都取得不同的進展。第一屆海峽兩岸大學校長論壇，有55所高校參與，論壇達成了共建兩岸大學校長交流平臺、促進兩岸高等教育的互動、擴展持續交流與合作管道、共同繁榮兩岸高等教育事業等四點共識；第二屆論壇有兩岸90多所高校近200位校長就人才交流、學分學歷互認、科學研究合作等課題展開深入交流，為兩岸高等教育交流合作凝結了共識；之後第三屆論壇首次移師臺灣，兩岸校長學者圍繞「知識與創新：全球化時代的高等教育」展開深入探討，期待未來建立起制度化、機制化、常規化的交流機制，大力加強兩岸青年學生的交流，為推進兩岸高等教育交流合作邁上一個新臺階奠定了基礎。

（二）學生交流成為兩岸交流合作的亮點

從臺生赴陸求學看，首先，臺生赴陸就讀人數逐年增加。1987年，臺生赴陸學習的人數從僅有1人；2007年，臺生赴陸學習的人數已有2235人（圖1）；而2009年在大陸就讀的臺生達到6755人。其次，臺生所選擇專業較集中。主要集中在以下三類：一是有關貿易、金融、財會、法律的專業，學習此類專業的學生多以從事兩岸商貿為目的；二是有關中國傳統文化的專業，如歷史、音樂、繪畫、哲學及宗教等，研究生多選擇此類專業；三是中醫藥專業，學生學成後可以回臺灣就業。再次，臺生赴陸求學環境不斷改善。1996年5月，大陸教委會同國務院的八個部門，聯合下發了「關於為在祖國大陸（內地）學習的臺港澳學生提供方便條件等有關問題的通知」[677]；2001年，大陸批准設立了「華東臺商子弟學校」，為在內地的臺商子弟提供了廣泛的教育機會；2005年，大陸設立臺生專項獎（助）學金，且與陸生同等收費，並對招收臺生的高校、科學研究院所給予補貼；2006年大陸單方宣布承認臺灣所有高校學歷。此後，大陸的高等教育市場向臺灣的開放程度增大，允許招收臺生的高等院校數量逐年增多（表2）。

表2　2007-2010年大陸向臺灣招收本科生的院校數量（單位：所）

年份	2007	2008	2009	2010	2011
第一批次院校	104	105	119	123	124
第二批次院校	69	73	78	81	82
赴設預科班院校	29	29	29	29	29

資料來源：筆者根據內地普通高校面向港澳臺招生訊息網相關數據整理而成。

從陸生赴臺求學看，陸生赴臺學習政策不斷優化。2008年10月，臺灣教育主管部門頒發的《大陸地區文教專業人士及學生來臺從事文教活動審查要點修正案》中明確規定：陸生赴臺進修的期限由4個月延長至1年；2010年8月，臺灣透過「陸生三法」，有限制地開放陸生赴臺就讀，並承認大陸41所高校學歷；9月，臺灣高校則首次大規模招收大陸短期交換生2000名，這些

陸生在臺灣高校修讀的學分在大陸高校基本能得到認可，但他們不能拿到臺灣高等院校相應的學歷；2011年，2008年10月，臺灣行政和教育主管部門頒發的《大陸地區專業人士來臺從事專業活動許可辦法》、《各級學校與大陸地區學校締結聯盟或為書面約定之合作行為審查要點》及《大陸地區文教專業人事及學生來臺從事文教活動審查要點修正案》明確規定：大陸學生赴臺進修的期限由原先的4個月延長到1年，人數也由原來每學年數百人增加到1千人；放寬臺灣高校赴境外（含大陸地區）辦理推廣教育教學的條件，取消境外推廣教育教學師資比例限制和學員修讀條件的限制。臺灣預計招收2141名大陸生，雖其招收碩、博班大陸學生，只承認部分大陸高校的學歷，但其本科招生卻只看高考成績，這將突破以往大陸赴臺交流學習小規模「交換生」的模式。截至2011年3月，已有3800多名大陸高校在校學生分布在臺灣各高校進行研修。

從學生之間的互動形式看，兩岸青年學生更側重於文體交流及聯歡聯誼活動。孔孟故里尋根夏令營、北國風情冬令營、兩岸知識大賽、兩岸大學生辯論賽、兩岸大學生外語文化節等等，其中有的活動具有很強的吸引力，已成為品牌和精品。以「孔孟故里尋根夏令營」活動為例，截至2010年底，它已連續舉辦10屆，參加活動的臺灣大學生都為祖國博大精深的中華傳統文化折服，同時活動也給大陸學生提供了一個與臺灣高校師生接觸的平臺，讓大陸學生借此瞭解臺灣現當代的經濟、文化發展情況，進一步增進了兩岸青年學子的交流，促使兩岸青年學子增強對中華文化的認同感；同時讓臺灣學子切身感受大陸經濟、民主建設成就，促進兩岸青年廣泛而深入的交流。

（三）校際合作成為兩岸交流合作的重點

校際交流合作協議是兩岸高校交流合作最廣泛的形式。兩岸已有90多所高等院校簽署了校際交流合作協議，交流的內容不斷充實，合作的領域也不斷拓寬，形成了良好的互動。2004年至2008年，兩岸共計726所學校簽署協議，其中臺灣計有96所，大陸地區學校計192所（表3）。這些合作協議中，包括校級、院級、系級合作，也包括學術合作研究、教授交換、圖書資料交

換、定期舉辦研討會等。例如，目前，北京大學與臺灣12所高校簽訂了校際學術交流合作協議，並與其中6所大學建立了常規學生交換項目，還將在聯合編寫教材、開展科學研究合作、設立「雙學位」方面與臺高校加強合作[678]。另外，兩岸同名、具有相同歷史淵源的學校，如清華大學、東吳大學、交通大學、中山大學等校際合作也非常密切。

表3 2004-2008年兩岸院校簽署交流合作協議的學校數（單位：所）

年份	2004	2005	2006	2007	2008
大陸地區	104	115	143	181	192
台灣地區	50	56	72	87	96

　　高校聯合辦學是兩岸校際合作的熱點，它標誌著兩岸高等教育交流的進一步深化。截至2011年4月底，兩岸高校聯合創辦的院校主要有「海峽旅遊學院」、「健康學院」、「海峽理工學院」、「海峽工程學院」等，這些學院都將入駐福建平潭綜合實驗區兩岸教育合作實驗園區先行先試。以「健康學院」為例，臺灣元培科技大學、嘉南藥理科技大學以優質教育資源作為投資，負責提供權威教材、優質課程模塊、教學輔助材料等，並選派高水平教師進行核心專業課程教學及相應骨幹人員參與日常管理；而大陸福建中醫藥大學則以土地、人力資源作為投資；同時還選擇一家實力強、有醫藥背景的企業參與辦學。健康學院除全日製學歷教育外，還將積極發展成人教育、遠程教育等辦學形式，進一步豐富兩岸高等院校合作的形式。

三、兩岸高等教育交流合作的內容與平臺創新

　　針對海峽兩岸高等教育交流合作的歷程及已有的成效，兩岸需從教師、學生、高校三個方面進一步擴大高等教育交流合作的內容，並構建相應的新平臺，既推動兩岸的高教合作，提升兩岸高等教育國際競爭力，又促進兩岸文化教育事業發展和兩岸關係和平、穩定發展。

（一）拓展交流合作的內容

在拓展兩岸高等教育交流合作內容時，由淺入深，由易到難，並朝著寬領域、大規模、高層次方向，從教師、學生、高校三個交流合作層面分別拓展兩岸高等教育交流合作的內容。

1.教師交流合作

兩岸教育交流合作開始以來，教師就是關鍵，且當前教師交流合作已成為兩岸高等教育交流合作的熱點。在教師交流合作方面，應從教師訪學講學、參加學術研討會，逐步深化兩岸教師教學合作，並逐漸拓展教師科學研究項目合作等領域。

（1）整合教育資源，深化教師教學合作

在兩種不同社會制度下形成的兩岸高等教育，不管是理念、學制、管理模式、師資、政策等都存在較大差異，大陸高校和臺灣高校開設的個別課程、設定的教育目標必然不同。對於教育交流合作而言，就需使得兩岸的課程具有統一性。因而，兩岸教師可以根據各自的學科、專業和課程等所具有的優勢，全面整合兩岸教育資源，共同合編教材，分享兩岸教育資源，為兩岸教師交流合作架構良好的學術平臺。2011年4月8日，臺灣大學管理學院就與中國人民大學商學院合作個案開發，兩校各自遴選經驗豐富的資深師資，共同調研與撰寫兩岸企業管理原創案例，且所開發的案例在第一時間用於雙方MBA和EMBA課堂教學；同時，雙方還開設為期四天的兩岸經營管理模式合作課程，互派EMBA學員到對方學院交流學習，利用新開發案例授課。這種兩岸高校教師聯合編寫教材、案例的教師教學合作不僅能增進兩岸專業知識的交流，對於兩岸優質資源的共享、文化交流也具有重大的意義。

此外，兩岸還可以互相聘任高級教師。在2006年，就已有30多位臺灣教師學者接受大陸高等院校的聘請，出任教授、客座教授和名譽教授。

（2）組建創新團隊，加強科學研究項目合作

海峽兩岸教育交流應根據兩岸的產業發展和教育的優勢領域，重視兩岸教師教學科學研究的互補性，當前高等教育交流可考慮從生物醫藥、海洋、環保、地震、現代農業、機械製造等領域開始，組建兩岸高校教師創新團隊，聯合構建教師科學研究合作平臺，特別是爭取在海洋、環保、新材料等產業發展緊缺、急需的學科專業上與臺灣高校教師科學研究合作，促進兩岸高校科學研究水平的持續上升。

如，臺灣在疫苗生產、抗體生產及醫療器材方面有一些產業優勢和經驗，而大陸的生物醫藥在政府的大力支持下正在快速的發展，海峽兩岸的生物與新醫藥可以在科學研究方面「互通有無」，加強生物醫藥項目的科學研究合作。當前，兩岸清華大學均支持由雙方教師所共同提出的前瞻性研究計劃，實施「兩岸清華合作研究計劃」，並將成立「兩岸清華聯合實驗室」，加強兩校教師在科學研究項目上的合作。

2.學生交流合作

目前，海峽兩岸學生多以交換生的形式開展短期交流，學生交流已成為兩岸高等教育交流合作的亮點。在學生交流合作方面，應從開展學生短期觀摩、交換生活動向學位學歷互認、多樣化互動轉變。

（1）降低入學門檻，擴大陸生赴臺規模

在推動兩岸高等教育交流合作方面，臺灣當局雖然提出了一些積極的政策，但還是人為地設置種種陸生赴臺學習的門檻，如戶籍、學校限制等。根據臺灣？「陸生聯招會」近日公布的招生簡章，報考臺灣高校的大陸本科生，戶籍限於北京、上海、江蘇、浙江、福建、廣東6省市，而報考碩、博士的學生除了應滿足戶籍要求外，還必須具備臺灣教育部門承認的大陸41所高校的學歷，這些規定嚴重制約了陸生赴臺學習人數規模。除戶籍、學校等限制外，因無確切獎學金，學雜費又成為另一道門檻，且陸生在臺灣就讀公

立院校，學費不低於臺灣同級私立院校的收費標準。

臺灣當局人為設置的種種門檻，不僅影響了大陸學生赴臺學習，而且也影響了兩岸教育交流的正常發展。兩岸教育交流交流合作應打破各種人為製造的壁壘，讓兩岸學子能自由地流動，充分滿足學生對學校、專業的需求。因而，臺灣當局需從現實出發，降低大陸學生赴臺學習的門檻，其高等教育市場向大陸開放的速度更快些、範圍更廣些，就能促使更多的大陸學生到臺灣去就讀。既能緩解臺灣高校生源壓力，也能使臺灣高校高教優質資源得到更好的利用，兩岸高等教育收到很好的優勢互補的效果。

（2）互認學分學歷，掃清雙向交流障礙

加快推進兩岸學分轉換、學歷互認進程，掃清兩岸高等教育雙向交流的障礙，全方位促進大陸和臺灣的教育交流合作。因臺灣和大陸高等教育體制存在很大差別，雙方在學分轉換、學歷互認問題上有一定的困難，而在海峽兩岸高等教育市場相互開放過程中，這又是一個亟待解決的問題。因而，可借鑑歐盟在高等教育一體化進程中的做法。如，在歐洲學分轉換制度（European Credit Transfer System，簡稱ECTS）中，學生修習每門課程的工作量由「學分」衡量，它涵蓋了聽課、實習、研討、實驗、論文，以及圖書館、家庭中的個人學習時間，透過考試或評估後取得學分，標誌著課程的結業。在歐洲不同國家的高校獲取的學分，可按一定比例進行轉換，以方便學生在不同國家高校流動。海峽兩岸高校在教學管理中也可以建立類似的學分轉換系統，兩地的學生只要按照要求修習一定的學分，就可以獲得學歷學位，至於修習學分的學校則可以不止一所。

（3）豐富交流形式，增進兩岸交流合作

海峽兩岸青年學生的互動交流不僅有利於雙方增進對彼此的認知、培養雙方情感和增加相互信任，而且更關係到未來兩岸關係的發展以及兩岸的統一事業。因此，豐富兩岸青年學生的交流活動形式，有利於助推兩岸的教育

交流。透過舉辦諸如兩岸青年聯歡節、兩岸青年論壇、兩岸大學生夏令營、兩岸大學生辯論賽賽、兩岸大學生大聯歡等各種形式的文體交流活動，使兩岸學生彼此間加深瞭解、增進友誼，增強兩岸學生的互動。兩岸大學生辯論賽不僅是兩岸學子以辯會友的歡聚，更是溝通交流、尋求中華文化共鳴的體驗與學習。除開展各種各樣的文體交流活動外，還可以構建一些網上交流平臺，當前已有陸生赴臺交流論壇等，但網上論壇的潛能並沒有得到充分發揮，還有待進一步完善；還可以開發兩岸研究生交流論壇，從普通教育領域向研究生教育領域過渡，提升兩岸學生交流的層次。

3.高校交流合作方面

校際合作成為兩岸高等教育交流合作的重點，在校際交流合作方面，應從簽訂雙向友好合作協議到聯合培養學生的實質性合作，從高校之間的對等交流合作到高校合作辦學、相互設立分校等形式多樣化改進。

（1）完善合作機制，擴大交流合作領域

當前，儘管兩岸間一部分高校簽訂了合作協議，但一般都是互派學生、教師進行短期觀摩或者進行學術上的探討，其交流合作的空間還很大，特別是聯合培養學生方面。兩岸各高等院校充分利用各自的優勢資源，發揮自主性和創新性，靈活開展具有本土特色和適宜本土發展的課程體系，完善合作機制，聯合培養適應兩岸需求的高級人才。如，2009年閩江學院海峽學院，不僅與臺灣中國文化大學、實踐大學以及有關企業簽訂合作協議，而且詳細地制定了本科層次「分段對接」3+1[679]聯合培養人才方案，由兩岸高校教師共同擬定學生四年的教學計劃、課程設置等，完善了兩岸高校校際合作機制。這種很完善的高校聯合培養學生的合作模式，可以加強學生之間的溝通和學習，消除彼此的隔閡，擴大兩岸高校聯合培養學生的規模，為促進兩岸高等教育的共同發展奠定基礎，也有助於穩定未來兩岸關係的發展。

（2）創新合作模式，實現優質資源互補

合作辦學是兩岸教育交流最重要的突破。兩岸高校合作辦學，可以相互取長補短，學生則可以同時接觸和吸收來自海峽兩岸的教育環境和理念。從地域上講，可重點發展海西經濟區與臺灣之間的高校合作關係，以求實現點面結合、全面推進的目標。結合海峽西岸經濟區與臺灣產業對接的需要，兩岸高校根據產業需求和各自的辦學優勢，積極探索開展校校企合作辦學和產學研合作。同時，海峽兩岸均有豐富的教育資源，高校合作辦學還可以利用自己的優勢到對方去開設分校。目前有臺灣到大陸辦學的，但無大陸到臺灣辦學的，今後大陸也可到臺灣辦學，建立專業課程互認、互設學校機制等，創新聯合辦學模式，進一步擴大兩岸高校合作辦學範圍，實現兩岸優質教育資源的充分利用。

（二）構建交流合作新平臺

在ECFA背景下，兩岸高等教育交流合作的創新發展，不僅需要拓展兩岸高等教育交流合作的內容，更需要為上述高教交流合作內容的拓展構建新的平臺，以保障兩岸高等教育交流合作內容的進一步深化。

1.教師交流合作

（1）設立交流基金，簡化出入境的手續

為了讓兩岸高校的交流合作工作落到實處，大批教師往返於海峽兩岸或進行科學研究合作，僅僅依靠個人或學校來承擔這些費用是遠遠不夠的，尤其是職業教育類學校。因此，海峽兩岸相關部門應透過設立兩岸教育交流基金，補助教師進修培訓和互聘等費用。首先完善教師進修、培訓制度，擴大參與進修、培訓的教師規模，鼓勵教師到世界一流大學學習、培訓或參加兩岸科學研究學術會議；其次，積極採取各項優惠政策，引進中國國內外人才特別是各地區經濟社會發展急需的重點建設專業學科人才，還可以透過聘任知名臺灣高校知名教授做兼職教授或客座教授等。同時，兩岸應以更積極、更開放的態度多鼓勵高等教育的交流活動，針對兩岸人員往來的手續繁瑣問

題，政府可適當下放對臺科技交流的審批權限，將兩岸教師、科技人才交流的審批權限下放至各省人民政府臺灣事務主管部門；並簡化兩岸人員的出入境手續，以方便兩地更多的高等院校教師的往來與交流。

(2) 共建科學研究平臺，兩岸教師強強聯手

目前海峽兩岸已有許多科學研究項目達成合作意向，為了推動兩岸合作科學研究項目的進展，兩岸帶頭教師可以自行構建聯合科技攻關新機制，充分發揮兩岸優質教師資源互補作用，共建兩岸科學研究合作新平臺。此平臺主要面向大陸和臺灣高等院校、科學研究院所以及相關企業。如前面所述，兩岸清華大學實施「兩岸清華合作研究計劃」，並達成「建立兩岸清華聯合實驗室」等，以加強兩校教師在科學研究項目上的合作。又如在中醫藥專業上，兩岸教師可透過兩岸科學研究合作平臺，在中醫關鍵技術方面進行聯合攻關，提高中醫治療水平，還可以聯合研發一批具有世界影響力和地區特色的創新中藥品種，推動兩岸中醫藥產業發展，提升中醫藥的競爭力。

2.學生交流合作

(1) 完善陸生赴臺權益保障機制

當前，臺灣只承認大陸41所高等院校的學歷，學歷互認問題給大陸學生赴臺學習的權益保障帶來嚴重干擾。為了促進陸生赴臺學習，需完善陸生在臺權益保障機制，臺灣方面可設立專門機構，負責對大陸高等院校辦學績效、教學水平、科學研究水平等進行全面評估，之後根據評估的結果定期修改承認的大陸高校學歷的學校名冊，進一步擴大其承認大陸高校學歷的範圍。另一方面，2010年臺灣透過的「陸生三法」對陸生獎、助學金有明確限制，因而，臺灣當局不可能給赴臺學習陸生提供獎、助學金。兩岸高等院校可以借鑑發達國家的先進經驗，充分發揮工商界人士、民間組織的作用，鼓勵他們出資設立專項資金來資助陸生在臺高校期間的學習生活費用，保障陸生學業的順利完成。具體而言，臺灣高校與大陸臺商合作，請臺商提供獎助

學金，而臺灣高校則代為培訓學生，陸生畢業後有機會到家鄉各臺商公司直接就業。

（2）多樣化學生交流合作的平臺

海峽兩岸大學生的交流，除了傳統的夏令營、文化節等平臺外，也需要創造新的交流平臺，豐富兩岸學生交流內容。諸如，2010年中國互聯網協會舉辦的「首屆海峽兩岸大學生網路商務創新應用大賽」，首次邀請臺灣政治大學、臺灣大學等30余所高校參賽，為兩岸高校與青年學生搭建了新的溝通橋樑。還可舉辦兩岸大學生創意作品巡迴展、兩岸大學生文化之旅活動，等等。除上述文體活動平臺外，兩岸更應注重開發本科生、研究生交流論壇，積極促進兩岸教育交流與合作。全面開展兩岸幼兒教育、基礎教育、職業技術教育、高等教育、繼續教育等領域的交流。鼓勵、支持兩岸校際交流與合作，加大互派講學、合作研究、研修學習等多層次專業交流力度，推動雙方在辦學、科學研究等方面的合作，豐富交流合作的形式與內容。在教育領域重視兩岸血脈相連的史實，加強中華民族歷史和文化的傳承。大陸方面歡迎臺灣大專院校來大陸招生，並為此提供便利。同時，繼續擴大臺灣學生在大陸就業的渠道。呼籲臺灣方面儘早承認大陸學歷，尤其是促進兩岸研究生的交流，從普通教育領域向研究生教育領域過渡，提升兩岸學生交流的層次。

3.高校交流合作

（1）加強分校和「校校企」合作模式

首先，海峽兩岸均有豐負的教育資源，高校交流合作還可以利用自己的優勢到對方去開設分校。大陸地區，如清華大學、北京大學和浙江大學等；臺灣，有淡江大學、臺灣大學、成功大學等。這些大學具有不同的優勢專業、師資配備、社會環境等，如果這些大學可以憑藉自身的優勢專業領域（臺灣的經濟管理、工程教育等；大陸的傳統文化、中醫藥專業等），到對方去開設分校，發展自己的特色專業，不僅有利於大學自身的發展，對海峽

兩岸高等教育的共同發展也將起重要作用。

其次,重視臺資企業在兩岸高等教育交流合作中的重要作用,構建「校校企」兩岸高校聯合培養人才方案。大陸高校、臺灣高校、臺資企業,三方聯合制定專業人才培養方案,聯合組建教學團隊,聯合開展專業、課程、教材等教學資源庫建設,聯合開展實訓基地建設,為在大陸臺資企業培養一批高素質應用型人才。以職業教育為例,因臺灣高等職業教育在實訓教學上具有比較優勢,可由大陸高等職業院校負責學生在學校內的理論教學,臺灣高等職業院校負責學生在企業的實訓教學,大陸臺資企業負責學生在企業內的實訓指導,從而實現兩岸高等職業院校與企業間的聯合辦學。

(2)完善多方參與合作辦學體制機制

雖然兩岸合作辦學時間短,但仍應重視兩岸合作辦學質量的評估,建立由學校、政府、社會共同組成的多元質量保障主體,加強對其辦學質量的管理。首先,應設置專門的監管機構,切實履行監管職責;其次允許建立專業性社會評估機構或組織,鼓勵社會各界或組織積極參與評估、監督合作辦學質量,要求兩岸合作的教育機構建立內部質量保障體制。這套內部質量保障體制必須考慮高等院校教師、學生的管理,專業課程的設置,教學方案的實施,教學成果的評價,以及學生學習成果的評鑒等方面,儘量做到全面完善校內教學質量的評估考核,從源頭上確保海峽兩岸高等院校合作辦學的高質量。

四、加強高等教育交流合作促進兩岸關係發展的策略選擇

(一)提高對高等教育交流合作的認識

海峽兩岸的教育交流合作至關重要,尤其是兩岸高等教育的交流合作,不僅可以增進兩岸青少年的相互瞭解和認識,促進其對中華文化的認同感,也是兩岸關係和平發展非常重要的一環。

1.促進兩岸青年中華文化認同感

儘管海峽兩岸的社會制度和文化發展道路不同，兩岸在意識形態方面也存在現實差異，但兩岸有著共同的語言文字、共同的風俗習慣、共同的傳統文化、共同的民族形式，即：兩岸文化同根同源，教育制度一脈相承。2005年親民黨主席宋楚瑜在北京清華大學演講時，就用「一塊招牌，兩間店面，殊途同歸，自強不息」來形容兩岸清華大學特殊的關係。在兩岸文化同種、教育同源基礎上，兩岸高校學歷互認以及高等教育的相互開放，有助於兩岸建立起擁有「大中華」觀念的文化整合與創新形態。相互開放高等教育市場，不僅促進兩岸青年學生的交流，更增進了兩岸青年對祖國大陸的認同、對中華文化的認同，有效地促進了中華文化在海峽兩岸的傳承與創新，對增強兩岸同胞的感情和民族凝聚力，尤其是對兩岸青少年之間的心靈溝通，發揮了無可替代的重要作用。

2.促進兩岸關係的和平穩定發展

兩岸關係發展需要來自文教交流的動力，開展兩岸文化教育交流合作，尤其是高等教育的交流合作，對推動兩岸關係發展具有長遠性的重要作用。在兩岸關係和平發展過程中，青年是兩岸和平發展的推動力，對兩岸關係的發展造成承前啟後的重要作用。而兩岸高等教育交流合作的發展，正有助於兩岸青年的交流溝通，促進兩岸青年互相瞭解，增進兩岸同胞的感情融合。因此，全面推進和深化兩岸高等教育交流與合作，不僅是兩岸同胞的共同願望，更是兩岸關係和平發展不斷向縱深邁進的迫切需要。

（二）兩岸高校自身努力與發展變革

兩岸高等教育的交流合作，除了依賴於兩岸相關機構的支持外，更須兩岸大學注重自身積極的推動角色，全面有效推動兩岸高等教育的交流合作。

1.為學生交流教師合作創造條件

首先,高等院校應提前做好兩岸學生交流的管理工作。以陸生赴臺學習為例,大陸高校應設置專門機構,負責陸生赴臺管理工作,建立專門的陸生赴臺管理檔案,並指派教師專人與赴臺陸生經常保持聯繫,對其學習生活進行指導,一旦發現問題,及時進行溝通與解決。其次,高等院校應完善教師進修、培訓制度,擴大參與進修、培訓的教師規模,鼓勵教師到世界一流大學學習、培訓或參加兩岸科學研究學術會議,設立教育交流資金,補助教師互聘互訪和課程互認等費用。

2.人才培養模式改革與發展創新

隨著兩岸經貿往來的頻繁,現行人才培養模式已不太適應兩岸關係的發展需求。一方面,兩岸高校需以市場需求為導向,建立與科學研究院所、企業、行業聯合培養人才的新機制;另一方面,兩岸高校要積極創新組織模式,培育跨學科、跨領域的科學研究與教學相結合的團隊,擴大科學研究與教學互動的廣度。以工程人才培養為例,兩岸高校可以與工業研究院成立產學研合作組織,建立人才培養基地。與學校的人才培養體系相結合,發展「3+X+1」($X=-1、0、1$)的本科生培養機制和「1+X+2」($X=0、1、2$)的碩士研究生培養機制,重點培養工程類專業學生的工程實踐能力和創新能力。

(三)多方參與促進兩岸高等教育交流合作

海峽兩岸高等教育交流合作不僅僅只涉及到兩岸政府、相關教育機構,它需要多方的參與,共同促進其交流合作。

1.充分發揮企業和社會組織的作用

重視企業在社會組織在兩岸高等教育交流合作中的重要作用,兩岸高等院校可以借鑑發達國家的先進經驗,充分發揮企業、社會組織組織的作用,鼓勵工商界人士、兩岸民間組織等出資設立專項資金來資助陸生在臺或臺生在陸高校學習期間的費用。以職業教育為例,因臺灣高等職業教育在實訓教

學上具有比較優勢，可由大陸高等職業院校負責學生在學校內的理論教學，臺灣高等職業院校負責學生在企業的實訓教學，大陸臺資企業負責學生在企業內的實訓指導，從而實現兩岸高等職業院校學生的順利對接。對於兩岸合作辦學，也應支持企業或社會組織積極參與評估、監督合作辦學質量，確保學生接受高質量教育。

2.加強兩岸高等教育交流合作宣傳

海峽兩岸很多高校之間建立了姐妹校，透過姐妹校可以瞭解臺灣高校招收大陸學生的廣傳效果。同時，還可透過舉辦高校博覽會來全面、廣泛、系統的介紹兩岸高校的辦學情況，以最大可能地讓社會、家長、學生關注兩岸的大學，為學生選擇學校創造必要的條件，促進兩岸學生互動。當前，臺灣當局不允許大陸「海峽兩岸招生服務中心」到臺灣進行廣宣；而大陸方面則是同意海峽兩岸招生服務中心與臺灣大陸地區學生聯合招生委員會（簡稱陸聯會）的網站進行連接，透過網上主渠道進行廣宣。因此，可以利用海峽兩岸高等教育交流合作發展中的重大事項與活動，聚集兩岸網路媒體力量共同做好宣傳報導，不僅給兩岸學生提供訊息服務，更是為兩岸網路媒體交流合作創造諸多契機，有力促進兩岸人民加深瞭解、融洽感情、增進互信，從而為促進兩岸關係和平發展做出貢獻。

3.優化兩岸高等教育交流合作環境

兩岸應大膽探高等教育交流合作新模式，突破機制、體制等因素的制約，優化交流合作環境。大陸高校與臺灣高校達成相關協議，引進臺灣教學課程，實現兩岸學歷學分互認，陸生自由赴臺學習等。同時，還可建立完全學分制，只要在臺陸生或在陸臺生修滿學分即可提前畢業。對於學生畢業後，兩岸也可考慮為其搭建相應的平等競爭就業平臺，如，大陸廈門市面向臺生招收事業單位編內人員等。對於兩岸教師的互訪、進修等，高校也應擴大其規模，並出臺相應的政策，對到臺灣進修、參與兩岸科學研究項目合作的教師給予資金資助。

（四）推動兩岸高教交流合作制度化

根據兩岸客觀形勢發展的需要，適時地簽訂海峽兩岸高教合作協議，規範兩岸合作辦學項目的管理，構建兩岸高等教育合作協調組織，是推進海峽兩岸高等教育制度化合作的重要保證。

1.簽訂兩岸高等教育合作協議

自「大三通」及ECFA簽署以後，兩岸在經貿文教領域交流合作日益頻繁，為了約束和規範因利益不同而產生的不利於兩岸教育合作的因素，有必要簽訂海峽兩岸高等教育合作協議，設立兩岸共同遵守的法規和規則，推進兩岸高等教育制度化。如歐盟的教育合作已在歐盟層面有決策運作規則、成員國層面有執行規則、學校層面有具體的操作規則，從而形成了一系列行之有效的制度。

2.規範兩岸合作辦學項目管理

當前，海峽兩岸教育機構合作辦學項目頗受青睞，而對於此的審批和管理是以2003年3月發布的《中外合作辦學條例》為依據，所受限制非常多，這與兩岸經貿關係的密切發展非常不協調。因法律法規的滯後，將導致在進一步規範兩岸合作辦學過程中出現一些制度上的漏洞。這需要兩岸經過協商，增加對於兩岸合作辦學進行規範的文件，專門制定兩岸合作辦學項目管理法規，明晰舉辦模式，加強合作項目管理。

3.設立兩岸高等教育交流合作組織

在海峽兩岸高等教育發展中，要充分利用兩岸經貿合作框架協議（ECFA）加強對話及積極協商，並借鑑歐盟教育合作機制模式，在大陸和臺灣有關政府組織的支持下，共同設立海峽兩岸高等教育交流合作組織。從而有效地聯絡大陸和臺灣各高校，打破兩岸的行政區域界限和各自為戰的狀況，充分發揮自身優勢，改進現有高教資源和教學體系，共同研究探討兩岸高等教

育改革與發展問題,並對兩岸高等教育交流合作事宜進行協調決策,且制定相關章程,以便從制度上和機制上把兩岸高等教育發展推向務實合作的方向。設立兩岸高等教育交流合作組織,作為兩岸高等教育交流合作長期、穩定和制度化的平臺,並由兩岸共同管理運作,必將為兩岸高等教育的交流與合作注入新的活力。

五、小結與展望

新形勢下,教育已「成為實現經濟全球化的一種載體和活動方式」,海峽兩岸高等教育共同面臨著全球範圍內的競爭。兩岸高等教育有必要在關注全球國際化的同時,強化對本土民族性文化的認知和挖掘。胡錦濤在紀念《告臺灣同胞書》發表30週年座談會上強調指出,「兩岸同胞要開展各種形式的文化交流,以增強民族意識、凝聚共同意志。尤其要加強兩岸青少年交流,不斷為兩岸關係和平發展增添蓬勃活力」。只有強化兩岸民眾與社會各界人士的交流活動,才能拉近兩岸民眾的心,才能更好推動兩岸關係和平發展成果的擴大與共享。換句話說,深化兩岸高等教育交流合作是兩岸關係和平發展的必然結果,兩岸高等教育市場的進一步開放又將開啟兩岸教育產業合作新篇章,為深化兩岸青年互動、增進兩岸文教交流、改善兩岸關係注入新活力。

顯然,兩岸高等教育交流合作,從無到有、從單向到雙向、從簡單到多元,直接影響著臺灣民眾和青少年對祖國大陸的認同、對中華文化的認同、對中華民族的認同,成為推動兩岸關係和平與穩定發展的重要力量。在兩岸同胞共同努力下,兩岸文教交流合作已經取得長足進展,但仍有較大的提升空間,尤其是如何強化兩岸教師教學、科學研究公關、學生互動、學歷互認、合作辦學及設立分校等方面的合作,同時不斷構建新的交流合作平臺,促進兩岸高等教育交流合作應向更寬領域、更大規模、更深層次邁進。

主要參考文獻

[1]代明.臺灣教育服務貿易的邊緣化困境與出路[J].臺灣研究,2007（2）：32-51.

[2]李瑜芳.關於海峽兩岸高校實施雙聯制的調研報告[J].福建省社會主義學院學報,2009（1）：72-75.

[3]張亞群.全球化中高等教育改革的重要參數——海峽兩岸入世後的文化取向[J].復旦教育論壇,2004（2）：48-52.

[4]莊坤良.全球化與高等教育國際化的新世界：臺師大的經驗[J].黃河科技大學學報,2010（1）：21-24.

[5]林慧.教育服務貿易視野下的兩岸高等教育[J].高等教育研究學報,2006（3）：82-85.

[6]林金輝,翁海霞.我國內地與香港地區高等教育合作辦學的特殊性及可持續發展[J].中國高教研究,2010（3）：22-24.

[7]郭偉展.推進浙臺職業教育交流合作的若干思考[J].浙江工貿職業技術學院學報,2008（12）：78-82.

[8]崔萍.兩岸教育交流的現狀及前景分析[J].統一論壇,2007（5）：34-36.

[9]張寶蓉.從金融危機看我國臺灣高等教育教育的改革與發展[J].臺灣優秀成果獎獲獎論文彙編（2009卷）：159-171.

[10]孫岩.關於海峽兩岸高等教育交流的狀況及前景[EB/OL].ct100.chihlee.edu.tw/ezcatfiles/b012/img/img/107/a012.doc．

[11]楊移貽.從博洛尼亞進程看兩岸四地高等教育一體化前景[J].現代教育

管理，2010（10）：108-111.

[12]向桂君.歐洲高等教育一體化對兩岸高等教育交流與合作的啟示和借鑑[EB/OL].http：//www.chinaelections.org/newsinfo.asp?newsid=193676.

[13]楊國賜.兩岸高等教育發展與合作[EB/OL].http：//www.chinataiwan.org/zt/wj/lt/flt/jy/jmwh3/200907/t20090712949

[14]許明.閩臺高等職業教育交流合作的歷史沿革與基本模式[J].教育考試，2010（3）：7-13.

[15]黃建如等.海峽兩岸高校合作辦學的新途徑——馬來西亞國際合作辦學模式的借鑑意義[J].臺灣研究集刊，2010（3）：86-94.

兩岸高等教育發展：民意基礎、提高空間與合作策略

天津財經大學經濟學院　張寶貴

高等院校展示會組委會　陝陽忠

　　隨著經濟和社會的現代化發展，海峽兩岸高等教育合作問題日益成為中華民族教育發展的重要問題。科學地分析海峽兩岸高等教育發展的民意基礎、提高空間與合作發展可能出現的問題，有針對性地制定推進海峽兩岸高等教育合作發展策略，在迎接高等教育國際化的挑戰中構建具有中華民族特色的教育發展模式，提高全民族素質，為實現中華民族的偉大復興作出新的更大貢獻，無疑具有重要意義。

一、提高空間：教育資源互補

　　中華民族同根、同源、同族、同文是海峽兩岸教育合作發展的前提和基礎，辦學水平的層次差距和生源供給的教育資源方面的互補，則是兩岸合作的提升空間，也是推動海峽兩岸教育合作發展的內在動力。

（一）兩岸教育的差距

1.教育投入

　　臺灣教育投入較高，這是臺灣人力資本水平較高的重要標誌，也為臺灣科技進步、產業結構升級、經濟和社會發展提供了人才儲備。例如，2007年～2008年，公私部門教育經費總和占GDP比重為6.1%，其中，財政性教育支

出占GDP比重為4.4%。與之相比，大陸1993年提出到2000年實現財政性教育經費（即公共教育經費）占GDP4%的目標，未能實現。2006年，再次提出2010年實現這一目標，仍未能實現。

財政性教育支出中，國民教育占60～63%，中等教育約18%，高教18～21%。其中，臺灣高等教育投入一直保持著世界先進水平。高等教育總經費中，公立和私立院校教育投入占GDP比重分別為0.9%和1.2%，合計占GDP比重為2.1%，高於OECD國家公立1.1%和私立0.4%的平均值。

這是合乎教育發展規律的投資結構。事實上，在一定速度的科技發展、生產資本提高的條件下，教育投入的指數增長，可以使社會生產水平指數增長。反過來講，保證社會生產水平指數增長，教育投入總值至少要與社會生產產值保持一定的比例關係。其中，科技進步和社會生產資本投入增長速度越大，這種比例也就越大[681]。這就是世界各國在加快經濟發展中不斷增大教育投入的根本原因，也是發達國家教育投入占GDP比重普遍高於中等發達國家和發展中國家的根本原因。同樣，後發國家要想成功實現趕超先進國家，走科技先行、可持續發展的道路，就必須提高教育水平，縮短勞動者工作學習時間，就必須不斷加大教育投入的比例。

為保障政府教育投入的教育機構具有服務的公共性、公平性和投資效率和效益的最大化，政府要加強教育投入的調控，主要表現為：一是政府提供的教育機會最為基礎和廣泛。儘管政府教育投入占整個教育投入的比例隨著教育層次的提高而逐漸減小，但是，政府舉辦的教育機構的在校生占全部教育在校生的比例越來越大。二是政府教育投入的效益高。政府投入的主要領域一個是義務教育，保證全體國民平等受到最為基本的教育，另一個重要領域是舉辦重點大學，以保證教育投資效益的最大化。

從教育收益的角度來看，國家、企業和個人應共同分擔教育成本。因為，教育對國家、企業和個人都可以帶來不同的利益。從充分利用教育資源的角度來看，要使整個社會教育資源消耗最小，受教育者負擔個人接受教育

成本占整個學校教育成本比例的底限為1/3[682]。值得說明的是,如果是在非義務教育階段,由於義務教育階段個人分擔教育成本的比例很小,因此學校的收費標準占教育成本的比例還應當更高。

這樣,我們不難理解與大陸相比,臺灣高等教育的優勢。

2.辦學水平

與大陸高等教育最為發達的北京、天津兩地聯合起來相比較(見表3、表4、表5、表6),有助於我們深刻理解臺灣高等教育的優勢以及兩岸的差距。

表3　2009年臺灣與北京、天津基本情況比較

	北京	天津	京津合計	台灣	
人口數(萬人)	常住	1755	1228.16	2983.16	2312
	戶籍	1245.8	979.84	2225.64	
GDP(億美元)		1779.1	1101.13	2880.23	3789.52
人均GDP(美元)		10313.62	9160.3	9654.96	16372.31
人均GDP增長率(%)		5.47%	6.68%	7.95%	-0.99%
土地面積(平方公里)		16410.54	11860.63	28271.17	36000.14
人均土地面積(平方公尺/人)		935	966	948	1560
在校大學生數(萬人)		57.7154	40.5968	98.3122	111.95
每萬人口在校大學生數		329	331	330	484

數據來源:1.《臺灣統計年鑑2010》,「行政院」主計處,2010年9月,第3頁,第10頁,第140頁;

2.北京統計訊息網http://www.bjstats.gov.cn/

3.天津統計訊息網http://www.stats-tj.gov.cn/

4.國際貨幣基金組織http://www.imf.org/

首先,從表3中2009年臺灣與北京、天津基本情況的比較可以看出,人

均土地面積相差較大。實際上臺灣較京津兩地相比，山區較多，實際上可利用的土地面積與京津兩地相差不大。但是，臺灣經濟發展水平和教育規模，明顯高於大陸最發達的京津兩地。

表4　2009年臺灣與北京、天津高等教育結構情況比較　　單位：萬人

	北京	天津	京津合計	台灣
學生總數	78.6648	44.3618	123.0266	133.6659
博士生	5.8995	0.7319	6.6314	3.3751
碩士生	15.0499	3.0331	18.083	18.3401
大學生	57.7154	40.5968	98.3122	111.9507
其中：本科生	45.1838	25.5643	70.7481	101.0952
專科生	12.5316	15.0325	27.5641	10.8555

數據來源：

1.臺灣「教育部」——全球諮詢網http：//www.edu.tw/

2.北京統計訊息網http：//www.bjstats.gov.cn/

3.天津統計訊息網http：//www.stats-tj.gov.cn/

4.天津市教育委員會網http：//www.tjmec.gov.cn/show.

從表4中2009年臺灣與北京、天津高等教育結構情況比較來看，教育規模除博士生和專科生外，臺灣教育本科生、碩士生和大學生規模，明顯高於大陸最發達的京津兩地。而且，臺灣整個教育結構相對合理。

表5　2009年臺灣與北京、天津高等學校數量情況比較　　單位：所

	北京	天津	京津合計	台灣
高等院校總數	88	55	143	164
綜合院校	5	16	21	63
科技類院校	11	16	27	92
師範院校	2	2	4	8
專科院校	25	26	41	15

數據來源：

1.臺灣「教育部」——全球諮詢網http：//www.edu.tw/

2.北京統計訊息網http：//www.bjstats.gov.cn/

3.天津統計訊息網http：//www.stats-tj.gov.cn/

4.中華人民共和國教育部網站http：//www.moc.edu.cn/

從表5中2009年臺灣與北京、天津高等學校數量來看，除專科學校外，臺灣各級各類高等學校數量明顯高於大陸最發達的京津兩地，顯示臺灣教育資源的豐富程度。

表6　2010年臺灣與北京、天津世界學術前500強高校排名情況比較

名次	北京	天津	台灣
111			台灣大學
169	北京大學		
180	清華大學		
224			台灣成功大學
334			台灣交通大學
335			台灣清華大學
409			長庚大學
439		南開大學	
440			台灣中央大學
441			台灣陽明大學
455		天津大學	
共計（所）	2	2	7

資料來源：世界大學學術排名（ARWU）網站http：//www.arwu.org/Chinese/

從表6中2010年臺灣與北京、天津世界學術前500強高校排名情況來看，臺灣高等學校世界排名前500強的大學數量，臺灣高於京津兩地，臺灣高等學校層次和質量水平是較高的。

以下，2009年京津兩地的發展數據同1991年和1992年的臺灣相比（見表7、表8），有助於進一步分析海峽兩岸的差距。

表7　1991年和1992年臺灣與2009年北京、天津基本情況比較

		台灣 (1991年)	台灣 (1992年)	北京 (2009年)	天津 (2009年)	京、金合計 (2009年)
人口數（萬人）	常住	2055.7	2075.2	1755	1228.16	2983.16
	戶籍			1245	979.84	2225.64
GDP(億美元)		1842.67	2187.12	1779.1	1101.13	2880.23
人均GDP(美元)		8973.49	10572.62	10314	9160	9645.96
人均GDP增長率(%)		10.61%	10.30%	5.47%	6.68%	7.95%
在校大學生數（萬人）		58.5589	62.1891	57.7154	40.5968	98.31
每萬人口在校大學生數		285	300	329	331	330

數據來源：

1.《臺灣統計年鑒2010》，「行政院主計處」，2010年9月，第3頁，第10頁，第140頁；

2.《臺灣統計年鑒2006》，「行政院主計處」，2006年6月，第24頁，第45頁，第211頁；

3.臺灣「教育部」——全球諮詢網http：//www.edu.tw/

4.北京統計訊息網http：//www.bjstats.gov.cn/

5.天津統計訊息網http：//www.stats-tj.gov.cn/

6.國際貨幣基金組織http：//www.imf.org/

從表7可以看出，1991年和1992年的臺灣與2009年京津兩地的基本情況非常接近。

表8　1992年臺灣與2009年北京、天津高等教育規模情況比較　　單位：萬人

	北京（2009年）	天津（2009年）	京、津合計（2009年）	台灣(1992年)
學生總數	78.6648	44.3618	123.0266	65.3162
博士生	5.8995	0.7319	6.6314	0.656
碩士生	15.0499	3.0331	18.083	2.4711
大學生	57.7154	40.5968	98.3122	62.1891
其中：本科生	45.1838	25.5643	70.7481	27.3088
專科生	12.5316	15.0325	27.5641	34.8803

數據來源：1.臺灣「教育部」——全球諮詢網http://www.edu.tw/

2.北京統計訊息網http://www.bjstats.gov.cn/

3.天津統計訊息網http://www.stats-tj.gov.cn/

在表8中，由於跨越年代，臺灣的本科生以上學歷教育規模較小。實際上，從科技進步的角度來看，1992年專科生與2009年本科生的相對勞動價值基本相同。這一點從臺灣南開科技大學的發展就可以說明。該校1993年名為南開工商專科學校，2008年改名為南開科技大學。也就是說，1992年專科生與2009年本科生相對標準相差不大。這樣，從本科生和大學生規模來看，臺灣1992年與2009年京津兩地相差不大。

由此判定，京津兩地2009年水平與臺灣1992年水平相當，也就是說，大陸高等教育最為發達的京津兩地的高等教育與臺灣相差近20年。

（二）合作潛力

兩岸職業教育合作的潛力是巨大的，具體有以下幾點：

1.兩岸高等教育合作可以實現雙贏

兩岸合作辦學也是中華民族教育發展和社會發展的必然選擇。兩岸合作辦學的第一大優勢就是保證為臺灣高等教育提供生源保證，並在一定程度上緩解大陸教育經費短缺、政府財政教育經費有限以及大陸優質職業技術教育總供給嚴重不足的局面。

臺灣社會少子化趨勢日益明顯，人口出生數已從1996年325545人大幅降至2008年198733人，少子化趨勢導致學齡人口急劇下降。伴隨臺灣少子化問題的日益嚴重，相對的大專院校不減反增，生源減少，因此招生不足及困難的程度亦逐年增加[683]。臺灣政府部門對私立學校的補助，只有公立學校的1/6，但私立學校學生所付學費為公立學校的兩倍，生源減少必將對私立學校招生和發展產生很大衝擊。而且，由於臺灣高等教育市場國際化，國際化的競爭必然導致生源萎縮。而大陸方面，由於體制的原因，高等職業院校的辦學經費主要依賴於政府撥款。2007年，大陸普通高等本科、專科學校教育事業費支出共計2071.33億元，相當於高等職業技術院校500.16億元的5.4倍；在生均預算內支出中，普通高校本科北京、天津和全國為24451.62元、11195.08元和6448.92元，而高等職業技術院校為12403.20元、7358.47元和4024.26元[684]，普通高校本科分別相當於高等職業技術院校的1.97倍、1.52倍和1.60倍。從2001年到2006年，大陸中等職業教育招生人數增長74%，而在此期間，生均校舍面積卻減少41%，生均固定資產值減少17%；高等職業教育中，獨立設置高職院校從2004年到2006年兩年間的招生人數增長了22%，在校生人數增長了54%，而相當的生均校舍建築面積減少29%，生均教學行政用房面積減少26%，生均教學儀器設備值減少23%[685]。無論是高等職業教育還是普通高等教育均表現出規模發展與資源供給的不足。

面對這種狀況，借助於臺灣高等教育的資源優勢，透過「雙贏」的合作，保證兩岸高等教育的健康發展。

2.優質教育資源的充分利用

臺灣高等教育在追趕世界先進水平教育的發展中積累了豐富的管理經驗，並融入中華民族傳統文化特色，非常值得借鑑並發揚光大。例如，「非升即走」（「up or out」）指試用期內教師無法晉升高一級就必須在一定時間內離開學校。這是國外著名研究型大學普遍採用的用人準則。哈佛大學科南特校長就曾領導制定教師聘任和晉升過程中的「非升即走」的原則和教師晉升的學術標準。大陸一些學校也曾試用這一辦法，但效果不太理想。臺灣

中國醫藥大學採用這一辦法，效果非常理想。因為，國外大學與「硬指標」相對應的「軟環境」是工資與學術掛鉤的高新聘任制度以及「學術休假」制度。而臺灣中國醫藥大學所採用的「軟環境」是：提供國外進修及科學研究機會、資助科學研究經費、安排高水平教師指導科學研究等。全力幫助教師晉升，使得學校教師對這一管理辦法普遍認同。這實質上是將科學的管理方法融入中華民族特有的親情因素，使冷冰冰的管理準則更富有人情味。兩岸合作辦學引進臺灣先進的教育思想、教育理念、教學內容、教學方法和教學管理經驗，一方面能夠在大陸培養出高水平的國際人才，另一方面有利於提高中國整體的教育水平。透過兩岸合作辦學，可以促進教育的管理體制改革和教育市場的完善，從而促進教育事業的發展。還有，兩岸合作辦學有利於填補大陸先進的專業甚至學科的空缺，不僅培養了臺灣在大陸相應企業急需的高級專業人才，提高了行業的整體素質，可以使大陸在這些專業和學科上盡快達到世界先進水平。

目前，臺灣面臨經濟與產業成長及結構轉型的挑戰，工業占GDP的比率由47%降至22.7%；而服務業的GDP則由47%增加為75.4%，臺灣的產業已經逐漸從人力生產轉變成以創造力、服務為主的創新形態[686]。臺灣著名大學的學術研究水平明顯高於京、津兩地，其科技轉讓、專利發明等一定有更為廣闊的市場應用，無疑會為學校發展注入更加強大的動力。

兩岸合作辦學無疑會使得眾多高等院校在資金投入、辦學模式、教育特色、專業設計等方面形成特色，無疑會激活中國的高等教育市場。大陸各類高等院校既可以學習和借鑑兩岸合作辦學的長處，同時也會給各類教育產生壓力和挑戰。總之，無論是對兩岸合作辦學長處的學習和借鑑，還是迫於兩岸合作辦學的壓力和挑戰，都會推動整個中華民族高等教育的改革和創新。

另外，從職業教育發展來看，大陸現有職業技術院校基本都是政府或國有行業和企業辦學情況下，興建若干所新型職業技術院校，要特別重視依靠與臺灣高水平職業技術院校實行合作辦學，發展本科層次和研究生層次高等職業教育，以培養職業技術的高級專門人才。這是順應職業技術教育全球化

趨勢，追趕發達國家並與世界教育同行的重要戰略舉措，透過合作辦學，吸引一些臺灣優質的職業技術院校來舉辦職業技術學院、分院，以此提升職業教育的規模和水平。

大陸借鑑臺灣工學結合、專業技能與一般技能並重、職業技能可持續發展，建設多樣化的職業技術人才培養體系，即以普通教育為基礎並與之結合，又有職業技術教育獨立完善的體系脈絡，既有以學校為本的職業技術教育，又有與企業、事業單位密切合作研究、開發的創業型教育，進而推動中國教育產業和教育市場的發展和完善。大陸可以學習臺灣在借鑑發達國家以職業技能標準為導向的能力本位進行職業教育改革創新的成功經驗，深化「工學結合」、「校企合作」以及創業型職業技術人才培養的創新，等等，並共同進行辦學制度的創新，提高教育水平，無疑可以進一步提高職業技術教育功效，促進經濟社會的全面進步。

3.有助於推動中國高等教育產業發展

海峽兩岸教育辦學水平的層次差距和生源供給的豐富程度的外在差異性有利於兩岸的高水平學校培育、教育產業發展以及教育資源要素流動等進入「正反饋」的良性循環機制，從而得以加速推動教育與經濟協調發展和教育結構的優化升級。兩岸合作交流搭建的政策與制度合作平臺有利於雙方相互學習，提高政府的管理效率，從而對市場機制的完善和制度建設等產生積極影響。透過兩岸合作深化，有助於使得兩岸儘早成為世界先進的教育地區。

我們學習高等教育發達國家的辦學經驗、發展思路、教育模式等，按照高等教育發達國家的辦學模式辦學，只能做到形似到神似。因為，即使是我們以最為開放的視野，即使我們按照世界一流的先進國家的辦學目標與辦學思路辦學，與這些國家乃至學校進行最為密切的交流，同樣也會存在跨文化的障礙。加強我們本民族學校之間的交流才能真正找到我們高等教育原本的基因和應有的靈魂。臺灣作為世界高等教育發展的先進地區，與其開展密切教育合作與交流，才能把海峽兩岸高等教育合作與交流一步一步做實、做

大、做強。

兩岸合作辦學必將是中華民族國際教育服務貿易的重要組成部分，發展兩岸合作辦學本身就是對國際貿易的一大貢獻。鑒於高等教育對整個社會發展具有基礎性、先導性和全面性的地位與作用，兩岸合作辦學將有利於兩岸國際貿易的發展，有利於推進經濟和社會全面進步。單從學術水平來看，大陸學生出國留學，進入世界100強以內的高校留學生畢竟極為少數，絕大部分學生在100強以後的大學學習。例如，美國大學費用5萬～20萬RMB/年，2010出國留學人數達28.47萬人[687]。如果其中1%到臺灣上學，僅學費一項就會達到3億多人民幣。因此，兩岸的合作交流，必將促進中華民族教育的迅速崛起，完全有能力把高等教育大國建設成為高等教育強國。

（三）重要工作

根據海峽兩岸高等教育發展的現狀，不斷為高等教育合作發展增添新的內容並注入新的生機與活力，重要的工作有：一是透過學校之間的友好交流進一步提高高等教育的目標水平，讓學生透過高水平、高質量、高品位的勞動提升人生價值，讓中華民族的後代在國際交往中更有尊嚴。二是透過學校之間的友好交流進一步促進教育資源的整合，促進兩岸教育體系的優化，使人才培養的目標更加人性化、人文化，更加符合每個人的個性發展需要。三是透過學校之間的友好交流進一步影響政府的決策，消除對大陸學生赴臺學習的歧視性政策，讓民族之間的交流更加順暢，增強中華民族的凝聚力。

二、合作策略

海峽兩岸高等教育合作發展的共同目標是為實現中華民族偉大復興培養全球視野和國際競爭力的高質量人才。

實施海峽兩岸高等教育的發展目標，應當遵循以下原則：

（一）地域選擇的梯度開展

地區根據自身資源稟賦優勢和國家宏觀戰略布局，形成不同的產業結構布局，使得經濟增長總透過「增長極」上，向外圍擴散，帶動整個區域經濟的發展，並對周邊區域經濟發展產生擴散效應，從而使不同區域整體經濟梯度發展。

不同的產業結構布局，對高等教育的人才培養層次與規格、學科體系、專業設置、課程建設等產生不同需求，所以，經濟梯度發展促使高等教育梯度發展。

大陸區域經濟的梯度發展源於改革開放初期實行非均衡的區域經濟發展戰略。改革開放的總設計師鄧小平指出，「一部分地區發展快一點，帶動大部分地區，這是加速發展的捷徑」，「要研究一下哪些地方條件更好，可以更擴大地開源。比如抓上海，就算一個大措施。上海是我們的王牌，把上海搞起來是一條捷徑」[688]。這樣在國家政策引導及經濟地理的自然分布下，形成「上海——四大經濟特區（深圳、珠海、汕頭、廈門）——東部沿海開放城市——東部地區——中西部地區」的「雁形」梯度發展模式。

這種發展模式與實際各個地區經濟效率和社會環境水平呈現出空間的相關性和一致性。根據中國人民大學中國調查評價中心2007年首次發布的中國發展指數[689]表明，中國31個省級行政區（不包括港澳臺地區）由高到低可劃分為四個類群，發展水平地區差異和城鄉差距較大。中國31個省級行政區（不包括港澳臺地區）由高到低被劃分為四個類群，它們在發展程度上有較大差異：第一類是北京、上海；第二類是天津、浙江、江蘇、廣東、福建；第三類是遼寧、吉林、山東、內蒙古、河北、山西、黑龍江、湖南、河南、湖北、新疆、陝西；第四類是重慶、海南、廣西、寧夏、江西、四川、安徽、青海、甘肅、雲南、貴州、西藏。由此可以看出職業教育發展需求的差異情況。

所以，推進海峽兩岸高等教育的合作交流，加快大陸高等教育的發展，縮小區域之間經濟和社會發展的差距，重要的策略是遵循經濟區域梯度發展

的前提下，遵循「雁形假說」梯度進行兩岸高等教育的合作交流。

由此推斷：未來引領中華民族的高等教育快速步入世界先進水平的高等教育「龍頭」地區是：京津地區，以高水平師資和優秀生源為特色；上海為核心的長三角地區，以服務經濟快速發展為特色；臺灣，以高等教育體系結構優化為特色；香港，以追趕世界研究型大學辦學為特色。

（二）中介組織的穩步選擇

教育合作發展本質上就是特定區域內教育資源的均衡流動、優化整合的發展狀態，是一種發展觀的價值體現。區域發展從機制上已經從單純的政府間主義邁向超區域間主義的方向轉型。其中，對海峽兩岸高等教育而言，如何實現優勢互補、共同發展、加快趕超世界先進水平等，需要健全兩岸協調發展機制、促進公共管理的治理轉型以及推進跨境區域合作治理等方面有所作為，這就要求海峽兩岸高等教育合作交流必須有中介組織的參與。中介機構一是作為政府與辦學者之間的中介，如專門對學校辦學水平的評估機構；二是作為學校之間的中介，如制定同類同級學校共同發展標準的聯合會等；三是作為學校服務與教育產品選擇之間的中介，如，為大學招生服務的考試機構等。教育中介組織對學校教育教學質量進行評估，為學校教育發展提供科學參照標準，為政府、學校和全社會提供客觀、公平的教育評價和更加準確的決策訊息。

中介組織本身具有評價的專業性、公正性、權威性。專業性是指教育評估領域的專門組織，由教育領域各方面相應的專家組成，能夠提供教育專業評估諮詢服務；公平性是指不代表政府或其他社會團體及個人的意見，能夠全面準確反映評價對象的客觀現實；權威性是指所評價諮詢的過程和結論足以代表國家或地區的最高水平，是完全能夠得到充分認可的。

教育中介組織是發達教育市場的產物。經過30多年的改革開放，大陸雖然已初步建立了社會主義市場經濟體制，但是，教育中介組織發展還需要政

府的適當引導和前期介入。可以這樣說，沒有政府的前期介入，對教育中介組織的宏觀引導和不可缺少的控制，教育中介組織是很難發展起來的。所以，在政府的引導或前期介入中，都要明確政府的角色和職能，避免政府對教育中介組織過多的干預，但也應扶持教育中介組織的建立並明確教育中介組織地位和職能，而不是依靠市場透過公平競爭、優勝劣汰來發展中介組織。海峽兩岸教育合作交流的中介組織應是政府專門代理機構性質的中介組織，專門從事海峽兩岸教育合作交流事宜的中介組織。這種中介組織具有以下特點：

第一，專業化：代理機構必須形成自身所特有的、適應教育市場需求的產品或服務，並長期從事這項工作並取得學校、學生、家長乃至社會的廣泛認可，與大陸和臺灣學校直接合作並取得雙方學校的共同信任。透過改進技術和創新，形成自己獨特的產品和服務，從而占據獨特的細分市場。所推介的教育產品和服務，受到市場廣泛認可。

第二，標準化：人員和服務人員的標準化。開展專題教育培訓，挑選和培養服務行業的標準化人員，建立一支既瞭解行業情況，又有標準化專業知識的管理隊伍，使服務標準化創建工作常態化；服務標準化作為高效優質服務的行動原則，也是衡量服務優劣的尺度。經營理念、企業文化可以反覆複製並可以發展連鎖。

第三，簡單化：在兩岸教育交流規範化的前提下，使得服務更加簡約，為提高兩岸教育交流效率、降低成本創造條件和保證。

（三）合作內容的全面深化

全球化背景下，隨著國際間往來的日益頻繁，高等教育領域的合作與交流也呈現出國際化趨勢。加強國際間合作與交流是高等教育現代化發展的重要內容和手段。海峽兩岸高校應聯手進行國際間的教育合作與競爭。

海峽兩岸高等教育合作的主要形式包括建立友好交流學校、交流學生、

招收學生、互派教師進修、合作開展科學研究等。透過學生交流，使不同地域和學校文化的交流，為海峽兩岸不同地區、學校文化注入新的生機與活力，提高教育的質量。透過教師交流，提高教育質量。透過課程交流，使培養程序優化。透過合作研究，一方面進行重大課題研究，使海峽兩岸科學研究盡快步入世界領先水平；一方面提高教育技術的研究水平。透過合作辦學，進行辦學制度的創新，提高辦學水平。

透過兩岸高等教育合作發展，打造獨具特色的職業技術學院（TAFE）和國際品牌的各類學院（如孔子國際研究院），共同開展國際合作辦學、招收海外學生、進行國際事務培訓、舉辦國際教育會議、設置國際性課程和發展國際遠程高等教育等舉措，力爭使兩岸成為世界高等教育的重要輸出地區之一。

三、結語

目前，大陸已經初步建立了適應國際發展潮流、符合中國國情的高等教育的發展目標、體系、制度乃至模式，臺灣的高等教育是具有世界先進水平的高等教育體系，海峽兩岸高等教育合作，可以實現雙贏，既有助於解決臺灣高等教育發展所面臨的困難和問題，也可以充分利用臺灣的優質高等教育資源，提升大陸高等院校的教育水平。海峽兩岸要攜起手來，積極穩步地全面深化高等教育合作交流，共同提高海峽兩岸高等教育的國際地位，推動高等教育產業發展，推進海峽兩岸經濟社會的全面進步。

兩岸合作維護海洋權益研究

國際關係學院　吳慧

中國現代國際關係研究院　商韜

中國國家海洋局國際合作司副司長陳越在2010年接受香港中評社訪問時表示，釣魚島和南沙群島是兩岸有共同點的議題，維護海域、島礁的主權和管轄權，也是非常重要的問題，兩岸對此應該共同合作。[690]維護釣魚島和南沙群島的主權，符合兩岸同胞的共同利益，也符合中華民族的長遠利益。

一、兩岸共同面臨的海域爭端

（一）南海主權爭議

南海，亦稱南中國海（South China Sea），指的是在中國東南方向，位於北緯23°27´與南緯3°、東經99°10´與122°10´之間的廣大海域。其北部由中國的海南島、臺灣島、廣西、廣東和福建省、香港特別行政區所組成；東部是菲律賓的呂宋島、民都洛島和巴拉望島；南部是馬來西亞的沙巴與沙撈越州、文萊、印尼的納土納群島和新加坡；西部則從新加坡延伸到西馬來西亞的東海岸，經過暹羅灣、泰國和柬埔寨，沿著長長的越南海岸到東京灣。整個海域為一由東北朝西南走向的半封閉海域，東西距離為1380公里，南北距離約2380公里，總面積約350萬平方公里。[691]

南海問題可分為兩個方面：一是中國與菲律賓、文萊、馬來西亞、越南4國圍繞南沙群島領土主權的爭端；二是中國與南海周邊國家菲律賓、文

萊、馬來西亞、印度尼西亞、越南關於南海海域的劃界爭端。其中,南沙群島領土主權爭端是南海問題的核心和關鍵。[692]

當前有關南海群島主權爭議問題,東沙、中沙、西沙群島由於兩岸均派有駐軍防守,主權爭議不大,唯獨南沙群島臺灣雖於太平島駐有守備部隊,但面對菲、越、馬等國侵入固有海疆線則束手無策。[693]目前,越南實際占領29個島礁,菲律賓占領著8個,馬來西亞占領著9個。

除此之外,中國在南海海域的經濟利益正蒙受巨大損失。目前南海周邊國家已與數十家外國公司聯合在南沙群島海域鑽探了1000多口油井,在南海海域擁有石油租讓權並正在進行勘探和開發的國際壟斷石油公司達60家之多,涉及美、英、法、日、俄、意等國。每年石油開採超過5000萬噸,天然氣546億立方米,這些油井都位於我斷續國界線內。

1.南海問題的歷史回顧

早在秦漢時期,中國人民已經開闢了透過南海與其他國家人民交往的海上絲綢之路。唐貞觀元年(公元627年),唐太宗在海南島設立崖州都督府,正式把南海各島劃入中國疆域,歸嶺南節度使管轄。從史料的記載來看,中國最早發現和管轄了南海諸島,已經構成了國際法上的先占,也得到了世界各國的廣泛承認。[694]二戰期間,南沙群島曾落入日本之手,但戰後日本透過正式儀式把南沙群島歸還中國。從1950年代至80年代,南海問題才開始出現並逐漸升級:[695]

1950年代,「克洛馬事件」[696]後,菲律賓、越南相繼表示對南沙群島擁有「主權」。海峽兩岸對此事件採取了一致的立場。一方面,中國政府發表嚴正聲明重申中國對南海諸島享有主權,並在西沙永興島駐軍;另一方面,臺灣當局在當時與菲律賓政府還存在「外交關係」,臺灣當局首先發表聲明,表明對南沙群島的領土和主權立場,繼而採取行動,透過外交途徑交涉,並重新派兵進駐太平島,同時,對越南當局所謂「主權要求」進行有力

的駁斥。50年代，海峽兩岸對圖謀我南沙群島的行徑予以有力回擊，捍衛了國家主權。

　　1970年代，南越當局先後非法侵占中國南沙、西沙群島中的6個島嶼，以及將南沙群島中的南威、太平等10多個島嶼劃入自己的版圖。1974年1月15日至18日，南越當局出動4艘軍艦侵入中國西沙永樂群島海域。1974年1月19日，中國與南越政權之間爆發「西沙之戰」。1月20日中國順利收復50年代被南越政權占領的西沙永樂群島，西沙自衛反擊戰勝利結束，中國取得對西沙群島及附近海域的實際控制權。這一時期，對於南越當局的武裝侵占，臺灣方面也堅決維護中國領土主權。臺灣「外交部」在1973年先後4次以書面及口頭方式提出抗議，重申主權。尤其是當西沙之戰打響之後，中央軍委急調東海艦隊4艘軍艦赴西沙馳援，因軍情緊迫，大陸軍艦奉令直接從臺灣海峽透過。在經過臺灣海峽時，臺灣軍隊不僅沒有阻擾，還打開探照燈，讓大陸軍艦順利透過。這一階段，在海峽兩岸的嚴正聲明和中國海空軍的反擊以及臺灣當局的默契配合下，西沙群島被占島礁全部收回。

　　1980年代，隨著南海海底油氣資源的勘探開發，商業價值引起世界關注。在此背景下，越南多次派出軍事人員搶占南沙島礁。1987年3月，聯合國教科文組織政府間海洋委員會第十四屆會議決定，委託中國在南沙群島建立第74號海洋觀察站。然而，中國在南沙建立海洋站的活動卻遭到越南軍隊的嚴重挑釁，1988年終於釀成中越海軍在南沙群島的「3・14」海戰。這一戰，中國收回了被越南占據的南沙群島的永暑、華陽、東門、南薰、渚碧、赤瓜共6個島礁，填補了大陸地區對南沙群島實際占領的空白點。在這一過程中，臺灣海軍駐太平島部隊的協助功不可沒，臺灣當局也始終站在一個中國的立場上，聲明中國對南沙的主權。

　　2.兩岸在南海主權問題上的共同立場

　　兩岸南海政策具有一定的相似性，主要表現在以下三個方面：

（1）堅持主權立場。《中華人民共和國領海及毗連區法》第2條第2款規定東沙群島、西沙群島、中沙群島、南沙群島是屬於中華人民共和國的陸地領土。1994年臺灣《南海政策綱領》中的立場是，主張中國在南海歷史性水域內擁有「主權」。

（2）和平解決爭端。1984年10月22日在中央顧問委員會第三次全體會議上，鄧小平同志在談及南沙群島問題時曾說：「我們中國人是主張和平的，希望用和平方式解決爭端。」[697]臺灣《南海政策綱領》將「和平處理南海爭端」作為南海政策的目標之一。[698]

（3）擱置爭議，共同開發。同樣是在1984年的中央顧問委員會第三次全體會議上，鄧小平同志指出：「南沙群島，歷來世界地圖是劃到中國的，屬中國，現在除臺灣占了一個島以外，菲律賓占了幾個島，越南占了幾個島，馬來西亞占了幾個島，將來怎麼辦？一個辦法是我們用武力統統把這些島收回來；一個辦法是把主權問題擱置起來，共同開發，這就可以消除多年來積累下來的問題。」[699]臺灣當局「外交部」則在1992年5月正式表示要「以國際共同開發方式，充分運用南海資源，至於主權問題，則可避而不談」。[700]

（二）釣魚島主權爭議

釣魚島，又稱釣魚臺列島，臺灣稱釣魚臺列嶼，日方稱尖閣列島，位於臺灣東北部約120海里，由5個島嶼和3個岩礁組成，總面積6.5平方公里。5個島嶼中最大的是釣魚島，為4平方公里，其他4島為黃尾島、赤尾島、南小島和北小島；3個岩礁為飛瀨、沖北岩和沖南岩。從地質因素看，釣魚島處於東海大陸架的邊緣上，與臺灣省東北方花瓶島、棉花島和彭佳島一脈相承，均為大屯山、觀音山脈入海而成。其東面為沖繩海槽，海槽將釣魚島與琉球群島分割開來。

1.釣魚島問題的歷史回顧

中國人最早於1372年（明洪武五年）發現釣魚臺列島並命名。由於釣魚島上最高的山海拔383米，所以在歷史上一直是福州或泉州至琉球航道上的地標。而且正因為有如此高的山，之後一名英國船長經過時稱它為「尖塔島」（Pinnacle Island）。[701]1900年，日本沖繩縣一位教師到達該群島時，按照英文Pinnacle一詞，翻譯成「尖閣列島」，直到1950年代，日本外交部在「日本外交文書」中才首次以尖閣列島作為日本官方名稱。[702]

大約1561年（明嘉靖四十年），鄭若曾編繪的《萬里海防圖》反映出當時中國就已經把釣魚臺列島中的3個島納入海防，1562年明朝抗倭名將胡宗憲的《籌海圖編》中的一副《沿海山沙圖》，同樣將釣魚島納入。1722年（清康熙六十一年），巡臺御史黃淑敬在其《臺灣使槎錄》中提到釣魚島，所描述的場景反映出當時的臺灣水師已派船巡視釣魚島。[703]以上史料均證實中國早在明清時期就將釣魚島納入海防，並進行有效控制。

1895年《馬關條約》將臺灣島及所有附屬各島嶼，包括釣魚島列島割讓給日本。日本方面直至1902年以天皇敕令的方式將釣魚島列島正式併入日本領土。[704]1943年《開羅宣言》確定日本侵占中國的一切領土應歸還中國，1945年《波　坦公告》規定「開羅宣言的條件必須實施」，同年8月日本投降，9月2日日本天皇簽署降伏文書，同意接受《波　坦公告》。

戰後初期，美、蘇兩國意圖把琉球交給中國，國民黨當局則希望琉球獨立，結果是琉球由美國暫時託管。隨後美國劃出託管區，而託管區將釣魚島列島納入，對此，當時的中華民國政府未作反應。[705]1951年美國依《舊金山合約》第3條「信託統治」條款繼續託管釣魚島。1968年聯合國遠東經濟委員會在中國東海及黃海勘探，發現釣魚島周圍海域可能蘊藏大量石油。臺灣當局隨即與美國一些石油公司簽約合作勘探，1970年8月日本外相宣稱釣魚島是日本領土，並向臺灣當局提出抗議。

1971年，美國以所謂「剩餘主權」為由，將琉球群島歸還日本，並把釣魚島劃入「歸還區域」內。對於美國而言，「歸還」釣魚島的理由很簡單

——當初託管什麼就歸還什麼。海峽兩岸隨即提出抗議。另一方面，從1970年11月開始，美國東西兩岸的中國留學生發起第一次保釣運動，並迅速延伸到全美國、歐洲、日本、香港和臺灣。在此壓力之下，美國聲明釣魚島的「歸還」僅涉及「行政權」，主權爭議由當事國自行解決，將在此問題上保持中立。[706]這一時期，臺灣當局把釣魚島劃入宜蘭縣頭城鎮大溪裡管轄。

1972年，中日建交，提出把釣魚島等島嶼的歸屬問題掛起來，留待將來條件成熟時再解決，當時雙方就這一點達成了協議。1979年，日本在釣魚島上修建了直升飛機場，海峽兩岸都向日本提出了交涉和抗議。1990年，日本青年社在釣魚島建燈塔，再次引發保釣風潮。1992年，中國透過《領海及毗連區法》，重申釣魚島等島嶼是中國領土。1996年7月14日，日本青年社在釣魚島新設置了燈塔，中國外交部表示對這一事件「嚴重關切」，海峽兩岸進行了強烈抗議。2010年9月7日，在釣魚島附近海域，日本海上保安廳兩艘巡邏船對一艘中國漁船進行非法攔截和圍堵，並發生碰撞。日方非法抓扣了包括船長在內的15名中國船員，還企圖以日本國內法程序處理該事件來造成釣魚島主權屬於日本的既成事實。在中國政府嚴正交涉和強烈抗議下，日本先後釋放了漁船及船上14名船員和漁船船長。

2.兩岸在釣魚島問題上的共同立場

海峽兩岸在釣魚島問題的立場上有許多共同之處。首先，在國際法依據上有下述三點共同主張：第一，釣魚島為中國領土，由中國人發現、命名、先占，經過明清兩朝近600年有效統治，納入海防，歷史證據充分；第二，釣魚島割讓給日本，是中日甲午戰爭後不平等條約的結果，二戰後日本應根據《開羅宣言》和《波茨坦公告》的規定將釣魚島歸還中國；第三，美國對釣魚島的託管以及「歸還」日本，不能左右釣魚島的主權歸屬。

其次，在對釣魚島性質的認識上，兩岸均認為釣魚島屬於「無人小島」，即不能維持人類居住或其本身的經濟生活，因此符合《聯合國海洋法公約》第121條第3款的島嶼制度，不應有專屬經濟區或大陸架，只能有12海

里的領海。

最後，在解決釣魚島問題的方式上，兩岸的態度也基本一致。兩岸均不主張採用戰爭的方式來解決釣魚島問題，而是採取了較為理智和克制的外交交涉方式，選擇了和平解決爭端的路線。這既符合國際法原則，也有利於問題的真正解決。

二、兩岸相關海洋政策

（一）南海政策

1.大陸地區南海政策

中國政府關於南海問題的政策，大致可分為四個發展階段：[707]

1950年代至60年代：以主權宣示和外交鬥爭為主。新中國成立後，中國政府始終堅持對南海的主權宣示，堅定重申東沙群島、西沙群島、中沙群島、南沙群島「屬於中國」、「是中國的領土」，使中國對南海諸島擁有的主權在國際法上具有了連續的、充足的法理依據。

1970年代初至80年代中後期：主權宣示與有限自衛相結合。針對越南不斷侵占我南海島礁的嚴重形勢，中國政府一方面以大量確鑿的歷史事實駁斥越方謬論，宣示對南海島礁的固有主權。另一方面先後進行了兩次有限的自衛反擊戰（即1974年對南越西貢政權的「西沙之戰」和1988年對越南的「3‧14」海戰），收復了全部西沙群島，進駐了部分南沙島礁，顯示了維護國家主權的決心與力量。

1980年代末至90年代中期：著眼大局，靈活處置。上世紀80年代末，中國面臨的國際國內形勢發生了深刻變化。中國積極主動與周邊國家、特別是東南亞國家建立和發展友好關係，而東南亞國家利用我主動要求改善關係的機會，加緊對南沙島礁的入侵和資源掠奪；中國則從大局出發，不得不在南

海問題上採取低調、淡化的策略。為穩定周邊安全形勢，中國政府採取原則問題上堅持既定立場而在實際問題上靈活應對的方略，在「主權屬我」的前提下，正式提出「擱置爭議、共同開發」主張。

1990年代後期以來：強化力度，鬥而不破。中國一方面透過國內立法的形式強化對南海主權權利的宣示，為中國與其他國家海上爭端交涉提供法律依據。另一方面則在原有海關、海事、漁政等執法力量外，又陸續組建了海警、海監隊伍，逐漸實現了對管轄海域全天候、不間斷的維權巡航，加大了對南海海洋權益的維護力度。同時，本著「以對話促互信，以合作求安全」的精神，進一步落實「擱置爭議、共同開發」的主張，使南海地區基本保持了較為穩定的局面。

2.臺灣南海政策

臺灣的南海政策主要體現在兩份官方文件中，一是1993年頒布的《南海政策綱領》，二是2001年頒布的《海洋白皮書》。

（1）《南海政策綱領》

《南海政策綱領》將臺灣的南海政策目標定為：第一，堅定維護南海「主權」；第二，加強南海的開發管理；第三，積極促進南海合作；第四，和平處理南海爭端；第五，維護南海生態環境。關於國際合作部分，綱領提出三項原則：一是針對各沿海國或其他國家對南海的立場及主張，研擬因應對策；二是透過適當途徑，依國際法與聯合國憲章研究爭端之防止及解決；三是促進南海區域合作；四是有關於南海資源的開發部分，勘探及開發可利用資源，探討合作開發之可能性。

（2）《海洋白皮書》

《海洋白皮書》較《南海政策綱領》主要發生了以下幾點變化：第一，更加強調海洋對於臺灣的重要性；第二，白皮書雖主張對南海島嶼主權的立

場不變,但對於「歷史性水域」卻隻字未提;第三,白皮書作為反映臺灣整體海洋政策的官方文件,其涉及範圍較廣,對於南海方面並未重點予以關注。

(二)釣魚島政策

1.大陸地區釣魚島政策

中國政府在釣魚島問題上的立場是一貫的、明確的。釣魚島問題高度敏感,必須慎重處理。近些年,出現了微妙的變化:

一是對民間保釣運動的默認。保釣運動由來已久,但是大陸的保釣行動卻是近些年的事,在此之前保釣運動的主體是香港、臺灣的人士,從大陸沿海出發的保釣行動從來沒有過。然而近些年,大陸保釣船隻頻繁出海,並已登上了釣魚島。在大陸保釣運動的背後,反映出政府的態度,如果政府不支持,保釣船無法出海,登島更加無從談起。而且有報導稱,中國政府曾受理民間人士租用釣魚島。

二是對日態度日漸強硬。釣魚島主權起爭議之時,正值中日建交前夕,中國政府提出把釣魚島等島嶼的歸屬問題擱置起來,留待將來條件成熟時再解決,當時雙方就這一點達成了協議。在之後因釣魚島引起的摩擦中,中國政府一直持謹慎、克制的處理態度,防止事態擴大。但在2010年9月發生的「中日釣魚島撞船事件」中,中國政府表現出強硬態度,對日方的行為提出嚴正交涉,在重申對釣魚島主權的同時,要求日本巡邏船不得在釣魚島附近海域進行所謂「執法」活動。此次事件或許成為中國政府處理釣魚島問題的一個重要節點。

三是爭取與臺灣當局的合作。同樣在去年的撞船事件中,大陸臺辦發言人公開表示,維護釣魚島主權符合兩岸同胞的共同利益,符合中華民族的長遠利益和根本利益。可以看出,大陸已向臺灣當局發出微妙的信號,尋求兩岸在釣魚島問題上的合作。當前,兩岸關係正保持良性發展態勢,未來在釣

魚島問題上的合作前景值得期待。

2.臺灣釣魚島政策

臺灣當局對待釣魚島的政策既有疏忽的一面,也有積極的一面。1945年聯合國將琉球交由美國託管,美方公布的託管區經緯度地圖中包含釣魚島,當時的國民政府未作出任何反應。1951年簽署舊金山合約時,臺灣當局也沒有據理力爭,直至70年代初期,臺灣當局在聯合國據有代表中國的席位,卻一直採取消極的態度。70年代後,臺灣當局在對釣魚島的態度上表現出積極的一面,1971年將釣魚島劃入宜蘭縣管轄,開始力爭對釣魚島的主權。這期間的釣魚島政策曾受到「獨統」問題的影響,前「總統」李登輝曾表示釣魚臺「是日本的領土」。「內政部」和「外交部」對李登輝說法皆「不敢苟同」。「內政部長」余政憲說,釣魚臺屬於宜蘭縣頭城鎮,「這是毋庸置疑的事」,「外交部」發言人張小月也說,「釣魚臺主權屬於我國是無可妥協的」。[708]

臺灣當局現領導人馬英九曾強調,討論釣魚島歸屬問題時把「獨統」問題牽扯近來是很不幸的事,釣魚島與臺灣有著密切關聯,臺灣人不論「獨統」立場與意識形態如何,對釣魚島的主權都要力爭到底。馬英九認為當前在對待釣魚島的政策上,武力解決、仲裁或訴訟、第三國調解等都有實際困難,長期且較可行的方式是談判交涉,讓這個問題保持爭議狀態,保留權利,以後交涉才有空間。[709]

三、兩岸相關海洋法制度

(一)兩岸領海法制

兩岸分別於1992、1998年分別頒布了《中華人民共和國領海及毗連區法》和「中華民國領海及鄰接區法」,對領海主權範圍、領海基線的劃定、劃界方法、外國船舶無害透過領海的權利義務等作出了規定。

1.領海

（1）聯合國海洋法公約的規定

根據《聯合國海洋法公約》，沿海國的主權及於其陸地領土及其內水以外鄰接的一帶海域，在群島國的情形下則及於群島水域以外鄰接的一帶海域，稱為領海，此項主權及於領海的上空及其海床和底土。每一國家有權確定其領海的寬度，寬度從公約確定的基線量起不超過12海里。

領海基線是測算領海寬度的起始線。《聯合國海洋法公約》第5、7、14條規定了三種確定領海基線的方法：一是根據沿海國官方承認的大比例尺海圖所標明的沿岸低潮線確定的正常基線；二是在海岸線極為曲折的地方，或者如果緊接海岸有一系列島嶼，可採用連接各適當點的直線基線法；三是沿海國為適應不同情況可交替使用上述兩種方法以確定領海基線。按照公約第16條的規定，使用直接基線法確定領海基線時，沿海國應將直線基線的各點以海圖或地理坐標表的方式妥為公布。

領海的外部界限，是一條其每一點同領海基線最近點的距離等於領海寬度的線。這條線是領海與毗連區、專屬經濟區或公海的分界線。[710]《聯合國海洋法公約》沒有對領海外部界限的劃定方法作出規定，一般用交圓法、共同正切線法和平行法劃定。

（2）臺灣領海法的規定

臺灣「中華民國領海及鄰接區法」規定中華民國的主權及於領海、領海的上空及其海床和底土，以及12海里寬度的領海範圍。規定領海基線的劃定採用以直線基線為原則，正常基線為例外的混合基線法。對於中華民國領海基線及領海外界線，由「行政院」訂定，並分批公告。在中華民國領海與相鄰或相向國家間的領海發生重疊時，以等距中線為其分界線，但有協議的，從其協議。

（3）大陸地區領海法的規定

《中華人民共和國領海及毗連區法》第2條規定中華人民共和國的陸地領土包括中華人民共和國大陸及其沿海島嶼、臺灣及其包括釣魚島在內的附屬各島、澎湖列島、東沙群島、西沙群島、中沙群島、南沙群島以及其他一切屬於中華人民共和國的島嶼。規定領海寬度從領海基線量起為12海里，領海基線採用直線基線法劃定，領海基線由中華人民共和國政府公布。

（4）比較分析

中國大陸和臺灣依據《聯合國海洋法公約》分別制定了領海法，二者比較如下表：

	領海寬度	領海基線制度	領海基線的分布	重疊領海的劃定
大陸地區	12海里	直線基線法	分期分批公布[1]	無規定
台灣地區	12海里	混合基線法(以直線基線為原則，以正常基線為例外)	分批公告	等距中線原則

[1]參見《中華人民共和國領海和毗連區法（釋議）》第15條。

2.領海國的權利義務

（1）聯合國海洋法公約的規定

公約第2條規定「領海的主權的行使受本公約和其他國際法規則的限制」，其中對於領海主權一個重要的限制就是賦予外國船舶無害透過權，無害透過制度是領海與內水法律地位的根本不同之處。公約第17條賦予所有國家的船舶享有無害透過領海的權利。所謂無害透過是指為了穿過領海但不進入內水，包括停靠內水以外的泊船處或港口設施，或為了駛往或駛出內水或停靠這種泊船處或港口設施的目的而透過領海的航行。雖然透過必須是「繼續不停和迅速進行」的，但它包括停船和下錨在內，但以通常航行所附帶髮生的或由於不可抗力或遇難所必要的或為救助遇險或遭難的人員、船舶或飛

機的目的為限。[711]

公約對於軍艦的無害透過的規定是含糊不清的，這也導致在實踐中，各國的主張不盡相同。一般有三種制度：一是無害透過制度，二是通知制度，三是批准制度。

（2）臺灣領海法的規定

臺灣「中華民國領海及鄰接區法」對於無害透過制度作了如下規定：

外國民用船舶在不損害中華民國之和平、良好秩序與安全，並基於互惠原則下，得以連續不停迅速進行且符合本法及其他國際法規則之方式無害透過中華民國領海。

前項連續不停迅速進行且符合本法及其他國際法規則之無害透過，必要時得包括停船和下錨在內。但以通常航行所附帶發生者、因不可抗力或遇難必要者、或以救助遇險或遭難人員、船舶或航空器為目的者為限。

外國軍用或公務船舶透過中華民國領海應先行告知。

外國潛水艇或其他潛水器，於透過中華民國領海時，須在海面上航行，並展示其船籍旗幟。

外國船舶無害透過中華民國領海之管理辦法，由行政院定之。

大陸船舶通行中華民國領海，除依照臺灣與大陸地區人民關係條例辦理外，並應遵守本法之規定。

「外國核動力船舶、載運核物質或其他有害物質之船舶，欲透過中華民國領海時，須持有依國際協定認可之證書，並經『中華民國政府』許可與監督；其許可與監管辦法，由『行政院』定之」。

(3) 大陸地區領海法的規定

《中華人民共和國領海及毗連區法》對於領海國的權利和義務主要有以下規定：①外國非軍用船舶，享有依法無害透過中華人民共和國領海的權利；②外國軍用船舶進入中華人民共和國領海，須經中華人民共和國政府批准；③外國潛水艇和其他潛水器透過中華人民共和國領海，必須在海面航行，並展示其旗幟；④外國核動力船舶和載運核物質、有毒物質或者其他危險物質的船舶透過中華人民共和國領海，必須持有有關證書，並採取特別預防措施。

(4) 比較分析

兩岸領海法依據《海洋法公約》，對外國船舶領海透過制度的規定如下表：

	民用船舶	軍用船舶	政府船舶	潛水艇/器	核/危險物質船舶
大陸地區	無害通過	批准制度	無害通過	海面航行，展示旗幟	特別預防措施
台灣地區	無害通過	先行告知	先行告知	海面航行，展示旗幟	許可與監督

(二) 兩岸專屬經濟區（海域）和大陸架（礁層）法制

海峽兩岸於1998年先後頒布「中華民國專屬經濟海域及大陸礁層法」和《中華人民共和國專屬經濟區和大陸架法》，對專屬經濟區和大陸架的範圍、沿海國主權權利和管轄權、重疊劃定等作出了規定。

1.專屬經濟區（海域）

(1) 聯合國海洋法公約的規定

公約規定專屬經濟區是領海以外並鄰接領海的一個區域，從領海基線量起，不應超過200海里。對於海岸相向或相鄰國家間專屬經濟區界限的劃

定，公約規定在國際法的基礎上以協議劃定，以便得到公平解決；在達成協議以前，努力作出過渡期的臨時安排，且臨時安排不妨礙最後界限的劃定。

公約第56條列舉出了沿海國在專屬經濟區內的權利，除「本公約規定的其他權利」之外，沿海國享有以下主權權利：一是以勘探和開發、養護和管理自然資源為目的的主權權利；二是從事經濟性開發和勘探的主權權利。與此同時，沿海國還享有對以下事項的管轄權：一是人工島嶼、設施和結構的建造和使用；二是海洋科學研究；三是海洋環境的保護和保全。

公約第58條規定在專屬經濟區內，所有國家，不論為沿海國或內陸國，在本公約有關規定的限制下，享有航行和飛越的自由。

（2）臺灣專屬經濟海域法的規定

臺灣專屬經濟海域及大陸礁層法規定了自領海基線起200海里的專屬經濟海域，海域包括水體、海床和底土，對海域外界界限分批公告。與相鄰或相向國家間專屬經濟海域發生重疊時，按照衡平原則以協議方式劃界；協議未達成前，與相鄰或相向國家基於諒解及合作精神，作出過渡期的臨時安排，臨時安排不妨礙最後的劃界。

臺灣專屬經濟海域及大陸礁層法第5條對享有權利的規定基本同公約的規定保持一致。對於兩項主權權利，在第6和第7條分別規定：從事自然資源的勘探應當依法申請許可；利用海水、海流、風力生產能源，應當經過政府許可。第8條規定從事人工島嶼、設施或結構的建造、使用等應經政府許可。第9條規定進行海洋科學研究活動應遵守的10項規定。第10至13條是對海洋環保的規定，分別對排汙應遵守的法令、檢查或起訴違法排放的船舶、防止海洋汙染劃定特定區域的強制措施以及連帶賠償責任作出具體規定。除此之外，對上述主權權利和管轄權事項的違反都作出了詳細的罰則規定以及強制執行的保障。

（3）大陸地區專屬經濟區和大陸架法的規定

大陸地區專屬經濟區和大陸架法規定自領海基線起200海里的專屬經濟區。當與海岸相鄰或者相向國家關於專屬經濟區的主張重疊時，在國際法的基礎上按照公平原則以協議劃定界限。規定外國船舶、飛機在遵守國際法和中華人民共和國法律、法規的前提下，在專屬經濟區享有航行、飛越的自由。

大陸地區專屬經濟區和大陸架法第3條對享有權利的規定基本同公約的規定保持一致。第5至10條是對上述權利的具體規定，第13條是對本法的補充規定——對未作規定的，根據國際法和中華人民共和國其他有關法律、法規行使。

（4）比較分析

兩岸專屬經濟區/海域制度的對比如下表：

	海域寬度	重疊劃定	沿海國權利	罰則	通過規則
大陸地區	200海里	公平原則；無過渡時期臨時安排的規定	主權權力：1.勘探和開發、養護和管理自然資源；2.從事經濟性開發和勘探 管轄區：1.人工島嶼、設施和結構的建造和使用；2.海洋科學研究；3.海洋環境的保護和保全	無	航行、飛越自由
台灣地區	200海里	衡平原則；有過渡時期臨時安排的規定	同上	有	未規定

2.大陸架（礁層）

（1）聯合國海洋法公約的規定

公約第76條給大陸架下的定義為：沿海國的大陸架包括其領海以外依其陸地領土的全部自然延伸，擴展到大陸邊外緣的海底區域的海床和底土，如果從測算領海寬度的基線量造成大陸邊的外緣的距離不到200海里，則擴展

到200海里的距離。如從測算領海寬度的基線量起超過200海里，大陸架在海床上外部界限的各定點，不應超過從基線量起350海里，或不應超過連接2500公尺深度各點的2500公尺等深線100海里。

公約規定，沿海國為勘探大陸架和開發其自然資源的目的，對大陸架行使主權權利。該項權利是專屬性的，如果沿海國不勘探大陸架或開發其自然資源，任何人未經沿海國明示同意，均不得從事這種活動。沿海國對大陸架的權利並不取決於有效或象徵的占領或任何明文公告。沿海國對大陸架的權利不影響上覆水域或水域上空的法律地位。另外，沿海國有授權和管理為一切目的在大陸架上進行鑽探的專屬權利。在進行勘探和開發自然資源時，沿海國有權建造人工島嶼、必要的設施和結構，並對其擁有專屬管轄權。

公約對於海岸相向或相鄰國家間大陸架界限的劃定與專屬經濟區界限劃定的條文完全一致。

（2）臺灣大陸礁層法的規定

臺灣專屬經濟海域及大陸礁層法規定大陸礁層為其領海以外，依其陸地領土自然延伸至大路邊外緣的海底區域，包括海床及底土。大陸礁層的外界界限，採取分批公告的方式。與相鄰或相向國家間大陸礁層發生重疊時，按照衡平原則以協議方式劃界；協議未達成前，與相鄰或相向國家基於諒解及合作精神，作出過渡期的臨時安排，臨時安排不妨礙最後的劃界。

臺灣專屬經濟海域及大陸礁層法第5條規定在大陸礁層享有對鋪設、維護或變更海底電纜或管線的管轄權。第6、8、9條的規定同樣適用於大陸礁層。另外，第17、18、19、20、22、23、24條和第25條分別規定了適用於大陸礁層的罰則條款以及強制執行條款。

（3）大陸地區大陸架法的規定

大陸架，是中國領海以外依本國陸地領土的全部自然延伸，擴展到大陸

邊外緣的海底區域的海床和底土；如果從測算領海寬度的基線量起至大陸邊外緣的距離不足200海里，則擴展至200海里。當與海岸相鄰或者相向國家關於大陸架的主張重疊時，在國際法的基礎上按照公平原則以協議劃定界限。

大陸地區專屬經濟區和大陸架法第4條對享有權利的規定基本同公約的規定保持一致。第7至10條是對權利的具體規定，第13條是對本法的補充規定——對未作規定的，根據國際法和中華人民共和國其他有關法律、法規行使。

（4）比較分析

兩岸專屬經濟區/海域制度的對比如下表：

	寬度主張	不足200海里時的寬度	重疊劃定	罰則
大陸地區	陸地領土的自然延伸	擴展至200海里	公平原則；無過渡時期臨時安排的規定	無
台灣地區	同上	仍採用自然延伸原則	衡平原則；有過渡時期臨時安排的規定	有

四、海域爭端涉及的實際利益

無論是南沙群島還是釣魚島的爭端，除了關乎主權之外，還涉及海峽兩岸的實際利益，主要有漁業資源、油氣資源以及海域環境保護等方面的利益。

（一）漁業資源

魚類是人類食用的動物蛋白質的主要來源之一，現在世界人口消費的動物蛋白質，15%來自海洋。魚類還是醫藥、化工及特殊工藝品的重要原料。無論是南沙群島還是釣魚島都是漁業資源極其豐富的海域。

南沙群島水產種類繁多，是中國海洋漁業最大的熱帶漁場。中國南海海洋魚類約1500多種，大多數種類在南沙群島海域都有分布，其中很多具有極高的經濟價值。主要有馬鮁魚、石斑魚、紅魚、鰹魚、帶魚、寶刀魚、海鰻、沙丁魚、大黃魚、燕鰩魚、烏鯧魚、銀鯧魚、金槍魚、鯊魚等。特別是馬鮁魚、石斑魚、金槍魚、烏鯧魚和銀鯧魚等，產量很高，品質十分優良，是遠海捕撈的主要品種。[712]南沙群島鄰近海域漁業資源開發已受到有關國家和地區，尤其是東盟各國的重視。南沙群島鄰近海域漁業資源研究已有相當的基礎，漁業資源狀況基本上已瞭解。目前該區仍有一定的潛力，應重視開發利用。

釣魚島海域是南邊的黑潮與北邊的親潮相會之處，水流時速達到四海里，非常湍急，海水中的養料不斷上翻，形成一片天然的大漁場，盛產鰹魚。釣魚島周邊海域漁業資源豐富，自古以來就是中國閩臺漁民的重要漁場，是臺灣東北部漁民傳統作業漁區，臺灣省蘇澳、基隆漁民經常來此。

（二）油氣資源

中國科學工作者提供的勘察資料表明，南沙海域油氣資源存儲量，石油為349.7億噸，天然氣8萬-10萬億立方米。[713]南沙群島海域蘊藏著大量的礦藏資源，有石油和天然氣、鐵、銅、錳、磷等多種。其中油氣資源尤為豐富，地質儲量約為350億噸，有「第二個波斯灣」之稱，主要分布在曾母暗沙、萬安西和北樂灘等十幾個盆地，總面積約41萬平方公里，僅曾母暗沙盆地的油氣質儲量約有126至137億噸。[714]

1968年聯合國遠東經濟委員會透過對臺灣海峽以北海底資源的勘測，發現包括釣魚島在內的廣大東海海域蘊藏著十分豐富的海底石油資源。[715]但是開採釣魚島石油並不容易，水深將近200米，加上風浪大，又存在主權爭議，因此美國石油界曾預測，除非每桶原油價格達到60美元，否則沒有開採的可能和必要。眾所周知，當前石油價格已達到每桶100美元上下，在此情形下，釣魚島的石油資源不再僅存於理論層面。

（三）海域環境保護

隨著新一輪沿海開發的全面開展，海洋環境資源支撐沿海地區經濟社會快速健康發展的作用日益凸顯。同時海洋生態系統在抵禦海平面上升、風暴潮、汙染事故等海洋災害中的作用也愈發重要。

根據《2009年中國海洋環境質量公報》，東海海域2008、2009兩年間，重度汙染以上的海域面積顯著增加；南海海域從2005至2009年，汙染面積持續增加，2009年嚴重汙染海域面積比2008年增加40%，達到5200平方千米。[716]臺灣方面則由於過度捕撈、海岸開發與汙染，不管在漁業資源或是保育上，已出現不少警訊。[717]海峽兩岸在東海、南海海域有共同的利益和面臨共同的環保難題。

五、兩岸合作維護海洋權益的建議

祖國大陸和臺灣在南海問題具有合作的基礎，為進一步形成和完善兩岸在南沙群島及釣魚島問題上的合作機制，尤其是在島礁主權維護和海域管轄權方面的合作，建議兩岸在立法和行政方面尋找突破口。

（一）立法合作

1.協調兩岸相關海洋法制度

（1）協調管轄權衝突

兩岸專屬經濟區/海域和大陸架/礁層法依據海洋法公約規定了200海里的專屬經濟區，在該區域內享有一些列的主權權利和管轄權利。在臺灣海峽最窄處僅有70餘海里的距離，也就是說，按照各自立法，兩岸的專屬經濟區有重疊部分。在堅持兩岸同屬一個中國的前提下，自然是不能劃分邊界，但在從事自然資源的勘探、利用海水、海流、風力生產能源、建造人工島嶼、進行海洋科學研究以及海洋環境保護等方面兩岸存在管轄權衝突的可能。臺灣

專屬經濟海域法的規定相對具體和嚴格,且有罰則規定,而大陸這方面的法律相對抽象和寬泛,為避免兩岸相關海域活動不觸犯相互的規定,這就需要對各自的專屬經濟區/海域法和管轄權作出進一步的規定和臨時安排。

(2)協調領海基線的確定

大陸地區於1996年5月15日公告中華人民共和國部分領海基線,將金門和馬祖兩個島嶼劃入領海基線的內側,將臺灣當局實際控制的東沙島作為基點之一。臺灣則是在1999年12月31日公告領海基線,包括:臺灣本島,澎湖、釣魚臺群島、東沙及中沙等島嶼,不包括金門和馬祖。

臺灣於2009年對領海基線公告修正,修正僅針對在1999年公告的進行實地檢核,以確保領海基點坐標精確,未提及金門、馬祖。金門和馬祖位於臺灣當局實質管轄的範圍之內,在研究制訂領海基線的過程當中,也從來沒有放棄過這兩個地區,因此,臺灣臺灣對大陸單方面將金、馬劃入領海範圍頗有微詞,且放出聲音稱金門和馬祖將會被納入第2批領海基線公布的範圍。

如果事態果真如此,兩岸恐因劃界產生不必要的爭端。為避免這種情況的發生,兩岸應當達成一定的共識,擱置此類爭議,共同協調領海基線的確定。

2.著手「歷史性水域」的共同立法

在南海海域劃分的問題上,儘管兩岸對南海「九條斷續線」的性質以及線內水域法律地位的理解略有差別,但大陸方面始終堅持在相關水域的「歷史性權利」,臺灣方面則明確主張線內為中國的「歷史性水域」,在公布的第一批領海基線表中,規定「傳統U形線內之南沙群島全部島礁均為領土」。在維權執法等實際操作中,雙方實質上把「斷續線」作為中國與周邊國家的海上分界。

然而遺憾的是,兩岸都未將「歷史性水域」寫入法律,使得「歷史性水

域」的主張處於非常尷尬的境地。若要在南海主權的爭奪中有所突破，兩岸需要完善法律依據，將「歷史性水域」納入共同的、正式的法律文件。

（二）行政合作

1.關於太平島的合作利用

在維護南海主權的實際行動上，大陸方面不再像以前那樣只是外交上的語言宣示，而是已經採取實際行動，派出大型「漁政船」巡視南海，而且正在組建新的南海巡航編隊，加強維護南海主權。但這一行動還不足以應付複雜多變的南海局面，需要加強軍事威脅力，這就需要與臺灣方面進行合作，而太平島對於合作的重要意義十分重要。

太平島是南沙群島中面積最大、唯一有天然淡水資源的島嶼，目前是中國唯一占據的南沙島嶼。太平島地處南海心臟地區，扼守臺灣海峽、巴士海峽及巴林塘海峽入口的要害位置，為海上航行之要沖，堪稱「南海心臟」。臺灣當局在1956年「克洛馬事件」後派兵進駐太平島，在該事件以及1988年中越在南沙群島的「3·14」海戰中，太平島都曾發揮重要作用。2000年太平島由新成立的「海巡署」接防，2005年臺灣當局在太平島上修建了1150米長的機場跑道。由於南沙群島距兩岸較遠，且該海域風浪較大，軍機直飛南沙群島會面臨燃料補給和安全等諸多問題，船舶從大陸據南沙最近的沿岸出發也需20天左右，因此，太平島的地理位置對維護中國南沙群島主權具有重要的戰略意義。由於地理位置優越，而且有淡水資源、機場、碼頭及環島防禦工事，太平島完全可以建成軍艦或潛艇的重要補給基地。而且太平島距西沙群島中大陸控制的永興島僅410海里，如果兩岸聯手護衛南海構想得以實現，這兩個軍事基地互為犄角，遙相呼應，相互支援，發揮合力優勢，可隨時對入侵中國南海海域的外國武裝採取行動，有利於更好地捍衛南海主權和保護南海資源。

臺灣「環保署」副署長邱文彥曾提出的構想，將太平島建設成公園、南

海水下考古等等,都是兩岸未來可以合作的內容。未來如果兩岸達成合作開發利用太平島的共識,在具體細節上,臺灣方面需要修改1992年「臺澎金馬海空限制區公告」,該公告規定太平島為海空域限制區,「周邊海域非中華民國國籍船舶和其他運輸工具或人員,不得出入本海域限制區」。臺灣方面應當放開對大陸地區赴臺的船舶、飛機或人員的限制。

2.關於釣魚島的行政建制

南海諸島的行政建制上,大陸方面將西、南、中沙群島及附近海域納入海南省管轄範圍,具體事務由西沙永興島上的「西南中沙群島辦事處」負責;臺灣方面在南沙群島所占據的太平島和中洲島在行政上由高雄市旗津區管轄。東沙群島當前由臺灣當局實際控制,行政上劃歸高雄市旗津區中興裡管轄;大陸方面則將東沙群島劃歸廣東省陸豐市碣石鎮政府管轄。從上述南海諸島的行政建制可以看出,兩岸早已把各自和共同主張的南海島嶼納入了管轄範圍。

在釣魚島的行政建制上,臺灣當局已將其劃入臺灣省宜蘭縣頭城鎮大溪裡管轄,而大陸方面則遲遲沒有動靜。由於當前釣魚島為日本實際控制,日方透過對釣魚島設立行政管轄,可將本國法律適用於釣魚島問題。去年發生的中日釣魚島撞船事件中,日本就企圖以日本國內法程序處理該事件,以造成釣魚島主權屬於日本的既成事實,其危害不可謂不大。今後類似的事件恐怕仍會發生,鑒於此,中國政府應當盡快將釣魚島納入管轄範圍,對其設立行政建制,與此同時,與臺灣方面協調管轄權與法律適用問題。一方面,可將大陸地區和臺灣的法律適用於釣魚島的屬地範圍;另一方面,也可在國際法上對抗日本的做法。

3.關於南海及釣魚島的資源開發

前文已經提到,南海與釣魚島海域的油氣資源和漁業資源等都構成兩岸的實際利益。然而,當前無論是在南海還是釣魚島,都出現了資源被別國掠

奪的緊迫局面。尤其是南海的海洋資源方面，南海周邊國家侵入我南海斷續線內開髮油氣資源的勢頭猛烈，嚴重損害我海洋權益，而中國南海油氣資源勘探屢受阻擾，正常的漁業活動遭受侵擾的現象也時有發生。因此，兩岸在共同開發南海及釣魚島資源方面有合作的必要性。

同時，無論是南海還是釣魚島，在堅持中國主權的前提下，兩岸都支持以和平、合作的方式解決爭端，都主張有關爭端各方合作開發的政策。中國政府從上世紀90年代起就提出「擱置爭議、共同開發」的主張，即對於領土爭議，在還不具備徹底解決的條件下，為避免矛盾激化而把爭議暫時擱置起來，對某些有爭議的領土進行共同開發，目的是透過合作增進瞭解，為最終解決主權歸屬問題創造條件。臺灣領導人也曾表示只要「主權」在我，贊成共同開發，資源分享。兩岸對於「共同開發」的態度增強了兩岸合作的現實性，既然對外都可合作進行共同開發，海峽兩岸之間又有何理由拒絕與對方的合作。當前，海峽兩岸應採取實際合作步驟，共同開發南海與釣魚島的石油與海洋資源，以爭取更多的經濟利益。

當前海峽兩岸跨境犯罪分析

中國人民大學法學院　高通

一、引言

自上個世紀八十年代以來,隨著大陸地區改革開放的不斷深入以及大陸地區與臺灣相互開放居民赴對方地區探親以來,兩岸的交流日益密切、人員往來不斷增加,海峽兩岸跨境犯罪也迅速增加,嚴重影響了海峽兩岸的正常交流。為了打擊海峽兩岸跨境犯罪,海峽兩岸以「九二共識」為基礎先後簽訂了多個協議。但在海峽兩岸特殊的歷史政治背景之下,海峽兩岸合作打擊犯罪存在諸多理論與實踐上的爭議,極大限制了海峽兩岸合作打擊犯罪的步伐。2009年4月26日,海基會和海協會簽訂《海峽兩岸共同打擊犯罪及司法互助協議》,其中對海峽兩岸合作打擊犯罪作出了原則性規定——「雙方同意採取措施共同打擊雙方均認為涉嫌犯罪的行為」。該協議無疑為海峽兩岸合作打擊犯罪開啟了一扇新的窗戶,遂被稱為兩岸刑事合作的「直通車」。但該規定的原則性以及海峽兩岸跨境犯罪近些年來出現的新形勢,使得我們有必要對海峽兩岸跨境犯罪進行深入分析,以為未來海峽兩岸更為有效地合作打擊犯罪提供有益經驗。

本文伊始,首先要釐定「海峽兩岸跨境犯罪」的概念。在海峽兩岸犯罪方面,大陸地區與臺灣適用的概念並不完全相同,如大陸地區通常使用的是「跨境犯罪」、「兩岸犯罪」等概念,而在臺灣則有學者使用「跨區犯罪」、「域外犯罪」等概念。雖然上述概念表述有所不同,但兩岸學者大都認同海峽兩岸犯罪的本質在於跨越海峽兩岸的實際控制區域進行犯罪。基於此,本文仍使用大陸地區專家學者通常使用的「跨境犯罪」的概念。所謂海

峽兩岸跨境犯罪，也成為兩岸互涉犯罪，是指依據海峽兩岸現行有效的刑事法律規範，認為犯罪的行為或者危害結果，至少有一項發生在對方實際控制的區域，或者發生在對方的船隻、航空器及其他交通工具上，或者犯罪人與被害人其中之一是對方實際控制區域居民的犯罪，但是，那些針對對方的純粹政治性的刑事案件除外。[718]

二、海峽兩岸跨境犯罪的起源與發展

海峽兩岸跨境犯罪最早可追溯至何時已不可考，但歷史上第一次大規模的海峽兩岸跨境犯罪是發生在明清時期的海盜行為。明朝和清朝前期政府均實行禁海政策，海盜成為進行海上貿易的最重要的也是最切實可行的手段。加之明末清初的政權更迭，權力出現真空，海盜行為更為猖獗。如崇禎17年（1644年），北京失陷的消息一傳到南方，海盜不再滿足於倚海為盜，他們與土匪、叛軍沆瀣一氣，洗劫市集、圍困城池。[719]其後鄭成功收復臺灣後，由於鄭氏集團（初由鄭芝龍建立，後由鄭成功領導）的主要成員是海盜，臺灣迅速成為海盜的聚集地，對大陸沿海地區進行海盜行為。此即為海峽兩岸第一次大規模的跨境犯罪。18世紀中葉以後，由於清政府逐漸開放海禁以及強化對臺灣社會的控制等，海峽兩岸的海盜行為大幅減少。臺灣被日本侵占後，日本在臺灣大力推行「皇民化」教育並逐步發展臺灣的政治、經濟等。該時期海峽兩岸的海盜行為也較為少見，但大陸地區連年的混戰使得大陸地區具名私渡臺灣的現象逐漸出現。後日本戰敗中華民國政府接受臺灣後不久，國民黨就敗退至臺灣，對臺灣實行長達將近四十年的戒嚴，拒絕海峽兩岸的一切交流與合作，這一時期海峽兩岸的跨境犯罪幾近絕跡。總的來說，自國民黨敗退至臺灣後，海峽兩岸的跨境犯罪主要經歷了三個階段：

第一個階段是1949年至1987年間，這一時期海峽兩岸的跨境犯罪比較少，而且帶有明顯的政治性特徵。1949年國民黨當局從大陸地區敗退至臺灣前夕，為加強對臺控制，透過臺灣省警備司令部頒布「戒嚴令」，[720]宣布臺灣處於「戰爭動員狀態」，在全省實施戒嚴。隨後又相繼制定和頒布了與「戒嚴令」、「動員戡亂時期臨時條款」、「國家總動員法」等有關的一系

列法規、條令,實行軍事戒嚴和高度集權相結合的專制獨裁統治。在當時的背景之下,海峽兩岸尚處於敵對狀態,採用軍事化手段封鎖海峽兩岸實際控制線,雙方均從政治高度嚴厲打擊跨境行為。因此,在1949年至1979年間海峽兩岸跨境犯罪現行並不明顯,這一時期海峽兩岸的跨境犯罪主要表現為劫機以及叛逃犯罪等,而且帶有很強的政治性目的。

第二個階段是1987年至2000年,該階段海峽兩岸跨境犯罪的主要形式是走私、劫機、私渡等傳統型犯罪。1987年臺灣當局宣布解嚴並開放臺灣居民到大陸探親,大陸地區也發布了《關於臺灣同胞來祖國大陸探親旅遊接待辦法的通知》,隨著兩岸交流的迅速發展,大量跨境犯罪由此產生了。由於大陸地區尚處於改革開放初期,經濟發展、人民富裕程度較之於起步較早的臺灣存在較大差距,因此,早期的犯罪形式主要表現為走私農漁產品、劫機、海盜(海上搶劫)等犯罪[721]。此外,基於上一階段臺灣當局對駕機叛逃行為的獎勵,該段時期早期也是劫機犯罪的高發期。如在1993年至1994年的「劫機潮」中,大陸地區民航共發生劫機事件21起,劫機未遂的11起,得逞的10起,最頻繁的時候,7天之內發生3次劫機事件。但出於政治性目的,這些劫機犯到臺灣後多被臺灣當局當做「反共義士」而許以優越的生活,即便被判刑也很快就被釋放出來。

第三階段則從2000年至今,該時期海峽兩岸跨境犯罪不僅在犯罪種類,而且在作案手段、組織化等方面都出現一些新的特徵。雖然1999年臺灣李登輝拋出「兩國論」嚴重影響了兩岸的關係,但兩岸的經濟、文化交流依然十分繁榮。因此,兩岸跨境犯罪並未受到兩岸政治關係的過多影響。特別是隨著兩岸交流的深入、科技的快速發展、兩岸法律制度的差異以及兩岸司法機關打擊犯罪力度的差異等原因,兩岸犯罪又出現許多新的特徵,如類型多元化、涉案地區不斷擴大、組織性日益嚴密等。反映在犯罪種類上也出現一些新的變化,當前兩岸跨境犯罪主要表現為殺人、**擄**人勒贖、偽造人民幣、詐欺案件、地下通匯洗錢管道、毒品犯罪、中介偷渡、資通犯罪等。[722]

三、當前海峽兩岸跨境犯罪的主要形態

隨著兩岸交流的增多，兩岸跨境犯罪案件發案率迅速增加，並且犯罪的途徑、手段也日益多樣化、高科技化，呈現出兩岸有組織犯罪大幅增加、反偵察能力強等特點。犯罪重點也從傳統的嚴重暴力犯罪以及帶有政治性的犯罪轉向發展「黑色經濟」，犯罪手段也更加隱蔽。總的來說，當前兩岸跨境犯罪形式主要表現為如下四種：偷渡、人口拐賣等傳統犯罪形式；毒品、槍支彈藥走私犯罪；電信詐騙、洗錢等新型犯罪形式；兩岸黑社會組織犯罪。具體來說：

（一）私渡、人口拐賣等傳統犯罪形式

偷渡、人口拐賣是傳統類型的海峽兩岸跨境犯罪，自1987年臺灣開放大陸居民赴臺探親以來，不少大陸地區居民從沿海直接私渡赴臺，也有不少持偽造、編造旅行證件私渡赴臺。如依臺灣「內政部警政署」的統計，從1987年至2004年止，大陸地區人民非法入臺經查獲收容者共48139人，共計遣返45446人次。[723]但近些年來海峽兩岸的私渡、人口拐賣則出現一些新的特徵：第一，海峽兩岸間私渡、人口拐賣數量大幅下降。兩岸開放之初，由於兩岸經濟發展差距較大，臺灣被許多私渡者視為打工天堂，因此產生了大量的私渡行為。但隨著大陸地區經濟的快速發展以及兩岸對私渡、人口拐賣行為的嚴厲打擊，當前兩岸間私渡、人口拐賣行為已越來越少。如1990-1993年間，臺灣每年查緝大陸地區私渡者人數平均每年達到5000餘人，而自1993年以後兩岸間的私渡行為大幅降低，如2009年大陸地區私渡至臺灣的僅有246人[724]。第二，臺灣向大陸地區私渡現象日益嚴重。近些年來，隨著臺灣政治、經濟環境等的改變，臺灣居民向大陸地區私渡的現象也日趨突出。臺灣居民偷渡大陸地區的情形主要集中在如下三個方面：黑道分子；通緝犯；捲款潛逃者。[725]如自1990年9月海峽兩岸簽訂《金門協議》至2005年2月，大陸向臺灣遣返非法入境、刑事犯、刑事嫌疑人僅68人，而這一數據到2009年1月卻達到366人，[726]足見當前臺灣居民向大陸地區私渡的嚴重性。第三，臺灣作為偷渡、人口拐賣目的地的地位下滑，而成為大陸地區居民偷渡至美國以及其他國家或地區的跳板。當前，大陸地區偷渡客偷渡的主要目的地以日本、美國、澳大利亞為多。[727]但隨著世界各國和地區普遍收緊移民政策，

並加強邊境管制，直接偷渡至目的國越來越困難，因此，經過第三國或地區進行偷渡就成了當前偷渡的新形式，而臺灣由於其與大陸地區特殊的地理、文化便利等因素成為大陸地區居民偷渡其他國家或地區的「跳板」。如在1999年至2009年間已發生25起大陸地區漁民挾持臺灣漁船偷渡他國的事件。[728]

（二）毒品、槍支彈藥走私犯罪

隨著大陸地區經濟的快速發展，海峽兩岸跨境走私犯罪已從走私傳統的農副產品發展至走私毒品、槍支彈藥，其中毒品走私是當前兩岸跨境走私犯罪中的主要形式。兩岸跨境毒品犯罪經歷了從無到有，從少到多的不斷變化和發展的過程，總體可歸結為「人（毒販）在兩岸竄，貨（毒品）往臺灣流的態勢」。[729]當前兩岸毒品走私犯罪主要有如下幾個特徵：第一，大陸地區是臺灣毒品的主要來源地之一。當前世界毒品有四大產區，而大陸地區緊靠「金三角」和「金新月」世界兩大毒品產區，大陸地區已經成為重要的國際販毒通道和中轉站。[730]而臺灣的毒品主要來源大陸地區以及菲律賓，但近些年來大陸地區走私毒品的比重大幅增加。如2008年臺灣判決的95件販毒案件中有82件（占全部販毒判決案件的86.3%）是從大陸地區啟程運往臺灣的，主要包括深圳（9件）、廣州（9件）、珠海（25件）、東莞（8件）等[731]。因此，臺灣當局與學者均認為，大陸地區系臺灣毒品的主要來源地之一。第二，兩岸販毒組織合作製作冰毒等新型毒品[732]。長期以來，禁毒的重心一直在鴉片、海洛因等傳統毒品，但自上世紀末本世紀初新型毒品自日、泰國以及香港等地流入大陸以後，這些新型毒品在大陸地區迅速崛起，在某種程度上已取代傳統毒品，成為黑市中無可爭議的主流毒品。據統計，2005年海洛因還是內地黑市的主流毒品，全國公安機關當年繳獲的海洛因有6.9噸，而氯胺酮只有2.6噸；到了2007年，查獲的海洛因下降到4.6噸，氯胺酮卻上升到了6噸；2009年各地繳獲的氯胺酮仍高達5.3噸。[733]而冰毒的重要原料——麻黃素主要產地雖然在大陸，但是製毒高手多在臺灣，因此大陸地區與臺灣的相關毒品犯罪組織進行跨境合作，在福建、廣東等地建立起製毒據點，從事製毒、販毒活動。第三，臺灣是大陸地區毒販向其他國家和地區銷售的重要

路徑。兩岸的毒販為了擴展國際市場,又將生產的新型毒品利用香港或臺灣轉運至日韓等國家。因此,臺灣也成為大陸地區販毒集團國家販毒網絡中的重要一環。

此外,海峽兩岸間的槍支彈藥走私犯罪也日益嚴重。據統計,2001年至2008年福建省各級公安機關共破獲涉槍涉黑的涉臺毒品犯罪案件5起,繳獲各類槍支31支、子彈1108發。而且近些年來槍支彈藥走私又出現「槍毒合流」的新現象,嚴重損害了兩岸社會的穩定。如2002年4月13日,廈門市公安機關摧毀一個以臺灣籍毒販為首的走私、販賣毒品團夥,當場繳獲制式衝鋒槍24支、子彈600余發。

(三)電信詐騙、洗錢等新型犯罪形式

海峽兩岸跨境詐騙犯罪也是兩岸跨境犯罪的重要形式。隨著網路、手機等通訊工具的普及,兩岸跨境詐騙則主要是透過電信詐騙的方式來進行的。當前兩岸跨境詐騙主要體現為三種:一是由臺灣詐騙集團隔海遙控的虛假訊息詐騙,二是大陸地區詐騙集團對臺灣居民的電信詐騙,三是兩岸詐騙集團通力合作共同詐騙。如以臺灣詐騙集團隔海遙控詐騙為例。據報導,兩年來福建共破獲臺灣組織的詐騙犯罪案件1400余起,搗毀犯罪團夥60余個。[734]鑒於兩岸跨境詐騙犯罪的嚴峻形勢,兩岸警方加大電信詐騙的打擊力度,如大陸地區公安部於2009年6月部署全國公安機關啟動了為期4個多月的打擊電信詐騙犯罪專項行動,集中開展打擊整治電信詐騙犯罪活動。隨著兩岸警方對電信詐騙的嚴厲打擊,當前兩岸詐騙犯罪又出現一些新的特徵:一是臺灣詐騙團夥紛紛轉移到東南亞一帶,僱傭大陸無業人員以旅遊簽證的方式分散出境,在當地租用別墅設立窩點,從事詐騙活動;二是詐騙犯罪團夥呈現公司化、集團化管理,臺灣人組織的犯罪團夥往往以合法的外衣掩護,甚至申請了營業執照,制定了相對完善的激勵機制和經營帳目。目前,臺灣詐騙犯罪團夥還出現了派吸毒人員赴大陸充當「車手」負責取款的苗頭;三是作案手段更趨隱蔽,近期攜帶U盾從「小三通」出境的人員大量增加;四是詐騙手法逐步升級,當前活躍在社會面上的電信詐騙形式將近30種,有中獎詐

騙、汽車退稅詐騙、冒充熟人詐騙、直接匯款詐騙、電話欠費詐騙等等。[735]

大陸加入世界貿易組織以及兩岸開放「三通」後，兩岸間的洗錢活動也日益猖獗。據亞太防制洗錢組織（APG）2005年的調查，每年透過兩岸地下通匯移轉的現金高達700億美元，超過臺灣外匯存底2536億美元的四分之一。[736]此外，臺灣偽造人民幣的犯罪也十分嚴重，涉案金額十分巨大。如2004年9月至2005年4月，臺灣共查獲偽造人民幣案5起，其中每起案件的涉案金額都在1億元以上。[737]兩岸的洗錢行為嚴重危害到兩岸的經濟社會管理秩序，而且近些年的兩岸洗錢犯罪還大都涉及兩岸黑社會勢力的參與，情勢更為複雜多變。

（四）日益嚴峻的海峽兩岸黑社會組織犯罪

1949年後大陸地區黑社會犯罪的發展大致經歷三個階段：一是1949年至1979年銷聲匿跡期；二是1981年至1997年漸行漸近期，三是1997年至今，黑道、紅道、白道勾結的快速發展期。[738]特別是進入新世紀以來，大陸地區的黑社會性質犯罪持續高發，如公安部分別在2000年至2003年、2006年至2009年開展兩次「打黑除惡」專項整治，共打掉黑勢力27000多個，抓獲犯罪嫌疑人將近20萬人。就在大陸地區嚴厲打擊黑社會組織犯罪時，臺灣警方也實施了多起專門針對臺灣黑社會組織的專案，如「一清」專案、「二清」專案、「治平掃黑」專案等。在臺灣警方大力清剿臺灣黑社會後，特別是在1995年實施「治平掃黑」專案後，臺灣大批黑道分子就逃跑至大陸地區。據報導，臺灣警方認為截至1999年底約有1000名黑道分子潛逃大陸。臺灣最大的三個犯罪團體已經在大陸地區建立據點，竹聯幫在廣東與珠江三角洲，天道盟在福州與廈門，四海幫則在上海與海口。[739]臺灣黑社會分子潛入大陸後，除了經營地下賭場、洗錢錢莊外，還以臺商的身分經營歌舞廳、卡拉OK、酒店、桑拿等娛樂業和色情業，採取「以商養黑」的策略來發展黑色經濟。如已被殺的「四海幫」前老大陳永和就曾在上海、南京等地經營卡拉OK。

此外，海峽兩岸黑社會組織正向偷渡、走私、詐騙、洗錢等犯罪擴展，並加入到國際犯罪組織行列，大大加劇了兩岸打擊跨境犯罪的複雜程度。自1980年中期開始，臺灣黑社會組織成員從開始只是旅遊觀光、投資辦廠、經商貿易等開拓立足空間式的滲透手段，發展到近年來勾結境內不法之徒進行殺人、綁架、制販毒品、走私軍火、組織偷渡等違法犯罪活動，同時憑藉海峽的屏障把福建作為逃避臺灣警方打擊的避風港或跳板。由於臺灣黑社會活動的日趨國際化，它們常與其他國家黑社會組織相勾結，從事毒品、武器走私活動，如竹聯幫已與香港、日本山口組、美國黑手黨共同從事國際販毒活動，把臺灣作為毒品中轉站，按兩條路線販毒。如據美國警方統計，由華裔幫派分銷到各大城市的毒品量可供萬人之需。竹聯幫已壟斷了加州蒙特利市的大部分古柯鹼市場。[740]在臺灣社會組織國際化的過程中，大陸地區黑社會組織與之相互勾結，共同加入到國際犯罪集團網絡中去，使得兩岸跨境犯罪不斷複雜化。

四、兩岸跨境犯罪高發的原因探析

日益嚴峻的海峽兩岸跨境犯罪嚴重損害了兩岸的經貿交流，成為兩岸交流的一顆「毒瘤」。究其原因，除了海峽兩岸之間僅僅一海的地理便利以及文化相近、語言相通等社會原因外，兩岸合作打擊犯罪法律機制的不健全也是跨境犯罪高發的重要原因。雖然近些年來兩岸加強會談協商並簽訂了不少雙邊協議，但這些協議在適用上仍存在著不少法律困境，嚴重影響了兩岸合作打擊跨境犯罪的行為，具體來說：

（一）海峽兩岸日益活躍的兩岸交流以及兩岸在地理、文化等方面存在的便利條件為兩岸跨境犯罪提供現實條件

自1987年海峽兩岸開放探親以來，兩岸的各項交往迅速增加。以兩岸的經貿交流為例，1978年兩岸的經貿交流只有5千萬美元；1978-1987年間，兩岸每年經貿交流額逐漸增長至10億美元之間；自1987年至今，兩岸的經貿交流逐年增長，截止2010年兩岸貿易額已達到1453.7億美元，年平均增長率在

400%以上。[741]伴隨著兩岸經貿交流的迅速發展，兩岸人員流動也繁榮起來。如1987年臺胞來大陸的只有46679人次，1988年這一數據迅速增長至446000人次；1992年臺胞來大陸的人次步入百萬行列，達到130多萬人次；1997年超過200萬人次，2000年超過300萬人次，2005年達到400萬人次，2010年則達到500萬人次。[742]兩岸每年如此之多的經貿交流和人員往來，必然會帶來諸多問題，這點可從當前兩岸層出不窮的研討會中窺見一斑。特別是在兩岸法律銜接尚不順暢的情況下，兩岸跨境犯罪便利用兩岸交流中的社會、法律等漏洞而繁衍起來。與傳統跨境犯罪相比，當前兩岸的跨境犯罪更多的是以臺商身分或正常的兩岸經貿交流為幌子，透過經營歌舞廳、卡拉OK、酒店、桑拿等娛樂業和色情業，採取「以商養黑」的策略來發展黑色經濟。

海峽兩岸一衣帶水，隔海相望，兩岸最近處只有130公里，便利的地理位置自不待言。而兩岸相同的文化背景也為兩岸跨境犯罪快速發展提供基礎。臺灣社會有兩大種族群，即人口占多數的漢族和少部分的高山族。總體來說，臺灣人口中，福建人的後裔占70%，廣東人的後裔占15%，大陸來臺者占13%，高山族僅占2%。[743]在如此人口構成之下，臺灣社會對中華傳統文化存在著較強的認同感，而臺灣文化是中華文化的重要組成部分，是中華文化在臺灣的傳承和發展。所以，海峽兩岸存在著很強的文化認同感。基於兩岸的文化認同感以及相同的語言、文字等，兩岸之間的跨境犯罪組織自然也更容易相互接納。

（二）海峽兩岸政治現實下的刑事管轄權爭議是海峽兩岸跨境犯罪高發的重要原因

為規避複雜的政治糾結，上世紀八十年代以來，兩岸事務性商談多採取「去政治化」措施。如時任海協會常務副會長的唐樹備指出，「一個中國」已是兩岸的共識，所以這個原則不應成為兩岸商談有關具體事務性問題的困擾。基於此種認識，自1987年後，兩岸先後簽訂了《金門協議》、《兩岸掛號函件查詢、補償事宜協議》、《兩岸公證書使用查證協議》以及《海峽兩

岸共同打擊犯罪及司法協助協議》等多項事務性協議。但在弱化兩岸協議「政治化」的同時，兩岸刑事管轄權衝突問題始終未找到較為合適的解決路徑，嚴重阻礙兩岸共同打擊犯罪的前進步伐。如據國臺辦報告稱，在兩岸根據《辜汪會談共同協議》進行商談時，海基會在商談中的表現，使人們清楚地看到，其目的根本不是要解決上述三個具體問題，而是企圖透過事務性商談達到製造所謂「兩岸分裂分治」、「兩岸為兩個對等政治實體」的目的。[744]在當前海峽兩岸仍缺乏足夠政治互信的形勢下，兩岸的刑事司法合作就更步履維艱了。

兩岸缺乏政治互信反映在刑事管轄權上，則主要體現為指大陸和臺灣並不承認對方對發生在其區域內的刑事案件有刑事管轄權。一直以來，我們都把刑事管轄權置於主權的高度進行討論，認為「管轄權是主權的一個方面，它是指司法、立法與行政權力」[745]。在單一制國家裡，主權是統一的、不可分割的，而且主權就是領土的邊界線。[746]依據大陸地區和臺灣法律規定對各自「領土」範圍的宣誓性規定，大陸與臺灣在主權問題上出現了重合，即在同一個領域範圍內出現了兩個並存的主權，這明顯違背了現代主權的相關理論。因此，從主權的角度來看，大陸地區與臺灣相互不承認對方對發生在對方區域內的刑事案件有管轄權。如臺灣制訂的「臺灣與大陸地區人民關係條例」第75條規定：「在大陸地區或在大陸船艇、航空器內犯罪，雖在大陸地區曾受處罰，仍得依法處斷。但得免其刑之全部或一部之執行。」此外，兩岸的刑事管轄權爭議還體現為兩岸司法協助的定位上，究竟是區際司法協助還是國際司法協助。近些年來，隨著「臺獨」勢力的快速增長，兩岸有關刑事管轄權方面的爭論又出現一些新的觀點，如有觀點將海峽兩岸刑事司法協助界定為國際刑事司法協助，而非大陸地區學者主張的區際刑事司法協助。這種觀點實際上是「兩國論」的又一表現形式，也無益於兩岸合作打擊犯罪的事實。在兩岸就刑事管轄權問題糾纏不休的同時，兩岸犯罪集團也利用當前兩岸的政治不信任而將其據點在大陸與臺灣之間來回轉移，由此導致兩岸跨境犯罪快速發展。如上世紀九十年代初，臺灣警方重拳出擊，冰毒制販就借兩岸緩和之機，快速轉場大陸東南，並致閩粵等省該類犯罪急劇攀升；而

2000年後，因大陸公安機關嚴厲打擊，冰毒制販又紛紛回撤臺澎地區，2001年大陸查獲的冰毒從上年2.09萬公斤驟降至4820公斤，同期，臺灣方面繳扣的冰毒卻突破1000公斤，2003年更猛增至6000公斤以上。[747]因此，在兩岸特殊的政治現實下，兩岸刑事管轄權爭議始終被置於主權的高度，嚴重制約著合作打擊犯罪。

（三）兩岸司法及刑事法律制度之間的較大差異為跨境犯罪鑽營法律提供可乘之機

大陸地區司法及刑事制度主要是以革命根據地時期的相關制度、前蘇聯的相關制度以及大陸地區六十多年的刑事司法實踐為基礎的，而臺灣司法及刑事司法制度則是繼承了民國時期的司法及刑事制度，兩者存在很大差異，特別是兩岸司法制度方面存在的巨大差異制約著兩岸合作打擊犯罪。以偵查主體為例。對於普通刑事犯罪，大陸地區的偵查主體主要是公安機關，享有獨立的刑事偵查權；而臺灣則奉行檢察主導偵查原則，以檢察官為偵查程序的主導者，刑事警察、調查人員以及「憲兵」隊員等主要是協助檢察官發動、進行犯罪的偵查。大陸公安機關與臺灣檢察官雖然同為偵查主體，但二者的定位、職權以及內部運作模式等都存在很大不同。如臺灣檢察官雖然隸屬於臺灣「法務部」，但檢察官並非單純意義上的行政官，而是居於行政官與司法官之間中介的「司法官署」，具有較強的獨立性。[748]這顯然與大陸地區公安機關治安保衛機關的定位以及內部行政化管理存在顯著不同。因此，兩岸偵查機關收集證據的效力以及兩岸偵查機關的溝通等必然會產生諸多問題。

此外，海峽兩岸實體和程序法律存在的諸多不同也會影響到兩岸合作打擊犯罪。以黑社會性質犯罪為例，兩岸法律在黑社會性質犯罪的罪名設置、罪狀以及處罰等多個方面都存在重大差異。如大陸地區立法者認為大陸「明顯的、典型的黑社會犯罪還沒有出現」，因此大陸地區刑法規定的是黑社會性質組織，這種黑社會性質組織顯然是與臺灣黑社會組織形式相併列而存在的，其組織結構及組織規模、成員人數、經濟實力以及對社會的控制力等方

面都明顯低於臺灣「組織犯罪防制條例」中規定的犯罪組織。而當前兩岸共同打擊犯罪的一項基本原則是雙重犯罪原則,如依據2009年《海峽兩岸共同打擊犯罪及司法互助協議》第四條規定:「雙方同意採取措施共同打擊雙方均認為涉嫌犯罪的行為」。雖然該原則是國際司法協助的一項基本原則,在當前許多區際司法協助協議中也規定了該條款,但考慮到海峽兩岸畢竟同屬於一個中國。從打擊犯罪的角度來看,兩岸並無必要完全貫徹雙重犯罪原則,因此《海峽兩岸共同打擊犯罪及司法互助協議》也規定了兩岸間的彈性合作模式,第四條第三款「一方認為涉嫌犯罪,另一方認為未涉嫌犯罪但有重大社會危害,得經雙方同意個案協助」。但該條款在具體適用中還沒有案例,需要進一步探討其適用的具體程序問題。

(四)海峽兩岸尚未建立常規的、直接的合作打擊犯罪模式

1987年兩岸開放伊始,臺灣奉行「不接觸、不談判、不妥協」三不政策,兩岸警務及相關司法部門並無直接接觸,也未簽訂行之有效的合作打擊犯罪協議。但接連發生的偷渡慘案引起兩岸的高度關注,[749]使得兩岸必須就遣返事宜進行協商,由此也導致了兩岸第一個書面協議——《金門協議》的誕生。隨後,為了進一步擴大兩岸的經貿交流,海協會與海基於1994年在新加坡舉行「辜汪會談」,並簽署《辜汪會談共同協議》等四項協議。根據《辜汪會談共同協議》的規定,雙方確定今年內(1993年)就「違反有關規定進入對方地區人員之遣返及相關問題」、「有關共同打擊海上走私、搶劫等犯罪活動問題」、「兩岸有關法院之間的聯繫與協助(兩岸司法機關之相互協助)」(暫定)等議題進行事務性協商。但其後兩岸的事務性協商一直未取得實質性進展,直至2009年4月兩岸簽訂《海峽兩岸共同打擊犯罪及司法互助協議》。但即便是《海峽兩岸共同打擊犯罪及司法互助協議》更多的是一種宣示性和原則性的條文,並未對兩岸合作打擊犯罪以及司法協助等事項作出具體規定,仍需要雙方就這些問題進一步協商。

從《金門協議》二十年的實踐來看,兩岸合作打擊犯罪大都是種間接合作的模式,主要有如下幾種:一是透過國際刑警組織合作;二是透過《金門

協議》中的海峽兩岸「紅十字會」合作;三是透過第三地合作,如新加坡;四是透過港澳地區合作。雖然隨著兩岸犯罪率上升、犯罪質趨同以及電信詐騙等跨海峽互涉犯罪的日益突出等,兩岸也在不斷試點新的合作模式,如福建警方與臺灣「刑事警察局」、「海巡署」、「移民署」等開展情報交流、個案協查等,這在一定程度上遏制了兩岸跨境犯罪的猖獗勢頭。但兩岸打擊犯罪的常規、直接聯繫模式仍未建立,極大地制約著兩岸合作打擊跨境犯罪。如目前兩岸警察之四個聯繫渠道中,除福建省公安廳偵查部門有與臺灣警方直接聯繫渠道外,其餘上海市、江蘇省和廣東省公安廳之聯繫渠道均設於該廳之港澳臺事務辦公處,再將情資轉給刑偵總隊查處,傳遞管道不夠暢通。大陸其他未設聯繫窗口之省份,則須透過中央轉請福建公安廳刑偵總隊與「臺灣刑事局」之渠道聯繫,過程迂迴,導致有些案件的基本資料、犯罪事實蒐集和回覆時間難以掌握,延宕破案時機。[750]因此,有必要依據《海峽兩岸共同打擊犯罪及司法互助協議》第五條中有關兩岸協助偵查的原則性規定建立兩岸警務部門常規的、直接的聯繫渠道,合作打擊海峽兩岸跨境犯罪。[751]

五、結語

隨著兩岸政治關係的緩和,兩岸經貿交流日益增多,但兩岸跨境犯罪也隨之而來,特別是近幾年來兩岸的跨境犯罪大幅增加,犯罪種類以及手段等也出現很多新的特徵,這極大損害了兩岸的經濟、社會穩定。為了打擊日益猖獗的兩岸跨境犯罪,兩岸簽訂了一系列協議,特別是2009年《兩岸共同打擊犯罪及司法互助協議》的簽訂更是開啟了兩岸合作打擊犯罪的新局面。但該協議在具體實踐中,不僅要受到兩岸政治定位上的制約,也存在諸多問題,大大限制了該協議的實施效果。因此,在未來構建海峽兩岸合作打擊犯罪模式時,需要進一步協商和細化兩岸合作打擊犯罪機制的內容,並將其制度化、規範化和法制化。

試析兩岸大交流下的涉臺仲裁問題——以上海涉臺仲裁中心為例

上海市臺辦研究室　陳小勇

隨著兩岸大交流、大合作、大發展的深入，臺商臺胞的民商訴訟日益增多，大陸民事訴訟制度的特點和大陸的國情，決定了當事人採取訴訟的成本還是過高，一些臺籍當事人既不願訴諸法律，亦不願接受行政調解，導致在涉臺訴訟方面積案不斷，相當程度上影響了兩岸關係的發展。在此情況下，上海於2009年成立涉臺仲裁中心，成為大陸第一個專門仲裁涉臺案件的地方性仲裁專業機構，為新形勢下妥善解決涉臺民商糾紛，維護臺胞臺商合法權益，促進兩岸關係穩定、有序、良性發展提供了有益的探索。

一、涉臺仲裁之法理探析

中國自1995年9月1日起施行的《中華人民共和國仲裁法》，確立了新的仲裁法律制度，仲裁具有當事人意思自治（協商一致）、一裁終局、專家裁判、經濟便捷等原則與制度，與訴訟相比，程序上更為便利，裁決效果更易為當事人接受，成為時下解決民商糾紛的有效途徑。在涉臺仲裁方面，兩岸較早地進行了規範，成文了一些法律規定。

（一）兩岸涉臺仲裁的相關法律規定。1992年7月31日，臺灣頒布《臺灣與大陸地區人民關係條例》，第74條規定「在大陸地區作成之民事確定裁判、民事仲裁判斷，不違背臺灣公共秩序或善良風俗者，得聲請法院裁定認可。前項經法院裁定認可之裁判或判斷，以給付為內容者，得為執行名義。

前兩項規定，以在臺灣作成之民事確定裁判、民事仲裁判斷，得申請大陸地區法院裁定認可或為執行名義者，始適用之」。[752]隨後，大陸於1994年3月5日頒布實施的《中華人民共和國臺灣同胞投資保護法》第14條規定「臺灣同胞投資內地發生的爭議，可根據合約中的仲裁條款或者事後達成的書面仲裁協議，提交仲裁機構仲裁」。而在《中華人民共和國臺灣同胞投資保護法實施細則》中，進一步重申上述爭議可提交大陸的仲裁機構仲裁，並首次明確「大陸的仲裁機構可以按照國家有關規定聘請臺灣同胞擔任仲裁員」。[753]1998年1月15日，最高人民法院發布《關於人民法院認可臺灣有關法院民事判決的規定》，第18條明確「被認可的臺灣有關法院民事判決需要執行的，依照《中華人民共和國民事訴訟法》規定的程序辦理」。第19條則表示「申請認可臺灣有關法院民事裁定和臺灣仲裁機構裁決的，適用本規定」。而1999年4月9日最高人民法院在《關於當事人持臺灣有關法院民事調解書或者有關機構出具或確認的調解協議書向人民法院申請認可人民法院應否受理的批覆》中表述「臺灣有關法院出具民事調解書，是在法院主持下雙方當事人達成的協議，應視為有法院民事判決書具有同等效力。當事人向人民法院申請認可的，人民法院應比照我院《關於人民法院認可臺灣有關法院民事判決的規定》予以受理」。

　　（二）涉臺仲裁的相關司法實踐。2004年7月23日，廈門中院認可並執行了由臺灣「中華仲裁協會」就和華（海外）置地有限公司與凱歌（廈門）高爾夫球俱樂部有限公司的債權債務糾紛所作出的仲裁裁決，成為大陸第一個認可和執行臺灣仲裁判斷的案例。[754]而在臺灣，首例認可和執行內地仲裁裁決的案例則出現於2003年6月24日，中國國際經濟貿易委員會於2003年1月20日就江蘇國勝電子有限公司與坤福營造股份有限公司之間的建設工程糾紛作出判斷，臺中地方法院審查後予以認可和執行。[755]此後，兩岸涉及臺胞臺商的民商仲裁案例逐年增加。上海涉臺仲裁中心自2009年7月8日受理第一起涉臺仲裁案始，迄今共受理仲裁案件14起，涉案標的達1100余萬元人民幣，結案9起（調解2起，裁決7起），大部分在滬臺商和臺企皆予以肯定。[756]

（三）涉臺仲裁是對臺工作的重要組成部分，新形勢下開展涉臺仲裁工作意義重大。據相關資料顯示，2001至2006年，僅上海仲裁委員會受理的涉臺仲裁案件中，仲裁結果為「支持」與「部分支持」臺籍當事人的比例接近60%，最終調解結案的占16.4%，撤回的占12.7%。而全國貿易仲裁委員會上海分會近年來受理案件中，調解而結案或撤回仲裁申請的比率達40%，涉臺案件的調解撤案率也大致相仿。[757]這些涉臺仲裁案件的調解或裁決，頗獲臺籍當事人認同，同時也體現了合法與合理性，有效達成了「定紛止爭」的目的，對宣傳並加深臺商臺胞對大陸法律的瞭解與認同，創造良好的臺商投資環境，推動做好爭取臺灣民心的工作亦造成了相當重要的作用。

2011年5月26日，國臺辦相關人士在例行新聞發布會上表示，大陸方面將採取具體措施，進一步加強涉臺仲裁工作，目前兩岸的仲裁裁決能夠在對方得到承認和執行，大陸法律已有相關規定，而2004年廈門市中級人民法院認可和執行臺灣「中華仲裁協會」作出的涉及兩岸債權債務的裁決則是成功的仲裁案例，臺灣方面也有類似法律規定和成功案例。他還透露，大陸現有16家仲裁機構聘任臺灣仲裁員。為滿足兩岸日益擴大的經濟、文化交流和人員往來的需要，2011年又將有21家仲裁委員會擬聘請臺灣專業人士擔任仲裁員。[758]涉臺仲裁在今後國家對臺工作的全局中將大有可為。

二、當前涉臺仲裁工作中存在的主要問題

毋庸諱言，仲裁是一種有效的糾紛解決途徑，然而在越來越多的涉臺糾紛中，仲裁還是難以成為雙方當事人的首選。資料顯示，上海市臺辦自2003年至2006年處理的231件臺商投訴案件中，仲裁結案的僅3起，僅占總數的1.3%。[759]究其原因，既有法律本身的問題，更有兩岸關係漸進發展過程的原因所致。

（一）實踐中仲裁地與仲裁機構的選擇有一定難度。依中國仲裁法規定，有效的仲裁協議須具備請求仲裁的意思表示、仲裁事項及仲裁機構的選擇。因此，仲裁庭的管轄權來源於仲裁協議。仲裁機構僅就案件性質可分為

涉外與非涉外案件，但該裁決仍為國內仲裁裁決，只有在國外作出的仲裁裁決方為外國仲裁裁決。中國仲裁法同時對非涉外的國內仲裁裁決、涉外仲裁裁決及外國仲裁裁決各規定了不予執行的不同情形。非涉外的國內仲裁裁決若具有民事訴訟法第217條第2款規定的情形、涉外仲裁裁決有民事訴訟法第260條第1款規定的情形，都可向執行法院申請不予執行。而對於外國仲裁裁決，當事人如果認為該裁決具有1958年《承認及執行外國仲裁裁決公約》第5條規定情形之一的，可以向執行法院申請不予執行。仲裁協議雙方當事人選擇以臺灣仲裁機構為仲裁管轄時，該協議是否有效？有人認為，在「一個中國」原則下，臺灣仲裁機構應視為大陸眾多機構之一，因此其指定臺灣仲裁機構當然有效。但理論層面存在著明顯矛盾，臺灣現有的「中華民國仲裁協會」非依大陸法律成立，若從大陸法律來推理，要麼無效，要麼比照外國仲裁機構看待。關於這個方面，最高人民法院實際上1999年在《關於當事人持臺灣有關法院民事調解書或者有關機構出具或確認的調解協議書向人民法院申請認可人民法院應否受理的批覆》中已明確規定：對臺灣有關機構（包括民間調解機構）出具或確認的調解協議書，當事人向人民法院申請認可的，人民法院不應予以受理。也就意味著協議選擇臺灣仲裁機構是無效的。然而也有臺灣法律專家則邏輯推理認為，依據國務院1988年頒布《關於鼓勵臺灣同胞投資的規定》，臺胞如果發生投資爭議需要仲裁，僅能提交大陸或香港的仲裁機構仲裁；1994年《臺灣同胞投資保護法》不再對仲裁地做出限定，當事人可以選擇大陸也可以選擇其他國家或地區的仲裁機構進行仲裁，雖然未明示，但也未排除可選擇臺灣仲裁機構進行仲裁；而依1998年最高人民法院《關於人民法院認可臺灣有關法院民事判決的規定》的司法解釋，臺灣仲裁機構所作出的裁決，經人民法院認可的即可以在大陸執行，是否可以表示已間接承認當事人可以合意選擇臺灣仲裁機構為仲裁管轄？因為如此，在仲裁地與仲裁機構的選擇上，便存在一定的矛盾，比較難於操作。雖然國臺辦現已就此有一定的突破性解釋，實踐中似乎也有成功操作的案例。但今後雙方當事人協議時如何選擇仲裁地、如何適用準據法，恐怕需要法律層面的系統論證，而這個論證勢必要對現行法律提出一些挑戰。

　　（二）準據法的適用存在一定的爭執。兩岸的法系不同，勢必存在現實

上的法律衝突。而大陸涉臺民事立法的滯後性更導致在司法實踐中存在諸多對涉臺仲裁的準據法的不同觀點。1988年4月2日最高人民法院所頒布的《關於貫徹執行中華人民共和國民法通則若干問題的意見》第178條規定「凡民事關係的一方或者雙方當事人是外國人、無國籍人、外國法人的，民事關係的標的物在外國領域內的，產生、變更或者消滅民事權利義務關係的法律事實發生在外國的，均為涉外民事關係」。但依1994年3月5日人大常委會透過《臺灣同胞投資保護法》第13條「臺灣同胞投資企業依照國務院關於鼓勵臺灣同胞投資的有關規定，享受優惠」，而依1988年6月25日國務院透過《關於鼓勵臺灣同胞投資相關規定》，可以參照執行有關涉外經濟法律、法規的規定。因此，有臺商堅持認為可以臺灣法律為準據法，理由是2002年2月25日最高人民法透過《關於涉外民商案件訴訟管轄若干問題的規定》第5條規定：將涉及臺灣當事人民商事糾紛案件的管轄，比照涉外民商案件，適用該規定處理。其訴訟管轄都可以比照涉外民商事糾紛案件的管轄處理。[761]一些大陸法律專家則認為，雖然理論上可以選擇臺灣為準據法，但不得以「中華民國法律」表述，而必須為「臺灣民商事法律」始能生效。[762]基於國家的主權原則，該方面的法理矛盾似乎難以調和，今後的協調運用，恐需兩岸法律專家進一步發揮智慧，兩岸高層進一步加強司法合作、尤其是民商法律糾紛解決方面的合作。

（三）仲裁認可與仲裁裁決的執行有待於進一步突破。根據大陸1998年《關於人民法院認可臺灣有關法院規定》，臺灣的仲裁裁可和臺灣有關法院的判決一樣向大陸法院申請許可，且條件完全相同，如果獲得認可，則依大陸民事訴訟法規定的程序辦理。但在下列情形下，大陸法院拒絕認可臺灣的仲裁裁決，如：裁決的效力未確定、裁決是在被申請人缺席又未經合法傳喚或者在被申請人無行為能力又未得到適當代理的情況下作出、案件系人民法院已作出判決或者外國、境外地區法院作出判決或境外仲裁機構作出仲裁裁決已為人民法院所承認、裁決違反國家法律的基本原則或者損害社會公共利益。對於未獲認可的裁決的當事人，可就同一事實向人民法院起訴。1998年6月9日，浙江省臺州市人民法院首次裁定認可臺灣南投縣地方法院作出的

一份民事判決，[763]迄今已有多起臺灣的民事裁決在大陸得到執行。然而仔細剖析，裁決的認可和執行還是存在一定的漏洞：上述獲認可與執行的臺灣法院裁決，雙方當事人及事實發生的原因都在臺灣，僅執行標的在大陸，由於不牽涉到大陸方的當事人，因此大陸法院在認可時，基本都尊重臺灣法院的裁判。但若當事人、執行標的或者合約履行地等涉及臺灣，法院裁決的認可和執行如何協調。目前，該方面能找到依據的也僅限於兩岸在刑事司法的一些互助措施，今後如何突破，恐怕需看兩岸司法合作的進展。

涉及大陸因素的臺灣仲裁裁決獲得大陸法院認可與執行，在中國司法實踐中有所突破。2004年，廈門市中級人民法院受理首例請求認可臺灣商務仲裁協會的仲裁判斷申請案，經廈門中院對臺灣仲裁協會仲裁內容的效力予以審查，認為該仲裁內容沒有違反大陸的法律規定，因此予以認可，原告遂向廈門中級人民法院，申請執行被申請人凱歌（廈門）高爾夫球俱樂部有限公司在廈門市的財產。[764]於是有臺灣學者認為，廈門中院的認可與執行已表明，大陸已經承認雙方當事人可以任意選擇準據法為臺灣法律，意味著臺灣仲裁機構的判斷都可順利在大陸獲得認可與執行。[765]但也有專家持不同觀點。因為本案中申請人和華置地有限公司為海外公司，被申請人凱歌高爾夫球俱樂部為臺商在廈門投資企業，該案件依大陸法律規定為涉外案件，且雙方都有臺灣商人因素，與臺灣最具有牽連關係，故以臺灣為仲裁地乃理所當然。[766]但臺商在大陸產生經貿糾紛時，都是在大陸境內成立法人後所進行的民事法律行為，換言之，雙方都是大陸法人，住所地、合約訂立地、合約履行地都是在大陸，從形式上判斷非具涉外因素，應算是國內案件。因此，大陸還是很難允許其協議由臺灣仲裁。根據最高人民法院2004年公布的《關於人民法院處理涉外仲裁及外國仲裁案件的若干規定》及最高人民法院第四民事審判庭印發的《涉外商事審判實務問題解答》，均認為國內當事人將無涉外因素的爭議，協議提請外國仲裁的協議是無效的。換言之，隱藏性涉臺案件是有可能無法得到大陸法院的認可與執行，臺商臺胞還是對此存有顧慮，導致實踐中選擇仲裁時猶豫不決，這些恐需在兩岸關係穩定發展的前提下進一步研究並破解。

三、上海涉臺仲裁之實證分析與建議

2005年以來,滬臺兩地的經貿往來越來越密切。新形勢下進一步做好涉臺仲裁工作,使之成為解決滬臺或者兩岸經貿糾紛的重要平臺乃至主要平臺顯得尤為迫切。

(一)滬臺經貿大交流和大合作決定推進涉臺仲裁工作刻不容緩。相關資料顯示,2010年,上海全年經貿赴臺團組總計達2644批次、6533人次,同比分別增長49.46%和29.42%。全年上海口岸對臺進出口323.4億美元,同比增長37.1%,全市全年累計批准設立臺資項目453項,合約臺資約16.29億美元,歷年累計上海共批准臺商投資項目8141項,合約臺資約244.5億美元,以此同時,上海赴臺投資的步伐也在不斷加大。[767]如此密切的經貿往來,為涉臺仲裁提供了廣闊平臺。此外,據上海仲裁委和中國國際經濟貿易仲裁委上海分會相關資料顯示:上海臺胞臺資企業一般仲裁機構每年辦理涉臺仲裁在20件以下,其中以房地產合約糾紛相對居多,2003年至今,該類案件約占其受案數量的70%以上。[768]而貿仲委上海分會所受理的案件則以投資爭議居多,且近年來所受理的兩岸貿易爭議呈上升趨勢,涉臺仲裁這一專業、便捷、保密、成本較低的解決商事爭議的法律途徑今後應會成為臺商臺資的首選。有鑒於此,從2008年起,上海就將設立涉臺仲裁中心一事列入市委、市政府有關進一步推進滬臺經貿合作發展的工作議程。2009年2月25日,上海市臺辦會同上海仲裁委,在充分研究和積極配合的基礎上,正式成立了上海涉臺仲裁中心。目前上海涉臺仲裁中心現有上海仲裁委員會專屬仲裁員35名,其中有6名臺灣仲裁員,2名香港特別行政區仲裁員,其餘為大陸省籍仲裁員。[769]按照《中華人民共和國仲裁法》和《上海仲裁委員會仲裁規則》等有關法律規定,上海涉臺仲裁中心程序和裁決具有法定效力,可受理和裁決大陸地區、臺灣和其他地區具有臺灣資金的法人、臺灣戶籍的自然人等的合約和財產爭議。中心成立以來,妥善處理了多起涉臺糾紛,不斷總結辦案經驗,在「長三角」乃至全國涉臺仲裁領域,占據了一席之地。

(二)推進涉臺仲裁工作需要兩岸真誠合作,相互助力。對大陸來說,

目前需要進一步加強對涉臺仲裁的宣傳，讓臺籍當事人真正瞭解仲裁、相信仲裁併願意選擇仲裁。從上海涉臺仲裁中心受理的案件來看，很多臺籍當事人基本上是不得已才來到仲裁程序，因為有的擔心一裁終局，爭議最後救濟無門，有的因為對大陸的法律存有疑慮，同時也有負擔不菲仲裁費用的考慮（若選擇臺灣籍仲裁員，當事人需承擔臺籍仲裁員的差旅等費用）。因此，今有必要向臺商臺胞介紹和推介仲裁的標準條款，進一步明確和倡導根據《中華人民共和國仲裁法》和《中華人民共和國臺灣同胞投資保護法》有關規定，發生爭議後，當事人可以按照在合約中訂立的合約條款，或者事後達成的書面仲裁協議提交仲裁。這種仲裁具有終局法律效力，可以申請法院強制執行，使仲裁真正成為解決纠紛的主要手段。同時更要鼓勵各仲裁委員會根據自身具體情況，加強對仲裁員包括臺灣仲裁員的業務培訓，加強對涉臺仲裁相關法律法規的研究，大力開展兩岸法律專家的學術交流，為破解涉臺仲裁領域的諸多難題凝聚智慧，提供參考。

（三）是否考慮在上海率先建立海峽兩岸民商事司法交流機制。鑒於上海的區位優勢和對臺工作的紮實基礎，尤其上海涉臺仲裁中心又具有率先垂試的經驗，是否能夠在兩岸民商事司法交流方面大膽先行。能否結合《兩岸司法互助協議》和ECFA協議精神，以完善對臺司法交流機製為契機，率先在上海市建立海峽兩岸民商事司法交流機制，構築司法互助、司法互信高地，提高上海司法服務的輻射能力，更好地服務上海「四個中心」和「十二五」規劃建設，為兩岸經濟合作持續健康發展，促進兩岸關係上新臺階提供服務。具體操作上，可考慮由上海市臺辦牽頭，高級人民法院及司法局指導，律師協會參與，設立兩岸民間司法交流促進機構。該民間促進機構吸收法官、律師、仲裁員等法律專業人員參加，參與並督促落實《兩岸司法互助協議》精神，負責兩岸司法交流；開啟法官、律師、仲裁員等專業人員對口交流，開展兩岸法律制度的學習；設立司法交流聯絡員，完善具體司法協助事務的協商機制，及時通報司法交流的訊息；定期組織交流互訪，完善臺灣法律人才參加大陸司法考試，申請法律執業資格的機制，充分吸引臺灣法律人才來滬執業並創業，向臺胞臺商及企提供各方面的大陸法律諮詢。

（四）建議在上海和臺北兩市互設仲裁機構分會，完善仲裁受理、裁決和執行的相關規則。如若兩岸民商事司法交流機制在滬運行良好，時機成熟，可進一步考慮兩岸仲裁機構透過協商互設分會，引進兩岸仲裁員共同參與仲裁，修改和完善仲裁機構的受理和裁決規則，鼓勵同一屬地的當事人接受異地仲裁，確定適用法律，避免因兩岸法律制度不同，導致異地執行困難。在此基礎上，探索開展兩岸仲裁機構協助機制，透過互通訊息，互相交流，互相答疑，協助送達仲裁文書、調查取證等，提高兩岸民商事纠紛解決的質量和效率。從而進一步促進兩岸交流交往，促進兩岸關係穩定、有序和良性發展。

（五）今後需進一步完善居住和就業訊息，進一步加強兩岸徵信系統建設，實現共建共享。為便於涉臺仲裁裁決的執行，需創造良好的執行環境。具體操作中是否可以考慮，進一步完善公安機關臺胞基本訊息管理系統，加大對於長住臺胞訊息的管理，完善居住地居委會和就業單位的定期反饋機制和個人報告機制，及時核實和修改臺胞基本訊息管理系統；制定臺胞基本訊息的查詢程序，放開臺胞基本訊息的查詢範圍，切實解決臺胞在大陸的居住地和財產所在地的查詢問題；完善公安機關與海關的聯動機制，加強對臺胞出入境的管理，規範管理短期來往兩岸的臺胞訊息。此外，兩岸金融機構是否推進合作建立臺胞和臺商投資基本訊息，協助金融機構客戶徵信盡職調查，及時通報債務人財產訊息，接受委託監控貸款人使用貸款情況，保障兩岸金融機構債權等等。

[1]《人民日報》，2009年1月1日第2版。

[2]國務院臺灣事務辦公室網站，2009年5月26日。

[3]《互信之重》，《南風窗》2009年10月4日。

[4]《臺灣時報》，2009年10月11日。

[5]《臺灣時報》，2009年1月1日。

[6]國務院臺灣事務辦公室網站，2009年4月28日。

[7]《人民日報》，2009年1月1日第2版。

[8]《人民日報》，2009年1月1日第2版。

[9]國務院臺灣事務辦公室網站，2011年1月23日。

[10]胡錦濤：《攜手推動兩岸關係和平發展　同心實現中華民族偉大復興》，新華網，北京，2008年12月31日電。

[11]《賈慶林在第五屆兩岸經貿文化論壇開幕式上的演講》，轉自國務院臺灣事務辦公室網站，http：//www.gwytb.gov.cn/speech/speech/201101/t201101231723997.htm。

[12]劉國深：《兩岸政治僵局的概念性解析》，載《臺灣研究集刊》，1999年第1期，第3頁。

[13]胡錦濤：《協商談判是實現兩岸關係和平發展必由之路》，新華網（北京）2008年6月13日電。

[14]Fred Charles Lkle，How Nations Negotiate，New York：Frederick A.Praeger，1964，pp.3-4.

[15]吳秀光：《政府談判之博弈理論分析》，臺北：時英出版社，2001年版，第8頁。

[16]李鵬：《海峽兩岸關係析論》，廈門：鷺江出版社，2009年版，第307頁。

[17]陳雲林：《開創兩岸關係和平發展的新局面》，載《求是》，2009年第5期，轉自求是理論網，http：//www.qstheory.cn/zxdk/2009/200905/200906/t200906091733.htm。

[18]《王毅主任在芝加哥僑界招待會上的講話》，轉自國務院臺灣事務辦公室網站，http：//www.gwytb.gov.cn/wyly/201107/t201107301943366.htm。

[19]楊開煌：《談判策略研究：與中共談判》，臺北：冠志出版社，1994年版，第1頁。

[20]黃嘉樹、劉杰：《兩岸談判研究》，北京：九州出版社，2003年版，第118頁。

[21]國務院臺灣事務辦公室：《以民為本為民謀利積極務實推進兩岸「三通」》，國務院臺辦網站，http：//www.gwytb.gov.cn/zywg/zywg0.asp?zywgmid=104。

[22]唐樹備：《兩岸在政治關係定位上的衝突和建立兩岸和平穩定的政治關係的前瞻》，載北京聯合大學臺灣研究院編：《北京臺研論壇（第一輯）》，香港：香港社會科學出版社有限公司，2006年版，第343頁。

[23]《中共中央胡錦濤同中國國民黨主席吳伯雄舉行會談》，新華網，北京，2009年5月26日電。

[24]王建民：《關於兩岸和平發展框架建構問題的幾點討論》，載周志懷主編《新時期對臺政策與兩岸關係和平發展》，北京：華藝出版社，2009年版，第220頁。

[25]海峽兩岸關係協會編：《兩岸對話與談判重要文獻選編》，北京：九州出版社，2004年版，第1頁。

[26]《王毅：謀求兩岸關係的穩定發展》，轉自國務院臺灣事務辦公室網站，http：//www.gwytb.gov.cn/gzyw/gzyw1.asp?gzywmid=2550。

[27]李鵬：《民族認同、利益聯結與兩岸命運共同體的信任深化》，載《臺灣研究》，2010年第5期，第6-7頁。

[28]陳孔立《兩岸政治定位的瓶頸》，《臺灣研究集刊》，2011年第3期。

[29]拙著《兩岸和平發展三個關鍵》，臺灣中興大學當代中國研究中心等《第五屆兩岸和平論壇研討會論文集》，2011年6月10日。

[30]張五岳《從國統綱領到ECFA：兩岸關係互動的回顧與前瞻》，《中國評論》2011年7月號。

[31]鄭漢龍《兩岸應盡快打開經貿以外的對話——訪臺中市長胡志強》，《中國評論》2008年11月號。

[32]謝大寧《當希望的架構出現時——〈兩岸和平發展基礎協定芻議〉讀後》,《中國評論》2008年11月號。

[33]張亞中《建立兩岸共同體史觀(二):為何應該選擇共同體史觀》,《中國評論》2011年1月號。

[34]張五岳《從國統綱領到ECFA:兩岸關係互動的回顧與前瞻》,《中國評論》2011年7月號。

[35]《辛亥百年論中華民國與兩岸關係》,《中國評論》2011年5月號。

[36]《兩岸和平合作前景展望》,《中國評論》2008年11月號。

[37]《兩岸和平合作前景展望》,《中國評論》2008年11月號。

[38]《兩岸政治與經濟關係展望》,《中國評論》2011年2月號。

[39]黃光國《高瞻遠矚名正言順兩岸簽訂和平協定的前提》,《中國評論》2009年10月號。

[40]《兩岸政治與經濟關係展望》,《中國評論》2011年2月號。

[41]《兩岸政治與經濟關係展望》,《中國評論》2011年2月號。

[42]《兩岸和平合作前景展望》,《中國評論》2008年11月號。

[43]王健壯《少談模式,多談交流》,臺灣《聯合報》2011年6月26日。

[44]李黎明,「社會工程學:一種新的知識探險」,《西安交通大學學報》(社會科學版)2006年1月,第24頁。

[45]李黎明,「社會工程學:一種新的知識探險」,《西安交通大學學報》(社會科學版)2006年1月,第22頁。

[46]蔣影明,「社會工程學的立足點、工具和理論前沿的三個方向」,《學海》2000年第2期,第82頁。

[47]王宏波,「論社會工程學的意義、內容和學科特徵」《西安交通大學學報》(社會科學版)2011年1月,第69頁

[48]王宏波,「論社會工程學的意義、內容和學科特徵」,《西安交通大學學報》(社會科學版)2011年1月,第68頁

[49]李黎明,「社會工程學:一種新的知識探險」,《西安交通大學學報》(社會科學版)2006年1月,第20-21頁。

[50]李黎明,「社會工程學:一種新的知識探險」,《西安交通大學學報》(社會科學版)2006年1月,第23頁。

[51]李黎明,「社會工程學:一種新的知識探險」,《西安交通大學學報》(社會科學版)2006年1月,第67頁。

[52]王宏波,「論社會工程學的意義、內容和學科特徵」,《西安交通大學學報》(社會科學版)2011年1月,第71頁

[53]王宏波著,《工程哲學與社會工程》,中國社會科學出版社,2006年版,第4頁。

[54]全國臺灣研究會學術研討會《兩岸關係和平發展與機遇管理》論文集,第4-5頁。

[55]全國臺灣研究會學術研討會《兩岸關係和平發展與機遇管理》論文集,第21頁。

[56]全國臺灣研究會學術研討會《兩岸關係和平發展與機遇管理》論文集,第17頁。

[57]全國臺灣研究會學術研討會《兩岸關係和平發展與機遇管理》論文集,第66頁。

[58]全國臺灣研究會學術研討會《兩岸關係和平發展與機遇管理》論文集,第80-81頁。

[59]王宏波:「論社會工程學的意義、內容和學科特徵」,《西安交通大學學報》(社會科學版)2011年1月,第70頁。

[60]楊立憲:「兩岸關係和平發展理論是怎樣形成的?」,載《統一論壇》2009年第3期。

[61]戴木才:「政治倫理的現代結構」,載《倫理學研究》2003年第6期。

[62]張方華:「政治的價值性與政治倫理訴求」,載《雲南社會科學》2009年第1期。

[63]胡錦濤在中國共產黨第十七次全國代表大會上的報告。新華網,http://news.xinhuanet.com/newscenter/2007-10/24/content6938568.htm

[64]郭震遠：血脈相連休戚與共——兩岸同胞的命運共同體及其特點和前景。http://gb.chinareviewnews.com/crn-webapp/doc/docDetailCNML.jsp?coluid=33&kindid=545&docid=101433584

[65]《馬克思恩格斯全集》第1卷，人民出版社，1956年版，第82頁。

[66]《馬克思恩格斯選集》第2卷，人民出版社，1995年版，第537頁。

[67]倪永杰：「兩岸共同利益視野下的和平發展」，載周志懷主編《兩岸關係：共同利益與和諧發展》，九州出版社，2010年版。

[68]辛亥革命網：「中山論壇王毅致辭：同心協力振興中華」，
http://www.xinhai.org/yanjiu/191101533.htm。

[69]黃嘉樹：「以民為本、以和為貴、現狀一中、未來雙贏」——讀胡錦濤十七大政治報告，載全國臺灣研究會編《新時期對臺政策與兩岸關係和平發展》，華藝出版社，2008年版。

[70]騰訊網：「溫總理：因兩岸是兄弟所以讓利，依然想去寶島」，
http://news.qq.com/a/20100314/001577.htm。

[71]曹先磊：政黨倫理的內涵及基本範疇分析，載《北京工業大學學報（社會科學版）》2007年第3期。

[72]為淡化兩黨色彩，第6屆廣州「國共論壇」正式改名為「兩岸經貿文化論壇」。

[73]新華網：http://www.xinhuanet.com/2008lh/zylddt/20080304.htm

[74]中國臺灣網：http://www.chinataiwan.org/xwzx/jdxw/200803/t20080305598686.htm

[75]百度百科：http://baike.baidu.com/view/939661.htm

[76]星島環球網：「馬英九接受英國《經濟學人》專訪」，
http://www.stnn.cc/hktaiwan/200906/t200906281054116.html

[77]新華網：國臺辦主任王毅接受《旺報》專訪（全文），http://news.xinhuanet.com/tw/2010-03/31/c1210530.htm

[78]新華網：國臺辦主任王毅接受《旺報》專訪（全文），http://news.xinhuanet.com/tw/2010-03/31/c1210530.htm

[79]劉紅，王淼森：兩岸經濟合作框架協議概述[J].統一論壇，2010（4）.

[80]國務院臺灣事務辦公室網站：胡錦濤同歐巴馬舉行會談就中美關係發展提5點建議[EB/OL].2011-01-20，
http：//www.gwytb.gov.cn/speech/speech/201101/t201101231724083.htm[2011-02-26]

[81]華夏經緯網：馬英九發表元旦祝詞：壯大臺灣振興中華[EB/OL].2011-01-02，
http：//www.huaxia.com/xw/twxw/2011/01/2241070.html[2011-01-02]

[82]詹志宏：總體兩岸交流評估[C]//田弘茂，張顯超.兩岸交流二十年：變遷與挑戰，臺北：名田文化，2008：40.

[83]張讚合：兩岸關係變遷史[M].臺北：周知文化，1996：3.

[84]陳光興：白樂晴的「超克『分斷體制』論」——參照兩韓思想兩岸[J].臺灣社會研究2009/8.Vol.74.：27

[85][美]丹尼斯‧朗.權力論[M].陸震綸，鄭明哲譯.北京：中國社會科學出版社，2001：175.

[86]余莓莓：破冰與決堤：國共擴大接觸對兩岸關係的衝擊[M].臺北：晶典文化，2009.

[87]包宗和：臺海兩岸互動的理論與政策面向（一九五零——九八九）[M].臺北：三民書局，1990：28.

[88]李英明：重構兩岸與世界圖像[M].臺北：生智，2002：163.

[89]包宗和，吳玉山：爭辯中的兩岸關係理論[M].臺北：五南圖書出版有限公司.1999：22.

[90]Clough，Ralph N.Cooperation or Conflict in the Taiwan Strait？[M].Rowman＆Littlefield，1998：69.

[91]搜救演習：為軍事互信邁出首步[N].中國時報，2009-2-23（A8）.

[92]陳光興：白樂晴的「超克『分斷體制』論」——參照兩韓思想兩岸[J].臺灣社會研究2009/8.Vol.74：3-47.

[93]余莓莓：破冰與決堤：國共擴大接觸對兩岸關係的衝擊[M]臺北：晶典文化，2009：118.

[94]余莓莓：破冰與決堤：國共擴大接觸對兩岸關係的衝擊[M]臺北：晶典文化，2009：109.

[95]高岸起：利益的主體性[M].北京：人民出版社，2008：62-63.

[96]Clough，Ralph N.Cooperation or Conflict in the Taiwan Strait？[M]Rowman＆Littlefield，1998：52.

[97]桑玉成：利益分化的政治時代[M].北京：學林出版社，2002：84.

[98]包宗和：臺海兩岸互動之和平機制[J].遠景季刊.2000/1.Vol.1.No.1：4.

[99]本文主要從操作性、行為性的權力概念出發，顯示為權力主體在議題設置、議程設定或思想控制等方面，干涉了權力客體的自由行動，使其改變行動並符合權力主體的預期目標，這包括達爾所定義的「甲能夠促使乙去做一件原本不願做之事」；或彼得·巴克萊奇（Peter Bachrach）和摩爾頓·拜拉茨（Morton Baratz）所認為：「操縱社群中占據優勢的價值、信念、儀式及制度程序，而將實際的決策範圍，限定於一些『安全而無害於』既得利益者的議題上」，將利益要求加以化解或壓制；或斯蒂文·盧科斯（Steven Lukes）強調的權力主體建構「虛假共識」或「操縱共識」，「運用諸如社會化的控制方式，孕育權力客體的偏好或需求，俾使他們接受社群中各種既定秩序，並將之視為自然的、有益的、不必更動的、甚至是神聖的固有秩序」。參見郭秋永.權力的概念[J].人文及社會科學集刊.2006/6.Vol.18.No.2：231-239.

[100]引入「硬權力」和「軟權力」，並非認為兩岸之間權力競爭是國家間的競爭，而是強調在兩岸同屬一個中國的法理架構下兩岸權力競爭的標的是民眾的認可與支持。

[101]Joseph S.Nye，Jr.，Soft Power，Foreign Policy，Fall，1990：164.

[102]（美）喬納森·特納，簡·斯戴 ：情感社會學[M].孫俊才，文軍譯.上海：上海人民出版社，2007：18.

[103]詳見周曉虹：社會心理學[M].北京：高等教育出版社，2008：279-289.

[104]陳介玄：協力網絡與生活結構[M].臺北：聯經，1994：239.

[105]修春萍：經貿聯繫在兩岸政治衝突中的化解作用芻議[J].臺灣研究，1996.3.

[106]劉國深：試論和平發展背景下的兩岸共同治理[J].臺灣研究集刊，2009（4）：6.

[107]詳見耿曙，陳陸輝：兩岸經貿互動與臺灣政治版圖：南北區塊差異的推手？[J].問題與研究，Vol.42（6），2003年11、12月.

[108]劉國深：試論和平發展背景下的兩岸共同治理[J].臺灣研究集刊，2009（4）：6.

[109]2011年2月23日國臺辦新聞發布會
[EB/OL].http：//www.gwytb.gov.cn/sp/fbh/201102/t201102231760437.htm[2011-03-05]

[110]林紅：論兩岸在南海爭端中的戰略合作問題[J].臺灣研究集刊，2010（1）.

[111]孔艷杰，隋舵：海峽兩岸合作開發東海、南海油氣資源探析[J].學術交流，2008（11）.

[112]駐奧地利臺北經濟文化辦事處文化組.奧地利大學生上課態度[N].「教育部」電子報，第384期.2009-11-12，[EB/OL].http：//epaper.edu.tw/windows.aspx?windowssn=4577[2010-1-31].

[113]中國評論新聞網：綠學者洪財隆：陳雲林訪臺意義不容小覷[EB/OL].2011-02-27，http：//gb.chinareviewnews.com/doc/1016/1/1/6/101611692.html?coluid=19&kindid=0&docid=101611692&mdate=0227001100[2011-03-05].

[114]中國評論新聞網：洪財隆：民進黨必須直視兩岸[EB/OL].2010-05-07，http：//gb.chinareviewnews.com/doc/1013/0/3/7/101303758.html?coluid=93&kindid=2931&docid=101303758&mdate=0507003156[2011-03-05].

[115]中國評論新聞網.陳小紅：對陸生層層設限顯示臺灣信心不足[EB/OL].2011-03-09，http：//gb.chinareviewnews.com/doc/1016/2/1/7/101621746.html?coluid=46&kindid=0&docid=101621746&mdate=0309004129[2011-03-05].

[116]宋秀琚：《美國國際合作理論研究綜述》，《國外社會科學》，2005年，第3期。此處的合作指的是國際合作，合作的單位是國家和地區。社會學中的「合作」一般指「人與人或團體與團體為達成共同目標，彼此互相同意，表示互相協作的一種聯合行動。維持合作的關係，在於相互間的交通和接觸。合作不論是直接的或間接的，可使合作雙方獲得有利的結果。」見《雲五社會科學大辭典》，第一冊，《社會學》，（臺灣）商務印書館，1971年，第61頁。

[117]喻紅陽、袁付禮、李海嬰：《合作關係中初始信任的建立研究》，《武漢理工大學學報（訊息與管理工程版）》，2005年，第4期，306-309頁。

[118]李淑雲：《信任機制：構建東北亞區域安全的保障》，《世界政治與經濟》，2007年，2期，32-38頁。

[119]Andrew H.Kydd，Trust and Mistrust in International Relations，Princeton：Princeton University Press，2005，p6.

[120]B.Misztal，Trust in Modern Societies，Cambridge：Polity Press，1996，p.9.

[121]劉軍、蔡春:《風險社會、不確定性與信任機制研究》,《商業時代》,2007年,第10期,42-43頁。

[122]王濤、顧新:《基於社會資本的知識鏈成員間相互信任產生機制的博弈分析》,《科學學與科學技術管理》,2010年,第1期,76-80頁。

[123]牛仲君:《衝突預防》,世界知識出版社,2007年,第68頁。

[124]江若塵:《大企業利益相關者問題研究》,上海財經大學出版社,2004年,第101頁。

[125]劉慶:《「戰略互信」概念辨析》,《國際論壇》,2008年,第1期,40-45頁。在這篇文章中作者主要討論的是戰略互信的問題,其概念內涵與政治互信概念有許多重合的地方。

[126]本文所指的「承諾」與法律上的「承諾」概念有區別。法律上的承諾是指「受要約人同意要約的意思表示」。

[127]孔德元:《政治社會學導論》,人民出版社,2001年,第106頁。

[128]王浣塵主編:《訊息技術與電子政務(通用版)——訊息時代的電子政府》,清華大學出版社,2004年,第187頁。

[129]陳孔立:《兩岸建立互信此其時也》,《統一論壇》,2009年,第6期,14-15頁。

[130]指陳菊透過訪問大陸,取得了大陸對高雄世運的支持,為自己加分不少。但是陳菊在高雄世運後不久就邀熱比婭訪臺,傷害了大陸民眾的感情。

[131]Helen Milner,「International Relations of Cooperation Among Nations:strengths and Weaknessen」,World Politics,April 1992.

[132]蘇長河:《全球公共問題與國際合作》,上海人民出版社,2000年,第65頁。

[133](美)羅伯特·基歐漢:《霸權之後:世界政治經濟中的合作與紛爭》,蘇長河等譯,上海:上海人民出版社,2001年,第64頁。

[134](美)詹姆斯·多爾蒂等著:《爭論中的國際關係理論》,閻學通等譯,北京:世界知識出版社,1987年,第545頁。

[135]倪世雄等著:《當代西方國際關係理論》,上海:復旦大學出版社,2001年,第326頁。

[136]陳孔立著：《臺灣學導論》，臺北，博揚文化事業有限公司，2004年版，第313頁。

[137]Robert Axelrod，The complexity of Cooperation-Agent-based of Competition and Cooperation，Princeton University Press，1997，p.145.

[138]「前11月兩岸貿易額達1317.6億美元同比上升39.7%」，國務院臺灣事務辦公室，2010年12月20日，http：//www.gwytb.gov.cn/zlzx/tjsj/201101/t201101211718041.htm。

[139]「2010年1至11月大陸居民赴臺149萬人同比增69.6%」，中國新聞網，2011年1月12日，http：//www.chinanews.com/tw/2011/01-12/2782071.shtml。

[140]宋林飛主編：《西方社會學理論》，南京大學出版社，1997年，第93頁。

[141]周葉中、祝捷：《論兩岸關係和平發展框架的內涵——基於整合理論的思考》，《時代法學》2009年2月第7卷第1期。

[142]鄭航生等著：《社會學概論新修（第三版）》，中國人民大學出版社，2003年，第33頁。

[143]張五岳在「北高市長選後的國內政情分析與兩岸新情勢」研討會上的發言，《中國評論》，2007年1月號。

[144]《2011年對臺工作會議在北京舉行賈慶林出席並作重要講話》，http：//www.gwytb.gov.cn/wyly/201101/t201101311739548.htm

[145]2010年1月58.8、2月58.9、3月59.1、4月59.5、5月59.1、6月69.4、7月61.1、8月59.4、9月56.4、10月58.0、11月56.7、12月62.4、2011年1月63.8、2月58.7。

[146]中國社會科學院語言研究所詞典編輯室編：《現代漢語詞典》，商務印書館，2006年，第951頁。

[147]（美）戴維·伊斯頓，《政治生活的系統分析》，王浦劬譯，華夏出版社，1999年，第429頁。

[148]http：//www.bjdj.gov.cn/Article/ShowArticle.asp?ArticleID=26137

[149]王毅：《2011年兩岸關係應「穩中求進」》，http：//www.gwytb.gov.cn/gzyw/gzyw1.asp?gzywmid=2717

[150]民意的概念，參見：http://wenku.baidu.com/view/446cc50dba1aa8114431d9be.html。

[151]《認同是中國人正在臺灣流失》，臺灣《中國時報》，2011年1月21日。

[152]《改變才能回應民意的期待》，臺灣《經濟日報》，2011年1月10日；《選戰/雙英對決五五波堪稱選戰最激烈》，臺灣《中央日報》，2011年4月29日；《遠見民調民進黨：勢均力敵》，臺灣《聯合報》，2011年05月12日。

[153]2008年以來，臺灣民眾對下臺後的民進黨的信任度持續下滑，信任指數一度跌到30%以下，參見臺灣《遠見》雜誌民調中心民調數據，http://www.gvm.com.tw/gvsrc/index.asp?page=1。

[154]《「陸委會」民調/主張維持現狀以後「獨立」創馬執政來新高》，臺灣《自由時報》，2011年6月8日。

[155]例如，即便是ECFA對臺灣有利，也被某些民進黨和「臺獨」人士看成是「傾中賣臺」的行為。

[156]《賴幸媛：臺對兩岸未來有自由選擇權》，臺灣《聯合報》，2010年12月7日。

[157]《蘇起：民國百年，「興利」元年》，臺灣《聯合報》，2010年12月31日。

[158]民進黨在其主政時期提出所謂「政黨退出媒體」要求，實際上是要削弱國民黨對媒體的影響力，而它自己卻利用行政資源大肆占領媒體陣地。

[159]臺灣「陸委會」委託TVBS民調中心所做的民調，《陳江會/為「國人」健康把關7成民眾支持》，臺灣《中央日報》，2010年12月20日。

[160]臺灣《遠見》雜誌2010年5月所做的民調數據，對於「購買美國較佳防禦性武器之必要性」有53%贊成購買，30.6%反對購買，16.4%未答。

[161]《說直話與實話有這麼難？》，臺灣《臺灣新生報》，2011年4月1日。

[162]歷年兩岸人員往來與交流統計，參見國務院臺辦網站，http://www.gwytb.gov.cn/lajwl/ry-wltj/201101/t201101201715616.htm。

[163]《名家——邁向兩岸社會大交流的和平之路》，臺灣《中國時報》，2011年2月17日。

[164]中國共產黨第十七次全國代表大會報告。

[165]臺灣「中央社」報導：中新網2011年6月8日電。

[166]新華社報導：2010年7月12日電。

[167]胡錦濤：攜手推動兩岸關係和平發展　同心實現中華民族偉大復興——在紀念《告臺灣同胞書》發表30週年座談會上的講話，《人民日報》，2009年1月1日02版。

[168]胡錦濤同志在中國共產黨第十七次全國代表大會上的報告。

[169]引自臺灣《聯合報》，2009年2月27日。

[170]《新大陸人在臺灣》，引自臺灣《遠見》雜誌，2009年5月號。

[171]胡錦濤：《攜手推動兩岸關係和平發展　同心實現中華民族偉大復興》。

[172]參見成中英著：《中國文化的現代化與世界化》一書，中國和平出版社，1988年。

[173]參考葛荃：《中國化的寬容與和諧——從傳統到當代的政治文化整合》，載《華僑大學學報》（哲學社會科學版），2006年第4期。

[174]洪綾襄：《中華文化在臺才能窺全貌》，引自臺《遠見》雜誌，2011年6月號，總第300期。

[175]馬英九2011年元旦講話：《壯大臺灣，振興中華》。

[176]馬英九：《臺灣要成為和平締造者》，引自臺灣《中國時報》，2008年5月21日。

[177]楊緯中：《在文化邊緣位置，撐起臺灣核心價值》，引自臺灣《新新聞》雜誌，2009年4月23日至29日，總第1155期。

[178]蔡瑋：《思想解放是臺灣唯一出路》，引自蔡瑋的部落格cw.caogen.com，2009年6月4日。

[179]蔡英文於2月23日提出「和而不同、和而求同」的兩岸論述，並稱：「這個『和』就是『和平發展』的『和』」。引自臺北《聯合晚報》，2011年2月23日。

[180]參見俞可平：《民主是共和國的生命》，引自俞可平著：《思想解放與政治進步》社會科學文獻出版社，2008年。

[181]高希均：《展現第二波生命力：從第五項修練中找解答》，引自Peter M.Senge著《第五項修練》中文版序言，臺北天下遠見出版股份有限公司，2007年。

[182]參考胡啟勇：《文化整合論》，引自《貴州民族學院學報》（哲學社會科學版），2002年第1期，總第71期。

[183]馬英九2011年元旦講話：《壯大臺灣，振興中華》。

[184]道格‧麥克亞當等：《鬥爭的動力》，譯林出版社，1999年，282，280，283頁。

[185]有關民族與民族主義的形成的爭論，見埃裡克.霍布斯鮑姆：《民族與民族主義》，上海世紀出版集團，2006年；安東尼‧史密斯：《民族主義：理論、意識形態、歷史》，上海世紀出版集團，2006年。

[186]有關民族與民族主義的形成的爭論，見埃裡克‧霍布斯鮑姆：《民族與民族主義》，上海世紀出版集團，2006年；283頁。胡安‧林茨等在其《民族轉型與鞏固問題》第二章也有較多討論。浙江人民出版社，2006年版。

[187]挑戰可以是真實的，也可以是誤判的，總之是其感知的。

[188]全代會代表在13全之後改為直接選舉為主。

[189]徐鋒：《當代臺灣政黨政治研究》，時事出版社，2009年，134頁。

[190]安德魯內森Andrew Nathan「A factionalism Model for CCP Politics」，China Quarterly，No.53，pp45-51.

[191]徐鋒：《當代臺灣政黨政治研究》，時事出版社，2009年132頁。

[192]徐鋒：2009《當代臺灣政黨政治研究》，時事出版社，137頁。

[193]國民黨內部民主化直至2001年7月丟失政權後重新組織改組才得以完成，2001年3月後黨主席改為全體黨員直接投票無記名選舉產生，十七全後實現黨代表直選產生、中常委與中央委員由黨代表直選產生。黨員代表的權力得到落實，主席的產生得以公開，加強的權力的開放性、意見與利益的聚集功能得以強化。

[194]徐鋒：2009《當代臺灣政黨政治研究》，時事出版社，150頁。

[195]劉國深：《民進黨意識形態研究》，九州出版社，2004年，57頁。

[196]胡錦濤：《攜手推動兩岸關係和平發展　同心實現中華民族偉大復興》，新華網，北京，2008年12月31日電。

[197]楊連福：《人口問題與臺灣政治變遷》，臺灣：博揚文化事業有限公司，2005年，第260頁。

[198]江宜樺：《自由主義、民族主義與國家認同》，臺灣：揚智文化事業股份有限公司，2000年，第8-11頁。

[199]葛永光：《文化多元主義與國家整合——兼論中國認同的形成與挑戰》，臺北：正中書局，1993年，第45頁。

[200]（美）亞歷山大‧溫特著，秦亞青譯：《國際政治的社會理論》，上海：上海世紀出版集團，2000年，第431-437頁。

[201]邱芝：《論歐洲一體化進程中集體認同的建構》，《世界經濟與政治論壇》，2007年第4期，第122頁。

[202]（美）亞歷山大‧溫特著，秦亞青譯：《國際政治的社會理論》，上海：上海世紀出版集團，2000年，第431-438頁。

[203]陳陸輝、耿曙、塗萍蘭、黃冠博：《理性自利或感性認同？影響臺灣民眾兩岸經貿立場因素的分析》，臺灣《東吳政治學報》，2009年第2期，第114頁。

[204]劉文斌：《臺灣「國家認同」變遷下的兩岸關係》，臺北：問津堂書局，2005年，第21頁。

[205]江宜樺：《自由主義、民族主義與國家認同》，臺北：揚智文化事業股份有限公司，2000年，第8-11頁。

[206]劉文斌：《臺灣「國家認同」變遷下的兩岸關係》，臺北：問津堂書局，2005年，第22頁。

[207]施正鋒：《臺灣意識的探索》，載夏潮基金會編：《中國意識與臺灣意識》，臺北：海峽學術出版社，1999年，第89頁。

[208]劉文斌：《臺灣「國家認同」變遷下的兩岸關係》，臺北：問津堂書局，2005年，第22頁。

[209]張亞中：《兩岸統合論》，臺北：生智文化事業有限公司，2000年，第118-119頁。

[210]《兩岸互動一年，馬英九滿意度民調》，遠見雜誌民調中心，http://www.gvm.com.tw/gvs-rc/index.htm。

[211]Anthony D.Smith，National Identity，Las Vegas：University of Nevada，1991，p.52，p.74.

[212]趙森、李義虎：《構建兩岸關係和平發展框架》，載周志懷主編：《新時期對臺政策與兩岸關係和平發展》，華藝出版社，2009年版，第210頁。

[213]吳伯雄：《血緣和文化是推動兩岸和平發展動力》，新華網，長沙，2009年7月10日電。

[214]陳添枝：《全球化與兩岸經濟關係》，臺灣《經濟論文叢刊》，2003年第3期，第336頁。

[215]蔡學儀：《兩岸經貿之政治經濟分析》，臺北：新文京開發出版股份有限公司，2003年，第73頁。

[216]張亞中：《兩岸統合論》，臺北：生智文化事業有限公司，2000年，第130頁。

[217]林信華；《超國家社會學：兩岸關係中的新臺灣社會》，臺北：韋伯文化國際出版有限公司，2003年，第199頁。

[218]Karl W.Deutsch，「The price of Integration」，in Philip E.Jacob，and Henry Teune，eds，The Intergration of Political Communities，（Philadelphia：J.B.Lippincott），pp.143-178.

[219]張亞中：《兩岸統合論》，臺北：生智文化事業有限公司，2000年，第109頁。

[220]《兩岸互動一年，馬英九滿意度民調》，遠見雜誌民調中心，http://www.gvm.com.tw/gvs-rc/index.htm。

[221]張亞中：《兩岸統合論》，臺北：生智文化事業有限公司，2000年，第111頁。

[222]張亞中：《兩岸統合論》，臺北：生智文化事業有限公司，2000年，第111頁。

[223]《溫家寶：大陸將繼續擴大同臺灣經貿交流的範圍》，新華網，北京，2008年3月18日電。

[224]《胡錦濤春節前夕看望臺灣同胞：共同開創兩岸關係更加美好的未來》，新華網，北京，2010年2月12日電。

[225]《胡錦濤就新形勢下發展兩岸關係提四點意見》,新華網,北京,2005年3月4日電。

[226]胡錦濤:《攜手推動兩岸關係和平發展　同心實現中華民族偉大復興》,新華網,北京,2008年12月31日電。

[227]參見:互動百科詞條http：//www.hudong.com/wiki/國家認同。

[228]《遠見》雜誌,2009年8月號,「兩岸互動一年；馬總統滿意度」民調,遠見民意調查中心網頁：http：//www.gvm.com.tw/gvsrc/index.html。

[229]政大選舉研究中心,「臺灣民眾臺灣人中國人認同趨勢分布」, http：//esc.nccu.edu.tw/newchinese/data/TaiwanChineseID.htm。

[230]《遠見》雜誌,2010年4月號,「對簽定經濟合作協議看法、民眾終極統『獨』觀、馬『總統』滿意度」民調,遠見民意調查中心網頁：http：//www.gvm.com.tw/gvsrc/index.asp。

[231]「馬『總統』執政滿意度、民眾終極統『獨』觀」民調,遠見民意調查中心網頁：http：//www.gvm.com.tw/gvsrc/index.asp。

[232]《參考消息》,2011年4月8日。

[233]參見：「財團法人國家政策研究基金會國政研究報告」,2010年1月4日,「國人國族認同分析」,作者劉奕伶,http：//www.npf.org.tw/post/2/6909。

[234]新浪網新聞中心,2007年10月24日,「胡錦濤在黨的十七大上的報告」(全文), http：//news.sina.com.cn/c/2007-10-24/205814157282.shtml。

[235]《遠見》雜誌,2009年8月號,「兩岸互動一年；馬總統滿意度」民調,遠見民意調查中心網頁：http：//www.gvm.com.tw/gvsrc/index.html。

[236]《遠見》雜誌,2009年8月號,「兩岸互動一年；馬總統滿意度」民調,遠見民意調查中心網頁：http：//www.gvm.com.tw/gvsrc/index.html

[237]本文標題中的身分認同一詞對應於Identity與アイジテイテイ一詞。Identity有多重含義。通常的譯法為同一性、認同、身分或身分認同。戴教授將其譯作認同或自我同定。但現在學界一般較為通行的譯法為身分認同,故本文中大多數場合用身分認同來表述,但有時也視語境做身分,或認同,或自我同定。

[238]戴國煇:《臺灣史探微——現實與史實的相互往還》,《戴國煇文集6》,南天遠流,2000年,第83頁。

[239]戴國煇:《臺灣と臺灣人—アイジテイテイを求めて》,研文出版,1991年,第207-214頁。

[240]日本政府殖民統治臺灣期間,對臺灣居民實行分割統治,並於1935年6月4日公布了訓令第34號的《戶口調查規定》,將居於臺灣,持有日本國籍者粗分為內地人(日本人)與本島人(原住民與漢人移民)。再將本島人細分為福建族、廣東族(總督府原意指客家人,但客家人雖多數以廣東省作為父祖之鄉,仍有一小部分是以福建為故鄉,故此稱呼有誤)、其他漢人、平埔族、高砂族。日據時代並無臺灣人之概念。

[241]戴國煇:《臺灣と臺灣人—アイテジテイテイを求めて》,研文出版,1991年,第62-63頁。

[242]戴國煇:《對中國人而言之中原與邊境——與自身之歷史(臺灣、客家、華僑)相連接起來》,蔣智揚譯,《戴國煇全集8‧史學與臺灣研究卷八》,文訊雜誌社,2011年,第322頁、第326頁。

[243]戴國煇,葉藝藝:《愛憎二‧二八——神話與事實:解開歷史之迷》,遠流南天,2002年,第1-2頁。

[244]戴國煇,葉藝藝:《愛憎二‧二八——神話與事實:解開歷史之迷》,遠流南天,2002年,第3頁。

[245]戴國煇,葉藝藝:《愛憎二‧二八——神話與事實:解開歷史之迷》,遠流南天,2002年,第3頁。

[246]戴國煇:《戴國煇全集27‧別卷》,《文訊雜誌社》,2011,第84頁。松永正義:「戴國煇的位置」,「戴國煇國際研討會論文」,2011年4月,臺北。

[247]戴國煇,葉藝藝:《愛憎二‧二八——神話與事實:解開歷史之迷》,遠流南天,2002年,第7頁。

[248]戴國煇:《臺灣結與中國結—睪丸理論與自立‧共生的構圖》,遠流出版公司,1994年,第99頁。

[249]戴國煇:《境界人の獨白—アジアの中から》,龍溪書舍,1976年,第5頁。

[250]戴國煇：《臺灣結與中國結─睪丸理論與自立‧共生的構圖》，遠流出版公司，1994年，第130頁。

[251]戴國煇：《臺灣結與中國結─睪丸理論與自立‧共生的構圖》，遠流出版公司，1994年，第105頁。

[252]戴國煇：《臺灣と臺灣人─アイジテイテイを求めて》，研文出版，1991年，第195-196頁。

[253]戴國煇：《臺灣結與中國結─睪丸理論與自立‧共生的構圖》，遠流出版公司，1994年，第114-116頁。

[254]戴國煇：《臺灣史研究——回顧與探索》，遠流出版公司，1985年，第7-8頁。

[255]戴國煇：《臺灣結與中國結─睪丸理論與自立‧共生的構圖》，遠流出版公司，1994年，第134頁。

[256]戴國煇：《臺灣結與中國結─睪丸理論與自立‧共生的構圖》，遠流出版公司，1994年，第102頁。

[257]戴國煇：《臺灣結與中國結─睪丸理論與自立‧共生的構圖》，遠流出版公司，1994年，第119頁。

[258]戴國煇：「獻給吾妻林彩美—最佳的理解者及協助我最多的人」，林彩美譯，《戴國煇全集‧史學與臺灣研究卷一》，文訊雜誌社，2011年，獻辭。

[259]戴國煇：「臺灣の近百年と日本─私的體驗からのアプローチ─」「CHAPL NEWS」（立教學院生徒禮拜堂）、440號、1996年1月號。此外，戴教授每次去大陸都會大量購書，也曾委託筆者幫他代購過一些書，許多都是具有史料價值的圖書。在筆者曾參與聆聽的戴教授的多次演講中他都曾提到他在準備寫有關大陸的書。他總是在感嘆時間不夠用。但2001年戴教授突然去世，此一願望終究未能實現。

[260]戴教授回臺前後，本人有機會就此問題與戴教授有過多次討論，深深感受到他希望為中華民族能有尊嚴地屹立於世界民族之林盡餘生的強烈使命感。他也曾有過退休後回大陸，將他畢生蒐集的藏書資料贈送大陸相關研究機構，幫大陸培養年輕人之想法。李登輝發表與司馬遼太郎的對談之後，他立即在課堂上與學生討論這個談話的內容，並找立教大學聖經研究專家瞭解聖經中出埃及故事的緣由及其文化脈絡。他表示，如果他在李登輝身邊幫助李登輝整理的話，可能李不會犯此錯誤。他認為李登輝是驕傲了，所以才會說話如此輕率，特別是此話經與日本人對談之場合

說出，他覺得是非常不妥當的。他並從李之家庭出身，當時臺灣的歷史背景出發對李為何有此說法進行了分析與批判。在1996年他決定返臺之後，我恭賀他終於達成「衣錦還鄉」之願時，他卻很冷靜地說「伴君如伴虎」。所以，他最後選擇回臺，應該是有回饋故鄉，幫助李登輝促進兩岸中國人和解與團結之意，但對自己的立場與定位卻是事先有非常明確的設定的。完全不是貪戀權位的所謂「晚節不保」或認同發生變化。另參考林彩美：「兒不嫌母醜、狗不嫌家貧」、みやびブックレット2010Autumn No.33、特集《二つのふるさと》。王曉波：「戴國煇想促進兩岸中國人和解團結」http://www.chinareviewnews.com/doc/1016/6/0/6/101660621.html?coluid=3&kindid=12&docid=101660621&mdate=0415004455

[261]戴國煇：《臺灣結與中國結——睪丸理論與自立‧共生的構圖》，遠流出版公司，1994年，第108頁。

[262]戴國煇：《臺灣結與中國結——睪丸理論與自立‧共生的構圖》，遠流出版公司，1994年，第5頁。

[263]戴國煇：《臺灣結與中國結——睪丸理論與自立‧共生的構圖》，遠流出版公司，1994年，第4頁。

[264]戴國煇：《華僑—從「落葉歸根」走向「落地生根」的苦悶與矛盾》，雷玉虹譯，《戴國煇全集11》第11冊，文訊出版社，2011年，第152頁。

[265]參考林彩美：「兒不嫌母醜、狗不嫌家貧」、みやびブックレット2010Autumn No.33、特集《二つのふるさと》。王曉波：「戴國煇想促進兩岸中國人和解團結」http://www.chinareviewnews.com/doc/1016/6/0/6/101660621.html?coluid=3&kindid=12&docid=101660621&mdate=0415004455

[266]エリク・エリクソン著‧五十嵐武士譯：《　史のなかのアジテイテイージエファソンと現代》，東京みすず書房、第12-14頁。

[267]エリク・エリクソン著‧五十嵐武士譯：《　史のなかのアイジテイテイージエファソンと現代》，東京みすず書房、第12-15頁。

[268]戴國煇：《臺灣結與中國結——睪丸理論與自立‧共生的構圖》，遠流出版公司，1994年，第19-23頁。

[269]戴國煇：《もっと知りたい——華僑》，弘文堂，1991年，第46-49頁。

[270]戴國煇：《華僑——落葉帰根から落地生根への苦悶と矛盾》、研文出版，1991年，第122-

125頁。

[271]戴國煇：《華僑——落葉帰根から落地生根への苦悶と矛盾》、研文出版，1991年，第127頁。

[272]戴國煇：《華僑——落葉帰根から落地生根への苦悶と矛盾》、研文出版，1991年，第128-129頁。

[273]戴國煇：《華僑——落葉帰根から落地生根への苦悶と矛盾》、研文出版，1991年，第112-114頁。《臺灣與臺灣人—アイジテイテイを求めて》，研文出版，1991年，第28-30頁。

[274]戴國煇：《臺灣と臺灣人——アイジテイテイを求めて》，研文出版，1991年，第28-33頁。

[275]戴國煇：《臺灣と臺灣人——アイジテイテイを求めて》，研文出版，1991年，第31-34頁。

[276]戴國煇：《臺灣結與中國結—睾丸理論與自立‧共生的構圖》，遠流出版公司，1994年，第156-157頁。

[277]戴國煇：《臺灣結與中國結—睾丸理論與自立‧共生的構圖》，遠流出版公司，1994年，第156頁。

[278]戴國煇：《臺灣結與中國結——睾丸理論與自立‧共生的構圖》，遠流出版公司，1994年，第17-18頁。

[279]戴國煇：《臺灣結與中國結——睾丸理論與自立‧共生的構圖》，遠流出版公司，1994年，第31頁。

[280]戴國煇：《臺灣結與中國結——睾丸理論與自立‧共生的構圖》，遠流出版公司，1994年，第36-37頁。

[281]戴國煇：《臺灣結與中國結——睾丸理論與自立‧共生的構圖》，遠流出版公司，1994年，第123頁。

[282]李德順：《價值論：一種主體性的研究》，中國人民大學出版社，2011年，第3-6頁。

[283]戴國煇：「某副教授之死與再出發的苦惱」，林彩美譯，《戴國煇全集1‧史學與臺灣研究

卷一》，文訊雜誌社，2011年，第19頁。

[284]戴國煇：《臺灣結與中國結——睪丸理論與自立‧共生的構圖》，遠流出版公司，1994年，第170-172頁。

[285]戴國煇：《臺灣結與中國結——睪丸理論與自立‧共生的構圖》，遠流出版公司，1994年，第164-165頁。

[286]戴國煇：《臺灣結與中國結——睪丸理論與自立‧共生的構圖》，1994年，第165頁。

[287]戴國煇：《臺灣結與中國結——睪丸理論與自立‧共生的構圖》，1994年，第132頁。

[288]戴國煇：「臺灣近百年與日本——從我的體驗來探討」，《戴國煇全集9‧史學與臺灣研究卷九》，臺北文訊雜誌社，2011年，第327頁。另參考1992年戴國煇在中國社會科學院臺灣研究所演講：「有關兩德統一的教訓及海峽兩岸關係發展」，筆者筆記記錄。

[289]戴國煇：《臺灣結與中國結——睪丸理論與自立‧共生的構圖》，1994年，第92頁。

[290]戴國煇：《臺灣という名のヤヌス一靜かなる革命への道》、三省堂，1996年。第156頁。

[291]戴國煇：《臺灣結與中國結——睪丸理論與自立‧共生的構圖》，1994年，第39-40頁。

[292]哈貝馬斯：《公共領域》，《文化與公共性》，三聯書店，1998年，第185頁。

[293]陳學明：《哈貝馬斯的「晚期資本主義論」述評》，重慶出版社，1993年，第199頁。

[294]戈登‧懷特：《公民社會、民主化和發展：廓清分析的範圍》，民主化（英國），1994，1（3）：375-390.

[295]劉國深：《臺灣政治概論》，九州出版社，2006年，第124頁。

[296]陳斌華：《兩岸透過政黨對話打開「機會之窗」》，新華社2005年5月13日消息，新華網，http：//news.xinhuanet.com/taiwan/2005-05/13/content2955405.htm

[297]馬匯瑩，張曉鋒，童兵：「傳媒在兩岸政黨溝通中的角色審視」。新聞大學，2006年第1期。

[298]（德）哈貝馬斯：《在事實與規範之間——關於法律和民主治國的商談理論》，「前言」，

童世駿譯，北京：生活・讀書・新知三聯書店，2003年，第5頁。

[299]佚名：《廈門社會組織在海峽兩岸交流中地位和作用研究》，廈門社會科學網站：http：//www.xmsk.cn/jcjyinfo.asp?id=111，2009年3月5日。

[300]石之瑜《誰的新聞自由？誰的國家安全？——兩岸關係中的媒體與敵意》，《臺大新聞論壇》，1994年第2期。

[301]郭偉峰：「兩岸新聞媒體進入共構期與兩岸共同媒體的發展」，中國評論新聞網，2008年6月18日，http：//gb.chinareviewnews.com/doc/1006/6/4/3/100664376.html?coluid=118&kindid=3704&docid=100664376&mdate=0922074558

[302]王茹：「兩岸命運共同體與兩岸公共生活的建構」，《臺灣研究集刊》，2006年第3期。

[303]張文生：《影響兩岸關係的非傳統安全因素分析》，《臺灣研究》，2010年第2期。

[304]王逸舟：《重視非傳統安全研究》，《人民日報》，2003年5月22日第7版。

[305]陸志偉：《非傳統安全論》，時事出版社，2003年，第55頁。

[306]劉少華、陶俊：《後冷戰時期東亞非傳統安全合作探析》，《湖南大學學報（社會科學版）》，2009年第3期。

[307]張明明、周敏駿：《非傳統安全的理論和現實》，《解放軍報》，2005年1月24日。

[308]張文生：《影響兩岸關係的非傳統安全因素分析》，《臺灣研究》，2010年第2期。

[309]「千島湖事件」發生後，據臺灣《聯合報》1994年4月18日的民調指出，臺灣贊成與非常贊成「臺灣獨立」的民眾大幅升至42%，贊成統一的比例減少了10%，這一民調結果顯示「千島湖事件」之後，臺灣民眾對大陸的疑惑與不滿，開始「重新思考兩岸關係和臺灣前途」，雙方的交流一時之間也有冷卻的現象。2003年，陳水扁當局利用「非典」疫情，大肆鼓吹臺灣加入WHO，藉機指責大陸打壓臺灣的「國際生存空間」，挑撥兩岸人民的感情，甚至中斷兩岸交流，公開要求民眾和公職人員不要前往大陸，致使兩岸人員交流和經貿往來均直接受到「非典」疫情的影響而大幅減少。

[310]劉育偉：《海峽兩岸跨境犯罪之分析》，臺灣《海軍學術雙月刊》，2009年第1期。

[311]《兩岸共同打擊犯罪成效顯著，未來「標本兼顧」》，《人民日報海外版》，2011年2月9

海峽兩岸持續合作的動力與機制

日；《臺當局法務部門：兩岸司法互助共交換729件情報》，中國臺灣網，2011年3月2日，網址：http://www.chinataiwan.org/taiwan/twSocialNews/201103/t20110302 1770584.htm。

[312]張劍：《海上非傳統威脅對海防安全的挑戰與應對策略》，《國防》，2007年第10期。

[313]《海上搜救中心主任：加強兩岸海上救助合作，共建平安海峽》，中新社，2010年9月16日電。

[314]早在上世紀90年代，大陸中國海洋石油總公司（簡稱「中海油」）和臺灣中油公司就已經開始就已經就共同開發、合作勘探臺灣海峽油氣資源達成初步意向。2002年，兩家公司在維京群島合作成立公司，在臺灣海峽合作勘探油田，投資均攤，成果共享；2005年在臺灣海峽南部第一處盆地鑽探了一口試采井，但未發現石油。2008年，兩家公司簽署了四項協議，擴大合作勘探，除將合作勘探臺潮、南日島盆地、非洲肯尼亞油源外，還將進一步開展海外開發，代煉原油的合作。參見李保明、余航：《臺灣能源供需特徵與兩岸能源合作分析》，《臺灣研究》，2010年第2期。

[315]孔艷杰、隋舵：《海峽兩岸合作開發東海、南海油氣資源探析》，《學術交流》，2008年第11期。

[316]海洋能源通常指海洋中所蘊藏的可再生的自然能源，主要為海洋風能、潮汐能、波浪能、海流能、海水溫差能、海水鹽差能和、海洋生物能等。這些能源資源豐富、清潔干淨、可再生性強，與生態環境和諧，是最理想、最有前景的替代能源之一。

[317]2009年初開始，中國海軍開始派出艦艇編隊赴亞丁灣、索馬里海域不間斷地執行護航任務。據交通運輸部統計，截至2010年12月22日，中國共派出七批海軍護航艦隊，共完成護航277批次3097艘次，成功避免了80余艘次船舶遭海盜劫持。值得關注的是，中國海軍護航編隊從2009年1月12日第一次為臺灣商船護航以來，至今已經為35艘次臺灣商船護航。這是中國軍隊首次在海外為臺灣同胞及其財產提供軍事保護行動，在臺灣臺灣引起強烈反響。參見林紅梅：《中國海軍兩年成功護航逾3000艘次》，新華網，2011年1月6日，網址：http://news.xinhuanet.com/politics/2011-01/06/c12954142.htm。

[318]《大陸向臺灣受災同胞捐款已達1.76億人民幣》，中國新聞網，2009年8月19日，網址：http://www.chinanews.com/tw/news/2009/08-19/1825072.shtml。

[319]《謝明輝：兩岸共建防災救災救難機制》，中國評論新聞網，2010年9月3日，網址：http://gb.chinareviewnews.com/doc/1010/6/5/1/101065107.html?coluid=0&kindid=0&docid=101065107。

[320]如2003年,民進黨當局利用「非典」疫情鼓吹臺灣加入WHO,挑撥兩岸人民感情,中斷兩岸交流;2008年,部分綠營政客和「名嘴」利用「三鹿奶粉事件」攻擊大陸賣「黑心食品」給臺灣,煽動臺灣民眾「反中」、「仇中」情緒,挑起兩岸惡意對立等等。

[321]根據《海峽兩岸醫藥衛生合作協議》,近期兩岸將設立若干工作組加強醫藥衛生合作,工作組負責進行對口聯繫,開展資訊交換、溝通協調、工作會晤、技術交流等業務交流合作。這一模式未來可以擴展到兩岸正在或將要進行合作的其他非傳統安全領域。

[322]楊團:《四川5‧12中心:大震震出的優秀NGO》,《南風窗》,2008年第26期。

[323]「毛主席關於對臺工作的一些指示」,中央臺辦研究局編。

[324]顏聲毅:《當代中國外交》,復旦大學出版社,2004年,第347頁。

[325]黃仁偉、劉杰著:《國家主權新論》,時事出版社,2004年1月,第276頁。

[326]《人民日報》,1971年10月28日。

[327]鄧小平在11屆3中全會上的講話。

[328]「鄧小平在政協座談會上的講話」,《人民日報》,1979年1月2日。

[329]錢其琛著:《外交十記》,世界知識出版社,2003年10月版,第291頁。

[330]錢其琛著:《外交十記》,世界知識出版社,2003年10月版,第307頁。

[331]錢其琛著:《外交十記》,世界知識出版社,2003年10月版,第308頁。

[332]錢其琛著:《外交十記》,世界知識出版社,2003年10月版,第308頁。

[333]謝益顯主編:《中國當代外交史》,中國青年出版社,1997年,第77-78頁。

[334]江澤民:《全面建設小康社會,開創中國特色社會主義事業新局面》,人民出版社,2002年,第46頁。

[335]江澤民:《在慶祝中國共產黨成立八十週年大會上的講話》,人民出版社,2001年,第45頁。

[336]《毛澤東外交文選》，中央文選出版社、世界知識出版社，1994年，第85頁。

[337]1949年9月29日透過的《中國人民政治協商會議共同綱領》第56條。

[338]「鄧小平同里根會談時的談話」，《人民日報》，1984年4月29日。

[339]「鄧小平談中美關係和中國統一」，《人民日報》，1986年11月13日。

[340]錢其琛著：《外交十記》，世界知識出版社，2003年，第73-74頁。

[341]胡錦濤：「攜手推動兩岸關係和平發展，同心實現中華民族偉大復興」，《解放日報》，2009年1月1日。

[342]「鄧小平會見美國新澤西州西東大學教授楊力宇時的談話」，中國社會科學院臺灣研究所等編：《臺灣問題重要文獻資料彙編》，紅旗出版社，1997年，第11頁。

[343]「鄧小平會見日本民社黨第八次訪華團的談話」，《人民日報》，1987年9月12日。

[344]「鄧小平會見美國新澤西州西東大學教授楊力宇時的談話」，中國社會科學院臺灣研究所等編：《臺灣問題重要文獻資料彙編》，紅旗出版社，1997年，第31頁。

[345]錢其琛著：《外交十記》，世界知識出版社，2003年，第271頁。

[346]錢其琛著：《外交十記》，世界知識出版社，2003年，第274頁。

[347]《鄧小平文選》，第3卷，人民出版社，1993年，第170頁。

[348]江澤民：《論有中國特色社會主義》（專題摘編），中央文獻出版社，2002年，第13頁。

[349]謝益顯主編：《中國當代外交史》，中國青年出版社，1997年，第84頁。

[350]謝益顯主編：《中國當代外交史》，中國青年出版社，1997年，第84-85頁。

[351]「毛主席關於對臺工作的一些指示」，中央臺辦研究局編。

[352]「鄧小平會見美國眾議院訪華團的談話」，《人民日報》，1979年1月3日。

[353]「鄧小平會見美國客人時的談話」，中國社會科學院臺灣研究所等編：《臺灣問題重要文獻

資料彙編》，紅旗出版社，1997年，第8頁。

[354]「鄧小平會見美國時代出版公司總編輯多諾萬的談話」，中國社會科學院臺灣研究所等編：《臺灣問題重要文獻資料彙編》，紅旗出版社，1997年，第3頁。

[355]錢其琛著：《外交十記》，世界知識出版社，2003年，第293頁。

[356]錢其琛著：《外交十記》，世界知識出版社，2003年，第293頁。

[357]錢其琛著：《外交十記》，世界知識出版社，2003年，第301-302頁。

[358]錢其琛著：《外交十記》，世界知識出版社，2003年，第303頁。

[359]「鄧小平會見27位美國記者的談話」，《人民日報》，1979年1月6日。

[360]「鄧小平同美國廣播電視界雷諾 的談話」，《世界知識》，1979年第5期。

[361]「鄧小平會見美國眾議院訪華團的談話」，《人民日報》，1979年1月3日。

[362]錢其琛著：《外交十記》，世界知識出版社，2003年，第142-144頁。

[363]「鄧小平會見27位美國記者的談話」，《人民日報》，1979年1月6日。

[364]胡錦濤：「攜手推動兩岸關係和平發展，同心實現中華民族偉大復興」，《解放日報》，2009年1月1日。

[365]「臺海失衡發展，迫美劃紅線」，臺灣《自由時報》，2008年8月28日。

[366]「兩岸和解，一通百通」，臺灣《聯合報》，2008年8月24日。

[367]趙春山：「馬感嘆……攘外難，安內更難」，臺灣《中國時報》，2009年5月2日，A18。

[368]李本京：「馬英九出訪之實質意義」，臺灣《新新聞週刊》，2009年6月4-10日，總第1161期，第21頁。

[369]「蘇起：兩岸已遠離戰爭，完成階段性任務」，http：//www.chinareviewnews.com，2010-02-11。

[370]陳一新：「外交休兵：兩岸不當冤大頭」，臺灣《聯合報》，2009年6月3日，A15。

[371]周天瑞：「迎馬英九優異出訪歸來」，臺灣《新新聞週刊》，2009年6月4-10日，總第1161期，第6頁。

[372]「哥國總統爆料：巴拿馬擬與臺斷交，北京拒收」，http://www.chinareviewnews.con，2010-02-04。

[373]馬英九8月26日接受墨西哥太陽報系集團董事長巴斯克斯專訪，臺灣「中央社」，2008年9月3日臺北電。

[374]「美國專家評馬英九的外交休兵政策」，美國之音電臺，2008年8月25日。

[375]社論：「替臺灣外交多找幾條活路」，臺灣《中國時報》，2008年8月13日，A11。

[376]社論：「臺灣『活路外交』，兩岸『共生外交』」，臺灣《聯合報》，2008年8月11日，A2。

[377]「外交休兵，馬英九：我邦交國不會再增」，臺灣《中國時報》，2008年8月16日。

[378]「馬談國際參與，兩度提中華民族」，臺灣《中國時報》，2009年5月1日，A5。

[379]1970年代前期起，臺灣當局進入「外交崩潰期」。「邦交國」由70年代初的67個，到1988年降為22個。在原來參加的600多個政府間國際組織中，只剩下國際稅則局、常設國際公斷法院、亞非農村復興組織、亞太理事會等近十個國際組織。

[380]參見中國社會科學院臺灣研究所：《臺灣總覽》，第533至536頁。中國友誼出版公司，1991年。

[381]參見臺灣「行政院大陸政策委員會」網站發表的馬英九在臺「外交部」闡述「活路外交」的理念與策略講話全文，2008年8月4日。

[382]胡錦濤同中國國民黨主席吳伯雄舉行會談，參見2008年05月28日新華網。胡錦濤強調：牢牢把握兩岸關係和平發展的主題，參見2008年12月24日新華網。胡錦濤會見臺灣海基會董事長江丙坤，參見2009年6月13日09：09新華網。「臺參與聯合國專門機構活動」提案未獲聯大支持，參見2008年09月18日新華網。

[383]《張榮恭：「外交休兵」有效，臺灣至少保住二「邦交國」》，http://www.chinare-

viewnews.com，2008年10月20日。馬英九：《兩岸關係改善臺海不再是戰爭引爆點》
http：//www.chinareviewnews.com，2009年05月09日。馬英九：《臺灣參與WHA沒有矮化問題》，
http：//www.chinareviewnews.com，2009年04月30日。

[384]胡錦濤在紀念《告臺灣同胞書》發表30週年座談會上的重要講話，參見2009年元旦《人民日報（海外版）》。

[385]俞新天：《對擴大臺灣國際空間的思考》，《中國評論》，2009年3月。

[386]南方朔：《兩岸關係的結構性危機已現！》，參見2009年9月7日香港《明報》。

[387]《楊進添稱希望大陸勿忽略臺灣參與國際空間期待》，http：//www.chinareviewnews.com，2009年09月29日。

[388]《馬英九：兩岸和諧現況實屬空前》，http：//www.chinareviewnews.com，2010年02月01日。《馬英九：ECFA有助區域和平》，http：//www.chinareviewnews.com，2010年04月27日。

[389]本項研究得到教育部人文社會科學研究項目基金（項目批准號為09YJAGAT001）的資助。

[390]參見Lowell Dittmer，「Policy Implications of Cross-Strait Relations for the United States，」paper presented at Cross-Straits Relations and Policy Implications for the Asia-Pacific Region，Conference sponsored by Institute for National Policy Research，International Convention Center，Taipei，March 27-29，1995；Yu-Shan Wu，「Exploring Dual Triangles：The Development of Taipei-Washington-Beijing Relations，」Issues＆Studies，Vol.32，No.10（December 1996），pp.26-52，吳玉山，「非自願的樞紐：美國在華盛頓-臺北-北京之間的地位」，《政治科學論叢》，第12卷第7期（2000），第189-222頁，羅致政，「美國在臺海兩岸互動所扮演的角色-結構平衡者」，《美歐月刊》，第10卷第1期（1995），第37-54頁；包宗和，「戰略三角角色轉變與類型變化分析——以美國和臺海兩岸三角互動為例」，載包宗和、吳玉山（編），《爭辯中的兩岸關係理論》（臺北：五南圖書出版股份有限公司，1999年），第337-364頁。

[391]Richard Bush，「China-Taiwan：Recent Economic，Political，and Military Developments Across the Strait，and Implications for the United States.」http：//www.brookings.edu/testimony/2010/0318chinaeconomybush.aspx.

[392]林岡，「美國對解決臺灣問題的政策取向」，《美國研究》，2008年第3期。

[393]Christopher Twomey，「Limits of Coercion：Compellence，Deterrence，and Cross-Strait Political-Military Affairs，」in Roger Cliff，Phillip Saunders，Scott Harold，New Opportunities and Challenges for

Taiwan』s Security（Washington，DC：Rand Corporation，2011），p.52.

[394]筆者訪談記錄，2008年10月28日，美國華盛頓。

[395]Alan Romberg,「2010：The Winter of PRC Discontent,」Chinese Leadership Monitor，No.31（Stanford University，2010）.

[396]Alan Romberg,「US-Taiwan Relations：Looking Forward,」paper presented at CSIS conference on US-Taiwan Relations in a New Era：Looking Forward 30 Years after the Taiwan Relations Act，April 22，2009，Washington，DC.

[397]Nancy Bernkopf Tucker,「If Taiwan Chooses Unification，Should the United States Care？」The Washington Quarterly，Vol.25，No.3（summer 2002），pp.15-28；Thomas Christensen,「The Contempora-ry Security Dilemma：Deterring a Taiwan Conflict,」The Washington Quarterly，Vol.25，No.4（autumn 2002），p.16.

[398]Christopher Twomey,「Limits of Coercion：Compellence，Deterrence，and Cross-Strait Political-Military Affairs,」pp.47-49，p.61.

[399]筆者訪談記錄，2011年6月24日，美國華盛頓。

[400]Robert Sutter,「Cross-Strait Moderation and the United States-Policy Adjustment needed」，PacNet，No.17（Pacific Forum CSIS，Honolulu，Hawaii：March 5，2009）.

[401]沙特的原話是：「U.S.allies and friends in Asia，notably Japan，will require extraordinary reas-surance that U.S.government encouragement of conditions leading to the resolution of Taiwan』s future and reu-nification with China does not forecast a power-shift in the region.See Robert Sutter,「Taiwan』s Future：Narrowing Straits,」NBR Analysis（Seattle，Washington：The National Bureau of Asian Research，May 2011），p.4.

[402]Charles Glaser,「Will China』s Rise Lead to War？」Foreign Affairs，March/April 2011.

[403]Richard Bush，Untying the Knot：Making Peace in the Taiwan Strait（Washington，DC：Brookings Institution Press，2005）.

[404]Richard Bush＆Alan Romberg,「Cross-Strait Moderation and the United States.」

[405]Dan Blumenthal,「The United States and Cross-Strait Relations.」

〔406〕Lyle Goldstein，「A Rapidly Changing Military Balance：A National Security Perspective on Richard Bush』s Untying the Knot，」Asia Policy，No.2（July 2006），p.123.

〔407〕中評社臺北1月30日電，http：//cn.chinareviewnews.com/doc/1008/7/2/9/100872912.ht-ml?coluid=7&kindid=0&docid=100872912.

〔408〕Richard Bush，「The Social Foundation of Taiwan』s Future：Guns，Wheelchairs and Shark』s Fin Soup，」speech delivered at Columbia University Symposium on Taiwan in the 21st Century，June 13，2010，at http：//www.brookings.edu/speeches/2010/0613taiwanbush.aspx.

〔409〕Richard Bush＆Alan Romberg，「Cross-Strait Moderation and the United States，」PacNet，No.17 A（Pacific Forum CSIS，Honolulu，Hawaii：March 12，2009）.

〔410〕Craig Whitlock，「Secretary of Defense Robert Gates doesn』t get hoped-for invite from China，」Washington Post，June 3，2010.

〔411〕Alan Romberg，「2010：The Winter of PRC Discontent，」Chinese Leadership Monitor，No.31（Stanford University，2010）.

〔412〕Adam Entoes and Jim Wolf，「Senator questions arms sales to Taiwan，」Reuters，June 16，2010.

〔413〕Li Ming-hsien and Ch』eng Chia-wen，「馬見范世丹：爭取軍售，兩岸和平有信心」，《聯合報》，2010年6月6日。http：//udn.com/NEWS/NATIONAL/NAT1/5646107.shtml.

〔414〕Robert Sutter，「Taiwan』s Future：Narrowing Straits，」NBR Analysis（Seattle，Washington：The National Bureau of Asian Research，May 2011），p.14.

〔415〕Richard Bush，「The Republic of China in Historical Perspective，」Speech delivered at a conference「A Spectacular Century：The Republic of China Centennial Democracy Forums，」Taipei，June 24，2011，http：//www.brookings.edu/speeches/2011/0624chinabush.aspx

〔416〕Douglas Paal，「Taiwan：Doubled-Edged Victory，」Carnegie Commentary，November 30，2010，at http：//www.carnegieendowment.org/2010/11/30/taiwan-double-edged-victory/21s

〔417〕筆者訪談記錄，2011年6月22日和23日，美國華盛頓。

〔418〕David Shear，keynote speech at a conference on「Cross-Strait Relations in a New Era of Negotiation」hosted by Carnegie Endowment for International Peace，Washington，DC，July 7，2010，at http：//www.carnegieendowment.org/2010/07/07/cross%2Dstrait%2Drelations%2Din%2Dnew%2Dera%2Dof%

[419]Richard Bush，「Taiwan Faces Growing Threat：Communist China Undermines Rapprochement」，The Washington Times，September 8，2010，at http：//www.brookings.edu/opinions/2010/0908taiwanbush.aspx.

[420]Richard Bush，「The Social Foundation of Taiwan』s Future：Guns，Wheelchairs and Shark』s Fin Soup.」

[421]Richard Bush，「Cross-Strait Relations Improve；China Still Deploys Missiles」，June 27，2009，at http：//www.brookings.edu/opinions/2009/0627crossstraitrelationsbush.aspx.

[422]Douglas Paal，「Accommodation Will Not Work」，Foreign Affairs，July/August 2011，http：//www.carnegieendowment.org/2011/07/01/accommodation-will-not-work/5a

[423]Bonnie Glaser，「Building Trust Across the Taiwan Strait：A Role for Military Confidence-Building Measures」（Washington，DC：Center for Strategic and International Studies，2009），pp.14-20.

[424]Steven Goldstein，「Cross-Strait CBMs：Like a Fish Needs a Bicycle？」in Roger Cliff，Phillip Saunders，Scott Harold，New Opportunities and Challenges for Taiwan』s Security（Washington，DC：Rand Corporation，2011），pp.38-45.

[425]For example，see Robert Sutter，「China』s Power and the Fading U.S.Goal of』Balance』in the Tai-wan Strait，」in Defining a Healthy Balance Across the Taiwan Strait，Asia Policy，No.8（July 2009），p.4.

[426]Daily Press Briefing，Department of State，June 29，2010，http：//www.state.gov/r/pa/prs/dpb/2010/06/143757.htm

[427]David Shear，keynote speech at a conference on「Cross-Strait Relations in a New Era of Negotiation」hosted by Carnegie Endowment for International Peace，Washington，DC，July 7，2010，at http：//www.carnegieendowment.org/2010/07/07/cross%2Dstrait%2Drelations%2Din%2Dnew%2Dera%2Dof% Bonnie Glaser，「Building Trust Across the Taiwan Strait：A Role for Military Confidence-Building Measures」（Washington，DC：Center for Strategic and International Studies，2009），p.25.

[428]Remarks at a conference on Cross-Strait Relations in a New Era of Negotiation，hosted by Carnegie Endowment for International Peace，July 7，2010，

http：//www.carnegieendowment.org/2010/07/07/cross%2Dstrait%2Drelations%2Din%2Dnew%2Dera%2Dof%

[429]Richard Bush，「China-Taiwan：Recent Economic，Political，and Military Developments Across the Strait，and Implications for the United States，」at http：//www.brookings.edu/testimony/2010/0318chinaeconomybush.aspx.

[430]Dan Blumenthal，「The United States and Cross-Strait Relations，」paper presented at a conference on a conference on「Cross-Strait Relations in a New Era of Negotiation，」hosted by Carnegie Endowment for International Peace，Washington，DC，July 7，2010.

[431]Alan Romberg，Cross-Strait Relations：Setting the Stage for 2012，China Leadership Monitor，No.34，January 2011.

[432]Bonnie Glaser，「Building Trust Across the Taiwan Strait：A Role for Military Confidence-Building Measures」（Washington，DC：Center for Strategic and International Studies，2009），pp.25-26.

[433]Douglas Paal，「The Rise of China and Alliance in East Asia：Implications for Diplomatic Truce，」Keynote Remarks at the 39th Taiwan-American Conference on Contemporary China，Taipei，December 9，2010，at http：//www.carnegieendowment.org/2010/12/09/rise-of-china-and-alliance-in-east-a-sia-implications-for-diplomatic-truce/s6#.

[434]Bonnie Glaser，「Building Trust Across the Taiwan Strait：A Role for Military Confidence-Building Measures」（Washington，DC：Center for Strategic and International Studies，2009），pp.25-26.

[435]Alan Romberg，Cross-Strait Relations：Setting the Stage for 2012，China Leadership Monitor，No.34，January 2011.

[436]Richard Bush，「The Social Foundation of Taiwan』s Future：Guns，Wheelchairs and Shark』s Fin Soup，」speech delivered at Columbia University Symposium on Taiwan in the 21st Century，June 13，2010，at http：//www.brookings.edu/speeches/2010/0613taiwanbush.aspx.

[437]Richard Bush，「The Significance of the Republic of China for Cross-Strait Relations，」remarks presented at an event titled The Down of Modern China，The Brookings Institution，May 20，2011，http：//www.brookings.edu/speeches/2011/0520chinabush.aspx.

[438]Dan Blumenthal，「The United States and Cross-Strait Relations.」

[439]Dan Blumenthal，「The United States and Cross-Strait Relations.」

［440］Douglas Paal，「The Rise of China and Alliance in East Asia：Implications for Diplomatic Truce，」Keynote Remarks at the 39th Taiwan-American Conference on Contemporary China，Taipei，December 9，2010；Robert Sutter，「Taiwan』s Future：Narrowing Straits，」NBR Analysis，pp.15-16.

［441］Richard Bush，「Taiwan Comes Between the U.S.and China Again，」February 11，2010，at http：//www.brookings.edu/opinions/2010/0211taiwansecuritybush.aspx.

［442］Michael McDevitt，「Alternative Futures：Long-Term Challenges for the United States，」in Roger Cliff，Phillip Saunders，Scott Harold，New Opportunities and Challenges for Taiwan』s Security（Washington，DC：Rand Corporation，2011），pp.103-104.

［443］Kurt Campbell，Senate Foreign Relations Committee Confirmation Hearing Statement，June 10，2009，p.8.http：//foreign.senate.gov/testimony/2009/CampbellTestimony090610a.pdf

［444］新華網：中美聯合聲明，2009年11月17日。http：//news.xinhuanet.com/world/2009-11/17/content124756202.htm

［445］作者於2009年12月在華盛頓與美國學者就此問題進行了交流。

［446］中國臺灣網：兩岸貿易日益密切臺灣對大陸出口依存度升高至32，2009年10月30日。http：//www.chinataiwan.org/xwzx/la/200910/t200910301125982.htm

［447］Abraham M.Denmark，Richard Fontaine，Taiwan』s Gamble：The Cross-Strait Rapprochement and its Implications for U.S.Policy，Policy Brief，Center for a New American Security，December 2009，p.4.

［448］參見作者論文《布希政府第二任期「不支持臺獨」政策評析》，《現代國際關係》，2006年第2期，第54、55頁。

［449］Annual Report to Congress：Military Power of the People』s Republic of China，2009，March 2009.http：//www.cfr.org/publication/18943/

［450］William Loather，Taiwan Supporters Push for Fighter Sale，The Taipei Times，October 10，2009，p.1.

［451］作者於2009年12月在華盛頓與歐巴馬政府官員就此問題進行了交流。

［452］http：//news.cctv.com/taiwan/20080105/101827.shtml.

[453]James B.Steinberg,「Remarks before the 18th General Meeting of t he Pacific Economic Cooperation Council,」May 12,2009,available at:http://www.state.gov/s/d/2009/124540.htm.

[454]薄瑞光2011年2月11日在美國加州Pomona College的演說。《薄瑞光詳談美國對臺軍售與臺海政策》,《中國評論》,2010年4月號。

[455]Office of the Security of Defense,「Military Power of the People』s Republic of China 2009」,Annual Report to Congress.http:/cfr.org/publication/18943.

[456]薄瑞光2011年2月11日在美國加州Pomona College的演說。《薄瑞光詳談美國對臺軍售與臺海政策》,《中國評論》,2010年4月號。

[457]James Steinberg,「Leading t he Charge or Charge t he Leading?」(transcript),November 6,2009,Center for American Progress,available at:http://www.AmericanProgress.org/events/2009/11/inf/steinberg2transcript.pdf.

[458]薄瑞光2011年2月11日在美國加州Pomona College的演說。《薄瑞光詳談美國對臺軍售與臺海政策》,載於《中國評論》2010年4月號。

[459]「Taiwan』s New Direction」,Washington Times,May28,2008

[460]《美眾議員連署聲明,賀馬總統就職週年》,臺灣《中國時報》,2009年5月22日。

[461]Alan D.Romberg,「After the Taiwan Election:Restoring Dialogue while Reserving Options」,Chi-na Leadership Monitor,No.25,Hoover Institution,Summer 2008,pp.15-18.

[462]Office of the Security of Defense,「Military Power of the People』s Republic of China 2009」,Annual Report to Congress.http:/cfr.org/publication/18943.

[463]資料來源見何子鵬:《試析美國對兩岸關係緩和的態度》,《資治文摘》,2010年第6期。

[464]Glenn Kessler,「Obama Commends Taiwan Arms Sale,」The Washington Post online,available at:http://voices.Washingtonpost.com/44/2008/10/08/obamacommendsTaiwanarmssale.

[465]James B.Steinberg,「Leading the Charge or Charge the Leading?」(transcript),November 6,2009,Center for American Progress.http://www.americanprogress.org/events/2009/11/inf/steinbergtranscript.pdf.

[466]《軍不軍售，看美國利益》，臺灣《中國時報》，2011年4月21日。

[467]臺灣《經濟日報》2011年4月20日社論：《〈與臺灣關係法〉開始動搖了？》。

[468]David A.Shlapak，「Questions of Balance-the Shifting Cross-Strait Balance and Implications for the U.S.」Published 2010 by theRAND Corporation，p7.http：//www.rand.org./pubs/testimonies/CT343/.

[469]Bonnie S.Glaser，「Debunking Myths about US Arms Sales to Taiwan」，PacNet Number 6，Pacific Forum CSIS，Honolulu，Hawaii，February 17，2010.

[470]巴拉克·歐巴馬：《無畏的希望》，羅選民、王景、尹因譯，北京法律出版社，2008年，第286頁。

[471]James Steinberg，「Leading the Charge or Charge the Leading？」（transcript），November 6，2009，Center for American Progress，available at：http：//www.Americanprogress.org/events/2009/11/inf/steinberg2transcript.pdf.

[472]http：/mil.huanqui.com/Taiwan/2010-01/705205.html

[473]《美官員竟稱對臺軍售無關中美關係》，《參考消息》，2011年4月15日。

[474]林岡：《美國對解決臺灣問題的政策取向》，《美國研究》，2008年第3期。

[475]Alan Romberg，「US-Taiwan Relations：Looking Forward」，paper presented at CSIS conference on US-Taiwan Relations in a new era，April22，2009，Washington，DC.

[476]陶文釗：《美國的「一個中國」政策》，《和平與發展》，2010年第6期。

[477]John J.Tkacik，Jr.，「Rethinking One China」（Heritage Foundation，2004），P.73

[478]薄瑞光2011年2月11日在美國加州Pomona College的演說。《薄瑞光詳談美國對臺軍售與臺海政策》，《中國評論》，2010年4月號。

[479]《美臺關係基礎遠超一法三公報》，臺灣《聯合報》，2009年9月30日。

[480]David Mclean，American Nationalism，the China Myth，and the Truman Doctrine：the Question of Accommodation with Peking，1949-1950.Diplomatic History，Vol.10，No.1，Winter 1986，P.26

[481]布希總統的評語。http：//www.White house.gov/news/releases/2008/03/2008032224.html。

[482]《費正清談中國問題》，臺灣《中國時報》，1990年12月12日。

[483]薄瑞光2011年2月11日在美國加州Pomona College的演說。《薄瑞光詳談美國對臺軍售與臺海政策》，《中國評論》，2010年4月號。

[484]Richard Bush and Alan D.Romberg，「Cross-Strait Moderation and the US Policy Adjustments Needed」，Pacnet No.17A，March 12，2009

[485]陶文釗：《美國的「一個中國」政策》，《和平與發展》，2010年第6期。

[486]John J.Tkacik，Jr.，「Taiwan』s Unsettled International Status：Preserving U.S.Options in the Pacific」，Heritage Foundation，Issues.Backgrounder，No.2146，p.11.

[487]林岡：《美國對解決臺灣問題的政策取向》，《美國研究》，2008年第3期。

[488]參見林紅：《美國智庫視野中的兩岸關係與和平發展》，載於《和平與發展》2010年第5期。

[489]《美高官在臺解讀〈中美聯合聲明〉》，《環球時報》，2009年11月25日。

[490]Abraham M.DENMARK，Richard Fontaine，「Taiwan』s Gamble：the Cross-Strait Rapprochement and its Implications for US Policy」，Policy Brief，Center for a New American Security，December 2009，P.4.

[491]U.S.-China Economic and Security Review Commission，2009 Report to Congress（Washington：U.S.Government Printing Office，2009），p.254.

[492]Walter Lohman and Rupert Hammond-Chambers，「Ideal Free-Trade Candidate」，the Washing-ton Times，November 13，2008.

[493]《譚慎格：省思對臺政策檢討》，《參考消息》，2009年5月24日。

[494]Richard Bush U.S.-Taiwan Relations at the Beginning of a New Year speech delivered at t he Institute for International Relations，Taiwan Cheng chi University，J anuary 28，2001.

[495]中評社2010年10月29日臺北電。

[496]《卜睿哲：臺灣的民主——回顧與展望》，臺灣中央社2008年11月16日華盛頓電。

[497]薄瑞光2011年2月11日在美國加州Pomona College的演說。《薄瑞光詳談美國對臺軍售與臺海政策》，《中國評論》，2010年4月號。

[498]時殷弘：《中國的外部困難和新領導集體面對的挑戰——國際政治、對外政策、臺灣問題》，《戰略與管理》2003年第3期。

[499]見2009年7月國民黨榮譽主席吳伯雄在第五屆兩岸經貿文化論壇的講話。

[500]見臺海基會董事長江丙坤的講話，2010年8月28日臺海網消息。

[501]胡錦濤在紀念告臺灣同胞書發表30週年座談會上表示：「我們將繼續採取積極措施，包括願意協商兩岸文化教育交流協議，推動兩岸文化教育交流合作邁上範圍更廣、層次更高的新臺階。」大陸文化部長蔡武表示願力推兩岸簽「文化ECFA」，見環球網2010年9月6日消息。

[502]分析：劉兆玄踩剎車　兩岸文化協議生變，中評社臺北2010年9月30日電。

[503]劉兆玄稱兩岸之間談「文化ECFA」尚需時日，環球網2010年9月29日消息。

[504]盛治仁講話見中評社臺北2011年1月2日電。

[505]楊朝祥講話見中評社宜蘭2011年1月8日電。

[506]劉兆玄：先累積交流經驗再談兩岸文化協議，中評社臺北2011年6月1日電。

[507]胡錦濤在紀念告臺灣同胞書發表30週年座談會上表示：「我們將繼續採取積極措施，包括願意協商兩岸文化教育交流協議，推動兩岸文化教育交流合作邁上範圍更廣、層次更高的新臺階。」大陸文化部長蔡武表示願力推兩岸簽「文化ECFA」，見環球網2010年9月6日消息。

[508]孫亞夫2011年4月在「王道思想的當代意義研討會」上的講話，中評社南京2011年4月23日電。

[509]賈慶林在第五屆兩岸經貿文化論壇開幕式的講話，中新網2009年7月11日電。

[510]民眾日報：兩岸新聞交流不宜無限期延宕，中評社臺北2009年7月15日電。

[511]見胡錦濤在紀念《告臺灣同胞書》發表30週年會議上的講話。

[512]見1996年5月20日李登輝就職演說。

[513]江澤民：為促進祖國統一大業的完成而繼續奮鬥，新華社1995年1月30日電。

[514]見李登輝在臺「國統會」的談話，臺灣中央社1995年4月8日電。

[515]見臺灣中華文化總會會長劉兆玄在北京清華大學的演講，中評社北京2010年5月16日電。

[516]盛治仁盼互設官方辦事處文化交流制度化，中評社臺北2010年9月6日電。

[517]賈慶林在第五屆兩岸經貿文化論壇開幕式上的講話，中新網2009年7月11日電。

[518]見馬英九2011年元旦講話。

[519]大公報：推動兩岸和平發展軟硬實力缺一不可，中評社香港2009年7月13日電。

[520]見賈慶林在第二屆海峽論壇大會的講話，廈門網www.xmnn.cn日期：2010-06-20。

[521]中臺辦主任王毅在第九屆兩岸關係研討會上的講話，中國臺灣網2011年1月18日桂林消息。

[522]賈慶林：《大力加強兩岸文化教育交流，建設兩岸同胞共同精神家園》，《人民日報》，2009年7月12日。

[523]徐博東：「文教交流是影響兩岸關係的核心因素」，中國評論新聞網，2010年3月18日，http：//gb.chinareviewnews.com/doc/1012/6/2/4/101262491.html?coluid=114&kindid=3537&docid=101262491

[524]賈慶林：《大力加強兩岸文化教育交流，建設兩岸同胞共同精神家園》，《人民日報》，2009年7月12日。

[525]俞新天：《兩岸關係中的文化認識問題》，《臺灣研究》，2010年第1期。

[526]「臺媒：大陸省部級首長訪臺提升交流層面」，中新網，2010年9月3日，http：//www.chinanews.com/hb/2010/09-03/2510068.shtml

[527]「兩岸文化論壇開幕蔡武就兩岸文化交流提四意見」，中新網，2010年9月6日，http：//www.chinanews.com/tw/2010/09-06/2513672.shtml

[528]「兩岸文化論壇開幕蔡武就兩岸文化交流提四意見」，中新網，2010年9月6日，http：//www.chinanews.com/tw/2010/09-06/2513672.shtml

[529]林政逸：《創意都市及文化產業群聚：臺北市的案例與反思》http：//web.bp.ntu.edu.tw/DevelopmentStudies/Data/ACDS2ndC33.pdf

[530]「吳建國：欲做兩岸『文化統一』的倡導者」，人民網，2006年3月14日，http：//tw.people.com.cn/GB/14814/14891/4200180.html

[531]張亞中：《論兩岸統合的路徑》，（香港）《中國評論》，2009年4月號。

[532]李鵬：《和平發展視閾下兩岸文化整合的功能與路徑》，《臺灣研究》，2010年第2期。

[533]蔡瑋：《有關兩岸文化合作的幾點思考》，（香港）《中國評論》，2010年11月號。

[534]倪永杰：《兩岸和平發展路徑探索：培植共同利益、形塑共同價值》，（香港）《中國評論》，2009年7月號。

[535]C·恩伯、M·恩伯：《文化的變異》，遼寧人民出版社，第1頁。

[536]史式、黃大受：《臺灣先住民史》，九洲圖書出版社，1999年，第17頁。

[537]李亦園：《人類的視野》，上海文藝出版社，1996年，第80-85頁。

[538]連橫：《臺灣語典》，附錄。

[539]呂訴上：《臺灣的戲劇》，《臺灣文化論集》，第406頁。

[540]胡友鳴、馬欣來：《臺灣文化》，遼寧教育出版社，1995年版，第87頁。

[541]顏章炮：《清代臺灣移民社會守護神信仰的特色》，《臺灣史研究論集》，華藝出版社，1994年，第23頁。

[542]姚同發：《臺灣歷史文化淵源》，九州出版社，2006年，第98頁。

[543]陳其南：《文化的軌跡》，春風文藝出版社，1987年，第199頁。

[544]見胡錦濤在紀念《告臺灣同胞書》發表30週年座談會上的講話（簡稱「12·31講話」）。

[545]見馬英九2011年元旦文告。

[546]「劉兆玄：中華文化是兩岸真正的『最大公約數』」，中新網2010年6月3日電。

[547]見1952年國民黨第七次全代會文件彙編。

[548]《蔣介石與「中華文化復興運動」》，中國新聞網2008年12月23日。

[549]見「李六條」，1995年4月8日；1996年5月李登輝「就職演說」。

[550]見2010年5月馬英九就職兩週年講話。

[551]中新社臺北2010年10月14日電。

[552]劉兆玄稱為「有中華特色的臺灣文化」，見「劉兆玄：中華文化是兩岸最大公約數」，中評社香港2010年9月30日電。

[553]「盛治仁盼兩岸互設官方文化交流辦事處」，中評社臺北2010年9月6日電。

[554]見中評社臺北2009年5月19日報導。

[555]「劉兆玄：大陸應採取王道精神」，臺灣《聯合晚報》，2010年12月24日。

[556]「張亞中評『臺教科書去中國化』」，中評社臺北2010年9月14日電。

[557]「臺灣民進黨擬提新文化論重新詮釋本土化內涵」，中新網2004年4月18日電。

[558]洪奇昌談兩岸文化交流下的臺灣認同，臺灣《旺報》，2010年04月08日。

[559]「林濁水：大陸認同臺灣文化體現新思維」，臺灣《中國時報》，2009年1月5日。

[560]管碧玲批盛治仁的言論，見《環球時報》，2010年09月08日。

[561]見賈慶林在第五屆兩岸經貿文化論壇開幕式上的講話。

[562]見胡錦濤「12・31」講話。

[563]見胡錦濤「12・31」講話。

[564]從「文化中國」看兩岸認同,《環球時報》2011年02月01日。

[565]賈慶林在第五屆兩岸經貿文化論壇上的講話。

[566]見胡錦濤「12·31」講話。

[567]見胡錦濤2008年03月04日講話。

[568]見賈慶林、王毅在第二屆海峽論壇大會上的講話,中評社廈門2010年6月20日電。

[569]見賈慶林在第七屆兩岸經貿文化論壇開幕式上的致辭。

[570]全毅:文化與發展:中亞經濟奇蹟的解讀與分析框架,《亞太經濟》,2010第2期。

[571]《1989年世界發展報告》,中國財政經濟出版社,1989年,第166頁。

[572]福建省委黨校林默彪:《提升國家文化軟實力研究》。

[573]李鵬:和平發展視閾下兩岸文化整合的功能和路徑,《臺灣研究》,2010第2期。

[574]馬玉香:淺談文化發展對經濟社會的影響,《農村經濟問題研究》,2010年第18期。

[575]胡錦濤:攜手推進兩岸關係和平發展,同心實現中華民族偉大復興,《新時期對臺方針政策重要文獻選編》第8頁,中國社會科學院臺灣研究所編,2009年12月。

[576]單玉麗主編:《臺灣經濟60年》,知識產權出版社,2010年,第244頁。

[577]今年首季兩岸貿易額逾376億美元同比上升近二成,中新社2011年04月28日。

[578]楊敬峰:從文化認同到價值觀認同,《科學縱橫》,2009年第3期。

[579]胡錦濤同中國國民黨主席吳伯雄舉行會談時講話,《新時期對臺方針政策重要文獻選編》第93頁,中國社會科學院臺灣研究所編,2009年12月。

[580]劉雋:中華文化是兩岸人民交流合作的精神紐帶,中國臺灣網,2011年2月14日。

[581]鄧遂:論和合文化及其現實功能,《蘭州學刊》,2008第6期。

[582]彭付芝：兩岸文化交流中的中華文化認同研究，《兩岸關係：共同利益與和諧發展論文集》第259頁，全國臺灣研究會編，2010年8月。

[583]彭付芝：兩岸文化交流中的中華文化認同研究，《兩岸關係：共同利益與和諧發展論文集》第258頁，全國臺灣研究會編，2010年8月。

[584]福建省委黨校林默彪：《提升國家文化軟實力研究》。

[585]馬玉香：淺談文化發展對經濟社會的影響，《農村經濟問題研究》，2010年第18期。

[586]胡錦濤：攜手推進兩岸關係和平發展　同心實現中華民族偉大復興，《新時期對臺方針政策重要文獻選編》，第8頁，中國社會科學院臺灣研究所編，2009年12月。

[587]單玉麗主編：《臺灣經濟60年》第244頁，知識產權出版社，2010年。

[588]根據海關總署網站。

[589]今年首季兩岸貿易額逾376億美元同比上升近二成，中新社2011年04月28日。

[590]馬英九：2011年將開放陸客自由行，天津網2011年02月16日。

[591]2010年兩岸人員往來和交流的基本情況，人民網-臺灣頻道2011年01月12日。

[592]海峽兩岸關帝文化旅遊節引來150多億元投資，新華網2010年06月24日。

[593]臺灣「中華經濟研究院」：《臺灣經濟預測：2011年第3季》，2011年7月15日。

[594]臺灣「行政院主計處」：《國民所得統計及國內經濟情勢展望》，2011年4月29日。

[595]中國海關總署：《2011年6月進出口商品主要國別（地區）總值表》，2011年7月10日。

[596]臺灣「行政院主計處」發布：《中華民國統計月報》，2011年2月17日。http://www.dg-bas.gov.tw/public/data/dgbas03/bs7/Bulletin/xls/P60.xls

[597]新華社2010年8月19日電《臺灣貧富差距進一步擴大》：http://news.xinhuanet.com/society/2010-08/19/c13452213.htm

[598]《中國時報》2010年8月29日報導：http://tw.people.com.cn/GB/159298/12581897.html

[599]http://www.chinanews.com/tw/2010/12-20/2732663.shtml

[600]http://news.sohu.com/20071114/n267088860.shtml

[601]參見林宗弘：《兩岸貿易與臺灣階級政治的發展》，臺北：「中央研究院」社會學所主辦「中國效應在臺灣」研討會論文，2011年4月。

[602]吳乃德：《中國崛起的政治效應：民族認同和政黨支持》，臺北：「中央研究院」社會學所「中國效應專題研究小組第一次小型研討會」，2011年4月。

[603]吳乃德：《中國崛起的政治效應：民族認同和政黨支持》，臺北：「中央研究院」社會學所「中國效應專題研究小組第一次小型研討會」，2011年4月。

[604]林祖嘉：《ECFA效益迅速顯現》，財團法人國家政策研究基金會，《國政評論》科經（評）100-077號，2011年5月24日，參見：http://www.npf.org.tw/post/1/9205。

[605]童振源：《五都大選的省思與展望》，參見兩岸公評網：http://www.kpwan.com/news/viewNewsPost.do?id=132。

[606]陸德明，臺灣經濟的轉型與發展[R]，臺灣中華發展基金資助研究項目，2002年3月。

[607]出口導向戰略也稱出口替代戰略，是指經濟決策當局以多種措施（稅收、信貸、匯率等）促進面向出口的工業部門發展，以非傳統的產品出口取代原先的傳統初級產品出口，擴大對外貿易，實現出口多樣化，提升產業結構與工業水平，進而推動整體經濟的發展。

[608]於宗先，對外貿易與經濟穩定[A]，薛琦，臺灣對外貿易發展論文集[C]，臺灣：聯經出版事業公司，1994：305。

[609]伍貽康，東亞一體化發展態勢和內外條件的點評[J]，亞太經濟，2006（1）：3。

[610]秦華孫、王順柱、谷源祥，亞洲區域合作路線圖[M]，北京：時事出版社，2006：47。

[611]朱镕基，攜手共創中國與東盟合作的新局面[R]，人民日報，2001年11月7日（1）。

[612]胡鞍鋼，兩岸經貿關係對臺灣的影響[R]，北京：第一屆國共兩黨「兩岸經貿論壇」論文，2006。

[613]參見Francis Ng and Alexander Yeats，Major Trade Trends in East Asia：What are their Implica-

tions for Regional Cooperation and Growth？，World Bank Policy Research Working Paper 3084，June 2003.

[614]杜震華，中國大陸的亞太區域整合策略對臺灣的影響與因應[R]，臺灣：亞太和平研究基金會政策報告，2009。

[615]王建民，東亞區域經濟整合與臺灣參與的可行性問題探討，廈門大學「臺灣研究新跨越」學術研討會，2010。

[616]目前，海西經濟區的運行基本承擔了該項試驗任務，只是沒有明確提出。大陸已有學者就「海峽兩岸合作試驗區」的構築及模式進行了相關研究。參見：李非，陳茜「海峽兩岸合作實驗區開放開發模式探討」《臺灣研究》，2011年1期，12-16頁。本文僅就CAFTA與ECFA機制銜接試驗示範區的設立進行相關探討。

[617]朱金莉，從熱度到深度——桂臺經貿的雙贏選擇，《當代廣西》，2007年第20期，24-25頁。

[618]《廣西北部灣經濟區發展規劃》，中國網，2008年2月21日，詳參網址http：//www.china.com.cn/。

[619]數據來自於「行政院主計處」。

[620]臺灣《聯合報》2010年8月19日文。

[621]這裡的社會資本主要指臺資的社會聲譽和關係網絡。

[622]格里.斯托克，作為理論的智力：五個論點，《國際社會科學》，1991年（1）

[623]Kooiman.J，Social-political governance：overview，reflection and design，Public management，1999，1

[624]Rhodes.R..（1996）.The new governance：governing without government？.Political Studies，44（4），652-667.

[625]Kooiman，J..（1999）.Social-political governance：overview，reflection and design.Public management，1（1），67-92.

[626]Williamson O.W..（1991）.Comparative economic organization：the analysis of discrete structur-al

alternatives.Administration Science Quality,36,269-296.

[627]Connie Zheng,Mei-Chih Hu,2008,Challenge to ICT manpower planning under the economicrestructuring:Empirical evidence from MNCsin Singapore and Taiwan,Technological Forecasting & Social Change 75（2008）834-853.

[628]中國海關總署網站。

[629]中國國家商務部網站

[630]侯鐵建等：中俄經貿關係中的內在動因和約束條件評析,《財經問題研究》,2006年第12期。

[631]華曉紅：經濟全球化下的兩岸經貿關係,《當代思潮》,2006年6期。

[632]福建、廈門出入境檢驗檢疫局共簽發ECFA原產地證書109份,
http：//www.xmciq.gov.cn/zwgk/xxc/mtxw/201103/t2011030845147.htm。

[633]崑山1月簽發68份ECFA原產地證書居江蘇省第一,
http：//www.chinataiwan.org/local/jiangsu/dongtaixinwen/201102/t2011022211756542.htm。

[634]高孔廉：ECFA生效迄今4億美金出口享受低關稅,
http：//www.chinataiwan.org/taiwan/twFinancialNews/201102/t2011022221757828.htm。

[635]顏明健：後ECFA的中國經貿多贏戰略新思維,《中國市場》,2010年第37期。

[636]桑登平：對後危機時代兩岸經貿關係走向的分析,《群眾》,2010第4期。

[637]何駿.中國企業對外直接投資的動力研究[J].財經理論與實踐,2008（4）：11。

[638]該數據為臺灣2010年的人均GDP。

[639]崔家玉.中國對外直接投資的動因[J].大連海事大學學報（社會科學版）2010（3）：12-14。

[640]李憲建.現階段大陸資本入臺投資問題初探[J].臺灣研究,2010（5）：25-30。

[641]石正方,初振宇.臺灣參與東亞區域經濟合作的現況及未來路徑探討[J].臺灣研究,2010（4）：38-46。

[642]李非,湯韻.海峽兩岸雙向投資的方式和領域[J].兩岸關係,2009(2):29-30。

[643]李非,湯韻.海峽兩岸雙向投資的方式和領域[J].兩岸關係,2009(2):29-30。

[644]喬紅學.浙江民營企業對外直接投資的SWOT分析[J].黑龍江對外經貿,2010(2):77-79。

[645]蔣合明.發展對外經貿的SWOT分析——以江蘇省為例[J].對外開放,2010(2):66-67。

[646]龔志軍,張衛東.陸臺經濟一體化下陸資入臺的信任障礙與制度構想[J].湖南商學院學報,2010(3):67-72。

[647]葉歡,蔣瑛.論大陸資本進入臺灣臺灣的障礙與對策[J].亞太經濟,2009(4):108-110。

[648]http：//www.iitw.chinataiwan.org/response/201104/t20110425l833803.htm。

[649]http：//www.iitw.chinataiwan.org/response/201104/t20110425l833803.htm。

[650]兩岸投保協議是落實兩岸經濟合作框架協議（ECFA）後續協商的一項重要內容。兩岸雙方依據兩會第五次會談共識及ECFA第五條第二款規定,就建立投資保障機制、提高投資相關規定的透明度、逐步減少雙方相互投資的限制、促進投資便利化等事項充分交換了意見,第六次兩會會談中雙方確認了前一階段業務溝通的成果,並列為第七次兩會會談協商議題。

[651]（臺灣）「交通部」觀光局行政資訊系統,http：//admin.taiwan.net.tw/statistics/year.aspx？no=134。

[652]國臺辦：爭取6月底前啟動大陸居民赴臺個人遊試點,中國網,2011年05月11日。

[653]陸客赴臺游有利臺灣經濟發展,《臺灣週刊》,2009年7月21日。

[654]2009年大陸居民赴臺旅遊達60萬人次,中國新聞網,2010年01月01日。

[655]談陸客業者笑：天天星期天錢收到手抽筋,臺灣《聯合報》,2010年9月26日。

[656]海旅會：2009年大陸居民赴臺旅遊實現預期目標,中國新聞網,2010年1月21日。

[657]臺業者：09年是赴臺游的轉型期經濟社會效益顯著,2010年01月14日,中國臺灣網。

[658]中央社,2010年10月9日。

[659]大陸客臺灣游暴增5倍意外頻生接待能力受質疑,《人民日報》海外版,2009年4月28日。

[660]中廣新聞,新聞速報,2010年9月15日。

[661]大陸遊客團赴臺人數不穩定臺灣導遊憂心「零團費」,中國臺灣網,2010年9月16日。

[662]數據來源:根據中國臺灣旅遊網,http://www.taiwandao.org/h/d/#。

[663]阿里山事故引熱議:赴臺遊行穩方能致遠,《人民日報》,2011年5月4日。

[664]重視旅遊安全開創臺灣美好觀光遠景,臺灣《新生報》,2011年5月17日。

[665]題為「赴臺游如何保障品質和安全」的文章報導,2009年3月,安利萬人遊臺灣首批遊客抵達時,有遊客難掩激情高喊一句:臺灣,我來了!居然被「有心」媒體罵為「囂張」!有記者提問「準備花多少錢」?受訪遊客順口回答:「錢不是問題」,又被臺灣名嘴連篇累牘罵「暴發戶」!,《人民日報》海外版,2010年6月10日。

[666]尹德濤,《旅遊社會學研究》,南京大學出版社,2006年,第53頁。

[667]中新網,2011年5月7日。

[668]郝宇、羅永泰:《「新木桶理論」與動態戰略聯盟》,《城市》,2003年第2期。

[669]於濤方、顧朝林:《論城市競爭與競爭力的基本理論》,《城市規劃匯刊》,2004年第6期,總第154期。

[670]Coe,N.,Hess,M.,Yeung,H.W.,Dicken,P.and Henderson,J.,「Globalizing」regional development:a global production nerworks perspective」,GPN Working Paper,2003,(4)。

[671]周振華:《城市競爭與合作的雙重格局及實現機制》,《毛澤東鄧小平理論研究》,2007年第6期。

[672]慶正:《臺北虹橋對飛韓正:開創雙城2小時生活圈》,臺灣《民眾日報》,2010年4月8日,A3版。

[673]林秀麗:《陸旅遊業:游高雄陸客會越來越多》,臺灣《中國時報》,2011年2月26日,A4版。

[674]1979年,大陸發表《告臺灣同胞書》,其中提到了「雙方盡快地實現通航、通郵……進行學術、文化、體育、工藝觀摩」等。

[675]1993年4月29日,海峽兩岸關係協會(簡稱海協)汪道涵會長海峽交流基金會(簡稱海基會)辜振甫董事長簽訂《辜汪會談共同協議》,其內容包括「文教科技交流」,為:(1)雙方同意積極促進青少年互訪交流、兩岸新聞界交流以及科技交流;(2)在年內舉辦青少年才藝競賽及互訪;(3)促成青年交流、新聞媒體負責人及資深記者互訪;(4)促進科技人員互訪、交換科技研究出版物以及探討科技名詞統一與產品規格標準化問題,共同促進電腦及其他產業科技之交流,相關事宜再行商談。

[676]2010年8月19日,臺灣「立法機構」今年透過三部相關法律修正案,這三部法律分別為《大學法》、《專科學校法》及《兩岸人民關係條例》,簡稱「陸生三法」。內容包括有限制地開放大陸學生赴臺灣大專院校就讀,以及正式承認大陸41所高校學歷。修正後的「陸生三法」內含多項限制,包括限制承認大陸高校的醫科學歷,大陸學生不得報考所謂的臺灣高校「機密相關係所」,不得參加公職考試。根據透過的附帶決議,大陸學生在臺就讀期間不能打工,不能在校內外從事專職或兼職工作。

[677]通知提出:招收臺港澳學生的基本原則是:保證質量,一視同仁,適當照顧,並指出,臺港澳學生在祖國大陸(內地)高等院校學習,應「視為國民教育,享受國民待遇」。

[678]查文曄.北京大學與臺灣大學簽署系列合作協議.中國教育新聞網。
http://news.jyb.cn/china/gat/201105/t20110510429653.html

[679]分段對接3+1:海峽學院的學生大一、大二在閩江學院學習,大三在臺灣高校學習,大四時再回到閩江學院學習。

[680]海峽西岸經濟區以福建為主體,涵蓋浙江、廣東、江西3省的部分地區。目前海峽西岸經濟區擴張,包括福建福州、廈門、泉州、漳州、龍岩、莆田、三明、南平、寧德,以及福建周邊的浙江溫州、麗水、衢州;江西上饒、鷹潭、撫州、贛州;廣東梅州、潮州、汕頭、揭陽,共計20市。

[681]Zhang Bao-gui.Educational investment and economic growth:human capital measurement model.ST.PLUM-BLOSSOM PRESS Melbourne-Australia.2010,216。

[682]張寶貴.教育發展戰略研究.[M].天津:天津人民出版社.2003,214。

[683]王國明.臺灣技職教育面臨的挑戰及因應策略.[C].上海:2008年高等校院展示會(秋季)首屆海峽兩岸高等教育交流論壇.中國上海.2008.10.12。

[684]教育部財務司,國家統計局社科司.中國教育統計年鑒. 2008.[J].北京:中國統計出版社.2009,6。

[685]馬樹超,郭楊.高等職業教育跨越‧轉型‧提升.[M].北京:高等教育出版社,2008.(6)。

[686]王國明.臺灣技職教育面臨的挑戰及因應策略.[C].上海:2008年高等校院展示會(秋季)首屆海峽兩岸高等教育交流論壇.中國上海.2008.10.12。

[687]資料來源:http:∥www.chinanews.com/lxsh/2011/03-03/2880033。

[688]鄧小平文選(第三卷)[C].北京:人民出版社,1993.116.335。

[689]資料來源:http:∥content.caixun.com/NE/00/62/NE0062hg.shtm。

[690]http:∥news.xinhuanet.com/tw/2010-03/30/c126898.htm

[691]李金明:「南海主權爭端的現狀」,《南洋問題研究》,2002年第1期,第53頁。

[692]張良福:《中國與鄰國海洋劃界爭端問題》,海洋出版社,2006年,第12頁。

[693]張友驊:「從臺灣視角看南海風雲,以『武力衝突』思考模式來解決南海問題,恐將得不償失」,《天下》,2009年,第19頁。

[694]王瑩:「南海主權爭端的法律問題研究」,《魅力中國》,2010年第6期,第212頁。

[695]參照張春英:「海峽兩岸對南沙和西沙群島主權的共同維護」,《軍事歷史》,2003年第5期,第24-28頁。

[696]1956年3月,菲律賓海軍學校校長克洛馬帶領一個探險隊到達南沙,宣布其「發現與占領」南沙群島,隨後,菲律賓外長公開宣稱,南中國海上包括太平島和南威島在內的一群島嶼,「理應」屬於菲律賓,理由是它們距離菲律賓最近。

[697]《鄧小平文選》,第三卷,第87-88頁。

[698]http:∥vm.nthu.edu.tw/southsea/politics2.htm

[699]《鄧小平文選》,第三卷,第87-88頁。

[700]林紅：「論兩岸在南海爭端中的戰略合作問題」，《臺灣研究集刊》，2010年第1期，第70頁。

[701]Findlay A.G，A Directory for the Navigation of the Indian Archipelago and the Coast of China.London：Richard Holes Laurie，1889，p1135.

[702]Unryu Suganuma，Sovereign Rights and Territorial Space in Sino-Japanese Relations.University of Hawaii Press.2000，p95.

[703]馬英九：「釣魚臺問題簡析」，第二屆釣魚臺列嶼學術研討會專題演講，2003年9月27日。

[704]馬英九：「釣魚臺問題簡析」，第二屆釣魚臺列嶼學術研討會專題演講，2003年9月27日。

[705]馬英九：「釣魚臺問題簡析」，第二屆釣魚臺列嶼學術研討會專題演講，2003年9月27日。

[706]http：//zh.wikipedia.org/wiki/%E9%87%A3%E9%AD%9A%E5%8F%B0%E5%88%97%E5%B6%BC%E4%Ihans：.E7.BE.8E.E5.9B.BD.3Bzh-hant：.E7.BE.8E.E5.9C.8B.7D-

[707]馮梁、王維、周亦民：「兩岸南海政策：歷史分析與合作基礎」，《世界經濟與政治論壇》，2010年第4期，第2頁。

[708]http：//www.cetin.net.cn/cetin2/servlet/cetin/action/HtmlDocumentAction?baseid=1&docno=167408

[709]馬英九：「釣魚臺問題簡析」，第二屆釣魚臺列嶼學術研討會專題演講，2003年9月27日。

[710]邵津主編：《國際法》（第三版），北京大學出版社，2008年，第131頁。

[711][英]詹寧斯等修訂，王鐵崖等譯：《奧本海國際法（第一卷第二分冊）》，中國大百科全書出版社，1998年，第32頁。

[712]http：//www.tjjjw.org/topography/nansha2.html

[713]周忠海：「論南海共同開發的法律問題」，《國際海洋法論文集（一）》，海洋出版社，2004年，第262頁。

[714]http：//baike.baidu.com/view/16187.htm?fr=ala011

[715]馬英九：「釣魚臺問題簡析」，第二屆釣魚臺列嶼學術研討會專題演講，2003年9月27日。

[716]國家海洋局海洋發展戰略研究所課題組：《中國海洋發展報告（2011）》，海洋出版社，2011年，第285-286頁。

[717]楊明哲、陳章波、謝慧蓮、戴昌鳳、陳昭倫：「臺灣海洋保護區連通性之研究」，http：//biodiv.sinica.edu.tw/symposium/crossstraitcoral/abstract/2-20.doc

[718]謝望原：《論海峽兩岸互涉刑事案件的管轄障礙與解決原則》，《法學評論》，1994第2期，第69頁。

[719][美]安樂博：《中國海盜的黃金時期：1520-1810》，王紹祥譯，《東南學術》，2002年第1期，第36頁。

[720]戒嚴的主要內容有：（1）除基隆、高雄、馬公三港外，其餘各港一律封鎖，基隆、高雄兩港市，每日上午一時起至五時止，為宵禁時間；（2）嚴禁聚眾集會、罷工、罷課以及遊行請願等行動，嚴禁以文字標語或其他方法散布謠言；（3）居民無論居家外出，皆需隨身攜帶身分證，以備檢查，否則一律拘捕；（4）造謠惑眾、聚眾暴動、搶劫財物、罷工罷市、鼓動學潮、破壞交通者處死刑。張玉法：《近代中國民主政治發展史》，東大圖書股份有限公司1999年版，第372頁。

[721]謝立功：《兩岸跨境犯罪及其對策》，載《刑事政策與犯罪研究論文集（七）》，臺灣「法務部」出版，2004年12月，第176頁。

[722]鄭文銘、陳世煌：《兩岸跨境犯罪模式分析與因應對策》，《中央警察大學警學叢刊》，2006年第1期，第129頁。

[723]臺灣「行政院大陸委員會」：《大陸地區人民非法入境緝獲、遣返人次統計表》，載http：//www.mac.gov.tw/statistic/ass-lp/appm2t2.htm，訪問時間2011年5月5日。

[724]耿軍、閆曉虹：《大陸私渡臺灣人數銳減去年全年僅有246人》，載http：//news.qq.com/a/20100209/000111.htm，訪問時間2011年5月5日。

[725]劉勤章：《建構兩岸刑事司法協助之研究》，中央警察大學犯罪防治研究所2005年博士論文，第145-147頁。

[726]《金門協議簽署以來兩岸紅十字組織雙向遣返38936人》，載http：//www.chinanews.com/tw/lajl/news/2009/02-11/1558422.shtml，訪問時間2011年5月5日。

[727]林忠志：《偷渡犯罪研究——以福州地區為例》，載《學術探索》2006年第4期，第43頁。

[728]黃惠玟：《陳江會簽漁工勞務協議漁會盼藍綠委支持》，載
http：//www.chinareviewnews.com/doc/1011/6/3/9/101163998.html?
coluid=93&kindid=3310&docid=101163998&mdate=1211144253，訪問時間2011年5月5日。

[729]薛少林：《海峽兩岸跨境毒品犯罪的刑事司法協助問題》，《比較法研究》，2010年第3期，第79頁。

[730]如聯合國毒品與犯罪辦公室《2010年世界毒品報告》指出，阿富汗是全球最大鴉片產地——全世界90%的鴉片由阿富汗生產，而中國以2009年消耗45噸毒品的巨額數量位居世界第三。宇桓：《2010年世界毒品報告中國消耗毒品量居世界第3》，載
http：//gb.cri.cn/27824/2010/06/28/2585s2901742.htm，訪問時間2011年5月5日。

[731]孟維德：《跨國毒品販運與國際防制方案》，《中央警察大學警學叢刊》，2010年第5期，第59頁。

[732]新型毒品專指冰毒、麻古、搖頭丸、K粉、麥角乙二胺等人工化學合成的致幻劑、興奮劑。

[733]參見2005年、2007年、2010年《中國禁毒報告》。

[734]《電信詐騙跨海峽兩岸獵狐行動待兩岸聯手》，載
http：//www.jcrb.com/zhuanti/fzzt/dxzp/ydcsh/200905/t20090520221990.html，訪問時間2011年5月6日。

[735]《公安部通報打擊電信詐騙犯罪專項行動階段成果》，載
http：//it.people.com.cn/GB/1068/42899/9961479.html，訪問時間2011年5月6日。

[736]《兩岸洗錢天堂每年地下通匯移轉700億美元》，載
http：//ido.3mt.com.cn/pc/200508/20050816132286.shtm，訪問時間2011年5月6日。

[737]這五起案件分別是臺中昱翔印刷工廠案、臺中美金及人民幣偽造案、彰化仕字印刷案、高雄偽造人民幣地下工廠案和臺南偽造人民幣印刷工廠案。

[738]邱格屏：《中國黑社會性質組織犯罪之60年回顧》，《犯罪研究》，2010年第1期，第6-8頁。

[739]陳國霖：《黑金——臺灣政治與經濟實況揭秘》，群眾出版社，2006年，第197頁。

[740]許江濤：《警惕臺灣黑社會組織的滲透》，《公安研究》，2001年第3期，第26頁。

[741]數據來源於國務院臺灣辦公室網站中的「兩岸經貿統計」欄，網址 http://www.gwytb.gov.cn/lajm/lajm/201101/t201101211718210.htm，最後訪問時間2011年5月15日。

[742]數據來源於國務院臺灣辦公室網站中的「歷年兩岸人員往來與交流統計」欄，網址 http://www.gwytb.gov.cn/lajlwl/rywltj/201101/t201101201715616.htm，最後訪問時間2011年5月15日。

[743]許世鉅：《臺灣人口的特點與動態》，《臺灣研究集刊》，1984年第3期，第92頁。

[744]國臺辦：《兩岸對話與商談情況概述》，載 http://www.arats.com.cn/lhstgh/gaikuang/201004/t201004261336973.htm，訪問時間2011年5月8日。

[745][英]伊恩·布朗利：《國際公法原理》，曾令良、余敏友等譯，法律出版社，2003年，第330頁。

[746]陳序經：《現代主權論》，張世保譯，清華大學出版社，2010年，第99頁。

[747]朱曉莉、曹文安：《海峽兩岸毒品犯罪的互動及合作打擊困境》，《福建警察學院學報》，2008年第1期。

[748]參見林鈺雄：《刑事訴訟法》（上冊總論編），中國人民大學出版社，2005年，第103-114頁。

[749]1990年7月22日，福建平潭縣發現了一條擱淺的小漁船，船艙被釘死，裡面有26個人，其中25個已經死了。原來，這二十幾個人因私渡臺灣被抓，臺灣當局把他們關在船艙裡遣返回大陸。船艙很小，密不透風，在7月份的海上，這25個人就活活悶死了。這件事尚未結束，8月13日，又發生一起慘案。臺灣海軍派軍艦押送大陸漁船，兩艘船行駛到海峽中線時，軍艦掉頭返航，一下把漁船給撞沉了。漁船上有50個人，21人淹死在海裡。

[750]薛少林：《論海峽兩岸刑事司法協助機制——以〈海峽兩岸共同打擊犯罪及司法互助協議〉為框架》，《社會科學》，2011年第10期。

[751]該《協議》第五條規定：「雙方同意交換涉及犯罪有關情資，協助緝捕、遣返刑事犯與刑事嫌疑犯，並於必要時合作協查、偵辦。」協議簽訂後，兩岸也在探索海峽兩岸直接合作打擊犯罪的模式，取得了明顯的成果。如據臺灣大陸事務主管部門統計，《海峽兩岸共同打擊犯罪及司法互助協議》生效後截止2010年2月底，兩岸合作偵破詐欺（12案357人）、毒品（1案2人）、**擄人**

勒贖（2案9人）計15案，逮捕犯罪嫌疑人368人（臺灣籍280人、大陸籍88人）；其中包含12起電信詐欺案，逮捕犯罪嫌疑人357人（臺灣籍273人、大陸籍84人）。參見《兩岸共同打擊犯罪及司法互助業務已達5000余件》，載
http://www.cnr.cn/gundong/201003/t20100307506116595.html，訪問時間2011年5月8日。

[752]《臺灣與大陸地區人民關係條例》，九州出版社，《臺灣工作年鑒》，748頁。

[753]《大陸對臺有關政策法規》，《臺灣工作年鑒》，九州出版社，397頁。

[754]《涉臺案件選編》，中國政法大學出版社，38頁。

[755]王大正：《兩岸法律制度之比較》，《聯合報》，2009年6月8日。

[756]《上海對臺工作》：2011年涉臺仲裁情況，2011年5月。

[757]上海仲裁委工作年鑒，650頁。

[758]中國臺灣網，2011年5月26日。

[759]《上海對臺工作》：上海涉臺投訴案件彙總，2006年第12期。

[760]黎平：《兩岸民商事法律糾紛》，中國新聞網，2003年5月20日。

[761]張勇：《海峽兩岸商事仲裁法律制度之比較》，中國民商事法律網，2010年1月19日。

[762]張萬明：《涉臺法律問題總論》，法律出版社，2003年，第6頁。

[763]駱沙鳴：《關於創新對臺工作思路的思考》，中國法律網，2008年9月8日。

[764]林發新：《論海峽西岸經濟區臺商投資權益的法律保障——涉臺經濟立法的回顧與展望》，人民法院出版社，2007年，第177頁。

[765]游勸榮：《區域經濟一體化與權益保障研究》，人民法院出版社，2007年，第307頁。

[766]林建文：《構築解決兩岸經貿糾紛重要新平臺》，廈門仲裁委員會，2010年7月1日。

[767]上海對臺工作回顧，《上海對臺工作》，2010年第12期。

[768]許曉青:《上海涉臺仲裁案件調解率高,臺商合法權益受保護》,中新社,2008年3月24日。

[769]《上海涉臺仲裁中心正式成立》,中國新聞網,2009年2月26日。

國家圖書館出版品預行編目(CIP)資料

海峽兩岸持續合作的動力與機制：學者對兩岸關係的發展權威剖析 / 周志懷 主編. -- 第一版. -- 臺北市：崧燁文化, 2019.01

面；　公分

ISBN 978-957-681-750-2(平裝)

1.兩岸關係 2.文集

573.09　　　107023356

書　　名：海峽兩岸持續合作的動力與機制：學者對兩岸關係的發展權威剖析
作　　者：周志懷 主編
發行人：黃振庭
出版者：崧燁文化事業有限公司
發行者：崧燁文化事業有限公司
E-mail：sonbookservice@gmail.com
粉絲頁　　　　　　網　址：
地　　址：台北市中正區重慶南路一段六十一號八樓815室
8F.-815, No.61, Sec. 1, Chongqing S. Rd., Zhongzheng Dist., Taipei City 100, Taiwan (R.O.C.)
電　話：(02)2370-3310　傳　真：(02) 2370-3210
總經銷：紅螞蟻圖書有限公司
地　　址：台北市內湖區舊宗路二段121巷19號
電　話：02-2795-3656　傳真：02-2795-4100　網址：
印　　刷：京峯彩色印刷有限公司（京峰數位）

　　本書版權為九州出版社所有授權崧博出版事業股份有限公司獨家發行電子書繁體字版。若有其他相關權利及授權需求請與本公司聯繫。

定價：950 元
發行日期：2019 年 01 月第一版
◎ 本書以POD印製發行